하늘의 음성, 땅의 고백

세움북스 는 기독교 가치관으로 교회와 성도를 건강하게 세우는 바른 책을 만들어 갑니다.

모두를 위한 신학 시리즈 03

하늘의 음성, 땅의 고백

모두를 위한 마가복음 강해

초판 1쇄 발행 2020년 12월 30일
초판 2쇄 발행 2021년 2월 10일

지은이 | 홍성훈
펴낸이 | 강인구

펴낸곳 | 세움북스
등 록 | 제2014-000144호
주 소 | 서울시 종로구 삼일대로 428 낙원상가 5층 500호
전 화 | 02-3144-3500
팩 스 | 02-6008-5712
이메일 | cdgn@daum.net

교 정 | 김민철
디자인 | 참디자인

ISBN 979-11-87025-83-2 (03230)

모두를 위한
신학 시리즈

3

하늘의 음성

땅의 고백

모두를 위한 마가복음 강해

홍성훈 지음

세움북스

* 일러두기 : 성경 본문은 〈개역한글〉을 사용했습니다.

오랜 시간 고민 끝에 지나간 설교 원고를 한 권의 책으로 내기로 했다. 이 원고는 내가 섬기는 카셀 아름다운교회에서 2010년부터 2017년까지 75회에 걸쳐 틈틈이 설교한, 마가복음 연속 설교 원문 그대로다. 물론 책으로 출간되는 과정에서 몇 군데 손을 봤다. 그 부분은 카셀 아름다운교회의 상황이 유독 두드러져서 다른 환경에 있는 독자에게는 맞지 않다고 생각했기 때문이다.

책을 내겠다는 나의 결정은 엉뚱하게도, 혹시 책을 팔아서 어려운 우리 교회에 도움을 줄 수 있지 않을까 하는 기대 때문에 시작되었다. 하지만 이 기대는 현실과 함께 일찌감치 사그라져 버리고, 시간이 지남에 따라 내 마음에 숨겨졌던 또 하나의 간절한 소원만 남게 되었다. 언제든지 문을 닫을 수도 있는 해외의 한 한인 교회와 내가 책을 통해서나마 기록 속에 남고 싶은 소망이었다. 이 '언제든지'는 지금 현실이 되고 있다.

잊히는 것처럼 슬픈 일은 없는 것 같다. 너를 절대 잊지 않으시겠다는 우리 하나님의 약속에도 불구하고 이 세상을 살아가는 인간에게 가장 슬픈 일이 아닐까 싶다. 1983년 5월의 어느 주일, 카셀에 살던 한 무리의 한인들이 정기적으로 주일 예배를 시작한 이래 지금까지, 미자립과 불안정의 두 단어를 숙명처럼 지고 이어 오던 독일의 한 한인 교회는, 잊히기에는 너무나 뜨겁게 하나님을 사랑하던 사람들의 역사를 이어 가며 버티고 버텨 지금까지 왔다. 거기서 매주 강단을 울리던 설교들. 그 설교 속에 젊은 시절의 꿈과 좌절을 하나님께 의지하고자, 그러나 그리하기 어려워 안타까웠던 육백여 젊은이들의 탄식과 환희가 담겨 있다. 그것이 어찌 잊힐 수 있을까.

그럼에도 설교는 흘러간다. 설교는 성경에서 발원(發源)하여 설교자의 삶을 통해 검증되고 정련된 후 강단에서 전달된다. 그러나 이런 정의(定義)는 순전히 설교자 중심의 사고일 뿐이며, 전부가 아니다. 전달된 메시지는 성령과 동행하여 신자의 마음과 삶에 심겨져 싹을 틔우고, 마침내 생명을 키운다. 이렇게 본다면 설교는 형태를 지니되 그것만으로 평가될 수 없다. 때문에 나는 한국에서 교회를 섬기는 동안 원고를 하나도 남기지 않았다.

그러나 해외에서 사는 동안 나의 생각을 약간 바꾸게 되었다. 무엇보다 현실적인 필요 때문이었다. 나는 네덜란드 유학 기간에 간간이 설교로 교회를 섬겼는데, 이때 외국어로 통역해야 했고, 이 때문에 금요일 저녁까지는 원고를 통역하시는 분에게 전하기 위해 어쩔 수 없이 원고를 문서로 작성해야 했다. 그런데 세월이 흘러 젊은 유학생이 절대 다수인 카셀에서 교회를 섬기게 되었는데, 이 젊은이들의 상황을 보면서 아무래도 '또 다른 어떤 상황'을 위해 원고를 꼼꼼히 작성해야 할 이유를 발견한 것이다.

우리나라 교회 – 일반화하는 위험이 있음을 양해해 주시길! – 의 신자들은 성경 해석과 관련하여 지나치게 '목사 의존적'이다. 거기에다 교인들은 설교와 성경 해석이 별개라고 생각하는 것 같다. 그러나 설교는 믿음의 공동체가 나아갈 바를 공개적으로 선포하는 것이며, 그 설교의 내용은 공동체의 각 개인인 신자가 살아 내야 할 삶의 내용이다. 이런 의미에서 설교는 바른 성경 해석 위에 선포되어야 한다. 그래야만, 말씀을 따라 일하시는 성령께서 움직이실 물꼬가 제대로 열리는 것이다.

설교의 신학적 의미를 말하는 자리가 아니므로, 적어도 우리 교회에서의 설교를 통해 개인적으로 간절하게 기대했던 하나만 더 말하려 한다. 우리 교회는 거의 대부분이 거쳐 가는 신자들로 구성되었다. 그리고 이들은 일정한 시간 후에 대부분 한국의 교회로 돌아가게 된다. 그런데 이들의 신앙 경력을 들으면서 이들에게 가장 필요한 것이 무엇일까 하는 자연스런 고민이 생겼다. 그리고 목회의 우선순위를 이에 따라 조절하기 시작했다.

그중에 설교와 관련하여 가장 큰 중점을 둔 부분은 우선, 설교를 통해서 해석의 틀을 신자의 사고에 심는 일이었다. 이를 위해 쉬운 설교보다는 사고의 패턴을 반복하여 그것에 익숙해지도록 애를 썼다. 이를 위해서 설교 원문 전체를 인쇄하여 매주 전해지는 메시지를 예배 전에 나누도록 했다. 이 원고는 주중에 집에서 몇 번이고 읽는 자료로 사용되었다. 물론 이런 일들은 무엇보다 우리 교회의 청중들 대부분이 지적 호기심과 흡수성이 높은 청년들로 구성되었기에 가능했다고 믿는다.

설교가 글로 쓰인 이상, 해석의 문제가 남게 될 것이다. 하나의 본문을 놓고 동역자들과 소통하는 것은 설교자가 겪어야 할 하나의 관문이라 생각한다. 그러나 부탁하고 싶다. 왜 이렇게 해석하고 적용했을까를 물으면서, 그렇게 해석하고 그렇게 말할 수밖에 없었던 상황이 무엇일까를 함께 물어 주셨으면 좋겠다. 성경은 청중을 해석한다. 동시에, 청중과 그들의 환경은 성경을 해석하기도 한다.

하나님의 일이라고 힘을 다해 감당하려 노력했으나, 돌아보니 가장 큰 훈련을 받은 사람은 나 자신이었다. 혹시라도 칭찬받을 일이 하나라도 있다면 그것은 모두 하나님께서 하신 일이고, 나는 나의 부족함 때문에 더 큰 하나님의 은혜를 누릴 기회를 잃은 영혼을 위해 평생 회개할 일만 남았다.

그래서 이제 나의 기도는 이것이다. '주여, 당신의 말씀을 있는 그대로, 느끼게 하신 그대로 전했습니다. 이렇게 뿌려진 당신의 말씀이 이 교회를 거쳐 간 그 많은 젊은이들의 마음에서 뿌리를 내리고 줄기를 내어 풍성한 열매를 맺게 하옵소서. 혹시라도 저를 마지막으로 하여 교회를 떠난 영혼이 있다면 저를 용서하시고, 그들을 위해 마지막까지 기도하게 하소서.'

지난 19년 동안의 섬김을 돌아보면서 감사한 것뿐이다. 부족한 사람을 이해하고 믿고 따라 준 교회 식구들. 나의 변함없는 동역자이자 사랑하는 아내. 오랜 시간을 거의 잊힌 존재처럼 지내야 했던 나의 사랑하는 딸. 별로 내세울 일도 없고, 이룬 일도 없는 사람을 오랫동안 말없이 성원해 준 여러 친구와 선후배, 그리고 그 교회에 깊은 감사를 드린다. 부족한 사람의 설교와 애씀을 귀하게 보시고 이 원고를 책으로 출간해 주신 강인구 장로님, 교정하느라 애쓴 김민철 목사님에게도 감사를 드린다. 마지막으로 추천사를 써 주신 네 분의 목사님, 부족한 후배를 사랑으로 동생처럼 여겨 주신 류호준 교수님과 주도홍 교수님, 그리고 나의 유럽 생활을 지금까지 함께 해 주신 문창석 목사님, 이 책을 내도록 지속적으로 용기를 주신 김관성 목사님에게, 이 책이 누가 되지 않기를 바라며 감사의 말씀을 전한다.

2020년 12월
카셀에서 홍성훈 목사

목사님의 강해집이 남다른 이유는 학문적이기 때문도 아니고, 신령하기 때문도 아닙니다. 하나님 말씀을 자신의 마음과 인생으로 성실하게 받아 내며 순종한 흔적이 담겨 있기 때문입니다. 순종으로 써 내려간 이 강해집을 차분히 읽어 보십시오. 고독하지만 진지하게 끊임없이 빛과 진리를 향해 달려가는 한 그리스도인의 분투를 발견할 수 있을 것입니다. 책을 통해 저는 두 가지를 분명하게 보았습니다. 하나는 하나님 말씀과 그 해석을 위해 인고의 시간을 견뎌 내는 설교자의 모습입니다. 또 하나는 그 메시지를 듣는 신실한 청중들의 모습입니다. 홍성훈 목사님의 강해집의 강점과 매력은 바로 여기에 있습니다. 자신이 먼저 맛보고 통과한 해석의 과정을 청중들도 똑같이 경험하고 학습하게 만들어, 결국에는 성도 스스로가 성경을 붙들고 하나님의 음성 앞에 서게 만드는 집요한 힘이 있습니다.

무엇보다 그의 설교는 예리하고 명징한 하늘의 음성을 타협 없이 담으면서도, 구질구질한 이 땅의 현실을 따뜻하게 품어 냅니다. 추측컨대, 그것은 오랜 시간 한 공동체를 끌어안고 섬기며 애달픈 시간을 보냈기 때문일 것입니다. 한 사람을 맞이하고 또 자주 떠나보낼 수밖에 없는 목회 현실과 희비의 시간 속에서, 한 영혼을 맡기신 주님의 마음을 놓지 못하여 눈물로 무릎 꿇던 수많은 밤들이 그 따스한 온기를 만들어 내는 것입니다. 우리 주변에 좋은 설교자는 많습니다. 그러나 자신이 선포한 말씀대로 살기 위해 몸부림치는 목회자는 드뭅니다. 이것이 우리 시대의 아픔이요, 서글픔입니다. 하나님께서 이런 흐름에 굴복하지 않고 온 힘을 다해 말씀을 살아 내는 설교자를 우리 곁에 허락하셨습니다.

주저 없이 이 책을 붙잡고 읽으십시오. 이 책을 통해 마가복음에 담긴 복음의 진수를 맛보는 동시에 한 사람의 설교자와 그 공동체를 빚어 가시는 하나님의 놀라운 솜씨를 생생하게 목격하게 되실 것입니다.

■ **김관성** (행신교회 담임 목사)

❧ ❧ ❧

이역만리 타국에서 평생 목회자로, 목사로, 설교자로 산다는 것은? 어떻게 해도 늘어날 수 없는 자그마한 디아스포라 신앙 공동체를 섬긴다는 것은? 서로 다른 신앙적 배경과 정도와 입맛을 가진 이들이 모인 공동체를 위해 설교를 준비한다는 것은? 수년 내에 교인 구성원이 바뀌어 가는 유학생 중심의 교포 교회에서 사역한다는 것은? 때로는 무료와 반복과 단순함이 미래를 향한 꿈을 서서히 질식시킨다는 생각이 들 때? 그럼에도 복음의 능력을 믿고, 말씀 사역에 변함없는 마음으로 임하는 것이 목사의 가장 중요한 소명이며 사명이라 확신하는 목사가 있습니다. 바로 독일 카셀 아름다운교회의 홍성훈 목사님입니다. 그래서 그는 섬기는 교회의 그리스도인들을 위해 주일마다 하늘 양식을 정성껏 준비해 식탁을 차렸습니다.

저자는 16장의 마가복음에서 700쪽 분량의 75편의 설교를 만들었는데, 참 놀랍습니다. 이것은 저자가 마가복음을 얼마나 자세히 샅샅이 살펴보았는지를 가리킵니다. 본문에 관한 철저한 연구 흔적이 곳곳에 깊게 배여 있습니다. 중요한 개별 단어 연구, 정확한 단락 구분, 전후 문맥의 흐름 파악, 단락의 핵심 주제 발견, 시의적절한 적용 등은 저자의 평소 지론인 "이해를 추구하는 신앙"을 유감없이 현시합니다. 원고 설교 옹호자이기에 저자의 설교는 한 점 흐트러짐 없는 글을 제시합니다. 쓸모없는 반복이나 중언부언은 찾아

볼 수 없고, '이렇게 저렇게 하시오' 식의 훈장식 일방적 교훈조 설교 역시 없습니다. 저자의 성경 강설은 마치 송곳 드라이버로 한 곳을 깊게 후벼 파 그 끝에 이른 듯합니다. 문장들이 흐트러짐 없이 합력하여 나선형으로 나가며 본문의 핵심을 정조준합니다.

저자는 "하나님의 아들 예수 그리스도의 복음"이라는 제목으로 시작하는 마가복음의 주제를 정확히 파악하고 있고, 75편의 설교를 하면서도 한 번도 마가복음의 핵심 주제에서 벗어나지 않습니다. '예수 그리스도, 그는 누구인가?' '예수 그리스도, 그는 무슨 일을 하셨는가?' '예수 그리스도의 삶과 죽음은 어떻게 복음이 되었는가?' '예수 그리스도는 우리와 어떻게 관계하시는가?' '예수 그리스도에게 우리는 어떻게 반응해야 하는가?' 저자는 예수 그리스도에 관한 복음을 차분하고 심도 있게 드러내어 독자들이 그 이야기 안에 들어가게 합니다. 그분의 이야기 안에서 우리의 정체성을 찾게 도와줍니다. 저자가 분명히 밝히듯 "하나님의 아들 예수는 누구인가"라는 복음적 질문으로 시작한 마가복음은 "이 사람은 진실로 하나님의 아들이었다!"라는 이방인 백부장의 대답으로 위대한 수미쌍관 종결을 짓고 있습니다. 이 거대 구조를 염두에 두고 쓴 강해집이기에 독자들은 복음에 관한 분명한 가르침을 배우게 될 것입니다.

각 설교문은 씨줄과 날줄이 되어 복음의 문양을 선명하게 드러냅니다. 정교하게 직조되었기에 개별적 설교는 독특한 맛을 내면서도 전체 색깔과 질감은 복음적입니다. 저자는 마가복음 강해 설교를 책으로 내는 이유를 이렇게 말합니다. "여러분이 성경을 어떻게 해석하고, 또 어떤 관점에서 받아들이며 적용할지를 알게 되기를 원합니다. 좀 더 전문적인 용어를 사용해서 표현하자면, … 성경 해석의 틀, 혹은 성경 해석을 위한 준거(準據)를 여러분 스스로가 갖는 것입니다. 이렇게 함으로써 여러분 스스로 말씀 가운데 계신 하나님을 찾게 하려는 것입니다." 개별 설교를 곱씹어 음미하는 이들은 이 책이 탁월한 장인의 손에서 만들어진 명품임을 금방 알게 될 것입니다. 목사들, 설교자들, 신학생들, 성경을 깊이 알고 싶은 그리스도인들, 예수 그리스도가 누구인지 배우고 싶은 신자들에게 꼭 권하고 싶습니다. 필요할 때마다 한 장씩 꺼내 음미하면 영적 자양분을 넉넉하게 얻을 수 있으리라 믿습니다.

■ **류호준** (백석대학교 신학대학원 은퇴 교수)

～～～

　각 장이 길기는 하지만 열여섯 개의 장으로 이루어진, 비교적 짧은 마가복음. 75편, 700쪽에 달하는 설교 원고를 받아들었을 때는 '참…!' 이라는 생각이 들었습니다. 그런데 설교 원고를 읽어 갈수록 호흡이 어려웠습니다.

　후반부로 갈수록 더 심해졌습니다. 꼬박 한 주간, 마가가 서두에서 '하나님의 아들 예수 그리스도 복음의 시작'을 알리고, 그 말씀이 그분의 십자가 죽음을 지켜보던 한 백부장의 고백으로 확인되기까지, 숨 가쁘게 달려가는 이야기를 따라가기 벅찼기 때문입니다.

　마지막 문장까지 다 읽고 난 뒤에 비로소 긴 숨을 내쉬며 떠올린 단어는 '성실함' 이었습니다. 20년 넘게 아주 가까이에서 지켜본 그에게 딱 어울리는 그 성실함이 그의 설교에서도 여지없이 드러났습니다. 과연 엉덩이가 무겁기로 소문난 그의 설교임이 틀림없었습니다. 그런 성실함은 마가가 드러내고자 하는 본문의 의도를 풍성하게 펼쳐 내고 있습니다.

　이방인 독자들인 우리들에게도 생경한 장면인 옛 언약 시대가 마무리되고 새 언약 시대가 시작되는 과도기에 나타났던 혼란을 명쾌하게 정리해 주었고, 시대적인 배경과 문화와 지리 등을 철저히 연구하여 부족함 없이 우리의 이해를 도왔습니다. 강해집 서문에서 이야기했던 목표, "제가 설교를 통해서 바라는 것은 이것입니다. 성경 해석의 틀, 혹은 성경 해석을 위한 준거틀(frame of reference)을 여러분 스스로가 갖는 것입니다. 이렇게 함으로써 여러분 스스로 말씀 가운데 계신 하나님을 찾게 하려는 것"에 다다르게 하려는 노력에서도 성실함이 묻어났습니다. 한편 툭하면 눈물을 잘 흘리는 울보인 그가 주님께서 맡겨 주신 성도들을 향하여는 '거칠게 표현한다'고 협박(?)하는 부분에서는 오히려 성도를 향한 사랑을 느낄 수 있었습니다. 이렇게 제게 깊은 지식과 감동을 준 이 강해집을 목회자들에게 그리고 진리에 목말라하는 성도 들에게 기쁜 마음으로 추천합니다.

■ **문창석** (부다페스트 한인교회 담임 목사)

~~~

홍성훈 목사님은 본인에게 맡겨진 양 떼를 진실로 사랑했습니다. 그래서 그는 언제나 성경 연구자의 자세를 잃지 않았습니다. 그는 자신이 들은 하나님의 음성을 갖은 노력을 다해 성도들에게 들려주기 위해 노력했습니다. 나는 그의 설교를 읽으며 18세기 대각성운동의 주역 조나단 에드워즈(J. Edwards, 1703-1758)를 떠올렸습니다. 거창한 웅변가는 아니었지만 에드워즈의 설교는 성령의 놀라운 역사를 통해 대각성으로 성도들을 인도했기 때문입니다.

설교는 어떻게 설교하느냐도 중요하지만, 누가 설교하느냐는 더 중요합니다. 그만큼 복음 메신저의 실천적 삶이 강단에서 요구된다는 말입니다. 설교는 테크닉이 아니라 진실이며 진심이고 사랑이며 생명입니다. 누가 설교하느냐에 따라 결과는 엄청나게 달라집니다. 곧 성도의 변화된 삶이 꽃을 피운다는 말입니다. 그런 맥락에서 나는 홍성훈 목사님의 마가복음 강해를 기꺼이 추천합니다.

■ **주도홍** (전 백석대학교 부총장)

Contents
목차

모두를 위한 마가복음 강해

하늘의 음성
땅의 고백

01

복음을 전하는 자의 자격
마가복음 1:1

마가, 마가복음의 저자와 하나님의 말씀

마가복음을 처음 읽다 보면 이 책의 서두에 '마가'라는 이름이 보이지 않는 다는 사실에 의아할 수 있습니다. 왜 이 책은 마가가 기록했다는 기록도 보이지 않는데 마가복음이라 불리는가? 이 질문은 당연할 수 있습니다. 그러나 다른 관점에서 보면 이 질문은 다음과 같은 대답에 따라 간단히 해결될 수도 있습니다. "당시의 독자들이 마가가 마가복음을 썼다는 사실을 잘 알았기 때문에, 마가복음에 굳이 마가가 저자라는 사실을 기록할 필요조차 없었다." 어떻습니까? 억지스런 대답은 아닙니다. 실제로 이렇게 말하는 학자들이 적지 않기 때문입니다. 간단히 말하겠습니다. 마가복음은 마가라고 하는 사람이 썼습니다. 이 정도로 저자에 관한 언급을 마무리하려 합니다. 그렇다 하더라도, 마가복음의 저자가 마가라는 사실은 정작 다른 관점에서 우리에게 시사하는 교훈이 적지 않습니다.

마가는 원래 이름이 요한이었다고 합니다. 사도행전 12장을 보면 바나바와 바울은 '마가'라는 인물을 데리고 예루살렘에 왔습니다. 이때가 44년에서 47년 사이였는데, 당시 예루살렘에는 큰 흉년이 들어 매우 어려웠습니다. 이 소식을 들은 안디옥교회가 예루살렘의 형제들을 돕기 위해 연보를 했고, 바울과 바나바는 마가와 함께 이 연보를 가지고 예루살렘으로 왔던 것입니다. 바울과 바나바는 이 마가를 데리고 다시 안디옥으로 돌아갔습니다. 성경은 이 마가가 바나바의 생질, 즉 조카라고 말합니다. 바나바는 구브로에서 성공한 유대인으로서 자신의 땅을 팔아 예루살렘교회의 가난한 자들을 위해 내놓았던 사람입니다(행 5:36-37).

바나바에게는 마리아라는 누이가 있었는데, 이 마리아가 바로 마가의 어머니였습니다(골 4:10). 성경학자들에 따르면 예수님의 최후의 만찬 장소가 마리아의 집 다락방이었고(막 14:12), 부활하신 주님께서 제자들 앞에 나타나신 곳이 거기였으며(눅 24:33), 120명의 성도가 함께 기도하던 중 오순절 성령 강림을 경험한 집도 그 마리아의 집입니다(행 1:13; 2:2). 따라서 마가는 자기 집을 자주 드나드는 예수님의 모습을 익히 보았을 것이며, 베드로나 야고보 등의 제자들도 보았을 것으로 짐작됩니다. 또 그는 오순절 성령 강림 때에도 성령을 체험하였을 것입니다. 이렇게 본다면, 마가가 바나바 및 바울의 동역자로 지명된 것은 지극히 자연스럽습니다.

마가는 바울과 바나바를 따라서 구브로섬으로 처음 전도 여행을 갔습니다. 오늘날의 사이프러스섬을 말하는데, 여기에서 이들 일행은 성령의 도우심으로 유대인의 회당에서 하나님의 말씀을 전하는 한편 박수무당인 엘루마를 굴복시키고 총독을 전도하여 회심시킵니다(행 13:4-12). 그런데 여기서 이상한 일이 일어납니다. 구브로에서의 사역을 정리한 바울 일행이 다시 배를 타고 밤빌리아에 있는 버가에 이를 때에 마가가 갑작스럽게 이들과 헤어져 예루살렘으로 돌아가 버렸던 것입니다. 어쨌든 얼마의 시간이 지난 후 바울 일행은 선교 여행을 마치고 예루살렘으로 돌아옵니다. 이 일이 있은 지 1년쯤 후에 바울과 바나바는 두 번째 선교 여행을 떠나는데, 이때 마가를 데려가는 문제로 두 사람은 크게 다투고 서로 각자의 길을 가게 됩니다. 바울은 또 다른 동역자 실라를 데리고 두 번째 선교 여행을 떠나고, 바나바는 자신의 조카이기도 한 마가를 데리고 또 다른 길로 선교 여행을 떠납니다.

어쨌든 바울과 바나바의 갈등에서 언급되는 마가의 성격은 분명합니다. 바울이 보기에 마가는 그까짓 정도의 문제에도 여행을 포기하는 유약한 성격이었습니다. 저는 마가를 어느 정도 이해할 수 있을 것 같습니다. 마가는 부유한 집안의 아들로 자랐기 때문에 어려운 일이 있을 때면 슬그머니 꽁무

니를 뺄 정도의 유약한 모습을 갖고 있었을 것이라고 짐작하기 때문입니다. 그의 유약한 성품이 분명하게 드러나는 사건이 성경에 기록되어 있습니다. 마가복음에는 한 가지 흥미로운 삽화가 기록되어 있는데, 예수님께서 잡혀 가실 때에 베로 된 홑이불을 두르고 따라가던 청년의 이야기가 바로 그것입니다. 이 청년은 악당에게 잡히자 홑이불을 벗어 버리고 나체로 도망하였습니다(막 14:51-52). 학자들은 그가 바로 마가였다고 봅니다. 이들의 해석이 옳다면, 우리는 이 사건을 통해서 마가가 얼마나 유약하고 용기 없는 사람인지를 다시 한 번 볼 수 있습니다.

그런데 마가의 생애는 여기서 그치지 않습니다. 마가는 그 이후에 극적인 변화를 경험합니다. 성경을 보면, 마가는 바나바와 바울이 헤어진 이후에도 바나바를 따라 충실히 복음을 전했고, 베드로의 성실한 동행자였던 것으로 나타납니다. 그래서 베드로전서 5장 13절을 보면, 베드로는 마가를 가리켜 '내 아들 마가'라고 말하기까지 합니다. 나아가, 마가의 이름은 바울이 골로새교회에 보낸 서신 속에서도 나타납니다.

> 나와 함께 갇힌 아리스다고와 바나바의 생질 마가와 (이 마가에 대하여 너희가 명을 받았으매 그가 이르거든 영접하라) 유스도라 하는 예수도 너희에게 문안하니 저희는 할례당이라 이들만 하나님의 나라를 위하여 함께 역사하는 자들이니 이런 사람들이 나의 위로가 되었느니라 _골 4:10-11

골로새서는 주후 60년 바울이 로마 1차 가택 연금 때 쓴 서신입니다. 거기서 바울은 골로새교회에 바로 그 마가를 천거하고 있습니다! 뿐만 아니라, 바울은 빌레몬서 1장 24절에서 '나의 동역자 마가'라고까지 말하고 있습니다. 그리고 바울이 로마에서 감금되어 있을 때 기록한 것으로 알려진 디모데후서에서는 마가에 대한 바울의 애틋한 애정이 느껴지기까지 합니다. 바울은 이렇게 말합니다.

네가 올 때에 마가를 데리고 오라 저가 나의 일에 유익하니라 _딤후 4:11

바울의 표현을 볼 때 마가와 바울의 관계는 이미 회복되었으며, 나아가 마가가 끝까지 바울을 돕는 소수 안에 들어가 있다는 사실을 알 수 있습니다.

마가에게서 배우는 하나님의 일

우리는 마가가 마가복음의 저자라는 사실 때문에 마가복음을 더욱 흥미롭게 지켜볼 수 있게 됩니다. 무엇보다도 마가복음을 읽다가 우리는 흥미 있는 사실을 발견하게 됩니다. 마가복음의 약 3분의 1이 예수님의 수난에 초점을 맞추고 있습니다. 마가복음이 그 3분의 1을 예수님의 마지막 한 주간을 설명하는 데 사용한다는 사실, 이 얼마나 의미심장합니까? 예를 들어 보겠습니다. 마가는 마가복음에서 예수님께는 관심이 있었으나 악당의 손에는 잡히기 싫어서 벌거벗은 채로 도망가는 한 청년의 모습을 담담하게 기록했습니다. 그 청년은 예수님의 수난을 전하는 자신이었습니다! 그는 이렇게 연약한 자신의 모습을 마치 한 장면의 삽화처럼 담담하게 예수님의 수난 이야기 가운데 집어넣었습니다. 이때 그의 심정이 어떠했을까요? '다시는 주님을 배신하지 않으리라! 다시는 그를 실망시키지 않으리라!' 이런 다짐을 담아 자신의 모습을 기록해 놓은 것이 아닐까요?

마가는 예수님께서 부활하신 후 오순절에 성령을 체험하고도 사소한 일을 견디지 못하여 여행 도중에 돌아왔습니다. 뿐만 아니라 이 일로 말미암아 바울로부터 복음을 위해서 고난을 함께하기에 적합하지 않다는 비판을 들었습니다. 거기에다가 초기 교회에서 가장 중요한 비중을 차지하는 두 인물인 바나바와 바울이 자신 탓에 다투고 갈라서기까지 했으니 마가의 심정은 어떠했겠습니까? 그러나 더욱 중요한 것은 그 다음입니다. 한 번은 바울을 버리고 돌아갔지만, 다음에 그는 로마에 감금된 바울과 함께 있었으며(골 4:11, 몬 1:24) 바벨론에 있던 베드로와 함께 있었습니다(벧전 5:13). 디모데후서 4장 11

절을 보면, 마가는 바울이 설립했던 에베소교회에 디모데와 함께 있으면서 복음을 전한 것으로 짐작됩니다.

이제 그는 바울에게 더 이상 같이 못할 약한 사람이 아니었습니다. 그는 베드로의 아들 같은 사람이자 바울에게 동역자였습니다. 벌거벗은 채로 예수님을 부인하고 도망해야만 했던 마가, 사소한 어려움도 견디지 못하고 선교 여행의 중간에 돌아서야만 했던 그가 이제는 베드로와 바울에게 생각만 해도 믿음직한 다음 세대의 젊은이로 변모했습니다! 그런 인생 역정을 걸었기에, 마가는 예수님의 고난에 보다 더 깊은 관심을 가지게 되었습니다. 결국, 마가는 하나님께서 예정하신 길을 따라, 하나님께서 만드시고자 하는 모습을 갖추어 가면서 하나님께서 맡기신 일을 모두 감당했습니다. 이후의 마가의 행적을 자세히 알 수는 없습니다. 그러나 전해 오는 이야기에 따르면, 그는 애굽으로 내려가 알렉산드리아에 교회를 세웠고, 말년에 순교했다고 합니다.

어떻습니까? 마가는 마가복음을 기록했습니다. 마가복음은 특히 그리스도 예수의 수난을 가장 자세히 묘사합니다. 그런데 그는 그럴 만큼 강하고 용감한 사람이었습니까? 아닙니다. 그는 원래 유약하고 겁이 많은 사람이었으며, 예수님을 사랑하면서도 그를 위해 죽음을 불사할 수는 없는 사람이었습니다. 그는 한때 위대하고 용감한 바울 사도로부터 겁쟁이, 혹은 같이 일 못할 사람이라는 손가락질도 받았습니다. 그는 교회 역사 속 가장 위대했던 두 사도를 갈라서게 만든 장본인이기도 했습니다. 그런 그가 과연 예수님을 전할 자격이 있는 것 같습니까? 예수님의 고난을 이야기할 자격이 있는 것 같습니까? 그러나 그는 오랜 세월이 흘러 바울 사도와 동역할 수 있을 만큼 변화했으며, 누구보다도 일찍 복음, 즉 예수님 이야기를 써서 하나님의 아들을 증거했습니다.

마지막으로 마가복음 1장 1절을 읽으면서 이 사실을 기억해야 합니다. 마가는 자신의 복음서 서두에 이렇게 기록했습니다. "하나님의 아들 예수 그리스도 복음의 시작이라." 그는 자신의 복음서에 '하나님의 아들이신 예수 그리스도'를 언급했습니다. 이 짧은 표현은 유대인에게는 유일신이신 여호와를 모욕하는 행위요, 황제를 신으로 숭배해야 했던 로마 사람들에게는 반역을 의미하는 아주 위험한 말이었습니다. 다시 말해, 목숨을 내어놓지 않고서는 절대 할 수 없는 말이었습니다. 바로 이 말이, 누구도 아닌 마가에게서 나왔습니다. 이렇게 마가의 생애를 짧게 살피면서 당신은 어떤 생각을 하셨습니까? 저는 이렇게 믿습니다. 복음을 증거하는 일은, 날 때부터 용감한 사람만이 하지 않습니다. 하나님께서 선택하신 사람만이 그리스도를 증거합니다. 하나님께서 선택하신다면, 그는 먼저 변하게 될 것입니다. 그것이 하나님의 일입니다.

하나님의 일, 우리 소망의 근거

하나님께서 당신의 구속 사역을 이루실 때, 그 일에 함께할 동역자를 선택하십니다. 하나님의 동역자가 되는 기준은 잘난 사람, 많이 배운 사람, 능력 많은 사람 같은 소위 난 사람이 아닙니다. 능력 없고 가진 것 없어서, 그래서 하나님의 손이 많이 갈 것 같은 사람이 하나님을 위해 일할 확률이 매우 큽니다. 모세를 보십시오. 그는 하나님의 선택을 받았을 때 자신을 가리켜 말에서조차 둔한 사람이라고 고백했습니다. 이사야 역시 자기 앞에 하나님께서 나타나셨을 때 자신에게 화가 미쳤다고 고백했습니다. 이렇게 성경을 보면 하나님의 사람 쓰는 방식은 세상의 방식과 다릅니다. 하나님의 일을 할 사람은 그 사람의 인생 자체가 하나님의 작품입니다. 그러므로 하나님의 일을 할 사람은 가능하면 하나님의 손길이 자주 닿은 사람이어야 합니다. 이런 의미에서 우리는 이렇게 말할 수 있습니다. 인생에 굴곡이 많은 사람, 하나님의 뜻에 따라 사는 것이 영 익숙하지 않은 사람, 그래서 사람들이 '저 사람은 어렵겠어'라고 혀를 차는 사람일수록 하나님께서 일하실 영역이 많은 사람이며, 그런 사람은 자신의 경험을 가지고 하나님을 설명할 소재가 많아서 하나님을 위해 일하기에 적격인 셈입니다. 참 대단한 역설 아닙니까? 그러나 이것이야말로 부족한 우리가 품을 수 있는 소망의 근거입니다.

　마가는 약한 사람이었으며, 하나님을 위해 큰일을 하거나 하나님을 위해 죽음을 불사할 만한 위인이 되지 못했습니다. 그러나 하나님은 그를 만나시고 고치셨습니다. 그래서 그로 하여금 그리스도에 관한 복음을 처음으로 기록하는 영광을 차지하게 하셨습니다. 하나님을 사랑하십니까? 그러나 그분을 위해 무엇이라도 할 만한 능력이 없다고 생각하십니까? 약한 자를 만나시고 그를 치료하시며 변화시키시는 하나님을 기억하십시오. 나를 쓰시느니 차라리 딴 사람을 쓰시는 게 낫다고 생각하십니까? 나를 쓰려면 견적이 참 많이 나올 것 같다 생각하십니까? 그렇다면 오히려 안심하시고 은근히 기대하셔도 좋습니다. 나를 변화시키는 것은 내가 아니라 하나님이십니다. 그러므로 나를 변화시키는 것은 하나님의 일입니다. 우리가 할 일은 그렇게 일하시는 하나님을 전적으로 신뢰하는 것뿐이며, 그런 방식으로 나를 사용하시는 하나님을 내 삶을 다해 증거하는 일입니다. 마가의 삶을 통해 연약한 자를 사용하시는 하나님의 영광을 주목하십시오.

02 복음의 시작
마가복음 1:1-8

복음의 시작

마가는 자신의 복음서를 이렇게 시작합니다.

하나님의 아들 예수 그리스도 복음의 시작이라

말하자면 하나님의 아들이신 예수 그리스도로 말미암아 생겨난 복음, 즉 기쁜 소식이 이제 기록되기 시작한다는 뜻입니다. 우리는 복음이란 말을 자주 사용합니다. 예수님을 믿는 사람이라면 복음이란 단어를 모르는 사람이 거의 없을 것입니다. 그만큼이나 기독교인에게 '복음'이란 단어가 익숙합니다. '복음'(εὐαγγέλιον)이란 말은 원래 전쟁에서 승리했다는 소식, 혹은 자녀의 탄생을 알리는 말, 이런 것들을 가리키는 단어였습니다. 전쟁에서 이겼다는 소식이나 아이가 태어났다는 소식이 어떤 감정을 전달할지는 굳이 설명하지 않아도 될 것입니다. 말하자면 '복음'은 그 내용을 전해 듣는 사람에게 기쁨과 환희를 가져다주는 것, 바로 그것을 가리키는 단어였습니다. 그래서 구약 성경에는 이 기쁜 소식, 즉 복음을 '아름다운 소식'(사 40:9; 61:1)이라 표현하기도 하고, '좋은 소식'(삼하 4:10; 18:28)이라 풀어쓰기도 했습니다. 그런데 '복음'이 우리가 알고 있는 개념 그대로의 복음이 되기 위해서는 반드시 한 인물과 연결되어야 합니다. 그는 바로 예수 그리스도, 우리 주님이십니다. 다시 말해, 복음이 복음 되기 위해서는 그 복음의 이야기 안에 반드시 예수 그리스도라고 하는 인물이 들어가 있어야 한다는 것입니다. 그래서 복음에는 예수님께서 메시아로서 이 세상에 오시고 십자가의 고난과 부활을 통해서 인류 속죄의 사역을 완성하셨다는 내용이 반드시 들어 있어야 합니다.

저는 이 지점에서 하나를 덧붙이려 합니다. '복음'이란 소식에는 예수 그리스도께서 우리 인간을 구원하시기 위한 사역을 십자가에서 완성하셨다는, 그 인물 예수에 관한 이야기가 담겨 있습니다. 그런데 그 사실이 왜 기쁜가요? 복음이 왜 기쁜 소식, 복된 소식이 될 수 있습니까? 복음이 기쁘고 복된 소식이 되려면, 여기에 또 하나의 전제가 있어야 합니다. 그 소식을 듣는 사람들이 그 소식을 듣고 기뻐해야만 할 조건이 있어야 한다는 것입니다. 그 조건은 이렇습니다. 예수님께서 이 세상에 구세주로 오셔서 인간을 구원하셨다는 소식을 듣는 그 사람이 그 이야기 속의 '인간'이어야 합니다. 다시 말해, 복음을 듣는 사람이 그 구속의 혜택자가 되어야 한다는 것입니다.

어떤 그리스도인이 아직 믿음이 없는 사람에게 찾아가서 이렇게 전도합니다. "내가 좋은 소식 하나 알려 줄게. 너는 죄인이거든? 그런데 예수 그리스도라는 분이 죄인을 구원하기 위해서 십자가에 달려 죽었다가 살아나셨는데, 누구든지 그분을 믿으면 영생을 얻는대." 여기까지 듣던 그 사람이 이렇게 물어봅니다. "내가 왜 죄인인데? 그리고 그 예수라는 분은 왜 알지도 못하는 나를 위해서 죽었는데?" 자신이 죄인인지도 모르고, 하나님 앞에 구원받아야 할 사람인지도 모르는 사람에게 복음은 그냥 헛소리요 무의미한 소식일 뿐입니다. 따라서 우리는 이렇게 정리해야 합니다. 복음은 예수 그리스도께서 우리를 위해 행하신 기쁜 소식입니다. 그리고 그 소식을 들을 때 그 내용이 자신을 위한 것임을 인정하는 자들에게만 기쁜 소식입니다.

세례 요한의 사역

그러나 본문의 강조점은 복음이 무엇인가, 즉 복음의 내용이 아닙니다. 마가는 1절에서 복음의 시작을 언급하자마자 우리를 2절로 인도합니다. 마가는 다음과 같이 말합니다.

선지자 이사야의 글에 보라 내가 내 사자를 네 앞에 보내노니 저가 네 길을 예비하리라 광야에 외치는 자의 소리가 있어 이르되 너희는 주의 길을 예비하라 그의 첩경을 평탄케 하라 기록된 것과 같이 _막 1:2-3

이사야의 글 속 '내 사자'는 본문의 상황을 볼 때 세례 요한이 분명합니다. 이사야의 사역 시기는 대략 기원전 700년 어간입니다. 그러니까 성경은 세례 요한의 사역을 이미 700년 전에 예언했다고 말해도 좋을 것입니다. 또 다른 선지자 말라기는 이 세례 요한을 가리켜 엘리야라고 표현하고 있습니다.

보라 여호와의 크고 두려운 날이 이르기 전에 내가 선지 엘리야를 너희에게 보내리니 그가 아비의 마음을 자녀에게로 돌이키게 하고 자녀들의 마음을 그들의 아비에게로 돌이키게 하리라 _말 4:5-6

이런 이유 때문에 유대인들은 세례 요한과 예수님을 가리켜 엘리야라고 짐작했던 것입니다. 어쨌든 복음의 시작으로 말미암아 우리 인간에게는 전에 상상조차 할 수 없던 일들, 즉 구원의 기쁜 역사들이 일어날 것입니다.

마가는 우리가 반드시 기억해야 할 사실을 알려 줍니다. 복음의 시작을 위해서 한 인물이 필요했다는 것입니다. 그 인물의 이름이 4절에 등장하는데 요한, 즉 우리가 세례 요한이라 부르는 바로 그 사람입니다. 마가는 4절에서 세례 요한의 사역을 간단히 소개합니다. 세례 요한은 광야에 '나타나' 거기에서 죄 사함을 받는 회개의 세례를 전파했습니다. 세례 요한은 유대인들에게 회개하라고 전했으며, 회개하는 자들에게 세례를 베풀었다는 것입니다.

세례 요한은 자신의 메시지에 두 가지의 아주 중요한 강조점을 두었습니다. 즉, 다가올 메시아와 '회개'입니다. 이 둘은 아주 밀접한 관계를 맺고 있습니다. 메시아는 하나님의 백성에게 구원을 가져다주실 것입니다만, 그 이전에 반드시 세례가 있어야 합니다. 우리는 이렇게 정리할 수 있습니다. 메시아가 오시기 전에 하나님의 백성들은 자신을 돌이키는 회개로써 그분을 준비해야 한다는 것입니다. 이 점을 이미 언급한 두 성경 구절과 연결하면, 하나님의 백성들이 회개하는 일이 메시아의 오심을 의미하고, 동시에 이스라엘에게 회개를 촉구하는 일이 메시아에 앞서서 나타난 두 번째 엘리야의 일을 의미합니다. 다시 말씀 드립니다만 세례 요한은 세례, 즉 회개의 세례와 메시아의 오심을 선포했습니다. 따라서 세례 요한의 사역은 구원의 역사와 관련하여 반드시 언급되고 기억되어야 할 의미심장한 일이었습니다.

세례 요한의 사역은 동시에 매우 영광스런 일이었습니다. 그런데 세례 요한의 사역이 왜 영광스러울까요? 얼마 전 강아지를 키우는 분이 제게 이렇게 물었습니다. "목사님, 하얀이는 천국에 못 가나요?" 제가 대답했습니다. "미안하지만 안 되겠는데?" "그럼 어떻게 하죠? 하얀이가 천국에 같이 못 가면 안 되는데 …." 제가 다시 대답했습니다. "그렇게 천국에 같이 가고 싶으면, 그걸 잡아먹어서 배 속에다 넣어 가면 어떨까?" 그러나 그분은 그럴 수 없다고 펄쩍 뛰었습니다. 제가 대안을 제시했습니다. "다른 방법이 있긴 해." 이 말에 그분이 반갑게 물었습니다. "어떻게 하면 되는데요?" "하얀이에게 사영리를 전해라. 하얀이가 사영리를 듣고 예수님을 구주로 영접하면 무슨 방법이 생기지 않을까?"

세례 요한의 영광

하얀이가 상점에 가서 콜라를 사 옵니다. 하얀이가 좋은 일을 했지만, 그래도 그것은 기특한 일일 뿐입니다. 그 주인이 콜라 병을 물고 온 하얀이를 보고 "넌 정말 착한 내 아들이라니까!"라고 말하는 순간 강아지 주인과 강아지 사이에는 무지하게 골치 아픈 관계가 성립됩니다. 개와 사람 사이가 엄마와 아들 관계가 될 수 있을까요? 개는 그냥 개일 뿐입니다. 사람과 개 사이에는 아무리 정이 끈끈하게 얽혀 있다 해도 넘을 수 없는, 이른바 종(種)의 간격이 존재합니다. 개는 개일 뿐이고, 사람은 사람일 뿐이며, 이 둘의 간격은 절대 넘을 수 없다는 뜻입니다.

그러면 하나님과 인간 사이는 어떨까요? 하나님은 무한하신 존재이며, 인간은 그분의 피조물입니다. 여기 두 존재 사이에는 이렇게 어마어마한 간격이 존재합니다. 유한한 것이 아무리 많이 쌓인다 하더라도 무한한 존재의 영역에 도달할 수 없습니다. 유한한 존재는 무한한 존재의 생각과 능력을 예측하거나 간섭할 수 없으며, 따라서 유한한 존재는 무한한 존재와 나란히 존재할 수 없습니다. 바비 인형이 아무리 날씬해도 그것은 현실이 아니기에 이 세상에 존재하는 어떤 여성과도 비교할 수 없습니다. 아니, 비교하는 것 자체가 성립할 수 없습니다. 그러므로 인간이 하나님의 일을 판단하는 것이나 그분의 일을 돕거나 방해하는 일은, 요즘 말로 '꿈 깨라!'입니다. 하나님과 인간 사이에는 도저히 넘을 수 없는 간격이 있기 때문입니다.

그런데 놀라운 사실이 선포되었습니다. 성경은 하나님께서 인간을 당신의 동역자로 부르셨다고 말합니다. 세례 요한은 하나님의 계획과 선택을 따라 하나님의 아들 메시아를 미리 준비하는 일을 하게 되었습니다. 이 일이 하나님의 일이라는 사실은 그 일에 참여한 사람의 질적 수준을 극적으로 변화시켜 버립니다. 강도 조직에서 강도 일을 하는 데 참여하면, 그 사람은 강도의 일원이 됩니다. 아주 질이 나쁜 사람이 되는 것입니다. 그런데 어떤 사람이 하나님의 일에 참여한다면, 그 사람은 어떻게 되겠습니까? 하나님, 즉 신적 사역에 참여한 사람이 된다고 이야기해야 하지 않겠습니까? 이사야 선지자는 말합니다. "보라, 내가 내 사자를 네 앞에 보낼 것이다." 세례 요한은 메시아의 출현을 알리고 그 길을 준비하는 일을 했습니다. 따라서 그는 하나님의 일을 위하여 쓰임 받는 영광을 누리게 된 것입니다.

군대의 예절에 따르면, 내가 비록 일등병이라 하더라도 장성(將星), 즉 별을 단 사람과 함께 가고 있으면 나보다 높은 계급장을 단 사람, 예를 들어 소령이 지나간다 하더라도 내가 먼저 그에게 경례를 하지 않습니다. 자기가 잘나서가 아니라 자기 옆의 더 높은 계급을 가진 사람 때문에 그렇게 되는 것입니다. 오히려 소령의 경례를 내가 받게 됩니다. 아니, 정확하게 말하면 별을 단 사람 옆에 있는 덕분에 내가 졸병임에도 불구하고 나보다 훨씬 상급자에게서 인사를 받게 되는 것입니다. 이처럼 인간이 하나님의 사역에 참여한다는 것은 자신이 가진 인간적 한계에도 불구하고 하나님의 일에 참여함으로써 자신의 신분을 하나님의 동역자 수준에까지 끌어올리는 일이 됩니다.

다시 말씀 드립니다. 인간은 인간의 일을 선택함으로써 인간으로서 살아갈 수도 있습니다. 동시에 인간은 하나님의 일을 함으로써 자신의 신분을 하나님의 동역자 수준으로 격을 높일 수도 있습니다. 로마서 8장 5절 이후의 말씀을 보십시오.

> 육신을 좇는 자는 육신의 일을, 영을 좇는 자는 영의 일을 생각하나니 육신의 생각은 사망이요 영의 생각은 생명과 평안이니라 육신의 생각은 하나님과 원수가 되나니 이는 하나님의 법에 굴복치 아니할 뿐 아니라 할 수도 없음이라 육신에 있는 자들은 하나님을 기쁘시게 할 수 없느니라 _롬 8:5-8

여기에 하나님께서 정하신 위대한 법칙이 있습니다. 갈라디아서 6장의 가르침대로 사람은 뿌린 대로 거둡니다. 자신의 육신을 위해 씨를 뿌린 자는 기껏해야 자신이 이 땅에 사는 동안에 쓸 것만을 거둘 것입니다. 그러나 영의 것, 즉 하나님과 그분의 나라를 위해 씨를 뿌리는 사람은 이 세상뿐만 아니라 하나님 나라에서 쓸 것까지도 거둘 것입니다. 세례 요한이 기껏 이 세상에서 먹고살 것만을 위해 일했다면 우리가 그를 알 수 있었겠습니까? 세례 요한은 자신의 삶을 송두리째 하나님의 일을 위해 바쳤습니다. 그렇게 함으로써 세례 요한은 우리에게까지 그 이름이 영원토록 알려지게 된 것입니다.

하나님의 영광과 은혜, 그리고 인간의 기회

　어차피 우리 인간을 구원하는 일이 처음부터 마지막까지 오직 하나님의 일이라면, 하나님께서 굳이 아들을 이 세상에 보내신다든지 그 앞에 선지자들을 보내셔서 이 사실을 예고하신다든지 하는 일들을 하실 필요가 없지 않을까요? 하나님께서 공중에서 인간들에게 이렇게 소리를 냅다 지르시면 안 될까요? "너희들, 내가 구원하려고 한다! 구원받고 싶은 사람들 다 모여라!" 이 질문에는 엄청나게 긴 대답이 필요하기에 요점만 말씀 드립니다. 하나님은 인간을 구원하시는 일에 매우 긴 세월, 그리고 매우 많은 사람을 필요로 하셨습니다. 굳이 이렇게 하신 데에는 하나님의 깊은 뜻이 숨어 있었습니다. 즉, 하나님의 영광을 보다 널리 드러내시기 위해서였습니다.

　우리가 자주 사용하는 '하나님의 영광'이란 말을 좀 더 생각해 봅시다. 사전에서 '영광'이란 단어를 찾아보았습니다. "하나님의 완전성, 탁월성, 임재를 표현하기 위하여 특별히 사용되는 용어." 구약 성경에서 '영광'이라고 번역되는 히브리 단어는 '카보드'(כָּבוֹד)인데, 원래의 의미는 '무게'이며 '어떤 것의 가치 혹은 중요성'을 지칭합니다. 따라서 우리가 '하나님께 영광을 돌린다'라고 말할 때, 그 의미는 하나님의 존귀하심, 가치, 중요성을 인정한다는 정도가 될 것입니다. 하나님께 영광을 돌린다는 것은 하나님을 찬송함으로써 그분의 가치와 존귀함을 더한다는 뜻이 아닙니다. 그분을 있는 그대로, 원래의 자리로 인정하고 높인다는 뜻입니다. 하나님은 인간의 찬송으로 더 존귀해지시지 않습니다. 또한 인간이 무엇을 한다 해도 하나님의 영광에 영향을 줄 수 없습니다. 하나님은 누구의 도움 없이도 당신의 영광을 스스로 충족하십니다. 하나님의 영광은 완전하여 자신의 영광을 스스로 선포합니다. 우리는 이것을 선포적 영광, 혹은 독점적 영광이라 부릅니다.

　이런 성격의 영광을 지니신 하나님께서 우리를 당신의 사역에 초대하신 것은, 하나님의 또 다른 성품 때문입니다. 하나님은 당신의 풍성함과 부요함, 당신의 영광을 당신의 피조물과 공유하기 원하십니다. 당신의 영광의 광채 안에 인간이 들어오게 하셔서 하나님 당신만이 가지실 수 있는, 그 스스로 충족되고 또 독점하셔야만 할 당신의 영광을 우리 인간들도 함께 누리기를 원하십니다. 이런 성품 때문에 하나님은 당신 홀로 구원 사역을 이루실 수 있음에도 불구하고 인간들과 함께 일하시고, 이 일에 참여한 모든 종들을 당신의 영광에 참여하게 하신 것입니다. 이것은 분명히 은혜입니다. 하나님은 당신만이 누리셔야 할 모든 영광을 당신의 뜻에 순종하는 인간에게 나눠 주시기를 기뻐하셨기에 은혜인 것입니다.

하나님은 죽어 마땅한 인간에게 다시 한 번 기쁨의 기회를 주셨습니다. 하나님은 인간에게 오래전부터 메시아를 약속하셨으며, 그 이름을 믿는 자들에게 하나님 나라의 기쁨으로 들어갈 기회를 주셨습니다. 뿐만 아니라 그 일을 하심에도 오랜 시간에 걸쳐 그 일을 함께할 사람들을 찾으시고, 사람들이 그 영광스런 사역에 동참함으로써 마침내 하나님의 영광을 공유할 기회까지도 주셨습니다. 그런 점에서 오늘 본문에 등장한 세례 요한은 한 인간으로 태어나 메시아의 길을 준비하는 중요한 일을 감당하게 되었고, 그로 말미암아 하나님의 영광에 참여하는 감격도 맛보게 되었던 것입니다. 여기에서 우리가 무엇보다도 먼저 알아야 하는 것은 죄인인 우리에게 또 한 번의 기회를 주시는 하나님의 은혜입니다.

복음은 자신의 의지나 힘으로는 절대 돌아오지 못할 탕자와 같은 우리를, 당신의 아들을 아낌없이 희생해서라도 복된 존재로 되돌리시려는 하나님의 은혜의 결과입니다. 복음은 우리의 선택에 강조점이 있지 않습니다. 복음은 수천 년에 걸쳐 설득하고 간청해도 돌아서지 않는 완악한 인간을 향한 하나님의 사랑에 강조점이 있습니다. 그분의 사랑 때문에, 인간은 수천 년에 걸쳐 사랑에 가득 찬 하나님의 초청을 받았던 것입니다. 그분의 사랑은 이제 때가 되어 메시아, 곧 하나님의 외아들 예수 그리스도의 출현에서 절정을 이룹니다. 예수 그리스도는 하나님의 보좌에서 내려와 인간의 죄를 대신해 십자가에서 죽으심으로써 하나님의 다함없는 사랑을 가장 절절하게 보여 주셨습니다. 하나님의 다함없는 사랑은 여기에서 그치지 않습니다. 하나님은 이 사역에 함께하는 인간들에게 당신의 영광을 나눠 주기까지 하셨습니다.

　이제, 오늘을 살아가는 우리 스스로에게 물어봅니다. 마가가 선언하는 바와 같이, 복음은 아주 오랜 시간에 걸쳐서 하나님의 아들 예수 그리스도의 탄생으로 구체적인 모습을 드러내며 그리스도 예수의 십자가에서 정점에 도달할 것입니다. 이 과정에서 우리는 이 모든 일의 주도자가 하나님이심과 이 모든 일의 동기가 하나님의 은혜와 사랑임을 주목해야 합니다. 한편으로 이것은 우리 인간이 놓치면 절대 안 되는 기회입니다. 우리는 복음을 통해 하나님을 발견하며, 복음을 통해 그분의 사랑을 받아들이게 됩니다. 하나님은 신실하신 분이시기에 우리 인간을 구원하시기 위해 이렇게 오랫동안 준비하시고 그 일을 진행하셨습니다. 그러니 우리가 할 일이 무엇이겠습니까? 그분의 복음을 받아들이는 것, 즉 그분의 아들이신 예수 그리스도, 메시아를 나의 구주로 받아들이는 것 아니겠습니까?

　마가가 우리에게 전하는 복음은 하나님의 변함없고 신실하신 사랑의 이야기입니다. 하나님은 별것 없는 인간을 구원하시기 위하여 당신의 전부를 내어놓으셨고, 뿐만 아니라 그 기나긴 시간 동안 이 일에 참여하였던 수많은 당신의 종들을 하나님의 동역자 반열에 올리시기까지 하셨습니다. 우리가 '예수 그리스도는 하나님의 아들이시며 나의 구주이십니다'라고 고백하는 그 짧은 문장에는 이처럼 엄청나고 헤아릴 수 없는 하나님의 사랑이 담겨 있는 것입니다. 이러한 복음의 의미를 깊이 생각해 보십시오.

03 부름받은 사람의 삶

마가복음 1:1-8

사역자의 삶

몇 년 전, 한국 교계에 아주 널리 알려진 토론이 있었습니다. 교계에 참신한 바람을 일으키던 한 교회가 목회자의 사례, 즉 목사의 생활비를 어느 수준에서 책정해야 하는지를 놓고 공개 토론을 벌였던 것입니다. 제가 기억하기로 이 토론의 결론은 '목사의 사례는 초급 대학의 교수 정도의 수준에서 결정되는 것이 바람직하다'였습니다. 물론 저는 이 결론에 대해 조금 다른 생각을 갖고 있었습니다. 무엇보다도 목사의 사례를 결정하는 기준에 문제가 있다고 생각했습니다. 기억이 정확한지는 모르겠습니다만, 토론에 참여했던 다수(多數)가 말하는 목회자 사례의 책정 기준은 이랬습니다. 목회자가 되기까지 대학과 대학원을 졸업해서 몇 년 정도를 봉사했으니 그 정도가 되는 것이 적당하다고 말입니다. 그러나 목사의 사례를 그런 기준으로 책정한다면, 일반인의 월급을 책정하는 기준과 무엇이 다를까요? 그럴 바에는 차라리 목사의 사례를 월급이라고 부르는 게 낫지 않을까요?

적어도 한국 교회에서는 목사가 매월 교회로부터 받는 생활비를 월급이라 부르지 않습니다. 제가 속한 교단의 헌법에는 공식적으로 '생활비'라고 표현되어 있으며, 교회 내에서는 통칭 '사례'(謝禮)라고 말합니다. 문자 그대로 풀자면 감사의 표시입니다. 교회에서 목사의 생활비를 굳이 사례라고 부르는 것은, 오래전 우리나라 교회가 목사와 관련된 일들을 완곡하게 표현하려던 것과도 관계가 있다고 생각합니다. 유교적 사상이 강하던 시절, 소위 스승의 그림자도 밟지 않는다던 그런 분위기 때문에 목사의 생활비를 월급이라 부르지 않고 사례, 즉 감사의 표시라고 불렀던 것이 아닐까 싶습니다. 그러나 그보다는 목사의 일을 값으로 매길 수 없는 활동이라 생각하는 분위기가 더욱 강해서 그랬던 것 같습니다. 제가 목사의 사례, 혹은 '생활비'를 초급 대학 교수 정도의 수준으로 권장하는 것에 반대하는 이유는 바로 여기에 있었습니다. 어차피 목사의 사례를 월급의 개념이 아니라고 본다면, 무엇 때문에 목사의 교육 수준이나 타 직종의 수준 같은 것이 고려되어야 합니까?

저는 신학교에 다닐 때 다음과 같은 기준으로 목사의 생활비 수준을 결정해야 한다고 배웠습니다. 목사가 섬기는 교회의 교인들 생활수준을 살펴서 결정해야 한다고 말입니다. 다시 말해 교회가 목사를 청빙할 때, 우선 자기 교회에 출석하는 교인들의 생활 형편을 살펴서 가장 나은 수준과 가장 낮은 수준의 중간으로 목회자의 생활비를 책정해야 한다는 것입니다. 이렇게 말하는 까닭은 다음과 같습니다. 목회자가 교인들을 살필 때에 생활비가 모자라서 교회를 살피는 데 전력(全力)하지 못하는 일은 없어야 하겠고, 생활 수준이 아주 높아서 교인들과 위화감이 생기지 않도록 하기 위함입니다. 이는 목사의 생활비가 목사 개인의 삶에만 매여 있을 수 없다는 뜻이기도 합니다.

이와 같이 목사의 생활비는 목사가 생활인으로서 살아가는 데 필요한 경비이기도 하겠지만, 동시에 목사가 목사로서 교회를 섬기는 데 아주 의미 있는 요소이기도 합니다. 아주 개략적으로 예를 들어 보겠습니다. 기독교 신앙에서 낮아짐, 섬김, 고난 같은 개념이 매우 자주 언급됩니다. 우리 주님께서 인간을 구원하시기 위해 하나님의 영광을 버리고 인간의 낮은 자리에 오신 일이 아주 대표적입니다. 기독교는 또 인간의 복을 말할 때 세상이 말하는 현세적인 복의 개념을 포함하긴 합니다만 그보다 더 높은 수준의 복의 개념을 언급합니다. 이런 맥락에서, 목회자가 그리스도의 고난을 언급한 후에 수억이나 되는 비싼 차를 타고 쌩하니 집으로 달려간다면 꼴이 뭐가 되겠습니까? 그 말에 권위가 서겠습니까? 단적으로, 목사는 말로써 교인을 섬기는 사람입니다. 그리고 그 말은 말하는 자의 삶에 따라 진정성을 검증받습니다.

논리학이라는 과목에서 이런 식의 판단은 잘못, 즉 오류라고 말합니다. A가 이렇게 말합니다. "지구는 둥글다." 그런데 B가 말합니다. "A의 말은 거짓이다. 왜냐하면 A는 한 번도 약속을 지키지 않았기 때문이다." 논리학적인 관점에서 보면 A의 말, 즉 지구가 둥글다는 말은 오직 지구가 둥그냐는 진술에 따라서만 참과 거짓이 판단되어야 합니다. 그러나 현실에서는 그런 원칙이 통용되지 않습니다. 말하는 사람의 윤리적인 모습, 즉 말하는 사람이 어떻게 살았느냐 등등의 판단에 근거하여 참과 거짓이 가려진다는 뜻입니다. 다시 말해 '지구가 둥글다'는 말은, 말하는 사람이 어떤 사람이냐에 따라 '맞다'로도, 혹은 '틀리다'로도 판단되는 것이 현실입니다. 이 사실은 목회자의 삶이 목회자의 말에 얼마나 중요한 역할을 하느냐를 알 수 있는 대목이기도 합니다.

다시 말씀 드리지만, 목회자가 자신의 말에 권위를 더하는 방법은 스스로 그 자신의 말 그대로 사는 것입니다. 낮아짐을 이야기하면서 화려한 삶을 추구하고, 사랑을 이야기하면서 특정한 그룹과의 교제를 좋아하며, 섬김을 이야기하면서 소위 높은 자리에 있는 사람들과의 만남을 즐기는 모습에서는, 그의 말에서 진정성을 찾기가 어렵습니다. 말하는 그 자신이 그런 모습으로 살지 않는 것은 문제입니다. 말하는 것과 삶을 따로 받아들이라고 말할 수는 없습니다. 예수님도 당신의 말씀이 진리임을 입증하시기 위해 기꺼이 십자가에 스스로를 매달았던 사실을 우리가 기억합니다. 모든 사람이 귀담아 들어야 할 삶의 원리입니다. 한 사람의 삶은, 그의 말이 진실임을 입증하는 가장 효과적인 방법입니다.

세례 요한의 삶에서 배우는 사역자의 자세

지금까지 말씀 드린 내용에 관하여 속 시원하게 논하자면 며칠이 걸려도 끝이 나지 않을 것입니다. 그러나 이 말씀을 먼저 드린 것은 목사의 생활비 문제 때문이 아닙니다. 본문에 등장하는 세례 요한의 삶을 언급하기 위해서 였습니다. 세례 요한이 주님의 길을 예비하기 위해 마가복음 1장 서두에 등 장하는데, 그의 삶에서 우리가 얻을 교훈이 발견되기에 그리했던 것입니다. 이제 세례 요한의 생애를 잠시 살펴보겠습니다. 마가복음 1장 4절입니다.

세례 요한이 이르러 광야에서 죄 사함을 받게 하는 회개의 세례를 전파하니

'이르러'라는 단어(ἐγένετο)는 세례 요한이 그냥 광야에 나타나서 이러저러 한 일을 했다는 의미가 아닙니다. 그의 출현은 마가복음 1장 2−3절의 이사 야의 예언과 바로 연결되어 있습니다. 다시 말해, 세례 요한의 출현은 우연 히 이루어진 것이 아니라 이미 오래전에 완성된 하나님의 계획에 따라 이루 어진 일이라는 뜻입니다. 이런 사실은 세례 요한의 출생 과정에서 어느 정도 짐작할 수 있습니다.

누가복음 1장은 세례 요한의 출생 과정을 아주 자세히 기록하고 있는데, 이에 따르면 세례 요한은 아버지 사가랴와 어머니 엘리사벳 사이에 태어났 습니다. 아버지 사가랴는 제사장이었으며 아론의 후손이었습니다. 엘리사 벳은 오랫동안 자식을 보지 못하던 중에 성전에서 기도하다가 천사의 예언 을 듣고 요한을 임신하게 되었습니다. 사가랴는 요한을 출산할 때까지 입이 막혀서 말을 못했습니다. 엘리사벳과 예수님의 어머니 마리아는 먼 친척 간 이며, 요한은 예수님보다 6개월 먼저 태어났습니다(눅 1:36). 세례 요한과 예 수님의 첫 만남은 아주 극적이었습니다. 이 두 사람은 서로 어머니의 태중에 있을 때 처음으로 대면했는데, 이때 태중에 있던 세례 요한이 역시 태중에 있던 예수님께서 자기에게 다가오시는 것을 알고 뛰어 놀았다는 기록이 있 습니다(눅 1:41).

세례 요한은 아버지 사가랴가 성전에서 천사로부터 들은 지시에 따라 나 자마자 나실인의 규례를 따라 양육받았습니다. 나실인이란 하나님께 특별하 게 성별된 자를 가리키는데, 민수기 등의 구약 성경을 참조하면(민 6:1−21; 삿

13:5, 7; 16:17; 암 2:11-12), 나실인으로 세워진 사람은 포도주와 독주를 끊고, 포도로 만든 음료나 식품을 취하지 않으며, 이 서원이 끝나는 날까지 머리털을 깎지 않고, 부모와 형제자매의 경우라 하더라도 시신을 가까이하지 않아야 한다는 등의 규정을 지켜야 했습니다. 어쨌든 세례 요한은 태어나자마자 광야에서 이렇게 특별한 자로 길러졌습니다. 그 이유는 아주 분명합니다. 세례 요한이 누가복음 1장에서 아버지 사가랴가 예언한 바대로, 오직 주님 예수 그리스도의 앞길을 예비하기 위해서였습니다(눅 1:76 이하). 한마디로 세례 요한의 삶은 주님의 길을 예비하기 위해 특별히 구별되었던 것입니다. 드디어 세례 요한이 사역을 시작했습니다. 마가는 그의 모습을 이렇게 설명했습니다.

요한은 약대 털을 입고 허리에 가죽 띠를 띠고 메뚜기와 석청을 먹더라 _막 1:6

성경학자들은 마가가 요한의 모습을 묘사하며 구약의 선지자 엘리야를 연상시키고 있다 말합니다. 그는 유목민 특유의 복장을 입었으며, 왕궁과 성전에서 살거나 일하는 자들과 극적인 대조를 이루었습니다. 그의 복장과 생활방식은 그야말로 회개, 다시 말해 세례 요한의 메시지와 일치했습니다. 요컨대 그의 삶은 오직 하나, 주님께서 오시는 길을 준비하기 위해 필요한 것, 그 하나에만 초점이 맞추어졌던 것입니다.

우리는 앞서 언급한 주제를 마음에 새겨야 합니다. 세례 요한의 삶 전체는 오직 하나, 자기에게 주어진 사명을 온전히 감당하기 위한 수단이었습니다. 세례 요한은 이스라엘 백성에게 회개를 요구하기 위해 태어날 때부터 죽을 때까지 자신의 삶 전체를 오직 하나의 모습으로 정리했습니다. 그는 회개를 선포하기 위해서, 주님의 길을 예비하기 위해서 자신의 삶 전체를 청빈과 정결한 모습으로 정리했던 것입니다. 사무엘에게서도 이런 점을 발견할 수 있습니다. 사무엘은 자신의 아들 대신 왕을 요구하는 백성 앞에서 이렇게 질문합니다.

내가 여기 있나니 여호와 앞과 그 기름 부음을 받은 자 앞에서 내게 대하여 증거하라 내가 뉘 소를 취하였느냐 뉘 나귀를 취하였느냐 누구를 속였느냐 누구를 압제하였느냐 내 눈을 흐리게 하는 뇌물을 뉘 손에서 취하였느냐 그리하였으면 내가 그것을 너희에게 갚으리라 _삼상 12:3

사무엘은 이렇게 물음으로써 자신이 물질과 관련하여 청렴했음을 밝히려 했습니다. 사무엘의 질문에 백성 역시 이렇게 대답합니다.

그들이 가로되 당신이 우리를 속이지 아니하였고 압제하지 아니하였고 뉘 손에서 아무것도 취한 것이 없나이다 _삼상 12:4

백성 역시 사무엘이 제사장으로 봉사하면서 사사로이 이득을 취하지 않았음을 인정했습니다. 사도 바울은 복음을 전하기 위해 고린도교회 교인들에게 자신의 생활비를 요구하지 않았음을 고백하면서 이렇게 말했습니다.

내가 너희를 섬기기 위하여 다른 여러 교회에서 요를 받은 것이 탈취한 것이라 _고후 11:8

바울이 고린도교회 교인들에게서 자신의 진정성을 확보하기 위해 타 지역의 그리스도인들에게서 자신의 생활비를 거의 빼앗다시피 해서 충당했다는 말입니다. 이 역시 사역자의 삶의 모습이 어떠해야 할지를 보여 주는 예라고 생각합니다. 그는 디모데후서 2장에서 이렇게 말합니다.

군사로 다니는 자는 자기 생활에 얽매이는 자가 하나도 없나니 이는 군사로 모집한 자를 기쁘게 하려 함이라 _딤후 2:4

사역자로 부름을 받았다는 것은 사역자로 살기 위해 어쩔 수 없이 자신의 생활에 제약이 따름을 의미합니다. 이런 의미에서 저는 묻습니다. 앞에서 언급한 목사의 사례비에 관한 토론에서 여러 사람이 이렇게 말했습니다. "목사라고 잘살면 안 됩니까?" 목사라고 일부러 못 사는 길로만 갈 필요는 없을 것입니다. 그러나 목사의 삶을 말할 때 한 개인으로서의 목사의 자유보다는 사역자로서의 목사의 의무가 더 큰 덕목임을 우리는 명심해야 합니다. 따라서 우리는 앞의 질문에 이렇게 대답해야 할 것입니다. "목사에게도 잘살 권리가 있습니다. 그러나 목사는 사역을 위해 잘살 권리를 유보할 줄 알아야 합니다."

사역자와 낮아짐의 자세

세례 요한의 삶에서 배우는 또 하나의 교훈이 있습니다. 세례 요한은 이렇게 말합니다.

그가 전파하여 가로되 나보다 능력 많으신 이가 내 뒤에 오시나니 나는 굽혀 그의 신들메를 풀기도 감당치 못하겠노라 _막 1:7

삶의 자세에서부터 잘 준비된 사역자의 모습이 여기에 있습니다. 세례 요한은 자기 뒤에 오실 주님을 소개하면서 자신은 그분의 신발 끈조차 멜 자격이 없다고 말함으로써 주님의 위상을 한껏 높였습니다. 남을 높이기 위해 자신을 낮춘다는 것, 결코 쉬운 일이 아닙니다. 그러나 요한은 그렇게 했습니다. 요한은 예수님의 메시아 되심을 전하기 위해 기꺼이 자신을 낮출 수 있는 만큼 최대한 낮추었습니다. 그는 자신의 심정을 다음과 같이 진솔하게 고백합니다.

신부를 취하는 자는 신랑이나 서서 신랑의 음성을 듣는 친구가 크게 기뻐하나니 나는 이러한 기쁨이 충만하였노라 그는 흥하여야 하겠고 나는 쇠하여야 하리라 하니

라 _ 요 3:29-30

세례 요한은 어머니의 태중에서 시작하여 죽을 때까지 오로지 하나의 목적만을 위해서 나아갔습니다. 그는 철저히 엑스트라로서의 삶을 살았던 것입니다.

제랄드 무어(Gerald Moore)라는 유명한 반주자가 있었습니다. 그는 샬리아핀으로부터 시작하여 디스카우 등등, 내로라하는 정상급 연주자의 노래에 반주자로 활동했습니다. 사실 그는 피아노 연주자로서 독자적인 음반 하나 변변하게 내지 않았습니다. 그러나 그는 나중에 20세기 최고의 피아니스트 중의 하나로 당당하게 손꼽혔습니다. 그는 1981년 고별 음악회에서 마지막으로 자신에게 독주 시간이 주어졌을 때, 슈베르트의 'An die Musik'을 연주했습니다. 그것도 솔로 파트가 아닌 반주 파트를 말입니다. 평생 빛도 안 나는 반주자로서의 삶을 마감할 때, 그가 솔로 파트를 연주했더라도 아무도 나무라지 않았을 것입니다. 그러나 그는 자신이 평생을 반주자로 살아온 것을 결코 부끄러워하지 않았습니다. 오히려 자랑스럽게 생각했습니다. 그는 생애 마지막 고별 무대, 그것도 마지막 연주 시간에 반주 파트를 연주해 보임으로써 자신의 자부심을 표현했던 것입니다. 무어는 그야말로 독주자가 아닌 반주자로서의 자신의 삶에 충실했지만, 그를 기억하는 사람들은 그를 위대한 연주자라고 칭찬합니다. 저는 이 사람과 같은 모습의 삶이 그리스도를 위해 살아가는 사역자들, 뿐만 아니라 예수 그리스도의 제자들이라 고백하는 그리스도인의 삶이 아닌가 생각해 봅니다.

다시 말씀 드립니다. 세례 요한은 그리스도를 주님으로 섬기는 자들의 삶의 전형을 보여 주었습니다. 그의 삶은 겸손 그 자체였습니다. 그의 삶은 낮아짐으로 특징지어집니다. 그는 자신이 가장 낮아져야만 주님이 가장 높아지실 수 있음을 알았습니다. 이런 겸손의 삶은 우리 주님의 생애에서도 여지없이 이어졌습니다. 바울은 예수 그리스도의 삶을 이렇게 표현합니다.

너희 안에 이 마음을 품으라 곧 그리스도 예수의 마음이니 그는 근본 하나님의 본체시나 하나님과 동등 됨을 취할 것으로 여기지 아니하시고 오히려 자기를 비어 종의 형체를 가져 사람들과 같이 되었고 사람의 모양으로 나타나셨으매 자기를 낮추시고 죽기까지 복종하셨으니 곧 십자가에 죽으심이라 _빌 2:5-8

그리스도께서 이렇게 자신을 낮추신 것은, 당신이 낮아짐으로써만 아버지 하나님께서 영광을 받으실 수 있음을 아셨기 때문입니다. 그리고 우리가 이처럼 그리스도 예수의 낮아지심을 매일같이 되새기는 것은 우리 자신의 삶이 그분을 닮아야 함을 알기 때문입니다. 때문에 바울은 역시 다음과 같이 말하는 것입니다.

그러므로 그리스도 안에 무슨 권면이나 사랑에 무슨 위로나 성령의 무슨 교제나 긍휼이나 자비가 있거든 마음을 같이하여 같은 사랑을 가지고 뜻을 합하며 한마음을 품어 아무 일에든지 다툼이나 허영으로 하지 말고 오직 겸손한 마음으로 각각 자기보다 남을 낫게 여기고 각각 자기 일을 돌아볼뿐더러 또한 각각 다른 사람들의 일을 돌아보아 나의 기쁨을 충만케 하라 _빌 2:1-4

사역자의 행복, 그리스도의 제자의 삶을 생각한다

우리는 세례 요한의 삶을 잠시 돌아보면서 사역자뿐만 아니라 예수 그리스도를 따르는 그리스도인의 삶의 모습을 생각해 보았습니다. 세례 요한은 자신의 삶을 오직 하나에다가 초점을 맞추었습니다. 하나님께 받은 소명을 이루기 위해, 심지어 먹고사는 문제에까지 오직 거기에 적합하도록 맞추어 살았습니다. 앞서도 말씀 드린 바와 같이, 우리는 그리스도 예수를 주님으로 섬기기 위해 부름을 받았습니다. 그러므로 우리는 그분을 기쁘시게 하기 위해서라면 우리에게 주어진 자유마저도 기꺼이 유보하는 자세로 이 세상을 살아야 합니다. 할 수 있는 것을 모두 해 보는 것이 행복할까요? 아닙니다.

하나님께서 주신 소명을 완수하기 위해 자기에게 주어진 자유를 기꺼이 유보하는 자의 삶이 훨씬 더 행복합니다. 어차피 우리는 한 번 살다 죽을 것입니다. 기왕 한 번 사는 것, 썩어질 현재에 투자하는 것보다 하늘의 썩어지지 아니할 것에 투자하는 것이 지혜롭지 않겠습니까?

세상은 우리가 귀한 존재임을 과시하라고 가르칩니다. 그러나 우리는 세례 요한의 삶을 통해 낮아짐이 얼마나 귀한 일인지를 생각해 봅니다. 높아지려고 할 때, 내 위에는 또 다른 사람이 군림해 있을 것입니다. 이런 식으로는 어느 누구도 행복해질 수 없습니다. 최고의 높은 곳에 선 오직 한 사람만이 행복할 것입니다. 그러나 우리 모두가 예수 그리스도처럼 자신을 낮추려 한다면 모두가 모두에게 섬김을 받는 행복한 세상이 이루어질 것입니다. 높아짐으로써 이기는 것이 아니라 낮아짐으로써 모든 사람이 섬김을 받는 하나님의 나라가 이루어집니다. 이것이 겸손의 비밀입니다. 이런 의미에서 성경이 말하는 겸손은 모든 사람이 서로를 행복하게 하는 비결이기도 하고, 하나님께서 요구하시는 삶의 자세를 요약하는 단어이기도 합니다.

세례 요한의 삶의 모습에서 하나님의 부르심이라는 목적에 집중하여 사는 삶, 그리고 자신을 낮춤으로써 하나님과 세상을 섬기는 사역자로서의 삶의 자세를 배우시기 바랍니다. 비록 당신이 사역자로 부름을 받지 않았다 하더라도, 세례 요한의 삶의 태도는 마찬가지로 중요합니다. 우리는 어떤 모습으로든 하나님의 부르심을 받은 사람들이기 때문입니다.

04 시험당하시는 주님
마가복음 1:9-13

한결같이 겸손하기가 쉽지 않다

나폴레옹 보나파르트(Napoleon Bonaparte)는 1769년 코르시카섬에서 태어나 프랑스 제국의 황제의 자리에까지 올랐습니다. 그에 관한 수많은 일화가 있지만, 이탈리아에 주둔하는 오스트리아군과 싸우기 위해서 알프스 산맥을 넘을 때 했다는 저 유명한 말, '나의 사전에 불가능이란 단어는 없다'는 오늘날까지도 널리 인용되고 있습니다. 1812년 그가 러시아를 공격하기로 결정했을 때, 많은 사람들이 반대했습니다. 전문가들은 그해 겨울이 유독 추울 것이기에 원정을 포기하든지 연기하든지 해야 한다고 말했는데, 나폴레옹은 이렇게 대답했다고 합니다. "힘없는 사람의 충고가 나에게 무슨 필요가 있다는 것인가? 나는 한다면 할 수 있다." 그야말로 '나의 사전에 불가능이란 단어는 없다'고 말한 셈이 아니겠습니까? 그의 교만한 생각은 러시아 출정을 하루 앞둔 전날에도 이어졌습니다. 그가 어느 귀족의 집을 방문했을 때, 귀족 부인이 조심스럽게 그에게 이렇게 말했다고 합니다. "인간이 계획하나 이루시는 분은 하나님이십니다." 그때 그는 웃으며 이렇게 대답했습니다. "부인, 모든 것은 제가 계획하고 제가 이룰 것입니다." 그리고 그는 그 순간부터 몰락의 길을 걸어갔습니다.

부유하거나 유력하지 않던 집안, 거기에다 프랑스의 중심부도 아닌 코르시카섬에서 태어난 소년, 이 소년이 마침내 프랑스 제국의 황제 자리에 오르기까지 한 이력을 보면 그의 야망이 얼마나 크고 당찼을지 우리는 능히 짐작할 수 있습니다. 나폴레옹이 말했다고 하는 어록들을 우리가 인터넷을 통해서 쉽게 찾을 수 있는데, 그 가운데 이런 말들이 있습니다.

나는 언제나 노동하고 있다. 그리고 늘 생각한다. 내가 항상 어떤 일에 당면했을 때 당황하지 않고 즉시로 처리하는 것은 미리 여러 가지 경우에 대해서 생각해 두었기 때문이다. 다른 사람이 예상조차 할 수 없는 돌발 사태에 처했을 때 즉시로 내가 해결해 버리는 것은 내가 천재이기 때문이 아니라, 평상시에 있어서 명상과 반성의 결과이다. 식사할 때나 혹은 극장에서 오페라를 구경할 때도 나는 늘 머릿속에서 움직이고 있다.

나는 2년 후를 생각하지 않고 살았던 때가 없다.

어떻습니까? 이렇게 치열하게 살았기 때문에 그는 무엇인가를 성취할 수 있었고, 그 결과들이 그를 자신감이 넘치는 사람으로 만들었던 것 같습니다. 마침내 그는 이렇게 말했습니다.

의지할 만한 것은 남이 아니라 자신의 힘이다.

그러나 그는 자신이 한때 했던 말을 까맣게 잊고 말았습니다. 그는 이렇게 말했었습니다.

인생에서 가장 중요한 것은 실패했다고 낙심하지 않는 것이며, 성공했다고 지나친 기쁨에 도취하지 않는 것이다.

초심을 잃지 않고 사는 것이 얼마나 어려운지, 사람이 겸손하기가 얼마나 어려운지를 잘 보여 주는 예라고 생각합니다.

본문은 우리 주님께서 세례 요한에게 세례를 받으신 후 광야에서 시험을 받으시고 천사들의 수종을 받으시는 대목입니다. 처음에 읽으면서 느끼셨겠지만, 마가의 기록은 약간 의아합니다. 세례 받으시고 광야에서 시험을 받으시는 장면을 너무나도 간략하게 요약해 놓았기 때문입니다. 좀 더 살펴보겠습니다. 우선, 우리 주님께서 세례를 받으시는 이야기는 복음서 네 권에 모두 공통적으로 기록되어 있습니다. 특히 예수님께서 세례를 받으신 직후에 하늘로부터 성령께서 임하시면서 들린 음성, 즉 "너는 내 사랑하는 아들이라 내가 너를 기뻐하노라"는 요한복음을 제외한 세 복음서에서 공통으로 강조합니다. 한편 세례 받으신 후에 광야에서 마귀에게 시험을 받으신 사건은 요한복음에서 언급되지 않습니다. 또 세 복음서가 이 부분을 기록하면서도 약간의 차이를 보여 주는데, 마태복음과 누가복음은 시험의 내용을 아주 자세하게 설명하는 반면 마가복음은 시험의 내용을 언급하지 않은 채 예수님께서 시험을 이기시고 천사들에게 수종을 받으신 점만을 아주 간략하게 기록했을 뿐입니다.

예수님의 겸손

9절 처음을 보면 '그때에'라는 말이 그 다음 절을 이끌고 있는데, 이 단어에 주목해야 합니다. 마가는 왜 '그때에'라는 단어를 사용했을까요? 예수님께서 우연하게 등장하신 것이 아니라 하나님께서 계획하신 바로 그때가 되어 나타나셨음을 말하기 위함입니다. 예수님의 등장은 우연이 아니었습니다. 우리가 이미 살펴본 바와 같이 예수님의 등장은 아주 오래전부터 구약의 선지자와 성경이 수없이 되풀이해 온 약속이었습니다. 그때가 이르러, 즉 하나님께서 정하신 그때가 이르자 예수님께서 바로 그 자리에 등장하신 것입니다. 그러니 우리는 마가복음 1장 9절의 첫머리에 '그때에'라고 한 그 부분을 '세례 요한이 요단강에서 세례를 베풀던 어느 날'이 아니라 '하나님께서 예고하신 바로 그때가 이르러'라는 뜻으로 해석해야 합니다. 어쨌든 '바로 그

때'에, 즉 하나님께서 정하신 때가 되자 예수님은 요단강에 등장하셔서 거기에서 세례를 베풀던 요한에게 다가가셨습니다. 세례 요한은 이미 어머니의 태중에서부터 예수님의 존재를 알아보았었고, 성경의 기록에 따르면 예수님은 이 일 전에 세례 요한의 제자로 지낸 적도 있었습니다. 그러므로 세례 요한은 예수님을 아주 잘 알았다고 보아야 합니다.

요한복음을 보면 세례 요한은 자신을 향해 다가오는 예수님의 모습에서 하나의 환상을 보았습니다. 세례 요한은 이렇게 그 환상을 고백합니다.

보라 세상 죄를 지고 가는 하나님의 어린양이로다 _요 1:29

이 때문에 세례 요한은 예수님께 이렇게 말했습니다.

내가 당신에게 세례를 받아야 할 터인데 당신이 내게로 오시나이까 _마 3:14

요한의 세례는 이른바 '회개의 세례'였습니다. 그러면 예수님은 요한의 '회개의 세례'를 받으심으로써 죄를 용서받기 원하신 것입니까? 예수님이 죄인이란 뜻인가요? 그것은 아닙니다. 세례에 관하여 자세히 설명하자면 아마 책을 몇 권 써도 모자랄 것입니다. 그러나 예수님께서 요한에게 하신 말씀을 보면 그것만으로도 어느 정도의 답을 얻을 수 있습니다. 예수님께서 이렇게 말씀하셨습니다.

이제 허락하라 우리가 이와 같이 하여 모든 의를 이루는 것이 합당하니라 _마 3:15

맞습니다. 주님은 자신을 낮추기 원하셨습니다. 주님은 인간을 구원하시기 위해 인간의 모습으로 이 세상에 오셨습니다. 이것 자체가 주님께서 우리를 사랑하시기 위하여 얼마나 자신을 낮추셨는지를 분명하게 보여 줍니다. 그런데 이제는 당신께서 친히 제정하신 세례 의식, 즉 죄악 된 백성들을 정결케 하기 위해 만드신 세례 의식 앞에 당신의 머리를 친히 숙여 자신의 낮추심을 이렇게까지 명백하게 인간들에게 보여 주신 것입니다. 이 겸손한 자세를 보시고 하나님은 친히 당신의 음성을 들려주심으로써 이것을 기쁘게 받으셨음을 선포하셨습니다. 마가는 이 장면을 이렇게 기록하고 있습니다.

> 하늘로서 소리가 나기를 너는 내 사랑하는 아들이라 내가 너를 기뻐하노라 하시니라 _막 1:11

마가는 이 대목에서 무엇을 강조합니까? 마가는 하나님의 아들이신 예수님께서 자신을 더 이상 낮출 수 없을 정도로 낮추심으로써 하나님의 아들로 인정받으셨다는 사실을 이런 스토리를 통해 증언하려 했던 것입니다.

바로 방금 언급한 구절, 즉 하나님께서 "너는 내 사랑하는 아들이라"라고 말씀하셨는데, 이 구절은 마가복음 15장 39절과 하나의 쌍을 이룹니다. 마가복음 15장 39절에서 백부장은 이렇게 말합니다. "이 사람은 진실로 하나님의 아들이었도다!" 하나님께서 하늘에서 예수님에 대하여 이렇게 선포하십니다. "너는 내 사랑하는 아들이라 내가 너를 기뻐하노라!" 이에 대해 백부장은 이렇게 고백합니다. "이 사람은 진실로 하나님의 아들이었도다!" 이 고백은 하나님의 선포에 대한 인간의 화답이었습니다. 그러므로 마가복음은 '예수님은 하나님의 아들'이라는 하나님의 선포와 '그는 진실로 하나님의 아들이시다'라는 인간의 화답 사이에 있는 이야기입니다. 결국 마가복음의 이야기는 예수님이 하나님의 아들이라는 하나님 자신의 선포가 여러 가지 증거와 사건들로 말미암아 백부장의 입을 통해 그 선포가 사실이었음을 입증해 가는 하나의 기나긴 스토리라는 뜻입니다. 이 사실은 앞으로 마가복음 전체를 해석하는 데 아주 중요한 역할을 합니다.

시험받으신 예수님

본문은 이어서 예수님께서 광야에서 시험받으신 일을 기록하고 있습니다. 그 이야기의 첫머리는 아주 인상적입니다.

성령이 곧 예수를 광야로 몰아내신지라 _막 1:12

이 말씀은 우리에게 적어도 두 가지 사실을 보여 줍니다. 하나는 앞에서 살펴보았던 예수님께서 세례를 받으실 때 보여 주신 겸손이란 주제가 바로 다음의 이야기에 연결되어 있다는 것이고, 다른 하나는 이 일에 '광야'라는 장소가 아주 의미심장하게 관련되어 있다는 것입니다. 짧게 설명하자면, 마가복음은 예수님께서 시험을 받으신 내용에 별로 관심이 없습니다. 하나님의 아들이신 예수님께서 세례를 받으신 후 바로 그 성령에 의해 광야로 보내져서 마귀의 시험을 받으셨음을 강조하고 있습니다.

하나님의 아들이신 예수님께서 마귀의 시험에 넘어지시겠습니까? 마귀의 유혹에 넘어가시겠습니까? 그럴 리가 없습니다. 그러므로 마가는 예수님께서 어떤 시험을 받으셨는지에 관해서 마태처럼 설명할 마음이 없었습니다. 세상의 왕이신 메시아, 예수 그리스도는 당연히 시험을 이기셨습니다. 따라서 마가는 오히려 그런 분께서 성령에 의해 광야로 내몰리셔서 마귀의 시험을 받게 되신 점에 관심을 둔 것입니다. 어떻게 그런 일이 일어날 수 있을까요? 그것은 예수님께서 인간을 대신하여 구원하시기 위해 필연적으로 거쳐야 하는 과정이었으며, 이를 위해서 예수님은 세례 요한에게 머리를 내어놓으실 뿐만 아니라 이제는 광야로 내보내지셔야 했습니다. 그리고 주님은 하나님의 아들이시기에 당연히 마귀에게 승리를 거두실 수 있었습니다. 이 모든 과정에서 인간 구원을 위해 보여 주시는 겸손, 바로 그 단어에 집중되고 있습니다.

우리가 광야에서 시험당하신 기록을 보면서 오히려 주목해야 할 것은, 시험 자체가 아니라 '광야'란 단어입니다. '광야'는 성경에서 아주 중요한 의미를 가지고 있습니다. 그리고 이 광야에서 머문 40일이란 시간 역시 아주 중요합니다. 우리는 구약 성경에서 '40일'이란 단어를 어렵지 않게 발견합니다. 모세는 시내산에서 40일을 머물렀고(출 24:18), 엘리야 역시 호렙산을 찾아 40일 동안 광야를 유랑했습니다(왕상 19:8). 모세와 엘리야에게 그 40일은, 사명자로서의 정체성을 다시 발견하기 위해 필요한 위기의 기간이었습니다. 그러므로 모세와 엘리야는 광야의 사람이라 해도 과언이 아닙니다. 그들의 사명은 광야에서 주어져서 광야에서 보다 분명해졌기 때문입니다. 마가가 예수님께서 광야로 나아가 40일 동안 머무신 일을 이렇게 기록한 이유가 바로 그것입니다. 다시 말해 마가는 예수님께서 40일 동안 광야에서 당신의 사명을 확인하고 준비하셨음을 이런 식으로 표현했던 것입니다. 주님은 이 광야에서 들짐승의 위협과 마귀의 시험을 받으시면서 40일의 시간을 지내셨습니다. 그들은 자신의 사명을 완수하시려는 예수님의 일을 방해하지 못했습니다. 주님은 오히려 이곳에서 천사들의 수종을 받으시는 왕으로서의 모습을 보여 주셨습니다.

시험은 아직도 진행된다 – 끝까지 승리하는 법

지금까지 우리 주님께서 아버지 하나님께서 정하신 때가 되자 요단강에 나타나셔서 인간 요한에게 세례를 받으신 일을 전했습니다. 주님은 이로써 앞으로 이어질 당신 사역의 성격이 어떤지를 우리에게 보여 주셨습니다. 주님은 분명히 하나님의 아들이시지만 이 땅에서 인류를 구원하실 방법은 전능자로서의 위엄과 권세가 아니었습니다. 그분은 낮아지셔서 우리 인간의 모습으로 오셨고, 당신이 제정하신 방식에 친히 몸을 낮추심으로 어느 누구라도 당신이 제정하신 구원의 방법에 예외가 있을 수 없음을 말씀하셨습니다. 뿐만 아니라 주님은 광야로 가셔서 하나님의 사역자로 쓰임 받기 위해 여러 종들이 그러했듯이 거기에서 자신의 사명을 확인하고 준비하는 과정을 거치셨습니다. 거기에서 주님은 마귀와 들짐승들의 위협을 받으셨지만 동시에 천사들의 수종도 받으셨습니다.

그런데 마가는 예수님께서 광야에서 승리하셨다고 말하지 않습니다. 이 사실은 무엇을 의미할까요? 그렇습니다! 예수님은 광야에서 분명히 마귀의 시험을 이기셨습니다. 그러나 마귀의 시험은 계속될 것입니다. 마귀는 예수님의 사역 기간 동안 늘 따라다니면서 시험하려 할 것이고, 예수님은 끊임없이 이어지는 시험 속에서도 당신의 사명을 틀림없이 완수하실 것입니다. 바로 이것입니다. 마가의 증언은 마가복음 15장 39절에서 백부장의 고백이 터져 나올 때까지 쭉 이어질 것입니다. 하나님께서 '이는 내 사랑하는 아들이라'고 선언하신 말씀을 인간들이 자신의 고백으로 고백할 때까지 사탄의 시험은 이어질 것이고, 우리 주님은 거기에서 승리하심으로써 이 과정들을 살펴보는 모든 인간들의 입에서 '당신은 정말 하나님의 아들입니다'라는 고백이 나올 때까지 승리의 사역을 계속하실 것입니다. 말하자면, 광야에서의 승리는 그것으로 그치는 것이 아닙니다. 예수님께서 십자가에서 승리하실 때까지 계속 이어질 영적 전쟁에서 거둔 첫 번째 승리일 뿐입니다. 마귀는 이때까지 어떻게든 예수님을 쓰러뜨리려 할 것이고, 예수님은 마지막까지 승리하시기 위하여 당신의 길을 가실 것입니다. 그리고 그 방법은 처음부터 마지막까지 한결같이 겸손의 자세를 잃지 않는 것입니다. 우리는 겸손의 최종적인 완성을 십자가에서 보게 될 것입니다.

우리는 주님의 태도에서 교훈을 얻어야 합니다. 주님은 당신의 사역을 완수하시기까지 철저하게 오직 한 가지 태도로 일관하셨습니다. 겸손입니다. 주님의 일을 하려는 사람은 이 사실을 명심해야 합니다. 하나님께서 우리에게 무언가를 기대하실 때, 혹은 명령하실 때, 하나님의 사람은 낮아짐의 태도가 얼마나 중요한지를 명심해야 한다는 것입니다. 나폴레옹은 자신의 꿈을 이루는 과정에서 교만했습니다. 그의 성공은 분명 노력의 결과였겠지만, 그는 그 결과에 도취하여 나중에는 남의 말이나 충고를 듣지 않는 지경에 이르렀습니다. 그의 야망과 교만은 결국 자신도, 이웃도 불행하게 만들었습니다. 잠언 16장 18절은 우리에게 경고합니다.

교만은 패망의 선봉이요 거만한 마음은 넘어짐의 앞잡이니라

성공은 노력한 자의 열매입니다. 그러나 그 열매를 부여잡고 한껏 교만해져서 그것이 하나님의 선물임을 잊는다면, 그 성공은 패망을 향해 인도하는 앞잡이가 되어 버릴 것입니다. 바울은 하나님의 나라를 향해 달려가는 신자의 자세를 이렇게 말합니다.

내가 이미 얻었다 함도 아니요 온전히 이루었다 함도 아니라 오직 내가 그리스도
예수께 잡힌 바 된 그것을 잡으려고 좇아가노라 _빌 3:12

마가복음이 전하는 주님의 모습도 그러합니다. 주님은 광야에서 마귀의 시험을 이기셨지만, 그 자리에서 승리를 즐기지 않으셨습니다. 주님은 광야에서의 승리를 경험하신 후에도 한결같이 겸손의 태도를 유지하셨습니다. 결국 그분의 겸손은 십자가에서 더 이상 낮아질 수 없는 모습으로 드러났습니다. 그분은 인류를 구원하시기 위해 인간조차도 가장 부끄럽게 생각하는 형벌에 자신의 몸을 전부 내어놓으셨습니다.

마가는 광야에서의 시험에서 시작하여 십자가의 시간까지 끊임없이 예수님을 시험하고 방해하는 마귀의 모습을 오늘 본문에서 암시하고 있습니다. 그러나 예수님은 반드시 승리하실 것입니다. 하나님께서 그렇게 작정하셨고, 그때가 되어 그 작정을 이루시기 위해 이 세상에 오셨기 때문입니다. 이때 승리의 방식은 철저하게 낮아짐의 자세입니다. 이 확실한 계획, 절대 실패할 수 없는 구원의 계획이 믿어지십니까? 우리는 예수님의 삶을 통해 이계획이 얼마나 확실하고 분명한지를 보았습니다. 그리고 주님은 이 계획의 첫 번째 열매가 되셔서 그 뒤를 따르는 우리를 부르시고 격려하십니다. 마가는 예수님의 삶을 우리에게 설명하면서 낮아짐으로써 세상을 이기는 제자의

삶으로 우리를 초대합니다. 물론 마가도, 그리고 마가에게 예수님의 삶을 전해 주었던 베드로도 처음에는 실패했습니다. 그러나 그들은 예수님의 삶에서 낮아짐으로써 높아지는 비결을 배웠습니다. 그래서 그들은 다시 시작하여 마침내 예수님의 제자로서의 삶을 성공적으로 살아 낼 수 있었던 것입니다. 그들의 성공은 우리에게도 도전이 됩니다. 마가같이 유약한 우리도, 베드로같이 울컥하는 우리도 그들처럼 성공할 것입니다. 예수님께서 보여 주신 성공의 법칙, 즉 낮아짐으로써 높아진다는 성공의 법칙은 어제도 오늘도 여전히 유효하기 때문입니다.

나폴레옹같이 자신을 믿지 마십시오. 예수님처럼 낮아지십시오. 하나님의 부르심을 받은 자들은 낮아져야 합니다. 하나님께서 그들을 높이실 것입니다. 마지막으로 야고보와 베드로의 권면을 소개합니다. 먼저, 야고보서 4장 10절의 말씀입니다.

주 앞에서 낮추라 그리하면 주께서 너희를 높이시리라

다음으로 베드로전서 5장 6절의 말씀입니다.

그러므로 하나님의 능하신 손 아래서 겸손하라 때가 되면 너희를 높이시리라

이 말씀이 언제나 당신의 삶을 지배하는 경구(警句)가 되기를 바랍니다.

05 때가 이르매
마가복음 1:14-15

세례 요한, 가장 위대한 조역

본문은 '요한이 잡힌 후에'라는 말로 시작합니다. 마가복음에는 자세한 설명이 없습니다만, 마태복음 14장과 누가복음 3장을 보면 세례 요한은 당시의 지배자 헤롯, 즉 로마를 대신하여 유대 지방을 다스리던 헤롯의 비리를 지적했습니다. 헤롯은 주전 4년부터 주후 39년까지 유대 지방을 다스렸습니다. 그의 공식 이름은 헤롯 안티파스(Herod Antipas)로, 누가복음 1장에 등장하는 헤롯과는 다른 사람입니다. 누가복음 1장의 헤롯은 보통 '헤롯 대제'(Herod the Great)라 불리는데, 이 사람은 주전 37년경 로마의 원로원을 매수하여 유대 즉 팔레스타인 전체를 지배하는 왕으로 파견되었고, 주전 4년에 죽었습니다. 헤롯 안티파스, 즉 오늘 본문의 헤롯은 헤롯 대제가 죽자마자 그의 뒤를 이어 왕의 자리에 올랐습니다. 짐작하시다시피 헤롯 안티파스는 헤롯 대제의 아들이었습니다. 헤롯은 주후 26년경 첫 번째 부인을 버리고 동생의 부인이자 자신의 조카였던 헤로디아와 결혼했습니다. 이는 유대인들에게 절대 용납될 수 없는 악행이었습니다(레 18:16; 20:21 참조).

세례 요한은 이 행위가 불법이라 지적했습니다. 그리고 그의 지적은 당시 유대인들에게 큰 호응을 얻었습니다. 그러나 누가는 자신의 복음서 3장 20절에서 헤롯이 요한의 비판을 받아들이지 않았으며 오히려 악한 일을 계속했다고 기록합니다. 뿐만 아니라 헤롯은 옳은 말을 하는 세례 요한을 옥에 가

두었습니다. 그럼에도 교활한 헤롯은 대중의 마음을 잘 읽었습니다. 아무리 요한이 미워도 그가 대중의 지지를 받고 있는 이상 그를 죽이지는 못했다는 뜻입니다. 하지만 헤로디아는 달랐습니다. 헤로디아는 자신의 더러운 부분을 공개적으로 비판하는 세례 요한을 죽이고 싶었습니다. 그래서 헤롯의 생일에 딸을 시켜 그를 거절할 수 없는 함정에 빠뜨렸고, 마침내 세례 요한을 죽게 만들었습니다. 어쨌든 세례 요한이 감옥에 갇힘으로써 그의 시대는 가고, 드디어 우리 주님의 시대가 시작되었습니다.

세례 요한이 옥에 갇히게 되었다는 말은 우리에게 참 많은 것을 생각하게 합니다. 성경에 따르면, 세례 요한은 자신의 사역, 혹은 자신의 삶 자체를 오직 하나의 목표에만 맞추어 살았습니다. 그는 자신의 존재 이유를 '예수, 곧 메시아의 길을 예비하는 것'에 맞추었던 것입니다. 예수님의 길을 예비하는 것은 하나님께서 자신을 이 세상에 보내신 목적이기도 했고, 오래전부터 선지자들이 자신의 삶을 가리켜 예언한 내용이기도 했습니다. 예수님은 마태복음 11장에서 세례 요한을 가리켜 여자가 낳은 자 가운데 이보다 큰 이가 없다고 평가하셨습니다. 어떻습니까? 주님께 이런 평가를 받는다는 것이 얼마나 영광되고 복됩니까? 하지만 생각해 보십시오. 세례 요한의 영광은 우리가 쉽게 생각하는 그 영광과 모습이 다릅니다. 그의 영광은 철저하게 하나님의 영광을 위해 자신을 희생할 때에 받게 되는, 그것도 오직 하나님께만 평가받는 영광이었습니다. 그는 그것을 위해 평생을 광야에서 살아야 했고, 미움을 받아야 했고, 억울한 죽음을 당해야 했습니다. 심지어 예수님께서 공개적으로 당신의 일을 시작하는 시점을 알리기 위해 본문에서 옥에 갇혀 죽임을 당해야 했습니다.

이런 모습으로 소위 '하나님의 영광'을 드러내는 역할을 해야 하는 경우를 우리는 적지 않게 봅니다. 요한복음 9장에는 '날 때부터 소경된 사람'이 등장합니다. 이제나저제나 사람들은 이런 사람을 볼 때 이렇게 질문합니다. "이 사람이 소경으로 난 것이 뉘 죄로 인함이오니이까"(요 9:2). 온갖 종류의 고통을 볼 때마다 인간은 습관적으로 그것을 '죄'와 연결합니다. 앞을 못 보는 것은 불행한 일입니다. 그 불행은 무언가 문제가 있기 때문에 하나님께서 내리신 징벌입니다. 그러므로 소경 주변의 사람들은 날 때부터 소경된 사람이 무엇 때문에 그런 고통을 당하는지를 물어볼 수밖에 없었습니다. 그런데 놀랍게도 예수님은 이렇게 대답하셨습니다. "이 사람이나 그 부모가 죄를 범한 것이 아니라 그에게서 하나님의 하시는 일을 나타내고자 하심이니라"(요 9:3). 인간의 고통이 언제나 죄, 즉 나의 죄나 남의 죄 때문에 오는 것만은 아닙니다. 하나님의 일을 증거하기 위해서도 옵니다. 이렇게 해서 소위 '하나님의 영광을 위한 고난'이란 논리가 성립합니다.

세례 요한이 고난을 당한 것은 그에게 무슨 잘못이 있어서가 아니라 정의가 무엇인지를 보이기 위해서였고, 더군다나 예수님의 본격 사역의 시작을 알리기 위해서 하나님께서 계획하신 일정표에 포함된 일이었습니다. 이렇게 함으로써 예수님의 앞길을 예비하기 위해 존재했던 세례 요한은 역사의 무대 뒤로 물러가고, 하나님의 아들 사역이 본격적으로 시작되었습니다.

연극이든 오페라든 주연이 있으면 조연도 있습니다. 조연이 아무리 중요하다 해도 주연을 넘을 수 없습니다. 조연이 주연의 존재를 가린다면, 그의 연기가 아무리 출중해도 칭찬받을 수 없습니다. 조연은 조연으로서, 주연은 주연으로서 자신에게 주어진 역할에 최선을 다할 때 각자의 자리가 빛납니다. 그래서 주연은 주연의 관점에서, 조연은 조연의 관점에서 각각 평가를 받는 것입니다. 이런 식으로 세례 요한은 자신의 역할에 충실했고, 그분을 위해서 자신의 생명도 기꺼이 바쳤습니다. 이 때문에 그는 하나님께서 인간을 구원하시는 역사의 무대 위에서 주연이 아니었음에도 '여인이 낳은 사람 가운데 가장 뛰어난 사람'이란 평가를 들을 수 있었던 것입니다.

얼마 전 한국의 TV 프로그램을 보았습니다. 그 안에는 우리나라의 많은 어린이들이 심각한 스트레스를 견디지 못해서 변비에 시달리고 있다는 보도가 있었습니다. 처음에는 '쪼그만 것들이 무슨 스트레스람!' 하고 웃으면서 그 보도를 봤는데, 나중에는 한국에서 어린이로 사는 것이 얼마나 힘든지를 공감하게 되었습니다. 극단적으로 표현하자면 요즘의 어린이는 어른의 잃어

버린 꿈을 실현하기 위해 사용되는 대리인이었습니다. 무대에서, 학교에서, 사회에서 어린이들이 화려하게 웃고 있지만 그들의 뒤에는 자신의 못다 한 꿈을 이루려는 부모들의 허영이 적지 않게 개입되어 있었습니다. 어쨌든 제가 드리고 싶은 말씀은 요즘 사회에서 누구나 최고가 되기 위해 뛰고 있고, 이 살벌한 분위기에서 2등, 혹은 2등 이하가 설 자리는 어디에도 없어 보인다는 것입니다.

이 상황에서 세례 요한의 역할은 정말 우리에게 큰 도전이 됩니다. 세상에는 '영광스런 2등'의 자리가 없을지라도 하나님의 나라에는 영광스런 2등도, 3등도, 4등도 얼마든지 있습니다. 하나님의 나라에서는 자리의 서열이 중요하지 않습니다. 각자에게 주어진 역할을 얼마나 충실하게 감당하느냐에 따라 평가될 뿐입니다. 일의 비중은 다를지라도, 모든 사람은 자신에게 맡겨진 역할을 얼마나 잘 감당했느냐에 따라 상급을 받을 것입니다. 그 일에 얼마나 충성했는지, 즉 충성도에 비례하여 상급을 받을 것이라는 말씀입니다. 우리가 잘 아는 소위 '달란트의 비유'를 보십시오. 한 달란트, 두 달란트, 다섯 달란트 받은 하인들이 있었으나 그들은 모두 동일한 기준으로 평가를 받았습니다. 즉, 착하고 충성된 종과 악하고 게으른 종으로만 분류되었던 것입니다. 그러므로 우리가 하나님의 평가를 제대로 받기 위하여 명심해야 할 사실이 있습니다. 먼저 자신이 해야 할 일이 무엇인지를 알아야 합니다. 다음으로 주어진 사명에 오직 충성해야 합니다. 하나님은 이 진리를 깨닫고 하루하루를 성실하게 살아가는 모든 자녀들에게 동일하게 상 주실 것입니다.

때가 찼고

마침내 우리 주님께서 역사의 전면에 등장하셨습니다. 등장하신 시기는 요한이 감옥에 갇힌 그때가 아니라 하나님께서 정하신 그때였습니다. 요한이 감옥에 갇힌 사건은 이제 그의 때가 지나고 주님의 때가 되었음을 알리는 외적인 특징일 뿐이었습니다. 그 때문에 우리 주님은 복음을 전하면서 이렇게 말씀하셨습니다.

> 때가 찼고 하나님 나라가 가까왔으니 회개하고 복음을 믿으라 _막 1:15

논리적으로 볼 때 주님 메시지의 핵심은 '회개하고 복음을 믿으라'였습니다. 그러나 우리는 이 회개와 믿음이 어디서 난데없이 나타나지 않음을 여전히 놓치지 않고 보아야 합니다. 주님의 등장이 때가 찼기에, 즉 하나님께서 정하신 때가 되었기에 일어난 것처럼, 이 회개와 복음 역시 주님께서 즉흥적으로 전하시는 것이 아니라 치밀하게 계획된 것이었다는 말입니다. 그러므로 '때가 찼다'는 말씀은 인류와 우주를 구원하시려는 하나님의 계획이 가장 적절하게 실현될 수 있는 때가 도래했다는 뜻이기도 합니다.

이어서 주님은 '하나님의 나라가 가까왔다'고 선언하셨습니다. 하나님의 나라(βασιλεία τοῦ θεοῦ)는 단적으로 하나님께서 절대적인 권능으로써 다스리시는 나라를 가리키며, 하나님의 주권이 실재적으로 영향을 미치는 곳을 말합니다. 따라서 그 나라는 특정한 지역을 이르지 않습니다. 하나님의 주권이 높여지는 곳이면 그곳이 어디든 하나님의 나라가 됩니다. 내 마음도, 어느 지역도, 어느 공동체도. 이 나라는 언젠가 마침내 눈에 보이는 하나님의 나라로 이 우주에 나타날 것입니다.

어쨌든 주님께서 선언하신 '하나님의 나라'에는 주목할 만한 특징이 있습니다. 마태복음 12장 28절과 누가복음 11장 20절을 보면, 주님은 그 나라가 '이미' 이루어졌다고 말씀하셨습니다. 그런데 마태복음 8장 11절 등을 보면, 그 나라가 아직도 기다려야 할 나라라고 말씀하시기도 했습니다. 즉, 하나님의 나라는 이미 이루어졌지만 아직도 최종적인 완성을 기다리고 있습니다. 이 특징은 우리 신자의 삶에 '긴장'이란 개념으로 실재하고 있습니다. 다시 말씀 드립니다. 하나님의 나라는 이미 이루어졌습니다. 그 나라는 하나님과 그분의 아들을 궁극적인 주인으로 인정하고 섬기는 사람들의 삶에서 이미 이루어진 것입니다. 그러나 그 나라는 아직 미완성입니다. 그 나라는 하나님께서 정하신 그때에, 즉 세상의 마지막에 마침내 그 온전한 모습을 드러낼 것입니다. 하나님께서 왕이 되시고 우리는 그분의 백성이 되어 하루 종일, 일 년 내내 슬픔도 없고 고통도 없는 그곳에서 오직 그분만을 찬양하며 살아가게 될 것입니다. 우리는 이와 같이 '이미' 이루어진 그 나라와 '아직' 이루어지지 않은 그 나라 사이에서 이루어졌으나 아직 완성되지 않은 긴장된 자세로 현재를 살아가야 합니다.

'이미'와 '아직' 사이의 현재를 살아가는 우리가 할 일이 있습니다. 그것은 우리 주님의 요구대로 회개하고 복음을 믿는 일입니다. 천국에 들어갈 사람들이 반드시 거쳐야 할 일이 있습니다. 천국의 첫 걸음은 '회개'하는 것입니다. '회개'($\mu\varepsilon\tau\alpha\nu o\acute{\varepsilon}\omega$)는 '마음을 바꾸다, 죄로부터 돌이키다, 길을 바꾸다'라는 뜻을 갖고 있습니다. 하나님은 거룩하십니다. 그러므로 죄 있는 자는 결단코 하나님과 가까워질 수 없습니다. '거룩하다'는 말은 죄 있는 자를 절대 그냥 두실 수 없는 하나님의 성품을 의미합니다. 그러므로 '거룩하신 하나님'이라 고백하는 자는 죄를 가벼이 여기거나 죄를 회개하지 않을 수 없습니다. 하지만 회개의 의미는 그냥 '유감이군!' 하는 것으로 그치지 않습니다. 과거에 살았던 삶의 방식이 틀렸음을 깨닫고 그렇게 살았던 것을 아파하는 마음, 그리고 전과는 다른 방식으로 살아가는 삶의 방향을 포함합니다. 이런 모습이 포함되지 않은 회개는 진정한 회개라 할 수 없습니다.

그 다음 단계는 '복음을 믿는 것'입니다. 물론 믿는 것이 주된 것입니다만, 우리는 여기서 복음이 무엇인지를 분명히 알아야 합니다. 복음이라고 번역되는 헬라어($\varepsilon\dot{\upsilon}\alpha\gamma\gamma\acute{\varepsilon}\lambda\iota o\nu$)를 문자 그대로 해석하면 '좋은 소식'입니다. 그것이 좋은 소식인 이유는 거기에 죄 사함에 관한 메시지가 들어 있기 때문이며, 거기에 예수 그리스도를 통해서 하나님과 우리 인간 사이의 관계가 회복되어 우리가 하나님의 양자, 즉 양아들이 되었음을 선포하는 내용이 들어 있기 때문입니다. 이 복음에 따르면 우리는 하나님께 죄 용서함을 받기 위하여, 그리고 그분의 양아들이 되기 위하여 할 일이 전혀 없습니다. 오직 믿음만 필요할 뿐입니다. 다시 말해, 우리가 죄인이라는 사실, 우리의 죄가 이미 그분의 아들 예수 그리스도를 통해 용서되었다는 사실, 그러므로 그리스도 예수께서 나를 위해 친히 십자가에 달리심으로써 나의 죗값을 치르셨다는 사실을 믿기만 하면 우리는 소위 '구원'을 받게 되는 것입니다. 그러므로 믿음은 하나님께서 우리 인간을 위하여 그 아들을 통해 이미 이루신 일을 신뢰하는 행위입니다. 따라서 그 복음을 믿는 자의 모습은 그 아들 예수 그리스도로 말미암아, 그분을 통해서 이제는 죄인이 아니라 그분의 자녀가 되어서 하나님과 올바른 관계를 맺으며 살아가는 것입니다.

주님의 등장과 하나님의 나라, 그리고 그 나라의 백성

우리는 주님께서 하나님의 때에 맞추어 공생애를 시작하시는 장면과 주님께서 복음을 전파하기 시작하신 일, 그리고 그분의 메시지를 살펴보았습니다. 그리고 우리 주님의 사역 배경이 되었던 세례 요한의 삶을 잠시 살폈습니다. 여기에서 우리는 무엇을 마음에 새겨야 할까요? 본문을 생각하면서 어떤 메시지를 마음에 새기셨습니까? 오늘 말씀에서 가장 크게 강조되었던 점은 모든 사건들이 하나님의 주도적인 계획의 결과였다는 점이었습니다. 때가 되어 세례 요한이 광야에 등장하였고, 때가 되어 예수님께서 요단강에 가셔서 세례를 받으셨으며, 때가 되어 예수님께서 광야로 내몰려져서 시험을 받고 승리하셨고, 때가 되어 세례 요한은 구속사의 무대에서 물러났으며, 때가 되어 예수님께서 마침내 구속사의 중앙에 등장하셨습니다. 이 모든 때를 하나님께서 정하셨습니다. 성경 어디에서도 우리는 모든 때와 기한을 이 세상의 창조주이신 하나님께서 정하셨음을 발견할 수 있습니다. 예수님조차도 이 사실을 강조하기 위하여 이렇게 말씀하셨습니다.

때와 기한은 아버지께서 자기의 권한에 두셨으니 너희의 알 바 아니요 _행 1:7

우리는 이 말씀이 복음서에서도 몇 번이나 반복되고 있음을 봅니다. 결국 오늘의 말씀이 은연중에 우리에게 강조하는 메시지는 이것입니다. '모든 것이 하나님께서 정하신 대로 진행되고 있다.' 그리고 이 메시지의 의도는 분명합니다. '모든 것이 주 하나님의 계획대로 되고 있으므로, 우리를 향하신 그 선한 구원의 계획 역시 확실히 이루어질 것이다.' 이것이야말로 우리의 구원이 확실함을 보증하는 가장 든든한 근거입니다. 우리는 변덕스럽고 연약해서 스스로의 능력으로는 하나님께 나아가지 못합니다. 그러나 우리를 미리 사랑하시고 우리를 위해 스스로를 십자가에 내어 주신 주님의 삶으로 말미암아 우리는 하나님께 나아갈 소망을 얻게 되었습니다. 이제 우리가 할 일은 오직 하나입니다. 바로 그분의 사랑을 믿고, 그분이 행하신 일을 나를 위해 행하신 일로 믿으며, 나의 행위가 아니라 그분의 행하신 일을 내가 얻을 구원의 근거로 삼는 일입니다. 이것을 가리켜 우리는 '오직 믿음'(sola fide)의 원리라 부릅니다.

이제 마지막으로 다시 한 번 세례 요한의 삶으로 돌아가 또 하나의 교훈을 새기려 합니다. 지난번에 살펴보았지만, 주님은 낮아짐으로써 높아지는 삶의 원리를 우리에게 보여 주셨습니다. 세례 요한의 삶에서도 우리는 동일한 삶의 태도를 봅니다. 요한은 날 때부터 죽임을 당할 때까지 오직 하나의 목적에만 충성했습니다. 그는 오로지 바로 뒤에 오실 주님 예수 그리스도를 증거했을 뿐이었으며, 그분께서 하실 일을 위해 준비할 뿐이었습니다. 그는 자신이 낮아져야 주님께서 높아지실 것을 알았습니다. 그는 태어나기 전 배 속에서조차 주님을 찬양했습니다. 수많은 사람들이 자신을 칭송하는 가운데서도 뒤에 오실 그분에 비하면 자신은 그분의 신발 끈을 매기에도 부족한 사람이라 말하며 자신을 한껏 낮추었습니다. 그는 자신에 대한 대중의 인기가 절정에 도달했을 때 서슴없이 역사의 무대 뒤편으로 사라졌습니다. 자신의 때가 바로 거기까지임을 알았기 때문입니다. 이렇게 그는 가장 낮은 자로 살았습니다만, 그는 동시에 주님으로부터 '가장 귀한 자'라는 평가를 받는 영예를 누렸습니다.

이 사실이 우리에게 어떤 위로를 줍니까? 세례 요한의 삶을 통해 우리는 가장 높은 자, 유일한 자가 되지 않아도 주님 안에서 영예를 누릴 수 있음을 소망하게 됩니다. 최고의 자리는 오직 하나밖에 없습니다. 그러므로 그 자리에 앉지 못하는 사람은 실패한 사람이 되는 셈입니다. 그러나 천국에서는 이 원리가 전혀 통하지 않습니다. 한 자리밖에 없는 최고의 위치에 서지 못하더라도 우리는 모두 똑같이, 그리고 동등하게 영예로운 상급을 누릴 수가 있습니다. 우리에게 맡겨진 일의 분량이 얼마든지 그 일에 충성함으로써 주님께 '착하고 충성된 사람'이라 불릴 수 있습니다. 천국에서 최고는 하나님 한 분으로 족합니다. 우리는 모두 2등이며, 착하고 충성된 2등만 되면 됩니다. 우리의 목표는 높은 자리에 올라가는 것이 아닙니다. 그분께 참으로 착하고 성실한 사람이라 불리면 족할 뿐입니다. 우리 주님의 나라에 아무 공로도 없이 들어가서 영원토록 사는데, 그 이외에 무엇이 더 필요하겠습니까? 우리는 높아지기를 바랄 것이 아니라 우리 주님께서 요청하신 바로 그것, 즉 죄를 회개하고 복음을 믿는 일에 관심을 집중해야 합니다.

때가 이르렀습니다. 우리 주님께서 그토록 오랫동안 계획하고 진행해 오신 구원의 그때가 마침내 도달했습니다. 이제 우리는 주님께 회개하여 그분과의 관계를 회복해야 합니다. 그분께서 선포하신 복음을 믿어, 오직 은혜로만 주시는 구원의 소식을 내 것으로 받아들여야 합니다. 이것이 아직 오지 않으신 주님의 재림을 준비하는 신자의 자세입니다.

06 곧 따르니라
마가복음 1:16-20

가버나움에서 제자들을 부르시다

주님은 네 명의 제자들을 부르셨습니다. 먼저는 시몬과 안드레, 다음으로는 세베대의 아들들, 즉 야고보와 요한이었습니다. 그들을 부르신 장소는 '갈릴리 해변'이었습니다. 정확하게 말하면 이곳은 호수였습니다. 다른 지방에서는 이곳을 게네사렛 호수, 혹은 디베랴 바다라고 불렀습니다(눅 5:1; 요 6:1). 이 호수는 길이가 20킬로미터, 너비는 10킬로미터, 깊이는 약 50미터 정도라 알려졌습니다. 여러 종류의 물고기가 있었기에 이 주변에는 어업이 번창했다고 합니다. 주님은 어느 날 갈릴리 호변을 따라 걸으시다가 시몬과 안드레, 그리고 야고보와 요한을 제자로 부르신 것입니다. 여기 시몬은 나중에 베드로라고 불리는 바로 그 사람입니다. 요한복음 1장을 보면 시몬과 안드레는 벳새다 사람이었습니다. 언제인지는 모릅니다만, 그들은 벳새다에서 얼마 멀지 않은 가버나움으로 이사했습니다. 거기서 고기를 잡으며 살았습니다. 가버나움에는 '세베대의 아들들'로 잘 알려진 야고보와 요한이 살고 있었습니다. 얼마 후 이들 네 사람은 고기 잡는 일을 그만두고 광야로 가서 세례 요한을 만났습니다. 거기서 네 사람은 세례 요한의 문도(門徒)가 되었습니다.

세례 요한은 거친 외모를 지녔고, 엄격하게 자신을 관리하는 사람이었습니다. 그는 약대 털옷을 입고 허리에 가죽 띠를 띠고, 음식은 메뚜기와 석청을 먹으며 살았습니다(마 3:4). 그는 광야에서 살면서 하나님의 일을 했으며,

도시의 편리함과는 단절되어 살았습니다. 이런 사람의 제자가 되어 산다는 것은 쉽지 않았을 것입니다. 그러나 그들은 그 어려움을 감당했습니다. 이들은 예수님께서 세례 요한에게 세례를 받으실 때에 세례 요한의 옆에 있었습니다. 그러므로 그들은 분명히 예수님께서 세례를 받으실 때 일어난 일을 보았을 것입니다. 그리고 그 다음 날, 세례 요한은 예수님을 보며 이렇게 말했습니다. "보라! 하나님의 어린양이로다"(요 1:35). 사도 요한은 자신의 복음서에서 자신을 포함한 이들이 이 말을 듣자마자 즉시 예수님을 따랐다고 기록하고 있습니다. 이 부분이 요한복음과 마가복음에서 약간의 차이가 있지만, 오늘의 주제와 상관이 없기에 지나가겠습니다.

어쨌든 본문에서 우리는 이 단어를 주목해야 합니다. '곧'이란 단어입니다. 예수님께서 그들을 부르셨고, 그들은 '곧' 그 말씀에 순종해서 주님을 따랐다는 것입니다. 이것을 통해서 마가가 전하려는 의도는 무엇일까요? 예수님은 하나님의 아들이십니다. 그분께서 당신의 삶을 통해 설명하시려는 주제는, 당신께서 진실로 하나님의 아들이시라는 사실입니다. 마가복음 1장의 흐름을 살펴봅니다. 주님께서 마침내 하나님께서 정하신 때가 되어 역사의 무대에 등장하셨습니다. 주님은 하나님의 의를 이루시기 위하여 자신을 스스로 낮추어 세례의 의식에 자신을 내어놓으셨으며, 광야로 가셔서 마귀의 시험도 당하셨습니다. 그러나 주님은 그 모든 낮아짐의 자리에서 승리하셨습니다. 그리고 주님은 승리하신 자로서 하나님의 복음을 세상에 전파하기 시작하셨습니다. 바로 그 주님께서, 가버나움에서 물고기를 잡던 네 사람을 만나셨던 것입니다. 이런 문맥에서 그들이 주님의 부르심에 '곧' 따랐다는 것은, 그들의 즉각적인 순종에 강조점이 있지 않습니다. 하나님의 아들의 권위에 절대 복종하는 인간의 모습을 강조하려는 의도가 짙습니다. 다시 말해 하나님의 아들의 권위에 즉시 순종하는, 복된 인간의 모습을 보이려 했다는 것입니다.

그런데 여기서 우리는 또 한 가지를 생각해 봐야 합니다. 시몬과 안드레, 야고보와 요한은 하나님의 아들이신 예수 그리스도의 부르심에 즉시 응답하고 주님을 따랐습니다. 그런데 마가복음이나 다른 세 복음서가 이 제자들에 관하여 보여 주는 뚜렷한 메시지가 있습니다. 바로 이 네 사람이 곧 예수님을 좇았지만, 거기에 순수하지 못한 동기가 분명히 개입되어 있었다는 점입니다. 그리고 그들이 즉시 주님의 부르심에 순종하고 따랐지만, 그들이 주님께서 바라시는 제자의 모습을 갖추기까지는 아직도 갈 길이 멀었다는 것입니다. 이와 관련하여 우리는 여기 등장하는 네 사람 가운데 야고보라는 한 인물의 인생을 집중해서 살펴보며 한 걸음 더 들어가 보려고 합니다.

야고보의 생애

야고보는 열두 사도 중의 한 사람이며, 요한과 함께 세베대의 아들입니다 (마 4:21; 10:2; 막 1:19; 3:17). 이 두 형제가 소개될 때마다 언제나 야고보가 먼저 언급되는 것을 보면, 야고보가 형이 아닐까 짐작됩니다. 그의 직업은 시몬 베드로, 안드레 형제와 같은 어부였습니다. 그러나 야고보와 요한 형제의 경우는 베드로와 안드레 형제와 약간 다릅니다. 마가복음 1장 20절을 보면 그들의 집안은 부유했던 것 같습니다. 그들이 예수님의 부르심을 받고 집을 떠날 때 아버지와 함께 '삯군', 즉 일꾼들을 떠나 예수님을 따랐다는 표현 때문입니다. 다시 말해 야고보 집안은 어업에 종사하긴 했지만 여느 사람들처럼 하루 벌어 하루 먹는 그런 영세민이 아니라 일꾼까지 고용하여 어업에 종사한, 부유한 집안이었다는 것입니다. 또한 복음서에서 야고보와 요한 형제 앞에 언제나 '세베대' 즉 아버지의 이름이 따라다니는 것을 보면, 이들 형제의 집안이 어업에 종사하는 가운데서도 꽤 유력한 집안이었음을 짐작할 수 있습니다. 예를 들어 요한복음 18장 15-16절을 보면 베드로가 심문받으시는 주님을 좀 더 가까이 보기 위해서 대제사장 집의 뜰 안으로 들어가고자 했을 때, 세베대의 아들 요한이 이 일을 주선했습니다. 이를 볼 때 야고보와 요한의 아버지 세베대가 예루살렘의 대제사장 집안까지도 알고 지낼 정도로, 영향력을 지닌 인물이 아니었을까 짐작할 수 있습니다. 요한복음 19장을 보면 세베대는 예루살렘에 자기 집을 갖고 있었던 것 같기도 합니다.

마태복음 27장, 마가복음 15장과 16장, 그리고 요한복음 19장을 보면 야고보의 어머니 이름은 살로메입니다. 살로메는 예수님의 모친 마리아와 자매였습니다. 예수님의 어머니 마리아가 야고보와 요한의 이모가 된다는 뜻입니다. 세베대 못지않게 살로메도 성경에 수차례 등장합니다. 그 가운데 가장 인상적인 사건이 마태복음 20장과 마가복음 16장에 등장합니다. 바로 살로메가 두 아들을 데리고 예수님께 나아가 한 가지 희한한 부탁을 드린 사건입니다. 마태복음 20장 20-24절입니다.

> 그때에 세베대의 아들의 어미가 그 아들들을 데리고 예수께 와서 절하며 무엇을 구하니 예수께서 가라사대 무엇을 원하느뇨 가로되 이 나의 두 아들을 주의 나라에서 하나는 주의 우편에, 하나는 주의 좌편에 앉게 명하소서

마태복음의 표현에 따르면, 살로메는 "예수를 섬기며 갈릴리에서부터 좇아 온 많은 여자"(마 27:55) 가운데 하나였습니다. 살로메가 예수님의 이모이며, 남편 역시 적지 않은 명성과 부를 가진 사람인 데다가 예수님의 일에 협조적이었던 점을 고려한다면, 살로메의 청탁은 거절하기 어려웠을 것입니다. 달리 말하자면 그럴 만하니까 그 정도의 부탁을 한 것이 아닌가 싶기도 합니다. 어쨌든 이 사건을 통해서 우리는 살로메가, 아들이 높아지고 성공하는 데에 아주 적극적이었음을 짐작할 수 있습니다.

그러면 이 문제에 대해 본인들은 그냥 조용하기만 했을까요? 아닙니다. 야고보 역시, 자신이 높아지기를 원했던 것이 사실입니다. 야고보는 마태복음 17장 등에서 다른 두 제자와 함께 산에 올라가 영광스런 모습으로 변화하신 주님을 가까이서 바라보기도 했고, 예수님께서 돌아가시기 전날 제자들이 겟세마네 동산에서 기도할 때 주님과 함께 좀 더 멀리 따로 가서 기도했던 그룹에 속하기도 했습니다. 뿐만 아니라 복음서 안에 열두 사도들의 명단을 기록하는 두 군데에서 공통적으로 베드로에 이어 두 번째로 그 이름을 올

리고 있음을 봅니다. 그가 열두 제자들 사이에서 실제로 차지하고 있던 비중이 결코 작지 않았다는 뜻입니다. '집안 괜찮겠다, 예수님과 보통 관계도 아니겠다, 실제로 예수님의 최측근이겠다, 또 동료 제자들 역시 자신의 비중을 인정하겠다 ….' 이런 상황 속에서 야고보가 '예수님이 성공하면 나도 높은 자리에 오를 수 있겠다' 하는 희망을 품는 것이 어쩌면 당연하지 않겠습니까? 실제로 야고보는 제자들끼리 누가 높아질 것이냐를 놓고 다툴 때 그 이름이 언급되는 사람이기도 했습니다.

뿐만 아니라 야고보는 성격이 아주 불 같았습니다. 예를 들어 누가복음 9장을 보면, 예수님은 승천하실 때가 되어 예루살렘으로 가시려고 마음을 굳히시고 심부름꾼들을 앞서 보내십니다. 그들은 사마리아 사람의 한 촌에 들어가서 예수님을 모실 준비를 하는데, 예수님이 예루살렘을 향하여 간다고 사마리아 사람들에게 거절당합니다. 그때 야고보와 요한은 이렇게 주님께 질문합니다.

제자 야고보와 요한이 이를 보고 가로되 주여 우리가 불을 명하여 하늘로 좇아 내려 저희를 멸하라 하기를 원하시나이까 _ 눅 9:54

물론 이들은 주님께 꾸중을 들었습니다만, 이런 일들은 야고보의 성격이 얼마나 급한지를 잘 보여 주는 일화라고 생각합니다. 이 때문에 그는 보아너게, 즉 우레의 아들이란 별명을 들었던 것입니다(막 3:17). 어쨌거나 주님은 야고보의 이런 태도를 엄하게 책망하신 것 같습니다. 우리 성경에는 나오지 않았지만 어떤 헬라어 사본에는 이런 문장이 추가되어 있습니다.

너희는 너희가 어떤 영에 속했는지를 모른다![1]

---

1 και ειπεν Ουκ οιδατε οιου πνευματος εστε υμεις. Thomas Newberry and George Ricker Berry, *The Interlinear Literal Translation of the Greek New Testament* (Bellingham, WA: Logos Bible Software, 2004). 그리고 John Nolland, *Luke 9:21-18:34*, vol. 35B, *Word Biblical Commentary* (Dallas: Word, Incorporated, 1993), 533.

사마리아 사람의 한 촌이 보여 준 태도에 대해 그들이 보여 준 영적 태도는 교만이었으며 동시에 분노였습니다. 다시 말해 그들은 오직 주님께서만 하실 수 있는 불 내리는 권세를 넘본 것이고, 주님께서 어째서 이 땅에 오셔서 복음을 전하러 돌아다니시는지, 즉 주님께서 얼마나 인간들을 사랑하시기에 이렇게까지 인간 세상에 내려오셔서 복음을 전하시는지를 몰랐다는 뜻입니다. 주님은 의로운 편에 섰기에 거절하는 사람들을 벌할 수도 있다고 생각하는 야고보를 포함한 제자들이 사랑과 긍휼의 영을 갖기 원하셨습니다.

야고보에게 허락된 것은?

야고보의 개인사에 관해서는 이쯤 줄이고, 성경에 기록된 야고보 이야기의 마지막을 살펴보겠습니다. 야고보에 관한 마지막 기록은 사도행전 12장 1-3절에 있습니다.

> 그때에 헤롯왕이 손을 들어 교회 중 몇 사람을 해하려 하여 요한의 형제 야고보를 칼로 죽이니 유대인들이 이 일을 기뻐하는 것을 보고 베드로도 잡으려 할 새 때는 무교절일이라

야고보의 순교에 관해서는 자세히 기록되어 있지 않습니다. 성경은 헤롯이 야고보를 죽였으며, 야고보는 머리가 잘려 죽었다고 말합니다. 사도행전 12장에 나오는 헤롯은 세례 요한을 죽이고 예수님을 심문했던 헤롯 안티파스의 조카이자 후계자였던 헤롯 아그립바 1세였습니다. 이 헤롯은 그리스도인을 핍박하기 시작했고, 곧 신자들을 죽이기 시작했습니다. 유대 지도자들이 이 일을 아주 흡족하게 여기는 것을 보고, 그는 베드로도 목표로 삼았습니다. 그러나 베드로는 기적적으로 피신하였고, 헤롯 자신은 곧바로 하나님의 심판을 받아 죽었습니다. 어쨌든 이 와중에 야고보는 제자 가운데서 가장 먼저 순교했습니다.

교회 역사가인 유세비우스는 알렉산드리아의 클레멘트가 야고보의 죽음에 관하여 전해 준 말을 다음과 같이 기록해 놓았습니다.

[클레멘트]에 따르면, 야고보를 재판석에 끌고 갔던 사람이 야고보가 그리스도를 증거하는 모습을 보고 감동을 받아서 자기도 그리스도인이라고 고백했다고 한다. 그들 모두 함께 끌려 나갔고, 가는 도중에 그 사람이 야고보에게 자기를 용서해 달라고 청했고, 야고보가 잠시 생각을 해 본 다음에, "그대에게 평강이 있기를 원합니다"라고 말하고 그에게 입맞추었으며, 그 둘은 동시에 목이 잘렸다고 말했다.[2]

야고보는 영광의 관을 원했습니다. 그런데 예수님은 야고보에게 고난의 잔을 주셨습니다. 야고보는 권력을 원했습니다. 그런데 예수님은 그에게 종됨을 허락하셨습니다. 야고보는 우월한 지위를 원했습니다. 그런데 예수님은 그에게 순교자의 무덤을 주셨습니다. 야고보는 불로써 심판하기를 원했습니다. 그러나 예수님은 그에게 그 자신이 처형당하도록 칼을 허락하셨습니다. 그렇게 야고보는 열두 사도들 가운데서 첫 번째로 순교하는 사람이 되었습니다. 이 증언을 통해서 우리가 볼 수 있는 사실은 무엇입니까? 야고보는 역동적이고, 강력하며, 야심만만하고, 열정적이고 열심 있는 선두 주자로서의 성격을 가진 인물입니다. 하지만 야고보의 열정과 야망은 우리 주님의 훈련 아래 단련되었습니다. 야고보는 자기의 화를 억누르고, 자기의 입술을 다스리고, 자기 열심의 방향을 재조정하고, 복수심을 제거하고, 자신의 이기적인 야심을 버리는 법을 배웠습니다. 주님은 이렇게 변모된 야고보가 초대교회에서 놀라운 사역을 행하도록 이끄셨습니다.

이런 일이 야고보에게만 일어났을까요? 본문에 언급된 나머지 세 제자들도 야고보와 같이 주님의 훈련을 통해서 야고보 같은 길을 걸었으며, 앞으로 등장할 나머지 일곱 제자 역시 그러했습니다. 안드레의 예도 살펴봅니다. 안

---

2 https://biblehub.com/library/pamphilius/church_history/chapter_ix_the_martyrdom_of_james.htm#1.

드레는 군중 앞에서 설교하거나 어떠한 교회를 세우지 않았습니다. 어떤 편지도 쓰지 않았습니다. 심지어 성경에는 그가 오순절 이후에 어떤 일을 했는지 기록되어 있지도 않습니다. 그러나 안드레에 관한 교회의 전승에 따르면, 그가 얼마나 겸손하면서도 충성스러운 하나님의 일꾼이었는지를 조금이나마 알 수 있습니다. 전승에 따르면, 그는 복음을 들고서 북쪽으로 갔다고 합니다. 유세비우스는 안드레가 스쿠디아(Scythia)까지 갔다고 합니다. 마지막에 그는 아테네 남부에 위치한 아가야에서 십자가에 달려 죽었다고 합니다. 기록에 따르면, 안드레는 거기에서 로마의 지방 장관의 아내를 믿게 했다고 합니다. 이 사실을 알게 된 남편은 아내에게 믿음을 포기하게 했지만 거절당했습니다. 장관은 아주 화가 나서 안드레를 죽였습니다. 장관의 명령에 따라서 안드레는 십자가에 달리게 되었습니다. 장관은 몹시 화가 나서 안드레를 십자가에 못 박지 않았습니다. 가능하다면 오랫동안 고통을 당하도록 하기 위해서, 안드레는 못 박히는 대신 십자가에 끈으로 매달렸습니다. 안드레는 이런 상태로 이틀 동안이나 매달려 있다가 죽어야만 했습니다. 안드레는 이틀간 십자가 위에 매달려 있는 동안에도 자기 옆을 지나가는 사람들에게 복음을 전했다고 합니다. 안드레는 이처럼 끝까지 신실하였으며, 마지막까지 사람들을 그리스도께로 데리고 가려고 노력하였습니다.

제자가 되어 주님을 따른다는 것은

다시 마가복음 본문으로 돌아와 우리 주님께서 제자들을 부르시는 광경을 살펴봅니다. 제자들은 하나님의 아들이신 예수 그리스도의 부르심에 즉각적으로 응답하고 제자의 길을 걷기 시작했습니다. 그들은 때로 가족과 집을 버리고 예수님을 따름을 자랑스럽게 생각했고, 그것으로 말미암아 자신들이 상을 받아 마땅하다고 생각했습니다. 그들은 그것을 근거로 당연히 높아질 것을 기대했습니다. 주님은 그들을 결국은 높여 주셨지만, 그것은 전혀 다른 방식으로 이루어졌습니다. 주님은 낮아짐으로써, 겸손함으로써, 섬김으로써 그 자리에 그들을 서게 하셨습니다. 우리는 마가복음 전체를 통하여 제자들의 야망과 예수님의 전혀 다른 삶의 원리가 곳곳에서 부딪치는 모습을 보게 될 것이며, 결국은 우리 주님의 방식이 승리를 거두는 모습을 보게 될 것입니다.

본문을 통해 우리는 어떤 교훈을 얻습니까? 제자가 되기 위하여 반드시 거쳐야 하는 첫 번째 단계가 있다는 것입니다. 그 첫 번째 단계는 그분의 부르심에 즉각적으로 응답하는 것이고, 자신이 갇혀 있는 삶의 굴레에서 벗어나야 한다는 것입니다. 다시 말해 자신을 버리지 않고서는, 제자가 되기 위해 대가를 치르지 않고서는 절대 제자의 길에 들어설 수 없다는 것입니다.

제자도와 관련하여 디트리히 본회퍼는 아주 많은 사람들의 입에 오릅니다. 그는 나치당의 수괴인 히틀러를 암살하려다가 잡혀서 교수형을 당했습니다. 그는 죽기 전 마룻바닥에 무릎을 꿇고 간절히 기도했습니다. 교수대를 향해 걸어가다가 다시 기도했습니다. 그리고 침착하게 교수대 계단으로 올라갔습니다. 그는 불안과 두려움이 전혀 없는 가운데 죽었을까요? 그가 처형당하기 얼마 전에 지은 시 "선한 힘들에 관하여"의 일부를 보면, 죽음을 직면하여 벗어나려는 치열한 내적 싸움과 각오를 엿볼 수 있습니다.

당신께서 우리에게 넘치도록 가득 찬
쓰디쓴 고난의 무거운 잔을 주신다면
당신의 선하고 사랑스런 손으로부터
그것을 두려움 없이 감사히 받겠나이다.

당신께서 우리에게 다시 한 번 세상에 대한 기쁨과
그 태양의 찬란한 빛을 허락하신다면
우리는 과거의 것을 기념하고자 하며
그때 우리의 삶은 온전히 당신의 것입니다.

선한 세력들에 의해서 신실하고 조용히 감싸인 채

우리는 위로 속에서 우리에게 다가올 것을 기다린다.

하나님은 저녁과 아침 그리고 새 날에도

분명히 우리 곁에 계신다.

오늘 제 목숨이 날아간다 해도 당신을 찬양할 수 있게 하소서.[3]

죽음이 두렵지 않은 사람이 어디 있겠습니까? 자신의 것을 내어놓는 일이 쉬운 사람이 어디 있겠습니까? 그러나 아주 중요한 진리가 여기 있습니다. 준비된 사람이든 그렇지 않은 사람이든, 용감한 사람이든 비겁한 사람이든, 재능이 있는 사람이든 그렇지 않은 사람이든, 제자의 길을 들어서기 위해서는 어쨌든 그 길을 향해 무조건 발걸음을 떼어야 한다는 사실입니다.

온갖 종류의 사람들을 불러 마침내 제자로 변모시키시는 주님께서 우리를 기다리십니다. 그분께서 우리를 제자로 부르십니다. 눈 한 번 딱 감고, 그분께서 부르시는 길을 향해 걸음을 떼지 않으시겠습니까? 그분께서 그 다음 모든 일을 책임져 주실 것입니다. 제자가 되기 위해 가장 중요한 것은, 그분께서 부르실 때 정말 눈 한 번 딱 감고 그분을 향해 즉시 걸음을 떼는 것입니다! 시작은 미약할지라도 그 마지막은 결국 우리 인간이 얻을 수 있는 가장 행복한 존재가 되는 길, 그 길은 바로 우리 주님의 부르심에 순종하여 제자가 되는 일입니다.

---

3 디트리히 본회퍼, 『저항과 복종: 옥중서간 – 디트리히 본회퍼 선집 8』, 손규태, 정지련 역(서울: 대한기독교서회, 2010), 775–776.

07 하나님의 나라와 능력
마가복음 1:21-28

예수님의 권위

마가는 앞에서 예수님의 권세, 즉 당신의 제자들을 부르시는 권위를 설명했습니다. 다시 말해 주님께서 부르실 때 제자들이 '즉시' 집과 일터를 버리고 따랐다는 설명을 통해서 주님께서 세상의 주인으로서 당신의 제자들에게 어떤 권세와 권위를 갖고 계신지를 설명했다는 것입니다. 본문을 보면, 예수님과 제자들은 가버나움에 들어가셨고, 예수님은 곧 이어서 안식일을 맞아 회당으로 가셨습니다. 예수님은 회당에서 성경을 가르치셨습니다. '회당'은 헬라어로 '시나고게'(συναγωγή)입니다. 이 회당은 공회당이라고도 하는데, 유다 왕국이 바벨론 제국에 멸망당하면서 생긴 것으로 알려졌습니다. 왕국이 멸망하면서 예루살렘의 성전도 파괴되었고, 더구나 사방으로 흩어져 살았으므로 유대인들은 성전을 대체할 방법을 찾았습니다. 그 결과 회당이란 것이 생겼습니다. 이 회당은 유대인들이 가는 곳마다 생겨났습니다. 유대인들은 회당에 모여서 오늘날의 예배 비슷한 의식으로 예배를 드렸는데, 기도, 찬양, 성경 봉독, 그리고 랍비(Rabbi)나 이에 준하는 자격을 갖춘 사람의 설교 등의 순서로 진행되었다고 합니다.

예수님께서 이렇게 회당에서 말씀을 전하실 때, 청중들은 그분의 말씀을 듣고 놀랐습니다. '놀라다'(ἐξεπλήσσοντο)는, 어떤 주석에 따르면 놀라움과 경이에 가득 차서 '정신이 멍하다', '넋을 잃을 만큼 감동을 받다'라는 뜻이며,

사전의 설명을 직역하면 '한 방 얻어맞고 정신이 나갔다'는 뜻입니다. 무엇에 그리 놀랐을까요? 마가는 그들이 예수님의 가르침에 크게 놀랐다고 하는데, 그는 이어서 이 놀람의 이유를 22절에 이렇게 덧대어 놓고 있습니다.

> 뭇 사람이 그의 교훈에 놀라니 이는 그 가르치시는 것이 권세 있는 자와 같고 서기 관들과 같지 아니함일러라

요점은 주님의 교훈에 권세가 있었다는 것입니다. 그런데 가르침에 권세가 있었다? 무슨 뜻일까요? 마가는 1장 23절 이하에서 또 다른 설명을 붙여 놓았습니다.

> 마침 저희 회당에 더러운 귀신 들린 사람이 있어 소리 질러 가로되 나사렛 예수여 우리가 당신과 무슨 상관이 있나이까 우리를 멸하러 왔나이까 나는 당신이 누구인 줄 아노니 하나님의 거룩한 자니이다 예수께서 꾸짖어 가라사대 잠잠하고 그 사람 에게서 나오라 하시니 더러운 귀신이 그 사람으로 경련을 일으키게 하고 큰 소리를 지르며 나오는지라 다 놀라 서로 물어 가로되 이는 어찜이뇨 권세 있는 새 교훈이 로다 더러운 귀신들을 명한즉 순종하는도다 하더라

23절 이하의 기록은 보다시피 한 가지 사건을 설명합니다. 주님께서 회당 에서 강론하실 때에 마침 더러운 귀신 들린 사람이 등장합니다. 그는 예수님 께 소리를 지르면서 질문합니다. "나사렛 예수여, 우리가 당신과 무슨 상관 이 있나이까?" 귀신 들린 사람은 자신을 '우리'라고 말합니다. 즉, 지금 예수 님께 질문하는 한 인간에게 다수의 귀신이 들렸다는 뜻입니다. 그러니까 지 금 말은 어떤 한 사람이 하고 있지만, 실제로는 다수의 귀신이 말하고 있는 것입니다. 어쨌든 귀신들은 예수님께 상당히 볼멘 투로 질문을 하고 있는데, 그 내용을 볼 때 이 질문에는 사실상 강한 반발심이 담겨 있습니다.

귀신들은 묻습니다. "나사렛에서 나신 예수님, 우리와 당신이 무슨 상관

이 있습니까?" 당신과 우리는 상관이 없다는 뜻입니다. 왜 그렇습니까? 당신, 즉 예수님은 하나님의 거룩한 자이시기 때문입니다. 마가는 이미 이 귀신들을 '더러운' 존재라고 규정했습니다. 굳이 설명한다면 귀신들은 예수님께, '당신은 하나님의 거룩하신 자이신데 어찌 더러운 우리와 관계가 있겠습니까?'라고 묻는 것입니다. 그렇기는 합니다. 거룩하신 분이 어떻게 '더러운 것들과' 상종하겠습니까? 그러나 귀신들은 이미 알고 있었습니다. 그 예수, 하나님의 거룩하신 자가 조만간 자신들을 멸하실 것이라는 사실 말입니다. 사람들은 아직 몰랐지만, 귀신들은 정말 용하게도 알았습니다. 자기 앞에 있는 바로 저 예수가 조만간 자신들을 철저하게 멸하시기 위해 이 땅에 오셨다는 사실 말입니다. 그러니까 '당신과 우리가 무슨 상관이 있습니까?'라고 귀신들이 물은 것은, 자신의 운명을 이미 아는 자들로서 짐짓 해 보는 항의 정도였을 것입니다.

귀신이 나갔다

우리는 여기서 한 가지 질문을 더 해야 합니다. 귀신들은 예수님께 자신들을 파멸할 만한 권세가 있음을 알았습니다. 그런데도 그들은 어째서 굳이 예수님 앞에 나타났을까요? 망할 것이 분명하다면, 차라리 도망해야 옳은 것 아닐까요? 설마 망하려고 일부러 나타난 것은 아닐 것입니다. 이 질문은 쉽게 대답하기 어렵습니다. 물론 저도 이 질문에 제대로 대답할 수 없습니다. 그럼에도 불구하고 우리가 이 질문을 통해서 짐작할 수 있는 새로운 사실이 있습니다. 마가는 지금 이 이상스런 장면 설정을 통해 귀신조차도 제어하실 수 있는 우리 주님의 권세를 설명하고 있다는 것입니다.

우리 주님께서 회당에서 말씀을 선포하셨습니다. 사람들은 그 말씀을 들으면서 서기관 같은 부류들의 말씀과는 확연하게 다른 권세를 느꼈습니다. 그리고 그 권세는 귀신까지도 제어할 수 있는 능력이었습니다. 여기에서 누가복음 4장 36절을 살펴봅시다.

다 놀라 서로 말하여 가로되 이 어떠한 말씀인고 권세와 능력으로 더러운 귀신을
명하매 나가는도다 하더라

예수님의 말씀은 성경 말씀을 해석하는 데서 그치지 않았습니다. 그분의
말씀에는 이른바 '능력', 즉 '권세'가 있어서 말씀이 나오는 즉시 그 말씀은 현
실로 이루어졌습니다. 창세기 1장 이후를 유심히 살펴보면 하나님께서 무엇
을 말씀하시자마자 창조의 능력으로 변화되었습니다. 땅이 있으라 말씀하셨
을 때 땅이 있었고, 바다가 있으라 말씀하셨을 때 바다가 존재했습니다. 빛
이 있으라 말씀하셨을 때 빛이 존재하게 됩니다. 그러므로 귀신에게 '나가라'
고 명령하시면 귀신은 나갈 수밖에 없습니다. 이것이 바로 그분의 말씀의 능
력이었습니다. 이 때문에 바울 사도는 데살로니가전서 1장 5절에서 이렇게
말하는 것입니다.

이는 우리 복음이 말로만 너희에게 이른 것이 아니라 오직 능력과 성령과 큰 확신
으로 된 것이니

요약하자면, 마가는 지금 계속해서 예수님의 권위, 즉 하나님의 아들로서
의 권세를 말하고 있는데, 귀신 들린 사람의 등장은 이 권세가 어떤 성격인
지를 설명하고 있다는 것입니다. 마가가 설명하는 예수님의 권세는 말씀이
곧 현실이 되는 권세, 귀신을 다스리는 권세입니다.

이 권세를 가지고 주님께서 귀신에게 이렇게 말씀하십니다. "잠잠하고 그
사람에게서 나오라!" 이 말씀은 명령이기보다는 오히려 꾸짖음이었습니다.
이때 마가가 사용한 '꾸짖다'(ἐπιτιμάω)는 '벌하다', 혹은 '책망하다'는 의미입니
다. 예수님은 당신을 '하나님의 거룩한 자'라고 일컫는 귀신들에게 아주 분명
하게 적대적으로 대하셨습니다. 바로 이 순간까지 예수님의 진정한 정체를
아는 사람은 거의 없었습니다. 이런 상황에서 귀신들은 예수님을 사람이 아
니라 신적인 존재로 알아보았던 것입니다. 그러나 예수님은 그들의 말에 관

심이 없으셨습니다. 오직 그들의 정체에만 관심을 가지셨습니다.

이 사실이 우리에게 주는 교훈은 무엇일까요? 믿지 않는 사람들도 성경을 보면서 예수님께서 하나님의 아들이시라고 말할 수 있습니다. 물론 우리도 예수님을 주님이라 말하고 고백합니다. 그러나 예수님은 사람의 말보다는 그 말을 하는 사람의 사람 됨, 즉 그 사람이 어떤 자세로 어떤 인격으로 그렇게 말하고 있는지를 보십니다. 그 사람의 말이 진심인지를 보신다는 뜻입니다.

이 교훈은 우리에게 아주 중요한 도전과 경고가 됩니다. 하나님은 말의 내용, 즉 말의 진정성을 그 말하는 사람의 인격 위에서 평가하십니다. 우리의 고백과 감사가 진정인지를 그 사람의 인격으로 판단하신다는 뜻입니다. 이 사실이 우리와 어떤 관련이 있을까요? 이미 짐작하시겠지만, 우리가 매일 드리는 고백이 좀 더 진지해져야 합니다. 이 말씀을 생각하다 보면 우리의 고백들이 상당히 감정적임을 인정하지 않을 수 없습니다.

카셀에 온 지 얼마 안 된 사람이 이렇게 말합니다. "저는 이곳에 오게 된 것이 하나님의 인도인 것 같아요." 그러나 오랜 시간이 지나다 보면 그 사람의 고백은 그야말로 '인 것 같은' 말이었음을 알게 됩니다. 왜 그렇습니까? 오래지 않아 그 사람의 입에서 카셀에 와서 사는 것이 얼마나 힘들고 괴로운지 불평하는 소리가 나오는 것을 듣기 때문입니다. 일마다 때마다 소위 '하나님의 뜻'을 말하는 사람일수록 이런 경향이 상당함을 우리는 봅니다. 결국 이런 분들에게 하나님의 뜻은 자신의 삶과 현실에 자신이 없기 때문에, 소위 '하나님의 뜻'을 일컫지 않고서는 그것을 견딜 수 없는 불안감 때문에 언급되었을 뿐임을 알게 됩니다. 한마디로 자기 결정과 현실에 자신이 없으니까 하나님의 뜻을 읊조릴 뿐이란 것입니다.

물론 이런 분들의 고백이 전혀 무가치하지는 않을 것입니다. 인간의 생각은 짧기 때문에 그 당시로서는 그렇게 생각하는 것이 맞아 보일 수도 있습니다. 그러니 시간이 지나면 자신의 당시 판단이 틀렸음을 깨달을 수도 있습니다. 그러나 생각해 봅시다. 그럴 수도 있다는 것은 그렇지 않을 수도 있다는 뜻이 됩니다. 그렇지 않은 사람도 있다는 말입니다. 다시 말해 한 번 어떤 고백을 입 밖에 낸 사람 중에는 설사 어느 순간에 그렇지 않은 듯한 생각이 든다 하더라도 쉽사리 '하나님의 뜻이 바뀌었나?' 하는 식으로 말하지 않는다는 것입니다. 결국 우리는 여기에서 인간의 성품에 따라 믿음의 언어와 행동도 영향을 받을 수 있음을 깨닫게 됩니다. 이때는 '이것이 하나님의 은혜다'라고 말하던 사람이 저때에는 '저것이 하나님의 뜻이다' 말한다면, 우리는 그 사람이 변덕스런 사람이라고 말할 수밖에 없다는 뜻입니다. 그러므로 우리는 이 사실을 명심해야 합니다. 하나님의 성품은 변덕스럽지 않습니다. 야고보 사도는 우리에게 하나님을 이렇게 설명합니다.

> 각양 좋은 은사와 온전한 선물이 다 위로부터 빛들의 아버지께로서 내려오나니 그는 변함도 없으시고 회전하는 그림자도 없으시니라 _약 1:17

그분은 변함이 없으셔서 뜻을 돌이키려는 모습조차 볼 수 없는 분이십니다. 그러므로 하나님의 뜻이 이랬다저랬다 변하는 것이 아니라 우리의 마음이 이랬다저랬다 하는 것입니다.

어쨌든 주님은 자신을 신적 존재로 인정하며 그냥 놓아 둘 것을 호소하는 귀신들을 가차없이 쫓아내셨습니다. 주님께서 나가라고 명령하셨습니다. 그러므로 이제 그 명령은 반드시 실현되어야 합니다. 결과적으로 귀신들은 그 사람에게서 떠났습니다. 이것이 바로 우리 주님의 권세입니다. 곁가지입니다만, 마가복음 1장 26절에서 마귀의 성품을 엿볼 수 있습니다. 마가는 귀신의 모습을 이렇게 설명했습니다.

> 더러운 귀신이 그 사람으로 경련을 일으키게 하고 큰 소리를 지르며 나오는지라

귀신은 어떻게 해서든 하나님을 방해하려고 합니다. 이것이 사탄의 본성이기 때문입니다. 하나님은 당신의 능력으로 창조하신 피조물들이 평화롭게 살기를 원하십니다. 그러므로 사탄은 어떻게 해서든지 하나님의 피조물들

을 사로잡아 괴로움과 고통 가운데 살도록 애씁니다. 그러므로 주님께서 귀신들에게 그들이 사로잡아 살고 있는 숙주, 즉 인간에게서 나가기를 명령하시자 그들은 어쩔 수 없이 따라야 했지만, 그 귀신들의 마음이 편할 리가 없었을 것입니다. 귀신들은 사람에게서 나가면서 한 번이라도 더 그를 괴롭히려 했습니다. 따라서 귀신들은 나가면서 사람이 경련을 일으키게 하고 소리를 지르게 합니다. 귀신 들린 인간에게는 그것이 구원이요 평화가 회복되는 기쁨의 시간이었지만, 귀신에게는 자신의 영향력이 무너지는 고통스런 시간이었던 것입니다. 귀신들은 사람에게서 물러나면서 한 번 더 고통과 괴로움을 주었지만, 그의 힘은 거기까지였습니다. 세상을 지으시고 다스리시는 주님의 권세를 당할 재간이 없었기 때문입니다. 사탄은 친구할 만한 존재가 못됩니다. 우리가 행복하기를 바라는 분은 오직 하나님밖에 없습니다. 또 우리를 행복케 할 능력을 가진 분도 하나님뿐입니다.

하나님의 권세와 우리의 삶

이렇게 온 세상이 주님의 권세를 보았습니다. 회당에서 주님께서 귀신 들린 자를 고치셨을 때, 이 광경을 목격한 사람들은 놀라서 서로 이렇게 물었습니다.

> 사람들이 모두 놀라서 "이게 어찌된 일이냐? 권위 있는 새로운 가르침이다! 그가 악한 귀신들에게 명하시니, 그들도 복종하는구나!" 하면서 서로 물었다 _막 1:27, 표준새번역

그들은 랍비나 서기관들의 강론과 전혀 다른 강론을 들었습니다. 그들은 이른바 저자 직강으로 하나님의 말씀을 예수님께 들었습니다. 그리고 그들은 예수님의 강론에서 '하나님의 권세'를 목격하였습니다. 그분의 권세는 귀신까지도 순종하는 권세였으며, 인간을 지배하는 사악한 존재를 몰아내는

권세였습니다. 이 권세로 말미암아 인간은 하나님 나라의 평화를 맛볼 수 있게 된 것입니다.

우리는 앞에서 우리의 고백이 좀 더 진지하고 신실해야 한다는 교훈을 살펴보았습니다. 우리의 말과 행동은 좀 더 진지해야 합니다. 우리의 말과 행동은 충동이 아니라 깊은 사색과 반성 가운데서 나와야 합니다. 한 번 말하고 행동한 것은 상황의 변화에도 불구하고 쉽사리 흔들리거나 변개되어서는 안 됩니다. 하나님께 감사를 고백하든, 그분께 헌신을 다짐하든, 그 말을 진정으로 했다면 우리는 그 말에 책임을 느껴야 합니다. 그때는 진짜로 한 말이 이제는 아닐 수도 있다는 뜻으로 해석될 수 없습니다. 말에 대한 책임감은 성숙한 사람에게서 볼 수 있는 특징입니다. 뿐만 아니라 하나님은 신실하십니다. 우리를 향하신 하나님의 사랑은 절대 변경되지 않습니다. 심지어 우리의 잘못과 허물에도 불구하고 우리를 선택하시고 자신의 아들로써 구속하신 사랑은 취소되지 않습니다. 그분의 은혜와 사랑이 이와 같이 태산처럼 무겁다면, 우리의 고백과 감사는 어떠해야 하겠습니까? 우리도 그분의 성품을 닮아 가야 하지 않겠습니까? 그분의 성품을 닮아 가는 것, 이것이 믿음의 특징입니다.

마지막으로 한 가지 더 말씀 드립니다. 우리는 회당에서 가르치시는 주님의 모습을 보았습니다. 주님은 권세로써 말씀을 전하셨고, 청중은 그분의 말씀에서 권세를 발견했습니다. 바울 사도의 말씀입니다.

하나님의 나라는 말에 있지 아니하고 오직 능력에 있음이라 _고전 4:20

이 사실을 깊이 깨달은 바울은 다음과 같이 말할 수 있었습니다.

내가 말을 하거나 설교를 할 때에도 지혜롭고 설득력 있는 언변(言辯)을 쓰지 않고 오로지 하느님의 성령과 그의 능력만을 드러내려고 하였습니다 _고전 2:4, 공동번역이 말씀들이 우리에게 도전이 되어야 합니다. 우리는 예배하기 위해 모입니다. 찬송하며 기도합니다. 하나님의 말씀을 들으며 예수님의 이름으로 친교하는 가운데 섬김의 훈련을 나눕니다. 이것이 교회 공동체의 경험입니다. 그러나 우리가 여기에 머물러서는 안 됩니다. 그 모든 행동에는 권세가 담겨야 합니다. 우리를 굴복시키셔서 하나님께로 인도한 바로 그 성령의 능력이 드러나야 합니다. 우리의 생각과 가치관은 여전히 하나님의 가르침에 불복하고 이의를 제기할지라도, 우리 자신을 부정하고 채찍질하여 그분의 말씀에 순종하려는 몸부림이 드러나야 합니다. 그리하여 우리가 과연 하나님을 사랑하고 그 말씀의 권위에 복종하려 하고 있음을 만인들이 볼 수 있어야 합니다. 성경을 들고 교회를 갈지라도 우리의 말과 행동이 그분의 말씀에 동의하지 않음을 드러낸다면, 우리는 자신을 참 신자라고 말할 수 없습니다. 하나님의 권세는 귀신을 물리치시는 데서 그치는 것이 아니라 우리의 삶과 가치관을 지배하는 능력으로 나타나야 한다는 뜻입니다.

편하게 교회에 와서 '역시 하나님은 나를 사랑하시는구나'라고 깨닫고서 편하게 집으로 돌아가는 삶만으로는 부족합니다. 돌아가는 우리의 마음이 불편해도 좋습니다. 들은 말씀이 나의 삶 가운데 어느 구석을 붙잡고 늘어져서, '우리 주님께서 원하신다면 이 부분은 반드시 고쳐야 하겠다'는 결단을 요구해야 합니다. 하나님의 권세는 멀리 있지 않습니다. 바로 나의 삶을 변화시키는 권세입니다. 믿음이란 교회를 오가는 반복적인 행위가 아닙니다. 교회를 오가며 교인으로서의 행위를 흉내내는 것은, 우리가 신자의 무리에 소속되어 있음을 확인하는 겉모습에 불과합니다. 바울의 표현에 따르면, 이런 사람은 '경건의 모양은 있으나 경건의 능력을 부인하는' 사람일 가능성이 있습니다(딤후 3:5). 이런 사람은 차력하는 사람(借力士)처럼 흉내는 내지만 실제로 아무런 힘도 없는, 불쌍한 사람입니다. 우리는 하나님 나라의 능력을 체험해야 합니다. 그리고 그 능력과 권세를 가지고 우리의 삶에서 실제로 이기는 경험을 해야 합니다. 그 승리의 기쁨이 없다면 '믿습니다'를 연발하더라도 아무것도 할 수 없는 한심한 사람이 될 것입니다. '호박에다 줄을 긋는다고 수박이 아니다'라는 속담이 있지 않습니까? 무늬만 신자라고 다 신자가 아닙니다. 하나님의 능력을 실제로 체험해야만 참된 신자가 될 수 있는 것입니다. 나의 삶이 변하는 능력, 다시 말해 하나님의 능력을 경험하는 것이 믿음의 요체입니다.

08 하나님의 일을 제대로 하려면
마가복음 1:29-45

인간의 눈높이에 맞추시는 주님의 마음

마가는 회당에서의 사건이 마무리된 후 예수님 일행이 베드로의 처가에 들르셨다고 말합니다. 이 일은 안식일에 일어났습니다. 이 방문이 어떤 연유로 이뤄졌는지는 확실하지 않습니다만, 예수님께서 베드로의 처가에 도착하시자마자 주변 사람들은 수선스럽게 어떤 정보를 알려드렸습니다. 베드로의 장모가 열병에 걸렸다는 것입니다. 사람들은 수선을 떨었지만, 예수님의 반응은 담담했습니다. 예수님께 열병은 큰일이 아니었기 때문입니다. 인간에게 병은 굉장히 심란한 문제입니다. 하지만 예수님께는 원하신다면 당장이라도 해결될 문제였기 때문입니다.

근심은 결국 능력의 문제입니다. 능력이 없는 인간에게는 질병이 근심거리지만, 세상을 지으시고 다스리시는 주님께는 마음만 먹으면 능히 다스리실 수 있는 문제일 뿐입니다. 베드로는 "너희 염려를 다 주께 맡겨 버리라"(벧전 5:7)고 말합니다. 인간이 짊어진 모든 염려와 근심이 예수님께는 아무것도 아니라는 믿음 때문이었습니다. 숨 가쁘게 다가오는 문제들을 내 능력으로만 해결하려고 하면 마음의 평안은 결국 내 능력의 한계에 갇혀 버립니다. 그러나 복잡해 보이는 문제들을 우리 주님의 능력에 맡겨 버리면 내 마음은 곧 평안해질 것입니다. 그분의 능력 안에서 해결되지 못할 일은 도무지 없기 때문입니다. 그러므로 평안은 내 능력이 아니라 그분의 능력 안에서만 얻을 수 있습니다. 평안을 얻는 지혜는 우리 주님을 믿고 의지하는 것입니다.

마가는 베드로의 장모가 예수님께 치료받는 장면을 아주 담담하게 기록해 놓았습니다. 병은 물러가고 방금 전까지 병자였던 여인은 자신을 낫게 해 주신 예수님을 섬기기 시작했습니다. 주님께서 회당에서 여러 귀신 들린 사람을 당신의 권위로써 낫게 하신 것처럼 베드로의 장모도 당신의 권위로써 고치셨습니다. 마가는 주님의 권위를 설명하기 위해서 주의 깊게 이 본문을 배치한 것입니다. 이 사건으로 말미암아 주님은 아주 바빠지셨습니다. 안식일이 끝난 그날 오후 늦게부터 이 소문을 들은 그 인근의 수많은 병자들이 예수님께 몰려오기 시작했습니다. 한 문둥병자가 예수님께 나아왔습니다.

> 한 문둥병자가 예수께 와서 꿇어 엎드리어 간구하여 가로되 원하시면 저를 깨끗케
> 하실 수 있나이다 _막 1:40

요즘까지도 문둥병, 즉 한센병은 난치병으로 알려졌습니다만, 예수님 당시의 문둥병은 난치병인데다가 종교적 편견까지 더해져서 하나님의 저주를 받은 것이라 여겨졌습니다. 물론 바로 얼마 전까지 한국에서도 문둥병을 천형(天刑), 즉 하늘이 내린 형벌이라 여겼습니다. 이런 이미지는 결국 문둥병이 불치병이라 생각하기 때문에 생긴 것입니다. 어쨌든 하늘의 저주를 받은 병자는 예수님께 나아와 간구했습니다. 구약의 율법에 따르면 문둥병자는 제사장에게 문둥병으로 판정받는 즉시 집과 공동체를 떠나야 했습니다 (레 13:45-46). 그러므로 이 병자가 예수님께서 계신 곳까지, 다시 말해 사람들이 많이 몰려 있는 곳까지 찾아온 것은 참으로 대담하고 위험한 행동이었습니다. 문둥병자는 예수님과 수많은 사람들이 있는 곳으로 찾아와 공손한 태도로 자신의 문제를 아뢰기 시작했습니다. 그는 이렇게 말합니다. "원하시면 저를 깨끗케 하실 수 있습니다."

우리는 여기서 두 가지 사실을 유추할 수 있습니다. 첫째, 문둥병자는 지금 예수님께 자신의 병을 낫게 할 능력이 있다고 믿었습니다. 둘째, 그러므

로 그는 예수님께 자신의 병을 낮게 하시려는 마음을 갖고 있는지를 묻고 있는 것입니다. 이 부분은 매우 중요합니다. 문둥병자가 낫기를 원하지 않았을까요? 분명히 낫기를 원했을 것입니다. 그렇다면 그는 이렇게 말해야 했습니다. "주님, 저를 낮게 해 주십시오." 그런데 그는 자신의 의지보다는 주님의 의사를 물었습니다. 왜 그렇습니까? 그는 자신의 의사가 중요하지 않다고 믿었기 때문입니다. 왜 그렇습니까? 자기에게는 그럴 만한 자격이 없다고 생각했기 때문입니다. 왜 그렇습니까? 그는 자신이 가족들로부터, 이웃들로부터, 심지어는 하나님으로부터도 버림받았다고 생각했기 때문입니다. 왜 그렇습니까? 자신이 하나님의 저주라고 알려진 문둥병을 앓고 있기 때문입니다. 바로 이것이 문둥병자의 슬픈 현실입니다.

누구나 행복을 원합니다. 그리고 행복은 자신이 바라던 것이 이뤄졌을 때 느끼는 감정입니다. 병은 고통이며, 누구도 자의(自意)로 원하는 상태가 아닙니다. 그래서 인간은 병에 걸려 고통당할 때 그것을 불행이라 표현합니다. 인간은 종교적인 심성을 지니고 있습니다. 따라서 인간은 자신이 행복하든 불행하든 그것이 신에게서 온 것이라 믿습니다. 행복을 느낄 때 인간은 신과 가까운 관계를 유지하고 있다 믿습니다. 반대로 불행하다 생각할 때 인간은 신과 나쁜 관계에 있다고 믿습니다. 병, 특히 불치병을 앓고 있을 때 그 인간의 불행은 병으로 고통당하는 데 그치지 않습니다. 병으로 말미암아 자신이 주변 사람들로부터 고립되어 있음을 느끼는 고통이 더해지며, 심지어는 신으로부터도 소외당하고 있다는 죄책감을 갖게 되기도 합니다. 따라서 우리는 이렇게 말할 수 있습니다. 병이 가져다주는 가장 큰 고통은 절대 고독, 즉 '나는 이 세상에 오직 혼자일 뿐이다'라고 생각하게 되는 현실입니다.

그러므로 우리는 문둥병자의 질문에서 사용된, '깨끗함'이란 단어에 유의해야 합니다. 그의 문제는 '문둥병'이었습니다. 그는 자신의 병이 낫기를 간구했어야 합니다. 그럼에도 그가 '문둥병'이 아닌 '깨끗함'을 말했던 것은 그의 진정한 고통이 어디에 있었는지를 보게 합니다. 그의 고통은 자신의 살이 썩어 들어가서 결국에는 죽음에 이르는 그 한센병 이상이었습니다. 그의 진정한 고통은, 사람에게뿐만 아니라 하나님에게서도 버림받았다는 바로 그 인식에 있었습니다. 그리고 그의 고독은 자신이 무가치하다고 생각하게 합니다. 자존감을 잃게 되었다는 것입니다. 이런 까닭에 본문에 등장하는 문둥병자는 낫고자 하는 강한 열망에도 불구하고 그 열망을 당당하게 표현하지 못하고 오히려 주님의 의사를 묻는 슬픈 상황에 빠졌던 것입니다.

나는 이를 위하여 왔다!

이런 상황에서 주님은 이렇게 대답하셨습니다.

> 예수께서 민망히 여기사 손을 내밀어 저에게 대시며 가라사대 내가 원하노니 깨끗함을 받으라 하신대 _막 1:41

주님은 문둥병자의 상황을 간파하셨습니다. 41절에 '민망히 여기사'(σπλαγχνίζομαι)라는 단어가 등장합니다. 이 단어는 '동정심 혹은 자비심으로 말미암아 감동하여'라는 뜻입니다. 어떤 영어 성경은 이 단어를 '동정심으로 가득 차서'라고 번역했습니다(NIV). 주님은 '저를 낫게 해 주실 마음이 있으십니까?'라고 묻는 문둥병자의 마음을 이미 꿰뚫어 보셨습니다. 그리고 주님은 그를 낫게 해 주시려는 마음으로 가득 찼습니다. 주님은 그를 향해 당신의 손을 내미셨습니다. 그리고 이렇게 말씀하셨습니다. "내가 원한다. 깨끗하게 되어라!" 예수님께서도 병자에게 '나으라'라고 말씀하시지 않았습니다. 그냥 병자가 말한 대로, "깨끗하게 되어라"라고 말씀하셨습니다. 이는 주님께서 문둥병자의 마음을 이해하셨고, 그래서 그의 수준에 맞추어 주려는 의지를 가지셨음을 의미합니다. 이것이 주님의 마음이었습니다.

자신을 저주받은 사람이라 생각하고 자신을 가치 없는 사람으로 받아들인 문둥병자는, 엄밀하게 말하자면 육체적으로는 문둥병을 앓고 있었을 뿐만 아니라 정신적으로는 자기 정체성을 상실하고 살아가는 병자였습니다. 그는 육체적으로도, 그리고 정신적으로도 치료를 받아야 했습니다. 그러나 주님은 당신이 필요해 앞으로 나아온 사람에게 그 사람의 문제를 전부 다 들춰내시지 않았습니다. 나아가 주님은 병자의 수준에 눈높이를 낮추어 그에게 다가가셨으며, 그의 말에 길게 토를 다시지도 않았습니다. "얘, 내가 보니까 너는 육신에 병이 있는데다가 마음에도, 신앙에도 심각한 문제가 있구나" 하고 말씀하시지도 않았다는 것입니다. 주님은 마가복음 1장 38절에서 이렇게 말씀하셨습니다. "우리가 다른 가까운 마을들로 가자. 거기서도 전도하리니, 내가 이를 위하여 왔노라." 주님은 이 세상의 왕이시면서도 이 땅에 군림하시려 하지 않았습니다. 그분은 당신의 백성들이 찾아오기를 바라시지 않고, 오히려 친히 당신의 백성들을 찾아가셨습니다. 그분은 왕으로서의 위엄을 갖추시려 하지 않았습니다. 그분은 오히려 당신을 필요로 하는 백성들의 필요에 맞추려 하셨습니다. 주님은 철저히 당신 백성의 눈높이에 맞추어 당신의 일을 하셨던 것입니다.

마가에 따르면, 이후부터 주님의 일상은 병든 자와 지내는 일로 가득 채워집니다. 이로써 주님은 '가난한 자와 병든 자의 친구'라는 별명을 얻게 되십니다. 이로 말미암아 주님은 많은 비난을 받으셨습니다. 이유는 간단했습니다. 주님은 병자와 가난한 자를 고쳐 주셨습니다. 덕분에 주님은 대중들에게 큰 인기를 얻게 되셨습니다. 그런데 대중의 인기는 정치적으로 어떤 힘을 의미하기도 합니다. 따라서 당시의 사회 지도층은 예수님이 자신들의 친구, 혹은 같은 부류가 되길 원했습니다. 그러나 주님은 그들의 바람을 외면하셨습니다. 주님은 오히려 권력 있는 자, 부유한 자, 소위 믿음 있는 척하는 자들을 비난하시고 그들의 위선을 지적하셨습니다. 이 때문에 서민들은 더욱 주님을 좋아하게 되었지만, 당시의 사회에서 소위 지도층에 있는 이들은 주님을 적대시하며 나아가 죽여 버리려는 생각을 하기에 이르렀던 것입니다. 그럼에도 불구하고 주님은 당신의 길을 멈추시려 하지 않았습니다. 그것이 당신에게 주어진 길임을 아셨기 때문입니다. 주님은 오히려 이렇게 말씀하십니다.

인자는 와서 먹고 마시매 말하기를 보라 먹기를 탐하고 포도주를 즐기는 사람이요 세리와 죄인의 친구로다 하니 _마 11:19

이렇게 하여 주님은 당신께서 택하신 길 때문에 십자가 죽음의 길을 걸어가게 되셨습니다.

기도, 믿음의 비밀에 관하여

우리는 다음을 주목해야 합니다. 마가복음 1장 35절 말씀입니다.

새벽 오히려 미명에 예수께서 일어나 나가 한적한 곳으로 가사 거기서 기도하시더니

하나님이신 주님께서 굳이 기도를 하셔야 했는가 하는 질문은 생각하지 않겠습니다. 주님께서 그 바쁜 일정 가운데 매일같이 새벽 시간을 할애하여 기도하셨다는 사실 자체만으로도 기도의 중요성은 충분합니다. "왜 기도해야 합니까?" 이렇게 질문하는 사람을 가끔 봅니다. 그때마다 저는 이렇게 거칠게 묻고 싶습니다. "그럼, 숨은 왜 쉽니까?" 몇 년 전에 이곳에 살던 한 사람이 제게 이렇게 말하는 것을 보고 기가 막힌 적이 있었습니다. "목사님, 십일조를 왜 해야 하는지 저를 설득해 보세요. 설득이 되면 십일조를 하겠습니다." '나는 왜 삽니까? 나는 왜 믿습니까? 나는 왜 공부합니까? 나는 왜 숨을 쉽니까?' 인간의 특권은 이렇게 '왜?' 하고 질문하는 데 있습니다. 그것은 분명합니다. 그러나 보십시오. 그 수많은 질문 가운데 납득할 만한 대답을 얻은 것이 얼마나 있습니까? 그럼에도 불구하고 우리는 숨을 쉬며, 공부하고, 믿으며 살아갑니다. 그렇게 살아가는 가운데 답을 저절로 얻게 되는 것이 적지 않음을 알기 때문입니다.

우리 교회는 신앙생활에 관해 거의 강권하지 않습니다. 이 때문에 어떤 분들, 특히 목사님이나 주변 친지들의 강권에 익숙해진 분들은 당황하기 마련

입니다. 심지어는 우리 교회가 사랑이 없다고까지 말하는 분도 보았습니다. 맞습니다. 우리 교회, 그런 사랑은 별로 없습니다. 그래서 우리 함께 모여서 "이거 해 보자, 저거 해 보자" 하는 떠들썩함은 없습니다. 다만 알게 모르게 성경 공부를 통해, 기도 모임을 통해, 봉사를 통해 나름의 은혜를 체험한 사람들의 조심스런 권유가 있을 뿐입니다. 저는 이렇게 믿습니다. 믿음은 숨겨진 옹달샘과 같은 것이어서 그것을 찾아 맛본 사람만이 즐길 수 있는, 숨겨진 것입니다. 그래서 그것은 비밀이라 불리기도 합니다. 간절히 찾는 자에게만 열려서 그 은밀하고 깊은 맛을 느낄 수 있는, 그런 것이란 뜻입니다. 그 비밀을 맛본 사람이 아무리 함께하자 하여도, 그 맛을 모르는 사람에게는 주일 오후 친한 사람과 나누는 카페에서의 커피 맛보다 덜한 것이 사실입니다. 그러니 제가 어떻게 신앙생활의 맛을 말로 설명해 드릴 수 있겠습니까? 맛본 자만이 맛을 압니다. 광고 카피가 아니라, 믿음의 즐거움과 그 비밀을 설명하는 것입니다.

음악가 요셉 하이든에 관한 예화를 소개합니다. 하이든이 한번은 저명한 예술인들이 모인 자리에 참석했다고 합니다. 그런데 그 자리에 '고민'과 '고통'의 문제가 화제로 올랐습니다. 경제적 고통이나 좋은 작품이 나오지 않을 때의 고민을 어떻게 극복하느냐 하는 것이 화제의 초점이었습니다. 저마다 한마디씩 했고, 하이든의 차례가 되었습니다. 하이든은 이렇게 말했다고 합니다. "나는 작은 골방을 기도실로 정했습니다. 일에 지쳤을 때나 고민이 시작되면 나는 그 방으로 들어갑니다. 그리고 그 방에서 나올 때는 작은 빛을 발견하고 나옵니다."

에즈라 바운즈가 『기도의 능력』에서 이렇게 말했습니다. "우리가 옹색하게 사는 것은 기도 생활에 인색하기 때문이다. 골방에서 잔치하는 데 많은 시간을 들일수록 우리의 삶이 기름지고 알차게 될 것이다. 우리가 골방에서 하나님과 함께 머무를 수 있는 능력은 우리가 골방 밖에서 하나님과 같이할 수 있는 능력을 결정한다."

이것이, 누군가가 말한다고, 설득한다고 가능한 일일까요? 믿음은 누군가가 자기 팔을 끌어당겨야 마지못해 끌려가는 것이 아닙니다. 기도 역시 그러합니다. 한국에 가면 엄마 아빠 손에 이끌려 한 달 동안이나 새벽 기도회에 나가 반주까지 하면서 카셀에서는 주일 예배밖에 나올 수 없는 형편이라면, 하루에 두어 번씩이라도 개를 끌고 나가 운동은 할 수 있으면서 성경 공부 모임이나 기도 모임 나오기가 그렇게까지 힘이 든다면, 어느 누군가가 나를 칭찬해 주어야만 겨우 교회에서 봉사하는 수준이라면, 우리의 믿음은 언제나 어린이 수준에 머물러 있을 수밖에 없을 것입니다. 교회가 이런 잘못된 사랑에 대한 기대를 거두지 않으면 성숙한 교인에 대한 희망도 없다고 저는 믿습니다.

나에 관하여 말하지 말라!

마지막으로 마가복음 1장 44절을 살펴봅시다. 주님은 문둥병자를 고치신 후, '아무에게 아무 말도 하지 말라'고 엄히 명령하셨습니다. 병 고치신 일을 알리는 것이 좋지 않을까요? 그렇게 하는 것이 주님의 복음을 전하는 데 도움이 되지 않을까요? 그런데 이런 당부는 여기뿐만 아니라 복음서 곳곳에서 발견됩니다. 왜 그리 말씀하셨을까요? 그 다음 구절, 즉 마가복음 1장 45절을 보면 예수님은 이 사람이 이 명령을 지키지 못할 것임을 이미 아셨던 것 같습니다. 역시나 이 치유받은 문둥병자는 이 명령을 지키지 못하고 주님께서 자신을 고치셨음을 사방에 알렸습니다. 예수님은 이로 말미암아 가시는 곳마다 원치 않는 어려움을 겪으셨습니다. 이제 사람들은 예수님의 말씀이 아닌 이적에만 정신을 빼앗기게 됩니다. 그들은 말씀을 듣기보다 이적만을 기대하게 되었습니다. 즉, 인간들은 신비한 이적에만 정신을 파는 바람에 정작 예수님께서 전하시는 말씀에는 관심을 갖지 못하게 된 것입니다. 주님은 고침을 받은 병자 때문에 잘못된 기대로 몰려드는 사람들을 피해서 마을 변두리로만 다니셔야 했습니다.

문둥병자의 사건을 보면서 우리가 기억해야 할 것이 있습니다. 문둥병자는 예수님의 사랑과 자비로 말미암아 고침을 얻었습니다. 이는 참으로 귀한 은혜요 기회였습니다. 그러나 그는 주님께서 신신당부하신 명령을 이행하지 못했습니다. 그는 고침을 받았다는 사실에 너무 흥분해서, 자신이 경험한 이적이 효과적으로 주님의 사역에 사용될 수 없도록 망쳐 놓고 말았습니다. 주님의 일은 흥분으로 이루어지지 않습니다. 이적을 경험한 사람, 은혜를 체험한 사람, 기도 응답을 받은 사람, 심지어 은사를 받은 사람이 많습니다. 귀한 일이지만, 주님의 말씀과 뜻을 신중하게 묵상할 수 없는 사람은 그 은사를 오히려 주님을 방해하는 데 사용합니다. 주님의 일에 사용되려면 먼저 영적으로뿐만 아니라 인격적으로도 성숙해져야 합니다. 열정만으로는 주님의 일을 할 수 없습니다. 흥분한다고 하나님의 나라가 임하지 않습니다. 주님의 제자들을 보십시오. 저들 가운데 심지어는 '우레의 아들'이라 불리는 사람까지 있었습니다. 그만큼이나 다혈질이었지만, 그들은 오랜 시간 단련을 받아 열정은 가라앉고 온유한 성품을 가진 사람이 되기까지 기다려야 했습니다. 주님의 일은 일꾼 자신의 열정으로 하는 것이 아니라 성령의 능력에 사로잡혀서, 그분의 말씀에 철저히 순종함으로써 가능하기 때문입니다.

떠들썩한 은사와 체험을 경험한 사람들이 역사 가운데 많이 있었지만, 그 은사 탓에 넘어지고 타락하여 오히려 주님의 이름을 더럽힌 사람들 또한 적지 않습니다. 은사가 은사로서 더욱 빛나고 주님의 이름을 전하는 데 사용되려면, 우리는 먼저 인격이란 이름의 그릇을 정결하고 깊이 있게 다듬어야 합니다. 기도한다는 사람이 불신자가 들어도 기분 나쁜 쌍욕을 한다든지, 사랑을 이야기하면서 자기가 좋아하는 사람만 가까이한다든지 해서 하늘의 귀한 은사가 모욕당하고 무시당하는 예를 우리는 적지 않게 목격하지 않습니까? 은사는 그 자체만으로 주님의 이름을 빛낼 수 없습니다. 깨끗하게 구별된 인격에 담겨야만 비로소 빛나는 주님의 이름을 널리 증거하게 됩니다. 그 성숙을 향하는 걸음에는 주님의 말씀을 깊이 묵상하고 그 말씀에 순종하는 긴 시간의 고된 수련이 기다리고 있습니다. 유명한 저술가 C. S. 루이스는 '마귀의 목표가 중생하지 않은 교인, 헌신하지 않은 신자'라고 말했습니다. 마귀는 주님께서 하시는 일을 방해할 수 없습니다. 그러나 주님을 믿는 우리를 성숙하지 못하게 함으로써 그의 뜻을 이룰 수 있습니다. 그러므로 우리가 거듭나지 않는 한, 헌신하지 않는 한, 어떤 것으로도 우리 주님의 이름을 세상에 전할 수 없음을 명심해야 합니다.

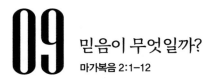

09 믿음이 무엇일까?
마가복음 2:1-12

'믿음'의 정의

교회에 들어서면서 가장 많이 듣는 단어 가운데 하나가 바로 믿음입니다. '믿음'이란 단어는 우리가 죽는 날까지 가장 많이 사용하는 단어 가운데 하나가 될 것입니다. 그런데 그 '믿음'이 정말 어떤 의미인지 잘 알고 계십니까? 하이델베르크 요리문답은 '믿음'에 관하여 이렇게 말합니다.

문21. 참 믿음이란 무엇입니까?

답: 참 믿음이란 하나님의 말씀 안에서 하나님께서 우리에게 계시하신 모든 것을 참된 것으로 믿을 수 있는 어떤 확실한 지식을 말할 뿐만 아니라, 성령이 복음을 통하여 우리 안에 창조하시는 전심적(全心的)인 신뢰를 말합니다. 그 복음은 다른 사람에게뿐만 아니라, 나에게도 하나님께서 그리스도의 구속 사업을 위한 순전한 은총에 따라 죄의 용서와 영원한 의와 구원을 주신 것을 말합니다.

문22. 그러면 신자는 무엇을 믿어야 합니까?

답: 복음 안에서 우리에게 약속된 모든 것을 믿어야 합니다. (下略)

이 문답이 의미하는 바는 엄청나게 넓고 깊습니다. 이 문답은 우리가 매일같이 되뇌는 '믿음'이 무엇인지를 아주 분명하게 알려 주며, 동시에 그 믿음의 의미가 우리가 상식적으로 알고 있는 '믿음'의 의미와는 너무나도 다름을 가르쳐 줍니다.

이 문답에서 말하는 믿음의 의미를 아주 간략하게 설명하고자 합니다. 무엇보다도 믿음은 우리의 신념이 아닙니다. 믿음은 신뢰입니다. 믿음은 하나님께서 우리의 구원을 위하여 예수님을 통해 이루신 그 모든 일을 얼마나 신뢰하느냐의 문제입니다. 믿음으로 말미암아 인간은 구원의 은총을 얻지만, 믿음은 구원을 이루는 수단일 뿐이지 구원을 얻기 위한 공로가 아닙니다. 즉 얼마나 그분을 강하게 신뢰하느냐가 핵심이 아니라 그분께서 우리를 위하여 행하신 일을 얼마나 신실하게 의지하느냐의 문제가 구원의 관건입니다. 이 차이를 심각하게 구별하지 못한다면, 우리는 언제든지 우리 자신의 행위를 통해 구원에 이를 수도 있다는 착각에 빠질 수도 있습니다. 어쨌든 이 원리를 근거로 저는 개신교회가 말하는 구원의 도리를 다시 한 번 정리해 보려 합니다.

개신교회가 가장 앞에 내세우는 표어가 바로 이것입니다. "나의 행위로 말미암아 구원받는 것이 아닙니다." 그럼, 나는 무엇으로 말미암아 구원을 받습니까? "오직 하나님의 은혜로 말미암아" 구원받습니다. 우리가 구원을 받게 되었다는 사실이 내 맘속에서 자연스럽게 생긴 신념입니까? 아니지 않습니까? 그럼 그것이 어디에서 나왔습니까? 어디에 근거한 믿음입니까? 성경입니다. 우리가 태어나서부터 지금까지, 그리고 구원을 온전히 이루어 하나님의 심판대 앞에 서기까지, 그 모든 과정을 하나님께서 홀로, 그리고 철저하게 계획하시고 집행하셨으며, 또한 이루실 것입니다. 이 사실이 성경에 기록되어 있습니다. 다시 말해 성경 말씀이 나에 관한 하나님의 계획임을 믿고 확신하는 것, 이것이야말로 우리가 구원받았음을 확인하는 유일한 자리입니다.

병자와 친구들의 집념에 관하여

본문에도 '믿음'이란 단어가 등장합니다. 본문을 통해 '믿음'이 무엇인지 살펴보겠습니다.

> 수일 후에 예수께서 다시 가버나움에 들어가시니 집에 계신 소문이 들린지라 _막
> 2:1

예수님께서 가버나움이라는 지방을 방문하셨습니다. 예수님께서 이 지방을 방문하셨다는 소문이 인근에 퍼지자, 많은 사람들이 그분 주위로 모여들었습니다. 2절을 보면 얼마나 많은 사람들이 모여들었는지 본문 그대로의 표현대로 하면 '용신'(用身), 즉 몸을 움직일 수 없을 정도였습니다. 그럴 정도로 예수님 주변에 몰려든 사람이 많았습니다. 그런데 왜 이처럼 많은 사람들이 모여들었을까요? 우리는 그 이유를 어느 정도 짐작할 수 있습니다. 예수님께서 다른 지방에서 이미 많은 이적을 행하셨고, 이 일은 가버나움 지방 사람들에게도 알려졌을 것입니다. 이 소문이 많은 사람들을 모이게 한 것입니다.

주님은 이렇게 구름처럼 모여든 사람들을 향하여 복음을 전하시느라 딴 생각을 하실 틈조차 없었습니다. 이때, 한 무리의 사람들이 예수님께 접근했습니다. 그들은 침상에 한 환자를 눕히고, 그 침상의 네 귀퉁이를 한 사람이 하나씩 들고 예수님께 나아왔습니다. 침상에 누운 환자는, 마가에 따르면 '중풍병 환자'였습니다. 마가가 말하는 중풍병(παραλυτικός)은, 뇌일혈(cerebral hemorrhage) 등으로 말미암아 신체의 일부나 전체가 마비되어 움직일 수 없게 되는 병을 가리킵니다. 바로 이 병 때문에 이 사람은 당연히 스스로 움직일 수 없었습니다. 따라서 이 사람은 무슨 병이든지 낫게 하실 수 있는 주님이 바로 옆에 계심에도 불구하고 그분께로 다가갈 수 없었습니다. 그의 친구 네 사람은 이 사람을 돕기 원했습니다. 그래서 그를 침상에 뉘어서 주님께 운반하려 했지만, 지금의 상황으로는 도저히 뜻을 이룰 수 없다고 판단했습니다. 그들은 이 환자가 낫기를 간절히 소원했습니다. 그들은 이 소원을 포기할 수 없었습니다. 그들은 자신들의 간절한 소원을 이룰 좋은 방법을 찾

았습니다.

> 무리를 인하여 예수께 데려갈 수 없으므로 그 계신 곳의 지붕을 뜯어 구멍을 내고
> 중풍병자의 누운 상을 달아 내리니 _막 2:4

그들은 예수님께서 계신 집 지붕을 뜯기로 했습니다. 그 지붕을 뜯어낸 후, 그 구멍으로 침상을 달아 내려서 예수님께서 그 환자를 치료하시게 했던 것입니다. 당시 팔레스타인 지방의 집은 돌로 된 으리으리한 저택도 있었습니다만, 전형적인 서민 주택들은 흙벽돌로 된 단층 슬래브였기에 지붕이 평평했습니다. 방은 하나로 되어 있으며 그리 넓지 않았습니다. 이 지붕은 사방의 벽 위에 나무로 들보를 얹은 후 그 위에 짚으로 촘촘하게 엮은 망을 얹어 만들었습니다. 그리고 그 망을 흙으로 채워서 비를 막게 했습니다. 때로는 들보 위에 기와를 놓고 다시 그 위에 짚과 흙으로 덮기도 했다고 합니다. 이 집의 바깥에는 계단이 있어서 이 계단을 통해서 지붕 위로 올라갈 수 있었습니다. 그러니 그들이 집 안에 계신 주님 가까이로 침상을 내리기 위해서 지붕을 뜯는다는 것은 정말로 무모하고 예의 없는 행동이었습니다.

단층 슬래브 지붕을, 그것도 흙으로 채워진 지붕을 뜯는다는 것은 한마디로 집을 거의 무너뜨리는 것이나 다름없습니다. 뿐만 아니라 이 지붕을 뜯을 때에 지붕에 발린 흙들이 집 안에 앉아 있는 사람들에게 쏟아질 것은 말할 필요조차 없을 것입니다. 예수님과 집 안에 앉아서 예수님을 바라보던 사람들이 어떤 모습을 하게 될지, 당신도 짐작할 수 있지 않습니까? 그러거나 말거나, 중풍병 환자를 메고 온 사람들은 그를 메고 온 수고도 마다하지 않았습니다. 뿐만 아니라 지붕을 뜯어내는 노력도 마다하지 않았습니다. 지붕을 뜯어낼 때 그 구멍 윗부분에 앉아 있던 사람들이 흙 부스러기를 뒤집어쓰는 것을 고려하거나 미안해하지도 않았습니다. 흙 부스러기와 먼지를 뒤집어쓴 사람들의 비난과 꾸중, 혹은 사방에서 터져 나올 욕지거리도 사양하지 않았습니다. 그들의 목적은 오직 하나, 중풍병 걸린 이 환자를 주님께 조금이라

도 더 가까이 다가가게 하는 것이었습니다. 왜 그랬을까요? 병자를 낫게 하기 위해서였습니다. 병을 낫게 하고야 말겠다는 집념 때문에, 이들은 체면이고 뭐고 다 기꺼이 포기했던 것입니다. 그들은 이 엄청난 혼란과 비명과 욕설이 난무하는 가운데서도 묵묵히 환자를 이 구멍을 통해 달아 내렸습니다.

예수님께서 말씀하시는 믿음에 관하여

우리는 여기서 주님께서 이들의 행동에 대해 무어라고 말씀하셨는지를 주목해야 합니다.

> 예수께서 저희의 믿음을 보시고 중풍병자에게 이르시되 소자야 네 죄 사함을 받았느니라 하시니 _ 막 2:5

예수님은 당신 위로 쏟아지는 흙먼지 속에서 "질서를 지켜!" 하고 꾸중하지 않으셨습니다. 주위의 사람들이 흙먼지 속에서 비명을 지르고 욕지거리를 해 대며 소동할 때, 중풍병자를 향해 이 한 말씀만 하셨을 뿐입니다. "소자야, 네 죄 사함을 받았느니라."

우리는 이 장면을 깊이 생각해야 합니다. 여기, 환자를 기어이 낫게 하려는 네 사람이 있습니다. 그들은 지붕을 뜯어 제치고 환자를 주님께로 내려보냈습니다. 그렇다면 마가복음 2장 5절은 이렇게 쓰여야 더 멋있지 않았을까요? "주님께서 이들의 믿음을 보시고 가라사대, 소자야 네가 병 나음을 입었느니라." 그리고 이 말씀을 듣는 즉시 병자가 일어나서 걸었어야 더 멋있지 않았을까요? 이런 일이 정말 일어났다고 한다면, 우리는 거기에서 이런 등식을 만들어 낼 수 있을 것입니다.

믿음 = 열심 = 병 나음

말하자면, 믿음은 무엇인가를 간절하게 바라는 열심, 혹은 열망이랄 수 있다는 것입니다. 실제로도 믿음이 바로 이런 것이라고 말하는 사람들이 아주 많습니다. 이들의 믿음을 가리켜 "할 수 있거든이 무슨 말이냐 믿음"이라고 할 수 있고, 영어로는 positive thinking, 즉 '적극적 사고'라고도 부를 수 있습니다.

　그런데 성경을 보면 우리가 기대하던 일은 아직 일어나지 않았습니다. 중풍병자와 그 친구들은 주님으로부터 그저 한마디, "네 죄 사함을 받았다"라는 말씀만 듣고 말았습니다. 그들의 요란스런 등장과 열망은 사실상 그 자리에서 응답되지 않았습니다. 그냥 그것으로 끝났습니다. 약간 허무하지 않습니까? 하지만 우리는 이 대목에서 뭔가 부족한 듯한 느낌을 받습니다. 바로 거기에 우리의 생각과 주님의 생각에 차이가 있기 때문입니다. 어쨌든 이 문제에 대해서는 결론을 유보하고, 6-7절을 살펴보겠습니다.

　어떤 서기관들이 거기 앉아서 마음에 의논하기를 이 사람이 어찌 이렇게 말하는가
　참람하도다 오직 하나님 한 분 외에는 누가 능히 죄를 사하겠느냐

　병이 낫기 위해 구름같이 몰려든 군중 틈에 한 무리의 인간들이 섞여 있었습니다. 서기관들이었습니다. 이들은 인쇄 시설이 없던 시절에 성경을 필사(筆寫)하는 일을 주로 담당했습니다. 이들은 자연히 하나님의 말씀을 가장 잘 알던 사람이 되었고, 따라서 어느 때에든지 "이런 경우에는 성경이 뭐라 합니까?"라는 질문을 받는, 이른바 성경 전문가였습니다. 이들은 좋은 일도 많이 했지만, 동시에 성경에 관해 해박한 지식을 갖고 있다는 사실 때문에 우쭐해져서 모든 일에 끼어들어서는 "법이요, 법!" 하고 외치는, 짓궂은 짓도 자주했습니다. 이들은 지금도 병이 낫고 싶어 북새통을 이룬 이 자리에 끼어서, 예수님께서 하시는 양을 바라보고 있었던 것입니다.

　이들은 예수님께서 중풍병자를 향해 "네 죄 사함을 받았다"라고 선언하시자마자 "건수 잡았다!"를 외쳤습니다. 왜 그렇습니까? '네가 죄 사함을 받았

다'라는 선언은 다시 말해서 '나는 네 죄를 사하노라'라는 말이나 다름없었기 때문입니다. 죄를 누가 용서할 수 있습니까? 사람은 할 수 없습니다. 하나님만이 하실 수 있습니다. 그러므로 인간이 인간을 향해서 '나는 네 죄를 사한다'고 말하는 것은 '나는 사람이 아니라 하나님이다'라고 선언하는 것이나 다름없습니다. 그것은 적어도, 하나님만을 유일신으로 섬기던 유대에서는 죽을죄에 해당하는 무서운 범죄였습니다. 이것은 절대 용서받지 못할, 신성 모독죄였습니다. 그것이 두려워서, 엄연히 존재하고 있는 하나님의 명칭, 여호와라는 이름마저도 '주'라고 바꿔서 부르던 시절이었습니다. 그런데 사람이, 그것도 아버지가 누군지도 모르는 사생아, 천한 사람들이나 사는 갈릴리에서 나서 자라난 이 예수라는 인간이 자신을 하나님의 자리에 올려놓다니! 이 행위를 지켜보던 서기관들은 즉시 이 말에 대해 종교적 심판을 내리고 말았습니다. "참람하도다!"

'참람하다'는 말은, 인간관계에서는 주제넘고 건방지며 사악하게 타인을 비방, 중상한다는 뜻이고, 하나님에 대해서는 신의 특권을 탈취하거나 그분을 불경스럽게 모독한다는 뜻입니다. 한편 율법을 보면 이 참람죄를 범한 사람은 예외 없이 돌로 쳐 죽여야 했습니다. 대표적인 말씀이 레위기 24장 16에 나옵니다. 어쨌든 "네 죄가 사함을 받았다"는 당신의 말씀에 소동을 벌이는 서기관들을 보시고, 주님께서 이렇게 말씀하십니다.

어찌하여 이것을 마음에 의논하느냐 중풍병자에게 네 죄 사함을 받았느니라 하는
말과 일어나 네 상을 가지고 걸어가라 하는 말이 어느 것이 쉽겠느냐 그러나 인자
가 땅에서 죄를 사하는 권세가 있는 줄을 너희로 알게 하려 하노라 _막 2:8-10

주님께서 둘 중에 하나를 고르라고 문제를 내셨습니다. 첫째는 죄 용서하는 것, 둘째는 중풍병을 고치는 것, 이 두 가지 중에 어떤 일이 쉽습니까? 죄를 용서하는 일이 어렵겠습니까, 아니면 중풍병을 고치는 것이 어렵겠습니까? 서기관들은 어떻게 인간이 인간의 죄를 용서할 수 있는지를 질문합니

다. 죄 사하는 것이 인간에게 불가능합니까? 그러면 중풍병을 고치는 일은 쉽습니까? 주님께서 서기관에게 말씀하시려는 것은 이것입니다. "너희는 죄 용서하는 일을 오직 하나님만이 하실 수 있다고 말한다. 그래, 너희들의 말 대로 내가 인간이기에 그런 일을 할 수 없다고 하자. 그런데 너희는 중풍병 자를 고치는 일은 할 수 있느냐? 그 일도 못하지 않느냐? 너희들이 할 수 없 으니까 따라서 나도 병을 고칠 수 없어야 된다고? 그런데 어쩌겠느냐? 나는 죄를 용서할 수도 있고, 뿐만 아니라 병을 고칠 수도 있다."

자칭 성경 박사인 서기관들은 이 둘 가운데 하나도 알지 못했습니다. 그들 은 주님께서 병을 고치실 수 있음도 몰랐고, 주님께서 죄를 사하실 수 있음 도 믿지 못했습니다. 다시 말해서 그들은 예수 그리스도가 하나님의 아들이 심을 까맣게 몰랐던 것입니다. 그러나 병이 낫고 싶어 주님께 몰려들었던 사 람들은, 최소한 이 둘 가운데 하나만은 알았습니다. 주님께서 그들의 병을 고치실 수 있다는 사실만은 알았던 것입니다. 병이라고 하는 절망 가운데 있 던 백성들은 이 하나의 사실, 곧 예수님께서 그들의 병을 낫게 해 주실 수 있 다는, 바로 그 사실을 알고 믿었습니다. 이 사실이 그들을 기대하게 했고, 흥 분하게 했고, 주님을 향하여 몰려들게 했습니다. 심지어는 그분에게 가까이 가기 위해 지붕이라도 뜯어 제칠 수 있었던 것입니다. 그들의 기대는 제대로 적중했습니다. 그들이 알고 믿는 대로 주님께서 그들의 간절한 소원을 현실 로 이루어 주실 수 있음이 병 나음이라는 이적을 통해서 입증이 되었습니다. 뿐만 아니라 그들은 병 나음보다 더 큰 은총도 경험하게 되었습니다. 죄 사 함, 곧 하나님 나라에 들어가 영생을 누릴 수 있는 소원도 얻게 되었던 것입 니다.

이제 '믿음'에 관하여 정리하겠습니다. 믿음이 무엇입니까? 어떤 대상을 향하여 내 모든 생명과 소원을 전부 집중하는 행위입니다. 그 대상이 누구입 니까? '무엇이든지 걸리기만 해라'라고 냅다 소리 지르고 이리저리 날뛰는 것입니까? 아닙니다. 제대로 된 대상을 향한 열정입니다. 그 제대로 된 대상 이 누구입니까? 병을 낫게 하실 뿐만 아니라 영혼마저도 구원하시는, 바로 그분입니다. 그분을 향한 열정은, 오직 그분 예수 그리스도만이 나의 구주이심을 조그만큼의 의심도 없이 사실로 받아들이는 것입니다. 다시 정리합니다. 믿음이 무엇입니까? 그리스도 예수께서 나의 구주이심을 믿는 것입니다. 이 사실이 전제되지 않는 한, 우리의 신앙, 우리의 믿음, 우리의 열정은 결단코 아무런 의미도 없게 됩니다. 그리고 이 사실에 우리의 믿음이 근거하고 있다면, 그리고 우리의 믿음이 제대로 된 것이라면, 본문에 나오는 중풍병자와 그 일행들이 보여 주었던 것과 같은 열렬하고 단호한 행동이 나올 수밖에 없습니다.

당신은 예수님을 어떤 분이라고 알고 믿으십니까? 그 앎과 믿음이 당신을 어떻게 움직입니까? 당신은 당신이 알고 있는 그분을 향해서, 본문에 나오는 중풍병자와 그 친구들과 같이 열렬하고 순전히 가까이 가기 위해 노력하십니까? 우리의 믿음은 정확하고 명료한 지식에 근거해야 합니다. 어느 방향으로 가다 보면 무엇이라도 나오겠거니 하는 막연한 생각으로 믿어서는 안 됩니다. 예수 그리스도께서 어떤 분이신지를 바로 알아야 합니다. 그분에 관하여 성경이 무어라 말씀하고 알려 주는지를 바로 알아야 합니다. 그 분명한 인식 위에 우리의 믿음이 서 있어야 한다는 것입니다. 저는 또 이렇게 묻고자 합니다. "당신은 예수 그리스도께서 어떤 분이신지도 잘 모르면서 지붕이나 뜯어 제치고 계시지는 않습니까? 이렇게라도 하다 보면 누군가가 내 열심에 응답하겠지 이렇게 생각하시지는 않습니까?" 구원은 방향 없는 열심의 결과가 아닙니다. 우리 믿음의 대상이신 주님은 당신이 누구신지도 모르고 소리소리 질러 대는 소음에 절대 응답하시지 않습니다. 당신을 바로 알고 바로 믿는 사람, 그 앎과 믿음으로 말미암아 자신의 삶과 인생의 방향을 오직 당신을 향하여 뜨겁게 헌신하는 사람에게만 응답하십니다. 이것이 믿음의 비결입니다.

본문을 이렇게 정리하려고 합니다. 주님을 그야말로 구주로서 신뢰하고 열정을 다해 그분께 다가가면, 주님은 그 문제를 해결해 주실 뿐만 아니라 그 이상의 은총을 베푸십니다. 중풍병자는 주님께 달려 나아가 병 고침을 얻었을 뿐만 아니라 죄 사함까지 얻었습니다. 이것이 주님께서 자신만의 문제를 안고 오직 당신만 바라며 나아오는 자들에게 베푸시는 은총의 방식입니다. 그러나 주님을 신뢰하지 못하는 자들은 그분에게서 아무것도 얻지 못할 뿐만 아니라 오히려 풀지 못할 무거운 짐을 얻을 뿐입니다.

마지막으로 다시 한 번 본문에서 교훈하는 '믿음'의 의미를 정리합니다. 믿음이 무엇입니까? 그리스도 예수를 바로 아는 것입니다. 그분만이 나의 문제를 해결하실 수 있음을 진심으로 신뢰하는 것입니다. 나아가 그 믿음으로 말미암아 예수 그리스도를 향해 뜨거운 마음으로 나아가는 것입니다. 제대로 된 믿음, 믿음 위에 근거한 제대로 된 뜨거움을 함께 갖추시기를 바랍니다.

10

세리와 죄인의 친구
마가복음 2:13-17

제자를 부르시는 주님

예수님은 가버나움에서 중풍병자를 고치신 후 서기관들과 논쟁을 벌이셨습니다. 논쟁에서 그들의 비난을 잠재우셨지만, 이 때문에 그들의 마음에 엄청난 분노를 불러일으키신 것은 틀림없습니다. 그러나 무엇보다 중요한 것은, 이런 이적과 논쟁을 통해 엄청난 숫자의 지지자들을 얻으셨다는 사실입니다. 예수님은 이 많은 사람들을 갈릴리 해변으로 인도하셨고, 거기서 하나님 나라의 복음을 전하셨습니다. 하나님 나라의 복음을 세상에 널리 전하는 일은 매우 중요합니다. 무엇보다도 예수님은 이렇게 말씀하십니다.

혼인집 손님들이 신랑과 함께 있을 때에 금식할 수 있느냐 신랑과 함께 있을 동안에는 금식할 수 없나니 _막 2:19

예수님은 당신의 제자들이 금식을 하지 않는다는 사람들의 지적에 위와 같이 말씀하셨습니다. 예수님에 따르면 지금은 천국의 복음이 선포되는 기쁨의 시간입니다. 그런데 무엇 때문에 이 축제를 즐기지 아니하고 금식을 해야 하느냐는 뜻입니다. 우리는 이 말씀을 이렇게 달리 표현할 수도 있습니다. 금식도 하지 않을 정도로 기쁜 일이 바로 이 복음을 전하는 일이라는 것입니다. 예수님은 이 기쁜 일을 하시려고 이 세상에 오셨습니다. 주님은 그 일을 잠시도 멈추실 수 없었습니다.

그런데 본문을 보면, 마가는 또 하나의 사실을 기록해 놓았습니다. 즉, 세리였던 레위를 제자로 받아들이신 일입니다. 이 일 역시 깊은 의미가 있습니다. 예수님께서 복음을 전하기 위하여 이 땅에 오셨으나 이곳에 영원히 계시지는 않을 것입니다. 그러므로 복음을 전하는 일은 제자들이 이어받아 행해야 했습니다. 이 일은 다시 교회가 이어받아 온 세상에 전해야 했습니다. 따라서 예수님은 당신에게 몰려드는 군중을 복음으로 먹이시는 한편, 제자들을 불러 세우고 그들을 훈련하셔야 했습니다. 14절을 보면, 예수님은 갈릴리 해변에서 가버나움 쪽으로 가시다가 '세관'에 앉아 있는 레위를 보셨습니다. 주님은 거기서 레위, 즉 우리가 마태로 알고 있는 바로 그 인물을 제자로 부르셨습니다.

가버나움은 당시에 교통의 요지였습니다. 가버나움은 다메섹에서 지중해에 이르는 큰 도로와 메소포타미아 지방에서 이집트로 가는 도로가 만나는 지역이었습니다. 따라서 가버나움은 정치뿐만 아니라 경제적으로도 상당히 중요했습니다. 어떤 주석을 보면, 당시 세리는 두 그룹이었다고 합니다. 즉, 소득세와 인두세를 걷는 세리들과 다리나 운하나 국도에서 통과세를 거둬들이는 세리들입니다. 당시 유대인들은 통과세를 걷는 세리들을 특히 더 미워했다고 하며, 레위는 후자, 즉 통과세를 거두는 세리 그룹에 속했던 것 같다고 합니다.

여기서 한 가지를 생각해 봅니다. 마가는 이 복음서를 쓸 무렵 레위, 즉 마태를 이미 잘 알고 있었습니다. 그런데 무엇 때문에 마가는 이 부분에서 마태를 굳이 '레위'라 부를까요? 이 질문은 바로 세리라는 그의 직업과 상당한 연관이 있어 보입니다. 즉, 레위의 직업이 세리, 다시 말해 당시 유대인들에게 굉장히 미움을 받는 직업이었음을 말하려 한다는 것입니다. 당시의 세리는 '매국노', 즉 나라를 팔아먹거나 동족을 배신한 사람들의 대명사나 다름없는 직업이었습니다. 그리고 레위는 마태의 유대 식 이름입니다. 레위라는 유대 식 이름이 강조됨으로써 유대인인 레위가 자기 나라와 민족을 배신했음을 말하려 했다는 것입니다. 민족의 배신자, 나라를 배신한 이 레위는, 하나님의 아들이신 예수님의 제자로 부름을 받았습니다.

주님은 주위의 동족들에게 심하게 배척당하며 살았던 레위, 즉 마태에게 이렇게 말씀하셨습니다. "나를 좇으라!" 말씀의 의미를 원어로 살펴보면 깊은 뜻이 숨어 있습니다. 한 주석은 이 부분과 관련하여 이렇게 설명합니다.

> 예수님은 세관에 앉아 있던 레위를 보시고 그를 향해 몸을 돌리셨습니다. 그리고 짧게 말씀하셨습니다. "나를 따라 오너라!" 그는 즉시 일어나 자기 일터를 버리고 예수님을 따랐습니다. 예수님은 레위에게 현재 명령형 동사를 사용하십니다. 즉, 계속해서 나를 따라오라고 말씀하십니다. 그 다음에 레위의 동작을 설명하는 헬라어의 동사 형태, 즉 미완료형 동사는 그가 어떻게 행동했는지를 잘 보여 줍니다. 즉, 레위는 자신의 직장과 일을 다른 사람들에게 맡겨 두고 떠났고, 완전히 새로운 직업을 택했다는 것입니다.[4]

어떻습니까? 여러분은 여기서 하나님의 아들로서 천국 복음을 전하는 제자를 찾으시는 예수님과, 사람들에게 미움과 배척을 받으며 살아가던 레위 사이에 오고 가는 그 깊은 부르심의 뉘앙스를 이해하실 수 있습니까? 레위는 예수님의 제자로 부름을 받을 때 그의 삶이 천천히 그러나 완전히 변화할 것도 아울러 요청받았던 것입니다. 그리스도의 제자는 예수님의 부르심을 받아야 하며 동시에 그 부르심에 적합할 만큼의 변화를 요구받습니다. 다시 말해 부름을 받았다 하더라도 그 부르심에 합당할 만큼의 변화가 있지 않으면 참된 제자라 할 수 없습니다.

---

4 R. C. H. Lenski, *The Interpretation of St. Mark's Gospel* Minneapolis, MN: Augsburg Publishing House, 1961), 113.

세리를 제자로 부르시다

그런데 우리는 '하나님의 아들'이라는 말을 높고 고상하며, 그래서 무엇과도 비길 수 없는 천상의 존재를 가리킨다고 생각합니다. 한편 세리라는 직업을 가진 인간은 당시의 유대인에게는 절대 가까이하고 싶지 않은 비천하고 더러운 사람이라고 생각합니다. 하지만 마가는 이 절대 연결되지 않을 법한 두 이미지를 '부르심', 그리고 '스승과 제자'라는 단어로 연결하고 있습니다. 이것은 예수님의 관점에서는 한없는 낮아짐을 의미하고, 레위의 관점에서는 형언할 수 없는 은혜와 기회를 의미합니다. 그렇다면 우리는 다시 물어야 합니다. 주님은 무엇 때문에 이렇게 전혀 어울리지도 않는 관계를 선택하셨을까요? 예수님께서 정말 하나님의 아들이시라면, 다시 말해 하늘에서 영광만을 받으셔야 할 존재라면, 그분께서 일하실 때도 능력 있고 신분도 높은 사람들을 불러서 제자로 삼으셔야 하지 않았을까요? 레위와 같은 제자를 부르신다는 것이 어떤 의미인지를 아셨다면, 하나님의 나라를 더 잘 전하기 위해 그 격에 맞는 사람을 세우시는 것이 옳지 않았을까요?

우리는 무엇보다도 예수님의 생각을 읽어야 합니다.

> 어느 날 예수께서는 레위의 집에서 음식을 잡수시게 되었다. 예수를 따르던 사람들 중에는 세리와 죄인들도 많았는데 그중 여럿이 예수와 그의 제자들과 함께 그 자리에 앉아 있었다. 바리사이파의 율법학자들은 예수께서 죄인이며 세리와 죄인들과 한자리에서 음식을 나누시는 것을 보고 예수의 제자들에게, "저 사람이 세리와 죄인들과 어울려 같이 음식을 나누고 있으니 어찌된 일이요?" 하고 물었다. 예수께서 이 말을 들으시고 "성한 사람에게는 의사가 필요하지 않으나 병자에게는 필요하다. 나는 의인을 부르러 온 것이 아니라 죄인을 부르러 왔다"고 대답하셨다.
> _막 2:15-17, 공동번역

뿐만 아니라 주님은 금식하지 않는 제자들을 변호하시며 이렇게 말씀하셨습니다.

> 낡은 옷에 새 천 조각을 대고 깁는 사람은 없다. 그렇게 하면 낡은 옷이 새 천 조각
> 에 켕겨 더 찢어지게 된다. _ 막 2:21, 공동번역

이 두 가지의 말씀은 무엇을 의미할까요? 우선, 첫 번째 말씀에서 우리는 다음의 진리를 알아챌 수 있습니다. 주님께서 이 세상에 오셔서 복음을 전하시는 사역은 '죄인을 부르는 일'이라는 관점에서 설명된다는 것입니다. 그리고 죄인을 부르는 일에는 죄인이 적격입니다. 다음으로, 주님의 말씀에 따르면 복음 전하는 일은 '새 일'입니다. 다시 말해 이전과는 전혀 다른 성격의 일이란 뜻입니다. 이 때문에 주님은 당신께서 당신 이후의 백성들과 맺는 언약을 가리켜 '새 언약'이라 부르셨던 것입니다(눅 22:20; 고전 11:25). 어쨌든 주님은 이 일을 실행하시면서 좋은 가문과 혈통, 지식과 재주가 뛰어난 사람이 아니라 레위 같이 천대받고 무시당하는 사람들을 사용하시기로 작정하셨습니다.

예수님께서 새 일을 이루시는 방식

예수님은 레위를 제자로 부르신 후에 그의 집에 가셔서 함께 식사하셨습니다. 우리는 이 자리를 눈여겨보아야 합니다. 식사의 자리에는 레위와 같은 세리들, 거기에다가 소위 '죄인'까지 같이했습니다. 여기서 '죄인'이라는 단어를 '도덕적으로나 법적으로 죄를 지은 사람'이라고 해석해서는 안 됩니다. 마가가 말하는 '죄인'은 '이러저러한 행위를 하면 죄인이다'라는 뜻에서 말하는 죄인이 아니라는 뜻입니다. 다시 말해, 바리새인들이 자기와 다른 방식으로 믿고 살아가는 사람들을 얕잡아 보고 낮추어 말하는 표현이라는 의미입니다.

바리새인들은 율법을 행하는 자들에게만 하나님의 은혜가 주어진다고 생

각했습니다. 다시 말해 율법을 지켜야만 하나님께서 은혜를 주신다고 믿는다는 것입니다. 이런 믿음을 가진 사람은 행위가 개떡 같은 사람을 경멸합니다. 용모도 단정하고 행위가 아주 반듯해야 '저 사람은 하나님께서 좋아하시겠네' 하고 여긴다는 것입니다. 단적으로 말해서 바리새인들은 눈에 보이는 인간의 모습에만 관심을 갖고 있을 뿐, 그 사람의 내면에는 관심이 없었습니다. 그들은 인간에 대한 존중심이 없었습니다. '그 인간이 어떤 연유로 저런 삶과 행동을 보여 주게 되었을까' 하는 생각은 하지 않았습니다. '저 놈이 저렇게 행동했다면 볼 것 없이 죄인이다, 그러므로 그 죗값을 치러야 한다.' 이것이 바리새인의 사고방식(思考方式)입니다.

예수님도 '사람은 그 행위의 열매로 판단해야 한다'고 주장하지 않으신 것은 아닙니다. 그러나 그보다 중요한 것은 사람의 마음, 즉 마음의 동기입니다. 여기서 우리는 행위가 그 사람의 마음을 설명할 수는 있지만 마음 자체는 아님을 잘 구별해야 합니다. 주님께서 겟세마네 동산에서 잠에 빠진 제자들을 향해 '마음은 원(願)이지만 육신이 약하다'고 말씀하신 것(마 26:41)은, 인간의 마음이 얼마나 연약한지를 이해하시는 분으로서의 연민이었습니다. 그러므로 주님께서 바리새인 같은 소위 믿음 좋은 사람들에게 무시당하고 정죄당하는 계층의 인간들을 가까이하신 배경에는 인간을 뼛속까지 잘 이해하시는 창조주로서의 사랑과 연민이 있었던 것입니다.

바리새인들은 자신이 얼마나 연약한 존재인지도 모르고 오히려 연약한 모습을 지닌 인간들을 하나님 자리에 선 듯이 판단하고 정죄했습니다. 그들은 자기 눈에 보이는 모습 그대로가 인간의 전부인 것처럼 아는 척했던 것입니다. 바리새인들은 인간이 어떤 존재인지도 몰랐고, 자신이 얼마나 불쌍한 존재인지도 몰랐습니다. 그들은 세상에서 가장 지혜롭고 의로우며 믿음 좋은 사람처럼 살았지만, 이 때문에 예수님의 자비에서 가장 먼 사람들이 되었습니다. 결과적으로 그들은 가장 불행한 사람이 되었습니다. 이에 비하면 세리와 죄인들은 역설적으로 세상에서 가장 행복한 사람들이 되었습니다. 그들은 세상에서 천대받고 따돌림 당하는 사람들이었지만, 예수님의 사랑과 은총을 가장 먼저 경험하는 사람들이 되었습니다.

어쨌든 주님은 소위 내로라하는 종교 지도층과 논쟁하셨습니다. 예수님은 사회에서 손가락질 받는 세리를 제자로 부르셨고, 소위 잘 믿는다는 자들에게 쓰레기 취급받는 자들과 어울리셨습니다. 본문을 보면, 예수님은 하나님 나라의 복음을 전하시면서 전혀 예상치 못한 사람들을 제자와 동역자로 부르셨습니다. 뿐만 아니라 전혀 새로운 방식으로 하나님의 나라를 이루어 가기 시작하셨습니다. 주님은 낮고 천한 신분의 인물을 불러 당신의 나라를 일구는 일꾼으로 세우셨으며, 역시 천하고 업신여김을 당하는 계층의 인간들을 불러 하나님 나라의 백성으로 삼으셨던 것입니다. 바울은 주님의 의도를 너무나도 정확하게 꿰뚫어 보았습니다.

> 그러나 하나님께서 세상의 미련한 것들을 택하사 지혜 있는 자들을 부끄럽게 하려
> 하시고 세상의 약한 것들을 택하사 강한 것들을 부끄럽게 하려 하시며 _고전 1:27

이 모든 일들을 통하여 주님은 단호하게 전하십니다. 하나님의 나라는 전적으로 하나님 자신의 계획에 따라 세워지고 이루어져 가며 완성될 것입니다.

예수님의 제자들로 산다는 것

우리는 무엇보다도 주님의 행위를 주목해야 합니다. 주님은 죄인을 찾아오셨고, 죄인을 불러 제자를 삼으셨습니다. 그분의 관심은 낮은 자와 억눌린 자, 그래서 그 무엇으로도 이 땅에서는 소망을 찾지 못하는 사람들에게 있었습니다. 결과적으로 예수님은 이 땅에 계실 때 그들과 먹기를 탐하는 자, 죄인과 병든 자의 친구라 불리셨습니다. 그리고 주님은 역시 그렇게 멸시받는 자들을 불러 제자로 삼으시고 당신께서 하시던 일을 이어서 하도록 명령하셨습니다.

저는 이 지점에서 스스로에게, 당신에게, 그리고 오늘날의 교회에게 이렇게 묻습니다. 우리는 이렇게 살아가신 주님을 닮아 가고 있습니까? 우리의 관심이 위로를 필요로 하는 사람, 주변머리 없는 사람, 없어 보이는 사람, 배운 것이 없어 보이는 사람에게 쏠려 있습니까? 우리 교회는 가난한 사람과 마음 아픈 사람, 배우지 못하여 심지어는 자신의 고통이 무엇인지조차 모르고 살아가는 사람에게 열려 있습니까?

한 30년 전쯤의 일입니다. 서울의 상봉동, 그러니까 현재 세계에서 가장 큰 감리교회라 불리는 교회 바로 뒷골목에 한 작은 교회가 있었습니다. 당시 그곳은 도로 포장이 되지 않아서 명색이 서울이지만 돈은 없는 사람들이 몰려 살던 지역이었습니다. 이 지역에 동기 목사님 한 분이 개척하셨다는 소식을 듣고 방문을 했습니다. 상가 건물 3층이었고 허름한 강대상과 긴 의자 몇 개만 있었던 그 교회당에 도착하자마자 우선 기도를 했습니다. 그리고 반가운 얼굴로 기도가 끝나기를 기다리던 목사님과 간단한 인사를 나눴습니다. 그 다음, 제가 진짜로 하고 싶던 말을 이었습니다. "아니 형님, 어쩌자고 그 교회 바로 뒷골목에다가 개척을 하셨어요?" 저는 바로 그 교회를 그 전 해에 방문한 적이 있었습니다. 친한 후배가 거기서 결혼식을 했기 때문에 방문했는데, 내부가 얼마나 화려한지 대리석으로 된 로비에 제 얼굴이 비칠 정도였습니다. 그런데 결혼식 주례를 맡으신 부목사님이 주례사 첫 부분에서 이렇게 말씀하시는 것을 듣고 정말 놀랐습니다. "이 교회당에서, 한겨울에 주일 예배 드리려면 금요일 저녁부터 난방을 해야 합니다. 바닥 난방이라서 … 난방비만 40만원이랍니다."

저도 그 무렵 4천 명 정도의 장년들이 출석하는 교회에 다니고 있었습니다만, 그 말씀을 듣는 순간 '이 교회는 부자 교회다'라는 등식이 세워져 버렸습니다. 아니, 그 등식은 차라리 이렇게 표현해야 더 정확했습니다. '이 교회는 부자라야 다닐 수 있겠다.' 이런 경험이 있고 보니, 그 화려하고 거대한 교회 바로 뒷골목에다가 이렇게 찌그러진 교회를 개척하는 것이 정말 무모하게 보였던 것입니다. 그런데 형님 목사님은 간단하게 대답하셨습니다. "야,

이 동네 사람들이 전부 부자냐? 부자는 전부 거기 가라 그래. 우리 교회는 가난한 사람만 오라 하고." 정말이지 그랬습니다. 그 다음해 그 교회가 개척한 지 일 년 만에 백 명이 훌쩍 넘게 되었다는 소식을 전해 들었습니다.

한국의 많은 교회에서 후계를 놓고 갈등이 일어났었고, 또 일어나고 있습니다. 어떤 경우는 그 교회를 개척하신 원로 목사님이 자식과 부인의 거취 때문에 예배 중에 교인들 앞에 무릎을 꿇고 사과하기도, 다른 설교 시간에 "내 가족은 거지가 아니다"라고 말씀하시기도 했습니다. 몹시 죄송한 말씀이지만, 이러한 사건들의 배경에는 주체할 수 없을 정도로 커져서 누구라도 쉽게 포기할 수 없는 교회의 막강한 재력과 권력이 개입되어 있음을 부인할 수 없습니다. 다시 묻습니다. 지금 우리의 교회는 건강합니까? 지금 우리의 교회는 주님의 정신과 메시지를 충실하게 짊어지고 있습니까? 우리는 과연 그분의 가르침을 교회와 개인의 삶에서 실천하며 살아갑니까? 우리 교회는 상처받고 고통받는 사람들이 편한 마음으로 드나들 수 있고, 그들이 존중받는 공동체입니까? 쭈뼛쭈뼛하며 누군가가 교회 문을 들어설 때, 화려한 치장을 하고 즐거운 표정을 짓는 교인이 아니어도 그에게 먼저 다가가 반가이 인사하며 손을 내미는 교회입니까?

제자로 부름을 받는 일, 거기에는 낮고 미련한 자를 부르셔서 높고 지혜로운 자를 부끄럽게 하시려는 하나님의 비밀이 담겨 있습니다. 우리는 오직 당신의 기쁘신 뜻에 따라서만 하나님의 은총을 베푸시려는 메시지를 읽어야 합니다. 거기에 우리의 소망이 있습니다. 우리의 능력으로는 절대 그분의 은총을 얻을 수 없음을 잘 알기 때문입니다. 본문은 실로 우리가 감당할 수 없는 엄청난 은총을 선포합니다. 주님께서 우리를 부르시는 것도 오직 은혜이며, 그분께서 우리를 사용하시는 것도 감당할 수 없는 은혜입니다.

11

새 술은 새 부대에

마가복음 2:18-22

종교적 확신

한국의 한 연예인이 그의 팬들과 한 가지 주제를 놓고 진지한 논쟁을 벌인 적이 있습니다. 에릭이란 연예인은 평소에 자신이 그리스도인임을 자주, 그리고 공개적으로 피력했고, 이 점을 염려한 한 팬이 그의 홈페이지에 이런 취지의 글을 올렸던 모양입니다. 즉, '하나님을 섬기지 않는 것이 가장 큰 죄라는 것에 동의하지 못 하겠다. 기독교와 관련된 좋은 책을 소개하고, 좋은 말씀을 해 주시는 건 괜찮지만 강요나 오빠의 종교적 확신으로 오해할 만한 어투만 아니었으면 좋겠다'는 취지입니다. 그런데 이 팬은 법정 스님의 말을 이렇게 인용했다 합니다. "믿지 않는다 하여 자신의 자식이라 하는 인간들을 지옥불에 던져 버리는 당신네들의 신들을 난 도대체 이해할 수가 없다. 차라리 난 지옥에 가서 당신네 신에게 버림받은 그 억울한 영혼들을 구제하겠다." 이 말을 인용한 팬은 이렇게 결론지었다고 합니다. "예수 천국, 불신 지옥보단 이런 말이 더 와 닿고 타당성이 있다고 생각한다."

이 글에 대해서 에릭은 이런 취지의 답글을 올렸다고 합니다. "마음은 숭고하지만 법정 스님도 마음속에서 살인을 하셨잖습니까? 육신이 살인을 저지르지 않아도 영혼이 살인을 저질렀다면, 그 영혼이 천국과 지옥 심판대 앞에 섰을 땐 절대 봉사 활동 20시간 훈방 조치 따위로 샘샘 칠 수 있는 논리가 아닙니다. 감방에서 살아야 합니다. 법정 스님은 세상을 창조하셨다고 말씀

안 했죠? 그럼 죄송스럽지만 구제할 수 있는 조건에도 적합하지 못한 것입니다." 제가 볼 때, 그의 논지는 이렇습니다. "누구든지 죄인입니다. 성경은 누구든지 마음으로 이웃을 미워만 하더라도 살인한 사람이라 가르칩니다. 그러므로 법정 스님도 누군가를 미워한 적이 있다면, 그 역시 살인자이며 죄인입니다. 그분이 아무리 큰 선행을 행했다 하더라도 그 역시 하나님의 심판대 앞에 설 것입니다. 따라서 하나님을 믿지 않았다는 이유로 심판을 받아 지옥에 간 사람들을 품겠다는 법정 스님의 말은 창조주의 권리와 인간의 능력을 간과한 잘못된 주장입니다." 에릭이란 사람이 드라마에 등장한 것만 기억하는 저로서는, 그가 이 정도로까지 말할 수 있다는 사실 자체가 무엇보다 놀라웠습니다. 제 판단이 틀리지 않았다면, 에릭은 적어도 수년간 체계적으로 성경 공부를 했을 것입니다.

그 다음 날에 본 기사로는 에릭은 자신의 글 때문에 종교적 논쟁으로 번져 가는 것을 보고 공개적으로 사과했습니다. 그러나 그 사과는 자신의 말이 틀렸음을 인정하는 것이 아니라 논란에 대한 유감의 표시였습니다. 이로 보건대 에릭은 자신의 종교적 신념을 굽힐 생각이 전혀 없는 것 같습니다. 에릭의 태도를 보면서 우선은 놀랐을 뿐만 아니라 부러운 마음이 들었습니다. 자신의 믿음을 이렇게까지 훈련했을 뿐만 아니라 분명하게 표현하고 거기에다가 확신까지 가진 것이 너무나도 부러웠다는 것입니다.

이곳에서 살면서 '믿음이란 것이 무엇일까?' 하는 안타까움을 종종 느낍니다. 예를 들어, 누구 집에 친구가 찾아옵니다. 주일이 되었습니다. 예배에 참석하지 않습니다. 친구 때문이랍니다. 친구가 교회에서 상처를 받았습니다. 교회에 안 나옵니다. 당연히 그 친구를 위로하고 격려해야 합니다. 그러나 그렇게 되지를 않습니다. 오히려 그 사람의 친구까지 교회 나오기를 꺼려합니다. 물론 처음에는 권면도 하고 기도도 했겠지만, 결국 이런 모습으로 끝나는 경우가 더 많습니다. 이런 모습들을 볼 때, 지나친 말씀이 아니길 바랍니다만, 우리의 믿음은 누군가에게 영향력을 주어 그가 믿도록 인도하기가 어려워 보입니다. 그러다 보니 자신의 팬들에게 이렇게 확신 있고 조리 있게 말하는 에릭이 정말 보고 싶어집니다.

그러나 에릭의 태도를 보며 염려가 되기도 합니다. 법정 스님이 지옥에 갔느냐의 문제는, 법정 스님이 지옥에 가서 하나님께서 버린 이들을 품으려 한다는 말만큼이나 에릭의 능력에서 벗어난 말입니다. 그의 말이 틀렸다는 뜻이 아닙니다. 전도하는 자리에서 할 수 있는 소리이지 공개적으로 토론하기에는 적절하지 않은 주제라는 뜻입니다. 이와 비슷한 주제가 또 있습니다. 자살한 사람이 지옥을 가는지도 그런 예입니다. 자살한 사람은 지옥에 갑니다. 그러나 이 사실은 아주 조심스럽게 다루어야 하는 부분입니다. 확실하지 않아서가 아닙니다. 우리가 말할 부분이 아니라 하나님의 영역과 주권에 속한 부분이기 때문입니다. 어쨌든 에릭의 일에서 제가 유일하게 아쉬워하는 부분은 그런 주제를 차라리 신자들 안에서나 조심스럽게 이야기했어야 했는데, 공개적으로 그리고 논쟁적으로 언급하는 바람에 얻을 것이 별로 없는 소모적 논쟁으로 변질되었다는 것입니다.

금식, 그 행위를 바라보는 관점의 문제

> 요한의 제자들과 바리새인들이 금식하고 있는지라 혹이 예수께 와서 말하되 요한의 제자들과 바리새인의 제자들은 금식하는데 어찌하여 당신의 제자들은 금식하지 아니하나이까 _막 2:18

어떤 사람들이 예수님의 제자들과 요한의 제자들, 바리새인들 그룹 사이에 차이가 있음을 발견하고 이를 예수님께 여쭤보았습니다. 당시 유대에는 크게 바리새파, 사두개파, 그리고 에세네파라 불리는 그룹이 있었습니다. 세례 요한은 이 가운데 에세네파에 속하지 않았을까 추측하는데, 에세네파는 기도도 많이 하고 성경도 많이 읽었다고 알려져 있습니다. 각 그룹은 나름대로 구별될 만한 특징들이 있었습니다. 그러다 보니 엉성하나마 막 그룹을 형성하여 가고 있던 '예수파'는 대체 어떤 신조와 색채를 갖고 있는지, 사람들이 궁금해했을 것은 당연합니다. 다시 질문으로 돌아갑니다. "세례 요한의 무리들도, 바리새인들도 금식합니다. 그런데 당신들은 왜 금식하지 않습니까?"

금식이 무엇인지는 우리 모두 잘 압니다. 소위 금식은 밥을 굶는 것입니다. 물론 종교적 동기에서 밥을 안 먹는 행위입니다. 아주 거칠게 말하자면 어떤 이유 때문에 밥을 안 먹는 것인데, 오죽 다급하면 밥도 안 먹고 그렇게 하나님께 기도하겠습니까? 그러나 밥을 안 먹는다는 것 자체가 힘들기 때문에 금식이 하나님께만 드려지는 행위로서 받아들여지기가 쉽지 않습니다. 이 점이 지금도 문제이지만 그 당시도 문제였습니다. 단적으로 말합니다. 여기 두 사람이 있습니다. 한 사람이 이틀을 금식했습니다. 그런데 또 한 사람이 열흘을 금식했습니다. 우리의 상식으로는 열흘 금식한 사람의 문제가 이틀 금식한 사람의 문제보다 무거울 것이라 짐작합니다. 그러나 열흘 동안 딴생각만 하면서 그야말로 시간만 채웠다면 이틀 동안 오로지 기도에만 매달리며 금식한 사람의 기도가 더 질이 높겠습니까? 표현은 좀 그렇지만 더 질이 높을 것이라 생각하는 것이 사리에 맞을 것입니다. 이와 관련해서는 오직 하나님만 판단하실 문제이니까 우리는 판단을 유보해야 하겠지만, 이 금식이 우리 인간의 영역에서는 이처럼 잘못된 생각과 가치관으로 표현되고 받아들여지고 있습니다. 다시 한 번 짧게 말씀 드립니다. 금식은 인간과 하나님 사이에서, 오직 그 관계 안에서만 행해지고 판단되어야 할 종교 행위입니다. 그런데 인간은 이 구별되어야 할 행위를 자신의 종교성을 표시하고 혹은 과시하는 행위로 받아들였다는 것입니다.

이제는 예수님의 말씀을 들어보겠습니다.

> 예수께서 저희에게 이르시되 혼인집 손님들이 신랑과 함께 있을 때에 금식할 수 있느냐 신랑과 함께 있을 동안에는 금식할 수 없나니 _막 2:19

예수님은 금식을 금식의 취지라는 관점에서 말씀하셨습니다. 무슨 의미일까요? 금식은 기본적으로 유감입니다. 에덴동산에서 살던 우리의 조상에게 금식은 없었습니다. 언제든지, 마음만 먹으면 하나님과 교제할 수 있었기 때문입니다. 그러나 인간이 범죄한 이후 상황은 달라졌습니다. 누구라도 하나님을 기쁘시게 해 드릴 수 없게 되었고, 그러므로 누구도 하나님 앞에 당당하게 나아갈 수 없게 되었습니다. 언제나 하나님과 소통할 수 있었던 때에 비한다면, 밥을 먹지 않으면서까지 하나님께 자신의 뜻을 표해야 하는 것은 참으로 슬픈 일입니다. 그러나 예수님께서 선언하십니다. "지금은 기쁨의 계절이다! 지금은 잔치의 때이다! 그러므로 지금은 즐기고 기뻐해야 할 때이다!" 왜 그렇습니까? 지금은 하나님의 아들께서 직접 이 땅에 오셔서 감당할 수 없는 은혜의 소식을 선포하기 시작하셨기 때문입니다. 아무리 해도 인간이 하나님의 마음에 흡족할 수 없음을 아시고, 하나님께서 당신의 아들을 직접 보내셨습니다. 그리고 그 아들의 피로써 당신의 피조물들이 하나님의 은총 아래서 새로운 삶을 누리게 될 것입니다. 이 얼마나 놀랍고 감사한 은혜입니까? 이것이 얼마나 기쁜 소식입니까? 이 소식이 선포되고 있는 지금, 어째서 인간은 슬픈 기색을 띠고 재를 머리에 뿌린 채로 금식을 해야 한단 말입니까?

금식의 의미를 재해석하시다

예수님의 제자들이 그렇게 예리한 시대정신을 가졌기 때문에 금식을 안한 것은 아닐 것입니다. 스승이신 예수님께서 제자들에게 엄격한 규율과 종교 행위를 강조하지 않으셨기 때문에, 그들이 그처럼 느슨하게 종교 생활을 했을 것이 거의 분명합니다. 그럼에도 불구하고 예수님은 제자들을 질책하시지도 않았고 오히려 그들을 두둔하셨습니다. 이 역시 제자들이 마냥 예뻐서 그러시지는 않았음이 분명합니다. 주님은 어떤 이들의 질문을 기회로 삼아 당신의 생각을 자연스럽게 표명하시기 위해 그러신 것이 분명합니다. 예수님은 이렇게 선언하십니다. "지금은 축제의 시기이다!" 그러나 이어지는 말씀을 통해서 주님은 하나의 경고를 분명하게 덧붙이셨음도 우리는 주목해야 합니다.

그러나 신랑을 빼앗길 날이 이르리니 그날에는 금식할 것이니라 _막 2:20

예수님은 이렇게 말씀하신 것입니다. "지금은 즐기고 기뻐할 때이다! 그러나 그 시기는 영원하지 않을 것이다!" 요점이 무엇입니까? "기쁨의 때가 이미 시작되었으니 기뻐하라. 그러나 그 시기가 영원하지 않을 터이니 지금 그 시기에 그 기쁨을 누리는 것이 옳다." 바로 이것입니다. 어쨌든 이렇게 하여 우리는 비로소 예수님 말씀의 핵심을 짚을 수 있게 됩니다. 예수님께서 이렇게 질문하십니다. "조상 적부터 내려오는 종교적 전통에 너희가 언제까지 매여 있을 것인가? 금식이란 종교 행위 자체가 중요한 게 아니라 하나님의 의중을 파악하는 일이 중요하다." 이 정도가 되지 않겠습니까?

이 말씀은 사실 우리에게 엄청난 도전을 줍니다. 구약 성경을 살펴보면, 사실 금식은 일 년에 오직 한 번, 즉 속죄일에만 요구되었습니다(레 16:29, 31; 23:27-32; 민 29:7). 그럼에도 불구하고 본문 속의 세례 요한 제자 그룹과 바리새인들은 일주일에 두 번, 즉 월요일과 목요일 두 번씩 금식을 했습니다(눅 18:12). 목적은 간단했습니다. 그냥, 유대인의 전통을 따랐을 뿐입니다. 그 유대인의 전통이 언제 시작되었는지는 확실하지 않습니다. 일 년에 오직 한 번, 속죄일에 금식을 하게 하신 이유는 분명했습니다. 속죄일은 일 년에 한 번, 하나님께서 이스라엘의 모든 백성이 지은 죄를 공식적으로 용서하시는 날입니다. 이 은총이 넘치는 절기에 이스라엘 백성들은 모두 금식하는 가운데 일 년 동안 자신들이 지은 모든 죄를 사하시는 하나님의 은혜를 되새겨야 했습니다. 금식의 기원과 의미가 이렇다면, 금식은 하나님께서 죄를 사하시는 은총이 배경이 되어야 합니다. 이렇게 볼 때, 금식은 어떤 사람의 종교적 수준을 판단하는 수단으로 사용되면 안 됩니다. 뿐만 아니라 구약 성경이 말하는 금식은 그것이 얼마든지 죄를 용서하시는 하나님의 은총을 기뻐하는 축제로 이어져야 할 뿐, 억지로 자신의 뜻을 하나님께 요청하는 행위로 이어질 수 없음도 분명합니다. 요약합니다. 유대인의 전통이 말하는 금식은 하나님의 의도도 정확하게 전하지 않았으며, 따라서 지킬 의무도 의미도 없는 종교적 행위, 그래서 그냥 자신을 괴롭히면서 종교적 수준을 과시하기나 하는 행위로 변질되었던 것입니다.

한 걸음 더 들어가 보겠습니다. 주님의 말씀에서 반드시 갈무리해야 할 강조점은 무엇입니까? 예수님께서 말씀하십니다. "금식? 왜 안 하느냐고? 축제에 금식하는 것 보았냐?" 이 말씀 때문에 당황했던 바리새인들을 위시한 당시의 유대인들의 심정을 생각해 봅니다. '하나님의 말씀을 전한다는 자가 어떻게 오랫동안 지켜 왔던 우리의 종교적 전통을 무시할 수 있단 말인가? 뿐만 아니라 자기 제자들이 금식하지 않는 것을 부끄럽게 여기지도 않을 뿐만 아니라 오히려 변명까지 하고 있지 않은가?' 이로 보건대, 우리 시대의 용어로 표현하자면 예수님을 위시한 그 제자들은 그야말로 '종교적 날라리', 혹은 이단이었습니다. 그럼에도 불구하고 우리 주님의 의지는 꿋꿋합니다. 주님은 이렇게 말씀하십니다.

새 포도주를 낡은 가죽 부대에 넣는 자가 없나니 만일 그렇게 하면 새 포도주가 부대를 터뜨려 포도주와 부대를 버리게 되느니라 오직 새 포도주는 새 부대에 넣느니라 _막 2:22

예수님은 당신의 정신을 빗대어 '새 술은 새 부대에 넣는다'라고 비유하셨습니다. 당신의 종교적 신념을 더 이상 기존의 사고방식과 전통에 담을 수 없다는 선언이었습니다.

앞으로도 예수님의 태도를 자주 살펴보겠지만, 본문을 보더라도 예수님은 지금까지 연면(連綿)히 이어져 내려온 유대교의 전통을 깡그리 무시하시지 않은 것은 너무나도 분명합니다. 주님은 새 종교를 선포하려 하시지 않았습니다. 새로운 관점으로 유대인의 여호와 신앙을 해석하려 하셨을 뿐입니다. 단적으로 표현하기에는 조심스럽긴 하지만, 주님은 율법이라 불리는 구약 성경을 '하나님의 심정'이란 관점에서 해석하려 하셨습니다. 반면 유대인들은 같은 하나님의 말씀을 단순한 법규집, 즉 '이런 경우는 이렇게 해라 저런 경우는 저렇게 해라' 이런 식으로 말씀하신 무미건조한 법률 조항으로 보았습니다. 예수님께서 보여 주신 관점으로 우리는 성경을 죽어 있는 법규집이 아닌, 살아 계신 하나님의 사랑 고백 편지로서 바라봅니다. 그렇게 우리는 뜨거운 사랑을 품고 계신 전능자를 발견합니다. 공의로우시지만, 그럼에도 피처럼 붉은 사랑을 지니셨기에 당신이 지으신 피조물을 죄에 따라 처벌하시지 못하고 아파하시는 그분을 봅니다. 그분의 사랑은 마침내 당신의 외아들을 우리 대신 죽게 하는 형장으로 내모셨습니다. 그것이 인간의 죄를 용서하실 수 있는 최후의 방법이기 때문입니다.

출애굽 이후부터 예수님 오시기 전까지는 일 년에 한 번씩 죄를 용서하셨지만, 예수님의 십자가 사건 이후부터는 그분의 십자가를 믿는 사람들의 죄를 단번에, 그리고 영원토록 용서하실 것입니다. 그러므로 본문에서 언급하고 있는 금식은, 밥 안 먹고 기도해야만 그 기도를 들어주겠다는 냉혹한 창조주의 무지막지한 요구가 아닙니다. 금식해야만 네 믿음이 얼마나 좋은지 보겠다는 요구도 아닙니다. 밥 안 먹습니다. 고통스럽습니다. '봐라, 밥 한 끼 안 먹는 것이 얼마나 힘들더냐? 네가 금식할 때 겪는 고통은 네가 일 년 동안 지은 죄를 갚는 것에 비하면 아무것도 아니야. 그런데 나는 네 죄를 이렇게 용서한단다. 얼마나 기쁘고 감사한 줄 알겠지?' 요컨대 속죄일에 요청되는 금식에는 배고픈 고통을 통해서 자신이 받게 될 속죄의 은총이 얼마나 엄청난지를 일깨우시려는 하나님의 심정이 담겨져 있었습니다. 이것이 금식을 요구하시는 하나님의 피 끓는 심정입니다.

새 술은 새 부대에!

이처럼 예수님의 의도는 하나님의 말씀을 재해석함으로써 그분의 심장을 생생하게 전하려 것이었지만, 이미 굳을 대로 굳어진 유대인의 종교는 더 이상 그분의 뜨거운 사랑을 받아들일 여지가 전혀 없게 되었습니다. 그렇기에 예수님은 확실하게 선언하셨습니다. '새 술은 새 부대에!' 좀 더 분명하게 표현하자면, '새 술은 새 부대에 담을 수밖에 없다!' 결국 주님은 당신의 그 정신을 담을 그릇까지 바꾸겠다고 암시하신 것입니다. "당신 제자들은 왜 금식하지 않습니까?" 이 질문에 예수님께서 대답하십니다. "지금이 금식할 때인가?" 이 대화는 우리에게도 엄청난 도전과 경고를 던져 줍니다. 처음에는 사랑이란 열정이 우리를 움직이지만, 시간이 지날수록 그 열정은 화석화되어 갑니다. 이스라엘이 그러했습니다. 애굽에서 나와 홍해를 건널 때, 그들은 너무 행복했습니다. 모든 것이 감사했습니다. 그러나 그 감사의 열정은 사막에서 며칠을 보내면서 금방 사그라들었습니다. 그들에게는 하나님의 구원의 은혜보다 메추라기가 더 귀중했고, 홍해를 건너게 하신 은혜보다는 물 한 방울이 더 소중했습니다. 결국 그들에게 하나님은 금송아지와 매일반이었습니다.

그들이 정말 우리보다 못해서 그랬을까요? 우리도 마찬가지입니다. 처음에는 하나님께서 나를 사랑하신다는 사실이 너무나도 소중했습니다. 그분의 말씀이라면 무엇이라도 지키고 싶었습니다. 그러나 그 사랑은 얼마 가지 않았습니다. 열정이 가득 찬 믿음도 시간이 감에 따라 '종교'라는 이름의 화석이 되어 습관 혹은 문화라는 흔적으로만 남는 것입니다. 이것이 우리의 경험입니다. 하나님의 마음을 이해하지 못하고 그분의 마음을 고려하지 않을 때, 이렇게 습관화된 믿음은 자신을 하나님께 달려가지 못하게 할 뿐만 아니라 이웃을 판단하고 정죄하는 몽둥이가 될 뿐입니다. 이것은 하나님의 마음을 이해하지 않고 법조문에만 매달린 사람들의 공통된 모습입니다. 예수님께 나아와 금식을 가지고 질문했던 이들도 역시 이 문제에 빠져 있었습니다. '나는 금식하는데 너는 금식하지 않는다. 그러므로 나는 경건한데 너는 경건하지 않다.' 금식하는 자가 경건한지는 잘 모르겠습니다만, 어쨌든 금식하는 자가 경건하기까지 하려면 금식은 하더라도 남을 판단해서는 안 됩니다. 이웃을 판단하고 정죄하는 행위는 경건한 종교 행위라고 거론되는 그 어려운 행위마저도 아무것도 아닌 것으로 만들 만큼 무서운 범죄이기 때문입니다.

금식하는 것이 금식하지 않는 것보다 힘든 것은 사실이지만, 그렇다고 해서 금식하는 사람에게 금식하지 않는 사람을 판단할 권리는 없습니다. 금식의 유일한 유익은 그것을 통해 진실하고 진지하게 하나님께 나아갈 수 있다는 점뿐입니다. 하나님의 마음을 무겁게 묵상하지 않는 종교 행위는 자신을 의롭게도 못하고 이웃을 품지도 못합니다. 본문에 나오는 사람들처럼, 하나님의 사랑과 마음을 이해하지 못한 사람들은 믿음을 자신을 과시하는 수단으로 혹은 이웃을 판단하는 기준으로 사용합니다. 그런 종교심은 주님께 내침을 당할 뿐입니다. 우리는 이 경고를 무겁게 받아들여야 합니다.

12

안식일을 통해 다가온 축복

마가복음 2:23-28

새로운 관점으로

유대인들은 예수님의 제자들이 금식하지 않는 것을 보고 예수님께 물었습니다. "세례 요한의 제자도, 바리새인도 금식하는데 왜 당신의 제자들은 금식을 하지 않습니까?" 이에 예수님은 "축제 때에는 금식하지 않는다"라고 대답하셨습니다. 사람들은 금식을 전통, 즉 유대인들이 율법 그 자체만큼이나 중요하게 여겼던 종교적 관습을 기준으로 삼아 질문했습니다. 예수님은 관습을 무조건 해야 하는 것이 아니라 왜, 무엇 때문에 그것이 생겼는지를 생각하고서 행해야 한다고 대답하셨습니다. 그 후에 주님은 "새 술은 새 부대에 담아야 한다"고 선언하셨습니다. 예수님은 이 말씀으로 결국 당신께서 주창하고 전하시는 하나님 나라의 복음이 어떤 원리에 따라 묵상되고 세워져야 하는지를 알리셨습니다. 결론부터 먼저 말씀 드리자면, 본문을 통해 예수님의 주장, 즉 '새로운 관점'으로 안식일에 관한 유대인의 전통을 바라보자는 것입니다.

안식일과 규정들

예수님의 제자들이 안식일에 밀밭을 지나다가 밀을 베었습니다. 그것은 유대인의 규례에 어긋나는 행위였습니다. 이 모습을 본 바리새인들이 묻습니다. "그 행위는 안식일의 규정에 어긋납니다!" 이에 예수님께서 대답하셨습니다. "안식일은 사람을 위해 존재한다." 유대인들은 안식일을 거룩하게 지켜야 한다는 율법의 명령을 철통같이 지키고 있었습니다. 이 전통은 예수님 당시까지 이어졌으며, 안식일 준수는 믿음 전체를 건 문제로 여겨졌습니다. 그만큼이나 안식일에 관한 율법 규정은 유대인들에게 중요했습니다. 유대인 혹은 전통적인 유대인의 규례에 철저하려 했던 이들과 예수님 사이에서 벌어진 안식일 논쟁이 이곳에만 기록된 것은 아닙니다. 요한복음 5장을 보면 예수님은 병자를 고치셨는데, 하필이면 이날이 안식일이었습니다. 유대인들은 이 사실을 가지고서 시비를 걸었습니다. 이때 예수님은 아주 단정적인 어투로 이렇게 말씀하셨습니다. "내 아버지께서 일하시니, 나도 일한다."

안식일에는 모두가 일을 손에서 내려놓고 쉬어야 합니다. 이것이 유대인의 보편적인 생각이었습니다. 그러나 주님은 아주 희한한 말씀, 듣고 보면 아주 자연스럽지만 참으로 위험한 말씀을 하셨습니다. "내 아버지는 일하시잖아?" 그 아버지는 바로 하나님입니다. 그렇습니다. 안식일에 사람은 쉬어야 하지만, 하나님은 그러실 수 없습니다. 하나님께서 휴업을 하시면 세상이 제대로 돌아갈 리 없습니다. 그러므로 하나님은 안식일이라 하더라도 쉬시면 안 됩니다.

예수님께서 말씀하십니다. "내 아버지는 일하시지? 그러니깐 나도 일해야 해." 다시 말해 '행위는 안식일 규정에 묶여 있는 인간들의 차원에 속한 일이 아니다, 내가 하는 일은 너희들의 그 일과 차원이 다르다, 내가 하는 일은 하나님께서 하시는 일과 마찬가지의 차원이야 …' 바로 이 뜻이었습니다. 더 나아가 이 말씀으로 당신께서 하나님의 아들이심을 암시하시기도 합니다. 결국 요한복음에서의 이 논쟁은 하나님의 아들로서 행동하시는 그 일을 인간들의 일과 같은 차원에 놓고 비교하는 바람에 일어난 해프닝이었다고 주님께서 반박하셨던 것입니다.

마가복음 2장의 본문은 예수님의 제자들의 행위가 일차적인 원인이 되었습니다. 예수님의 제자들이 안식일에 밀밭 사이를 지나면서 길을 내는데, 길을 내기 위해서 밀 이삭을 잘라 버렸습니다. 제자들의 행동은 유대인들로부터 '안식일에 하지 못할 일'이란 비난을 받았습니다. 도대체 이 말이 무슨 의미일까요? 이를 이해하기 위해서는 당시 유대인의 안식일 규정, 정확히 말한다면 유대인의 안식일 전통을 알아야만 합니다.

주후 200년경, 유대인들은 당시까지 구전(口傳)으로 이어져 오던 율법 해석들을 모아 하나의 책으로 만듭니다. 이 책은 '미쉬나'라고 불립니다. 미쉬나의 기록을 보면(Shabbat 7:2), 안식일에 하지 않아야 할 일이 무려 39가지입니다. 그중에 추수, 즉 곡식 베기에 관한 규정도 있습니다. 이 규정에 따르면, 유대인은 안식일을 거룩히 지키기 위해 이날에 곡식을 베어서는 안 됩니다. 이 미쉬나를 더욱 상세하게 설명하는 '탈무드'라는 책이 있는데 여기에는 곡식 베기 금지 규정이 더욱 상세하게 설명되어 있습니다. 이 탈무드에서(예루살렘 탈무드, Shabbat 7:2) 랍비 히야(Hiya)는 곡식 이삭을 훑어 내는 일이나 포도, 올리브, 무화과를 따는 행위도 금해야 한다고 말합니다. 이런 분위기는 랍비 히야로부터 200년 전인 예수님 당시에도 이미 존재했음이 틀림없습니다. 그리고 유대인들은 이 규정을 이용해서 예수님의 제자들이 안식일을 범했다고 정죄하려 한 것입니다.

그러나 예수님은 이들의 정죄를 다윗의 경우를 말씀하시며 물리치셨습니다(막 2:25~26). 다윗은 쫓겨 다닐 때에 먹을 것이 없어서 굶주렸습니다. 다윗은 이때 하나님의 집에 들어가서 제사장들 외에는 먹지 못하는 진설병을 먹어 버렸습니다. 뿐만 아니라 부하들에게도 이것을 나누어 주었습니다. 그가 이렇게 하고도 무사했다면, 예수님의 제자들이 안식일에 배고파서 밀 이삭을 베어 먹는 것이 무슨 죽을 일이겠습니까? 예수님은 매우 복잡한 신학 주제들을 다루시고 있습니다만, 말씀하시려는 바는 분명합니다. 예수님의 제자들은 안식일 규정, 즉 율법을 어긴 것이 아니라 바리새인의 전통을 어겼을 뿐이라는 것입니다. 유대인들은 자기의 전통에 집착해서 제자들이 밀 이삭을 벤 사실만을 바라보았지만, 예수님은 제자들이 밀 이삭을 벤 이유, 소위 동기에 더욱 주목하셨습니다. 그러므로 예수님은 사실 더욱 커다란 질문을 던지고 있는 셈입니다. 도대체 안식일이 누구를 위한 제도인가 하는 점입니다.

안식일의 목적은 무엇인가?

유대인은 안식일에 병든 사람을 고쳤다는 사실에 주목하여 예수님을 비난합니다. 그러나 예수님은 아버지, 즉 하나님께서 일하시므로 당신도 일했을 뿐이라고 반박하십니다. 이 문제를 아주 거칠게 대립적인 구조로 설명하면 이렇습니다. 첫째, 유대인의 안식일 전통이 있습니다. 그들은 하나님께서 안식일에는 무조건 쉬어야 한다고 명령하셨다 믿습니다. 배고프다고 밀을 베어 먹어서도 안 되고, 몇 십 년 동안 아픈 환자를 고쳐서도 안 됩니다. 둘째, 여기에 대비되는 예수님의 안식일 개념이 있습니다. 안식일에 무조건 일 안 하고 쉬는 그 자체에만 목적이 있는 것은 아니라는 것입니다. 마태는 오늘 사건을 좀 더 자세히 기록합니다.

> 안식일에 제사장들이 성전 안에서 안식을 범하여도 죄가 없음을 너희가 율법에서 읽지 못하였느냐 내가 너희에게 이르노니 성전보다 더 큰 이가 여기 있느니라 나는 자비를 원하고 제사를 원치 아니하노라 하신 뜻을 너희가 알았더면 무죄한 자를 죄로 정치 아니하였으리라 인자는 안식일의 주인이니라 _마 12:5-8

여기서 우리는 두 개의 중요한 선언을 발견할 수 있습니다. 첫째, 안식일의 주인은 하나님이시다. 둘째, 하나님은 사람을 위해 안식일을 마련하셨다. 이 논리는 마침내 마지막 절에서 "인자는 안식일의 주인이니라"라는 아주 도전적인 선언으로 결론지어집니다.

그렇다면 우리의 질문은 두 가지입니다. 첫째, '안식일의 주인이 하나님이시다'라는 말씀이 도대체 무슨 뜻인가? 둘째, '안식일은 인간을 위한 것이다'

라는 말씀은 또 무슨 뜻인가? 먼저, 첫 번째 질문을 살펴봅니다. 창세기 2장 2절입니다.

> 하나님의 지으시던 일이 일곱째 날이 이를 때에 마치니 그 지으시던 일이 다하므로
> 일곱째 날에 안식하시니라

이 말씀은 안식일이 하나님에게서 기원했음을 주장합니다. 창조주 하나님께서 이 세상을 완전하게 만드시고 일곱째 날에 쉬셨습니다. 전능하신 하나님께서 피곤하셔서 쉬셨을까요? 아닙니다. 하나님께서 세상을 만드신 후에 그것을 바라보시며 참으로 아름답다고 기뻐하셨습니다. 그러고 나서 일곱째 날에 쉬신 것은, 당신의 창조 사역이 얼마나 완전한지, 그에 따라 얼마나 기뻐하셨는지를 알리시는 표현이었습니다. 어쨌든 이 때문에 이 일곱째 날을 안식일이라 부르시면서 하나님은 출애굽기 31장 12절에서 '나의 안식일'이라고 말씀하셨습니다.

이 안식일은 신명기 5장 14절에서 하나님의 백성을 위한 규례로 적용되기 시작합니다.

> 제 칠일은 너의 하나님 여호와의 안식인즉 너나 네 아들이나 네 딸이나 네 남종이
> 나 네 여종이나 네 소나 네 나귀나 네 모든 육축이나 네 문안에 유하는 객이라도 아
> 무 일도 하지 말고 네 남종이나 네 여종으로 너같이 안식하게 할지니라

우리는 안식일에 관한 두 가지 교훈을 얻어 낼 수 있습니다. 첫째, 안식일의 주인은 하나님이시다. 우리는 이와 관련하여 '안식일에 관한 하나님의 주권'이라는 어려운 표현을 쓰기도 합니다. 그리고 둘째, 하나님께서 당신의 백성들에게 안식일을 선물로 주셨습니다. 하나님께서 이렇게 말씀하십니다.

> 엿새 동안은 힘써 네 모든 일을 행할 것이나 제 칠일은 너의 하나님 여호와의 안식

일인즉 너나 네 아들이나 네 딸이나 네 남종이나 네 여종이나 네 육축이나 네 문안
에 유하는 객이라도 아무 일도 하지 말라 이는 엿새 동안에 나 여호와가 하늘과 땅
과 바다와 그 가운데 모든 것을 만들고 제 칠일에 쉬었음이라 그러므로 나 여호와
가 안식일을 복되게 하여 그 날을 거룩하게 하였느니라 _출 20:8-11

우리는 이 말씀의 배경을 잘 압니다. 이스라엘은 애굽에서 종살이하다가
해방되어 이제 곧 약속의 땅 가나안에 들어갈 것입니다. 하나님은 이 이스라
엘에게 가나안 땅에서 누리게 될 축복 가운데 안식일을 말씀하셨습니다. 따
라서 안식일은 이스라엘에게 일주일에 하루, 절대적인 쉼을 보장하는 하나
님의 축복이었습니다. 이 규정의 신성함은 안식일을 준수가 하나님의 거룩
하심을 닮는 일이라고까지 강조되어 있습니다. 하나님께서 이렇게 말씀하십
니다.

너희는 거룩하라 나 여호와 너희 하나님이 거룩함이니라 너희 각 사람은 부모를 경
외하고 나의 안식일을 지키라 _레 19:2-3

안식일 계명을 의미 있게 지킬 때에 인간은 하나님을 닮아 갈 수 있는 엄
청난 은혜를 누릴 수 있게 됩니다. 그러므로 우리는 이렇게 말함으로써 주님
의 말씀에 전적으로 동의하게 됩니다. 안식일 계명은 인간을 율법의 노예로
만들려고 주어진 것이 아닙니다. 인간이 하나님을 닮아 가는 수단 가운데 하
나로서 주어진 것입니다. 즉 안식일은 인간을 위해 주어진 것입니다. 인간을
하나님처럼 거룩하게 만들기 위하여 주어진 규례가 바로 안식일 규례라는
뜻입니다. 하나님은 이렇게 선언하십니다.

엿새 동안은 일할 것이요 일곱째 날은 쉴 안식일이니 성회라 _레 23:3

안식일은 아무 일도 안 하면서 '내가 혹시 안식일을 범하지 않았는가' 불안

해하며 지내는 시간이 아닙니다. 안식일은 하나님의 은총 안에서 마음껏 즐기는 축제입니다. 뿐만 아니라 안식일은 하나님께서 하시는 일에만 전념함으로써 마침내 그분의 거룩하심에 도달하도록 하려는 목적이 있습니다.

주일의 주인은 바로 나다!

안식일 규례에 관한 예수님의 해석을 살펴보았습니다. 어떻습니까? 안식일은 쉬는 날이다, 이렇게 생각하는 바리새인에 비해 주님의 생각이 얼마나 방대하고 깊은지를 실감하셨습니까? 안식일에 관한 성경 전체의 생각은 사실 책으로 몇 권을 써도 모자랍니다. 그러나 예수님의 말씀은 이미 그것만으로도 벅찰 지경입니다. 주님의 말씀으로 안식일을 바라보다 보면 우리가 안식일에 어떻게 살아야 하는지를 넘어 우리의 삶과 행동 방식 모두를 아울러 생각할 수 있을 정도로 엄청난 도전이 담겨 있음을 깨닫습니다. 주님께서 안식일에 관하여 말씀하시려는 메시지는 무엇입니까? 저는 이렇게 요약하려 합니다. '안식일은 쉬라는 뜻으로만 주어진 명령이 아니다. 안식일은 하나님께서 원하시는 일을 행함으로써 그분의 사역에 동참하고 마침내 그분의 거룩하심에 도달하게 되는, 바로 그런 일들에 집중하도록 제정된 명령이다. 따라서 안식일은 하나님께서 인간이 아무것도 안 한 채 정지하기를 명령하시는 규례가 아니다. 안식일은 하나님의 성품, 즉 거룩함에 도달하는 일에 집중하도록 구별된 날이다.' 그러므로 우리는 아주 벅찬 심정으로 이렇게 결론 내릴 수 있습니다. '안식일은 주인이신 하나님께서 이 하루를 주인처럼 살도록 우리를 초청하시는 복된 날입니다.'

하지만 반드시 언급해야 할 부분이 있습니다. 안식일이 그런 날이라면, 왜 우리는 안식일인 토요일에 모이지 않고 일요일에 모여 예배하는가 하는 것입니다. 성경이나 교회의 역사를 살펴보면, 적어도 초대 교회가 안식일을 지키지 않았다는 기록은 찾아볼 수 없습니다. 예수님 자신도, 오순절 이후의 교회도 토요일인 안식일을 의도적으로 부정하거나 어긴 흔적은 없습니다.

그러나 성경 특히 사도행전에 모두 아홉 번 등장하는 '안식일'에 관한 언급은 초대 교회의 신자들이 안식일을 그야말로 쉰다는 개념으로서 지키지 않았음을 분명하게 알려 줍니다. 이들은 안식일을 절대적인 쉼의 시간으로 보지 않았습니다. 이들은 안식일에도 끊임없이 움직였습니다. 복음을 전하고, 예배하고, 병자를 고치고, 찬양하면서 하루를 보냈습니다. 그러나 이들이 안식후 첫날, 즉 일요일을 의도적으로 강조하며 기록한 것을 성경 곳곳에서 발견합니다(막 16:9 등). 어쨌든 이들은 분명히 안식일인 토요일도 유대인의 성일(聖日)로서 지켰으며, 동시에 안식 후 첫날인 일요일에도 모여서 예배했습니다. 그러니 이들은 적어도 일주일에 두 번 이상을 한 곳에 모여서 예배를 드렸던 것입니다. 이 전통은 기독교 복음이 유대인을 넘어서 이방인에게까지 전파되자 더 이상 지켜질 수 없었습니다. 마침내 기독교회는 유대인에게만 중요한 안식일을 점차 양보하고 그 다음날인 일요일을 예배하는 날로 지정하게 되었습니다.

역사적인 상황을 아주 간략하게 말씀 드렸습니다만, 저는 이 일을 단지 역사적인 사실을 가지고서 주일이냐 안식일이냐의 문제를 결론지으려고 하지는 않습니다. 요점만 말씀 드리자면, 우리가 주일을 지키는 일은 안식일을 폐지하려는 것이 아니라 오히려 안식일의 정신을 보완하여 완성하려는 것이고, 이것이야말로 주님께서 원하셨던 태도입니다. 한마디로 주일이라는 제도를 통해서 안식일의 개념이 완성되었다고 봐야 한다는 것입니다. 네덜란드의 수상 겸 신학자인 아브라함 카이퍼가 이렇게 말한 적이 있다고 합니다. "안식은 사람의 활동 능력을 정지시킴이 아니고, 보다 참된 일로 돌림이다." 안식일은 아무것도 안 하는 것 자체에 의미가 있는 것이 아니라, 우리의 살아가는 행위의 의미를 새로운 관점, 즉 하나님의 관점으로 돌리는 것에 의미가 있습니다. 주일을 지키는 일은 반드시 해야 합니다. 여러분이 그것을 의무로 받아들여도 어쩔 수 없습니다. 그러나 안식일에 관한 규정과 그 정신을 이어 받아 완성시키는 개념으로서 주일을 잘 이해하셨다면, '주일을 왜 지켜야 해? 주일에 놀지도 못해? 아, 주일은 얼마나 따분한가? 예배 드렸는데 그것도 모자라서 밥 먹고 졸린 시간에 성경 공부까지 해야 하나?' 하는 생각이 얼마나 불행한 것인지를 아셔야 합니다.

그 불행의 예를 유대인의 역사에서 보게 되지 않습니까? 그들은 안식일에 일하지 말라는 규정을 문자 그대로 받아들였고, 뿐만 아니라 이 규정으로 자신을 매어 버렸습니다. 그 결과 안식일을 축제와 성회가 아니라 자신과 남을 비판하고 정죄하는 무서운 무기로 만들었습니다. 이런 불행이 우리에게도 이어지고 있습니다. 주일을 거룩하게 지키는 것이 즐거워서 나머지 엿새를 그리스도인다운 의미 있는 것으로 변화시키는 활력소가 되어야 하는데, 어리석은 인간은 그렇게 주일을 능동적으로 즐기지 못합니다. 자신을 그리스도인이라 인식하면서도 그 신분이 주는 그 엄청난 혜택을 누리지 못한다면, 그래서 그리스도인이라는 신분 때문에 해야 하는 모든 일이 귀찮고 성가시게 된다면, 거기에 대한 책임은 누가 져야 할까요?

주일을 거룩하게 지킨다는 말은 아무 일도 하지 않음을 의미하지 않습니다. 마냥 노는 날이 아닙니다. 이날은 엿새 동안 힘들여 일한 사람들만 쉬어야 하는 날입니다. 엿새 동안 일하지 않은 사람은 이날에 쉴 자격도 없습니다. 더욱이 이날은 아무 일도 하지 않고 쉬는 날이 아니라 전혀 다른 차원의 일을 하는 날입니다. 엿새 동안 일하느라 바빴던 시간에서 풀려나 좀 더 기도하고 좀 더 성경을 보면서 내 영혼을 풍성하게 하는 일에 열심을 내야 합니다. 또 나를 위해서가 아니라 남을 위해서 일하는 날이 되어야 합니다. 슬픔과 연약에 빠진 이웃을 돌아보며 그들을 위로하는 날이어야 합니다. 따라서 육체적인 측면에서 본다면, 주일은 평소보다 더 피곤한 날일 수도 있습니다. 그리스도인은 말씀의 방법대로 살아야 합니다. 주일에 신나게 살지 못하는 사람은 일주일을 신나게 살 수 없습니다. 가장 불쌍한 사람은 주일 예배만 드리고 가는 사람입니다. 주님의 축복을 축소시키는 사람이기 때문입니다.

예수님께서 우리에게 이렇게 도전하십니다. "너희는 안식일의 주인이다. 안식일에 뭐를 하면 죄고, 뭐를 하면 괜찮고를 따지는 안식일의 노예가 아니라 안식일의 주인으로서, 주인답게, 무엇을 할까를 고민하라!" 주일을 어떻게 지내냐 하는 것은 하나님을 위해, 하나님 좋으시라고 그리하는 것이 아닙니다. 당신 자신의 문제입니다. 당신이 주일을 제대로 지키신다면 그것은 당신 자신에게 의미 있고 복된 일이 될 것이며, 그렇지 못하다면 그것은 하나님께 죄송한 것이 아니라 당신 자신에게 유감스러운 일이 될 것입니다. 나는 어떤 그리스도인입니까? 주일에 아무것도 안 하는 사람으로 살아갑니까? 우리는 주일을 적극적으로 즐기는 그리스도인이 되어야 합니다. 하나님께서 주신 복을 적극적으로 누리는 사람이 되어야 합니다. 하나님께서 즐기고 기념하라 하신 날을 그렇게 누려야 하지 않겠습니까? 뿐만 아니라 주일을 온전하게 지킴으로써 하나님의 거룩에 도달해야 하지 않겠습니까? 주일의 노예로 사느냐, 주일의 주인으로서 창의력을 갖고 사느냐? 이것은 당신 자신이 선택해야 할 질문입니다.

13 가장 행복한 사람들
마가복음 3:1-6

안식일에 회당에서 다시 부딪치다

마가복음 3장 1절에 '다시'라는 단어가 나옵니다. 마가는 어떤 의도로 이 단어를 사용했을까요? 본문을 살펴보면 안식일에 관한 논쟁이 이어지고 있는데, 그것을 나타내기 위해 마가는 안식일에 '다시' 주님께서 회당에 들어가셨다고 사용했을까요? 그러나 마가는 주님과 바리새인들의 충돌이 '다시' 일어났다는 뜻으로 이 단어를 사용했습니다. 마가가 마가복음 2장 처음부터 끝까지 주님과 소위 종교 지도자들과의 충돌을 기록한 것에서 알 수 있습니다. 말하자면 마가는 2장에서부터 이 본문에 이르기까지 계속하여 주님의 가르침이 기존의 종교적 전통과 부딪치고 있음을 말하고 있습니다. 그 결론은 무엇일까요?

> 바리새인들이 나가서 곧 헤롯당과 함께 어떻게 하여 예수를 죽일꼬 의논하니라 _
> 막 3:6

마가는 주님께서 복음을 전하기 시작하신 지 얼마 되지 않아 당시의 유대교를 좌지우지하는 지도자들, 그리고 당시의 유대인들이 당연한 것처럼 받아들였던 유대교의 전통과 격렬하게 부딪치셨고 그 결론은 '죽음'이었음을 말하려 했다는 것입니다. 예수님의 죽음은 이처럼 어느 날 우연히 튀어

나온 돌발적 사건이 아니었습니다. 유대인들은 자신의 전통을 죽어라 지키기 원했고, 예수님 역시 자신의 신념을 굽히시지 않았습니다. 이 충돌은 어느 누가 죽어야만 끝날 만큼 격렬하고 심각했습니다. 이것은 참 이상한 일입니다. 양쪽은 같은 하나님을 믿습니다. 그들은 아브라함과 이삭과 야곱을 공통의 조상으로 모시는 동족입니다. 양쪽이 근거하고 인용하며 받아들이는 경전 역시 동일합니다. 그럼에도 불구하고 이 양쪽은 누군가가 죽지 않고서는 결코 이 갈등을 멈추려 하지 않는 듯이 보입니다. 왜 이리 심각할까요? 물론 그들, 특히 바리새인이나 대제사장, 율법학자들이 자신의 권위와 이해관계 때문에 죽어라고 예수님을 비난하고 살해하려고 하는 것은 사실입니다. 그러나 각자의 주장에 차이가 없었다면 그들이 그처럼 화를 내지도 않았을 것입니다. 결국 그들은 하나님의 말씀과 전통을 어떻게 해석할 것인가 문제 때문에 그토록 예수님을 미워했다 해도 무리한 말은 아닐 것입니다.

어쨌든 예수님은 '어느' 안식일에 '다시' 회당으로 가셨습니다. 그 회당에는 '한편 손이 마른병자'가 있었습니다. '손이 마른'이라고 번역된 단어를 원문 그대로 보면(ἐξηραμμένην), 이 병자의 손이 선천적인 것이 아니라 사고 혹은 질병으로 손이 오그라든 상태였음을 암시합니다. 심각하지 않은 병이 어디 있겠습니까? 고통스럽지 않은 병이 어디 있겠습니까? 실제로 이 병자의 상황을 아주 급박하게 묘사하거나 설명하는 학자들도 있습니다. 그러나 당시의 정황을 살펴보면 이 병자의 급박함은 어디다 내놓을 수 없는 것이었습니다. 그런데 마가는 아주 흥미로운 상황을 보여 줍니다. 즉, 예수님께서 안식일에 회당으로 들어오셨을 때 이 모습을 아주 주의 깊게 보는 무리가 있었다는 것입니다. 본문은 이들을 '사람들'이라고만 기록했으나 같은 장면을 기록한 누가는 이들이 '서기관과 바리새인들'이었다고 알립니다(눅 6:7).

이들이 예수님 일행이 회당에 들어오는 것과 예수님께서 한편 손 마른 자를 만나는 장면을 유심히 바라보는 이유는 분명했습니다. 이들은 어떤 죄목을 잡아서라도 예수님을 고소하려는 마음이 있었습니다. 예수님이 미웠기 때문입니다. 그들의 미움은 이 사건 이전에도 이미 충분했습니다. 그러나 그들은 좀 더 확실하고, 그래서 도저히 빠져나올 수 없는 증거를 원했습니다. 보십시오 안식일입니다. 예수님께서 회당에 오십니다. 그 회당에 병자가 있습니다. 이럴 경우, 반드시 어떤 사건이 벌어질 것입니다. 왜 그렇습니까? 예수님께서 병자를 발견하신다면, 예수님의 성격상 그날이 안식일이라 하더라도 반드시 그 병자를 고쳐 주실 것이기 때문입니다. 그동안의 예수님의 행적을 근거로 충분히 예상할 수 있습니다. 결국 이들은 예수님께서 안식일을 범하실 것이라 기대했고, 바로 이것을 기다리고 있었던 것입니다.

과연 이들의 예측은 정확하게 맞았습니다. 예수님은 당신 눈앞에 있는 병자를 그냥 지나치시지 않았습니다. 때문에 예수님은 병자를 회중 가운데 불러 세우셨습니다. 그런데 예수님은 병을 바로 고치시지 않았습니다. 이 지점에서 또 한 가지를 생각하셨기 때문입니다. 예수님은 서기관과 바리새인들에게 물으셨습니다.

안식일에 선을 행하는 것과 악을 행하는 것, 생명을 구하는 것과 죽이는 것, 어느 것이 옳으냐 _막 3:4

예수님의 질문에서 분명한 대조점이 드러납니다. 선을 행하는 것은 생명을 구하는 것을 말하며, 이것은 곧 병자를 고치는 일을 가리킵니다. 악을 행하는 것은 생명을 죽이는 것이며, 병자를 고치지 않는 일을 가리킵니다. 이 중에 하나를 고르라면 누가 악한 것, 생명을 죽이는 것, 다시 말해 병자를 고치지 않는 일을 택하겠습니까? 당연히 사람을 살리는 일, 즉 착한 일을 택하지 않겠습니까? 그런데 이들, 즉 서기관과 바리새인들은 이 뻔한 질문에 아무도 쉽게 대답하지 못했습니다. 왜 그렇습니까? 이 일을 바로 안식일에 행해야 하니, 그것이 문제였습니다. 다시 말해 안식일에는 제아무리 착한 일이어도 할 수 없다는 것이었습니다.

하나님의 마음을 읽어야 한다!

이것이 말이 됩니까? 하지만 예수님의 질문에 선뜻 대답하지 못하는 그들에게도 그럴 만한 까닭은 있습니다. 유대인의 전통에 따르면 안식일에는 다음과 같은 규례가 있다고 합니다. 예를 들어, 안식일입니다. 이날 집이 무너졌습니다. 이 무너진 집 무더기에 사람이 깔렸습니다. 이 사람이 깔려서 목숨이 위태롭다면 이 사람을 구해야 할 것입니다. 그런데 무너진 집 무더기에 사람이 깔렸는데 그가 죽었다면, 이 사람의 시신은 그 다음 날 꺼내야 합니다. 안식일이기 때문입니다. 이러니 집 무더기에 깔려서 죽어 가는 사람도 아닌 한편 손 마른 사람이 아무리 고통스럽기로 하필이면 굳이 안식일에 고쳐 주어야 하겠습니까? 그러므로 예수님과 서기관, 그리고 바리새인들 사이에 존재하는 이 예민한 갈등을 이렇게 정리할 수 있습니다. 여기 병자가 있습니다. 예수님의 관점입니다. "나는 이 사람을 그날이 안식일이라 하더라도 고쳐야겠다." 다음으로 바리새인과 서기관들의 관점입니다. "딱하긴 하다. 그러나 왜 굳이 오늘인가? 내일은 안 되는가?"

이 첨예한 갈등의 근본 원인은 무엇을 더 중요하게 여기는가에 있었습니다. 예수님께는 아파하고 고통스러워하는 인간이 더 중요했고, 서기관과 바리새인에게는 안식일이 더 중요했습니다. 물론 우리가 이 부분에서 고려해야 할 점이 있기는 합니다. 먹는 일이 중요합니다. 오죽하면 인간의 생존에 필요한 3대 요소가 의식주(衣食住)이겠습니까. 그러나 먹는 것, 즉 음식은 살기 위해 있는 것입니다. 그러므로 먹는 것이 생명 앞에서는 덜 중요한 가치가 되고 맙니다. 우리는 이렇게 말합니다. 먹는 것은 생명보다 중요하지 않습니다. 이런 과정을 통해 우리가 무엇을 중요하다 생각할 때 그 중요함이라는 가치가 무척이나 상대적일 수도 있음을 알게 됩니다. 이런 비교를 통해서 우리는 여러 가지 가치를 상대적 가치와 절대적 가치로 구별하곤 합니다. 이제 우리는 안식일 혹은 안식일을 거룩하게 지키는 것과 고통받는 사람을 고치는 것 중에 어느 것이 더 중요한지를 좀 더 생각해 보아야 합니다.

하나님을 사랑하는 사람이라면, 그리고 여호와 하나님의 말씀을 무겁게 받아들이는 사람들이라면 반드시 안식일을 거룩하게 지켜야 합니다. 예수님께서도 이 점을 전적으로 부인하시지 않습니다. 그러나 이 안식일 준수 규정도 고통받는 사람 앞에서는 상대화됩니다. 병으로 고통스러워하는 인간보다 안식일 준수의 명령이 중요하지 않다는 뜻입니다. 안식일 준수 규정이 아무것도 아닌 것은 아니지만, 한 생명을 고통에서 벗어나도록 하는 일은 그보다 더 소중합니다. 한 생명을 고통에서 벗어나게 하는 일이 안식일을 준수하는 것보다 하나님의 의도를 오히려 더욱 잘 지키는 행위이기 때문입니다.

안식일을 중하게 여기고 하나님의 말씀대로 그날을 거룩하게 구별하는 일은 매우 중요합니다. 그러나 그날을 구별하여 지키라고 명령하신 하나님의 마음을 헤아리는 것은 더욱 중요합니다. 안식일을 지키지 말라는 뜻이 아니라 안식일을 지키되 그 의미를 되새겨 더욱 의미 있게 지키라는 뜻입니다. 하나님은 이렇게 말씀하십니다.

나는 인애를 원하고 제사를 원치 아니하며 번제보다 하나님을 아는 것을 원하노라
_호 6:6

제사를 드리라 하셨으면 제사를 드려야 합니다. 그러나 제사를 드리라 말씀하신 하나님의 그 마음을 아는 것이 더욱 중요합니다. 안식일은 세상의 주인이신 하나님께서 우리를 하나님의 거룩으로 인도하시는 날입니다. 하나님은 이날에 인간이 자신이 아닌 하나님을 위해서 일하기를 바라십니다. 이런 의미를 가진 일을 함으로써 인간은 하나님의 거룩을 닮아 갑니다. 이렇게 안식일을 노예가 아닌 주인의 관점에서 해석할 때, 우리는 안식일에 무슨 일을 해야 할까를 놓고 벌벌 떨지 않고, 무슨 일을 어떻게 해야 하나님께서 기뻐하실까를 생각하게 됩니다. 결국 바리새인과 서기관들, 그리고 예수님 사이의 갈등은 안식일을 어떻게 해석하느냐의 차이에서 나온 것입니다. 서기관과 바리새인들은 안식일을 안식일 규정에 매여서 바라본 것이고, 예수님은

안식일을 주인으로서 바라보신 것입니다. 따라서 예수님께서 마가복음 2장 마지막 절에서 "인자는 안식일의 주인"이라고 말씀하신 것은 지극히 당연한 결론입니다.

주님의 분노

안식일임에도 불구하고 주님께서 병자를 낫게 하신 것은, 그렇게까지 해서라도 그를 고통에서 벗어나게 하시려는 자비심 때문이었습니다. 예수님은 당신의 질문에 선뜻 답하지 못하고 머뭇거리는 그들을 보시고, 불러 세우신 병자에게 명령하셨습니다. "네 손을 내밀라." 병자는 손을 내밀었고, 그 손은 그 자리에서 나았습니다. 이렇게 주님은 당신의 주장대로 '선한 일을 행하는 일', '생명을 살리는 일'을 행하셨습니다. 하지만 이 일 때문에 아주 중요한 상황이 전개됩니다. 예수님에 대한 바리새인과 서기관들의 미움이 극에 달했고, 이 미움은 예수님을 죽이려는 계획으로 구체화되었습니다. 예수님은 이들의 이 상황을 불쌍히 여기기도 하셨고 분노하기도 하셨습니다. 마가는 예수님의 심정을 이렇게 기록해 놓았습니다.

저희 마음의 완악함을 근심하사 노하심으로 저희를 둘러보시고 _막 3:5

마가가 사용한 단어들을 잠깐 살펴봅니다. 첫째, '완악함'(πωρώσει). 이 단어는 단단하게 굳어져서 완고해진 마음의 상태를 가리킵니다. 이 단어에 '둔하다'는 뜻도 있는 것을 보면, 마가는 이 단어를 통해 바리새인과 서기관들의 마음이 단단하게 굳어져서 뻔히 보이는 진리에도 반응이 없어진 그들의 상태를 보여 주려 했음을 짐작할 수 있습니다. 둘째, '근심하다'(συλλυπούμενος). 이 단어는 상대방의 관점에서 함께 염려한다 혹은 상대의 불행을 슬퍼한다는 뜻이 있습니다. 그러므로 지금 예수님은 바리새인과 서기관들의 마음 상태를 심히 염려하셨고, 동시에 예수님은 그들을 반대해서 비난하신다기보다 그들을 이해하시려 그리하셨습니다. 주님은 당신을 반대하고 심지어 죽이려 하는 자도 그들의 입장에서 바라보시려는 자비심을 버리시지 않습니다. 셋째, '노하심으로'(μετ' ὀργῆς). 문자 그대로 주님께서 매우 분노하셨음을 보여줍니다. 그러나 주님은 그들에게 분노하셨던 것이 아니라 그들의 완악함에서 나온 적대적인 행위 자체에 분노하셨습니다.

이렇게 몇 개의 단어들을 살펴봄으로 이 상황에 대한 주님의 심정과 태도를 짐작할 수 있습니다. 주님은 안식일의 배경과 그 규례를 세우신 하나님의 마음을 읽지 못하여 제멋대로 안식일 규례를 해석하고 그것을 마치 하나님 자신의 명령인 듯이 믿고 떠받드는 그들을 불쌍히 여기기까지 하셨습니다. 뿐만 아니라 주님은 그들의 적대적인 행위에 분노하기도 하셨습니다. 그들은 하나님의 마음을 읽지 못했습니다. 우리는 이 정도의 상황을 그저 유감이라 생각할 수도 있습니다. 그러나 그 유감은 그냥 유감으로 그치지 않았습니다. 문제는 거기에 있었습니다. 다시 말해, 그들의 불행은 거기서 그치지 않았습니다. 그들의 오해는 자신의 마음을 딱딱하게 만들었습니다. 그 딱딱한 마음은 자기 눈앞에 분명히 보이고 판단되어야 하는 진리에도 눈을 멀게 만들었습니다. 그래서 안식일의 주인이신 예수님께서 자기 눈앞에서 친히 안식일의 의미를 풀어 설명하시고 또 능력을 행하시는 데도 그것을 받아들이기보다는 오히려 분노하고 예수님을 죽이려 모의하기까지 했던 것입니다.

가장 불쌍한 군상(群像)들, 가장 행복한 사람들

그러므로 비극이 여기 있습니다. 하나님의 마음을 알아채지 못하는 자는 진리를 진리로 분별하지 못하고, 단순한 선택마저도 제대로 할 수가 없습니다. 그들은 하나님께서 규례를 통해 마련해 놓으신 그 풍성한 복을 누리고 즐기지 못하고 오히려 그 규례에 사로잡혀 노예처럼 살아갑니다. 그들은 하나님의 복된 규례를 저주로 바꾸어 자신도 이웃도 두려운 마음으로 살아가게 합니다. 그들은 하나님의 명령을 왜곡하여 자신도 이웃도 모두 죄인으로 만듭니다. 결국 그들은 하나님의 의붓자식으로 살아갑니다. 뿐만 아니라 참된 진리를 말하며, 그 진리를 따라 살아가는 자들을 증오하고 죽이려 합니다. 이 모든 불행이 바로 '하나님의 마음을 오해하는 일', 즉 아주 사소한 듯이 보이는 바로 그 일에서 비롯됩니다. 이 일이 소위 말하는 '불신자'에게서 일어납니까? 아닙니다. 우리, 즉 하나님을 알고 믿는다는 바로 우리 자신에게서 일어나는 일입니다. 이것이 가장 큰 비극입니다. 차라리 하나님을 몰랐다면, 그 나라의 기쁨을 조금도 맛보지 못했다면, 그래서 일어난 일이라면 약간 위로라도 받을 것이고 변명거리도 되었을 것입니다. 하지만 그렇지 못하니 문제입니다. 본문에 등장하는 바리새인과 서기관들은 주님께서 한편 손 마른 병자를 능히 고치실 수 있음을 알았습니다. 그러나 그 앎이 그야말로 앎으로 그쳤습니다. 그들의 앎이 믿음으로 이어졌다면 얼마나 좋았을까요? 히브리서 기자는 이렇게 말합니다.

> 한 번 빛을 받고 하늘의 은사를 맛보고 성령에 참여한 바 되고 하나님의 선한 말씀과 내세의 능력을 맛보고도 또는 말씀의 선하심과 타락한 자들은 다시 새롭게 하여 회개하게 할 수 없나니 이는 그들이 하나님의 아들을 다시 십자가에 못 박아 드러내 놓고 욕되게 함이라 _ 히 6:4-6

본문의 가장 우선적인 주제는 아닙니다만, 우리는 지금 가장 비극적이고 불쌍한 군상(群像)들을 보고 있습니다. 참으로 불쌍한 사람은 진리를 모르는 사람이 아닙니다. 진리를 약간 맛보고도 그 진리의 가장 깊은 비밀과 축복을 마지막까지 맛보고 경험하지 못하는 사람이 세상에서 가장 비참하고 불쌍한 사람입니다. 우리는 기억해야 합니다. 하나님의 진정한 대적이자 가장 불행한 사람은 진리를 맛보지 못한 사람이 아닙니다. 진리를 조금은 맛보았으나 그 진리가 담고 있는 가장 깊은 축복까지 누리지는 못한 사람입니다. 동시에 주님께서 미워하시는 사람은 당신을 전혀 믿지 않는 사람, 당신을 모르는 사람이 아닙니다. 믿는다 하면서도 당신의 마음을 깊이 이해하지 못하는 사람,

그래서 당신의 가르침을 제멋대로 해석하고 그것이 마치 주님의 명령인 양 행할 뿐만 아니라 그것으로 형제와 자매를 정죄하고 스스로를 의롭다 믿는 바로 그 사람입니다.

그러므로 주님을 압시다. 알 뿐만 아니라 그분의 사랑을 누립시다. 누리되 그분의 사랑을 가장 깊은 데까지 다가가 마음껏 누립시다. 그 한이 없는 주님의 마음을 깊이깊이 내 마음으로 받아들여, 우리가 주님께 얼마나 사랑스럽고 복된 사람인지를 깨달읍시다. 안식일을 맞고도 기뻐하고 즐길 수 없었던 병자를 당신의 생명을 걸고서라도 즉시 낫게 하시려는 주님의 사랑은 비단 본문의 병자에게만 주어진 것이 아닙니다. 아파하고 괴로워하는 우리, 모든 인간들에게 주어지는 축복입니다. 주님께서 저기 계십니다. 먼발치에 서서 발만 구르지 맙시다. 어서 저기로 달려가서 주님의 사랑에 우리의 아픔과 슬픔을 맡겨 버립시다. 그분의 사랑에 가장 깊이 잠길 때, 우리는 그분의 사랑을 가장 깊이 경험하는 가장 행복한 사람들이 될 것입니다.

14 예수님을 바라는 사람들
마가복음 3:7-12

역사의 주관자가 누군가?

예수님은 제자들을 데리고 바다로 물러가셨습니다. '물러가다'(ἀνεχώρησεν)는 마가 고유의 표현이기도 합니다. 어떤 주석가는 마가가 이 단어를 사용하여 예수님께서 반대자들로부터 벗어나신 것을 표현하려 했다고 말합니다. 말하자면 마가는 예수님께서 반대자들, 즉 바리새인과 서기관들의 격렬한 반발로부터 일시적으로 피하신 사실을 알리려 했다는 것입니다. 그러나 예수님께서 피하셨다는 것이 반대자들에게 항복하셨다는 뜻은 아닙니다. 예수님은 이미, 가능하면 더 격렬하게 반대자들을 자극하여 십자가에 달리시는 길을 가기로 결정하셨습니다. 그래서 바리새인과 서기관들이 당신을 죽이려 하는 상황에까지 이르렀는데, 이제 와서 왜 그들의 관심에서 사라지려 하셨을까요? 답은 간단합니다. 아직 때가 되지 않았기 때문입니다. 아직 십자가에 달리실 때가 되지 않았다는 것입니다. 주님은 십자가에 달리시기 전까지 하셔야 할 일이 많았습니다. 그러므로 주님은 당신에게 격렬하게 반발하는 바리새인과 서기관들, 말하자면 당시 유대인 사회에서 기득권을 지닌 사람들의 발톱으로부터 잠시 피신하셨을 뿐입니다.

주님은 하나님의 계획에 따라 이 땅에 오셔서 당신의 백성들에게 마지막으로 회개할 기회를 주시고, 십자가를 통해 구원받는 길을 제시하셨습니다. 하지만 당신의 백성들은 구주이신 예수님을 거절할 것입니다. 그들은 구주이신 예수님을 십자가에 못 박을 것입니다. 하나님의 계획은 실패했습니까? 아닙니다. 하나님의 계획이 원래 그러했습니다. 예수님의 피를 통해 온 인류를 단번에 구원하시기 위해서는 반드시 십자가가 필요했습니다. 그러므로 우리는 이렇게 말해야 합니다. 겉으로 볼 때 예수님의 길은 실패였습니다. 그러나 실제로는 하나님께서 십자가를 통해 단 한 번에 마귀에게 완전한 승리를 거두셨습니다.

히브리서는 예수님께서 십자가를 통해 이 일을 성공적으로 완수하셨음을 다음과 같이 설명하고 있습니다.

저가 저 대제사장들이 먼저 자기 죄를 위하고 다음에 백성의 죄를 위하여 날마다 제사 드리는 것과 같이 할 필요가 없으니 이는 저가 단번에 자기를 드려 이루셨음이니라 _히 7:27

염소와 송아지의 피로 아니하고 오직 자기 피로 영원한 속죄를 이루사 단번에 성소에 들어가셨느니라 _히 9:12

마침내 예수님의 영광스런 재림에 대한 소망을 이렇게 고백하고 있습니다.

이와 같이 그리스도도 많은 사람의 죄를 담당하시려고 단번에 드리신 바 되셨고 구원에 이르게 하기 위하여 죄와 상관없이 자기를 바라는 자들에게 두 번째 나타나시리라 _히 9:28

이처럼 성경은 하나님의 인류 구원 계획과 관련하여 십자가가 필수적임을 말하고 있습니다. 이로 보건대 예수님의 지상 사역이 십자가에서 실패했다고 보는 것은 엄청난 오해입니다.

어쨌든 우리는 다음의 사실을 반드시 기억해야 합니다. 예수님은 일시적으로 적대자들의 발톱으로부터 벗어나셨습니다. 이것은 실패도 아니고 패배도 아닙니다. 오히려 당신의 계획을 가장 적절한 시기에, 당신께서 원하시는 바로 그 시점에 전개하시기 위해 타이밍을 조절하시려는 일이었습니다. 예수님은 당신께서 정하신 그때까지 기다리시기 위해 스스로 그렇게 선택하셨습니다. 우리는 이 사실을 간단하게 표현할 수 있습니다. 역사의 주관자는 예수님입니다.

몰려드는 사람들

예수님께서 마귀의 권세에 밀려서 피신하신 것이 아님은 바로 뒤의 말씀에서도 드러납니다.

> 예수께서 제자들과 함께 바다로 물러가시니 갈릴리에서 큰 무리가 따르며 유대와 예루살렘과 이두매와 요단강 건너편과 또 두로와 시돈 근처에서 많은 무리가 그가 하신 큰일을 듣고 나아오는지라 _막 3:7-8

예수님은 반대자들의 격렬한 반대를 피해 바닷가로 가셨습니다. 대부분의 학자들은 이 '바다'가 갈릴리 호수였다고 생각합니다. 예수님께서 갈릴리 호수 주변 지역으로 이동하시자, 이 소식을 듣고 수많은 사람들이 이곳으로 몰려들었습니다. 마가에 따르면, 이 무리들은 '유대와 예루살렘과 이두매와 요단강 건너편과 두로와 시돈 근처'에서 몰려왔습니다. 이스라엘 지도를 보지 않고서는 그들이 어디어디에서 왔는지를 짐작하기가 쉽지 않을 것입니다. 그러나 마가가 기록한 이 지역들의 명단은 그 자체만으로도 의미하는 바가 아주 분명합니다. 즉, 그들이 사방으로부터 몰려들었다, 이스라엘 전역(全域)에서 몰려들었다고 말하려는 것입니다. 이로써 마가는 예수님에 관한 소문이 이미 이스라엘 전국으로 퍼져 갔음을 말하려고 한 것입니다.

마가에 따르면, 이들은 '그가 하신 큰일'을 듣고 이렇게 몰려들었습니다. '그가 하신 큰일'이 무엇일까요? '그가 하신 큰일'(ὅσα ποιεῖ)은 문자 그대로 그가 하신 일, 조금 더 시점을 강조하여 표현하면 '그가 지금도 계속하고 계시는 일들'이란 뜻입니다. 본문에 언급되는 '듣고'(ἀκουοντες)라는 단어 역시 이무리들이 예수님께서 하시는 일들을 계속하여 듣고 있음을 알려 주고 있습니다. 어쨌든 마가는 지금 이 짧은 문장을 통해서 예수님의 사역과 이 사역에 관한 소문을 듣고 예수님께 몰려들고 있는 무리의 상황을 아주 긴박하게 전달하고 있습니다. 그들이 예수님의 사역에 관하여 이처럼 예민하게 촉각을 곤두세우며, 예수님께서 계신 갈릴리 지방으로 몰려드는 이유는 무엇일까요? 아주 간단합니다. 예수님께서 행하신 일에 관한 소문 때문입니다. 물론 예수님께서 이렇게 혹은 저렇게 말씀하셨다는 소문도 있었을 것입니다. 또 예수님께서 당시의 지도층과 날카롭게 각을 세우면서 논쟁을 벌이셨다는 소문도 포함되어 있었을 것입니다. 그러나 그 소문들 가운데 무리들을 그처럼 흥분시키고 움직이게 만든 것은 무엇이었을까요?

누구나 쉽사리 짐작할 수 있겠지만, 그것은 무리들에게 직접적으로 관련 있는 소문이었을 것입니다. 마가가 이어서 기록한 내용을 보면서 우리는 금방 해답을 찾을 수 있습니다. 그들은 주로 병자들, 그리고 귀신 들린 자들이었습니다. 그리고 그들은 예수님께서 행하신 일 가운데서도 병 고치시는 일, 귀신 쫓으시는 일에 관한 소문에 특히 주목했습니다. 이 소문을 들은 그들은 계속해서 예수님께서 계신 갈릴리 지방으로 몰려들었습니다.

> 예수께서 무리의 에워싸 미는 것을 면키 위하여 작은 배를 등대하도록 제자들에게 명하셨으니 이는 많은 사람을 고치셨으므로 병에 고생하는 자들이 예수를 만지고자 하여 핍근히 함이더라 _막 3:9-10

'핍근히 한다'(ἐπιπίπτειν)는 표현을 문자 그대로 해석하면, 병자들이 그야말로 몸을 던지듯이 예수님께 달려들었다는 의미입니다. 그래서 제자들은 급히 배를 준비했습니다. 이렇게 해서라도 밀려드는 사람들의 손길에서 예수님을 보호하려 했습니다. 그들은 예수님을 만지기 원했습니다. 아마 그들은 예수님의 몸에 닿기만 해도 나을 줄로 알았던 것 같습니다. 그만큼이나 그들은 절박했습니다. 마가는 이어서 이렇게 말합니다.

> 더러운 귀신들도 어느 때든지 예수를 보면 그 앞에 엎드려 부르짖어 이르되 당신은 하나님의 아들이니이다 하니 _막 3:11

마가에 따르면, 심지어 귀신들도 예수님을 보기만 하면 그 앞에 엎드려서 '당신은 하나님의 아들이십니다!'라고 외쳤습니다. 이 부분은 깊이 새겨보아야 합니다. 물론 마가가 강조하는 것은 귀신들도 예수님의 권위에 굴복했다는 사실입니다. 사람들은 몰라보아도 귀신은 압니다. 인간은 육신에 속해 있기 때문에 예수님의 정체를 몰라봅니다. 그러나 귀신은 영적 존재이기 때문에 예수님이 누구신지를 당연히 알아봅니다.

그런데 이 지점에서 한 가지 의문이 듭니다. 귀신은 예수님께서 하나님의 아들이심을 금방 알아봤습니다. 그러면 예수님께서 당신의 때가 아직 멀었음을 아시고 이처럼 갈릴리 지역에서 은둔하면서 일하시는 사실은 몰랐을까요? 알았을 것입니다. 그래서 우리는 이렇게 물어보아야 합니다. 예수님의 사정을 누구보다 잘 아는 귀신들이 왜 굳이 예수님 앞에 엎드려서 당신은 하나님의 아들이시라고 부르짖었을까요? 부르짖었다는 말은 크게 소리 내서 말했다는 뜻입니다. 그것은 어떤 사실을 누군가가 듣고 알기를 바랐기 때문이 아니겠습니까? 마귀는 이렇게 교활합니다. 기왕 질 것, 질 때 지더라도 크게 훼방이라도 놓자는 것, 이것이 마귀의 본색이고 그의 전략입니다. 마귀가 신사적이길 바라는 것은 순진한 생각입니다. 예수님께서 당신을 그렇게 광고하지 말라고 말씀하셨음에도 불구하고 그들은 그 일을 멈추지 않았던 것 같습니다.

예수님은 역사의 주관자시다

사도행전 3장의 한 사건을 살펴보려 합니다. 베드로와 요한은 성전으로 기도하러 올라가다가 날 때부터 앉은뱅이를 고쳐 주었습니다. 그러고 나서 베드로는 이 이적의 의미를 설교의 형식을 빌려 설명합니다. 베드로는 이렇게 말합니다.

그 이름을 믿으므로 그 이름이 너희 보고 아는 이 사람을 성하게 하였나니 예수로 말미암아 난 믿음이 너희 모든 사람 앞에서 이같이 완전히 낫게 하였느니라 _행 3:16

그리고 베드로가 청중에게 던지는 결론이 이렇게 이어집니다.

그러므로 너희가 회개하고 돌이켜 너희 죄 없이 함을 받으라 이같이 하면 유쾌하게 되는 날이 주 앞으로부터 이를 것이요 _행 3:19

예수님의 사역을 물려받은 베드로가 이 설교를 통해서 던지는 교훈은 실로 작지 않습니다. 예수님을 믿음으로 말미암아 병이 낫고, 이 믿음은 계속하여 세상을 온전케 하는 역사로 이어집니다. 이 역사의 종말에는 이런 나라가 있을 것입니다. 이사야 11장 6-9절의 말씀입니다.

그때에 이리가 어린양과 함께 거하며 표범이 어린 염소와 함께 누우며 송아지와 어린 사자와 살찐 짐승이 함께 있어 어린아이에게 끌리며 암소와 곰이 함께 먹으며 그것들의 새끼가 함께 엎드리며 사자가 소처럼 풀을 먹을 것이며 젖 먹는 아이가 독사의 구멍에서 장난하며 젖 뗀 어린아이가 독사의 굴에 손을 넣을 것이라 나의 거룩한 산 모든 곳에서 해됨도 없고 상함도 없을 것이니 이는 물이 바다를 덮음 같이 여호와를 아는 지식이 세상에 충만할 것임이니라 모든 것이 하나님께서 원래 창조하신 모습으로 돌아가는 나라, 그리고 온갖 질고와 병마로부터 자유롭게 회복된 피조물들이 창조주 하나님의 은총 아래 평화롭게 공존하는 나라, 이 하나님의 나라가 예수님과 그분을 믿는 믿음으로 말미암아 이루어질 것입니다. 그리고 그 나라가 이루어질 방법은 회개입니다. 예수님의 지상 사역 가운데 병 고치고 귀신을 쫓아내는 사건이 그토록 많이 언급되는 것은 이 사건이 장차 이루어질 하나님의 나라의 상징이기 때문입니다. 세상의 중심에는 누가 뭐라 하더라도 예수님께서 서 계십니다. 그러나 우리는 이 사실을 무시하며, 혹은 잊은 채 살아갑니다.

세상을 살아가면서, 세상을 바라보면서 우리는 소위 힘, 권력을 너무나도 자주 생각합니다. 힘을 가진 자, 권력을 지닌 자, 그래서 자기 원하는 대로 이루는 사람을 세상에서 가장 행복한 사람으로 생각하며 살아간다는 것입니다. 힘을 가지기 위해 사람들은 서로 갈등하며 투쟁합니다. 권력을 사랑하는 자들, 권력을 가지고 자신의 욕망을 채우려는 사람들은 권력자의 주변에 있기라도 해야 자신의 욕망을 이룰 듯이 권력자에게로 몰려듭니다. 그러나 정말 그렇습니까? 간단하게 말합니다. 세상의 중심은 권력 가진 자가 아닙니다. 세상의 중심은 이 세상을 하나님의 나라로 회복하실 오직 그분, 예수 그리스도십니다. 그리고 그분만이 세상을 죄도 없고 병도 없으며 고통도 없는 하나님 나라로 회복하실 수 있습니다. 사도 요한은 십자가에서 승리하신 어린양 그리스도께서 세상의 주관자로 등극하시는 놀라운 환상을 보았습니다. 밧모섬에서 고통스런 시간을 보내던 사도 요한을 위로한 것은, 십자가에서 인간의 죄를 대신 지시고 돌아가셨지만 부활하시고 승천하셔서 하나님의 우편에 앉아 세상을 심판하실 주님, 바로 그분이었습니다. 마침내 사도 요한은 이렇게 부르짖습니다. "아멘, 주 예수여, 오시옵소서"(계 21:20). 그의 부르짖음은 세상의 마지막을 간절하게 기대하는 모든 신자들의 탄원이기도 했습니다.

우리는 무엇을 바라며 예수님께 나아가는가?

이런 관점에서 우리는 자신의 몸을 던지듯이 예수님께로 달려들었던 무리들의 모습을 좀 더 깊이 묵상하지 않을 수 없습니다. 그들은 무엇을 바랬습니까? 그들이 예수님께 무엇을 바랬습니까? 그들은 무엇을 바라고 예수님께 몰려들었습니까? 역사와 세상의 주인이신 예수님에 관한 교훈에 못지않게 우리가 주목해야 하는 것은 바로 이 질문입니다. 수많은 사람들이 예수님에 관한 소문을 듣고 그분께 몰려들었습니다. 각종 병든 사람들, 귀신 들린 사람들 등등. 온갖 문제를 안고 있는 사람들이 주님께로 몰려들었던 것입니다. 그들은 예수님을 통해 자신의 고통스런 상황들을 해결할 수 있을 것이라고 믿었습니다. 그 믿음은 거의 몸을 던지듯이 주님을 향해서 달려들게 만들었습니다. 그리고 그들의 믿음은 현실로 이루어졌습니다. 병은 나았고, 귀신은 쫓겨났습니다. 그들은 역사와 세계의 주인이신 예수님을 옳게 알아보았던 것이며, 올바른 방향을 향해서 제대로 믿음을 품었던 것입니다.

이제 우리의 세계를 보겠습니다. 세상의 많은 사람들이 예수님을 믿습니다. 그들은 예수님을 믿음으로써 자신의 문제들을 해결할 수 있으리라 믿습니다. 그런데 우리는 스스로에게 이렇게 물어야 합니다. 저 수많은 사람들이 온갖 문제를 안고 교회를 향해 달려듭니다. 우리는, 우리 교회는 그들의 이 문제들에 대해 어떤 해답 혹은 해결책을 보여 줍니까? 교회는 이 세상의 그 수많은 문제들에 대해 올바른 해답을 보여 줍니까? 우리의 삶은 세상 사람들에게 "야, 바로 저기에 답이 있구나!" 하고 말하게 합니까?

제가 잘 아는 분이 페이스북에 이런 글을 올렸습니다. "손 선생님의 기독교 정당 추진에 대한 일침. 멋지다. … 기독교적인 변혁, 특히 한국 사회 안에서는 불가능할까?" 그런데 이 글에 달린 댓글들은 제 마음을 너무나 아프게 했습니다. 그 댓글 가운데 몇 개를 조심스럽게 소개합니다. "거의 불가능함. 아주 망하면 가능함." "저는 망하라고 기도합니다. 이놈의 그지 같은 기독교 … 그리스도의 영광을 가리는 ….." "염도가 3~4%만 되어도 바닷물은 짜서 못 먹는데, 저 여의도는 염도가 20%가 넘어도 좋다고 마시니 … 가져 다 소각 쓰레기로 버려야 하지요." "아무짝에도 쓸모없는, 길바닥에 버리게 될 소금이지요." 이런 댓글들이 있었는데, 그 누구도 아닌 목회자들의 댓글 이었습니다. 물론 속마음을 여과 없이 표현하자면, 제 마음에 담겨진 언어들 도 그 격렬함에서는 이 못지않을 것입니다. 그분들이 비록 현 상황에 관하여 개혁을 갈망하고 있을 뿐만 아니라 그 언어와는 달리 한국 교회를 향해 뜨거 운 애정을 갖고 있음도 사실입니다. 그럼에도 불구하고, 오늘날의 한국 교회 에 대하여 이렇게까지 격렬한 언어들을 쏟아 낼 수밖에 없을 만큼 우리나라 의 교회가 비틀거리고 있음을 정말 뼈아프게 지적해야 합니다. 이 사실이 너 무나도 슬픕니다.

오늘날의 교회는 마가복음 본문을 보면서 깊이 반성해야 합니다. 교회가, 그리스도 신앙이, 세상의 문제에 대하여 해답을 줍니까? 아프고 슬픈 사람 들을 위로할 만한 능력을 갖고 있습니까? 세상 사람들이 고개를 끄덕거릴 만 큼 올바른 모습, 능력을 갖춘 모습으로 우리는 신자로서 이 세상을 살아가고 있습니까? 마태복음 11장을 보면, 예수님께서 당신을 찾아온 무리들에게 이 렇게 물으십니다. "너희가 무엇을 보려고 광야에 나갔더냐?" 세례 요한의 말 을 들으려고 그를 따라 광야까지 나아간 무리들이 있었습니다. 그들은 정의 에 굶주렸습니다. 왜곡되고 비뚤어진 세상에 대해 그것이 잘못이라고 옳게 지적하는 사람을 갈망했습니다. 이 불의한 세상을 살아가는 민초(民草)들에 게, 너희들이 잘못 사는 것이 아니라 세상의 위정자들이 권력자들이 잘못 사 는 것이라고 지적하는 선지자를 그리워했습니다. 그 열망 때문에 그들은 불 편함과 위험을 무릅쓰고 광야로 나아갔던 것입니다. 이 목마름은 오늘날까 지도 존재합니다. 혼자의 힘으로는 도저히 어찌해 볼 수 없는 이 왜곡되고 불의한 세상을 살아가는 자들에게 무엇이 정의이고 무엇이 진리인지를 이야 기하는 것. 이것이야말로 교회가, 기독교 신앙이 해야 할 일이 아닐까요?

이 세상에서 어떻게 하면 출세하고 어떻게 해야 부유하게 살 수 있는지를 말하는 것은, 교회가 할 일이 아닙니다. 그것을 교회에서 찾기를 바라는 사람은 교회에서 실망해야 합니다. 이것이 정상입니다. 교회는 역사의 주인이신 예수 그리스도를 통하여 올바른 세상, 하나님의 공의가 편만하게 통치하는 세상을 지향합니다. 우리는 그 일을 하기 위해 부름 받은 사람들입니다. 온갖 이름의 아픔과 슬픔을 지닌 채 달려오는 무리들을 맞이하시고 그들을 치료하신 주님의 모습을 우리는 바라봅니다. 그분의 모습이 바로 우리, 그리고 교회에서 이어져야 합니다. 마가는 쉴 새 없이 달려드는 무리와 그들을 치유하시는 주님의 모습을 통해서, 잘못된 욕망을 이루기 위하여 골몰하는 오늘날의 신자들에게 큰 목소리로 경고하고 있습니다. 바울 사도는 이렇게 말합니다. "하나님의 나라는 말에 있지 아니하고, 오직 능력에 있음이라"(고전 4:20). 우리가 매일 입에 올리는 예수님의 이름이 우리의 삶에 살아 움직이는 능력입니까? 우리의 교회는 문제를 안고 찾아오는 영혼들에게 그들의 삶을 변화시키는 능력을 보여 줍니까? 우리가 신자로서 평생을 목걸이처럼 걸고 살아야 할 질문입니다!

15

열두 제자를 부르시다
마가복음 3:13-19

산에 오르신 예수님

또 산에 오르사 자기의 원하는 자들을 부르시니 나아온지라 _막 3:13

이 구절에서 세 개의 동사를 볼 수 있습니다. 첫째, 오르다. 둘째, 부르다. 셋째, 나아오다. 예수님께서 산에 오르셔서 당신께서 뽑기 원하시는 자들을 부르시니까 그들이 주님께 나아왔다는 것입니다. 그리고 14절에 따르면 그들은 모두 열두 명이었습니다. 내용상으로는 이것이 전부입니다. 그러나 우리가 조금 더 생각해 볼 것이 있습니다. 먼저, '산'으로 올라가셨다($\dot{\alpha}\nu\alpha\beta\alpha\acute{\iota}\nu\epsilon\iota$ $\epsilon\dot{\iota}\varsigma$ $\tau\dot{o}$ $\ddot{o}\rho o\varsigma$)는 말씀입니다. 이스라엘 지리를 모른다 하더라도 이 '산'이 정말 문자 그대로의 '산'이라면, 그것은 갈릴리 지방의 산 가운데 하나일 것입니다. 그러나 결론부터 말하자면, 그 산이 정확히 어느 산인지는 확실하지 않습니다. 다만 우리가 이 대목에서 주목해야 할 것은 주님께서 산에 오르셨다는 바로 그 사실입니다.

이스라엘의 역사, 구체적으로 구약 성경에서 산은 절대자가 존재하는 곳, 그래서 거기서 절대자를 만나는 경험과 직접적으로 연결됩니다. 모세가 시내산에서 하나님을 만나고 거기서 십계명을 받은 사건이 이를 상징적으로 보여 줍니다. 예수님께서 산상수훈을 전하시는 장면도 마찬가지입니다. 그래서 마가는 예수님께서 하나님, 즉 신적 존재와 같은 권위자로서 제자들을 부르셨음을 암시하기 위해 굳이 산으로 올라가셔서 그들을 부르셨다고 기록했다는 것입니다. 이 사실은 이어지는 마가의 표현에서도 드러나고 있습니다. 즉, 마가는 "자기의 원하는 자들을" 부르셨다고 기록하고 있습니다. 이 부분을 헬라어 원문(οὓς ἤθελεν αὐτός)으로 보면 더 잘 드러납니다. 이 부분을 직역하면 이렇게 될 것입니다. "그가 산으로 올라가서 그 자신이 원하는 자들을 자신에게로 부르셨다." 다시 말해 예수님은 오직 당신이 친히 원하시는 자들을 제자들로 부르셨다는 의미입니다.

이 표현은 예수님께서 가장 높은 권위를 가지고, 다시 말해 이 세상의 주권자가 오직 당신의 자발적인 의지에 따라 다음에 등장하는 열두 명의 제자들을 부르셨음을 말합니다. 그리고 이어지는 문장을 보면 이 부르심에 열두 명의 제자들이 즉각적으로 응답합니다. 이 내용이 우리가 이미 아는 소위 '역사적 사실'과 약간 다르다는 점은 분명합니다. 예를 들어, 이 본문 이전에도 이미 몇 명의 제자들이 등장했습니다. 그러므로 우리는 이 본문이 제자들이 이때 한 번에 세워졌음을 말하려는 것이 아님을 인식해야 합니다. 마가는 이 구절에서 세상의 주권자로서의 예수님의 권위를 가장 우선적으로 강조하려 했습니다.

16절 이하에서는 우리가 익숙하게 알고 있는 열두 제자들의 이름이 이어집니다.

> 이 열둘을 세우셨으니 시몬에게는 베드로란 이름을 더하셨고 또 세베대의 아들 야고보와 야고보의 형제 요한이니 이 둘에게는 보아너게 곧 우뢰의 아들이란 이름을 더하셨으며 또 안드레와 빌립과 바돌로매와 마태와 도마와 알패오의 아들 야고보와 및 다대오와 가나안인 시몬이며 혹 열심당원 또 가룟 유다니 이는 예수를 판 자러라 _막 3:16-19

이들은 예수님의 사명을 이어받아 일할 자들입니다. 이들은 앞으로 이 세상 땅 끝까지 복음을 전할 것입니다. 그런데 이들의 이름을 보면서 무언가 이상한 느낌이 들지 않습니까? 단적으로 말하자면 이들의 이름은 왠지 주님과 격이 맞지 않는 것 같습니다. 지금까지 우리는 주님께서 산으로 올라가셔서 왕으로서의 위엄을 갖추고 당신의 충성스런 일꾼을 세우셨다고 생각했습니다. 하지만 지금 그 신하들의 면면을 이름과 함께 떠올릴 때 이들의 수준은 왕이신 주님과 맞지 않는 것 같습니다.

예를 들어 명단 마지막에 한 인물, 가룟 유다가 등장합니다. 우리가 아주 잘 아는 사람입니다. 그는 한마디로 스승이신 예수님을 배신할 뿐만 아니라 예수님의 적대자들에게 돈을 받고 팔아넘긴 사람입니다. 사람이 많다 보니 배신자가 있을 수도 있습니다. 그들 가운데 못 배운 사람이 있을 수 있고, 나라와 민족을 배신하면서 지배국인 로마에 빌붙어 살던 사람도 있을 수 있습니다. 성격적인 결함이 있는 사람도 있을 수 있습니다. 당시로서는 천한 직업을 가진 사람도 있을 수 있습니다. 그런데 문제는 이 라인업이 바로 '주님으로서의 권위를 가지신 그분' 자신의 의지와 선택이었다는 것입니다. 다시 말해, 이 제자들의 수준 미달은 그들 자신의 책임이라기보다는 예수님 당신의 책임이라는 것입니다. 그들을 왜 뽑으셨을까요? 그들에게 문제가 있다는 것, 아니 수준이 좀 그렇다는 것을 모르셨을까요?

열두 제자들

주님께서 어떤 기준으로, 그리고 어떤 마음으로 그들을 제자로 부르셨는지는 제대로 알 수 없습니다. 그러나 우리는 그들 열두 제자의 삶을 간략하게 살피면서 그들을 굳이 제자로 부르신 주님의 마음이 어떠하셨는지를 엿볼 수는 있을 것입니다.

베드로. 갈릴리 벳새다 출신의 어부였다가 예수님의 제자가 되었습니다. 그는 제자들 가운데서 리더로서 역할을 했던 것으로 알려집니다. 그는 예수님을 부인하고 저주했지만 회개했습니다. 교회의 전승에 따르면, 그는 이 때문에 매일 새벽 닭이 울 때마다 참회의 눈물을 흘렸다고 합니다. 그는 로마에서 십자가형을 받아 순교했다고 하고, 이때 예수님께서 달리신 십자가에서 죽게 된 것을 영광으로 생각했다고 합니다. 그러나 자신은 예수님과 같이 하늘을 향해서 머리를 두고 달릴 수 없다고 고집했고, 결국 거꾸로 십자가에 달려 죽었다고 알려지고 있습니다.

세베대의 아들 야고보. 요한과 함께 '우레의 아들'이라 불릴 정도로 충동적인 인물이었습니다(막 3:17; 눅 9:53, 54). 성경에 따르면, 그는 예수님의 제자 가운데 가장 먼저 순교했습니다. 그는 주후 44년경 헤롯의 박해를 받아 죽임을 당했습니다.

세베대의 아들 요한. 일명 보아너게, 즉 우레의 아들이라 불렸습니다. 야고보와는 형제로 갈릴리 지방의 어부였습니다. 그의 어머니가 예수님께 높은 자리를 간청했을 정도로 야망도 있었습니다. 그는 복음을 받아들이지 않는 사람을 불로 심판하자고 주장할 정도로 직선적인 성격을 가졌습니다. 그러나 요한은 나중에 사랑의 사도로 불릴 정도로 변화되었습니다. 그는 늙은 나이에 밧모섬으로 유배를 갔다가 주후 100년경 사망했다고 알려지고 있습니다.

베드로의 형제 안드레. 갈릴리 벳새다 출신 어부였습니다. 요한의 소개로 예수님의 제자가 되었습니다. 그는 예수님을 영접하자마자 자신의 형제인 베드로를 예수님께 데려갔습니다. 그만큼 그는 깨달음과 행동이 일치하는 사람이었습니다. 그의 사적은 자세하게 알려지지 않았으나, 전설에 따르면 아가야라는 곳에서 엑스(X) 자 형틀에 달려서 순교했다고 합니다.

빌립. 안드레 및 베드로와 함께 갈릴리 벳새다 지방의 어부였습니다. 예수님께서 5천 명에게 떡을 먹이실 때, 그는 분석적이고 계산적인 성격을 유감없이 보여 주었습니다. 이 성격 때문에 그는 예수님께 하나님 아버지를 보여 달라고 부탁하기도 했습니다(요 14:8-12). 그러나 그는 부활의 주님을 만난 뒤 변화되었습니다. 교회의 전설에 따르면, 그는 히에라볼리라는 지방에서 순교했다고 합니다.

바돌로매. 성경에 나오는 나다나엘이 아닐까 싶습니다. 성경에서 그에 관한 기사는 찾아보기 어렵습니다. 그러나 전설에 따르면, 그는 인도 및 아라비아 지방에서 전도하다가 껍질이 벗겨져 순교했다고 합니다.

마태. 가버나움 지역의 세리로(눅 5:27) 이곳을 통과하는 화물에 세금을 매기는 일을 했을 것으로 짐작됩니다. 성경 어디에도 그의 발언이 두드러지지 않을 정도로 과묵한 성격을 지녔습니다. 그러나 그는 예수님의 부활 후 약속하신 성령을 대망하는 사도들의 틈에 끼어 있었습니다(행 1:13). 서방 교회의 전설에 따르면 그는 순교했다 하고, 동방 교회의 전설에 따르면 평화롭게 죽었다고 합니다. 그때까지 그는 유대인들을 선교했을 것입니다.

도마. 예수님께서 위험을 무릅쓰고 병든 나사로에게 가고자 하셨을 때, 그는 '우리도 주와 함께 죽으러 가자'고 말했습니다. 그는 용기도 있었지만, 부활하신 예수 그리스도의 소식을 듣고도 '직접 보지 않고서는 믿을 수 없다'고 말하는 현실적인 성격도 있었습니다. 전설에 따르면, 그는 바대, 바사 지역에서 전도하다가 죽었다고 합니다.

알패오의 아들 야고보. 그에 관한 기록은 거의 없습니다. 전설에 따르면, 그는 애굽 지방에서 순교했다고 합니다.

다대오. 헬라어로 된 '다대오전'에 따르면, 그는 수리아 사람, 알메니아 사람에게 전도했다고 합니다. 또 어떤 전설에는 아라비아와 메소포타미아에서 전도하다가 바사에서 순교했다고 합니다.

시몬. 로마로부터 독립을 열망하던 당파에 속할 정도로 현실 문제에 관심이 많았던 사람입니다. 그는 십자가형을 받아 죽었다고 합니다.

여기에 마지막으로 배신자 가룟 유다가 추가되어야 하지만, 다만 여기서 인정하지 않을 수 없는 것은 결과적으로 예수님의 선택이 틀리지 않았다는 점입니다. 우리는 능력이라 말할 때, 그야말로 조건부터 우월하여 그 마지막도 찬탄할 수밖에 없는 결과가 나타나야 정말 완전한 능력이라 인정합니다. 그러나 주님의 능력은 우리의 기대와 다릅니다. 결과물과는 전혀 다른, 다시 말해 아주 형편없는 조건에서 시작하여 결국은 당신께서 원하시는 바로 그 결과에 이르도록 하시는 것이 바로 그분의 능력입니다. 그렇습니다. 우리가 그분의 능력을 찬송할 수밖에 없는 것은 누구라도 안 될 것 같은 조건의 사람을 부르셔서 놀라운 일을 행하도록 변화시키시고 결과적으로 마침내 그 일을 성취하게 하시는 데 있습니다. 결국 그분의 능력은 누구라도 뻔히 보이는 시작과 결과에서 드러나지 않습니다. 그분의 능력은 의외성에 있습니다. 안 될 것 같은 사람을 불러 놀라운 일을 이루시는 능력 말입니다. 그래서 그의 이름이 '기묘자'(Wonderful, 사 9:6)인 것입니다.

이렇게 우리는 이제 마가의 심정을, 아니 예수님의 심정을 어느 정도 이해할 수 있습니다. 어쨌든 마가가 이 부분에서 말하려는 것은 세상에서 쓸모없는 것들을 택하여 세상의 지혜롭고 능력 있는 것들을 부끄럽게 하시는 하나님의 능력입니다. 바울은 이렇게 말합니다.

> 형제들아 너희를 부르심을 보라 육체를 따라 지혜 있는 자가 많지 아니하며 능한 자가 많지 아니하며 문벌 좋은 자가 많지 아니하도다 그러나 하나님께서 세상의 미련한 것들을 택하사 지혜 있는 자들을 부끄럽게 하려 하시고 세상의 약한 것들을 택하사 강한 것들을 부끄럽게 하려 하시며 하나님께서 세상의 천한 것들과 멸시받는 것들과 없는 것들을 택하사 있는 것들을 폐하려 하시나니 이는 아무 육체라도 하나님 앞에서 자랑하지 못하게 하심이라 _고전 1:26-29

이 때문에 세례 요한은 "그는 흥하여야 하겠고 나는 쇠하여야 하리라"(요 3:30)라고 말했던 것입니다. 하나님께서 받으실 영광은 이미 그 자체로도 충분하지만, 그럼에도 불구하고 우리가 그분께 돌릴 수 있는 영광이 있다면 우리가 받을 영광을 그분께 드리는 것이 아닙니다. 우리가 낮아짐으로써 그분이 높아지는 것입니다.

덧붙여서 하나를 더 말씀 드립니다. 이런 특이한 능력은 그분의 부르심을 기다리는 우리에게 큰 기회가 됩니다. 보십시오. 베드로부터 가룟 유다까지 다양한 스펙트럼을 사람들이 제자 무리를 이룹니다. 이 범위 안에 들어갈 수 없는 사람이 있을까요? 결국 제자들의 명단은 세상의 모든 사람들이 예수님의 제자로 부름 받을 수 있다는 가능성을 보여 줍니다. 그들이 제자 되었다면 우리도 모두 그리될 수 있습니다. 그들이 변했다면 우리도 변화됩니다. 이것이 제자들의 명단과 생애를 살핀 우리의 결론입니다.

제자가 되기 위한 첫걸음

마지막으로 생각할 교훈에 집중해 봅니다. 주님께서 부르셨을 때, 제자들로 부르심을 받은 자들은 그 부르심에 즉각적으로 순종했습니다. 제자들에게 약간이라도 수긍할 만한 장점이 있었다면, 그것은 '즉각적인 순종'이 아니었을까 생각합니다. 데이빗 왓슨은 『제자도』(두란노, 2004)에서 이렇게 질문합니다. "그토록 많은 수의 신도와 복음이라는 엄청난 메시지에도 불구하고, 왜 교회는 이토록 무능력한가? 그것은 우리가 그리스도의 제자가 된다는 의미를 무시해 왔기 때문이다." 그렇습니다. 제자가 되고 그 제자가 하나님의 나라를 위해 일하는 것과 관련하여 우리가 가장 크게 간과한 문제는, 제자가 되어 하나님을 위해 일하려면 무슨 특별한 능력이나 자질이 있어야 하는 것처럼 생각한 것입니다. 하나님의 부르심을 받은 사람은 모두 제자입니다. 우리 모두는 하나님의 부르심을 받아 그분의 자녀가 되었고, 그 결과 각자 선 자리에서 그분을 위해, 그분의 나라를 위해 일하도록 되어 있기 때문입니다. 어쨌든 하나님의 부르심을 받은 우리는 제자가 되는 것에 두려움을 갖거나 오해를 하고 있습니다. 우리가 두려워해야 할 것은 우리의 능력 없음이 아니라 그분의 부르심에 즉각 순종하지 않는 것입니다.

마가는 주님께서 제자들에게 과연 무엇을 기대하셨는지를 보여 줍니다.

이에 열둘을 세우셨으니 이는 자기와 함께 있게 하시고 또 보내사 전도도 하며 귀신을 내어 쫓는 권세도 있게 하려 하심이러라 _막 3:14-15

그들이 과연 하나님의 아들과 함께 일할 수 있을까요? 그들이 과연 세상으로 나가 복음을 전할 수 있을까요? 그들이 과연 귀신을 제어할 수 있을까요? 지금으로서는 강력하게 '아닙니다! 영 아닙니다!'라고 말해야 합니다. 그럼에도 주님께서 그들을 부르셨으니 우리는 흥미 있게 두고 봐야 합니다. 제자들이 제자답게 될 수 있는 가능성은 그들 자신이 아니라 하나님의 아들이신 예수님께 있기 때문입니다. 그러므로 예수님의 부르심을 받은 제자들이 제대로 된 제자가 되기 위해 첫 번째로 해야 할 일은 주님의 부르심에 순종하여 나서는 것이었습니다. 사실 순종하여 길을 나서는 것이야말로 그들의 능력으로 할 수 있는 유일한 것이기도 합니다. 다시 한 번 말씀 드립니다. 하나님의 자녀로, 혹은 그분의 제자로 부름을 받았을 때 가장 먼저 해야 할 일, 가장 중요한 일은 그 말씀에 순종하여 즉시 그 길을 나서는 것입니다.

마지막으로 살펴볼 것이 있습니다. 마가복음 3장에는 나와 있지 않지만 같은 사건을 다루는 누가복음에는 이런 말씀이 있습니다.

이때에 예수께서 기도하시러 산으로 가사 밤이 맞도록 하나님께 기도하시고 _눅 6:12

예수님은 이 열둘의 제자들을 부르시기 전에 산에 올라 밤새도록 기도하셨습니다. 이 사실은 매우 중요합니다. 기도야말로 주님께서 제자들에게 몸소 모범으로 보여 주시며 강조하신 가장 중요한 교훈이었기 때문입니다. 주님은 제자들을 부르시고 임명하시는 이때뿐만 아니라 당신의 사역을 시작하시기 전 광야에서 40일이나 금식하며 기도하셨으며, 심지어 십자가에 달리시기 바로 전날까지도 제자들에게 기도를 요구하실 뿐만 아니라 당신이 친히 그렇게 간절히 밤새도록 기도하셨습니다.

예수님은 밤새도록 산에서 기도하신 후에 제자들을 부르시고, 그 자리에서 그들을 교회와 하나님 나라의 기둥으로 세우셨습니다. 그들은 그 일을 하기에 너무나도 모자랐습니다. 그러나 주님은 당신의 온전한 지혜를 통해서 그들이 마침내는 그 일을 잘 감당할 수 있음을 아셨습니다. 이렇게 주님은 온전하지 않은 자를 온전케 하시는 당신의 능력을 드러내셨습니다. 이 모든 섭리를 가능케 한 힘은 바로 기도였습니다. 부르신 자도 기도하셨습니다. 그분의 부르심에 순종한 열두 제자들도 순종과 기도로써 그 부르심을 완성하여 마침내 교회와 하나님 나라의 기둥이 되었습니다.

우리는 모두 하나님의 부르심을 받았습니다. 비록 우리가 죽음을 마다하지 않는 용사가 되어 집과 가족을 버리라는 부르심을 받지는 않았더라도, 우리는 이 세상의 삶의 방식을 버리고 천국의 시민으로서, 이전과는 전혀 다른 삶의 방식으로 살아가도록 부름 받았습니다. 본문에서 우리는 하나의 격려와 도전을 받습니다. 주님께서 부르십니다. 부름을 받은 자는 순종해야 합니다. 인간의 능력을 가지고 그 가능성을 따지지 말고, 무한한 능력과 지혜를 지니신 주님의 능력에 의지해야 합니다. 그리고 그 순종의 첫걸음은 기도를 통해 완성됩니다. 주님의 말씀에 순종하십시오. 그 첫걸음은 기도로써 완성됩니다. 주님께서 시작하셨으니 주님께서 이루실 것입니다. 우리가 할 일은 순종의 첫걸음과 기도입니다.

16

누가 내 편이냐?
마가복음 3:20-30

병이 무슨 의미인지 묻지 말라!

주님은 서기관들과 논쟁을 벌이십니다. 이 논쟁은 예수님께서 열두 명의 제자들을 불러 세우심으로써 본격적인 사역을 시작하시려는 시기에 벌어졌습니다. 사실 앞에서도 보았지만, 예수님은 열두 제자들을 불러 세우시기 이전부터 이른바 지상 사역을 진행하셨습니다. 이미 아시는 바와 같이 예수님의 사역은 뚜렷한 특징들이 있습니다. 그 가운데 하나가 병 고치시는 일입니다. 물론 우리는 이 일이 예수님의 사역에서 얼마나 중요한 의미를 갖는지 알고 있습니다. 병 고치시는 일은 예수님께서 이 세상의 모든 피조물들을 고통에서 자유하게 하시려고 오셨음을 선언하는 상징입니다. 그러나 그 의미를 잘 몰라도 괜찮은 사람들이 있었습니다. 이른바 병자들, 즉 병들어 고통에 신음하던 이들이었습니다. 아픈 사람에게 어떤 이가 물어봅니다. "병이 당신에게 어떤 의미입니까?" 묻는 사람에게는 이것이 아주 궁금하고, 그래서 질문 가능한 일이라 할 수 있습니다. 그러나 병으로 신음하는 이에게는 전혀 다른 문제입니다. 저라면 이렇게 대답하겠습니다. "그것이 궁금합니까? 당신이 한 번 아파 보시죠!"

난폭하고 세련되지 못한 태도로 보이십니까? 그럴 수도 있을 것입니다. 아이가 아주 심심했습니다. 가까운 곳에 친구들도, 장난감도 없었습니다. 그런데 옆방에 엄마가 계셨습니다. 그 방으로 가 보니, 엄마가 누워 계셨습니다. 몇 번을 집적거리며 말합니다. "엄마, 놀아 줘!" 그러나 소용없었습니다. 엄마가 "지금 아파서 못 놀아 주니까 밖에 나가서 놀아"라고 말씀하셨기 때문입니다. 그런데도 아이가 계속 보채자 엄마가 큰 소리로 외칩니다. "야! 아프단 소리 안 들려?" 아프면 귀찮습니다. 움직이기도 싫습니다. 사실 '엄마가 지금 아파 …'라고 대답한 것조차도 자기 자식이니까 최대한 성의 있게 대꾸해 준 것입니다. 그런데도 눈치 없이 구니까 엄마의 분노가 폭발한 것입니다. 요컨대, 사람에게는 자신이 고통스럽다는 것, 이 사실보다 중요한 것은 없습니다. 그러므로 병자에게는 누군가가 찾아와서 제아무리 진지하게 '당신에게 병은 무슨 의미입니까?'라고 묻는다 하더라도, 그냥 귀찮고 성가신 일에 불과할 뿐입니다. 이런 일이야 사방에 널려 있습니다. 며칠을 굶은 사람에게는 밥이 중요합니다. "무엇을 드릴까요? 고기는 웰던으로? 불에다 구워 드릴까요, 프라이팬에 익혀 드릴까요?" 이런 질문이 필요하지 않다는 것입니다.

집에 들어가시니 무리가 다시 모이므로 식사할 겨를도 없는지라 _막 3:20

예수님은 아주 바쁘셨습니다. 밥을 드실 시간도 없이 바쁘셨습니다. 왜 바쁘셨습니까? 본문대로 하면, 무리가 다시 모였기 때문입니다. 무리가 왜 모였겠습니까? 병 나으려는 사람들, 무언가 속 시원한 말씀을 들으려는 사람들, 이번에는 무슨 신기한 일이 벌어질까 궁금한 사람들 등 온갖 종류의 이유를 가진 사람들이 예수님께로 몰려왔기 때문입니다. 그럼에도 그 가운데 가장 강력한 동기를 가진 사람들은 역시 병자들 아니었을까요? 마가복음 2장에서 본 바와 같이, 중풍병자의 친구들은 지붕을 뜯고서라도 자기 친구를 예수님께로 들이밀었습니다. 이것이 보통 간절한 마음으로 할 수 있는 일이었겠습니까? 어쨌든 병자들은 여기저기서 '예수님이라는 분이 병자를 고쳤다, 죽은 사람도 살렸다'는 소식을 들을 때마다 걷잡을 수 없는 희망으로 몸을 떨었을 것이 틀림없습니다. 결과적으로 예수님 주변에는 그분이 식사를 변변히 하실 시간조차 낼 수 없을 만큼 엄청난 숫자의 환자들이 몰려들었던 것입니다. 그리고 아울러 이 말은 예수님께서 그만큼이나 우선적으로 병자들을 고치시는 일에 전념하셨음을 암시하고 있습니다.

또 다른 편에 선 사람들

그러나 예수님 주위에 또 다른 두 부류의 사람들이 몰려왔습니다. 첫째, 예수님의 가족들이었습니다.

예수의 친속들이 듣고 붙들러 나오니 이는 그가 미쳤다 함일러라 _막 3:21

예수님의 가족들이 몰려왔습니다. '예수가 미쳤다'는 소문을 듣고 그를 붙잡으러 온 것입니다. 병을 고치고, 죽은 사람을 살리는 등 이런 일들을 하셨는데 어째서 그가 미쳤다는 소문이 돌아다녔을까요? 이런 소문이 돌게 된 이유는 다음의 말씀을 통해 조금이나마 짐작할 수 있습니다.

예루살렘에서 내려온 서기관들은 저가 바알세불을 지폈다 하며 또 귀신의 왕을 힘입어 귀신을 쫓아낸다 하니 _막 3:22

예루살렘에서 내려온 서기관들이 있었습니다. 그들은 인쇄술이 발명되지 않았던 그 시절에 성경을 필사, 즉 베끼는 일을 주업으로 했습니다. 자연히 성경에 관해서는 아주 잘 알지 않았겠습니까? 결론적으로 그들은 성경을 베끼는 작업 외에도 여러 가지 일, 특히 주로 성경 지식이 필요한 분야에 소위 명사(名士)가 되었습니다.

그들은 여기저기 일에 끼어들면서 '이런 경우에는 이런 율법이, 저런 경우에는 이런 말씀이 적용되어야 한다'는 등 이런 식으로 유대인들의 삶에 간섭하기 시작했습니다. 나쁜 일은 아닙니다. 그들이 인간 개개인의 삶에, 그리고 유대인 공동체의 경험에 자신의 전문적 지식으로 봉사하는 것이 어찌 나쁘겠습니까? 그런데 문제가 있었습니다. 그들이 성경을 옳지 않은 방식으로 사용한 것입니다. 말하자면, 그들은 성경을 문자로는 알지만 성경의 정신을 깊이 이해하지 못했고, 거기에서 문제가 발생한 것입니다.

아주 오래전의 일입니다. 실화입니다. 어떤 가난한 사람이 배가 고팠습니다. 가게에서 팔던 만두를 훔쳐 먹었습니다. 결국 그는 재판정에 서게 되었습니다. 그리고 검사의 설명을 듣던 재판장이 피의자에게 물었습니다. "피고, 왜 만두를 훔쳐 먹었습니까?" "너무 배가 고픈데, 돈이 없어서 그랬습니다." "돈이 없었어요?" "예." "돈이 없으면 카드라도 사용하지 그랬어요!" 판사는 부유한 집에서 컸습니다. 그에게 '돈이 없다', '배가 고프다'는 개념은 그냥 소설이나 신문에서나 등장할 뿐입니다. 그에게 '돈이 왜 없지? 돈이 없으면 카드를 쓰면 되잖아? 그것도 안 했다면 죄다!'라는 생각들은 아주 자연스러운 것이었습니다. 자기 앞에 서 있던 그 피의자를 이해할 수가 없었던 것입니다.

인간의 삶을 이해하지 못한 사람이 성경을 안다면서 그 성경을 인간의 삶에 적용할 수 있겠습니까? 서기관에게 사람들이 찾아왔습니다. "서기관님, 여기 간음한 여인이 있습니다. 이 경우에는 어떻게 해야 하죠?" "율법에 따르면, 이 여인은 당장 죽여야 해." 아주 단순하지 않습니까? 그런데 이것이 그냥 '아주 단순하고 쉬운 일'입니까? 같은 상황이 예수님께도 벌어진 적이 있지 않습니까? 요한복음 8장에 따르면, 현장에서 간음하던 여인은 예수님께 끌려왔습니다. 이 여인이 끌려와 두려움에 가득 찬 눈으로 당신의 입에서 나올 말씀을 기다릴 때, 주님은 오랜 침묵 끝에 이렇게 말씀하셨습니다. "누구든지 죄 없는 자가 이 여인을 돌로 치거라." 예수님은 그 소란스런 곳에서 깊은 지혜의 눈으로 상황을 꿰뚫어 보셨습니다. "간음은 절대 안 되죠! 그렇잖아요? 이 여인을 죽여야 하지 않겠습니까?" 그들은 이렇게 주님께 묻고 싶었을 것입니다. 그러나 간음을 혼자 합니까? 아니지 않습니까? 간음이 그처럼 죽을죄라면, 왜 그들은 간음한 남자는 데려오지 않았습니까?

그들은 하나님께서 거룩하시므로 우리도 거룩해야 한다는 각오로 이러지 않았습니다. 그들은 간음한 여인을 노리개로 삼아 한 생명을 걸고 예수님을 시험하려 했습니다. 그러므로 예수님은 간음한 여인보다 간음한 여인을 끌고 와 당신을 시험하는 그들을 더 큰 죄인이라 판단하셨음이 틀림없습니다. 그러므로 이렇게 말씀하신 것입니다. "누구든지 죄 없는 자가 이 여인을 돌로 치거라." 간음한 사람은 돌로 쳐 죽여도 됩니다. 그러나 예수님의 말씀에 따르면 이 말씀을 듣고서 돌로 여인을 치는 사람은 즉시 '죄 없는 사람'이 되는 것입니다.

그러나 죄 없는 사람이 있습니까? 죄 없는 사람은 곧 의인입니다. 당시 유대인들 가운데, 예를 들면 서기관이나 바리새인들은 의인인 척 행동하곤 했지만 대놓고 의인이라고 말할 수는 없었습니다. 대놓고 이야기하긴 그렇고, 그냥 주변 사람들이 의인이라고 추켜세워 주면 마지못해 '에이, 뭘 그런 말씀을 …' 하면서 속으로는 '에헴! 맞아! 내가 의인이여~!'라고 스스로 만족하는 그런 부류, 대놓고 말하자면 비겁한 의인이었던 셈입니다. 어쨌든 예수님은 죄를 참지 못하는 의인 흉내를 내면서 여인을 죽일 듯 데리고 노는 군중들을 향해 '누구든 자기를 의인이라 생각한다면 이 여인을 돌로 쳐 죽여 봐!'라고 도전하신 것입니다.

예수님은 말씀을 전하며 병자들을 고치시느라 식사하실 새도 없을 정도로 바쁘셨습니다. 그분의 도움이 필요한 자들은 쉴 새 없이 몰려들었습니다. 그러나 또 다른 부류, 즉 예수님의 사역을 부정적으로 보는 이들도 몰려들었습니다. 예수님의 사역을 오해한 자들, 거기에다가 예수님의 사역을 부정하는 자들이 그들이었습니다. 본문에 나오는 서기관들은 '예수님이 귀신이 들렸다, 예수님이 귀신 들렸기 때문에 귀신을 쫓아내는 것이다'라고 판단했습니다. 판단했을 뿐만 아니라 그 판단을 동네방네 퍼뜨렸습니다. 그 소문을 들은 사람이 적지 않았습니다. 그 가운데는 예수님의 가족들도 있었습니다.

원수의 원수는 동지다!

주님은 당신의 사역을 귀신의 역사라고 비판하는 이들에게 어떻게 대응하셨습니까?

> 예루살렘에서 내려온 서기관들은 저가 바알세불을 지폈다 하며 또 귀신의 왕을 힘입어 귀신을 쫓아낸다 하니 _막 3:22

예수님이 바알세불을 '지폈다'(is possessed by, NIV)는 말이 우선 눈에 띕니다. '바알세불'은 헬라어로 '베엘제불'(Βεελζεβούλ)이라 읽습니다. '베엘제불'은 '바알 왕자' 또는 '고귀한 존재 바알'이라는 의미입니다. 이 말은 '집주인', '파리들의 주(主)'라는 뜻으로서 모두 제의적(祭儀的)인 의미가 있다고도 합니다. 결론적으로 유대인들은 이 '바알세불'을 귀신들의 왕 곧 사탄을 지칭하는 용어로 거의 사용했습니다. 한마디로 정리합니다. 예루살렘에서 내려와 예수님을 정죄하는 서기관들은 예수님을 '사탄의 왕'이라고 단정했던 것입니다. 서기관의 눈에는, 예수님께서 귀신의 왕이기 때문에 귀신을 쫓아내는 것이라고 보였던 것입니다. 이에 대해 예수님은 어떻게 말씀하십니까?

> 예수께서 저희를 불러다가 비유로 말씀하시되 사단이 어찌 사단을 쫓아낼 수 있느냐 또 만일 나라가 스스로 분쟁하면 그 나라가 설 수 없고 만일 집이 스스로 분쟁하면 그 집이 설 수 없고 만일 사단이 자기를 거스려 일어나 분쟁하면 설 수 없고 이에 망하느니라 사람이 먼저 강한 자를 결박지 않고는 그 강한 자의 집에 들어가 세간을 늑탈치 못하리니 결박한 후에야 그 집을 늑탈하리라 _막 3:23-27

예수님의 말씀은 아주 단순합니다. 요즘 젊은이들의 화법으로 정리하면 이렇습니다. "같은 편끼리 싸우나?" 아주 쉽지 않습니까? 아군끼리는 안 싸웁니다. 이 논리로 서기관의 정죄를 반박하자면 이렇게 됩니다. "예수님께서 귀신을 쫓아내셨습니다. 그러므로 예수님은 귀신 편이 아닙니다." 그런데 예수님의 반박은 여기서 그치지 않습니다. 곧 이어서 예수님은 이렇게 말씀하셨습니다.

> 내가 진실로 너희에게 이르노니 사람의 모든 죄와 무릇 훼방하는 훼방은 사하심을 얻되 누구든지 성령을 훼방하는 자는 사하심을 영원히 얻지 못하고 영원한 죄에 처하느니라 하시니 _막 3:28-29

어떤 사람은 오해합니다. 세상에서 용서받지 못하는 죄가 있는데 성령을 훼방하는 죄가 그 죄라고 말입니다. 성령을 훼방하면 용서받지 못한다. … 중학교 시절, 제가 다니던 교회 목사님께선 성령을 훼방하면 용서받지 못한다고 가르치시면서 기도 안 하고 예배 드릴 때 딴 생각하면 국물도 없다고 저를 겁주셨습니다. 하지만 문맥을 보면 그런 뜻이 분명 아니지 않습니까? 앞 구절부터 찬찬히 읽으면 예수님의 의도는 아주 분명합니다. 예수님은 지금 귀신을 쫓아내고 계십니다. 귀신을 쫓아낸다는 말은, 예수님께서 귀신과 원수라는 뜻이기도 합니다. 그런데 서기관들은 예수님을 귀신의 왕이라 정죄합니다. 예수님께서 귀신의 왕이 아니시라면, 예수님을 귀신의 왕이라 정죄하는 서기관은 누구 편입니까? 원수의 원수는 친구입니다. 예수님을 귀신의 왕이라 정죄하는 서기관들이야말로 귀신의 친구, 마귀의 친구입니다. 귀신에게는, 마귀에게는 결단코 용서가 없습니다. 다시 말해 예수님을 돕지는 못할망정 방해하는 저 서기관들에게 절대 용서받을 수 없다는 심판의 선언이, 지금 예수님의 입에서 나오고 있는 것입니다.

구원에 이르는 지식

우리는 한 사실에 주목해야 합니다. 본문에 등장하는 사람들을 보십시오. 물론 여기에는 이름 없는 병자들도 등장합니다만, 주로 거론되는 인물들은 서기관입니다. 그들은 하나님을 모르지 않습니다. 하나님의 말씀을 꿰뚫어 볼 정도로 잘 아는 사람들입니다. 그들은 성경을 그처럼 잘 앎에도 불구하고 예수님을 오해하고 정죄했습니다. 그들은 결국 귀신의 친구, 예수님을 정죄하고 반대하는 자들, 성령을 훼방하는 자들, 결코 용서받을 수 없는 자들이 되고 말았습니다. 그들의 성경 지식이 하나님의 구원을 받는 일에 도움이 되었습니까? 아닙니다. 오히려 그 반대가 되었습니다. 그들은 예수님을 정죄하다가 자신들이 정죄되어 멸망의 길로 가고 말았습니다. 이 사실은 우리에게 어떤 교훈을 줍니까? 아주 거칠지만 저는 이 사실을 이렇게 정리합니다. 성경을 알고, 하나님을 안다는 것만으로 우리는 구원받을 수 없습니다. 안다고 구원받을 수 없다는 뜻입니다. 불신자 가운데도 성경을 우리보다 잘 아는 사람이 많습니다. 기독교를 반대하거나 신자를 박해하는 자들이 성경을 오히려 이용하기도 합니다. 안다고 믿는 것은 아닙니다. 그 앎이 성령의 도우심을 받아 예수님을 구주로, 하나님의 아들로 믿고 고백하는 데까지 이르러야 비로소 가치 있는 지식이 됩니다.

서기관들의 태도에서 우리는 하나의 강력한 경고를 듣습니다. 성경을 아느냐 모르느냐에 상관없이, 교회를 다니느냐 다니지 않느냐에 상관없이, 주님께서 구원 얻을 자와 구원 얻지 못할 자를 가르는 방식을 본문에서 볼 수 있습니다. 누가 하나님의 편에 서 있습니까? 성경을 읽으십니까? 성경을 통해 예수님의 하나님 아들 되심을 아셨습니까? 그 앎이 예수님을 나의 구주로 고백하도록 합니까? 그 말씀이 나의 삶을 일으켜 세우고, 변화되게 만들며, 온갖 상황에서도 하나님을 찾아가게 만드는 변화를 경험하십니까? 한마디로 다시 묻습니다. 하나님의 말씀은 여러분을 구원으로 인도합니까?

17

누가 하나님의 가족인가?
마가복음 3:31-35

하나님의 가족은 누구인가?

본문을 이해하기 위해서는 먼저 마가복음 3장의 구조를 살펴야 합니다. 예수님은 손 마른 사람의 병을 고치셨습니다. 그 사건 이후로 많은 무리들이 예수님을 따랐습니다. 그 다음에는 예수님께서 당신의 제자 열둘을 세우십니다. 그리고 이어서 예수님께서 바알세불 귀신이 들렸다고 당신을 비난하는 자들에게 대응하십니다. 본문은 바로 이 부분 이후에 기록되었습니다. 이런 흐름이 의미하는 바는 분명합니다. 누가 과연 예수님의 편인가? 본문에서는 이 '예수님의 편'을 '가족'이란 개념으로 바꿔서 설명하고 있을 뿐입니다.

마가는 '어머니와 동생들과 누이들'이 이곳으로 찾아왔다고 말합니다. 여기서 두 가지 질문을 던집니다. 먼저, 이들은 왜 예수님을 만나러 가버나움까지 왔을까요? 특별한 일이 없었다면 예수님의 가족은 나사렛에 살고 있었을 것입니다. 나사렛에서 가버나움까지 거리가 대략 20킬로미터 정도 되는데, 당시의 상황으로선 쉽사리 다닐 거리는 아니었습니다. 더구나 가족들이 다니기에는 쉽지 않았을 것입니다. 그렇다면 그냥 와 본 것은 아닐 텐데, 예수님의 가족들은 왜 가버나움까지 예수님을 찾아왔을까요?

본문 앞뒤를 세심히 살펴보면, 이 질문에 답할 수 있을 것입니다. 그것은 예수님께서 하시는 일에 관한 소문 때문입니다. 예수님께서 각종 병자를 고치신 일은 한 가지 나쁜 소문과 함께 유대 전역을 떠돌고 있었습니다. 예수님께서 귀신 들려서 병을 고치신다는 그 소문입니다. 이 소문이 얼마나 널리 퍼졌는지, 예수님 당신도 이 일을 놓고 길게 변명을 하실 지경이었던 것입니다. 비밀스런 출생은 이미 옛일이고, 그 후로 삼십여 년을 목수인 아버지를 따라 나사렛에서 평범하게 살았던 예수였습니다. 그런데 그가 광야에서 40일 동안 금식한 후 유대 전역을 떠돌아다니면서 복음을 전하는데, 스스로를 가리켜 하나님의 아들이라 칭하며 병자들을 고쳤습니다. 이를 가리켜 바리새인과 서기관들은 예수가 귀신이 들렸다고 비난을 합니다. 그러니 가족들이 얼마나 궁금하고 걱정스러웠겠습니까?

이제 두 번째 질문입니다. 그렇게 염려도 되고 궁금하기도 했다면, 왜 그들은 가버나움에 도착하자마자 예수님을 직접 만나지 않고 그분이 계신 집 앞에서 서성이고 있었을까요? 이 질문에는 확실하게 대답하기 어렵습니다. 그럴 만한 자료가 주어지지 않았기 때문입니다. 그러나 어느 정도 짐작할 수는 있습니다. 이어지는 예수님의 말씀을 보면, 예수님의 가족들은 예수님의 존재와 사역과 관련하여 반신반의했던 것 같습니다. 그렇지 않았다면 왜 예수님께서 하나님의 뜻을 순종하기 위해서는 때로 가족과의 관계도 단절해야 한다고 암시하셨겠습니까? 어쨌든 예수님의 가족들은 예수님에 관한 소문을 듣고 그분을 찾아왔지만, 그분에 대한 확신이 없었기에 그분이 계신 문 앞에서 서성이고 있었던 것입니다. 그들은 예수님을 둘러싼 사람들보다 혈통으로는 훨씬 더 가까웠음에도 실상은 이처럼 예수님의 주변인들이 되어 있었습니다. 이런 상황에서 주님은 말씀하셨습니다.

내 모친과 내 동생들을 보라 누구든지 하나님의 뜻대로 하는 자는 내 형제요 자매요 모친이니라 _막 3:34-35

예수님은 당신을 의심하며 머뭇거리는 당신의 가족을 가리키시면서 혈통이 아닌 새로운 가족 개념을 선언하셨습니다. 누구든지 '하나님의 뜻대로 행할 때에' 하나님의 가족이 됩니다. 이것은 혈통의 고리를 깨는 새로운 개념이 기도 하지만 새로운 가족이 되기 위한 조건이기도 합니다. 하나님의 가족이 되기 위해서 누구든지 '하나님의 뜻대로 행해야' 합니다. 그렇지 않으면 어느 누구라도 예수님과 상관없는 사람이 될 것입니다.

하나님의 뜻대로 행한다?

그런데 '하나님의 뜻대로 행한다'는 것이 대체 무슨 의미일까요? '하나님 의 뜻'이란 말은 사실 그리스도인들이 가장 자주 쓰고 흔하게 듣는 말이기도 합니다. 여기 가도 하나님의 뜻, 저기 가도 하나님의 뜻 …. 사방에서 하나님 의 뜻이라 말은 하지만 대체 하나님의 뜻이 무엇일까 생각하기 시작하면 그 말처럼 모호한 표현도 없습니다. '하나님의 뜻'이란 무슨 의미입니까? 어떻 게 하는 것이 하나님의 뜻을 따라 행하는 것일까요? 예수님께서 이 말씀을 하셨을 때 이것이 무슨 의미인지 자상하게 설명하지 않으셨습니다. 그러므 로 우리는 하나님의 뜻을 따라 행한다는 말씀이 무슨 의미인지를 알기 위해 이 말씀 주변을 살피는 수밖에 없습니다. 그리고 이어서 다시 예수님께서 무 엇 때문에 당신의 혈육들을 나의 가족이 아니라는 듯이 말씀하셨는지를 살 펴야 합니다.

지금 예수님 주위에 가족들이 와 있습니다. 그러나 그들은 예수님 곁으로 선뜻 다가오지 못하고 집 밖에 서 있습니다. 그 모습을 보고 어떤 사람이 예 수님께 와서 "선생님의 가족들이 밖에 와 있습니다"라고 전합니다. 이때 예 수님께서 당신의 가족을 지칭하면서 "누가 내 가족인가?" 하고 질문하십니 다. 그리고 곧이어 당신께서 직접 이 질문에 답하셨습니다. "누구든지 하나 님의 뜻대로 행하는 자가 나의 가족이다." 이런 상황을 고려할 때 가족을 가 족이 아닌 자들로 표현하셨던 이유가 어느 정도는 분명해집니다. 즉, 그들은 예수님을 하나님의 아들로 믿지 않았습니다. 그들은 바리새인과 서기관들, 그리고 예수님을 반대하는 자들이 퍼뜨린 소문을 듣고서 그분을 의심하는 눈초리로 바라보았습니다. 바로 이것입니다. 하나님 나라를 선포하고 그 나라를 드러내는 일을 이해하지 못하는 사람, 그 일을 행하는 모습을 보면서도 그분을 하나님의 아들로 받아들이지 못하는 사람, 이런 사람들은 하나님 나라의 가족이 될 수 없다는 것입니다.

하나님의 뜻대로 행한다는 것이 무엇입니까? 귀신을 쫓아내시고 병자를 고치시며 하나님 나라의 복음을 전하시는 예수님을 구주와 하나님의 아들로 믿는 것입니다. 이와 관련하여 요한은 이렇게 말합니다.

> 예수께서 대답하여 가라사대 하나님의 보내신 자를 믿는 것이 하나님의 일이니라 하시니 _요 6:29

예수님 자신의 말씀입니다. 하나님의 일은 다른 것이 아닙니다. 하나님께서 보내신 자, 곧 예수 그리스도를 믿는 일입니다. 다시 말해, 하나님께서 예수님을 포함한 수많은 종들을 세우시고 보내신 까닭은 사람들이 하나님의 아들이신 예수 그리스도를 믿게 하시기 위함입니다.

예수님을 믿는다는 사람들은 종종 착각합니다. 예수님을 믿으면 반드시 무슨 일을 해야 할 것처럼 생각한다는 것입니다. 소위 은혜를 갚기 위해서…. 맞습니다. 우리는 하나님과는 전혀 상관없다가 그분의 부르심과 택하심을 받고 그분의 자녀가 되었습니다. 그분께서 우리를 구원하시기 위해 아들 예수 그리스도의 살과 피를 십자가에서 희생시키셨습니다. 우리가 소위 '구원'을 받은 후 우리의 삶은 더 이상 우리 것이 아닙니다. 모든 것이 그분의 것입니다. 그러므로 신자의 모든 것은 주님이신 하나님을 위해 사용되어야 합니다. 충성의 이유가 여기에 있습니다. 그분께서 우리를 사랑하셨기 때문이고, 그분께서 우리를 구원하셨기 때문입니다. 우리는 그분을 위해 죽을 때까지 섬기고 일해야 합니다. 그러나 우리가 말하는 하나님을 위한 일이 무엇인지는 잘 생각해야 합니다. 거두절미하고, 주님께서 친히 말씀하십니다. "나를 믿는 것이 하나님의 일이다!" 예수님을 잘 믿는 것이 하나님의 일입니다.

예수님을 제대로 믿는 것이 하나님의 일입니다. 예수님을 하나님의 아들로 인정하는 것이 하나님의 일입니다. 그 외의 것들은, 그 다음의 일입니다.

예수님을 잘 믿는다는 것이 교회를 휘젓다시피 하면서 이 일 저 일 혼자 다 하는 것을 의미하지 않습니다. 예수님을 잘 믿는다는 것은, 예수님을 예수님으로 인정하는 것입니다. 예수님을 내 삶의 중심에 모시고, 그분의 가르침을 한 말씀 한 말씀 실천하고 사는 것입니다. 그래서 마침내는 예수님의 인격을 속속들이 닮아 가는 것입니다. 이렇게 볼 때, 교회에서 그리고 세상에서 입으로만 '예수, 예수' 한다고 해서 그분의 뜻대로 사는 것은 아닙니다. 식사할 때 기도하는 것, 중요한 일입니다. 그러나 그 밥을 먹고 얻은 힘으로 그분을 위해, 그분께서 원하시는 일을 하는 것은 기도 못지않게 중요합니다. 아니, 사실은 하나님의 아들을 제대로 알아보고 믿는 일이 더욱 중요합니다. 하나님의 아들을 믿고 그분의 인격을 닮지 않고서는 하나님의 나라에 들어갈 수도 없고 하나님의 가족이 될 수도 없기 때문입니다. 그러므로 하나님의 가족이 되어 하나님 나라에 들어갈 사람은 예수님께서 하나님의 아들이신 사실을 믿어야 합니다. 그리고 그분의 가족답게, 그분의 인격을 닮아 가야 합니다. 이것이 바로 '하나님의 일'입니다. 한 번 더 강조합니다. 예수님을 제대로 믿는 것이 하나님의 일입니다.

하나님의 가족이 된 사람의 모습

영국에 가구점 목공 출신으로 나이 16살에 예수님을 영접한 에드워드 모트(E. Mote)라는 소년이 있었습니다. 그는 예수님을 영접한 후 열심히 일하여 마침내 가구점 하나를 경영하는 사장이 되었습니다. 자신의 회사를 갖게 된 그날, 그는 일하면서 힘들고 어려운 때마다 늘 찾았던 홀본 언덕에 올라갔습니다. 그리고 그곳에서 자신에게 성공을 주신 하나님께 감사의 기도를 드렸습니다. 마침 그가 앉아서 기도드리던 그곳은 넓게 펼쳐진 바위 언덕이었습니다. 그는 이 바위 언덕 위에서 아름답게 펼쳐진 마을 정경을 바라보다가 다음과 같은 가사를 떠올렸습니다.

그리스도, 굳건한 반석 위에 나는 서 있네.
다른 모든 땅은 가라앉는 모래일 뿐일세.[5]

그는 집에 돌아오자 즉시 한 편의 찬송시를 기록하였습니다. 바로 찬송가
488장입니다.

이 몸의 소망 무언가 우리 주 예수뿐일세.
우리 주 예수 밖에는 믿을 이 아주 없도다.
주 나의 반석이시니 그 위에 내가 서리라.
그 위에 내가 서리라.
무섭게 바람 부는 밤 물결이 높이 설렐 때
우리 주 크신 은혜에 소망의 닻을 주리라.
주 나의 반석이시니 그 위에 내가 서리라.
그 위에 내가 서리라.

그는 55세가 되던 해에 가구점 경영을 청산하고 목사 안수를 받습니다. 그
리고 여생을 복음 전하는 일에 헌신합니다. 그가 77세를 일기로 자신이 섬기
던 교회 강단에서 마지막 예배를 인도하던 날, 마지막으로 불렀던 찬송도 이
찬송이었다고 합니다.

바라던 천국 올라가 하나님 전에 뵈올 때
구주의 의를 힘입어 어엿이 앞에 서리라.
주 나의 반석이시니 그 위에 내가 서리라.

---

5 https://hymnary.org/person/Mote_E.

그 위에 내가 서리라.

제가 믿는 바는 이것입니다. 지금 이 찬송시에서 말하는 것에 우리는 주목해야 합니다. 그가 목사가 되어, 그리고 목사 되기 이전에 가구점의 사장이 되어 무엇을 했는지는 중요하지 않습니다. 그는 사장으로서 살 때에는 가구점에서, 목사로서 살 때에는 교회에서, 자신이 믿고 사랑하는 그 하나님을 대하듯이 그 일에 충성했습니다. 그러므로 만약 하나님께서 그에게서 상 주실 일을 찾고자 하신다면, 그것은 그의 충성심, 즉 하나님을 향한 사랑과 열정일 것입니다.

그렇습니다. 제아무리 열심히 일하고 지극정성으로 거기에 몰두해도 소용없습니다. 그 마음에 하나님을 사랑하는 마음, 그리고 하나님께서 자신의 인생을 보고 계실 뿐만 아니라 그분께서, 아니 그분만이 상 주실 이이심을 믿는 마음이 있어야만 비로소 하나님 나라의 백성이, 그리고 하나님의 가족이 될 수 있음을 명심해야 합니다.

예수님께서 본문의 말씀을 선언하시기 전, 이 세상에는 율법을 지킨 자와 율법을 어긴 자, 의인과 죄인이 있을 뿐이었습니다. 그러나 주님께서 본문의 말씀을 우리에게 던지심으로써 이 세상에는 새로운 가족이 탄생했습니다. 혈통도 필요 없고, 행위도 필요 없습니다. 그분, 곧 주 예수님을 그리스도와 하나님의 아들로 인정하고 받아들이며 그분의 가르침을 따라 묵묵히 살아내는 사람, 그 사람이 하나님의 가족이 되어 그분의 나라에 들어갑니다. 그러므로 이제 무엇을 해야 거룩한 사람이 되며 의인이 되는지에 우리의 관심을 두어서는 안 됩니다. 어떻게 해야 하나님의 가족이 될 수 있는지에 우리의 관심을 집중해야 합니다. 주님께서 말씀하십니다. "누구든지 하나님의 뜻을 따라 행하는 자라야 내 형제와 자매가 되리라."

하나님의 새로운 가족이 되려면 결국 우리의 관심이 '무엇이 하나님의 뜻인가?'를 풀어내는 데 쏠려 있어야 합니다. 하나님의 뜻이 무엇인가? 그 뜻을 따라 살아 내는 것이 구체적으로 무엇인가? 이 질문들을 우리의 삶에서 끊임없이 물어야 하고, 대답해야 하며, 확인해야 합니다. 이것이 하나님의 가족이 된 사람의 모습입니다. 주님께서 말씀하십니다.

> 내 아버지의 뜻은 아들을 보고 믿는 자마다 영생을 얻는 이것이니 마지막 날에 내가 이를 다시 살리리라 _요 6:40

하나님의 뜻은 어떤 거창한 데에만 있지 않습니다. 당신께서 보내신 아들, 이 아들 예수 그리스도를 제대로 알고 제대로 믿어 누구든지 하나님 나라의 가족이 되는 일에 있습니다. 이것이 소위 하나님의 일이랍시고 교회에서 그리고 세상에서 무슨 거창한 일을 하는 것보다 더 본질적입니다. 그리고 이 본질적인 것을 통해 마침내 우리는 그 나라의 가족다운 모습으로, 즉 하나님의 가족답게 거룩한 모습으로 살아가야 합니다. 바울은 말합니다.

> 하나님의 뜻은 이것이니 너희의 거룩함이라 곧 음란을 버리고 각각 거룩함과 존귀함으로 자기의 아내 취할 줄을 알고 하나님을 모르는 이방인과 같이 색욕을 좇지 말고 _살전 4:3-5

하나님 나라의 가족이 되어 거룩하게 구별되어 사는 일은 율법의 조항들에 매여서 '이러면 죽고 이러면 살고, 이러면 의롭고 이러면 악하고 …' 하며 사는 것보다 월등하게 행복합니다. 주님은 이제 우리가 율법에 매여 어떻게 하면 죄 안 짓고 살까 전전긍긍하며 살기를 원치 않으시고, 하나님 나라의 권속이 되어 날마다 자신을 기쁨의 산 제사로 드림으로 깨끗하고 거룩한 당신의 아들로, 딸로 살기를 바라십니다. 이 얼마나 놀라운 축복입니까?

이제 우리는 주님의 말씀을 통해 하나님 나라의 식구로, 하나님의 자녀로 살 길을 얻었습니다. 그렇다면 이제 우리는 어떻게 살아야 하겠습니까?

18

누가 천국에 들어가는가?(1)

마가복음 4:1-9

아무나 가족이 될 수 없다

3장 마지막에서 마가는 수많은 무리들이 예수님께 몰려들고 있음을 설명했습니다. 그 결과가 마가복음 4장 1절입니다. "큰 무리가 모여들거늘." 그래서 예수님은 배에 올라타셔서 그들에게 복음을 전하셔야 했습니다. 그런데 여기에서 마가복음 3장 33절에서부터 35절까지의 말씀에 주목해야 합니다. "누가 내 모친이며 내 동생들이냐? ⋯ 누구든지 하나님의 뜻대로 하는 자는 내 형제요 자매요 모친이니라." 이 말씀의 요지는, 아무나 예수님의 혈육이 될 수 없다는 것입니다. 모두가 예수님의 가족이 아닙니다. 오직 하나님의 뜻대로 하는 자만이 예수님의 가족입니다. 하나님의 뜻을 따라야 합니다. 이것이 하나님의 가족이 되는 조건입니다.

하나님이 좋습니다. 세상도 지으셨고. 사랑도 많으시고. 사람들을 위해 친아들도 죽이셨고. 멋집니다! 어느 날, 누군가가 하나님께 부탁을 드렸습니다.

"하나님, 참 멋져요! 하나님을 아버지라 불러도 될까요?"

"그래라, 그러나 대신 조건이 있다. 내 계명을 지켜야 한다."

"아, 거기까지! 당신을 아버지라 부르는 것까지는 좋은데요, 당신의 명령을 지키는 것은 못하겠어요."

말이 될까요? 안 되지 않을까요? 이런 말도 안 되는 일이 사실은 오늘도 심심찮게 벌어집니다. '하나님의 사랑은 좋으나 이웃을 사랑하는 것은 못하겠다. 예배를 드리는 것은 좋으나 꼭 주일을 지키는 것은 못하겠다. 당신을 위해 일하는 것은 좋으나 어떤 사람하고는 죽어도 못하겠다. 예수님은 좋지만 교회는 싫다. …' 우리는 어떤 이유로든 하나님을 사랑할 마음은 있으나 내가 세운 조건 위에서 사랑하고자 할 뿐입니다. 여담입니다만, 요즘 젊은 사람들에게서 아이는 갖고 싶은데 결혼은 하고 싶지 않다고 말하는 것을 비교적 자주 듣습니다. 개는 사랑하지만 짖는 소리는 싫고, 똥 싸는 것도 싫고. 그래서 개를 들여오자마자 성대도 제거하고, 밥 대신 똥 적게 싸는 사료만 먹입니다. 아기는 사랑스럽지만 똥 기저귀는 갈기 싫고. 지나친 예인지는 모르겠으나 요즘 우리의 사랑은 이런 식으로 자기중심적입니다. 사랑하는 대상을 있는 그대로 받아 주는 그런 사랑과는 거리가 멉니다. 결국 이런 사랑은 자기를 사랑하는 것이지 나 아닌 타자를 사랑하는 것이 아닙니다. 책임 없는 사랑은 사랑이 아닙니다.

본문을 보면 마가는 "예수께서 다시 바닷가에서 가르치시니"라고 시작합니다. '다시'(πάλιν)라는 말과 '가르치셨다'(διδάσκειν)는 말은 예수님께서 바닷가에서 한 번만 가르치신 것이 아님을 암시합니다. 예수님 앞에 '큰 무리'가 몰려들었습니다. 그 큰 무리(ὄχλος πλεῖστος)가 얼마나 많은 숫자였는지 예수님은 배 위로 올라가 그 무리들을 가르치셔야만 할 정도였습니다. 그 무렵 예수님께서 얼마나 큰 영향력을 지닌 인물로 떠오르셨는지를 짐작할 만합니다. 이때 예수님께서 여러 가지를 가르치셨는데, 그 가운데 하나가 이른바 '씨 뿌리는 자의 비유'입니다.

이 비유를 해설하기에 앞서 우리나라 교회의 역사 가운데 반드시 한 가지를 지적해야 할 것이 있어 그 부분을 먼저 언급하려고 합니다. 제가 어렸을 때 이 비유는 이른바 '밭의 비유'로 불리고 가르쳐졌습니다. 그 내용은 이렇습니다. 세상에는 여러 종류의 밭이 존재합니다. 여기서 밭이란 신자들의 '마음 밭'을 말하는데, 옥토가 있고, 길가가 있으며, 가시 떨기가 있고, 얕은 흙 밭이 있는가 하면 돌밭이 있습니다. 아무튼 이 가운데 옥토에 말씀이 뿌려지면 당연히 가장 많은 수확을 거둘 수 있습니다. 이런 식의 해석이 의도하는 바는 명백합니다. 기왕 씨가 뿌려지는 것, 기름진 밭에 뿌려져야 한다는 것입니다. 이 설교를 들으면서 신자들은 한결같이 기도하고 염원할 수밖에 없습니다. "주여, 저도 옥토가 되기를 바랍니다." 이런 해석을 마구잡이로 틀렸다고는 할 수 없습니다. 그러나 그렇게 해석할 경우, 우리는 예수님께서 말씀하시려는 가장 중요한 포인트를 놓치게 됩니다.

예수님께서 3장 마지막에서 '아무나 내 가족이 아니다'라고 말씀하신 뒤에 이처럼 수많은 사람들이 당신께로 몰려온 사건이 이어지고 있음을 우리는 주목해야 합니다. 그리고 이어서 4장 3절로 넘어가는데, 예수님의 첫마디가 무엇입니까? "들으라!"입니다. 한글 성경은 그냥 '들으라'라고 시작하지만 헬라어 원문에는 두 개의 명령형 동사가 이어져 나옵니다. '들으라(ἀκούετε), 보라(ἰδού).' 간단히 설명하자면 뒤에 이어지는 말씀을 매우 주목해서 들으라는 뜻이기도 하고, 또 여태까지 전해진 주님의 말씀을 청중들이 제대로 깨닫지 못했음을 지적하는 말씀이기도 합니다. 즉, 주님은 앞으로 당신께 나아온 사람들에게 이전과는 뭔가 다른 태도를 보이실 것을 선언하는 말씀입니다. 그리고 바로 '씨 뿌리는 자의 비유'가 이어집니다. 본문은 사실 이 비유가 나오는 4장 3절부터 9절까지와 그 해석이 나오는 4장 10절부터 20절까지의 말씀으로 나뉩니다.

씨 뿌리는 자의 비유

우선 마가복음 4장 3-9절의 내용을 살펴보겠습니다. 씨 뿌리는 자가 있습니다. 그는 길가에도, 돌밭에도, 가시 떨기에도, 좋은 땅에도 씨를 뿌렸습니다. 그리고 결국 좋은 땅에 떨어진 씨만 열매를 맺습니다. 당연한 결과 아닙니까? 길가에 뿌려진 씨는 새가 쪼아 먹었습니다. 돌밭에 뿌려진 씨는 싹이 나는 데는 성공했으나 뜨거운 햇볕에 견디지 못하고 죽었습니다. 뿌리가 깊지 못했기 때문입니다. 가시 떨기에 떨어진 씨는 가시에 막혀 싹을 틔우는 데 실패했습니다. 예수님은 그 많은 사람들 앞에서 배에 앉아 이 비유를 말씀하신 후에 말씀하셨습니다. "들을 귀 있는 자는 들으라"(막 4:9). 3절에서 들으라고 말씀하신 주님께서 이제는 들을 귀가 있는 자가 들으라고 말씀하셨습니다. 들을 귀가 없으면 들을 수 없다는 뜻 아닙니까? 다시 말해, 주님은 지금 당신 앞에 나아온 모든 자들이 복음 듣기를 바라지 않으셨다는 뜻입니다. 이것을 마가복음 3장의 마지막 말씀과 연결하면 어떻게 되겠습니까? "아무나 내 가족이 될 수 없다. 지금 내 앞에 이리 많은 사람들이 몰려들었지만, 이들이 다 내 가족이 되진 않을 것이다." 이런 선언 아니겠습니까? 지금 주님은 여러 가지 기대를 가지고 달려온 사람들에게 이렇게 말씀하십니다. "나를 찾아온다고 누구든지 나의 가족이 되는 것이 아니다. 내 아버지의 뜻을 행하는 자만이 내 가족이 된다."

이어지는 마가복음 4장 10절 이하의 기록을 보면, 예수님의 비유에 이런 메시지가 담겨 있음을 제자들부터 몰랐습니다. 제자들은 그 많은 무리들이 물러간 후에 이 말씀의 의미가 궁금했습니다. 그래서 제자들은 예수님께 여쭐 수밖에 없었습니다. 마가는 이 자리에 열두 제자만 있지 않고 그 밖에 다른 이들도 있었음을 암시하는데, 어쨌든 이들의 질문에 예수님은 대답하기 시작하셨습니다. 마가복음 4장 11-13절입니다.

이르시되 하나님 나라의 비밀을 너희에게는 주었으나 외인에게는 모든 것을 비유로 하나니 이는 저희로 보기는 보아도 알지 못하며 듣기는 들어도 깨닫지 못하게 하여 돌이켜 죄 사함을 얻지 못하게 하려 함이니라 하시고 또 가라사대 너희가 이 비유를 알지 못할진대 어떻게 모든 비유를 알겠느뇨

예수님은 우리조차도 알아듣기 쉽지 않을 만큼 알쏭달쏭하게 말씀하셨는데, 저는 이 부분이 예수님 자신의 혼잣말처럼 보입니다. 어쨌든 14절 이하에 예수님의 직접적인 해설이 나옵니다. 그 해설을 잠시 살펴보겠습니다.

예수님은 '씨 뿌리는 자의 비유' 전체에 대해 이런 전제를 다셨습니다. 즉, 이 비유에서 씨를 뿌린다는 것은 말씀을 뿌리는 일을 의미합니다. 예수님께서 복음 전하시는 것을 말할 수도 있고, 제자들이 나중에 복음을 전하는 일을 말할 수도 있으며, 심지어는 오늘날 예수님을 믿는 자들이 복음을 전하는 것에 이것을 적용할 수도 있습니다. 그리고 나서 복음이 전해지는 것과 관련하여 몇 가지 사례들이 등장합니다.

길가에 뿌려진 씨

첫째, 길가에 뿌려진 씨. 원래의 비유는 이렇습니다. 길가에 씨가 뿌려졌으나 새들이 와서 쪼아 먹는 바람에 싹이 나기도 전에 실패했습니다. 그런데 이 부분을 예수님은 이렇게 설명하셨습니다. "말씀을 들었을 때에 사단이 즉시 와서 저희에게 뿌리운 말씀을 빼앗는 것이요"(막 4:15). 하나님의 말씀을 듣는데, 생각이고 말고 할 것도 없습니다. 그냥 그 자리에서 사라지는 것입니다. 그것이 설교 듣는 자리에서 일어나는 일일 수도 있습니다. 아니면 교회당 문을 나서자마자 일어나는 일일 수도 있습니다. 아니면 내가 복음을 전하는 그 자리에서 일어나는 일일 수도 있습니다. 어쨌든 하나님의 말씀을 들어도 보아도 아무런 영향력이 없는 것입니다. 예수님은 그것이 바로 사탄의 역사라고 말씀하십니다.

한 7년쯤 전에 독일 어느 지역에 작은 한인 교회가 있었습니다. 도무지 자립하기 어려운 지역이었는데, 마침 그 부근에서 유학하던 목사님 한 분이 거기에 지원을 했습니다. 그런데 몇몇 교인들이 그분이 어려서 싫다고 반대한다는 소식을 들었습니다. 그때 그 목사님은 서른 중반이었는데, 어째서 그 정도 나이의 목사님을 어리다고 싫어하는지 저는 이해할 수 없었습니다. 그래서 그 소식을 전해 준 분에게 물었습니다. "대체 반대하는 교인들은 몇 살이길래 서른 중반의 목사를 어리다고 하지?" "마흔 초반이요." "교민이셔?" "아뇨, 학생이죠." "아니 마흔 살 넘은 사람이 아직도 학생이면서 서른 중반의 목사를 어리다고 해? 자기가 너무 늙은 게 아니고?" "우리 동네에는 마흔이 넘은 학생도 많아요. 철학 같은 걸 전공해서, 박사 과정에서 공부한 지 10년이 넘은 사람이 수두룩하죠." 그 이유가 어떻든 마음이 단단한 사람을 사탄은 아주 좋아합니다. 씨를 냉큼 쪼아 먹기엔 더 말할 나위 없이 좋은 조건이기 때문입니다. 본인이야 이러니저러니 이유가 분명할지 몰라도 우리가 경험하는 분명한 사실은, 은혜 받는 사람은 어떤 조건에서도 은혜 받습니다. 말씀이 선포되는데, 받지 않는 것은 본인 손해입니다. 더 이상 말하지 않겠습니다.

돌밭에 뿌려진 씨

둘째, 돌밭에 뿌려진 씨. 예수님의 설명에 따르면, 말씀을 들을 때 즉시 기쁨으로 받으나 환란이나 핍박이라도 닥치면 곧 넘어지는 경우를 말합니다. 뿌리가 약해서, 조금만 어려워도 자빠지는 것입니다. 한국 교회에서는 '냄비 신앙'이라 불리기도 합니다. 밑바닥이 얇아서 금방 덥혀졌다 금방 식는 …. 설교를 들으면서 '아멘, 아멘' 하지만 금방 그 감격과 깨달음이 사라져 버립니다. 예배 후에 누군가가 와서 제게 말합니다. "목사님 말씀이 꼭 제게 하시는 말씀입니다." 그러나 그 사람은 봉헌송을 시켜야만 얼굴을 볼 수 있습니다. 저는 그 사람이 받은 은혜가 어떤 것인지 궁금합니다. 그래서 저는 소위 은혜 받았다고 말하는 분을 두려워합니다. 진짜로 은혜 받은 사람은 변하는 삶으로 그 은혜를 입증하기 때문입니다.

개인적으로 저는 은혜 혹은 믿음을 의리라고 표현합니다. 한국 교회에서 회자되는 말 중에 '처녀 때 믿음 믿을 것 없다'는 말이 있습니다. 저는 이 말이 꼭 여성에게만 해당된다고 보지 않습니다. 젊을 때야 닥치는 대로, 느끼는 대로 은혜 받았다며 충성하고 봉사하는 것 같지만, 몸은 늙고 감수성은 둔해지고, 가족이 딸려서 부담은 늘고, 체면을 지켜야 하기 때문에 이것저것 눈치 볼 것이 많아지면, 상황은 정말 달라집니다. 그래서 저는 '하나님의 은혜가 너무너무 좋아요'라고 말하는 젊은이를 보면 속으로 '좀 더 두고 볼게. 지금 그 말이 나중에도 지켜지길 바라' 하고 생각합니다. 은혜 받는 것은 쉽습니다. 감동 받는 것도 쉽습니다. 그러나 그 감동은 깨달은 것을 오래 간직하기 위해 노력할 때 자기 것이 됩니다. 감동은 한때일 수 있으나 그 감동이 오랜 여운으로 남으려면, 깨달은 바를 실천하려는 노력과 희생, 즉 투자가 있을 때 비로소 자기의 변화된 성품으로 남는다는 사실을 명심해야 합니다.

가시 떨기 위에 뿌려진 씨

셋째, 가시 떨기 위에 뿌려진 씨. 예수님의 설명에 따르면, 말씀을 듣지만 세상의 염려와 재리의 유혹과 기타 욕심이 들어와 결실이 되지 않는 경우를 가리킵니다. 염려도 병이 되면 곤란합니다. 한국에서 교회 일을 할 때 한번은 '믿는 사람과 결혼해야 한다'고 설교했습니다. 예배 후에 한 청년이 찾아와서 제게 물었습니다. "목사님, 교회 안에 남자보다 여자가 훨씬 더 많은 거 아시죠? 믿는 사람과 결혼하려면 남자와 여자 숫자가 비슷해도 어려운데, 어떻게 믿는 사람만 만날 수 있겠어요?" 제가 대답했습니다. "교회 걱정은 하나님께 맡기고, 너는 너 걱정이나 해." 정말 하나님을 사랑하고 그분의 말씀을 지키려고 한다면, 거기에 무슨 핑계를 달지 않습니다. 한번은 어느 분께 이런 말을 들었습니다. 당신 교회 어떤 처녀가 믿는 사람과 결혼하려고 몇 살이나 어린 총각을 자기 교회에서 골랐답니다. 이 말씀을 들으면서 '응? 연하의 남자와?'라고 부러워하지 말고, 하나님의 계명을 지키려고 노력한 한 처녀의 마음을 되새겨 보시라고 조언했습니다. 어쨌든 염려가 지나치면 병입니다. 베드로는 말합니다.

> 너희 염려를 다 주께 맡겨 버리라 이는 저가 너희를 권고하심이니라 근신하라 깨어라 너희 대적 마귀가 우는 사자 같이 두루 다니며 삼킬 자를 찾나니 _벧전 5:7-8

마귀가 삼키기 좋은 사람은 염려가 지나친 사람입니다. 염려가 없을 수 없습니다. 염려야말로 우리가 현실을 살고 있음을 입증하는 증거입니다. 그러나 염려가 지나치면, 그것은 불신앙, 즉 믿음이 없기 때문입니다. 염려가 많은 사람은 감사의 시간이 오래가지 않을 뿐더러 감사를 경험하고도 마귀의 밥이 될 것입니다. 주님께서 이렇게 말씀하십니다.

> 너희 중에 누가 염려함으로 그 키를 한 자나 더할 수 있느냐 또 너희가 어찌 의복을 위하여 염려하느냐 들의 백합화가 어떻게 자라는가 생각하여 보라 수고도 아니하고 길쌈도 아니하느니라 … 그러므로 염려하여 이르기를 무엇을 먹을까 무엇을 마실까 무엇을 입을까 하지 말라 _마 6:27-28, 31

예수님은 이 경우에 욕심을 덧붙여서 언급하셨습니다. 말씀이 내 안에 뿌리를 내리고 열매를 맺는 데 욕심도 방해가 된다는 것입니다. 공부 못하는 학생의 특징이 있지 않습니까? 공부할 때는 놀 생각하고, 놀 때는 공부를 염려합니다. 제 인생에 하나의 표어 같은 것이 있습니다. '하나를 선택하면, 나머지는 희생해야 한다.' 이것도 하고 저것도 하면 얼마나 좋겠습니까? 실력도 좋고, 인격도 훌륭하고, 명예도 얻고, 거기에 돈도 많으면 얼마나 좋겠습니까? 그러나 하나님은 공평하셔서 누구에겐 이것을 주시고 또 다른 누구에겐 다른 것을 주십니다. 몇 개의 욕망을 좇다가 가랑이가 찢어지는 경우를 우리는 너무나도 자주 봅니다. 누가 이것을 하고 있는 것이 좋아 보이면 이것을 해 보고, 또 다른 이가 저것을 하는 것이 좋아 보이면 저것을 또 해 보고 …. 결국은 아무것도 이루지 못합니다. 과도한 욕심입니다. 자기 욕심대로 사는 사람은 하나님의 말씀대로 순종하지 않습니다. 따라서 그 사람은 결국 하나님께 아무것도 받을 수 없습니다.

좋은 땅에 뿌려진 씨

마지막으로, 좋은 땅에 뿌려진 씨. 나중에 더 설명하기로 하고 우선 누가

복음의 말씀을 보겠습니다.

> 좋은 땅에 있다는 것은 착하고 좋은 마음으로 말씀을 듣고 지키어 인내로 결실하는
> 자니라 _눅 8:15

좋은 땅이라 불릴 만한 조건이 여기 나옵니다. 첫째, 착하고 좋은 마음. 둘째, 말씀을 듣고 지키는 행위. 셋째, 인내. 그렇습니다. 말씀을 들을 때 자기 생각을 멀리하고 긍정적으로 받아들이려 노력하며 그 가르침을 실천하면서 인내한다면, 그 사람은 소위 '좋은 땅'이라 불릴 수 있다는 것입니다. 이런 사람은 "삼십 배와 육십 배와 백 배의 결실을 맺는" 사람이 될 수 있습니다.

씨가 뿌려졌습니다. 돌밭에도, 길가에도, 가시 떨기 위에도, 좋은 밭에도 …. 이는 주님의 심정을 설명하는 것입니다. 농부가 씨를 뿌릴 때는 당연히 결실을 기대합니다. 그러므로 지혜로운 농부는 반드시 좋은 땅에만 씨를 뿌리려고 할 것입니다. 이것이 인간의 세계입니다. 그러나 하나님은 다르십니다. 하나님은 어디에나, 즉 누구에게나 씨를 뿌리십니다. 그가 열매를 맺을 수 있는 조건이 아닐지라도 거기에 다만 얼마만이라도 열매가 맺히길 기대하시면서 말입니다. 이 사실은 하나님의 사랑과 자비로 이어집니다. 누구도 차별하지 않으시고, 누구도 미리 판단하지 않으시고, 누구에게나 똑같은 기대와 희망을 거십니다. 이것이 우리 아버지, 하나님의 심정입니다. 이제 이 하나님의 마음에 기쁨을 드리는 것은 우리의 몫이 되었습니다. 예수님 앞에 지금 헤아리기 쉽지 않은 무리가 모여들었습니다. 그들은 각자가 원하는 것을 얻기 위해 모였을 것입니다. 그런데 예수님은 그들을 향해 "너희 모두가 내 가족이 될 수는 없다"라고 선언하십니다. 그럼, 과연 누가 하나님 나라의 가족이 됩니까? 어떻게 해야 하나님의 가족이 됩니까? 본문의 비유를 가지고 이렇게 질문해 봅니다. 복음의 열매를 맺어서 농군 되신 하나님을 기쁘시게 해 드릴 자가 누구입니까? 어떻게 해야 우리가 많은 열매를 맺겠습니까? 어떤 밭이 되어야 하겠습니까?

19

누가 천국에 들어가는가?(2)
마가복음 4:10-20

하나님의 판단과 인간의 판단

지난 설교에서 이렇게 끝을 맺었습니다. "과연 누가 하나님 나라의 가족이 됩니까? 어떻게 해야 하나님의 가족이 됩니까? 본문의 비유를 가지고 이렇게 질문해 봅니다. 복음의 열매를 맺어서 농군 되신 하나님을 기쁘시게 해드릴 자가 누구입니까? 어떻게 해야 우리가 많은 열매를 맺겠습니까? 어떤 밭이 되어야 하겠습니까?" 이미 말씀 드렸지만, 이 질문에 대답하기는 결코 쉽지 않습니다. 지금 그 이유를 설명하려고 합니다.

지난 설교에서 살펴본 것과 같이 예수님의 비유 즉 씨 뿌리는 자의 비유는 일반적으로 알아 온 것과는 전혀 다르게 살펴보아야 합니다. 즉, 예수님의 비유는 3장에서부터 이어져야 한다는 것입니다. 예수님께서 이적과 병 고치는 일을 행하시는 것을 보고 많은 무리들이 몰려들었습니다. 예수님은 그들을 만나시기 전부터 이미 "누구든지 … 하나님의 뜻을 행하는 자라야 내 형제와 자매"라고 선언하셨습니다. 이 선언은 4장으로 이어져서 주님은 구름같이 몰려든 청중을 대하고 계십니다. 이 비유를 정리하면 다음과 같습니다. "길가에 뿌려진 씨도 있을 것이고, 가시 위에 떨어진 씨도 있을 것이고, 돌밭에 뿌려진 씨도 있을 것이고 …." 이 말씀이 의미하는 바는 사실 명백합니다. 누구나 말씀을 듣고 열매를 맺지는 못할 것이라는 뜻입니다. 이렇게 마가복음 3장과 4장을 하나의 주제로 묶을 수 있게 됩니다. 그럼, 지난 설교 말미에

던진 질문에 이 결론이 대답이 된 셈일까요? 그렇습니다. 이 소원은 우리가 원한다고 이뤄지는 것이 아닙니다. 누가 어느 밭이 되는지는 하나님의 결정입니다. 그 때문입니다.

그러나 예수님의 비유를 들은 제자들은 시간이 지난 후에도 그것의 의미를 알지 못했고, 그 궁금증을 풀지 못해서 불편했습니다. 그런데 제자들이 비유를 이해하지 못했다고 하는데, 대체 무엇을 이해하지 못했을까 생각해 보셨습니까? 결론부터 말씀 드리자면, 문맥을 살펴보았을 때 제자들이 이해하지 못한 부분이 짐작됩니다. 즉, 주님께서 이 시기에 왜 이런 말씀을 하시는 것일까 하는 점입니다. 예수님의 사역은 지금까지 매우 성공적이었습니다. 그 결과가 지금 예수님과 그 제자들 눈앞에 펼쳐져 있습니다. 한낱 목수의 아들에 불과하던 예수님께서 유대 전역의 대중들에게 인기를 모았습니다. 얼마나 많은 사람들이 모여들었는지, 예수님은 제대로 식사할 수도 없었습니다. 이제는 그들을 수용할 곳이 마땅치 않아서 그들을 호숫가에 모으고 예수님은 배 위에 올라서 말씀을 전하실 지경에 이른 것입니다.

인간의 관점에서 보자면 지금은 성공의 시간입니다. 말하자면 지금 예수님의 사역은 상승세를 타고 있습니다. 그 기세를 몰아서 밀고 나가면 더욱 좋은 결과를 낼 수 있습니다. 이것은 누구라도 말할 수 있는 상식입니다. 그런데 지금 예수님은 그 상승세에 찬물을 끼얹는 말씀을 하셨습니다. "아니, 지금 어떻게든 충동질을 해서 긴가민가하는 사람들까지도 추종자로 만들어야 하는데, 어째서 우리 주님은 이 무리들에게 이렇게 냉정한 소리를 하시고 있지?" 일껏 찾아온 사람들에게 "너희 모두 내 편이 되지는 않을 것이다"라고 말한다는 것이 제자들의 판단으로는 도무지 이해가 되지 않았을 것입니다. 저는 제자들의 의문이 바로 여기에 있었다 생각합니다. 즉, 하나님의 판단과 사람의 판단 차이입니다.

제자들은 예수님께 나아가 대체 무슨 뜻으로 하신 말씀인지를 물었습니다. 그 대답이 바로 본문의 내용입니다. 그 의미를 생각해 보기 전에 우리는 예수님께서 제자들의 질문을 받고 말씀하신 부분에 주목해야 합니다.

이르시되 하나님 나라의 비밀을 너희에게는 주었으나 외인에게는 모든 것을 비유로 하나니 이는 저희로 보기는 보아도 알지 못하며 듣기는 들어도 깨닫지 못하게 하여 돌이켜 죄 사함을 얻지 못하게 하려 함이니라 하시고 또 가라사대 너희가 이 비유를 알지 못할진대 어떻게 모든 비유를 알겠느뇨 _막 4:11-13

역시 예상한 대로입니다. 예수님은 당신의 말씀을 들으려 나아온 그 수많은 무리들을 보면서 '이들이 다 내 백성은 아니다'라고 판단하고 계셨던 것입니다. 그러나 좀 더 생각해 봅시다. "하나님 나라의 비밀을 너희에게는 주었으나 외인에게는 모든 것을 비유로 하나니." 이 부분은 예수님께서 무엇 때문에 하나님의 나라를 '비유'라는 형식으로 전하셨는지를 알려 주는 단서입니다. 다시 말해, 비유라는 것은 하나님의 나라의 복음을 전하는 수단입니다. 이 비유는 하나님의 백성에게는 복음을 이해하는 데 도움이 되지만 하나님의 백성이 아닌 자에게는 복음을 오해하는 빌미가 됩니다. 바로 이것입니다.

하나님의 주권과 하나님 나라

우리는 무언가를 좀 더 잘 이해시키기 위해 비유를 사용합니다. 그러나 예수님의 비유는 다릅니다. 비유는 듣는 자의 상황에 따라 달리 적용됩니다. 하나님 나라의 백성에게는 복음의 내용이 좀 더 잘 이해됩니다. 하지만 백성이 아닌 자에게는 복음의 내용이 오해되어 마침내는 그 나라의 백성이 되지 못하게 합니다. 이해가 될 듯하면서도 이해가 안 됩니까? 어렵습니까? 어려울 수밖에 없습니다. 실은, 우리는 예수님의 이 말씀을 완벽하게 해석하고 이해할 수 없습니다. 그래서 우리는 오직 한 가지, 그래서 예수님께서 이 비유를 통해 말씀하시려는 것이 무엇인가 하는 질문에만 집중하려고 합니다.

씨 뿌리는 자는 복음을 뿌립니다. 다시 말해 지금 주님께서 하나님 나라의 복음을 전하는 것을 가리킵니다. 그러나 이것은 후에 제자들이 세상으로 퍼져 나가 복음을 전하는 것을 가리킬 수도 있고, 지금 우리가 이웃에게 복음을 전하는 것을 가리킬 수도 있습니다. 저 개인적으로는, 이것이 우리 주님께서 복음을 전하시는 그 당시의 상황을 가리키는 것이라고 봅니다만, 그렇다고 해서 이 비유가 제자나 우리들의 상황에 적용될 수 없다고 보지는 않습니다. 어쨌든 하나님 나라의 복음이 전해지는데, 이 복음의 씨가 뿌려지는 상황을 설명하는 것이 씨 뿌리는 자의 비유임은 틀림없습니다.

　다시 말씀 드리지만, 이렇게 씨가 뿌려질 때 뿌려지는 씨가 어디서나 뿌리를 내리고 싹을 틔워서 열매를 맺지는 못할 것입니다. 이것이 예수님의 결론입니다. 요컨대, 주님은 당신의 나라를 이루시기 위해서 "아무나 오게, 아무나 오게"라고 환영하지 않으신다는 것입니다. 그 흥분한 군중들을 향해 아주 매몰차게 "다 내 백성은 아니다! 내 백성이 되려면 내 아버지의 뜻을 그대로 행해야 한다!"고 선언하셨던 것입니다. 그러므로 씨 뿌리는 자의 비유는 우리에게 아주 기대 밖의 메시지를 선포합니다. "이미 그 밭은 정해졌다! 그 밭의 종류는 네가 원한다고 바뀌지는 것이 아니다! 그것은 하나님의 권한이다!" 바로 그것입니다. 하나님의 나라는 인간의 방법, 인간의 생각, 인간 모임의 다소(多少)에 달려 있지 않다는 것입니다! 하나님 나라는 사람의 숫자가 많아진다고 세워지지 않습니다. 하나님 나라는 따르는 자가 적다고 이뤄지지 않는 것도 아닙니다. 하나님 나라는 인간이 동의한다고 이뤄지는 것도 아닙니다. 오직 그분께서 계획하신 대로, 오직 그분께서 원하시는 대로 이뤄집니다. 이것이 하나님의 나라의 성격이고, 이것이 하나님의 선언이었습니다.

　다시 조금 전에 언급했던 질문을 되살려 봅니다. 제자들은 묻습니다. "주님, 지금이야말로 당신의 뜻을 이룰 절호의 기회입니다. 저 수많은 사람들이 당신의 말씀을 듣기 위해 몰려들지 않았습니까?" 그러나 주님께서 대답하십니다. "씨를 뿌리는 것도, 그 씨가 어디에 뿌려질지도, 그리고 그 씨가 누구에게서 열매를 맺을지도, 오직 하나님만 하시는 일이다!" 간단히 말합니다. "하나님 나라는 오직 하나님께서 설계하시고 집행하신다." 이것이 예수님의 주장이었습니다. 예수님의 주장을 적용하자면 이렇게 될 것입니다. '천국에 들어갈 자도 하나님께서 결정하십니다.'

씨 뿌리는 자의 비유와 믿음

이제 우리에게 마지막 질문이 남았습니다. 예수님의 말씀대로 천국에 들어갈 자들을 하나님께서 결정하셨다고 한다면, 그 사람들은 이 비유를 들으면서 대체 무엇을 깨달아야 한다는 것입니까? 사실 지금까지 살펴본 내용에서 우리는 이미 이 질문에 대한 답을 찾은 것이나 다름없습니다. 즉, 이렇게 설명할 수 있습니다. 예수님께 천국의 복음을 듣습니다. 그 말씀을 들으면서 '나도 그 나라에 들어가고 싶다'는 생각이 마음으로부터 우러나옵니다. 그러나 그 순간, 이것이 내 의지와 소원으로만 이뤄지지 않음을 깨닫습니다. 내가 하나님 나라의 백성이 되는 것은 내가 원해서 되는 것이 아닙니다. 하나님께서 허락하셔야 이뤄집니다. 그러므로 구원 즉 하나님 나라의 백성이 되는 것은 오직 하나님의 은혜입니다. 은혜는 하나님께서 인간을 사랑하셔서 인간에게 거저 주시는 상급입니다. 그러므로 소위 '될 사람', 즉 '구원받을 사람'은 이렇게 기도합니다. "주님, 내가 당신의 나라에 가고자 하나 그 나라에는 오직 당신께서 허락하시는 자만이 들어감을 압니다. 제게 은혜를 베풀어 주십시오." 다시 말해, 천국으로 들어가기 위한 소망이 하나님의 은총에 따라서만 실현될 수 있음을 깊이 인식한 사람만이 하나님 나라에 들어갈 수 있다는 것입니다.

그러나 우리는 반드시 인식해야 합니다. 소위 '구원받지 못할 사람'은 이 비유를 보면서 반드시 이렇게 생각할 것입니다. '봐라, 봐라! 이미 밭이 정해져 있다면서? 구원받을 사람과 구원받지 못할 사람이 정해져 있다면서? 그럼, 내가 믿고 싶고, 구원받고 싶어도 하나님이 안 되겠다고 결정한 사람이라면 안 된다는 뜻이겠네? 그런데 무엇 때문에 믿느니 마느니 하며 내가 노력해야 하는데?' 이런 해석이 논리적으로 틀린 것은 아닙니다. 그러나 우리는 이 시점에서 물어볼 수밖에 없습니다. 이런 질문이 가져다주는 결과가 무엇이냐는 것입니다. 아니, 이렇게 물어야 합니다. "이 비유를 통해서 정말 예수님께서 알리시려는 것이 무엇일까?" 예수님께서 정말 이렇게 말씀하시려고 비유를 사용하신 것일까요? "너희들, 아무리 해도 소용없다. 하나님 나라는 우리 아버지가 허락해야 들어가거든?" 그러므로 주의 깊은 사람들은 예수님의 비유와 해석 가운데 두 가지 의도가 숨어 있음을 봅니다. 바로 하나님 나라에 관한 하나님의 주권과 천국에 들어가려는 사람의 삶의 태도입니다.

첫 번째 의도는 이미 길게 설명했기에 곧바로 두 번째 의도를 설명하겠습니다. 예수님은 이 비유를 통해서 어떤 삶의 태도를 가르치고 계실까요? 하나님께서 결정하신 대로 누가 하나님 나라에 들어갈지조차 결정됩니다. 이 상황에서 우리는 무엇을 해야, 그리고 어떤 태도를 가져야 할까요? 그런데 이 질문에 답을 하려면 우리는 좀 더 넓은 관점에서 생각해야 합니다. 즉, 예수님께서 이 비유를 선포하신 궁극적인 의도가 무엇일까를 생각해야 합니다. 예수님께서 말씀하십니다. "하나님 나라의 백성이 되는 것은 오직 하나님께서 결정하신다." 이렇게 말씀하실 때 예수님께서 바라셨던 백성의 태도는 무엇일까요? "너희들, 모두 포기해라"일까요? 아닐 것입니다. 그들이 받을 구원의 성격, 즉 인간이 하나님 나라의 백성이 된다는 것이 궁극적으로 어떤 성격인지를 설명하려는 것이었습니다. 즉, '인간이 하나님 나라 백성이 된다는 것은 자기 의지 때문이 아니라 하나님께서 결정하시고 선택하시고 깨닫게 하신 결과로 주어진 것이다'는 사실을 백성들에게 알리려 하셨다는 것입니다. 한마디로 말씀 드립니다. 구원은 오직 하나님의 은혜이다! 바로 이것입니다.

하나님 나라의 백성이 된 사람들은 이것을 삶의 기초로 삼아야 합니다. 자신이 받은 구원이 오직 하나님의 은혜임을 알고 그것에 감사하며, 자기 마음밭에 뿌려진 말씀을 소중하게 가꾸어야 한다는 것입니다. 하나님의 구원에 감사하며 오늘과 내일에 주어지는 하나님의 약속과 말씀을 소중하게 받아들여 그것이 자기 삶에서 열매로 드러나도록 하기 위해 매일같이 노력해야 합니다. 이것이 하나님의 은혜로 구원의 반열에 서게 된 사람들이 보여 주어야할 삶의 태도입니다.

단적으로 말합니다. "하나님께서 결정하신다며? 내가 뭘 할 수 없다며? 하나님께서 이미 결정하셨는데 내가 할 일이 뭐 있어?"라면서 하나님의 말씀을 무시하고, 그 말씀을 따라 살기를 노력하지 않는 사람은 이미 그런 태도 자체로 자신이 하나님 나라의 백성이 아님을 증명하는 것입니다. 비록 온전하지 않더라도 하루하루 읽는 하나님의 말씀을 소중하게 여기며 그 말씀을 따라 살아 보려고 노력하는 태도는, 그것으로 이미 자신이 구원을 향한 여정을 시작하고 있음을 보여 주는 증거입니다. 그러므로 우리는 이렇게 말해야 합니다. 예수님께서 이 비유를 통해 알리시려는 것은, 누구는 되고 누구는 안 된다는 것이 아닙니다. 어떤 사람의 모습을 보면 그가 하나님 나라의 백성인지 아닌지가 이미 드러나고 있다는 것입니다.

이 결론을 통해 비로소 예수님께서 그 많은 백성들 앞에서 이렇게 신비스런 비유를 전하신 진심을 이해하게 됩니다. 먼저, 예수님은 그들 가운데서 진심으로 하나님 나라를 사모하며 나아온 사람들에게 그것 자체로 이미 그들이 구원을 받았음을 확신시키려 하셨습니다. 그리고 그 구원의 길로 접어든 사람들에게 그들이 이미 받은 구원의 은혜를 소중히 여겨서, 날마다의 삶에 하나님의 말씀이 뿌리 내리고 싹을 틔우며 가지를 냄으로, 마침내 아름답고 풍성한 삶의 열매를 맺게 하려 하셨습니다. '누가 구원받는데?' 하는 질문에만 관심이 있는 사람들은 예수님의 비유에서 넘어질 것입니다. 하나님의 은혜를 주목하는 사람은 자신이 받은 구원이 얼마나 소중한 줄을 알고 더욱 힘써 주님의 말씀을 사모하며 그 말씀에 순종하여 살아갈 것입니다. 그리고 바로 이것이 모든 가르침을 비유로 설명하신 예수님의 의도였습니다.

누가 하나님 나라의 백성이 되는가?

다시 저 바닷가에서 천국 복음을 전하시는 예수님 곁으로 가 봅니다. 예수님께서 말씀하십니다. "누구나 나의 가족, 즉 하나님의 백성이 되는 것은 아니다. 하나님 나라의 백성이 되는 것은 처음부터 끝까지 하나님께서 홀로 권한을 갖고 행하신다. 천국은 하나님의 말씀을 받아서 그 말씀을 자기 삶에서 열매로 드러내는 사람에게 이미 이루어져 있다." 그런데 예수님께 이 말씀을 직접 듣는다면, 당신은 어떻게 반응하시겠습니까? "하나님께서 이미 결정하셨다면서 또 무얼 하라고?" 이렇게 반응하시겠습니까? "그 나라가 이미 제 안에 임한 줄을 제가 믿습니다"라고 응답하시겠습니까? 말씀이 소중하고 그 말씀을 나를 변화시키는 삶의 기준으로 여긴다면, 그래서 날마다 하나님의 음성을 듣기 위해 하나님의 말씀을 읽고 묵상한다면, 그것으로 말미암아 자신의 삶이 그다지 크게 달라지지 않는다 하더라도 이미 그 사람은 하나님의 나라로 가는 길에 접어든 것입니다. 하나님의 은혜를 이미 체험한 사람이 마땅히 보여야 할 태도이기도 합니다.

덧붙여 말씀 드립니다. 하나님의 말씀이 아름다운 열매를 맺으려면, 주님께서 비유에서 언급하신 몇 개의 단어에 주의를 기울여야 합니다. 하나님의 말씀을 받아들이는 데 실패한 사람들을 언급하시면서 주님은 몇 가지를 지적하셨습니다. 무엇 때문에 그들이 실족하고 실패했는지, 주님께서 그들의 실패 원인을 지적하며 설명하신 단어들이 있습니다. 어떤 사람은 하나님의 말씀을 길가에 뿌려진 것같이 받습니다. 이 경우를 굳이 설명하자면, 이렇게 될 것입니다. 말씀을 받긴 받았는데, 그 말씀이 자기에게 별로 귀중하지 않습니다. 한국 교회 속담에 매주 주일 아침이면 성경책 먼지를 털어서 교회 가는 사람이 있다고 합니다. 그 신자에게 성경 말씀은 으레 사용되는 염불 같은 것입니다. 그에게 하나님 말씀은 중요하지 않습니다. 궁금하면 목사에게나 이웃에게 물어보면 되고, 평소에는 상식적으로 신앙생활을 합니다. 성경 모르는 것이 부끄럽지 않습니다. "내가 목사여? 나, 성경 같은 거 몰라." 이것이 믿음만 있으면 구원받는다고 잘못 가르친 한국 교회의 결과물이라고 생각합니다. 이런 분들은 어디에서 자기 귀에 솔깃한 말이 들리면 혹해서 달려갈 수밖에 없습니다. 한국 교회에 이단 문제가 심각합니다. 어떤 교회는 교회 전체가 홀딱 이단으로 넘어가기도 합니다. 특히 저는 외국에 유학 나온 분들을 집중적으로 유혹하고 있는 이단들의 상황을 심각하게 우려하고 있습니다. 말씀이 없이 상식과 습관으로만 신앙생활을 하는 분들은 이 점을 심각하게 생각해야 할 것입니다.

다음으로, 잠깐의 어려움을 참지 못하는 신자도 있습니다. 누구라도 어려움과 고통을 원하지 않고, 즐거워하지 않을 것입니다. 그러나 믿음의 뿌리를 단단하게 내린 사람은 이 고통을 통해 오히려 더욱 풍성한 과실을 맺습니다. 오래전 제가 신학대학원을 다닐 때, 과수원을 운영하시다 학교에 오신 분이 계셨습니다. 그때 그분께서 아주 소중한 교훈을 알려 주셨습니다. "홍 전도사, 어떤 사과나무가 가장 튼튼하고 열매도 많이 맺는지 알아?" 저는 답변할 수 없었고, 그분은 대답하셨습니다. "폭풍을 한 번 만나서 뿌리가 뒤집힐 정도로 흔들려 본 나무가 가장 아름답고 풍성한 과실을 맺어." 일리가 있습니다. 폭풍을 만나서 뿌리가 뽑힐 정도의 상황을 만났다면, 나무로서는 바라지 않던 상황을 경험한 것입니다. 그러나 뿌리가 뽑힐 정도가 되니 정신도 번쩍 나서 살아남으려고 기를 쓰기에 그 나무는 다른 나무보다 훨씬 더 깊이, 그리고 넓게 뿌리를 내린다고 합니다. 참 교훈적인 지식이었다고 생각합니다. 고난을 당하면 방방 뜨면서 안절부절못하는 분들이 있습니다. 나만 그런다는 둥, 하나님이 이래서는 안 된다는 둥 …. 그러나 어려울 때일수록 더욱 하나님을 사모하고 기도하는 가운데 말씀을 묵상하면, 그 사람은 반드시 든든한 나무로 성장할 수 있습니다. 신자에게 고난은 이런 의미입니다. 그러므로 하나님 나라를 사모하는 사람이라면 고난 중에도 오히려 하나님을 기뻐하며 감사하는 것이 옳습니다.

우리가 씨 뿌리는 자의 비유를 들으면서 무엇을 생각해야겠습니까? 하나님의 은혜 위에 세워진 믿음, 그리고 인내로 그것을 가꿔 가려는 신자의 태도. 이 두 개의 큰 기둥으로 완성되는 하나님의 구원 계획을 당신은 이해하십니까? 하나님은 모든 자들에게 그 결과를 기대하시면서 말씀의 씨앗을 뿌리셨습니다. 이제 우리에게 구원의 남은 과정이 책임으로 주어졌습니다. 이 구원의 소중한 기회를 인내하는 가운데 잘 가꿔 가야 하지 않겠습니까?

20 누구든지 드러내리라
마가복음 4:21-25

'그' 등불

본문도 예수님께서 천국의 비밀을 가르치시는 대목입니다. 그런데 문법적인 관점에서만 보자면 이 본문은 좀 아리송합니다. 그래서 예수님께서 대체 무엇을 말씀하시려는지 바로 알아차리기가 쉽지 않습니다. 우리는 본문을 몇몇 대목으로 나누어 살펴보려고 합니다.

첫 부분은 마가복음 4장 21절입니다.

> 또 저희에게 이르시되 사람이 등불을 가져오는 것은 말 아래나 평상 아래나 두려함이냐 등경 위에 두려 함이 아니냐

이 부분을 이해하기 위해서는 유대인의 풍속을 알아야 합니다. 먼저 등불. 여기에 언급되는 등불(λύχνος)은 유대인들이 사용하던 등잔 가운데 하나입니다. 토기로 되었고 납작한 모양인데, 여기에 올리브유를 담고 심지를 넣어 불을 밝혔다고 합니다. 바로 뒤에 '말'이란 단어가 나옵니다. 이 '말'은 타고 달리는 말이 아니라 부피를 재는 '말'(μόδιον)입니다. 공동번역 한글 성경은 이 단어를 '됫박'이라 번역했습니다. 누가복음 8장 16절에는 '그릇'(σκεῦος)이 나오는데, 곡식 같은 것을 담아서 보관하는 그릇을 가리킵니다. 유대인들은 불을 켜지 않을 때에는 등잔을 됫박, 혹은 그릇으로 덮어 두거나 평상, 즉 침상

아래 놓아두었다고 합니다. 어쨌든 등잔의 목적은 하나입니다. 어둠을 밝히기 위해서 존재합니다. 등불을 밝혀 놓고 그것을 그릇으로 덮는 경우는 없습니다. 그 이유는 하나입니다. 빛! 빛을 얻기 위해서입니다.

여기서 놓쳐서는 안 될 것이 있습니다. 그 등불이 무엇인가입니다. 사실 한글 성경만으로는 이 질문에 대답하기 어렵습니다. 바로 말씀 드립니다. 이 부분의 헬라어 성경을 보면 '등불' 앞에 정관사(ὁ)가 붙어 있습니다. 즉, '그' 등불이란 의미입니다. 그 등불이라, … 사람이 그 등불을 들고 온다 …. 결론부터 말씀 드리자면, 이 문장은 주님께서, 즉 진리와 빛이신 예수님께서 이 세상에 오신 일을 설명합니다. 주 예수께서 메시아로서 이 땅에 오셨다! 그분의 등장으로 말미암아 온 세상은 빛으로 충만하게 되었습니다. 이로 말미암아 일어나는 결과는 무엇일까요?

> 드러내려 하지 않고는 숨긴 것이 없고 나타내려 하지 않고는 감추인 것이 없느니라
> _막 4:22

무슨 의미일까요? 사실 이 구절도 해석하기가 쉽지 않습니다. 그러나 간단히 말씀 드리자면 여기에는 두 가지 의미가 있습니다. 첫째, 주님께서 오심으로 말미암아 천국의 비밀이 완전히 드러나게 되었다는 뜻이고, 둘째, 주님께서 오심으로 말미암아 감추어졌던 사실들이 다 드러나게 되었다는 뜻입니다. 그러므로 본문이 처음으로 말하는 천국의 비밀은 이것입니다. 마지막 때에, 즉 주님께서 이 세상에 오실 때에 세상의 모든 것들이 자신의 진정한 정체를 드러내게 될 것입니다. 이것이 종말이고, 이것이 심판입니다! 이 사실이 매우 중요하기 때문에, 주님은 이렇게 말씀하셨습니다. "들을 귀 있는 자는 들으라"(막 4:23).

심판의 성격을 이해하는 것은 매우 중요합니다. 성경은 하나님께서 사물의 마지막 때에 당신의 보좌 앞에 모든 것들을 세우시고 하나하나 심판하실 것이라 말합니다. 그런데 심판은 선과 악을 판가름하고 마는 자리가 아닙니

다. 심판은 모든 사람이 원래부터 가지고 있던 본성들을 있는 그대로 드러나게 하는 자리입니다. 좀 더 풀어서 말하자면, 모든 인간은 심판의 시간에 하나님 앞에 서서 그간에 살아온 모습 그대로 자신을 드러내게 될 것입니다. 그래서 하나님은 왜 그가 그렇게 판단받아야 하는지를 분명하게 공개하실 것입니다. 그때 우리는 자신의 모습을 두려움 가운데 똑바로 바라보게 될 것입니다. 심판이 두려운 이유는 인간이 영원한 불꽃에 의해 살라지기 때문이 아닙니다. 인간이 얼마나 자신마저 속이며 살아왔는지를 명명백백하게 보게 되기에 두려운 것입니다. 심판은 그동안 우리가 우리 기준대로 봐 온 인생을 하나님의 관점과 기준으로 보는 자리입니다. 우리는 바울의 말에 귀를 기울여야 합니다.

그런즉 우리는 거하든지 떠나든지 주를 기쁘시게 하는 자 되기를 힘쓰노라 이는 우리가 다 반드시 그리스도의 심판대 앞에 드러나 각각 선악 간에 그 몸으로 행한 것을 따라 받으려 함이라 _고후 5:9-10

심판의 방식에 관하여

다음 부분은 마가복음 4장 24절입니다.

또 가라사대 너희가 무엇을 듣는가 스스로 삼가라

주님께서 경고하십니다. "너희는 내가 말하는 것을 조심해서 들어서 깨달아야 한다!" 그런데 무엇을 깨달아야 하는 것일까요? 주님께서 이어서 말씀하십니다.

너희의 헤아리는 그 헤아림으로 너희가 헤아림을 받을 것이요 또 더 받으리니 문법적으로 해석하면, 너희가 누구를 헤아린다면 그 헤아리는 방법으로 너희 자신도 헤아림을 당할 것이라는 의미입니다. 누가 못났다고 손가락질 하다 보면 그것이 사실은 자신에게도 해당되는 비판임을 깨달을 때가 많습니다. 누구에게 어떤 잘못이 있다고 열심히 알리는 사명을 지닌 사람처럼 행동 하다가는 자신도 그 올가미에 걸리고 말 것입니다. 그러므로 남을 칭찬하는 데는 열심인 것이, 남의 잘못을 지적하는 일에는 신중해야 하는 것이 인생의 지혜입니다. 그러나 이 말씀은 이른바 인생의 처세술을 말하고자 함이 아닙 니다. 이 말씀은 심판의 방식에 관해 언급하는 대목에서 주어진 것입니다.

'헤아리는 그 방식대로 헤아림을 당할 것이다'를 복음을 전할 때에 적용한 다면 무슨 의미일까요? 신자가 어떤 사람에게 찾아가서 복음을 전합니다. 그 말을 듣던 사람이 이렇게 대답합니다. "말 같은 소리 하지도 마! 너나 잘 믿어!" 예수님을 믿는 제가 들어도 복음이 황당하게 느껴질 때가 있습니다. 사실 하나님께서 살아 계시고 내세라는 것이 있기에 참아 넘길 뿐, 복음에는 황당하게 느낄 만한 내용들이 상당하다고 봅니다. 하나님의 말씀을 인간의 이성으로 판단할 때, 말도 되지 않는 내용이 상당하다는 뜻입니다. 그러나 복음이 전해질 때 그것을 듣는 사람이 복음을 어떻게 대하느냐 하는 것은 매 우 심각한 일이 됩니다. 거칠게 이야기해서 이 말씀은, "네가 내 말을 무시한 다면 나도 그리하겠다"는 뜻이기 때문입니다. 복음을 거절하는 자를 하나님 께서 거절하실 것입니다. 무시하는 자는 무시당할 것입니다. 모욕하는 자는 모욕을 당할 것입니다. 그러나 복음을 존중하여 받아들이면, 하나님의 능력 으로 높임을 받을 것입니다. 뿐만 아니라 그 이상의 것도 얻을 것입니다. 이 것이 마가복음 4장 24절 마지막 부분, "또 더 받으리니 …"의 의미입니다.

이 말씀을 좀 더 생각해 봅니다. 복음이 전해질 때, 그 복음을 듣는 사람 이 복음을 멸시하거나 무시하면 하나님께서 그를 멸시하실 것입니다. 실은 이것이 심판입니다. 심판, 마지막 심판은 물론 세상의 마지막에 이뤄질 것입 니다. 그러나 복음을 거절하는 사람은 거절하는 그 순간 이미 심판을 받습니 다. 그러므로 복음을 거절한 사람이 세상의 마지막에 받게 될 심판은 복음을 거절하는 순간 받은 심판을 확정하는 절차에 불과합니다. 마찬가지로 생각해 봅시다. 복음을 들을 때에 그것을 자신에게 주시는 하나님의 권면으로 받아들입니다. 그 사람은 복음을 자신의 것으로 받아들이는 순간 하나님께서 자신을 하나님의 자녀로 받아 주시는 은총으로 들어갑니다. 이것 역시 심판의 과정입니다. 누구든지 복음을 자신의 것으로 받는 순간 심판, 즉 영원한 형벌을 면하게 된다는 말입니다. 그럼, '또 더 받는 것'은 무엇일까요? 바로 하나님의 자녀로 인정받을 뿐만 아니라 그분의 자녀로서 하나님의 풍성함을 누리는 것입니다.

여기서 한 가지 더 짚고 넘어가야 합니다. 마가복음 4장 처음 부분을 시작하면서 우리는 이 부분을 하나님 나라의 비밀에 관하여 주님께서 말씀하시는 내용이라고 말씀 드렸습니다. 즉, 하나님 나라의 비밀에 관한 주님의 가르침이 오늘까지 이어지고 있는 것입니다. 그럼 본문에 하나님 나라의 비밀이 있다면, 우리는 그것을 어떻게 정리해야 할까요? 하나님 나라의 비밀이 여기 있습니다. 하나님의 나라의 복음이 전해집니다. 복음을 듣는 자가 복음을 판단하고 거절합니다. 그는 그 순간 하나님의 나라에서 거절당합니다. 하나님 나라에 들어갈 수 없다는 뜻입니다. 그러나 어떤 사람이 복음의 말씀을 듣고 그것을 받아들이면, 그는 하나님 나라에 받아들여집니다. 뿐만 아니라 그는 하나님 나라의 풍성함을 누리는 보너스까지 얻게 됩니다. 간단히 말하자면, 하나님 나라의 비밀은 그 나라의 복음을 거절하는 자는 거절당하고 받아들이는 자는 받아들여질 뿐만 아니라 더욱 풍성해지는 데 있습니다.

받는 자와 빼앗기는 자 – 선포와 심판

하나님의 나라는 비밀입니다. 비밀이란 말 자체는 보이지 않고 알려지지 않는다는 뜻입니다. 그러나 이 비밀이 지금은 보이지 않지만 나중에 밝혀질 것이란 의미는 아닙니다. 복음이 전해지는 순간 하나님 의 나라는 즉시 그 모습을 드러냅니다. 그렇다고 '하나님의 나라가 이런 모습이다'라는 식으로 밝혀지지는 않습니다. 복음을 받아들이는 사람은 즉시 하나님의 나라의 백성이 되어 하나님의 풍성하심에 거하게 됩니다. 복음을 받아들이지 않는 사람은 그 자리에서 하나님의 심판을 받아 그 나라와 상관없게 됩니다. 그런데 이 광경을 보면서 사람들은 깨닫게 됩니다. "아, 저 사람은 복음을 받아들이는 것을 보니 하나님께서 당신의 백성으로 택하신 사람이구나!" 반대로, "아, 저 사람은 복음을 받지 않는 것을 보니 하나님께서 택하시지 않은 사람이구나!" 이런 깨달음으로 사람들은 하나의 진실을 발견합니다. "천국은 있다! 비록 눈에 보이지 않을지라도 하나님의 나라는 이미 이 땅 위에 임하여 존재하고 있다!" 이렇게 말입니다.

이 말씀의 결론입니다.

> 있는 자는 받을 것이요 없는 자는 그 있는 것까지 빼앗기리라 _막 4:25

이 말씀을 달리 표현하면, 하나님의 나라는 '모' 아니면 '도'입니다. 있으면 있는 것이고, 없으면 없는 것입니다. 있는 것도 아니고 없는 것도 아닌 중간은 없습니다. 어정쩡한 태도는 불신앙입니다. 야고보는 이렇게 말합니다.

> 오직 믿음으로 구하고 조금도 의심하지 말라 의심하는 자는 마치 바람에 밀려 요동하는 바다 물결 같으니 이런 사람은 무엇이든지 주께 얻기를 생각하지 말라 두 마음을 품어 모든 일에 정함이 없는 자로다 _약 1:6-8

이럴까 저럴까 하며 어정쩡하게 복음을 받는 것은 좋게 말하면 신중해 보이지만 실상은 의심이 있기 때문입니다. 하나님은 확신하며 당신의 말씀을 받아들이는 사람을 기뻐하십니다. 그리고 그는 하나님 나라의 풍성함을 상급으로 받게 될 것입니다. 그러니 어찌하면 되겠습니까? 천국의 복음이 전해질 때, 자신의 태도를 분명히 정해야 합니다. 그러므로 주님께서 말씀하시려는 질문은 이것입니다. "받아들일래, 안 받아들일래?" 이 질문을 통해서 우리가 분명하게 알게 되는 것이 있습니다. 하나님의 나라는 장차 임하는 것이냐 아니냐의 문제가 아니라는 것입니다. 물론 정한 때에 하나님의 나라는 분명하게 이 땅에 이루어질 것입니다. 다만 그것은 오직 하나님의 권한에 속한 문제입니다. 우리에게 하나님의 나라가 중요한 것은 이 하나님의 나라가 이미, 그리고 분명히 임해 있기 때문입니다. 하나님 나라가 이미 임해 있다는 사실은 그리스도 예수에 관한 복음을 영접하는 인간들의 태도에서 명확하게 보입니다. 따라서 우리는 이렇게 말해야 합니다. 하나님 나라를 선포하는 행위는 그 나라의 백성들을 찾아내는 심판의 과정이라고 말입니다.

어려운 이야기가 이어지고 있지만, 우리가 명심해야 하는 것은 이것입니다. 예수님께서 하나님 나라의 복음을 전하신 것은 "그저 믿으면 좋겠네!" 하는 정도의 권유가 아닙니다. 복음을 전하는 순간 보여 주는 사람의 태도에 따라 그 사람의 삶과 죽음이 결정됩니다. 받는 자에게는 영생과 풍성함을, 거절하는 자에게는 심판을! 삶과 죽음을 판가름하는 일은 능력이 없이는 안되는 일입니다. 따라서 복음을 전하는 일은 능력, 즉 하나님 나라의 능력입니다. 전하는 자가 가진 능력이 아니라 복음 자체가 갖고 있는 능력이며 하나님 나라의 능력입니다. 그리고 이 모든 과정을 가리는 신비를 넘어 바라보면, 하나님께서 구원받을 자와 그렇지 못할 자를 이미 정해 놓으셨다는 사실이 보입니다. 이것이 세상에 선포되는 하나님의 능력입니다.

복음과 하나님의 능력

예수님은 당신께서 행하시는 갖가지 이적을 보고 몰려드는 청중들에게 메시지를 전하고 계십니다. 그리고 그 메시지를 통해서 하나님 나라의 비밀을 알려 주십니다. 예수님께서 전하시려는 가장 큰 메시지는 이것입니다. "나를 따른다고 모두 하나님 나라의 백성은 아니다." 예수님은 나아가 엄청난 사실을 덧붙이십니다. "사람이 하나님의 나라를 선택하는 것이 아니다. 하나님 나라에 들어갈 사람은 이미 하나님께서 선택해 놓으셨다." 우리의 이성으로는 이 엄청난 진실을 이해할 수 없습니다. 그러나 이 신비스런 비밀이 인간의 눈에 어느 정도 보이기는 합니다. 즉, 어떤 사람이 하나님 나라의 복음을 진심으로 받아들여서 하나님 나라의 능력을 맛본다면, 그것이 그가 하나님 나라의 백성으로 부름을 받았음을 보여 줍니다. 반대로 어떤 사람이 하나님 나라의 복음을 거절하면, 그것이 그가 하나님의 선택을 받지 못했음을, 즉 하나님 나라에 속한 사람이 아님을 보여 줍니다.

이 본문을 통해서 우리가 명심해야 할 사실이 있습니다. 앞에 말씀 드린 부분들을 금방 잊으시더라도 이것 하나만큼은 반드시 기억하셔야 합니다. 복음을 듣는 일은 매우 심각한 일입니다. 복음을 들을 때에 그것을 자신의 삶을 결정짓는 문제로 인식하고 진지하게 받아들인다면, 그에게는 하나님 나라의 능력이 실제로 그리고 즉각적으로 체험될 것입니다. 그렇지 않다면, 그에게는 그 순간에 이미 하나님의 심판이 시작되고 있을 것입니다. 이 사실만은 기억하셔야 합니다. 하나님께서 어떤 사람은 택하시고 어떤 사람은 택하지 않으셨는지에 관해서는 우리 인간이 알 도리가 없습니다. 하나님의 권한이기 때문입니다. 그러나 하나님의 말씀이 인간에게 선포될 때 그것을 어떻게 받아들이느냐 하는 것은 우리 자신의 문제일 수 있습니다.

그러므로 하나님의 말씀을 대할 때마다 우리는 좀 더 진지하고 좀 더 깊이 그 말씀이 무엇을 말하려는지 생각해야 합니다. 지루하고 따분한 말을 들을 때 '설교한다'고 말하곤 합니다. 들으면 당연한 듯하고, 설사 알아들었다 하더라도 교회 문을 나서면 어느새 잊는 경험이 우리 삶에서 일상적으로 일어납니다. 그럼에도 불구하고 우리가 잊지 않아야 하는 것은 말씀을 들을 때마다 우리가 영생과 죽음의 사이에서 중대한 선택을 하고 있다는 사실입니다. 하나님께서 각 사람의 장래를 이미 결정하셨음에도 불구하고 이 사실은 여전히 중요합니다. 그것은 우리가 어쩔 수 없는 부분이지만, 그 계획이 온전하게 드러나기까지 우리가 할 수 있고 해야 할 일은 여전히 마찬가지로 중요하기 때문입니다. 하나님의 말씀을 들을 때에 우리는 좀 더 신중해져야 합니다. 좀 더 진지해야 합니다. 육신의 눈으로는 보이지 않을지라도 복음을 듣는 순간에 우리가 그것을 어떻게 대하느냐에 따라 우리 자신의 삶과 죽음이 결정될 수 있음을 알기 때문입니다. 영생의 삶과 영원한 형벌은 우리가 죽은 후에 일어날 일이 아닙니다. 복음을 듣는 지금 일어나는 현존의 문제입니다.

21

시간은 가고 있다

마가복음 4:26-34

불친절한 교회

십 몇 년 전 언젠가 제가 네덜란드에 살 때, 독일의 어느 교회 청년부에 가서 설교를 했습니다. 이 청년부는 한인 1.5세와 2세가 중심인 모임으로, 실은 독일어로 설교해야 했지만, 통역을 앞세워 한국어로 설교를 했습니다. 이때의 본문은 다니엘서였고, 주제는 세상에서 나그네로 사는 자들에게 기대하시는 하나님의 뜻이었습니다.

다니엘은 유다 왕국이 멸망하면서 바벨론 제국으로 포로로 끌려갔습니다. 그 많은 포로 가운데서 다니엘과 그의 세 친구들은 신세를 역전할 기회를 맞았습니다. 왕궁으로 들어가 시종으로서 살 수 있도록 선발된 것입니다. 황제의 곁에서 일하면서 제사 시중을 들거나 술 시중을 든다는 것은, 비록 직급은 낮아도 왕의 측근에 있다는 이유만으로도 충분히 '출세'하는 것이었습니다. 그러나 그들은 그렇게 굴러들어 온 기회를 거절하기에 이릅니다. 왕궁에 들어가기 위해서는 훈련을 받아야 하는데, 추측입니다만, 제사 음식을 먹어야 한다는 이유 때문입니다. 유일신 여호와를 뼛속 깊이 알아온 그들로서는 그 대수롭지 않은 듯한 이유 때문에 출세할 수 있는 절호의 기회를 걷어차 버린 것이었습니다. 그들은 결국 채식만 하면서 교육을 받겠다고 결심했습니다. 그리고 하나님은 그들에게 복주시고, 그들은 마침내 당시의 세계 중심인 바벨론 제국에서 세계 역사의 중심이신 하나님을 증거하는 영광에 참여하게 됩니다.

이 일을 언급하면서 저는 그들에게 이렇게 말했습니다. "여러분이 이 독일 땅에 살게 된 것이 무엇 때문인지, 하나님 앞에 기도하면서 그 뜻을 물어보시기 바랍니다." 그런데 그 다음 날, 저는 청년부 교사 한 분에게 기가 막힌 소식을 들었습니다. 어제 설교를 들은 청년 몇 사람이 항의를 했다는 것입니다. 그 이유는 제가 그들을 독일에 포로로 온 사람이라 말했다는 것이었습니다. 물론 제가 다니엘과 그의 친구들을 바벨론의 포로라고 말은 했습니다. 그러나 그들을 보고 포로라고 하지는 않았습니다. 그럼에도 불구하고 그들은 제가 자신들을 포로 같은 존재라고 말했다며 몹시 서운해했습니다. 이 사건을 지금도 기억하면서, 사람의 말이 듣기에 따라서는 원래의 의도와 전혀 다르게 들릴 수도 있겠구나 하는 한 예로 생각하고 있습니다.

본문의 예수님의 말씀도 사실은 그런 면이 있습니다. 마가복음 3장부터 지금까지 줄기차게 강조된 주제는 천국, 이른바 '하나님의 나라'였습니다. 겉으로만 들으면 짧은 비유들의 연속인 이 긴 이야기가 실상은 하나님의 나라, 그리고 가슴이 섬뜩한 심판을 암시하고 있다는 것이 얼마나 놀랍습니까? 두어 번 말씀 드렸습니다만, "내 말을 듣고 내가 행하는 이적을 구경하러 온 너희 모두가 다 내 백성은 아니다"라는 선언은 요즘 같은 청중 위주의 교회를 좋아하는 우리에게도 너무나 냉정한 이야기일 수밖에 없습니다. 이 말은 예수님의 태도와 말씀이 오늘날의 우리에게도 적용될 수 있다는 뜻입니다.

존경하는 선배의 홈페이지[6]를 보니 몇 년 전 미국에서 "미국 십대들의 종교성과 영성"이란 책이 출판되었다고 합니다. 이 책의 저자들은 오늘날의 종교관과 신앙관을 MTD라는 약자로 요약했다고 합니다. MTD는 도덕적 치유적 이신론(Moralistic Therapeutic Deism)을 뜻하는 약자입니다. 이 책에 따르면 미국 십대 기독 청소년들은 도덕적인 문제와 마음의 치유를 중요시하며, 그들이 믿는 신은 사람을 귀찮게 하거나 간섭하는 신이 아니라 인간에게 모든

---

6 http://rbc2000.pe.kr/notes/5532.

것을 맡겨 두는 마음씨 좋은 신입니다. 그들은 '죄'나 '심판' 같은 용어를 싫어합니다. 신앙생활의 중요한 목적은 마음의 상처가 치유되는 것이고, 마음의 평정과 평온을 얻는 것입니다. 그들이 믿는 신의 모습은 우리 인간 삶의 시시콜콜한 일까지 관심을 두거나 관계하지 않는 마음씨 아주 좋고 털털한 아저씨 같습니다. 그런데 우리에게서도 여기서 말하는 하나님과 기독교의 모습을 볼 수 있습니다.

이런 관점으로 본문을 통해 예수님을 살펴본다면, 겉으로는 아픈 자와 힘들어 하는 자, 외로운 자들을 한없이 사랑하시는 것 같은 그 모습에서 방금 말씀 드린 미국의 십대들이 바라는 하나님의 모습과 공통되는 점을 발견할 수 있을 것입니다. 그러나 몇 번에 걸쳐서 살펴봤지만, 주님의 모습이 그처럼 마냥 무골호인(無骨好人) 같기만 합니까? 제 나름대로 표현하자면, 주님은 양면, 그러니까 한없이 자애로우시면서도 동시에 사태의 흐름을 아주 냉정하게 살피시는 또 다른 모습을 지니신 것처럼 보입니다. 즉, 당신을 필요로 하는 자들에게는 한없이 인자하시고 자비로우시면서도, 당신의 사역 가운데 확장되고 있는 하나님 나라와 하나님의 구속 계획의 실현이란 또 다른 영적 현상을 냉철하게 보고 계신다는 것입니다.

씨 뿌리는 농부의 비유

본문에서 우리는 두 개의 비유를 만납니다. 하나는 씨 뿌리는 농부 비유이고, 또 하나는 겨자씨 비유입니다. 우선 첫 번째 비유를 살펴보겠습니다. 어떤 주석을 보면 여기에 등장하는 첫 번째 비유를 '몰래 자라는 씨의 비유', 혹은 '알지 못하게 자라는 씨앗의 비유'라고 소개합니다. 비유의 제목이야 어떻든 상관없습니다. 그러나 이 비유가 전하려는 메시지는 이미 앞에서 살펴본 '씨 뿌리는 자의 비유'(막 4:3-8)의 그것과 다릅니다. 이것이 이번 비유의 특징입니다. 앞의 비유가 씨 뿌리는 농부를 이야기하면서도 실은 그 씨가 뿌려지는 밭의 종류를 말하고 있다면, 오늘의 비유는 밭이 아니라 씨에 초점을 둡니다. 씨를 뿌렸는데 이 씨가 어느덧 자라서 추수를 하게 되었다는 것입니다. 이 비유를 좀 더 자세히 보겠습니다. 먼저 마가복음 4장 26절입니다.

또 가라사대 하나님의 나라는 사람이 씨를 땅에 뿌림과 같으니

첫째, 이 비유는 하나님 나라를 설명하려는 데 목적이 있습니다. 이 부분은 금방 눈에 띕니다. 둘째, 이 비유의 상황은 사람, 혹은 농부가 땅에 씨를 뿌린 것입니다. 그런데 이 문장만 보면 마가복음 4장 처음에 나오는 이른바 '씨 뿌리는 자의 비유'와 어떤 차이가 있는지를 모릅니다. 그래서 다음 절을 봐야 합니다. 마가복음 4장 27절입니다.

저가 밤낮 자고 깨고 하는 중에 씨가 나서 자라되 그 어떻게 된 것을 알지 못하느니라

저가, 즉 농부 혹은 사람이 씨를 뿌렸지만, 그 씨가 싹을 틔우고 뿌리를 내리며 줄기를 키워 감에도 그것이 어떻게 그리 되는지를 모릅니다. 이것이 이해가 되십니까? 다시 살펴보겠습니다. 농부가 씨를 뿌렸습니다. 싹이 텄습니다. 줄기가 쑥쑥 자랍니다. 꽃이 핍니다. 열매가 맺힙니다. 이 열매는 시간이 되면 알곡이 되어 추수꾼에게 거둬질 것이며, 한 해 동안 땀 흘린 농부에게 기쁨을 선사할 것입니다. 제가 어릴 때, 한국에는 먹을 것이 부족했습니다. 춘궁기(春窮期)라는 말이 있었습니다. 매서운 겨울이 막 지난 때부터 보리를 거두는 시기 바로 직전까지 참으로 많은 사람들이 산에서 소나무 껍질을 벗겨 먹으며 버텼고, 굶어죽는 사람들도 무수했습니다. 그렇게 살다 보니 정부에서도 쌀과 보리를 섞어 먹자며 강제로 학생들의 도시락을 검사하기도 하고, 음식을 먹다 남기지 말자고 홍보도 했습니다. 그런데 그 무렵 음식점에 이런 포스터가 붙어 있었습니다. "한 알의 쌀이 만들어지기 위해서는 농부의 아흔아홉 번 손질이 가야 합니다." 그렇습니다. 쌀 한 톨이 생산되기 위해서 농부는 일 년 내내 무려 아흔아홉 번이나 벼에 손을 대어야 한다는 뜻입

니다. 이렇게 본다면 곡식이 우리의 손으로 들어오기까지 농부의 수고가 가장 크다고 말할 수밖에 없을 것입니다.

그러나 주님께서 말씀하십니다. "저가 … 어떻게 된 줄을 알지 못하느니라." 때가 되면, 그리고 필요하면 농부는 논으로 들로 나가서 곡식을 돌봅니다. 매우 큰 수고이지만 사실 농부는 어느 때에는 무엇을 해야 하는지 어느 경우에는 무엇이 필요한지 등 경험을 통해 누적된 지식에 따라 움직일 뿐입니다. 요점은 이것입니다. 제아무리 숙련된 농부라 하더라도 원천적으로 생명이 없는, 즉 죽은 씨앗을 심고서는 알곡을 얻을 수 없습니다. 곡식은 생명력을 지닌 씨앗이 장성한 결과로 얻어지는 결과물일 뿐입니다. 말하자면 농부의 그 지대한 수고조차도 곡식이 스스로의 생명력으로 장성해 가는 과정에서 보조 역할을 할 뿐입니다. 예수님의 말씀을 보면, 농부가 알곡을 추수해 들이는 과정에서 가장 결정적인 요소는 무엇입니까? 농부의 땀방울? 비? 비료? 아닙니다. 씨앗의 생명력입니다.

이 결론을 가지고서, 좀 거칠지만 생각을 이어 보겠습니다. 주님은 지금 하나님 나라의 특성을 말씀하십니다. 그런데 이 비유에서 이 하나님 나라의 특성을 '씨앗의 생명력'으로 풀어 설명하신 것입니다. 주님께서 이렇게 말씀하십니다.

> 땅이 스스로 열매를 맺되 처음에는 싹이요 다음에는 이삭이요 그 다음에는 이삭에 충실한 곡식이라 열매가 익으면 곧 낫을 대나니 이는 추수 때가 이르렀음이니라 _ 막 4:28-29

생명의 능력, 씨앗 안에 내재된 생명력은 스스로의 힘으로 싹을 틔우고 뿌리를 내립니다. 이 생명력은 자신의 능력으로 모든 과정을 주도하면서 시간의 흐름에 따라 알곡이란 결과물로 자신을 드러냅니다. 마침내 농부가 할 일이 하나 남았습니다. 추수입니다! 농부가 진정으로 바랐던 것은 이것이었습니다. 자신의 생명력으로 알곡에 이르는 그 모든 과정을 마친 그것을 낫을 대어 거두어들이는 것입니다. 농부는 푸른 싹을 기대한 것도 아니고, 무성한 잎을 즐기려 했던 것도 아닙니다. 오직 하나, 알곡이었습니다. 그러므로 추수는 필연적인 과정입니다. 열심히 일한 농부가 알곡으로 흐드러진 들판을 감상이나 하자고 일 년 내내 수고한 것은 아닙니다. 그러므로 농사의 꽃은 추수입니다. 그 나머지는 결론 부분에서 다루기로 하고, 다음 비유로 넘어갑니다.

겨자씨의 비유

다음 비유는 이렇게 시작됩니다.

> 또 가라사대 우리가 하나님의 나라를 어떻게 비하며 또 무슨 비유로 나타낼꼬 겨자
> 씨 한 알과 같으니 … _막 4:30-31

이번에는 하나님의 나라를 겨자씨로 설명하십니다. 이 비유를 통해 예수님은 무엇을 말씀하시려는 것일까요?

> … 땅에 심길 때에는 땅 위의 모든 씨보다 작은 것이로되 심긴 후에는 자라서 모든
> 나물보다 커지며 큰 가지를 내니 공중의 새들이 그 그늘에 깃들일 만큼 되느니라 _
> 막 4:31-32

여기에서 두드러지는 특징은 겨자씨의 '작음'과 '큼'입니다. 겨자씨가 땅에 심길 때에는 세상에서 가장 작은 것이었습니다. 그러나 겨자씨가 온전히 자란 후에는 큰 가지를 내어 그 나무 그늘에 공중의 새들이 깃들일 정도로 그 위용을 자랑합니다. 겨자씨가 이렇게 될 줄 누가 알았겠습니까? 사람들은 이렇게 말할 것입니다. "어라? 그 작은 씨앗이 이렇게 크게 장성할 줄 누가 알았겠어?" 그러나 이 씨앗은 그렇게 될 수밖에 없었습니다. 왜 그렇습니까? 겨자씨 내부에 심겨져 있던 그 왕성한 생명력이 결국은 그렇게 큰 나무가 되

도록 설계되어 있었기 때문입니다.

세상 사람들은 겨자씨의 처음과 나중을 비교해 보면서 겨자나무의 크기만을 대조합니다. 그리고 그 극적인 차이에 경탄합니다. 그러나 예수님께서 지적하십니다. "그것이 무엇 때문인 줄 아느냐? 겨자씨는 그렇게 될 수밖에 없었던 그것, 즉 생명의 힘을 갖고 있었기 때문이다!" 겨자씨는 자신의 작음을 얕볼 수 없을 만큼 엄청난 생명력을 가지고 있습니다. 그 모습이 아무리 작더라도, 그 모습이 아무리 하찮아도, 사람들은 그것을 얕볼 수 없습니다. 그 안에 숨겨져 있는 생명의 위대한 힘 때문입니다. 주님께서 말씀하십니다. "하나님의 나라가 바로 이런 것이다!" 하나님의 나라는 겉으로 보면 아무것도 아닌 것 같습니다. 한 번의 턱짓으로도 무시할 수 있을 것 같습니다. 저것이 대체 무엇이 될지 한심스럽기도 합니다. 그러나 하나님 나라의 생명력은 종국에 어느 누구도 놀라지 않을 수 없는 거대함, 그 자체가 되어 자신의 존재를 뽐낼 것입니다. 이것이 바로 하나님의 나라입니다.

비유로만 말씀하시다

마가복음 3장에서 시작된 예수님의 비유 시리즈가 막을 내리는 시점에 도달했습니다.

> 예수께서 이러한 많은 비유로 저희가 알아들을 수 있는 대로 말씀을 가르치시되
> 비유가 아니면 말씀하지 아니하시고 다만 혼자 계실 때에 그 제자들에게 모든 것을
> 해석하시더라 _막 4:33-34

주님은 대중이 있을 때에는 비유를 통해서 말씀을 전하셨고, 제자들만 있을 때에는 이 비유들이 무슨 의미인지를 따로 가르치셨습니다. 그리고 이 지점에 도달해서야 왜 주님께서 계속 비유로만 메시지를 전하셨는지 알 수 있게 되었습니다.

주님은 왜 연속으로 비유를 통해 메시지를 전하셨을까요? 그 대답은 비유가 가진 속성에서부터 나옵니다. 비유의 사전적 정의입니다. "어떤 현상이나 사물을 직접 설명하지 않고 그와 비슷한 다른 현상이나 사물을 빌려 표현하는 일." 비유를 통해 어떤 것을 설명하는 이유는 간단합니다. 그것을 더 잘 이해하게 하기 위함입니다. 즉 예수님은 그 수많은 비유를 통해서 청중들이 하나님의 나라를 더 잘 이해하기를 바라셨던 것입니다. 그런데 여기에 하나의 단서가 붙습니다. 들을 자만 듣고 알 자만 알게 하기 위하여 그리하셨다는 것입니다. 우리는 이것을 주목해야 합니다. 비유에는, 어떤 자에게는 더 잘 이해되는 기능도 있는가 하면 어떤 자에게는 그 말씀의 비밀을 가리는, 즉 그것을 알지 못하게 막는 기능도 있다는 것입니다. 이것이야말로 주님께서 말씀하신 것입니다.

> 가라사대 하나님 나라의 비밀을 아는 것이 너희에게는 허락되었으나 다른 사람에게는 비유로 하나니 이는 저희로 보아도 보지 못하고 들어도 깨닫지 못하게 하려 함이니라 _눅 8:10

비유는 하나님 나라에 들어갈 자에게는 하나님 나라의 비밀을 더 자세히 알리며, 그렇지 못한 자에게는 알지 못할 수수께끼가 될 것입니다. 결국, 주님께서 비유를 통해 전하시는 하나님 나라의 말씀은 그 자체로 하나님 나라의 백성을 가려내는 심판의 역할을 하고 있습니다.

첫 번째 비유에서 하나님 나라의 신비로운 생명력을 살펴보았습니다. 알곡을 거두기 바라는 농부가 최선을 다해 일 년 내내 농사를 짓지만, 알곡을 거두게 되는 결정적인 원인은 씨앗 그 자체가 갖고 있는 경이로운 생명력입니다. 따라서 농부는 농사를 지을 때 무엇보다 씨앗의 생명력을 믿어야 합니다. 두 번째 비유에서 겨자씨가 가진 경이로움을 살펴보았습니다. 씨앗은 누가 보아도 얕볼 만한 크기이지만, 나중에는 거목과 같은 존재가 되어 마침내 수많은 새들이 깃들일 정도가 됩니다. 이 두 비유의 교훈은 무엇일까요? 한 신학자는 이렇게 말했습니다.

씨알이 열매가 되고, 시작이 마지막이 된다. 가장 작은 것에서 가장 큰 것이 이미 태동한다. 지금, 물론 숨겨진 채로 이미 사건은 시작된다. … 예수의 선포의 핵심은 '하나님의 때가 온다!'는 강한 확신이다. 좀 더 적절히 말하면, 하나님의 때가 이미 시작되었다는 것이다.[7]

그렇다면 하나님 나라의 비밀이 이러할진대, 이 나라를 바라보는 백성들의 자세는 어떠해야 하겠습니까?

병든 자들, 가난한 자들, 무시당하는 자들, 눌린 자들 …. 그들이 각자의 아픔과 사연을 안고 주님 앞에 나아와 위로와 치유를 받았지만, 그 이후는 대체 어떨까요? 숫자로는 적지 않을지라도 그들이 모인다면 그 엄위하신 하나님께서 다스리시는 영광스런 하나님의 나라가 이뤄지기는 할까요? 그들에게서 무슨 희망이 보이나요? 그들을 앞에 둔 하나님 나라의 왕이신 우리 주님의 심정은 어떠했을까요? 그러나 주님께서 말씀하십니다. "하나님의 나라는 이와 같은 것이다!" 하나님의 나라는 그 누구도 간섭하거나 도울 수 없는 그 자신의 힘으로 무섭게 뿌리를 내리고, 싹을 틔우며, 줄기를 뻗어 열매를 맺을 것입니다. 지금은 눈에 띄지 않을 만큼 미미하지만, 나중에는 세상 모두가 어느 틈에 거대한 왕국을 이룬 그 모습을 목격하게 될 것입니다. 이제 묻습니다. 하나님 나라의 백성들, 우리 신자들은 아직 이뤄지지 않은 현재를 어떻게 살아야 할까요? 우리가 하나님 나라를 생각할 때 거기에 무엇을 보태고 힘을 더할 수 있겠습니까?

우리는 하나님 나라에 무엇을 더할 필요도 없고 힘을 보탤 필요도 없습니다. 하나님 나라는 자신의 힘으로 자신만의 능력으로 겨자씨와 같이 보잘것없이 시작하였다가 마침내 경이로운 왕국으로 커 갈 것입니다. 비록 처음은

---

7 요하킴 예레미아스, 『예수의 비유』(칠곡: 분도출판사, 1974), 147-148.

미약하고 보잘것없을지라도, 그 나라는 날로 왕성하여 마침내 자신의 영광을 스스로 드러낼 것입니다. 낙망하지 않고 인내하면, 우리 안에 선한 일을 시작하신 하나님께서 마침내 그 나라를 우리 안에, 세계 위에 우뚝 세우실 것입니다. 주님의 메시지는 아주 간략합니다. 그러므로 우리는 하나님의 나라를 믿고 기다리면 됩니다. 우리 자신이 아닌 하나님 나라 자신의 힘과 능력을 믿고 기다리면 됩니다. 그 나라를 사모하십니까? 내 안에 시작하신 하나님의 일이 기어이 열매 맺기를 고대하십니까? 그분을 믿으십시오. 그 나라의 힘과 능력을 믿으십시오. 이것이 우리의 소망이요 힘입니다.

22 그가 누구시기에?
마가복음 4:35-41

풍랑 속의 제자들

본문은 '그날'이란 말로 시작합니다. 그날이 언제인지 정확하게 말하기는 어렵지만, 마가복음을 계속 읽어 온 사람이라면 그날이 대략 '예수님께서 비유를 많이 말씀하신 날'임을 알 것입니다. 맞습니다. 마가도 그런 의미로 말했습니다. 마가의 기록에 따르면, 예수님은 그날에 배에 오르신 채로(36절) 여러 가지 비유를 말씀하셨습니다. 더구나 마가복음 3장에서부터 살펴보면 이날 무척이나 많은 일이 일어났습니다. 예수님은 매우 피곤하셨을 것입니다. 날이 저물면서 주님은 제자들에게 '저편'으로 가자고 제안하셨습니다. 제자들은 즉시 배에 타신 예수님을 그대로 모시고서 호수 '저편'으로 노를 저었습니다. '저편'이 어딘지는 정확하지 않지만, 마가복음이 시간적으로 기록되어 있다면 5장 1절을 기준으로 할 때 그곳은 '거라사' 지방인 것 같습니다. 거라사는 성경에서 '가다라'라고도 불립니다. 지명 사전을 찾아보면 가다라, 혹은 거라사는 이렇게 설명되어 있습니다.

> 가다라. 혹은 거라사. 데가볼리에 있는 한 성읍으로 예수님이 더러운 귀신 들린 사람을 고쳐 주셨던 곳이다(막 5:1; 눅 8:26). 성경에는 거라사인 지방이라고 기록하고 있는데(막 5:1; 눅 8:26-27) 마태복음에서는 이 지역을 '가다라'라고 기록하고 있다(마 8:28). 일부 학자들은 귀신 들린 사람을 고치신 장소가 갈릴리 해변에 위치

한 장소라고 보기도 한다. 그래서 가다라와 거라사 성읍 및 갈릴리 해안에 달하는 모든 지방을 '거라사인 지방'으로 말했을 것이라고 추정한다.[8]

마태복음과 누가복음은 마가복음의 이 사건을 독립적인 사건으로 말합니다. 즉 마가가 말하는 것처럼 예수님께서 비유를 많이 말씀하신 일과 배를 타고 거라사로 건너가는 사건을 같은 날 일어난 것으로 말하지 않고 다른 날에 각각 일어난 일로 말한다는 것입니다. 그러나 이번에는 마가의 기록만을 따라 이 사건을 살펴보려 합니다.

마가의 기록에 따르면, 제자들이 예수님의 분부에 따라 배를 저어 갈 때 다른 배들도 함께했습니다. 따라서 그들도 예수님 일행과 함께 곧이어 일어난 풍랑을 겪었겠지만, 마가는 이들의 상황을 언급하지는 않습니다. 어쨌든 이렇게 제자들이 노를 저어 호수를 건널 때 갑작스럽게 풍랑이 일었습니다. 풍랑이 갑작스러운 이유는 나름대로 설명이 가능합니다. 갈릴리 호수는 남북으로 약 22킬로, 동서로 약 14킬로 정도입니다. 아주 크기 때문에 갈릴리 호수를 바다라고도 부릅니다. 이 호수는 해발 200미터 아래, 다시 말해 바다 높이보다 200미터 아래에 있습니다. 그리고 이 호수 주위에는 해발 500미터에서 1000미터 높이의 산들이 병풍처럼 둘러싸고 있습니다. 이스라엘에서 사역하시는 한 선교사님의 설명에 따르면, 이런 지형에서 호수에 풍랑이 이는 이유는 대략 두 가지입니다. 첫째, 헐몬산의 눈 덮인 찬 공기가 훌레 골짜기를 타고 내려와 갈릴리의 더운 공기와 만날 때이고, 둘째, 지중해에서 갈릴리 상공을 지나 사막으로 지나던 바람이 급강하할 때입니다. 이 풍랑은 예측이 불가능하고, 일단 일어나면 1-2시간 정도 지속된다고 합니다.

이때 일어난 풍랑이 얼마나 거셌는지 제자들은 곧바로 공황 상태에 빠졌습니다. 마가는 이 상황을 이렇게 표현했습니다.

---

8 하용조 편집, 『비전성경사전』(서울: 두란노, 2010.

큰 광풍이 일어나며 물결이 부딪혀 배에 들어와 배에 가득하게 되었더라 _막 4:37

같은 사건을 설명한 것으로 보이는 다른 복음서도 살펴보겠습니다. 먼저 마태복음 8장 24절입니다.

바다에 큰 놀이 일어나 물결이 배에 덮이게 되었으되

다음으로 누가복음 8장 23절입니다.

행선할 때에 예수께서 잠이 드셨더니 마침 광풍이 호수로 내리치매 배에 물이 가득 하게 되어 위태한지라

배는 쉴 새 없이 파도와 함께 아래위로 오르내리고 좌우로 흔들릴 뿐만 아니라 물결이 배 위를 덮어 마침내 배에 물이 가득 차게 되었습니다. 여기까지 상황이 진전되자, 제자들은 그제야 이런 일과는 전혀 상관없는 듯이 주무시는 예수님을 생각합니다. 그들은 예수님께 이렇게 소리 지릅니다.

제자들이 깨우며 가로되 선생님이여 우리의 죽게 된 것을 돌아보지 아니하시나이 까 _막 4:38

여기에는 다분히 원망이 섞여 있습니다. 그런데 왜 원망스런 마음이 제자들에게 생겼을까요? 자기들은 풍랑을 만나서 죽을 둥 살 둥 하는데 주님은 태연하게 주무시고 계시는 모습이 야속해서 그런 것이 아닐까요? 아마 우리의 짐작이 맞을 것입니다. 그런데 주님의 태도가 상당히 의심스럽지 않습니까? 너무 피곤해서 그러실 수 있겠다고 생각할 수도 있겠지만, 그 난리 통에도 그리 계속해서 주무실 수 있다니 …. 아무래도 어떤 의도가 있지 않을까요? 하지만 이런 질문이야 예수님께서 직접 해명하시지 않으면 모두가 짐작

일 뿐입니다.

그러나 하나는 분명히 짚고 넘어가야 합니다. 왜 제자들은 예수님을 원망스레 불렀는가 하는 것입니다. 이 질문의 배경에는 이런 질문이 또 다시 숨어 있습니다. 그들은 이 사건 전까지 예수님의 사역을 가장 가까운 곳에서 보았습니다. 그들은 어떤 사역에 참여하기까지 했습니다. 더욱이 마가복음 3장부터 지금까지 하나님 나라의 복음을 선포하는 자로서, 거기에 들어갈 자와 그렇지 못할 자를 갈라내시는 심판 주체로서의 예수 그리스도의 모습을 보고 들었습니다. 그런데 이 경험들이 풍랑을 만나고 있는 스스로에게 아무런 역할도 하지 못한 이유는 무엇일까요? 예수님의 권위와 능력에 대한 경험은 그들 자신에게 아무런 역할을 하지 못한다고 결론을 내린다면 그 이유는 무엇일까요?

어떤 분들은, 사실은 많은 분들이 이렇게 말합니다. "나에게 예수님을 보여 주십시오. 그러면 믿겠습니다." 우리의 삶 어느 구석에 내 힘으로 어찌할 수 없는 일이 분명히 일어날 수 있고, 거기에서 정말 감사하게도 하나님의 도우심을 체험할 수도 있습니다. 그렇다면 그 사람은 이제 하나님을 확실하게 믿을 수 있을까요? 그렇습니까? 네, 그럴 수도 있을 것입니다. 하나님을 믿을 수도 있고, 그 일을 하나님께서 살아 계신 증거라 고백할 수도 있고, 그렇게 도우신 하나님께 감사할 수도 있습니다. 그러나 문제는 그 다음입니다. 또 다른 역경이 우리에게 밀어닥칠 때, 그 사람이 그때에는 담담하게 혹은 흔들리지 않고 그 문제를 대면할 수 있을까요? 우리가 바이킹을 몇 번 탔다고 다음번부터는 하나도 긴장하지 않고 그것을 탈 수 있습니까? 그럴 사람도 있겠지만 그렇지 못할 사람이 더 많을 것입니다. 이상하게도, 아니 이상한 일이 대부분에게 흔하게 경험되는 사실이니 이상한 것이 아니라 당연하다고 표현해야 하겠습니다만, 기적과 감사는 쉽게 잊고 어려움과 고통은 착실하게 축적하는 것이 우리입니다. 좋은 쪽의 기억은 축적되지 않고 나쁜 쪽의 기억은 두려움으로 남는 것이 우리에게 흔하다는 말입니다. 이것이 우리의 경험이라면 제자들도 그렇지 않았을까요? 더욱이 제자들은 대부분 그 지역 근처에서 평생 어부로 살았습니다. 이런 일, 즉 갑작스런 풍랑이 흔하고 더욱이 예측 불가능하다는 사실을 몰랐을까요? 조금만 기다리면 바다가 잔잔해질 것이라는 사실을 몰랐을까요?

풍랑이 잦아들다

그러나 지난 시간의 그 영광스런 경험들을, 거기에다가 자신이 평생 경험했던 바다에 관한 지식마저 까맣게 잊은 제자들은 죽을지도 모른다는 두려움에 빠져 태연하게 주무시고 계신 예수님께 원망하며 부르짖었습니다. "선생님, 우리가 죽어가는데 어찌 그리 무심하십니까?" 이것이 소위 그리스도 예수를 믿는다는 제자들의 태도였습니다. 그리고 그것은 바로 우리들의 태도이기도 합니다. 어쨌든 예수님은 이 부르짖음을 들으신 후 일어나셨습니다. 그리고 예수님은 바람을 꾸짖으셨습니다.

예수께서 깨어 바람을 꾸짖으시며 바다더러 이르시되 잠잠하라 고요하라 하시니 바람이 그치고 아주 잔잔하여지더라 _막 4:39

본문을 직역하면 이렇게 될 것입니다. "예수님께서 바람을 꾸짖으며 바다더러 말씀하셨습니다. '침묵하라! 지금 당장 멈추어 그대로 조용히 있으라!' 그랬더니 크나큰 잔잔함이 이루어졌다." 자연 현상으로 벌어진 이 풍랑은 당장이라도 제자들을 죽일 듯이 그들을 위협하였습니다. 제자들에게는 죽음의 위협이었습니다. 아무리 조아리고 애원해도 절대 그들의 소원을 들어주지 않는 폭력이었습니다. 그러나 예수님께 풍랑은 제자들의 경우와 전혀 달랐습니다. 예수님은 마치 철없는 어린아이를 꾸짖으시듯이, 사납게 날뛰는 소의 고삐를 낚아채서 순식간에 제압하는 능숙한 농부처럼 풍랑을 향하여 명령하셨습니다. 그 순간 예수님의 모습은 절대자와 창조주의 모습 그대로였습니다. 주님께서 말씀하신 순간, 풍랑은 마치 귀라도 있어 들을 수 있는 존재처럼 그분의 말씀에 순종하였습니다. 그 순간 주님은 세상의 어느 것이라도 거역할 수 없는 권능으로 풍랑을 호령하시고 잠재우신 것입니다. 그리고 바람은 잦아졌으며, 파도는 정적을 되찾았습니다. 세상은 금방 언제 그런 무서운 광경이 벌어졌는지도 모를 정도로 원래의 상태를 회복했던 것입니다. 믿을 수 없는 기적입니다. 이 순간 주님께서 제자들에게 말씀하십니다.

어찌하여 이렇게 무서워하느냐 너희가 어찌 믿음이 없느냐 _막 4:40

'무서워하다'와 '믿음이 없다'는 말은 같은 상태를 다른 표현으로 말씀하신 것이 분명합니다. 즉, 주님은 동일한 상태, 즉 제자들이 풍랑을 맞았을 때 그처럼 허둥대며 주님을 원망한 그 태도를 이렇게 설명하신 것이 분명하다는 뜻입니다. 무서워하다? 이 표현은 제자들의 심리를 설명한 말씀 아닙니까? 그들은 그 사나운 풍랑에서 분명히 두려워했습니다. 그런데 주님은 이것을 가리켜 '믿음이 없다'라고 말씀하셨습니다. 다시 말해, 제자들이 믿음이 없기 때문에 두려워했다는 말입니다.

그러나 이렇게 결론을 짓기는 좀 억울합니다. 그럼, 이렇게 물어보겠습니다. 그 '믿음'이 있다면 그 정도 풍랑 속에서도 태연스러워야 할까요? 이렇게 물으니까 소위 '믿음이 약한 우리'에게 좀 위로가 되지 않습니까? 좀 더 생각해 봅니다. '믿음'이 마약이나 신경 안정제 같아서, 가령 총탄이 빗발치고 포탄이 주변에서 뻥뻥 터지는 전쟁터에서도 전혀 흔들리지 않고 오히려 따뜻한 차 한 잔 즐길 만한 담력을 주는 것일까요? 물론 그런 사람도 있을 것입니다. 그러나 모두가 그렇지는 않을 거라고 저는 생각합니다. 그런 상황에서 자연적인, 정상적인 신자들의 반응은 두려워하는 것이라고 저는 생각합니다. 그런데 주님은 왜 제자들에게 "너희가 어찌 믿음이 없느냐?"고 질책하셨을까요?

심각한 풍랑이 일었습니다. 두려웠습니다. 여기까지 우리말로 '정상적'이라고 딱지를 붙여 봅시다. 그 다음은 무엇입니까? 제자들이 두려움 가운데 우왕좌왕하다가 주님을 찾았습니다. 그리고 주님을 향해 볼멘소리를 외칩니다. "어찌하여 우리를 돌보지 않으십니까?" 제자들이 한 것이 여기까지라면, 그리고 주님의 질책이 있었다면, 우리는 여기서 주님의 질책이 바로 제자들의 행동, 즉 풍랑 가운데 두려움에 빠져서 행동한 내용을 가리키는 것이라 결론 내릴 수밖에 없습니다.

어려운 상황에서 두려움을 갖는 것은 문제일 수 없습니다. 시험을 앞두거나, 출산을 앞두거나, 실직을 하거나, 병에 걸렸거나, 파산을 하는 등 이런 상황에 있을 때 "믿는 자여, 두려워 말라!"고 말할 수는 있어도 두려워하는 그를 비난할 수는 없을 것입니다. 그러나 두려움이 있을지라도 그 두려움 탓에 어떤 행동을 한다면, 그것은 그야말로 '믿음이 없는 행동'일 수 있습니다. 바로 이것이 결론입니다.

두려움을 통제하는 능력으로서의 믿음

누구라도 두려움을 느낄 수 있습니다. 두려움은 모든 인간이 절대 가져서는 안 되는 그 어떤 무엇이 아닙니다. 어쩌면 두려움은 인간의 삶에 언제나 상주하는 친구와 같은 존재입니다. 두려움은 살고자 하는 욕망의 또 다른 이름이기도 하고, 잘 살고자 하는 인간의 욕망을 또 다른 방식으로 보여 주는 존재이기도 합니다. 두려움은 자녀가 잘되기를 염원하는 부모의 희망이기도 하고, 행복하기 바라는 인간의 미련이 드러난 것일 수도 있습니다. 신자로서 우리는 '주님 한 분으로 만족하네'라고 고백하지만, 지금 당장이라도 우리 곁에 없다면 우리를 즉시 불편하거나 고통스럽거나 절망스럽거나 죽겠거나 하게 하는 것들이 하나둘이 아닐 것입니다. 그럼 우리가 그것들이 없어짐으로 말미암아 혹은 없어질 것이라는 생각 때문에 두려움을 느끼는 것이 불신이라고 말할 것인가요? 암이 두렵지 않습니까? 내 배우자, 혹은 내 가족, 내 자식이 사라져 가는 것을 두려움 없이 지켜볼 사람은 없을 것입니다. 그것도 믿음이 없기 때문입니까? 믿음이 있다는 말은 두려움이 없다는 말과 동일하지 않습니다.

그럼 소위 '믿음이 있다'는 사람은 어떤 사람일까요? 제자들을 지적하신 주님의 말씀을 곰곰이 생각해 보면, 믿음이 있는 사람은 그런 위협적인 환경에서 어떤 반응이 있어야 함을 시사합니다. 요약해서 말씀 드립니다. 믿음은 두려움을 통제하는 능력입니다. 두려움에 사로잡혀 있을지라도 그 두려움의 지배를 받지 않아야 한다는 것입니다. 주님께서 제자들에게 말씀하신 것이 바로 이것이었습니다.

그들은 주님의 뒤를 따른 이후로 수없이 많은 이적을 보고 말씀도 들었습니다. 이로 말미암아 그들의 마음에 소위 '믿음'이 생겼다면, 이 풍랑에서 제자들은 주님을 찾아야 했습니다. 다가가서 그분을 깨우고, 그분의 도움을 요청해야 했습니다. 이런 태도는 주님께서 자신들에게 보여 주신 그 수많은 가르침과 경험 가운데서 능히 훈련될 수 있는 것이었습니다. 풍랑 속에서 두려움을 느낄 수는 있어도, 그 두려움에 사로잡혀서는 안 될 이유가 여기에 있습니다.

여기에 이르러 앞부분을 다시 살펴봅니다. 앞부분에서 이렇게 말씀 드렸습니다. "인간에게 경험은 축적되기가 어렵다." 다시 말해, 좋은 경험은 쉽게 잊히고 나쁜 경험은 두려움으로 남는 경우가 흔하다는 것입니다. 우리를 보아도 그렇습니다. 이래저래 살면서 소위 신앙의 경험을 자주 합니다. 그래서 하나님께나 이웃에게 '하나님께 감사하다'는 간증 같은 것을 합니다만, 어려운 일이 닥치면 그런 감사도 우리 기억에서 까맣게 어디론가 사라져 버립니다. 고통에 사로잡혀서, 오직 그 두려움에 사로잡혀서, 예전에는 다른 좋은 기억이란 것이 전혀 없었던 사람처럼, 그래서 스스로를 세상에서 가장 비극적인 존재로 만들어 버립니다. 여기에 소위 '믿음'이 자리 잡을 여지는 없어 보입니다. 그러나 우리는 잊지 말아야 합니다. 믿음 있는 사람도 두려울 수 있습니다. 그러나 믿음은 그 두려움 이후에 어떻게 행동해야 할지를 말합니다. 믿음은 결국 그 두려움 속에서도 주님께서 우리를 위해 하신 일을 기억하는 것이고, 어제까지 경험한 주님의 도우심을 근거로 오늘의 어려움을 주님께로 가져가는, 즉 통제하는 능력을 말합니다. 그러므로 믿음은 더 이상 오직 미래의 일에만 관계된 것이 아니라 지금의 내 삶의 문제와도 관련되어 있습니다.

그가 누구이기에?

이제 다시 정신을 차리고 본문으로 돌아가야 합니다. 한바탕의 풍랑과 그것을 잠재우시는 예수님, 그리고 그분께 준엄한 질책을 받은 제자들의 모습을 본문 마지막에서 이렇게 표현해 놓았습니다.

> 저희가 심히 두려워하여 서로 말하되 저가 뉘기에 바람과 바다라도 순종하는고 하였더라 _막 4:41

여기에 사용된 '두려워하다'(ἐφοβήθησαν φόβον)라는 표현은, 성경에서 하나님 즉 신적 존재를 두려워할 때 사용됩니다. 다시 말해 제자들은 풍랑을 꾸짖어 잠잠케 하시는 주님의 모습을 하나님의 이미지로 받아들였다는 뜻입니다. 그들도 주님께서 바람과 파도를 마치 아이처럼 꾸짖어 순종하게 하시는 모습을 그대로 목격했기 때문입니다. 이제 그들의 입에서 마침내 나와야 할 것이 나왔습니다. 그들은 이렇게 묻습니다. "저가 뉘기에?" 즉, "저 사람이 누구이길래?"

어떤 사람을 처음 볼 때, 우리는 "당신이 누구십니까?"라고 묻습니다. 그러나 그 사람을 이해할 수 없을 때에도 우리는 그리 묻습니다. 제자들이 그 시점까지 예수라는 분이 누구신 줄을 몰랐을까요? 어쩌면 그들은 예수의 신상을 외다시피 했을 것이고, 어렴풋이 그의 존재가 심상치 않음을 짐작하기도 했을 것입니다. 그러나 풍랑마저 호령으로 잠잠케 하시는 주님의 모습을 보고서 제자들은 그분이 자신들의 상상을 초월하는 존재이심을 직감했습니다. 그러므로 제자들은 엄청난 이적을 경험한 후 예수님이 누구신지를 두려움 가운데 물을 수밖에 없었습니다.

마가복음을 시작하면서 우리는 마가복음 1장 11절이 마가복음 전체를 움직이는 키워드임을 배웠습니다. 예수님께서 세례 요한에게 세례를 받으신 후 하늘에서 소리가 있었습니다.

너는 내 사랑하는 아들이라 내가 너를 기뻐하노라 하시니라

마가복음은 전체 스토리를 통해 이 선언이 진실임을 확인합니다. 예수님을 만난 자들은 그분이 구주시며 하나님의 아들이심을 확인했습니다. 마침내 마가는 마가복음 15장 39절에서 백부장의 입을 통해 이렇게 고백합니다. "이 사람은 진실로 하나님의 아들이었도다!" 이제 곧 마가복음 5장으로 접어들면서 우리는 세 개의 이적을 보게 될 것입니다. 이 스토리들은 마가가 제자들의 질문에 대답하는 형식으로 보아도 무방할 것입니다. 그리고 마가는 우리에게 이렇게 묻습니다. "자, 이제 당신은 예수님을 누구라 고백하시겠소?"

우리는 마가복음 전체의 구조를 마음에 두고 마가의 이야기를 읽어야 합니다. 그리고 우리는 제자들의 질문을 우리 자신의 질문으로 진지하게 물어야 합니다. "그가 누구이기에?" 그가 누구시기에 이런 일을 행하시는가? 그가 누구시기에 내게 이렇게 하시는가? 결국 마가는 그 긴 이야기를 통해 우리를 예수님께로 인도하여 예수님이 우리 각자에게 어떤 분이신지를 고백하게 합니다. 이것은 동시에 믿음의 성격이기도 합니다. 믿음은 예수님이 나와 어떤 관계인지, 그리고 나에게 예수님이 어떤 분이신지를 고백하는 행위입니다. 이 사실을 분명히 기억하십시오.

23

나와 무슨 상관이 있나이까?
마가복음 5:1-13

마가의 세 이야기

호수 위에서의 사건이 마무리되고, 드디어 예수님 일행은 '바다 저편'에 도착했습니다. 그들이 도착한 곳은 '거라사 지방'이었습니다. 예수님께는 별일이 아니었겠지만, 제자들에게는 바다를 건너는 동안에 적지 않은 변화가 있었음이 분명합니다. 예수님께서 미친 듯이 일렁이는 풍랑을 마치 철없는 어린아이에게 하듯 다루시는 모습을 보면서 그분이 누구이신가 하는 진지한 질문이 제자들의 마음에 생겼기 때문입니다. 지난 말씀 말미에 이런 말씀을 드렸습니다. 마가복음 5장의 세 가지 이적 이야기는 제자들의 그 질문, 즉 '그가 누구시기에 바람과 바다라도 순종하는가?'에 대답하는 형식으로 쓰였다고 말입니다. 이제 이 세 이야기 가운데 하나를 살펴보겠습니다.

예수님, 귀신을 만나시다

예수님께서 거라사 지방에 도착하셔서 배에서 내리시자마자 한 사람을 만나셨습니다. 마가는 그를 '더러운 귀신 들린 사람'이라 설명했습니다. 마가는 거기에 덧붙여 그가 무덤 사이에서 나왔다고 설명했습니다. 그러면 무덤이 바닷가에 있었을까요? 그렇지는 않은 것 같습니다. 마가는 조금 뒤에 그 귀신 들린 사람이 멀리서 예수님을 보고 달려왔다고 말합니다. 그러니 무덤이 바닷가 바로 옆에 있지는 않았을 것입니다. 그날 하루 종일 복음을 전하시고, 배를 타고 바다를 건너시면서 풍랑도 겪고 하셨으니, 예수님께서 타신 배가 거라사 지방에 도착한 시간은 꽤 늦은 밤이었을 가능성이 높습니다.

예수님을 향하여 멀리서부터 달려온 그 사람에 관하여 마가는 비교적 상세하게 설명하고 있습니다. 첫째, 그는 무덤에서 살고 있었습니다. 귀신이 들렸다고 하더라도 가족과 함께 살 수는 없었을까요? 그러나 여기에는 딱한 사연이 있었습니다. 마가에 따르면 그는 '쇠사슬로도 통제가 안 되는 사람'이었습니다. 힘이 매우 세기 때문에 그를 쇠사슬로 묶어 놓아도 그 사슬을 끊어 버리곤 했기 때문이었습니다. 왜 그랬을까요? 평범한 사람이 쇠사슬을 끊을 수 없다고 본다면, 그는 분명히 귀신의 제어를 받고 있었던 것이고 그 때문에 귀신의 힘으로 쇠사슬을 끊을 수 있었을 것입니다. 실제로도 귀신 들린 사람은 평범한 사람이 상상할 수 없을 만큼의 힘을 발휘하는 것을 봅니다. 어쨌든 마가는 귀신 들린 사람의 특성을 계속해서 설명하는데, 이렇게 말하고 있습니다.

밤낮 무덤 사이에서나 산에서나 늘 소리 지르며 돌로 제 몸을 상하고 있었더라 _
막 5:5

그가 밤낮 없이 무덤에서 혹은 산에서 소리를 지르기도 하고, 또 돌로 자기 몸을 해했다는 것입니다. 마가는 앞에서 말한 몇 가지 증세를 가지고서 이 사람이 '귀신이 들렸다'라고 결론지었습니다. 이 결론은 바로 뒤에 사실로 밝혀집니다만, 여기서 우리는 이 사실만은 진지하게 고려해야 합니다. 지금 이 사람의 상태가 절대로 하나님께서 원하시는 모습은 아니라는 것입니다.

하나님께서 이 세상을 당신의 의지대로 창조하셨을 때, 모든 피조물은 하나님의 의지를 온전하게 반영한 채로 존재했으며 그 존재 방식은 하나님의 마음을 흡족하게 했습니다. 하나님은 창조하시면서 인간이 당신의 능력 안에서 기쁨과 희락을 누리며 살아가기를 원하셨습니다. 그런데 지금 이 사람은 자기를 끊임없이 학대하고 있고, 그래서 이웃을 힘들게 하고 자신을 죽음으로 몰아 가고 있습니다. 다시 한 번 말씀 드리지만, 요점은 이것입니다. 이 사람의 상황은 절대 하나님께서 원하신 일이 아닙니다.

그런데 마가의 설명에서 이상한 점을 발견합니다.

> 그가 멀리서 예수를 보고 달려와 절하며 큰 소리로 부르짖어 가로되 지극히 높으신 하나님의 아들 예수여 나와 당신과 무슨 상관이 있나이까 원컨대 하나님 앞에 맹세하고 나를 괴롭게 마옵소서 하니 _막 5:6-7

우선 이 두 절의 상관관계를 살펴봅니다. 귀신 들린 사람이 멀리서 예수님께 달려왔습니다. 평범하게 생각해 봅니다. 반가워서, 즉 그분께 호의(好意)가 있었던 것 아닐까요? 그러나 더 이상의 설명이 없으므로 왜 그가 그리 달려왔는지는 알 수가 없습니다. 그런데 귀신 들린 사람의 말을 들어봅니다. "예수여, 당신이 나와 무슨 상관이 있습니까? 나를 괴롭히지 않겠다고 하나님의 이름으로 약속해 주세요!" 무슨 소리입니까? 두 번째 문장을 보면 귀신 들린 사람은 예수님이 자신에게 이로운 존재가 아님을 알아챘습니다. 왜 그렇습니까? 8절을 보니 예수님께서 그가 가까이 오자마자 귀신을 명하여 당장 그에게서 떠나라고 말씀하셨기 때문입니다.

지금부터 귀신 들린 사람, 다시 말해 귀신의 말을 깊이 생각해 봐야 합니다. 우선 두 번째 문장을 다시 살펴봅니다. 첫 번째 구절은 "지극히 높으신 하나님의 아들 예수여"입니다. 예수님을 부릅니다. 그런데 그 호칭이 의미심장합니다. 지극히 높으신 하나님의 아들 예수. 이 말이 우리 같은 신자에게서 나왔다면 그것은 대부분 신앙 고백일 것입니다. 전문적으로 말한다면, 역사적 인물인 예수를 신적 존재, 즉 하나님으로 인정하는 신앙 고백이 된다는 뜻입니다. 그런데 이 말을 귀신 들린 사람, 즉 귀신이 그가 지배하고 있는 인간의 입을 통해서 했다면 문제가 달라집니다. 그 시점의 제자들조차 예수님이 어떤 존재이신지를 온전히 몰랐고, 심지어 제사장이나 바리새인 같은 이들은 예수가 귀신 대장에게 사로잡혔다고 우기기까지 하는 상황이었습니다. 그러나 귀신은 달랐습니다. 우리말에 귀신이 귀신을 알아본다, 즉 영적 존재가 영적 존재를 알아차린다는 말이 있습니다. 귀신이 하나님의 아들이신 예수 그리스도를 알아본다는 것은 새삼스러운 일이 아니라는 뜻입니다.

그 다음 구절을 봅니다. "나와 당신과 무슨 상관이 있나이까?" 어떤 주석에 따르면 이 구절은 당시 유대인 사이에서 사용되던 관용어였습니다. 즉, "당신 일이나 잘해!"라는 의미로 사용되던 관용어였습니다. 하지만 저는 솔직히 이 설명이 맞는지는 잘 모르겠습니다. 어찌 되었든 이 부분을 그냥 직역만 하더라도 지금 귀신이 이 말로써 자기와 예수, 즉 하나님의 아들과 거리 두기를 원한다는 사실만큼은 확인할 수 있습니다. 다시 말해 귀신은 지금 예수님께 이렇게 말하는 것입니다. "지극히 높으신 하나님의 아들 예수여, 당신과 제가 무슨 관계가 있습니까? 그러니 저를 더 이상 괴롭히지 않겠다고 맹세해 주십시오." 이 지점에 이르러서야 우리는 귀신, 즉 마귀의 깊은 속셈을 짐작할 수 있습니다. 즉, 첫 번째 문장에서 마귀가 예수님을 더 이상 높일 수 없을 만큼 높인 이유는 첫째, 그것이 사실이기도 하고, 둘째, 그렇게 예수님을 높임으로써 '나 같이 하찮은 존재는 무시해도 괜찮잖아?' 하고 꼬드기기 위함입니다.

마귀의 계략 1 – 나와 무슨 상관이 있습니까?

깨끗한 것이 더러운 것과 어울리지 않습니다. 더럽혀지기 때문입니다. 높은 것이 낮은 것과 어울리지 않습니다. 위계와 질서가 분명하기 때문입니다. 능력 있는 자가 능력 없는 자와 어울리지 않습니다. 능력 있는 자는 자기와 동급이거나 더 능력 있는 자와 어울림으로써 더 큰 능력을 소유하기 원하기 때문입니다.

한국을 방문했을 때의 일입니다. 서울 어느 지역에 갔는데 아파트와 아파트 단지 사이에 담장이 있었습니다. 그것만 없으면 길을 돌지 않아도 될 것

같았지만, 이상하게도 벽이 아파트 단지를 차단하고 있었습니다. 물어봤습니다. 그 지역에 사는 분의 대답이 걸작이었습니다. 이 단지는 시영 아파트 단지이고 저 단지는 민간 업자가 지은 아파트 단지인데, 주민들이 서로 섞여 사는 것을 원치 않는다는 것입니다. 그것이 사당동의 상황이었으니, 예컨대 강남의 대치동 같은 지역은 어떠할지 상상이 가지 않겠습니까? 선거 때도 그 동네는 외부인과 섞이기 싫어서 별도로 자기들만 선거하는 투표소를 설치할 정도였다고 합니다. 저는 분명히 말씀 드립니다. 이유가 정말 그런 것이었다면, 그 지역에 사는 그리스도인은 하나님께서 정말 싫어하시는 일을 하고 있다고 말입니다. 유대인과 이방인의 차이를 허물고 이방인이었던 우리를 구하신 분이 하나님이십니다. 이분께 그 많은 빚을 탕감받은 사람이 이제는 돈 좀 있다는 이유로, 좀 많이 배웠다는 이유로 타인을 차별한다면 그는 진정으로 하나님의 용서하시는 은총을 체험하지 못한 사람일 수밖에 없습니다. 가르고 구별하는 행동은 사람이, 특히 구속의 은총을 받은 사람이 해서는 안 될 일이며, 사탄이 즐겨 사용하는 악한 행동입니다.

어쨌든 마귀는 지금 예수님께 그분의 고귀한 신분을 일깨웁니다. 우리말에 이런 표현이 있습니다. 어린아이가 무엇인가 더러운 것을 만지려고 하면 어른들은 "에비~!"를 외칩니다. 더럽다는 것입니다. 더러우니까 만지지 말라는 뜻입니다. 마귀는 말합니다. "그 고귀하신 분이 우리 같은 것들과 무슨 상관입니까? 그냥 내버려 두세요!"

그러나 그는 잘못 생각했습니다. 세상에 고귀한 것과 쌍것이 있다고 합시다. 더러운 것과 깨끗한 것이 있다고 합시다. 그런데 깨끗한 것만 하나님의 것이고, 고귀한 것만 하나님의 것입니까? 아닙니다. 모든 것이 하나님의 것입니다. 심지어 마귀조차도 하나님의 완벽한 통제 아래 있습니다. 더욱이, 지금 귀신이 사로잡고 있는 한 인간도 엄연히 하나님께서 만드신 피조물입니다. 그러므로 마귀의 말은 틀렸습니다. 마귀도 하나님과 상관이 있고, 더욱이 그 사람도 하나님과 상관이 있습니다. 나아가 이 사람에게는 하나님께서 처음에 만드실 때 원하시고 계획하신 대로 이 세상에서 사는 동안 하나님

안에서 기쁨과 희락을 누릴 권리가 있습니다. 따라서 예수님은 하나님의 아들 신분으로 그가 누릴 권리를 회복하셔야 했습니다. 그러므로 예수님은 이 사건에서 방관자가 아니셨습니다!

이런 상황을 통해서 우리는 마귀의 공통된 계략을 발견합니다. "당신이 나와 무슨 상관인데요?"라고 귀신이 말합니다. "나는 쓰레기 같은 존재니까 그냥 내버려 두세요! 당신은 하나님이신데 그 고귀하신 신분으로 저까지 챙기시지 않더라도 충분히 하나님 노릇을 하실 수 있잖아요?"라는 말입니다. 이 말은, 아니 이 말이야말로 하나님을 모욕하는 말입니다. 이 말이 마귀에게서 나오는 한, 아니 이 말이 하나님의 통치를 거절하는 의도인 한은 말입니다. 하나님의 통치가 미치지 않는 곳은 없습니다. 하나님과 상관없는 사람은 하나도 없습니다. 이 세상을 모두 하나님께서 창조하셨기 때문입니다. 그러므로 만물이 한결같이 하나님의 뜻과 다스림에 지배를 받아야 합니다.

이 상황은 곧바로 우리에게 연결됩니다. 버릇없는 철부지가 부모에게 대들 때 사용하는 관용구가 있습니다. "내가 알아서 할 거야!" "엄마하고 나하고 무슨 상관이 있는데?" "그래, 나는 주워 온 자식이고 쓰레기 같은 놈이니까 상관 말고 그냥 둬. 내가 죽이 되든 밥이 되든 내가 책임질 거야!" 이것이 스스로 알아서 잘하는 사람의 입에서 나온 말이라면 독립심이 투철한 놈의 장한 발언일 것입니다. 그러나 이것이 틀린 길로 가려고 부리는 발버둥이라면 그야말로 몽둥이가 최고의 약이 될 것입니다. 어쨌든 예수님의 대답은 단호했습니다. "나는 관계해야겠다!" 그렇습니다. 귀신 들린 사람을 회복하는 일이야말로 그분의 신분으로 당연히 해야 하는 일이었고, 이것이야말로 그분께서 이 세상에 오신 이유였기 때문입니다.

'귀신 들린 사람'의 특징을 좀 더 살펴보겠습니다. 첫째, 그는 마귀에게 사로잡혀 살았습니다. 그 결과 인간이 사는 공간에서 벗어나 홀로 무덤에서 살았습니다. 인간은 사람 사이에 살기에 인간이라 불립니다. 때로, 아니 참으로 자주 우리는 사람에게 상처를 받기도 하지만, 그럼에도 주님은 사람과 사람이 어울려 사는 곳에서 살도록 우리를 부르셨습니다. 우리는 그 두렵다는 상처에도 불구하고 사람끼리 부대끼면서 살도록 설계되었습니다. 그러므로 우리는 스스로 외로움을 자초하려는 행동을 건강하지 않은 징조로서 조심스럽게 대해야 할 것입니다.

본문과 직접적인 연관은 별로 없습니다만, 말이 난 김에 말씀 드리려 합니다. 지금부터 십여 년 전, 우리가 사는 카셀에 살던 한 학생이 자살했습니다. 실은 경찰과 영사관을 통해서야 그런 사람이 여기 있었다는 사실과 그녀가 자살했다는 사실을 알게 되었습니다만, 이 학생은 다른 지역에서 카셀로 와서 살았다고 합니다. 학생으로 살던 약 1년 동안 심지어 학교마저도 그런 학생이 있는지를 모를 정도였습니다. 그리고 그녀는 죽은 지 사흘 만에 자기 방에서 시신으로 발견되었습니다. 학생으로 유학 생활을 한다는 것이 얼마나 어려운지를 우리는 자각하지 못할 때가 많습니다. 아니, 다들 어렵기에 나라고 별수 있겠나 체념하면서 살아갑니다. 그러나 많은 사람들이 강가를 거닐면서, 그리고 차도를 걸으면서 강 속으로, 도로 속으로 뛰어들고 싶은 충동을 체험하면서 삽니다. 이런 어려움을 겪을 때 우리는 자신의 상처와 고통을 속으로만 삼키려 하고, 때로는 아무 문제도 없는 듯이 감추거나 과장된 자기 자랑으로 사람의 관심을 따돌리기도 합니다. 어쨌든 사람을 만나기 싫고, 어떤 이유로든 사람을 떠나 혼자 있고 싶은 사람은 자신에게 무슨 문제가 있는지 경각심을 가져야 하며, 자신의 정신 건강을 위해서라도 친구를 만나 함께 있으려 노력해야 합니다. 사실을 말씀 드리자면, 하나님을 조용하게 홀로 만나는 것처럼 좋은 치료제는 없습니다.

마귀의 계략 2 – 멸망으로 이끄는 방식

다시 본문으로 돌아갑니다. 마귀는 한 사람을 사로잡아 그를 무덤으로 끌고 갔습니다. 그리고 거기서 스스로 몸을 돌로 찧게 했습니다. 마귀에게 사로잡히면 좋은 점도 있습니다. 성경 본문만으로 설명하자면 마귀에게 사로잡힌 자는 힘이 세집니다. 쇠사슬도 끊어 낼 수 있다면 힘이 세도 엄청 센 것입니다. 그런데 그것이 좋습니까? 힘만 좋으면 뭐하겠습니까? 정신이 제 것이 아니라 마귀의 것인데 말입니다.

그리고 마귀는 그 강한 힘으로, 예컨대 동네 개천을 건너는 돌다리를 만들거나 하는 그런 좋은 일을 하게 만들지 않았습니다. 마귀는 그를 꼬드겨 돌로 자신을 해하게 했습니다. 마귀가 그를 점령한 후 그는 엄청난 힘을 갖게 되었습니다. 마귀는 돌로 자신을 해하게 만듭니다. 돌로 자신을 내려치는 것이 얼마나 아픈 일이겠습니까? 그러나 마귀에게 사로잡힌 그 사람은 그렇게 아픈 행위를 스스로에게 행하고도 그것을 견뎌 냈습니다. 마귀는 그야말로 살지도 죽지도 못하는 고통 속으로 그를 몰아넣은 것입니다. 그는 밤마다 늑대처럼 울부짖습니다. 뜻 모를 말을 중얼거리기도 했을 것입니다. 밥도 정상적으로 먹지 못했을 것입니다. 이런 상황들은 그가 더 이상 존중받을 인격체가 아니며 짐승 같은 비참한 존재로 전락했음을 의미합니다. 결론은 이것입니다. 마귀는 자기가 지배하는 존재에게 결국은 해를 끼치고 맙니다. 아니, 마귀에게 사로잡힌 자는 인간이 아닌 인간으로 전락하게 됩니다.

마귀의 이러한 특징은 그 다음의 말씀에서 또 한 번 입증이 됩니다. 당장 나가라는 명령에 갖은 말로 거절하던 마귀에게 주님은 결정적인 질문을 던지셨습니다. "네 이름이 무엇이냐?" 이름은 존재 하나하나를 구분하고 특징짓는 역할을 합니다. 나와 너가 각기 다른 이름을 가진 것은, 이 둘이 다르기 때문입니다. 그러므로 주님께서 "네 이름이 무엇이냐"고 물으신 것은 마귀가 사람의 몸에서 떠나지 않으려 하니 그의 이름을 밝히심으로써 마귀와 사람을 떼어 놓으시기 위함입니다. 과연 마귀는 자신의 이름을 밝히지 않을 수 없었습니다. 마귀는 대답합니다. "제 이름은 군대입니다. 우리의 숫자가 많기 때문입니다." 마귀는 자신의 이름을 밝히면서 '레기온'(λεγιών)이란 단어를 사용합니다. 이 단어는 당시 로마 군대 편성상 약 6000명으로 구성된 부대 단위를 가리킵니다. 말하자면 지금 이 사람 안에 6,000개의 마귀가 깃들여 있다는 뜻으로 해석할 수 있습니다. 그러나 마가는 이렇게 해석할 여지를 주지 않습니다. 그냥, 그만큼이나 많은 귀신이 깃들여 있다는 뜻으로 '레기온'

이란 단어를 썼을 뿐이라 말하기 때문입니다.

어쨌든 그 수많은 귀신들은 나가기를 명하시는 주님의 명령에 거절할 수 없음을 깨닫고 또 하나의 악한 계략을 꾸밉니다. 마귀가 말합니다. "저희를 이 지역에서 떠나지 않게 해 주십시오." 마귀는 그렇게 말하다가 문득 자기 주변에 돼지 떼가 있음을 발견합니다. 그리고 다시 예수님께 간청합니다. "우리가 저기에 들어가도록 허락해 주십시오." 마귀는 자신의 지배력이 작용하는 그 지역을 떠나기 싫었습니다. 그러나 하나님의 아들이신 예수님의 명령을 거절할 수 없음을 알고 한 번만이라도 더 자신의 위력을 과시하고 싶었습니다. 그는 무려 이천 마리나 되는 돼지 떼에게 자신의 능력을 과시하고 싶었습니다. 결과적으로 마귀는 성공했습니다. 이천 마리나 되는 돼지를 삽시간에 잃은 그 지역 주민들은 사람을 살린 예수님께 감사하지 않고, 오히려 즉시 예수님께 그곳에서 떠나 달라고 간청했습니다.

우리는 지금까지 마귀와 예수님의 대화를 들었습니다. 마귀는 하나님께서 창조하신 세계를 점령하여 어떻게든지 자신의 지배 아래 있는 것들을 불행하게 만들려고 합니다. 물론 이 이야기의 궁극적인 의도는 예수님이 누구신지, 즉 하나님의 아들이심을 증거하려는 것입니다. 그럼에도 오늘의 이야기를 통해서 치열하게 벌어지고 있는 영적 전쟁의 긴박성과 마귀의 교활한 성품을 눈여겨보아야 합니다. 예수님께서 이 땅에 오신 것은 이처럼 마귀의 지배 아래 불행과 고통을 당하는 인간과 피조 세계를 하나님의 권능으로 회복하시기 위함이었음을 기억하십시오. 그분께서 선언하시고 명령하실 때 그분의 권능으로 회복되어 하나님의 평강과 기쁨을 누리게 된다는 사실을 기억하십시오. 오직 그분의 능력만이 우리를 하나님의 평안과 기쁨으로 인도하실 수 있습니다. 이 일을 위해 주님께서 오셨습니다. 그분께서 하나님의 아들이시므로 우리의 온갖 비참함을 면케 하실 것입니다! 그분을 향해 달려가십시오.

24

누가 우리 주를 승리케 할까?

마가복음 5:14-20

귀신의 성품에 관하여

귀신 들린 사람을 지배하던 귀신은 예수님의 명령을 거역할 수 없음을 깨달았습니다. 귀신은 그 사람을 떠나면서 하나의 악한 계략을 생각해 냈습니다. 마귀는 말합니다. "우리가 저기에 들어가기를 허락해 주십시오." 그가 말하는 '저기'는 무려 이천 마리에 달하는 돼지 떼였습니다. 그런데 우리는 귀신이 처음에 부탁한 부분부터 먼저 살펴보아야 합니다. 처음에 귀신이 무어라 말했습니까? 마가복음 5장 10절을 보니, 귀신은 자기들을 "이 지방에서 내어 보내지 마시기를 간절히 구"했습니다. 귀신의 간청은 사실 좀 달랐습니다. 누가는 이 부분과 같은 내용을 다음과 같이 기록했습니다.

무저갱으로 들어가라 하지 마시기를 간구하더니 _눅 8:31

'무저갱'(ἄβυσσος)이란 단어는 문자 그대로 번역하면, 바닥을 알 수 없을 만큼 깊은 구덩이입니다. 이 단어는 마귀가 심판의 마지막 날에 갇히게 된다는 그 장소를 가리킵니다(계 9:11). 결국 마귀가 마가복음 5장에서 이곳에 가지 말게 해 달라고 간청하는 것은 심판을 연기해 달라는 뜻이었습니다. 다시 말해 마귀는 예수님께, 아직 심판의 날도 아닌데 벌써 그곳에 가지는 않아야 하겠나 하는 항의 겸 간청을 한 것입니다. 말하자면 마귀는 자신의 운명을 알고 있었습니다. 참 희한하지 않습니까? 심판을 받아 형벌 받을 것을 아는 사람이 회개하지 않는다는 것은 보통 사람의 생각으로 이해가 되지 않습니다. 하지만 우리는 마귀가 대체 왜 그리 막가자는 생각으로 하나님을 대적하는지 알 수 없고 또 알아볼 방법도 없으므로, 그의 태도를 반면교사(反面敎師)로 삼아야 할 것입니다. 우리는 그리하지 말아야 하는 교훈을 받는 것으로 충분하다는 것입니다. 여하튼 교활한 마귀는 예수님의 최종적인 대답이 나오기 전에 잽싸게 타협안을 제시합니다. 마귀는 스스로 사람을 떠나 돼지 떼로 들어가겠다고 제안했습니다. 마침 그 옆에 무려 이천 마리나 되는 돼지 떼가 있음을 보았기 때문입니다.

돼지. 돼지를 생각할 때 유대인이 가장 먼저 떠올리는 이미지는 '부정하다'일 것입니다. 구약에 따르면 돼지는 부정한 짐승에 속해서 그것을 먹지 못하기 때문입니다. 그릴을 좋아하는 우리로서는 구약 시대에 살지 않는 것이 감사할 따름입니다만, 여하튼 당시를 살아가던 유대인에게는 돼지가 절대 넘볼 수 없는 부정한 짐승이었을 것이 분명합니다. 그런데 유대인들이 그렇게도 부정하게 생각해서 만지지도 않으려 했던 돼지를 웬일로 이천 마리나 그 지방에서 기르고 있었을까요? 추측할 수 있는 가능성은 두 가지입니다. 첫째, 이 돼지 떼를 이방인이 기르지 않았을까. 둘째, 그런데 돼지를 전혀 먹지 않는 유대인들이 사는 지방에서 굳이 돼지 떼를 길렀다면 아마 그 지역에 주둔하는 로마 군대를 위해 그리하지 않았을까. 어쨌든 궁지에 몰린 귀신들은 그 부정한 짐승에게라도 옮겨 가겠다고 예수님께 간청을 했던 것입니다.

귀신, 혹은 마귀를 생각할 때 우리가 잊지 않아야 할 점이 있습니다. 제가 어릴 때 프로 레슬링이 유행했습니다. 그중에 반칙하는 캐릭터를 가진 레슬러들이 있었습니다. 그들은 온갖 기발한 방법으로 반칙을 하면서 상대 선수를 괴롭힙니다. 그러다가 당할 대로 당한 상대 선수가 화가 나서 반칙하는 선수에게 반격을 시작하면, 그는 온갖 비굴한 태도로 자비를 호소합니다. 물론 그런 것들은 경기를 재미있게 진행하려는 쇼이긴 합니다. 그런데 반칙을 주무기로 하는 선수는 그렇게 손이 발이 되도록 자비를 호소하다가도 틈만 나면 대번에 다시 달려들어 무자비하게 반칙을 가합니다. 저는 이것이 마귀의 계략과 똑같다고 생각했습니다. 마귀에게는 '법'이라는 것이 없습니다. 자비심은 물론 원칙이나 지켜야 할 규칙도 없습니다. 무조건, 자기에게 유익한 것이라면 자존심까지도 무시합니다. 불쌍한 척, 힘없는 척 자비를 애걸하다가 틈만 나면 또 달려듭니다. 이렇다 보니, 지금 예수님께 자비와 선처를 요청하는 그 꼬락서니가 꼭 반칙왕 레슬러를 보는 꼴입니다. 그러면 귀신들은 지금 마음으로부터 항복했을까요? 아닙니다. 우선 돼지 떼에게 들어가게 해 달라는 간청을 보십시오. 사람 속에 거주하면서 그 사람을 괴롭히다가 돼지 떼에게라도 들어가겠다니, 자존심도 없이 간청하는 것이 영락없이 갈 곳 없는 애처로운 꼴입니다. 그러나 거기에는 무서운 술책이 숨어 있었습니다.

귀신의 전략

예수님의 대답은 무엇이었습니까? 마가복음 5장 13절을 보면 예수님은 이 귀신들의 요청을 허락하셨습니다. 우리는 지금 '허락'이란 단어를 봅니다. 이 단어에는 굉장히 중요한 의미가 있습니다. 바로 귀신의 생사를 결정할 수 있는 권한이 예수님께 있다는 사실입니다. 이 사실이 무엇을 의미할까요? 가능성은 둘입니다. 첫째, 바리새인과 서기관 등이 말한 것처럼 예수님이 귀신의 대장이실 가능성입니다. 그러나 예수님은 이 가능성을 이미 반박하셨습니다. 마가복음 3장 22절 이하에서 예수님은 어찌 같은 편끼리 싸울 수 있겠냐고 말씀하셨습니다. 둘째, 예수님께서 귀신이라도 부릴 수 있는 권능을 갖고 계실 가능성입니다. 우리는 마가가 이 이야기를 지금 이 자리에 배치한 이유를 이미 알고 있습니다. 예수님이 하나님의 아들이심을 증거하기 위함입니다. 그러므로 우리는 마가가 이와 동일한 목적 때문에 '허락'이란 단어를 썼을 것이라 짐작합니다. 물론 중요한 것은 그것이 사실인지 여부입니다. 문제없습니다. 마가에 따르면, 예수님은 귀신의 간청을 허락하셨고 그 결과 귀신은 돼지 떼에게 들어갔습니다. 예수님이 하나님의 아들로서 권능을 가지고 계시다는 사실을 이보다 확실하게 입증할 수 있는 증거가 달리 어디 있습니까?

이제 다시 귀신의 전략을 살펴봅니다. 귀신은 자기가 제안한 대로 예수님의 허락 아래 돼지 떼에게로 들어갔습니다. 마가는 그 광경을 이렇게 기록해 놓았습니다.

> 허락하신대 더러운 귀신들이 나와서 돼지에게로 들어가니 거의 이천 마리 되는 떼가 바다를 향하여 비탈로 내리달아 바다에서 몰사하거늘 _막 5:13

이 광경을 보며 의문이 생기지 않습니까? 귀신들은 기껏 나가기 싫은 사람에게서 나와 돼지 떼에게 들어갔습니다. 돼지들이 죽는 순간 귀신들도 죽었을까요? 귀신은 영이니 죽지 않았을 것입니다. 돼지들이 죽는 순간 귀신들은 돼지에게서 벗어나 어디론가 가 버렸을 것입니다. 여기서 또 하나의 질문이 생깁니다. '그럴 것이면 왜?' 여기서부터 우리는 귀신의 간악한 계략을 보게 됩니다. 그 다음 절에서 마가는 이렇게 상황이 진전되고 있음을 보여 줍니다.

> 치던 자들이 도망하여 읍내와 촌에 고하니 사람들이 그 어떻게 된 것을 보러 와서 예수께 이르러 그 귀신 들렸던 자 곧 군대 지폈던 자가 옷을 입고 정신이 온전하여 앉은 것을 보고 두려워하더라 이에 귀신 들렸던 자의 당한 것과 돼지의 일을 본 자들이 저희에게 고하매 _막 5:14-16

돼지를 치던 자들은 갑자기 돼지들이 미친 듯이 바다를 향해 달려가 몰살되는 상황을 보고 혼비백산했습니다. 그리고 그 사실을 고을에 가서 동네방네 전했습니다. 호기심 많은 사람들이 현장으로 달려왔습니다. 돼지들이 동

둥 떠다니는 광경도 놀라웠겠지만, 그 돼지들에게 옮겨 가기 전 귀신의 숙주
(宿住)로서 살았던 사람, 방금 전까지만 해도 미친 사람이었던 바로 그 사람이
예수님 옆에서 옷을 차려 입고 조신하게 앉아 있는 모습을 보며 더욱 놀랐습
니다. 그리고 그들은 무슨 일이 일어났는지 처음부터 자세히 파악할 수 있게
되었습니다.

그런데 이들이 이렇게 사실을 파악한 후에 어떤 일이 일어납니까? 마가복
음 5장 17절입니다.

> 저희가 예수께 그 지경에서 떠나시기를 간구하더라

이들은 지금까지 벌어진 이 놀라운 일들의 자초지종을 파악하고서도 예수
님을 경배하지 않았습니다. 귀신들은 예수님을 향해 그분이 하나님의 아들
이심을 고백했습니다. 물론 경외하기 위한 고백은 아니었지만 말입니다. 사
람도 아닌 귀신의 입에서 그분이 하나님의 아들이심을 들었으면서도, 사람
들은 그분이 행하신 이적 같은 사건에 놀라면서도, 그분이 동네에 가져온 커
다란 물질적 피해에 두려워할 뿐이었습니다. 그들은 어쩌면 자기 동네에 복
음을 전하기 위해 도착하셨을 수도 있는 그분을 향해 당장 떠나 달라고 간청
했습니다. 이것이 이들의 한계요 반응이었습니다.

귀신들은 어쩔 수 없이 떠나야 할 사람의 몸을 떠나면서 가능하면 가장 불
쌍한 모습으로 자비를 간청했습니다. 귀신들은 사람을 포기하는 대신 돼지
를 택하겠다면서 주님의 선택을 요구했습니다. 그리고 주님의 허락 하에 돼
지 떼로 들어가 돼지들을 몰살시켰습니다. 그렇다면 귀신들의 전략은 무엇
입니까? 그들은 예수님의 허락을 빙자하여 돼지 떼에 들어가 몰살시킴으로
써, 결과적으로는 예수님을 '거라사 지방'에서 쫓아냈습니다. 적어도 여기까
지는 귀신의 계략이 성공했습니다. 그들은 예수님에게서 거라사 지방에서
복음 전할 기회를 빼앗음으로써 작은 승리를 얻었습니다.

예수님의 대응 전략

그럼 예수님은 이 영적 전투에서 퇴각하심으로써 패하셨을까요? 졌다면, 왜 예수님은 귀신 들린 하찮은 사람을 고치심으로써 이런 곤란한 상황을 자초하셨을까요? 더 큰 그림을 보실 수 없었을까요? 귀신 들린 사람은 그냥 지나치시고 거라사 지역 고을로 돌아다니시면서 복음을 전하셨더라면 더 큰 효과를 얻지 않았을까요? 적어도 지금까지의 경과를 본다면, 예수님은 귀신에게 자비를 베푸심으로써 더 큰 것을 얻는 데에 실패하신 것 같습니다. 바로 이것이 귀신의 계략이었다고 생각합니다. 그러나 우리는 좀 더 사건을 지켜보아야 합니다.

마가복음 5장 18절을 보면, 귀신 들렸다가 풀려난 이 사람은 예수님이 이 지방 사람들에 의해 쫓겨나게 되셨을 때 함께 있게 해 달라고 간청했습니다. 그러나 예수님은 허락하시지 않았습니다. 예수님께서 이렇게 말씀하십니다.

> 허락지 아니하시고 저에게 이르시되 집으로 돌아가 주께서 네게 어떻게 큰일을 행하사 너를 불쌍히 여기신 것을 네 친속에게 고하라 하신대 _막 5:19

주님은 그가 당신을 수행하며 돕는 일보다 더 나은 일을 하게 하셨습니다. 예수님은 귀신 들린 사람에게서 귀신을 쫓아내신 이유를 이렇게 설명하십니다. '너를 불쌍히 여기신 것.' 다시 말해 귀신이 돼지 떼에 들어가도록 허락하신 일, 돼지들이 죽음으로써 그 동네에 엄청난 경제적 손실을 입힌 일, 이 일로 말미암아 당신 자신이 동네에서 쫓겨나게 된 일 등 이 모든 일들의 가장 근본적인 동기가 그를 불쌍하게 여기신 마음 때문이었음을 밝히신 것입니다. 예수님은 당신이 행하신 이적이 널리 알려지기를 원치 않으셨습니다. 오직 하나, 귀신 들려 고통당하는 한 인간을 불쌍히 여기시고, 이를 구하기 위해서라면 어떠한 손해라도 감수하시겠다는 당신의 각오와 심정이 전해지기를 원하셨을 뿐입니다.

그렇다 하더라도 예수님께서 그 정도 선에서 소득을 만끽하며 만족하실 리가 없습니다. 당장은 실패, 혹은 퇴각으로 끝난 듯이 보일망정, 그 사람을 당신을 돕는 사람으로 삼지 않으시고 가족과 동네에 보내셔서 당신의 사랑과 연민을 전하게 하신 것은 더욱 큰 승리를 위한 계획이었습니다. 마가복음 5장 20절 이하를 봅니다.

> 그가 가서 예수께서 자기에게 어떻게 큰일 행하신 것을 데가볼리에 전파하니 모든 사람이 기이히 여기더라 예수께서 배를 타시고 다시 저편으로 건너가시매 큰 무리가 그에게로 모이거늘 이에 바닷가에 계시더니 _막 5:20-21

'데가볼리'는 어느 도시의 이름이 아닙니다. 예수님께서 도착하셨다가 물러나신 거라사를 포함하여 열 개의 성읍으로 구성된 연맹 도시를 가리키는 명칭입니다. 이 도시들은 기원전 3세기경 수리아의 셀레우코스(Seleucid) 통치 기간에 조직되었다고 합니다. 로마의 폼페이(Pompey) 장군은 이 도시 연맹을 로마 관할로 편입시켰습니다.

예수님은 늦은 밤에 향하셨던 그 '거라사 지방'에서 귀신 들린 사람을 풀어 주시고 돼지 떼가 몰사하는 사건 때문에 이 지역에서 철수하셨습니다. 그것은 분명 마귀의 책략이었습니다. 마귀는 여기에서 승리한 것처럼 보였습니다. 그러나 마가는 귀신 들렸다 풀려난 사람을 통해 주님께서 어떻게 더 큰 전쟁에서 승리를 거머쥐시는지 보여 주었습니다. 주님은 이 사람, 마귀로부터 자유를 경험한 한 가련한 사람을 통해 패한 듯이 보이는 국면을 승리로 이끌어 내셨던 것입니다. 그 결과, 예수님은 거라사의 한 지역보다 훨씬 더 광범위한 지역에서 자신을 따르는 엄청난 군중을 만나실 수 있었습니다.

영적 전쟁, 그리고 승리의 방법

한 가지를 짚고 넘어가려 합니다. 눈썰미가 좋으신 분들은 제가 바로 이전과 이번에 '마귀'와 '귀신'을 번갈아 사용하고 있음을 눈치채셨을 것입니다. '마귀'와 '귀신'이란 두 단어를 어떻게 이 지면에 제대로 설명할 수 있겠습니까만, 요점만이라도 소개하려 합니다. 한국, 심지어 한국 교회의 내로라하는 목사님들마저도 '귀신'은 있다고 말씀하십니다. 맞는 말입니다. 귀신은 존재합니다. 그러나 그 귀신은 마귀가 가장하여 나타난 모습일 뿐입니다. 결국 귀신이 마귀라는 뜻입니다. 어떤 분들은 '명을 못 채워서 천당이든 지옥이든 못 가는 존재들이 하늘과 땅 사이에서 떠도는 것'이 바로 귀신이라고도 말합니다. 이단적인 사상입니다. 영적 세계에 관하여 성경이 말하지 않는 부분까지 우리가 명확히 알 수는 없지만, 명을 못 채운다고 구천을 떠도는 귀신은 없습니다. 성경은 사람이 죽는 즉시 영혼이 육체를 떠나 하나님의 품에 안긴다고 말하기 때문입니다. 우리는 사람이 죽는 순간부터 영혼은 즉시 하나님의 권한에 속한다고 말할 뿐입니다. 사무엘상 28장에서는 무당이 죽은 사무엘의 영을 불러오는 장면을 소개하지만, 이 역시 사탄이 사무엘의 모습으로 나타났다고 생각할 수밖에 없습니다. 어느 권세라 하더라도 하나님의 손으로부터 영혼을 불러올 수 없기 때문입니다. 그럼, 귀신 들린 사람이 자신의 이름을 '몇 년 전에 죽은 누구의 귀신'이라는 식으로 소개하는 이유는 무엇일까요? 과거의 역사들을 잘 아는 마귀가 그 사실을 빌려 이름을 도용함으로써 자기의 진정한 정체를 숨기려 하기 때문입니다. 마귀와 귀신의 문제는 이 정도 선에서 설명을 그칩니다.

예수님과 소위 '군대 귀신들'의 이야기가 우리에게 말하려는 것은 무엇일까요? 이전 본문에서도 말씀 드린 것과 같이, 마귀는 우리를 어떻게든 속이려 하고 지배하려 하며 결과적으로 우리에게 해를 끼치려 합니다. 그가 지금은 매우 큰 힘과 능력을 과시한다 하더라도 그것은 환상일 뿐입니다. 그는 궁극적으로 멸망이 예정된 존재일 뿐이며, 그에게는 추호라도 동정과 구제를 받을 여지가 남지 않았습니다. 그가 눈이 휘둥그레질 만한 능력을 보여주며 미혹할지라도 그가 우리에게 줄 수 있는 좋은 것은 없습니다. 그에게는 멸망과 화만 있을 뿐, 모든 좋은 복락과 기쁨은 그 모든 것의 창조주이신 하나님께 속해 있기 때문입니다. 이런 면에서 마귀를 숭배하여 그로부터 무엇인가를 얻어 내고자 하는 시도들은 결국 실패할 것입니다. 마귀에게는 그런 것이 없을 뿐만 아니라 그런 것을 지배할 권한도 없기 때문입니다.

마귀는 끊임없이 계략을 세워서 예수님의 사역을 방해하려고 합니다. 때로는 엄청난 시련으로, 박해로, 모략으로 …. 인간이 상상할 수조차 없는 마귀의 기괴한 계략들이 난무하는 곳이 이 세상이며, 이 때문에 실제로 하나님의 일과 교회는 엄청난 고통과 난관에 빠질 수도 있습니다. 그러나 기억하십시오! 예수님은 이 모든 전투에서 이기실 것이고, 마침내 마지막 날에는 온 우주의 왕으로서 보좌에 앉으실 것입니다.

여기서 한 가지를 더 살펴보려 합니다. 그것은 마귀의 전략에 맞서서 승리를 일궈 내신 주님의 방식입니다. 주님은 마귀의 계략을 그 자리에서 밝히심으로써 그를 물리치시지 않았습니다. 예수님은 그의 계략에 당하시는 듯했으나 한 가지 방법을 사용하여 오히려 더 큰 승리를 이끌어 내셨습니다. 당신의 능력 덕분에 귀신에게서 해방된 한 사람의 입입니다. 그리스도 예수의 능력으로 마귀의 힘에서 해방된 한 사람은 당장 주님을 따르려는 마음을 접고 순종하여 자신의 동네로 들어갔습니다. 그리고 그 사람은 주님의 당부대로, 가족에게 그리고 동네 사람에게 주님께서 귀신에 사로잡힌 자들을 얼마나 불쌍하게 여기시는지, 그리고 얼마나 놀라운 능력으로 자신을 고치셨는지를 열렬하게 설명했습니다. 그것은 즉시 '전도'가 되어 세상 사람들이 주님에 관하여 관심을 갖게 했습니다.

오늘날의 세상은 순진하게 '예수님 믿으라'는 말로 전도할 수 없는 지경에 있습니다. 오늘날의 교회는 자신의 몸집조차 유지하기 힘든 질곡에 빠져 있는 듯이 보입니다. 예수님을 믿으라고 말하면 '너나 믿어!'라고 답변을 듣는 지경을 넘어 '그것을 왜 믿는데?' 하는 소리를 들을 지경에 이를 만큼 기독교 신앙과 교회의 처지가 궁색해지고 말았습니다. 그러나 저는 이렇게 믿습니다. 세월이 어떻게 변했더라도, 사람들의 생각이 어떻게 바뀌어 있다 하더라도, 그리고 교회가 얼마나 추한 모습으로 우리를 실망시킨다 하더라도, 이 모든 상황에도 불구하고 주님께 최후의 승리를 안겨 드릴 방법은 하나밖에 없습니다. 우리가 하나님 아들의 권능과 그분의 자비를 경험한 사람으로서 우리의 입을 크게 벌려 세상에 온 힘을 다해 외치는 것입니다. 세상이 무어라 손가락질하고 비난하여도 우리를 죄와 죽음으로부터 자유함과 거룩으로 인도하신 주님의 능력은 부정할 수 없는 현실이기 때문입니다. 체험한 사람만이 이 일을 할 수 있습니다. 살리시는 그분의 능력을 경험한 사람만이 그리스도 예수를 영광의 보좌에 앉으시도록 돕는 역할을 할 수 있습니다. 하나님 나라의 능력만이 우리가 이 세상을 항하여 외칠 수 있게 합니다.

25

정결케 하시는 분, 예수님
마가복음 5:21-34

사람이냐, 돼지냐?

본문은 거라사 지방으로 배를 타고 건너신 주님께서 무덤에서 살던 귀신 들린 사람을 고치신 후에 그 지방에서 쫓겨난 이후의 사건들을 다루고 있습니다. 오랫동안 귀신에게 사로잡혀서 비정상적인 삶을 살아야 했던 그 사람, 그런 사람을 고쳐 주었다면 예수님은 귀한 손님으로 대접받아야 마땅합니다. 그러나 예수님은 거절당하셨습니다. 동네 사람들은 예수님이 떠나기를 원했습니다. 우리는 그 이유를 이미 압니다. 그것은 돼지 떼가, 그것도 무려 이천 마리나 되는 돼지가 죽었기 때문입니다. 사람 안에 머물던 군대 귀신은 예수님께 돼지 떼에게 들어가게 해 달라고 애원했습니다. 예수님은 그것을 허락하셨습니다.

어떤 주석가들에 따르면, 이 이야기가 예수님의 자비심을 가르친다고 말합니다. 예수님께서 이천의 돼지 떼보다 한 사람의 영혼을 더 소중하게 생각하셨다는 것입니다. 그런데 거기에는 귀신의 교활한 계략이 숨어 있었습니다. 예수님의 선택으로 말미암아 마귀는 돼지 떼를 몰살시켰습니다. 이로써 마귀는 동네 사람들에게 예수라는 인물이 그들의 동네에 해를 끼칠 수도 있는 인물임을 알렸던 것입니다. 물론 그것은 잘못된, 사실은 간악한 모략이었습니다. 그러나 동네 사람들은 마귀의 속삭임에 동의했습니다. 왜 그렇습니까? 동네 사람에게는 무덤에서 끊임없이 자신들을 괴롭히며 살던 그 한 사람보다 돼지가 더 중요했기 때문이었을 것입니다.

돼지를 부정하게 여기는 유대인에게 돼지가 사람보다 중요할까요? 그럴 수도 있고 아닐 수도 있습니다. 돼지가 중요하지 않다는 것은 이론적인 면에서 그렇다는 말입니다. 부정한 돼지가 어찌 사람보다 중요하겠습니까? 그러나 현실로 돌아와서 생각해 보면 돼지가 사람 하나보다 중요할 수도 있습니다. 돼지를 먹지 않고 부정하게 여기는 유대인 마을이 여기 있습니다. 물론 돼지고기를 몰래 먹는 사람도 있었겠지만 아주 드물었을 것이고, 이런 마을에 돼지 목장이 있다는 것은 어디엔가 소비할 곳이 있다는 의미입니다. 저는 지난번에 이 근처에 로마 군대가 있었을지도 모른다고 말씀 드렸습니다. 그렇게만 짐작하더라도, 우리는 동네 사람들에게 돼지가 귀신 들린 사람 하나보다 중요한 이유를 능히 상상할 수 있을 것입니다. 그 당시뿐만 아니라 지금도 돼지를 이천 마리나 키운다면 적지 않은 규모입니다. 그 무더운 기후에서, 게다가 돼지를 사육하기에는 적합하지 않은 지역에서 그만한 규모의 돼지를 키운다면, 이 목장의 주인은 상당한 재력가였을 것입니다. 요약하자면 그 돼지 사육으로 말미암아 상당한 규모의 돈이 그 동네에서 순환될 것이란 뜻입니다. 돼지 산업으로 말미암아 동네 사람들이 적지 않은 덕을 보고 있었을 것이 틀림없습니다.

이런 상황에서 어쩌면 돼지는 그 동네 사람들에게 고마운 존재였을 것입니다. 부정하기에 만지기도 보기도 싫은 존재이지만, 그럼에도 소중한 돼지. 명목은 더러워도 실제로는 귀중한 존재입니다. 거기에 비하면 귀신 들렸다 풀려난 한 인간은, 명목은 귀중하지만 실제로는 기피하고 싶었던 존재였습니다. 사실 우리는 이런 모순을 늘상 경험하기도 합니다. 우리는 저 멀리 아프리카에서 선교하는 분들을 존경하고 기꺼이 후원할 마음이 있습니다. 그러나 아프리카 사람은 다른 문제입니다. 한국에서 교회를 섬기던 시절, 양평의 ACTS(아세아연합신학대학교) 캠퍼스에서 중고등부 수련회를 한 적이 있습니다. ACTS는 신학생을 길러 선교사로 보내는 일을 학교의 목표 가운데 하나로 잡았습니다. 양평 캠퍼스에는 주로 제3세계의 학생들이 거주하는 기숙

사가 있었습니다. 방학 기간이라 중고등부 학생들이 그 넓은 캠퍼스를 수련회 기간 동안 사용했는데, 아프리카같이 멀리서 온 외국 학생들은 여전히 남아 있었습니다. 식사 시간이었습니다. 식당으로 가서 식사를 하는데, 자연히 그들과 맞닥뜨리게 되었습니다. 우리 아이들이 그들을 어떻게 보았을까요? 멀리 떨어져서 밥을 먹던데요? 검은 피부, 붉게 충혈된 듯한 눈동자, 웃을 때마다 유난히 눈에 띄는 희고 누런 이. 손등은 왜 그리 검고 손바닥은 희던지. 그들이 나름 호의를 갖고 웃을 때 저마저도 무장해제하고 반갑게 웃기가 힘들었습니다.

우리는 이웃을 사랑해야 한다고 배우고 그렇게 고백합니다. 그러나 그 이웃 사랑은 언제나 제한적입니다. 그것이 바로 우리의 경험이고 한계입니다. 사랑한다 말하지만 사랑할 만한 사람만 사랑합니다. 용서한다 말하지만 용서할 가치가 있는 사람만 용서합니다. 돕는다 말하지만 도울 가치가 있어야만 돕습니다. 이렇게 우리의 행위에는 언제나 조건이 붙어 있습니다. 가정이지만, 이 동네 사람에게 물어봅니다. "여보세요! 돼지가 중요합니까, 사람이 중요합니까?" 이렇게 물어볼 때, 누가 감히 "돼지가 중요하죠!"라고 말할까요? 그러나 문제는 사람도 사람 나름이라는 것에 있습니다. 돼지가 하찮은 존재이지만 돼지 산업은 중요합니다. 무덤에서 살면서 지나가는 사람이나 괴롭히는 그 귀신 들린 사람이 어찌 사람 축에 들겠습니까? 돼지는 부정해도 동네에 유익을 주지만 귀신 들린 사람은 해악을 끼칩니다. 이것이 바로 하나님의 백성이라는 그 동네 사람들, 아니 우리 인간의 판단이었습니다. 그러므로 "돼지가 중요합니까, 사람이 중요합니까?" 하는 질문을 받았을 때, 우리는 "당연히 사람이 중요하죠!"라고 대답하고 뒤로 돌아서서는 "하지만 돼지도 돼지 나름이랍니다!" 하며 어깨를 으쓱할 수밖에 없습니다. 그리고 이런 모습에서 우리 자신의 모습이 보인다면, 우리는 그것을 어떻게 해결해야 할지도 알고 있습니다.

역전(逆轉)

다음으로 넘어갑니다. 마귀 혹은 귀신이 돼지 떼로 들어간 것은 예수님의 사역을 방해하기 위한 계략이었습니다. 과연 마귀의 작전은 성공했습니다. 마을 사람들은 예수님께 그 동네를 떠나 달라고 간청했습니다. 예수님은 그들의 간청을 받아들이셨습니다. 그러나 그것으로 끝났습니까? 아닙니다. 반전(反轉)은 전혀 생각지도 못한 곳에서 일어났습니다. 예수님께서 동네를 떠나실 때, 귀신 들렸던 사람은 예수님 일행을 따르게 해 달라고 요청했습니다. 그러나 예수님은 이 부탁을 거절하셨습니다. 그 대신 이렇게 당부하셨습니다. "집으로 돌아가 주께서 네게 어떤 이적을 행하셨고 어떤 자비를 베풀어 주셨는가를 이웃에게 전하라"(막 5:19, 현대어 성경). 이에 귀신 들렸던 사람은 집으로 돌아가 가족들에게, 나아가 데가볼리 온 지역을 돌아다니면서 자기의 경험을 열심히 전했습니다. 그 결과가 무엇입니까? 귀신 들린 사람의 이야기를 들은 데가볼리, 즉 열 개의 동네에 살던 수다한 사람들이 예수님께로 몰려들었습니다. 이것은 실로 예상치 못한 결과였습니다. 예수님은 거라사에서 쫓겨난 대신 열 동네의 주민들을 상대로 전도하실 수 있게 되었습니다.

모세는 신명기 28장 7절에서 이렇게 말합니다.

> 원수들이 일어나 여러분을 치러 오면 여호와께서 여러분 앞에서 그들을 땅바닥에 메어치실 것이니 그들이 한 길로 여러분을 치러 왔다가 일곱 길로 도망칠 것입니다
> _현대어 성경

마귀는 처음에 자신을 따르면 온갖 좋은 것을 주겠다고 약속합니다. 그러나 마귀는 그 약속을 지킬 수 없습니다. 하나님은 마귀에게 영원한 형벌을 허락하셨을 뿐입니다. 나아가 인간들이 소위 '행복'이란 이름으로 표현하는 그 모든 것들은 오직 하나님의 손에 있을 뿐입니다. 그러므로 마귀가 언제

나 인간을 해코지하기 위하여 분투할지라도 그의 운명은 오직 하나, 패배밖에 없습니다. 신명기는 마귀가 우리를 향하여 위협하며 달려들지라도 결국은 처참하게 패배할 것이라 선언합니다. 본문에서도 마귀는 한 번의 작은 승리를 얻는 것처럼 보였지만 오히려 더 큰 실패를 맛보았습니다. 이것이 우리가 끊임없이 상대하며 때로는 두려워하기도 하는 마귀의 운명입니다. 우리는 이 말씀을 보면서 우리가 반드시 승리할 것, 그리고 하나님의 나라가 반드시 승리할 것을 확신해야 합니다. 마귀는 예수님과의 마지막 대전에서도 패했습니다. 그는 온갖 계교로 예수님을 십자가에 못 박는 데 성공했지만, 예수님은 하나님의 능력으로 죽음에서 사흘 만에 다시 일어나심으로써 마귀가 가진 가장 큰 사망의 권세를 무력화하셨습니다. 이 승리는 예수 그리스도의 십자가의 능력을 믿고 그분을 구주로 고백하는 모든 신자들의 승리가 되었습니다.

혈루병 걸린 여인을 고치심

예수님께서 인근에 와 계신다는 소문을 듣고 수없이 많은 사람들이 몰려왔습니다. 주님은 거라사 지방으로 가시기 전에도 몰려온 사람들이 많아서 배 위에서 복음을 전하셨습니다. 그런데 이번에는 아마 그보다 더 많은 사람들이 몰려오지 않았을까 짐작합니다. 여기에는 그 사이에 귀신 들렸다 풀려난 사람의 공이 적지 않았습니다. 그런데 바로 이때, 하나의 사건이 일어납니다.

> 회당장 중 하나인 야이로라 하는 이가 와서 예수를 보고 발 아래 엎드리어 많이 간구하여 가로되 내 어린 딸이 죽게 되었사오니 오셔서 그 위에 손을 얹으사 그로 구원을 얻어 살게 하소서 하거늘 _막 5:22-23

'회당장'(ἀρχισυνάγωγος)으로 번역된 단어는 성전이 파괴된 이후 각 지역에 세워져서 유대인들이 예배하던 회당의 우두머리를 가리킵니다. 이 회당장은 회당 건물을 관리하고 예배를 인도했다고 합니다. 그들이 제사장은 아니었지만 평신도의 우두머리로 세워졌기 때문에 서민들로부터 상당한 존경을 받았다고 합니다.

지금 등장한 야이로는 아마 가버나움 지역의 회당장 가운데 하나였을 것입니다. 이 야이로가 지금 예수님께 와서 그 앞에 꿇어 앉아 더 이상 낮아지기 어려울 만큼 자신을 낮추어 한 가지를 거듭하여 애원했습니다. 무엇입니까? 자기 딸을 살려 달라는 것이었습니다.

> 많이 간구하여 가로되 내 어린 딸이 죽게 되었사오니 오셔서 그 위에 손을 얹으사
> 그로 구원을 얻어 살게 하소서 _막 5:23

"제 딸이 죽게 되었습니다. 저희 집으로 와 주십시오. 딸에게 안수하셔서, 그를 살려 주십시오." 이것이 야이로의 간청이었습니다. 마태복음은 이미 이 딸이 죽었다고 말합니다만, 종합하여 생각해 볼 때 그만큼이나 딸의 목숨이 위태로웠음을 말하고 있는 것이 틀림없습니다. 야이로는 예수님께서 행하신 일들을 소문으로 들었을 것입니다. 눈에 넣어도 아프지 않을 어린 딸이 죽어 가고 있습니다. 그에게 딸을 살리는 일처럼 중요한 것은 없었습니다. 그는 자신의 처지도, 지위도 상관없었습니다. 회당장씩이나 된 자신이 예수님께 이렇게 말하는 것이 주변 사람들에게 어떤 영향을 줄지도 상관이 없었습니다. 딸을 살리는 것이 가장 절박한 문제였기 때문입니다.

주님은 회당장 야이로의 간청을 들어주셨습니다. 주님은 야이로와 함께 그의 집을 향해 걸음을 띄워 놓으셨습니다. 안 그래도 수많은 군중이 예수님 주변에 있었는데, 회당장씩이나 되는 야이로가 애걸복걸하며 죽어 가는 딸을 살려 달라고 간청하자 이 재미있는 구경거리를 보려고 야이로와 예수님 일행을 쫓는 사람들이 엄청나게 몰려들었습니다. 이 복잡한 상황에서는 예수님을 만지기는커녕 그분의 뒤꼭지라도 보기 힘들 것입니다. 그런데 한 여

인이 이 일을 해냈습니다. 예수님께서 걸어가시다가 갑자기 걸음을 멈추시더니 이렇게 말씀하셨습니다.

> 예수께서 그 능력이 자기에게서 나간 줄을 곧 스스로 아시고 무리 가운데서 돌이켜
> 말씀하시되 누가 내 옷에 손을 대었느냐 하시니 _막 5:30

능력이 예수님에게서 나갔다는 말씀은 우리가 지금 감당하기엔 너무 어려운 부분이기에 지나갑니다. 어쨌든 예수님은 자기 옷자락에 스치듯이 한 사람의 손이 닿았음을 알아채셨습니다. 예수님이 하나님의 아들이심을 우리가 알기에 이 부분을 이해하기는 어렵지 않을 것입니다. 그러나 예수님께서 가던 길을 멈추시고 이 사실을 공개하시는 부분은 주의 깊게 생각해야 합니다. 주님께서 왜 이렇게 행동하셨을까요? 거기에는 상당한 이유가 있었습니다.

마가는 이 여인을 이렇게 설명하고 있습니다.

> 열두 해를 혈루증으로 앓는 한 여자가 있어 많은 의원에게 많은 괴로움을 받았고
> 있던 것도 다 허비하였으되 아무 효험이 없고 도리어 더 중하여졌던 차에 예수의
> 소문을 듣고 무리 가운데 섞여 뒤로 와서 그의 옷에 손을 대니 이는 내가 그의 옷에
> 만 손을 대어도 구원을 얻으리라 함일러라 _막 5:25-28

첫째, 이 여인은 열두 해 동안 혈루증이란 병, 즉 원인을 모른 채 피를 흘리는 질병(ῥύσει αἵματος, hemorrhage)을 앓고 있었습니다. 둘째, 이 병을 고치기 위해 무척 많은 시도를 해 보았지만 돈만 허비했을 뿐입니다. 셋째, 두 번째 정보를 보건대 이 여인은 상당한 부자였음이 확실합니다. 그러나 이 병을 고치려 하다가 병은 고치지 못하고 돈만 허비하여 현재 가난한 상태였을 것입니다. 넷째, 이 점이 가장 중요한데, 이제 그녀에게는 예수님께 고침을 받는 것이 유일한 소망이 되어 버렸다는 것입니다. 어떤 분은 이 여인의 믿음이 미신적이었을 것이라 말합니다. 그러나 그것이 중요하지는 않습니다. 이 여

인은 지금까지 예수님이라는 분이 사방에서 병자를 낫게도 하고 죽은 자를 살리기도 한다는 소문을 들었습니다. 그래서 이 여인은 예수님이라는 분이 자기 근처를 지나가시는 바로 지금이야말로 자신의 운명을 결정적으로 바꿀 수 있는 기회임을 직감했을 것입니다. '이번이 마지막이다. 내 앞을 가로막는 사람이 아무리 많더라도 기어이 그 사람의 옷자락이라도 스쳐야 한다. 그러면 반드시 나을 것이다.' 여인의 소원은 이루어졌습니다. 그녀의 소원대로 예수님의 옷자락을 스쳤고, 그 순간 자신의 몸에 어떤 강력한 변화가 일어났음을 느꼈습니다. 그리고 같은 시각 예수님도 자신의 능력이 쏟아져 나감을 느끼셨습니다.

주님은 가난하고 억눌린 사람들과 같이 약한 자들의 편에 서 오셨습니다. 그렇다면 왜 예수님은 굳이 이 상황에서 그 많은 사람들 사이에서 그런 사실을 밝히셨을까요? 이런 의문은 지금까지 이 여인이 앓고 있던 병이 유대인 사회에서 어떤 의미였는지를 알 때 더욱 긴급해집니다. '혈루병'이 어떤 병인지를 알기는 쉽지 않습니다만, 여러 가지 상황을 미뤄 볼 때 통제 불능의 상태에서 지속적으로 피를 흘리는 병이었던 것은 틀림없습니다. 그런데 여기에서 이 병을 다시 언급하는 것은 이 병의 의학적 내용을 말씀 드리기 위함이 아닙니다. 여기에서 지적하고자 하는 것은, 이 병이 당시의 유대인에게는 종교적 의미가 있었다는 사실입니다.

간단히 말합니다. 이 여인은 통제 불능의 출혈병을 앓고 있었습니다. 이 말은 환자인 이 여인이 종교적으로 부정한, 즉 정결하지 못한 인간이었다는 의미입니다. 다시 말해 이 여인은 부정한 사람이었기 때문에 누구든지 그녀와 닿기만 하면 그 역시 부정한 사람이 될 수밖에 없었다는 것입니다. 그런데 예수님은 지금 누구라도 다 알 만한 부정한 여인과 자신이 접촉했다, 즉 '닿았다'고 공표(公表)하셨습니다. 이 말이 무슨 의미인지 아시겠습니까? 예수님은 지금 자신이 '부정한 사람'이 되었다고 선언하신 것입니다. 그 결과는 무엇입니까? 율법에 따르면 여인도 예수님도 부정해야 했습니다. 하지만 열두 해 동안 부정했던 여인은 예수님과 접촉하는 순간 병이 순식간에 나았음을 확연히 느끼게 되었고, 예수님 역시 자신이 더럽혀짐이 아니라 자신의 능력이 빠져 나가 이 부정한 여인의 병, 즉 이 여인을 부정하게 했던 근원인 출혈병을 낫게 했음을 느끼셨습니다. 우리는 이 상황을 어떻게 받아들여야 합니까? 우리가 확실하게 말할 수 있는 것은 예수님께서 이 여인과 접촉함으로써 부정해지시지 않았다는 점입니다. 예수님은 오히려 부정한 여인을 깨끗하게 하셨습니다. 그렇다면 우리는 예수님을 어떻게 해석해야 할까요?

예수님은 어떤 분이신가?

우리는 이렇게 하여 오늘의 주제에 도달했습니다. 마가복음 4장 말미에서 제자들이 "대체 이분이 누구인가?"라고 물었고, 그 답변이 길게 5장까지 이어지고 있습니다. 5장 첫 부분에는 군대 귀신에게 사로잡혀서 고통스레 살던 인물이 자유하게 되는 이야기가 소개되었고, 회당장 야이로가 죽어 가는 딸을 고쳐 달라고 하여 그 집으로 가시는 도중에 일어난 에피소드가 바로 본문 이야기입니다. 마가는 이 이야기를 통해서 예수님을 어떤 분이시라고 설명하는 것일까요? 이 질문에 우리는 간단히 답할 수 있습니다. 우리가 이해할 수 있는 아주 쉬운 말로 예수님을 표현해 봅시다. 율법, 즉 정결법이 적용되지 않는 분. 하나님께서 모세를 통해 친히 제정하신 정결법을 초월하는 분. 부정의 근원을 제거하는 분. 이런 표현이 가능한 존재는 오직 한 분뿐입니다. 하나님! 하나님이 아니고서는 이런 일이 도무지 가능하지 않다는 것이 우리의 결론입니다.

마가는 마가복음 5장을 통해 예수님께서 귀신도 제어하시고 정결법도 초월하신다고 증언하고 있습니다. 다음 부분에서는 죽은 이도 살리시는 주님의 이야기를 증언하게 될 것입니다. 하나님은 이미 마가복음의 서두에서 예수님을 '내 사랑하는 아들'이라고 선언하셨습니다(막 1:11). 마가복음의 끝에서는 백부장이 예수님을 '참으로 하나님의 아들'(막 15:39)이라고 고백합니다. 우리는 이렇게 이어지는 고백을 향한 여정을 마가와 함께 걸어가고 있는 것입니다.

성급한 말씀인지는 모르겠으나, 우리는 이미 예수님이 누구신지를 고백하기에 충분한 사건과 이야기들을 알고 있습니다. 그러나 아주 중요한 사실이 남아 있습니다. 그 예수, 그분이 나에게는 어떤 존재입니까? 어떤 사람은 병을 고침 받았습니다. 어떤 사람은 죽었다가 살아났습니다. 물론 어떤 기적이나 놀라운 사건 같은 것만을 이야기하려는 것은 아닙니다. 예수님과 내가 어떤 사건들을 통해 어떤 관계를 맺으면서 살아가느냐, 이것이 믿음임을 말씀 드리려는 것입니다. 그분이 2천 년 전에 어떤 분이셨고, 예전에 어떤 일을 하셨다는 것은 중요하지 않습니다. 그분이 지금의 나와 어떤 구체적인 사건을 공유하고 있는지, 그래서 그분이 나와 어떤 친밀한 인격적인 관계를 맺어가고 있는지가 중요하다는 뜻입니다.

마지막으로 다시 한 번 이 질문을 던집니다. 나에게 그분은 어떤 분입니까? 그분을 나와 상관없는 일로 설명해서는 곤란합니다. 그분이 구체적인 어떤 사건들을 통해 나와 어떤 관계를 맺고 있는지를 설명할 수 있어야 합니다. 이것이 믿음입니다. 믿음은 과거의 이야기가 아니라 현재의 이야기입니다. 믿음은 남의 이야기가 아니라 지금 나의 이야기입니다.

26

회복, 진정한 구원
마가복음 5:25-34

사람 아닌 사람의 욕망

한국에서 일할 때, 직장 생활을 하는 청년들과 자주 만났습니다. 밥도 먹고 수다도 떨었습니다. 어느 날 지금은 없어진 것으로 아는데, 종로6가 뒷골목에는 생선구이 집들이 줄지어 선 곳이 있었고 그곳에서 점심을 먹게 되었습니다. 실은 생선구이가 아니라 닭 한 마리를 먹으러 갔는데, 그 골목을 지날 수밖에 없었습니다. 그런데 그 전날인가 그날 아침에 비가 왔는지 포장 안 된 골목길이 몹시 미끄럽고 질었습니다. 그 길을 가다가 저는 그만 넘어지고 말았습니다. 넘어지면서 생선구이 집이 가게 밖으로 내놓고서 굽던 생선 한 마리를 바닥에 떨구었습니다. 몸이 균형을 잡지 못하니, 눈으로 보면서도 같이 땅바닥에 내동댕이쳐지는 생선을 어쩔 수가 없었습니다. 그 순간, 가게 주인이 뛰어나왔습니다. 그가 먼저 본 것은 무엇이었을까요? 당연히 생선이었습니다. "아이고, 내 생선 어쩔대." 진창에 넘어지면서 체면 구긴 저는 손에 진흙까지 묻어 기분이 상당히 안 좋았습니다. 그래서 그랬는지, 생선 한 마리를 붙들고 아깝네 마네 하는 그 주인이 참 얄미웠습니다.

제가 물었습니다. "아줌마, 저도 넘어지고 생선도 땅에 떨어졌는데, 저에게 먼저 안 다쳤냐고 물으시는 것이 맞지 않나요? 사람이 중요합니까, 생선이 중요합니까?" 저는 저 나름대로 이론적인 배경을 갖고 그리 물었을 뿐이었습니다. 가게 앞이 미끄러워서 행인이 넘어져 다쳤다고 하면, 당연히 가게 주인이 책임을 져야 합니다. 그것이 제가 아는 민사법이었습니다. 그러니 자기 가게 앞에서 행인이 넘어졌으면 당연히 챙겨 주는 것이 예의이고 원칙이라 생각했습니다. 그런데 주인아주머니 대답이 이랬습니다. "당연히 생선이지! 생선은 팔면 돈이 되는 건데 …" 저는 그 순간 더 이상 이야기할 생각을 하지 않았습니다. 그러고는 고개를 절레절레 흔들며 그곳을 떠났습니다. 실은, 그 대답은 주인아주머니가 굴러 들어온 돈을 걷어차는 소리였습니다. 왜냐하면 저는 넘어지면서 함께 내동댕이쳐진 생선을 보는 순간, 생선 값을 내드려야겠다고 생각했기 때문입니다. 아주머니가 제게 먼저 달려와 다치지 않았느냐고 물었더라면, 제가 넘어지는 바람에 생선 하나 버리게 되어서 미안하다며 돈을 드렸을 것입니다. 그런데 생선이 사람보다 중요하다니요.

지난 본문에서 우리는 귀신에 사로잡혀 고통당하는 사람보다 돼지를 더 사랑한 고을 사람들을 보았습니다. 사랑함에 조건이 있을 수 없다고 우리는 말합니다. 사랑은 조건이 아닙니다. 계산 없음, 즉 조건 없이 희생하기에 우리는 사랑을 최고의 가치라고 동의합니다. 그러나 인간은 조건 없는 사랑을 받기는 좋아하면서도 베풀기는 꺼려 합니다. 이것이 우리의 모순입니다. 어쨌든 주님은 조건 없는 사랑, 즉 자신을 희생하는 사랑을 우리에게 베푸시기 위해 이 땅에 오셨고, 마침내 십자가에 달리셨습니다. 그러므로 우리는 십자가를 생각할 때마다 조건 없이 우리를 사랑하신 예수님의 사랑을 떠올리며, 우리를 구하시기 위해 당신의 아들을 희생하신 하나님의 사랑을 떠올립니다.

이런 사랑을 우리가 기억할 때, 길 가는 도중에 예수님을 만진 한 여인의 이야기는 우리에게 많은 것을 시사합니다. 불치의 병, 혹은 수많은 재산을 허비하게 만든 병, 나아가 자신을 부정하다 판결 받게 만든 그 출혈병을 앓는 여인이 있었습니다. 여인에게 출혈병은 그런 의미였습니다. 출혈병은 여인의 가정을 앗아 갔고, 친구를 앗아 갔습니다. 사회생활을 앗아 갔습니다. 재산도 앗아 갔습니다. 출혈병을 앓는다는 사실이 확인되자마자 그녀는 하나님으로부터도 멀어져야 했습니다. 출혈병은 부정한 것이므로 하나님의 거룩한 백성으로서의 자격을 박탈당할 수밖에 없었기 때문입니다. 결국 여인은 병으로 말미암아 모든 것을 잃었습니다. 그리고 남은 것은 오직 하나, 자존감이라고는 전혀 없는 무가치한 존재였습니다. 이 여인에게 주님의 사랑은 어떤 모습으로 나타날 것인가, 이것이 바로 우리의 관심입니다.

인도의 전통에 카스트(caste) 제도가 있습니다. '카스트'라는 단어는 원래 족속, 혈통, 계보라는 의미를 가진 포르투갈어와 스페인어에서 유래되었다고 합니다. 인도의 카스트 제도에 따르면, 카스트는 대체로 4개의 바르나(산스크리트어로 '색'[色]이라는 뜻), 즉 계급으로 분류됩니다. 최상층은 '브라만' 즉 승려, 다음은 '크샤트리아' 즉 귀족 또는 무사, 그 다음은 '바이샤' 즉 평민 또는 상인, 최하층은 '수드라' 즉 수공업자 또는 노동자입니다. 가장 불결한 직업을 가진 사람들은 수드라 밑에 '불가촉천민'으로 불렸습니다. 말하자면 등급 외의 인물들, 즉 존재해도 존재로 간주되지 않는 부류의 사람들이었던 것입니다. 예를 들면 어부 같은 사람들, 소를 죽이거나 죽인 소를 치우는 일 또는 가죽 무두질을 하면서 생계를 잇는 사람들, 똥, 오줌, 땀, 침 등 인체의 배설물과 관련된 일을 하는 사람들, 즉 청소부나 세탁부, 소고기를 먹거나 집돼지, 닭 등의 고기를 먹는 사람들이 여기에 속합니다. 이들은 보여도 안 보이듯이, 존재해도 없는 듯이 취급받으며, 또 그렇게 살아갔던 사람들인 셈입니다. 출혈병에 걸린 이 여인 역시 어쩌면 이런 사람들의 신세가 아니었나 싶습니다.

욕망이 소망이, 소망이 믿음 되어

그러나 이 여인도 사람인지라 욕망이 있었습니다. 낫고 싶다는 욕망입니다. 자신의 모든 것을 앗아 간 출혈병. 그 병을 떨굴 수만 있다면! 그녀는 부정하다는 판결에서도 자유로울 수 있고, 가족에게로 돌아갈 수도 있을 것입니다. 친구들에게도 돌아갈 수 있을 것입니다. 허비한 돈을 되찾을 수는 없겠으나 건강한 삶으로 돌아갈 수만 있다면 그 이상 무엇을 바라겠습니까? 보통 사람이 이런 마음을 품으면 장하다 하겠으나 부정한 여인이 이런 소망을 갖는다면 '그래서는 안 될 일'이었습니다. 부정하면 사람이 아니고, 사람이 아니면 욕망해선 안 되기 때문에. 그러나 그녀는 욕망했습니다. 기어이 나으리라! 그 욕망은 예수에 관한 소문으로 말미암아 소망으로 변했습니다. 소망은 믿음으로 변했습니다. '그 예수라는 인물의 옷자락이라도 스친다면 내 병은 꼭 나을 거야!' 그 믿음은 그녀를 움직이게 했습니다. 예수님께서 지나시는 길목에 그녀 자신을 세웠으며, 그 복잡한 군중 틈을 기어이 뚫고 들어가게 했습니다. 그리고 그 여인은 마침내 집념을 현실로 만드는 데 성공했습니다. 그녀는 예수님의 옷깃을 스치는 데 성공했던 것입니다.

그녀는 자신의 손끝이 예수님의 옷자락을 스치는 순간, 예수님 역시 자신처럼 부정해질 것임을 알았을 것입니다. 그러나 개의치 않았습니다. 예수님을 부정케 할 것이라는 점보다는 자신이 낫는 것이 더욱 중요했기 때문입니다. 그런데 우리는 이 여인의 행동에 대해 주님께서 말씀하신 내용에 주목해야 합니다. 예수님께서 가던 길을 멈추시고 "누가 나에게 손을 대었느냐? 내 능력이 빠져나가는 것을 느꼈다"고 말씀하시는 것을 듣고서야 여인은 자신이 무슨 짓을 했는지 깨달았습니다. 그래서 그렇게 조심스럽게 행동하려 했건만!

예수님께서 걸음을 멈추시고 누가 나에게 손을 대었느냐고 물으실 때, 제자들은 이렇게 대답합니다.

무리가 에워싸 미는 것을 보시며 누가 내게 손을 대었느냐 물으시나이까 _막 5:31

제자들은 정신없이 소란스런 그 군중 틈에서 어떻게 예수님께 손을 댄 자를 찾을 수 있겠느냐며 아주 퉁명스럽게 대답했습니다. 자신들의 능력으로는 예수님께 손을 댄 자를 찾을 수 없음을 아시면서 왜 그리 말씀하시느냐는 뜻이었습니다. 그러나 죄지은 여인은 이 소리를 듣자마자 벌벌 떨었습니다. 자신이 어떤 행동을 했는지 알았기 때문이었습니다. 그런데 놀랍게도 예수님은 이렇게 말씀하셨습니다.

> 딸아 네 믿음이 너를 구원하였으니 평안히 가라 네 병에서 놓여 건강할지어다 _막
> 5:34

예수님은 성경 어디에서도 볼 수 없는 친근한 표현을 여기에서 사용하시면서 여인을 부르셨습니다. "딸아(θυγάτηρ)!" 예수님은 네가 구원받았다, 즉 병에서 놓여 건강해지라고 말씀하셨습니다. 우리는 이 말씀을 통해 '구원을 얻었다'는 표현이 '건강을 되찾았다'는 말과 동의어임을 확인합니다. 즉, 우리가 지금 '영혼의 구원'을 말할 때 그 구원의 개념과는 다를 수 있다는 뜻입니다. 이 문제만 하더라도 우리가 상당한 시간을 사용해야 하지만 지금은 그냥 넘어가려 합니다. 우리가 더욱 주목해야 하는 부분은 예수님께서 '네 믿음'이라고 말씀하실 때 그 믿음이 무슨 의미인가 하는 점입니다.

여기서의 믿음은 분명히 우리가 오늘날 아는 믿음의 의미와 다릅니다. 우리가 아는 믿음은, 예수님께서 하나님의 뜻을 따라 행하신 일을 나를 위해 하신 일로 믿는 것입니다. 그러나 이 당시에는 우리가 알고 있는 그런 의미의 믿음은 아직 존재하지 않았다고 보는 것이 논리적일 것입니다. 그렇다면 예수님은 대체 여인의 어떤 점을 보시고 어떤 의미로서 그것을 믿음이라 칭하셨을까요? 이것이 우리의 질문입니다.

우리는 여인이 예수님의 옷자락을 만짐으로써 병에서 놓였음을 압니다. 병에서 고침 받은 것을 구원이라 말한다면, 여인이 구원을 얻은 이유는 무엇입니까? 예수님의 옷자락을 만진 것 때문이 아닙니다. 그리하면 나을 것을 믿었기 때문입니다. 그리고 그 믿음을 행동으로 실행했기 때문입니다. 이것이 여인이 구원을 얻게 된 이유의 전부였습니다. 여기서 우리는 구원의 조건으로서의 믿음을 이렇게 정리할 수 있습니다. 옷자락이라도 닿으면 나을 것이라는 확신이 있었습니다. 즉, 구원이 그분을 통해 나올 것이라는 확신이 있었다는 것입니다. 나아가 그 확신은 구체적인 행위를 불러일으켰습니

다. 즉 여인은 믿는 데서 나아가 움직였다, 즉 믿음을 행동으로 옮겼다는 것입니다.

이것을 믿음의 본질이라 말할 수 있다면, 이 사실이 우리에게 주는 교훈이 무엇일까요? 간단히 말씀 드립니다. 믿음과 관련해서는 우리가 무엇을 믿느냐, 다시 말해 우리 믿음의 대상이 어떤 것이냐가 가장 중요한 문제입니다. 이 말씀은 어찌 보면 참 당연합니다. 열심히 믿는 사람이 있다 합시다. 그런데 그 열심히 믿는 믿음의 내용이 잘못된 것이라면 어떻게 되겠습니까? 그런데 참으로 희한하게도 우리 신자 사이에 이런 어이없는 일이 늘상 일어납니다.

우리는 봉사를 열심히 해야 구원을 받는다고 믿기 쉽습니다. 구원은 어려운 것이므로, 우리가 힘써 무엇인가를 해야 하나님께서 구원을 선물로 주실 것이라는 생각입니다. 그런데 생각해 봅시다. 우리는 죄인입니다. 죄인이란 말이 기분 나쁘시다면 우리 가운데 어느 누구도 하나님 보시기에 '온전한 사람'이 아니라고 말하겠습니다. 그런데 대체 어떤 방법을 사용해야, 어떤 일을 해야 그분의 마음에 흡족함을 드리겠습니까? 유한한 인간이 유한한 이 세상의 어떤 것을 드려야 무한하신 하나님께서 기뻐하시겠습니까?

이렇게 본다면 인간은 하나님께 구원은커녕 정해진 형벌만 받을 수밖에 없음이 분명합니다. 그럼에도 불구하고 하나님은 이 정해진 형벌을 면제받을 길을 우리에게 주셨습니다. 바로 우리를 위해 인간의 모든 죄를 대신 지신 당신의 아들을 믿는 것입니다. 그분께서 우리를 위해 하신 일들을 나의 것으로 믿는 것입니다. 그분께서 하신 일 때문에 나도 구원받는다는 믿음이 바로 그것입니다. 그리고 이 믿음으로 말미암아 내가 보여 주는 온갖 절망적인 상태에도 불구하고 그분을 향해 나아가는 행위가 따르게 되는 것입니다. 이렇게 본다면 방금 제가 말씀 드린 '행위'는 구원의 대가로 내어놓고서 하나님과 흥정하는 행위가 아닙니다. 우리가 이것을 구분할 줄 모르기에 틈만 나면 하나님을 어르기도 하고 속이기도 하는 것입니다.

예수님의 배려와 구원의 의미

출혈병에 걸린 여인의 이야기에서 마지막으로 살펴볼 교훈이 있습니다. 예수님은 왜 이 여인을 군중 가운데에 세우셨을까요? 안 그래도 자존감을 상실한 채 살아가는 이 여인을 굳이 불러 세워 떨게 만드실 이유가 있었을까요? 예, 있었습니다. 다시 그 장면으로 돌아가 봅시다. 예수님께서 걸음을 멈추시고 제자들과 군중들을 향해 "누가 나를 만졌느냐"고 물으셨습니다. 여인이 자신이 행한 일을 깨닫고 그제야 두려움에 벌벌 떨었습니다. 그런데 주님께서 말씀하십니다. "딸아 네 믿음이 너를 구원하였으니 평안히 가라 네 병에서 놓여 건강할지어다." 이 말씀을 통해 우리는 바로 앞에서 구원의 의미를 살펴보았습니다. 이번에는 이 말씀을 통해 예수님께서 전하시려 했던 메시지를 살펴보려 합니다.

예수님께서 여인을 앞에 세우시고 이렇게 말씀하실 때에 거기에 있던 모든 사람들이 그 말씀을 들었습니다. 예수님의 말씀을 들은 사람들은 생각할 것입니다. '아, 이 여인은 이제 병으로부터 나았구나. 그렇다면 이 여인은 더 이상 죄인도, 부정한 사람도 아니구나.' 그렇습니다. 주님은 이 여인의 믿음을 보시고 그녀를 회복시켜 주셨습니다. 저는 지금 '회복'이란 단어를 사용했습니다. 아까 저는 이것을 구원이라 불렀는데, 지금 말씀 드린 회복이란 단어는 구원이란 단어와 같은 의미로 사용되었습니다. 그럼에도 불구하고 굳이 회복이라 표현한 데에는 까닭이 있습니다.

예수님은 당신의 구원 선언을 여인을 포함한 모든 사람들이 듣기 원하셨습니다. 그 선언을 들음으로써, 여인이 병에서 나았을 뿐만 아니라 더 이상 부정한 존재가 아님을 확인하길 원하셨고, 뿐만 아니라 모든 사람들이 여인의 변화된 상태를 인식하기를 원하셨던 것입니다. 결과적으로 여인은 병에서 고침을 받았고, 그로 말미암아 부정함에서 면하였으며, 그녀가 이전에 누렸던 모든 관계들을 회복했습니다. 다시 말해, 주님은 이 여인의 병만을 고치신 것이 아니라 병 때문에 상실되었던 예전의 관계들을 회복시키셨습니다.

여기에서 우리는 구원에 관한 새로운 인식을 더합니다. 구원은 죄와 절망으로부터 벗어남을 의미할 뿐만 아니라 죄인이었던 인간이 완전하게 이전의 상태로 돌아감을 의미합니다. 지금까지 잘못되고 왜곡되었던 모든 관계, 하나님과 인간과 세계와의 관계들이 창조 직후의 관계로 돌아간다는 것입니다. 이 때문에 구원을 회복이란 단어로 달리 표현했던 것입니다. 지금까지는 내가 지닌 죄와 죄성 때문에 무엇을 하든지 하나님의 진노만 불러일으켰습니다. 이 때문에 하나님과 나와의 관계는 창조 때의 관계로 돌아갈 수 없었습니다. 그 결과 인간과 인간의 관계, 인간과 자연의 관계, 모든 것이 어그러졌습니다. 하지만 우리가 주 예수 그리스도의 십자가를 전적으로 신뢰할 때, 그분의 십자가에서의 구속 사역으로 말미암아 우리를 끊임없이 괴롭히던 사망과 형벌의 두려움으로부터 면제되며, 원래 우리 인류의 조상 아담과 하와가 누렸던 그 모든 관계들을 회복하는 것입니다.

그러므로 우리는 이 이야기를 통해서 이 사실을 분명히 알아야 합니다. 우리가 주 예수 그리스도로부터 얻은 구원의 은혜는 지금 당장 우리가 고통스러워하는 어려움에서 벗어나는 것을 뛰어넘습니다. 우리 선조들이 타락 이후로 끊임없이 탄식하며 바라던 진정한 구원, 즉 하나님의 창조물로서의 인간의 모습으로 돌아가는 것입니다. 그것이야말로 진정한 구원이며, 진정한 회복입니다.

주님의 사랑과 구원에 관하여

본문의 이야기는 그 절정의 순간에 회당장 야이로의 집에서 달려온 사람들 때문에 그 회복의 기쁨을 누릴 새도 없이 새로운 긴장으로 달려갑니다. 죽어 가는 딸을 살리기 위해서 야이로는 주님께 달려와 도움을 요청했습니다. 그러나 딸을 고치시기 위해 걸음을 재촉하시던 예수님은 느닷없이 당신의 옷을 만진 여인 때문에 멈추셨습니다. 그리고 여인이 낫는 바람에 야이로 집안의 위기는 순식간에 잊혔습니다. 얼마의 시간이 지난 후 야이로의 문제는 그의 집에서 달려온 사람들 때문에 다시 일깨워졌습니다. 그들은 야이로에게 말합니다. "당신의 딸이 죽었나이다. 어찌하여 선생을 더 괴롭게 하나이까"(막 5:35). 이 말을 알아듣기 쉽게 풀어쓰면 이렇게 될 것입니다. "회당장님, 당신의 딸이 죽었습니다. 이제는 더 이상 예수님을 괴롭히실 필요가 없게 되었습니다." 여인이 낫는 장면을 목격하면서 잠깐 잊었던 본인의 문제가 이제 더 심각한 상태로 발전했습니다. 아니, 심각하고 위중한 자신의 문제는 여인이 치유되는 장면을 보면서 잠깐 잊는 사이에 절망스러움, '더 이상은 희망 없음'이란 상태로 일깨워져 야이로에게 달려들었던 것입니다.

출혈병에 걸린 여인의 이야기에서 우리는 만물을 타락 이전의 모습으로 회복시키시려는 주님의 의지를 보았습니다. 그리고 주님께서 만물을 회복시키시기 위해 어떤 방식을 사용하시는지도 간략하나마 살펴보았습니다. 그러나 우리는 출혈병보다 더 위급한, 아니 더 절망적인 상황을 보여 주는 또 하나의 이야기를 통해 새로운 깨달음을 얻게 될 것입니다. 다음 기회에 확실하게 살피겠지만, 예수님은 이제 딸이 죽었기에 오실 필요도 없다고 단정한 이들에게 단호하게 선언하실 것입니다. "이 아이가 죽은 것이 아니라 잔다!"(막 5:39). 인간은 더 이상 안 된다고 선언하지만, 거기에 대해 주님은 "아니다, 희망은 여전히 있다"고 선언하십니다. 인간의 판단이 옳습니까, 주님의 판단이 옳습니까? 죽은 것을 잔다고 보시며, 죽은 사람을 살리시는 그분, 예수님은 대체 누구신가? 마가의 증언을 통해서 우리는 주님의 마음을 다시 한 번 살피게 될 것입니다.

마무리합니다. 출혈병에 걸려 죽게 된 여인, 출혈병에 걸려 죽기 직전까지는 세상과 하나님으로부터 '부정하다'고 판정받은 여인, 그리하여 모든 것으로부터 단절되어 소외된 여인, 자기를 존중할 수조차 없게 된 여인. 주님은 아무도 몰래 당신에게 다가와 병으로부터 벗어나고자 소망하였던 이 가려한 여인의 기대를 믿음이라고 칭찬하시고, 그녀를 건강하게 만드셨을 뿐만 아니라 예전의 모든 관계를 회복시켜 주셨습니다. 그리고 주님은 이것을 구원이라 이름하셨습니다. 나는 무엇을 바라고 소망합니까? 나는 무엇을 기대하며 주님께로 나아갑니까? 주님을 통해 이루려 하는 그 기대가 열망으로 소망으로, 마침내 믿음으로 발전하여 나를 주께로 달려가게 합니까? 나의 열망과 기대, 믿음은 무엇에 근거하고 있습니까? 우리 주님은 그 간절한 소원을 이루어 주실 분이십니까? 주님께서 우리에게 말씀하시려는 내용이 무엇인지 깨달으셨습니까? 언제나 우리가 바라는 소망보다 더 많은 것을 주시려는 주님의 은혜가 내 마음에 절절히 느껴진다면, 어찌 우리는 그분을 향해 전력을 다해 달려가지 않을 수 있겠습니까? 모든 것의 주인께서 지금 당신이 가진 모든 것을 우리에게 다시 주시려 합니다. 이 사실이 우리에게 진정한 위로와 소망입니다.

27

온전케 하는 구원(또는 믿기만 하라)

마가복음 5:35-43

더 이상 희망은 없다

오랫동안 혈루병, 즉 출혈병을 앓던 여인을 고치시는 이야기는 군대 귀신 들린 사람을 고치시는 이야기와 회당장 야이로의 딸을 살리시는 이야기 사이에 끼어든 하나의 삽화(揷畵)나 다름없습니다. 나름 중요하기에 끼어든 것이긴 합니다만, 이 일이 야이로의 집으로 가시는 길에 일어났기 때문에 그런 것입니다. 어쨌든 야이로의 관점에서 보면, 야이로는 사실 억울했을지도 모릅니다. 죽어 가는 딸을 고치자고 예수님께 찾아왔고, 자신의 신분으로서는 상당히 파격적인 모습으로 딸을 낫게 해 달라고 간청까지 한 마당인데, 예수님께서 자기 집으로 가시는 도중에 여인을 만나셔서 그를 고치시는 과정에서 사람들의 관심이 어느 결에 출혈병에 걸린 여인에게 쏠렸고 이 일 때문에 시간이 지체되었으니 오죽하겠습니까. 게다가 자기 집에서 일하는 이들이 와서 "당신 이제 예수님 모시고 안 오셔도 되겠네요? 따님은 이미 죽었습니다!"라고 말했을 때 그 억울함은 절정에 도달했을 것입니다.

집에서 일하는 이들이 와서 야이로에게 이렇게 말합니다.

당신의 딸이 죽었나이다 어찌하여 선생을 더 괴롭게 하나이까 _막 5:35

한글로 그 느낌을 온전히 전달하기는 쉽지 않습니다만, 원문이 전달하는 느낌은 이렇습니다. 첫째, 당신의 딸은 이미, 그리고 확실히 죽었습니다. 둘째, 그러니 이렇게 분명히 딸이 죽은 마당에 예수님을 댁으로 모셔 가는 것은 예수님을 괴롭히기나 하는 덧없는 일입니다. 결과적으로 야이로의 일꾼들은 야이로에게, 이제 당신은 딸의 문제와 관련하여 할 일이 전혀 없게 되었다고 단정적인 판단을 제공하고 있습니다.

예수님은 야이로와 그 일꾼들이 나누는 대화를 들으셨지만, (원문의 느낌대로 표현하면) 그 말들을 무시, 혹은 흘려들으셨습니다(παρακούσας). 그리고 오히려 야이로에게 이렇게 말씀하셨습니다.

두려워 말고 믿기만 하라 _막 5:36

그런데 예수님은 이 말씀 후에 한 가지 특이한 일을 행하셨습니다.

베드로와 야고보와 야고보의 형제 요한 외에 아무도 따라옴을 허치 아니하시고 _
막 5:37

예수님께서 애초에 야이로의 집으로 떠나기 시작할 때에 이 일을 하셨는지, 가는 도중에 여인을 고치신 후 야이로의 딸이 죽었다는 소식을 듣고 이 일을 하셨는지는 분명하지 않습니다. 하지만 야이로의 집으로 가는 예수님의 걸음은 이 일 후에 한결 조용해졌습니다. 이로써 귀신 들린 사람을 자유하게 하신 이후로 출혈병 걸린 여인이 나으면서 절정에 도달한 듯이 들끓던 분위기는 진정되고, 이제 소녀의 죽음에만 관심을 집중할 수 있게 되었습니다. 그리고 그 관심의 끝에는 더 이상 해 볼 수 없는, 아니 더 이상 인간의 힘으로는 어떻게 해 볼 수 없다는 절망감이 야이로의 딸이 죽었음을 아는 모든 이들의 마음에 자욱하게 드리워 있었습니다.

드디어 예수님 일행이 야이로의 집에 도착했습니다. 예수님 일행은 야이로의 딸이 죽었음을 슬퍼하는 이들의 통곡 소리를 듣습니다. 마가는 그 장면을 이렇게 설명해 놓았습니다.

회당장의 집에 함께 가사 훤화함과 사람들의 울며 심히 통곡함을 보시고 _막 5:38

여기서 사용되는 훤화(喧譁)라는 단어는 요즘 한국 젊은이들이 거의 사용하지 않는 어려운 한자어입니다. 어쨌든 이 단어(θόρυβος)는 '군중들이 무질서하게 내는 시끄러운 소리'라고 해석할 수 있습니다. 그리고 '울며 심히 통곡함'(κλαίοντας καὶ ἀλαλάζοντας πολλά)은 '마치 꽹과리가 울려 대듯이 크게 울어 대는 상태'를 표현한 것입니다. 같은 사건을 기록한 마태복음 9장 23절에 따르면, 이때 이들은 피리를 불고 소란스럽게 떠들었습니다. 여기서 잠시 유대인의 장례 풍속을 살펴봅니다.

유대인들의 장례식은 일반적으로 소란스럽다고 합니다. 때로는 돈을 주고 사람을 고용하기도 해서, 이들로 하여금 피리를 불게도 하고 울게도 했다고 합니다. 고용된 사람들 중에 두 사람이 피리를 불었고, 거기에 한 여인은 손뼉을 치거나 타악기를 두드리면서 주고받는 노래를 부르는 가운데 큰 소리로 통곡을 했다고 합니다. 상갓집에 조문하러 온 조객들도 이런 분위기 가운데 함께 통곡을 하는 것입니다. 누구라도 쉽게 추측할 수 있겠지만, 야이로가 회당장이다 보니 조문객도 많았을 것이고 거기에 제대로 된 전문 집단, 즉 상가에서 곡을 하면서 분위기를 돋우는 이들도 동원되었을 것입니다. 이러니 그 집의 분위기가 얼마나 시끌벅적했겠습니까?

절망과 희망의 충돌

그러나 마가는 이런 광경을 주님께서 매우매우 집중하여 바라보고 계셨다고 설명합니다. 마가복음 5장 38절에서 예수님께서 보셨다고 할 때, 이 동사(θεωρέω)에는 지속적으로 주목하여 바라본다는 뜻이 있습니다. 예수님께서 야이로의 집에서 벌어지는 이 소란스런 광경을 유심히 보셨다는 말입니다.

그리고 주님께서 말씀하십니다.

너희가 어찌하여 훤화하며 우느냐 이 아이가 죽은 것이 아니라 잔다 _막 5:39

우리 식으로 편하게 표현한다면, "이 사람들아, 자는 아이 앞에서 이 무슨 소란들인가?" 정도가 될 것입니다. 그러나 이 주목할 만한 주님의 말씀은 곧 소란 가운데 묻히고 맙니다. 아니, 정확하게 말하자면 예수님의 충격적인 발언은 상갓집에 모인 사람들의 비웃음 탓에 그냥 허공을 울리는 소리가 되고 말았던 것입니다. 그들은 왜 주님의 말씀을 비웃었을까요?

사람들이 예수님의 말씀을 비웃음으로 대답한 이유는 아주 단순합니다. 그들은 자신의 눈을 믿었습니다. 자신의 눈이 본 사실, 즉 야이로의 딸이 죽었다는 바로 그것을 믿었습니다. 우리는 이것을 '경험'이라 일컫습니다. 자신의 감각 기관을 통해서 야이로의 딸이 죽어 누워 있는 것을 보았습니다. 감각을 통해 뇌로 들어온 내용은 정보가 되어 머리 안에서 대대적인 검색 작업을 시작합니다. 그런 사례가 있었는가 하는 확인 작업입니다. 사람이 숨을 쉬지 않습니다. 눈동자의 동공(瞳孔)이 빛에 반응하지 않습니다. 심장의 박동이 멎었습니다. 이리저리 자극을 주어도 반응이 없습니다. 이런 경우 '사람이 죽었다'라고 표현합니다. 사람이 죽은 경우, 다시 살아날 확률은 없습니다. 그래도 사흘 정도 시간을 두고 봅니다. 혹시라도 심장의 박동이 돌아오는 경우가 있기 때문입니다. 그리고 그 시간이 지난 후에는 더 이상의 희망은 없습니다. 이것이 우리 인간의 판단입니다.

그러나 이런 과정에서 한 가지를 짚고 넘어가려 합니다. '우리의 판단'이 무엇에 근거하고 있는가! 이것을 말하기 전에 먼저 우리가 가진 소위 '지식'이 무엇인지 생각해 보아야 합니다. 한 가지 사실, 예를 들어 사과나무 밑에 앉아 있는데 사과가 떨어졌습니다. 응? 이것이 무엇인가? 그런데 다음에 또 같은 일을 경험합니다. 인간이 가진 본능적인 반응이 여기에서 시작됩니다. 왜 사과는 땅으로 떨어질까? 인간은 본능적으로 사과가 땅으로 떨어지고 하늘로 날아가지 않는 이유들을 설명하려 합니다. 이런 현상들이 일어나는 이유를 설명하는 능력을 가리켜 우리는 이성이라 부릅니다. 이성은 사물의 현상에 관한 어떤 원칙 혹은 원리를 추출해 내는 일을 합니다. 그리고 우리는 이성이 추출해 낸 원리들을 모아 하나의 체계와 방법론을 만들어 그것을 '과학'이라 부릅니다.

그런데 과학이란 것을 이렇게 설명할 때, 이런 설명들이 버티고 서 있는 하나의 근본적인 전제를 생각해야 합니다. 이런 식으로 과학을 설명할 때, 과학은 궁극적으로 인간의 경험 위에 서 있다는 것입니다. 결국 과학은 인간의 한계라는 제한점을 안고 있다는 말입니다. 이런 결론은 우리에게 놀라움을 가져다줍니다. 현대를 사는 이들에게 과학은 일종의 신, 즉 하나님입니다. 과학은 진리이며, 동시에 참과 거짓을 판가름하는 기준입니다. 과학적이지 못한 것은 존재할 이유가 없는 듯 생각합니다. 과학으로 말미암아 비과학적인 것이라 판단되는 것은 곧 미신이란 이름으로 이 세상에서 축출되어야 하는 것처럼 여겨집니다. 그러나 묻습니다. 과학이 세상의 모든 진리를 담고 있습니까? 아니, 이렇게 물어야 합니다. 인간이 경험하지 못한 것은 존재할 수 없습니까?

야이로의 집에 조문하러 온 사람들의 경험은 말합니다. "저것은 전형적인 죽은 자의 모습이다. 그러므로 저 아이는 죽었다. 죽은 사람은 절대 살아날 수 없다." 그러나 주님께서 말씀하십니다. "이 아이는 죽지 않았고 자고 있다." 이렇게 말씀하실 때 사람들은 비웃음으로 답했습니다. 왜 그렇습니까? 그들은 죽었다가 살아난 사람을 본 적이 없기 때문입니다. 그런 경험이 없기 때문입니다. 따라서 예수님과 조문객 사이에 경험만이 존재한다면 사실 조문객들의 평가가 맞는 것입니다. 그러나 이번의 경우는 예외입니다. 그들의 경험이 맞지 않기 때문입니다. 왜 그렇습니까? 예수님은 그냥 조문객이 아닙니다. 그분은 하나님의 아들이시며, 이 세상을 창조하신 성부 하나님과 함께 이 세상의 모든 것들을 창조하신 분입니다. 따라서 예수님은 생명의 근원이시며 이 세상의 모든 생명을 죽이기도 하시고 살리기도 하실 수 있는 권한을 갖고 계십니다.

사람들의 경험 안에서는 죽은 자가 살아날 수 없습니다. 경험의 한계 안에서는 죽은 자가 살아날 수 없다는 진술이 진리라는 뜻입니다. 그러나 이 진리는 죽이기도 하시고 살리기도 하실 수 있는 권능을 가지신 예수님 앞에서는 무력화됩니다. 따라서 사람들은 죽었으니 살아날 희망이 없다 말하더라도 예수님께서 다시 살리실 의지를 갖고 있는 한, 이 아이는 죽었으나 자는 것과 다름없고 따라서 이 아이에게는 생명의 소망이 여전히 있습니다.

정리합니다. 경험을 의지하는 사람들은 아이의 죽음을 놓고 '살아나는 것이 불가능하다'고 주장합니다. 그러나 생명의 주인이신 예수님은 '죽은 것이 아니라 잔다'고 주장하십니다. 누가 진실을 말합니까? 그리고 그 진실을 판가름하는 기준은 무엇입니까?

야이로의 딸, 잠에서 깨어나다

주님께서 마음먹으신 것은 곧 현실이므로, 주님께서 "죽은 것이 아니라 잔다"고 선언하실 때에 야이로의 딸은 다시 깨어나는 것이 기정사실입니다. 과연 주님은 이어지는 이야기에서 야이로의 딸을 죽음에서 일으키셨습니다. 아니, 주님의 말씀대로 표현하자면, 야이로의 딸은 '자다 일어났습니다.'

예수님은 당신의 말을 비웃는 모든 이들을 밖으로 내보내신 후 아이의 부모와 세 명의 제자들을 데리고 아이가 누워 있는 곳으로 들어가셨습니다. 원문은 예수님께서 당신을 비웃는 사람들을 힘껏 밀어내셨다(ἐκβάλλω)고 표현했습니다. 주님은 당신이 잠든 아이를 깨우시는 일에 대해 비웃음으로 대응한 이들을 모두 밀어내셨다는 뜻입니다. 그리고 잠들어 누운 아이에게 이렇게 말씀하셨습니다.

그 아이의 손을 잡고 가라사대 달리다굼 하시니 번역하면 곧 소녀야 내가 네게 말하노니 일어나라 하심이라 _막 5:41

과연 이 모습은 당신의 말씀 그대로 자는 아이를 깨우는 광경을 연상하게 합니다. 이 아이는 그 자리에서 일어났습니다. 마치 잠에서 깨어 일어나는 것처럼 말입니다. 그리고 이 이야기의 마지막 부분에는 다른 이야기와 마찬가지로 죽은 아이를 일으키신 예수님을 보고서 크게 놀라는 무리들에 관한 기록이 덧붙여져 있습니다.

이 이야기를 살피며 우리는 무엇을 마음에 새겨야 할까요? 우리는 몇 번에 걸쳐서 마가복음 5장의 이야기가 어떤 의미인지를 반복해서 살펴보았습니다. 앞서 마가복음 5장 21-34절을 설명하면서 이렇게 말씀 드렸습니다.

마가는 마가복음 5장을 통해 예수님께서 귀신도 제어하시고 정결법도 초월하시는 분이라고 증언하고 있습니다. 다음 부분에서는 죽은 이도 살리시는 주님의 이야기를 증언하게 될 것입니다. 하나님은 이미 마가복음의 서두에서 예수님을 '내 사랑하는 아들'이라고 선언하셨습니다(막 1:11). 마가복음의 끝에서는 백부장이 예수님을 '참으로 하나님의 아들'(막 15:39)이라고 고백합니다. 우리는 이렇게 이어지는 고백을 향한 여정을 마가와 함께 걸어가고 있는 것입니다.

다시 한 번 언급하지만, 마가복음 5장의 세 이야기는 마가복음 4장 말미에서 제자들의 말을 빌려 마가가 제기하는 질문에 대한 답변입니다. 그러므로 우리는 세 이야기의 진행 순서를 따라 이렇게 마가복음 5장을 풀어야합니다. 첫 번째 이야기, 즉 귀신에 들린 사람을 자유하게 하시는 모습을 통해서는 '영의 세계를 다스리시는 분', 두 번째 이야기를 통해서는 '육체의 병을 다스리시며 모세의 율법, 즉 정결법의 제약을 초월하신 분', 세 번째 이야기를 통해서는 '죽음을 다스리시는 분'으로 예수님을 표현할 수 있습니다. 우리는 이런 인물을 오직 한 가지 단어만으로 표현할 수 있습니다. '하나님!' 마가는 세 개의 이야기를 통해 하나님이신 예수님을 증거하려 했습니다.

회복의 시작으로서의 구원에 관하여

마가복음 5장을 마무리하면서 한 가지를 더 살펴보려 합니다. 앞에서 지나가는 듯이 언급했던 한 가지 사실, 즉 예수님은 왜 제자 가운데 오직 세 사람만을 데리고 야이로의 집에 가셨을까 하는 것입니다. 한정된 제자들만 데리고 가셨다는 이야기는 "그 소녀가 잔다"는 당신의 말씀을 비웃는 자들을 밖으로 밀어내셨다는 기록과 연관된 것처럼 보입니다.

이 기록들을 가지고서 하나의 질문을 만들어 봅니다. 왜 주님은 죽은 자를 살리시는 이 엄청난 사건의 현장에 오히려 적은 인원들만 참관시키셨을까요? 더 많은 사람들이 보면 당신이 하나님의 아들이심을 증거하는 데 더 도움이 되지 않을까요? 다소 성급한 판단인지는 모르겠지만, 이 질문에 관한 주님의 생각은 단호하셨던 것 같습니다. 주님은 야이로의 딸이 살아난 이야기가 아무에게도 알려져서는 안 된다고 엄하게 말씀하셨습니다. 그러나 같은 사건을 기록한 마태복음 9장을 보면, 이 이야기는 예수님의 당부에도 불구하고 아주 널리 퍼져 나갔습니다. 사실 감춰질 수도 없고, 말린다고 해서 감출 수도 없는 이야기였던 셈입니다. 그럼 예수님은 이 사실을 모르셨을까요? 아니면 이미 아시면서도 짐짓 그리 명령하셨을까요? 여기에 대해서는 수많은 설명들이 있습니다만, 저로서는 이 부분까지 말씀 드리고 싶지 않습니다. 그 대신, 한 가지 교훈은 반드시 짚고 넘어가려고 합니다.

마가복음 5장 43절을 보면 죽은 아이를 잠에서 깨우듯이 일으키신 주님께서 "소녀에게 먹을 것을 주라"고 말씀하십니다. 이 말씀을 통해 우리는 세 이야기 안에 한 가지의 공통점을 발견합니다. 첫 번째 이야기에서 주님은 귀신 들려 고통당하는 사람을 자유롭게 하신 후에 그 온전해진 육체를 가지고 자기 가정과 마을로 돌아갈 것을 당부하십니다. 귀신 들린 사람이 예수님을 따라가겠다고 하였지만, 주님은 그마저 허락하시지 않았습니다. 두 번째 이야기에서도 주님은 출혈병에 걸린 여인을 고치신 후에 그녀가 속했던 곳으로 "평안히 가라"고 말씀하셨습니다. 마지막 이야기에서도 주님은 죽었다 살아난 아이에게 "먹을 것을 주라"고 말씀하십니다. 이 세 이야기에서 볼 수 있는 예수님의 태도는 우리에게 무엇을 시사합니까?

예수님의 자상함? 예수님의 친절함? 물론 우리는 예수님의 자상하고 친절하신 면모를 볼 수 있는 것도 사실입니다. 그러나 제가 볼 때는 그 이상입니다. 저는 세 개의 이야기 속에서 주님께서 베푸시는 구원의 성격을 바라봅니다. 앞서 말씀 드린 대로, 구원은 단지 죄와 죽음 같은 극단의 곤경에서 벗어나는 것만을 의미하지 않습니다. 창조주께서 피조물들에게 창조 시에 허락하셨던 그 모든 복락의 상태로 돌아가는 것도 구원입니다. 저는 이것을 '회복'이라 불렀습니다. 그렇습니다. 주님은 어려움을 안고 찾아온 사람들의 그 어려움을 면하게 하는 것으로 만족하지 않으십니다. 좌절이든, 절망이든, 고통이든, 외로움이든, 거기에서 면하는 것은 '구원'의 시작일 뿐입니다. 그 시작을 주도하신 주님은 궁극적으로 인간이 당면할 수 있는 온갖 종류의 곤경으로부터 벗어나 원래의 복된 자리로 돌아가기를 원하십니다.

이 사실이 우리에게 무엇을 시사합니까? 우리는 주님께서 인간의 문제를 해결해 주실 때 해결된 그 상황에만 관심을 갖습니다. 주님께서 누군가를 귀신으로부터 해방시키셨다면, 우리는 그것을 보면서 '와, 우리 주님은 귀신도 다스리시는구나!'고 감탄합니다. 주님께서 누군가를 죽음에서 살리시면, '와, 예수님은 죽은 자도 살리시는구나!'라고 감탄합니다. 인간은 주님께서 행하시는 '이적 현상'에 관심을 기울입니다. 그러나 주님은 기적을 행하시는 중에서도 그 기적 이후에 기적을 경험한 자들이 원래의 자리로 돌아가는 데까지 관심을 갖고 계십니다. 이것이 주님께서 죽은 아이를 살리신 후에 철저하게 비밀을 지키라고 명령하신 이유가 아닐까 싶습니다. 어쨌든 우리 주님은 하나님이시며 우리를 구원하시되 우리가 하나님의 피조물과 자녀로서 온전하게 회복되기를 원하시는 분임을 분명히 마음에 새겨야 합니다.

우리는 마가복음 5장의 세 이야기를 통해서 예수님이 하나님의 아들이시며 하나님이심을 확인했습니다. 뿐만 아니라 인간의 모든 질곡과 절망에서 벗어나게 하시는 데서 나아가 인간을 원래의 복된 자리로 회복시키시는 분임을 깨닫게 되었습니다. 어떤 일로 어려우십니까? 그분 앞에 나아가 보셨습니까? 그분으로부터 나음과 자유를 경험해 보셨습니까? 그렇다면 당신은 참으로 놀라운 경험을 하신 것입니다. 그러나 그 자리에서 멈추지 마십시오. 우리 주님은 당신을 믿고 당신 앞에 나아와 고침을 요청하는 자녀들을 그 자리에서 벗어나게 해 주실 뿐만 아니라 하나님께서 설계하고 만드실 때 소원하고 축복하셨던 그 복된 자리로 되돌아가게 해 주실 것입니다. 주님은 바로 이 일 때문에 이 세상으로, 우리를 향해 오신 것입니다. 내가 이 어려움에서 벗어날 것만 바라면서 기적에만 눈길을 두지 마시고 더 나은 것에 눈길을 두십시오. 우리가 생각하는 '구원'은 어려움에서 벗어나는 데서 나아가 더 나은 복된 자리로 돌아가기 위한 시작일 뿐입니다. 희망은 없다고 소리 지르는 나를 향해 그렇지 않다고 말씀하시는 우리 주님을 향하여 가십시오. 우리 주님께서 놀랍고 복된 일을 시작하실 것입니다.

28 배척당하신 예수님
마가복음 6:1-3

일꾼과 자존감

오래전에 어머니께서 X-Ray 사진을 찍으셨는데, 가슴 한 부분에 결핵의 흔적 같은 것이 보여서 한바탕 소동이 벌어졌습니다. 결국은 병원에 입원하셔서 수술을 해야 하나 말아야 하나 하고 가족회의로 모였는데, 이 부분이 정말 결핵인지 아닌지를 확신할 도리가 없다는 것이 문제였고, 더욱이 어머니의 연세가 높아서 수술을 감당하실 체력이 아니라는 점도 문제였습니다. 의학적인 전문 지식이 없는 가족들끼리 길게 토론을 벌였지만, 결국은 의사에게 자문을 구할 수밖에 없었습니다. 그런데 이 의사 양반, 정말 마음에 들지 않았습니다. 입원하기 전부터 어머니와 가족에게 마구잡이로 반말을 하고 불친절하기까지. 그야말로 미운 짓 2종 세트였습니다. 그러나 어쩌겠습니까? 의사를 가족들 앞에 불렀습니다. 그리고 심각하게 질문을 했습니다, 수술을 할까요 말까요? 그는 가운 주머니에 두 손 끼운 채로 이렇게 대답했습니다. "일단 한 번 열어 보고, 아니면 닫죠 뭐 …." 그 순간 별일은 없었습니다만, 제 입에서는 나지막하게 욕이 나왔습니다.

저는 '나지막하게'란 단어를 썼습니다. 왜 그때 나지막하게 말했을까요? 어머니가 아프신 그 순간, 나는 의사 앞에 '을'이었기 때문입니다. 이 사실을 뼈아프게 명심해야 합니다. 그 사람 화나게 했다가는 결국 나만 손해니까. 어머니를 낫게 하려면 그 정도는 견뎌야 하는 것이 현실이니까. 어떤 의사가 이러니저러니 해도 찌질한 인격은 한 개인의 문제일 뿐입니다. 직업군으로서의 의사는 마땅히 존중받아야 합니다. 그들이 인간의 생명을 다루기 때문입니다. 의사 말 안 듣고 제멋대로 하다가는 자기 생명을 지킬 방법이 없습니다. 말하자면 환자가 의사를 존중하는 것은, 그가 존경받아 마땅한 인격을 지녔기 때문이라기보다 자기 자신을 위한 일이기도 하다는 뜻입니다. 이런 점에서 우리는 의사 개인에 대한 판단과 의사가 하는 일을 존중하는 것이 분리되어야 함을 깨닫습니다. 실은 이렇게 되어야만 환자도 의사도 살 길을 찾습니다.

그런데 제가 존경하기도 하고, 제 마음을 참 복잡하게 하시는 한 목사님께서 인터넷에 이런 글을 올리신 적이 있습니다.

15. 우리 개신교의 성경 이해에 따르면, 모든 직업은 다 똑같은 하나님의 소명이라는 것입니다.

16. 그래서 직업을 calling(소명)이라고 부릅니다.

17. 모든 직업과 모든 근로는 똑같이 다 성스러운 것입니다. 목회자들의 목회를 다른 근로자들의 노동과 근로보다 더 성스럽다거나 우월하게 생각하는 것은 너무나 구태의연한 생각과 태도입니다.

18. 그런 면에서 목사도 근로자이고, 노동자들도 성직자입니다. 모두가 다 근로자요 성직자인 것입니다. 그것이 만인제사장 설이 아니겠습니까?

19. 그런데 목사만 성직자요 주의 종이라는 그런 전 근대적인 생각을 가지고 선교를 하려고 하니 자꾸 선교의 문이 닫히는 것이 아닐까요?

20. 저는 목회 근로자입니다. 목회 노동자라고 해도 조금도 문제 될 것 없습니다. 목회는 아주 기분 좋은 노동이고 근로입니다.

21. 오늘도 상쾌한 마음으로 목회 노동하러 나가렵니다.

한 줄 한 줄이 논리적으로 틀린 점은 별로 없습니다. 그러나 마지막에 도달하면 고개를 끄덕이다가도 어딘가 모르게 결말이 참 쓸쓸하다는 생각을 부인할 수 없습니다. 저 자신 목사이지만, 스스로 하는 일에 관하여 다른 일보다 신성하다고 생각하지는 않습니다. 그러나 막 다루어져도 되는 직업이라고 생각하지도 않기 때문입니다. 어느 직업이라도 그렇긴 합니다만 말입니다.

몇 년 전, 저는 이 지역 한인회가 끝난 후 한인 회장에게 완곡하나마 두 가지를 요구했습니다. 첫째, 아무리 유학생이고 같은 한인의 신분으로 참석했다 하더라도 추석 잔치에서 연주한 학생에게는 무엇이라도, 하다못해 라면 박스라도 좋으니 고마움을 표시해 달라. 둘째, 연주하는 동안에는 지나치게 소란스럽게 하지 말아 달라. 예를 들어, 노래하는 도중에 시끄럽게 술잔을 부딪치거나 왁자지껄 웃고 떠들지 말고 진지하게 들어 달라. 그것이 그들을 프로로 인정하는 어른들의 예의일 것이다. 이것이었습니다. 어떻습니까? 저는 여러분 자신이 어떻게 생각하든, 이렇게 해야만 목사로서 여러분에게 추석잔치에서 연주해 달라고 부탁한 도리를 다하는 것이라 생각했고, 청중 자신들도 이런 태도로 경청해야만 음악을 가장 잘 즐길 수 있을 것이라 생각했습니다.

어쨌든 앞에 인용한 어느 선배 목사님의 글을 읽고 마음의 통증을 이야기하는 어느 후배 목사님에게 저는 이렇게 대답했습니다.

그러나 힘내세요! 이제야말로 자신이 진정으로 하나님의 사역자로 부르심을 받았는지를 밝히 보여 줄 때가 되었습니다. 목사를 노동자로 보든 말든 복음을 들어야 할 사람들이 간을 내 보이라 하면 간을 보여 주시고, 쓸개를 달라 하면 그렇게 하세요. 교회가 내가 믿는 모습이 아니라 하더라도, 그 자리에 서서 복음을 전할 수만 있다면 뭐든 다 희생하는 수밖에 없습니다. 그것을 위해서라면 우리가 받는 생활비가 노동의 대가로 여겨져도 감수해야 합니다. 우리의 선배들 역시 교회 건물 없이도, 청중들이 전도자를 뭐라 생각해도, 그것과 상관없이 복음 전할 수 있는 기회만을 기뻐하며 일했습니다. 자신의 정체성은 하나님과 나 사이의 일이며, 그것을 존귀한 자리로 구별하는 것은 사역자 자신입니다. 하나님은 당신을 존중하는 자들을 당신의 보좌 앞에서 높이실 것입니다. 좋은 결심을 한 것을 진심으로 축하합니다! 오직 그때만 사모하시길.

주님께서 일꾼들을 세우셨다

본문을 살펴보기 전에 서두를 이렇게 길게 이어간 까닭이 있습니다. 마가복음 6장 7절에 이런 말씀이 있기 때문입니다.

열두 제자를 부르사 둘씩 둘씩 보내시며 더러운 귀신을 제어하는 권세를 주시고

앞에서 예수님이 누구신지를 길게 증명했던 마가는 이제 제자들을 짝지어 세상에 내보내시는 주님을 소개하고 있습니다. 예수님의 전도 사역이 이제 제자들을 불러 세우고 그들을 세상에 보내시는 단계로 나아갔음을 말합니다. 미리 이야기할 단계는 아직 아닙니다만, 이 장면은 사실 예수님의 부름에 응답한 그리스도인 전체를 향한 교훈을 담고 있습니다. 주님의 부르심에 의미 없는 부르심은 없고, 그분의 부르심을 받은 사람 가운데 하릴없이 놀기만 할 사람은 아무도 없기 때문입니다. 그럼에도 불구하고 본문에 기록된 이 사건의 주체와 대상은 역시 한정되어 있습니다. 주님께서 부르셨고 세우셨습니다. 제자들이 부르심을 받았고, 복음을 전하는 자로 세워졌습니다.

이 사실은 우리에게도 매우 중요합니다. 우리 역시 그리스도이신 예수님의 제자로 부르심을 받았고, 그의 일꾼으로 세워졌기 때문입니다. 그리고 이 말씀을 알아듣기 쉽게 설명하자면, 그리스도의 제자와 하나님 나라의 백성으로 부르심을 받은 사람들, 즉 신자들은 자신의 정체성을 오직 주님과의 관계를 통해서만 인식하고 확인해야 한다는 뜻입니다. 내가 누구인가? 나는 무엇을 하는 사람인가? 나는 어떤 사람이 되어야 하는가? 이런 질문에 답을 구할 때 '주님께서 나를 부르셨다. 나는 주 예수 그리스도를 믿는다. 그분은 나의 구주시다. 그러므로 나는 그가 무엇을 하라 하시는지를 먼저 생각해

야 한다'는 데서부터 대답이 나와야 한다는 뜻입니다. 이 말씀은 아주 중요합니다. 우리는 대부분 주변 사람들의 평가와 주변 사람들이 나와 어떤 관계를 갖는지에 신경을 곤두세우며 살아갑니다. 내게 어떤 의견이 있다 하더라도 친구들이 뭐라 할까 하는 염려 때문에 주저하게 되고, 주위 사람들이 나를 따돌릴 것이 두려워 옳지 않은 줄을 알면서도 그들을 따라 살아가기도 하기 때문입니다.

제자들만 하더라도 그랬을 것입니다. 선생님의 명령에 따라 권세까지 얻어 이곳저곳으로 가서 복음도 전하고 병자도 고쳤겠지만, 그들을 사방 어디에서나 환영하지는 않았을 것입니다. "저게 누구야?" "쟤들은 여기 왜 왔어?" 나아가 "당신들이 뭐라고 여기 와서 이런 일을 하는 거야?" 이렇게 시비조로 묻는 사람도 있었을 것입니다. 이렇게 만만치 않게 부정적인 반응을 경험할 때, 제자들의 마음이 어떠했겠습니까? '내가 왜 이런 대접을 받으며 이 일을 해야 하는가?'라는 질문이 자연스레 생기지 않았겠습니까? 그러나 그 어떤 어려움과 반대가 일어나고 두려움이 몰려와도 제자들은 자신을 세우시고 보내시며 권세를 부어 주신 주님을 생각하며 그 모든 회의들을 이겨 내야 하지 않았겠습니까? 그러므로 저는 주님의 부르심을 받은 우리 하나하나를 향해 이렇게 말씀 드립니다. "우리를 부르시고 보내신 이는 주님이십니다. 그러므로 우리의 삶은 오직 그분에게서만 의미를 찾을 수 있습니다."

고향에서 배척당하시다

본문을 좀 더 자세히 살펴봅니다. 마가복음 6장 1절의 '거기'라는 단어는 문맥상 갈릴리 지역을 가리킵니다. 다시 말해 마가복음 4장을 보면, 예수님은 대규모의 군중 앞에서 설교하셨습니다. 그 후 마가복음 5장을 보면, 바다 건너편으로 가셔서 세 번의 이적을 행하셨고, 이제 그곳을 떠나 고향으로 가셨다는 뜻입니다. 당신의 고향, 즉 나사렛에 도착한 주님은 전도를 하시는데, 제자들까지 동참한 이 전도 사역은 실패로 끝납니다. 전체적으로 보면

이 실패 때문에 세 번째 갈릴리 지역 전도 사역이 시작되지만 그것은 나중 일이고, 우선 우리는 마가의 기록을 따라 실패로 끝난 예수님과 제자들의 전도 사역을 살펴보려 합니다.

주님은 고향에서의 전도 사역 역시 같은 방식으로 행하셨습니다. 즉, 안식일에 회당으로 가서 설교를 하셨던 것입니다. 그런데 청중, 즉 고향 마을 사람들의 반응은 크게 두 가지였습니다. 하나는, 놀랐습니다. 놀란 이유는 설교와 가르침에서 드러나는 예수님의 지혜와 권능 때문이었습니다. 성경 해석에서 예수님의 지혜가 너무나도 빛이 났고, 그분의 가르침에는 말과 동시에 능력이 함께 드러났다는 뜻입니다. 그런데 그들은 다음으로, 예수님을 배척합니다. 희한하지 않습니까? 설교 가운데 지혜와 능력이 나타나서 놀랄 정도가 되면 존경하는 것이 자연스럽지 않습니까? 그럼에도 그들은 놀람 끝에 예수님을 배척합니다. 왜 그렇습니까? 고향 사람들은 이렇게 생각했습니다.

> 이 사람이 마리아의 아들 목수가 아니냐 야고보와 요셉과 유다와 시몬의 형제가 아니냐 그 누이들이 우리와 함께 여기 있지 아니하냐 하고 _막 6:3

모르기는 몰라도 당시는 가부장적 분위기, 즉 아버지가 강한 권위를 인정받던 시절입니다. 그런데 사람들은 예수님을 '마리아의 아들'이라 표현합니다. 무슨 뜻일까요? 예수님의 출생과 어린 시절부터 지금까지의 모습을 기억하던 고향 사람들은 예수님이 태어나실 때의 스캔들도 기억하고 있었습니다.

요셉과 마리아가 약혼 중일 때, 마리아는 임신했습니다. 요셉은 자기는 모르는 일이라 말했고, 마리아는 자신이 성령님의 능력으로 임신하게 되었다고 증언했습니다. 그러나 이 말을 듣고 그대로 믿는 사람이 몇이나 되었을까요? 성령님의 능력을 믿지 않는 사람은 자연히 마리아가 딴 남자와 바람을 피우고서는 해괴한 변명을 한다고 생각했을 것이 틀림없습니다. 남편 될 사람 요셉이 이혼을 청구하지 않음으로써 이 스캔들은 그냥 덮이는 듯했지만,

결국 삼십 년이 지난 지금에 와서 이 사건은 다시 고향 사람들 입에 오르내리게 된 것입니다. 참으로 수치스러운 일이었을 것입니다.

또한 고향 사람들은 예수님이 목수라고 지적합니다. 같은 사건을 기록한 마태는 고향 사람들의 반응을 '목수의 아들'이라 말했다 기록했고(마 13:55), 누가는 그냥 '요셉의 아들'이라 기록해 두었습니다(눅 4:22). 그러나 마가는 호적상 아버지인 요셉이 목수였듯이 예수님도 공생애 사역 전에는 목수로 사셨음을 알려 줍니다. 어쨌든 이 표현은 그 뒤에 나오는 말과 함께 고향 사람들이 예수님을 별반 다를 바 없는 평범한 인간으로 인식하고 있음을 보여 줍니다.

고향 사람들은 말합니다. "어, 예수? 그 청년 말야, 조금 전까지 우리와 함께 살던 사람 아니야? 우리 동네에서 결혼하기도 전에 임신해서 태어났고, 자라서 집을 나갈 때까지는 목수로 살던 사람 아니냐 말야? 그 사람이 어떻게 저렇게 유식하게 말하고 놀라운 능력도 가지게 되었을까?" 결론적으로, 고향 사람들은 그분의 놀라운 지혜가 번뜩이는 설교를 듣고 병자도 고치는 능력을 본 후에도 예수님을 여전히 자신들과 똑같은 사람, 어쩌면 자기들보다 못한 사람으로 보았던 것입니다.

결과는 무엇일까요? 마가는 이렇게 기록해 놓았습니다. "예수를 배척한지라"(막 6:3). '배척했다'(ἐσκανδαλίζοντο)는 말은 그분에게 부정적, 혹은 공격적 태도를 보였다는 의미입니다. 그 구체적인 내용이 무엇이었든 고향 사람들은 예수님의 설교와 능력을 경험하고서도 그분을 거절한 것입니다. 이 상황을 보신 주님께서 이렇게 말씀하십니다.

예수께서는 그들에게 이렇게 말씀하셨다. "어디서나 존경을 받는 예언자라도 자기 고향과 친척과 집안에서만은 존경을 받지 못한다."_막 6:4, 공동번역

어떤 주석에 따르면, 예수님의 말씀은 당시 이 지역에 흔한 격언을 빗댄 것이었습니다. 예를 들면 이런 격언들이 있었다 합니다. '철학자가 자기 고

향에서는 어렵게 산다.' '친밀함은 오히려 경멸을 낳는다.' 우리나라에는 '아는 것이 원수'라는 말이 있습니다. 너무 잘 아는 것이 오히려 걸림돌이 된다는 뜻입니다.

걸림돌

우리는 본문에서 한 가지 중요한 교훈을 만나게 됩니다. 고향 사람들은 예수님의 강론을 들었고, 능력 행하시는 광경을 목격했습니다. 고향에서 행하신 이 일들은 다른 어느 동네에서도 행하신 일들과 다름이 없었습니다. 그럼에도 마가는 이 예수님의 말씀과 능력 있는 사역의 결실이 고향에서만큼은 현저하게 적었다고 기록하고 있습니다. 그리고 마가는 그 원인을 분명하게 지적했습니다. 고향 사람들은 예수님의 가르침에 주목하지 않았습니다. 그분이 자신들과 마찬가지인 사람이라는 점에 더 주목했습니다. 결과는 무엇이었습니까? 그들은 예수님을 배척했습니다. 그들은 육체만 주목했기 때문에 예수님을 거절했고, 결과적으로 구원에서 제외되었습니다.

이 유감스러운 결말에 대해 바울 사도는 이렇게 말했습니다.

> 십자가의 도가 멸망하는 자들에게는 미련한 것이요 구원을 얻는 우리에게는 하나님의 능력이라 … 하나님의 지혜에 있어서는 이 세상이 자기 지혜로 하나님을 알지 못하는 고로 하나님께서 전도의 미련한 것으로 믿는 자들을 구원하시기를 기뻐하셨도다 유대인은 표적을 구하고 헬라인은 지혜를 찾으나 우리는 십자가에 못 박힌 그리스도를 전하니 유대인에게는 거리끼는 것이요 이방인에게는 미련한 것이로되 오직 부르심을 입은 자들에게는 유대인이나 헬라인이나 그리스도는 하나님의 능력이요 하나님의 지혜니라 _고전 1:18-24

아버지를 알 수 없는 비천한 직업의 청년, 호기롭게 전국을 떠돌면서 자신을 하나님의 아들이라 떠벌인 미치광이, 그 죄로 말미암아 십자가에서 비참하게 죽은 사람, 그의 죽음 후에 갑자기 시신이 사라지고 제자들이 부활했다고 주장하던 어이없는 해프닝의 주인공. 이렇게 그분의 삶을 소위 '객관적'으로 보는 사람에게는 예수라는 이름이 정신없음의 상징일 뿐입니다. 그러나 연속되는 그분의 삶에 하나님의 오랜 계획과 능력이 있다고 보는 사람에게는 예수의 이름은 곧 구원의 상징이 됩니다. 바울은 이 사실을 빗대어 주장합니다. "믿는 자는 그리스도이신 예수님의 십자가를 구원의 능력과 지혜로 본다. 그러나 구원받지 못할 자에게는 예수님의 십자가가 미련함의 상징으로 보일 뿐이다!"

저는 감히 이렇게 정리하려고 합니다. 예수님의 가르침과 그분의 십자가는 우리를 설득하기 위한 것이 아닙니다. 우리로 하여금 그 가운데 숨어 있는 하나님의 비밀을 발견하게 하여 구원의 길로 들어서도록 초청합니다. 우리는 이것을 믿음이라 말합니다. 다시 말씀 드리지만, 본문을 통하여 우리는 무거운 경고와 교훈을 듣습니다. 똑같은 말씀과 능력을 체험하고도 그것을 어떻게 보느냐에 따라 그 결과가 엄청나게 달라질 수 있다는, 그 경고와 교훈을 말입니다. 똑같은 소원과 필요를 가지고 교회에 들어오는 사람들이라 하더라도, 선포되는 말씀을 인간의 기준과 관점으로만 들으려 하는 사람은 결국 아무것도 얻지 못하고 돌아설 것입니다. 그러나 성경에서 증거하는 가르침을 무겁게 받아들이고 하나님의 말씀으로 받으려는 사람들은, 그 말씀에서 하늘의 구원하시는 능력을 체험할 것입니다. 저는 묻습니다. 그렇다면 구원에 이르는 지혜는 무엇이며, 이 지혜는 어떻게 얻습니까? 이것이 우리가 신앙생활을 하는 동안 평생 동안 진지하게 물어야 할 질문입니다.

29 제자들을 보내심
마가복음 6:4-13 (1)

배척당하신 예수님

앞의 본문에서 우리는 주님께서 당신이 성장하신 곳에서 환영받지 못했음을, 사실은 배척당하셨음을 보았습니다. 본문은 그 이야기를 이어가고 있습니다. 예수님은 당신이 배척당하시는 이 현상을 놓고 이렇게 말씀하셨습니다.

> 예언자는 어디서나 존경받지만 자기 고향과 친척과 자기 집에서만은 존경받지 못한다 _막 6:4, 현대어성경

하나님을 믿는 신앙심이 투철한 유대 사회에서 선지자나 예언자가 환영받는 것은 당연하다고 생각합니다. 조금은 쑥스럽지만 예를 하나 들어보겠습니다. 최근에는 그런 경향이 덜하지만, 그럼에도 여전히 한국에서든 독일에서든 목사는 거의 대부분 환영과 함께 우대를 받는 편입니다. 어느 가게에 목사가 물건을 사러 들어가면, 물건 값을 깎아 주거나 덤을 조금 더 주기도 합니다. 그 가게 주인이나 점원이 그리스도인이면 그럴 확률이 더 커집니다. 목사에게 잘하면 그 목사가 일하는 교회의 교인에게도 자기 가게가 홍보될 것이라는 계산도 있겠지만 말입니다. 어쨌든 내가 누군가와 공통점을 공유할 때, 나는 그에게 더 강한 우호적 태도를 보입니다. 이런 우호적인 태도

가 가능하다면, 유대인에게 '선지자' 혹은 '예언자'가 어떤 대접을 받을 것인지 충분히 예상할 수 있습니다.

그런데 문제가 있습니다. 유대인들이 언제나 선지자나 예언자에게 호의적이었나 하는 것입니다. 이것은 선지자나 예언자가 과연 무슨 일을 하는지와 관련되어 있습니다. 아주 단적으로 말하자면, 선지자와 예언자는 하나님의 말씀을 대변하는 사람들이었습니다. 그런데 그 하나님의 말씀이 대부분 유대인들이 하나님의 말씀에 불순종하거나 불의하게 사는 것에 대한 지적이었습니다. 그렇기에 그 말씀을 듣는 유대인들이 결코 우호적일 수 없었다는 것입니다. 실제로도 유대인의 역사 속에서 선지자는 거의 대부분 배척당했습니다. 예를 들어, 예레미야는 하나님의 말씀을 전하다가 산 채로 땅에 묻혀 죽었다고 전해지고, 이사야는 몸이 두 동강 나서 죽었다고 전해집니다. 이렇게 하나님의 백성이란 사람들이 하나님의 말씀을 전하는 이들을 배척하고 핍박하고 죽이기까지 했던 이유는 무엇일까요? 단순하게 말하자면, 그들은 자기 귀에 좋게 들리는 말만 듣기를 원했기 때문입니다. 즉, 듣고자 하는 말만 듣고, 귀에 거슬리는 말은 한사코 듣지 않으려 했기 때문입니다.

다시 본문을 봅니다. 지금 유대인들이 예수님의 말씀을 하나님의 말씀으로 받아들이지 못한 이유는 무엇일까요? 앞서 살펴본 것과 같이 그들은 예수님의 말씀을 들으면서 그것을 자기 동네에서 자라난 한 청년의 말로 들었기 때문입니다. 그렇습니다. 예수님께서 당신이 성장하신 지역으로 가서서 하나님 나라를 전하셨을 때, 그 자리에는 옆집 아저씨도 있었을 것이고, 예수님과 구슬치기 한 친구도 있었을 것입니다. 그리고 이러저러한 사연으로 예수님과 얽힌 사람들 …. 그들에게 예수님은 과연 어떤 사람이었을까요? 사람은 원래 그래서는 안 되는 법인데, 어떤 사람의 말을 자신과의 관계 위에서 듣는 버릇이 있습니다. 먼 동네에서는 '인물 났네' 하는 사람일지라도 자기 동네에선 '쟤가 언제 적 그 사람이야'가 되는 경우가 대부분이란 뜻입니다.

제가 아는 선배 한 분은 대학 다닐 때까지 유명한 술고래였습니다. 물론 어려서 아버지에게서 버림받은 상처가 있다는 사정이 있지만, 그가 '술고래에 개고기'라는 사실에는 변함이 없었습니다. 그런데 그분이 마흔이 되어서 신학교에 들어가고, 신학교를 졸업하여 목사가 되고, 목사가 되어 당신이 생활해 온 교회의 부교역자가 되었습니다. 많은 분들이 그 사실을 좋게 받아들였습니다. 그런데 좋기만 한 것이 문제가 되었습니다. 그 '잘 아는 아이'가 목사가 되어 너무 좋기는 한데, 예를 들어 그분이 심방을 가서 예배를 드리려고 하면 문제가 생겼습니다. '그때 그 사람'이 설교를 하려니 너무 어색한 것입니다. 예배가 끝난 다음에 식사라도 하려 하면 "목사님, 술이라도 한 잔 하실래요?"라는 제안이 드물지 않았다고 합니다. 이러니, 그분이 모교회에서 목사로 일한다는 것이 얼마나 힘들었을지 짐작이 갑니다.

이렇게 예수님을 동네 꼬마 출신으로 보는 유대인에게 예수님께서 '하나님 나라의 복음'을 전하셨을 때, 그들이 과연 그 말씀을 제대로, 진지하게 들었을까요? "어쭈, 제법일세?" "저게 누구야?" "어쩐 일이래, 왜 저리 말을 잘해?" "쟤 어디 갔다더니 그새 어디서 저렇게 성경 연구를 했나?" 거북하기는 하지만 이 정도는 그나마 나은 것입니다. 마가는 고향 사람들의 마음을 이렇게 전합니다.

저 사람이 어디서 이런 놀라운 지혜와 권능을 얻었을까? 저 사람은 우리보다 하나도 나을 게 없는 목수가 아닌가? 마리아의 아들이고, 야고보와 요셉, 유다, 시몬의 형이 아닌가 _막 6:2-3, 현대어성경

말하자면 그들은 청년 예수를 아버지가 누군지 모르는 인물이란 사실을 이렇게 말한 것입니다. 단적으로, 그에 관하여 아는 것이 많을수록 그의 말에 토를 달 이유가 많아졌을 것입니다. 타지에 나갔던 청년 예수가 자칭 제자들과 함께 고향으로 돌아와 복음을 전했지만, 그의 메시지는 '안녕하십니까? 이 고장 출신이 고향으로 돌아왔습니다. 앞으로 잘 부탁드립니다'가 아니었습니다. '회개하라, 천국이 가까이 왔다!'였습니다. 예수님은 고향 사람들에게 인정받지 못할 이유가 충분했습니다.

영접하지 않는 곳에서는 역사하지 않는다?

마가는 이 사태의 결과를 이렇게 기록했습니다.

거기서는 아무 권능도 행하실 수 없어 다만 소수의 병인에게 안수하여 고치실 뿐이
었고 _막 6:5

예수님의 고향 사역에는 그 유명한 치유 현상이 거의 일어나지 않았다는
의미입니다. 그것은 분명합니다. 그러나 이 문장을 곰곰이 생각해야 합니다.
문장이 지니고 있는 의미가 굉장히 파격적이기 때문입니다. 이 문장을 문법
대로 해석했을 때 즉각적으로 문제가 발생합니다. 즉 '고향 사람들이 복음을
호의적으로 받아들이지 않았다. 그 결과 오직 소수의 병자들에게만 안수하
여 고치셨다'라고 해석한다면 '그럼 예수님은 거절하고 받아들이지 않는 사
람들에게는 권능을 행하실 수 없단 말인가' 하는 질문이 생긴다는 것입니다.
예수님은 하나님의 아들이시며, 동시에 하나님이십니다. 그런데 이것이
가능한 이야기입니까? 그분은 인간이 거부할 때 신적 권능을 행사하실 수 없
다는 말입니까? 그러나 본문을 원문으로 살펴서 설명하면 다음과 같습니다.
즉, 예수님은 마가가 설명한 대로 당신에게 거부감을 가진 고향에서 선택적
으로 아주 소수의 병자들만 안수하여 고치셨습니다. 고향 사람들의 거절로
말미암아 예수님의 능력이 제한받았다는 뜻이 아니라, 거절하는 고향 사람
들에게 아주 제한적으로 권능을 행사하셨다는 의미입니다. 이 사실이 오늘
의 우리에게 무엇을 시사하고 있습니까?
원론적으로 우리는 이렇게 말해야 합니다. 하나님은 당신께서 원하시는
대로 권능을 행하실 수 있습니다. 그분의 능력을 인정하든 하지 않든, 사람
이 원하든 원하지 않든, 하나님 당신의 의사만이 당신의 권능을 제한할 수
있습니다. 이 때문에 우리는 하나님의 권능이 당신께서 택하신 사람에게 불
가항력적이다, 즉 사람이 그분의 은혜를 거절할 수 없다고 표현하는 것입니

다. 그럼에도 불구하고 하나님은 당신의 은혜와 권능을 행사하시면서 스스로 그 행사를 제한하십니다. 즉, 당신의 은혜를 거절하는 자에게는 당신의 능력을 보이지 아니하신다는 것입니다.

그러면 하나의 질문이 남습니다. 왜 하나님은 거절하는 사람에게 은혜 주시기를 제한하실까요? 신학적으로 여러 이론이 있지만, 우리는 이렇게 간단하게 말해도 좋습니다. 즉, 하나님은 당신의 능력을 행사하실 때 어떤 목적을 고려하신다는 것입니다. 그 능력을 통해 과연 당신의 영광이 드러나실까 하는 점을 고려하십니다. 사람의 반응이 문제가 되지 않는 경우라면 모를까, 당신의 은혜와 권능을 감사로 받으려 하지 않는 인간에게 하나님께서 무엇 때문에 그 일을 행하시겠습니까? 이것이 지나친 표현일까요?

그러므로 성급한 일반화일 수도 있습니다만, 이를 통해 우리는 한 가지 결론을 도출해 낼 수 있습니다. 하나님의 은혜는 그것을 기쁨으로 받아들일 사람에게만 제한적으로 주어질 수 있다고 말입니다. 받을 만한 자에게, 받기를 준비한 자에게, 받을 가치가 있는 자에게 하나님은 은혜를 베푸십니다. 감사함으로 받을 자에게 하나님은 도움을 베푸십니다. 좀 다른 문맥이긴 합니다만 예수님께서 이렇게 말씀하셨음을 기억해야 합니다.

거룩한 것을 개에게 주지 말며 너희 진주를 돼지 앞에 던지지 말라 저희가 그것을 발로 밟고 돌이켜 너희를 찢어 상할까 염려하라 _마 7:6

받아야 할 것을 받지 않고, 귀한 것을 귀한 줄 모르는 사람에게는 하나님도 그 풍성한 은혜를 주지 않으실 수 있다! 이것이 얼마나 무서운 경고입니까? 우리는 모든 자에게 후히 주시고 꾸짖지 아니하시는 하나님(약 1:5)의 성품에 의지하여 우리의 필요를 간구할 수 있습니다. 그러나 간구하는 바를 얻지 못할 때도 있습니다. 이때는 자신을 돌아보아야 합니다. 내가 받을 준비가 되었는가?

다시 한 번 말합니다. 우리가 간구하는 대로 얻지 못할 때, 우리는 이렇게 자신에게 물어보아야 합니다. "너는 그것을 받을 짓을 했는가?" "네가 하나님이라면 네가 하는 행위를 보고 네가 간구하는 것을 기쁘게 줄 수 있겠나?" 우리의 행위 때문에 하나님께 은혜를 얻는 것은 아닙니다. 하지만 때로는 거저 주시는 은혜라는 사실 때문에 하나님의 은혜를 싸구려로 여기면서 살고 있지는 않은지 늘 자신을 살펴야 합니다.

복음을 전하고 귀신을 쫓아내는 제자들

마가는 이렇게 말합니다.

저희의 믿지 않음을 이상히 여기셨더라 _막 6:6

주어는 물론 예수님이십니다. 고향 사람들이 당신의 말씀을 받아들이지 않는 상황에 대해 예수님께서 당황하셨다, 이상하게 여기셨다, 그런 뜻입니다. 간단히 설명하자면, 예수님께서 이 일을 '이상하게 여기셨다'고 마가가 표현한 이유는 고향 사람들이 예수님을 영접하지 않고 다른 지역보다 오히려 더욱 거절한 것에 대해 예수님의 책임이 아님을 밝히기 위함이었습니다.

이제 우리는 그 다음으로 넘어갑니다.

이에 모든 촌에 두루 다니시며 가르치시더라 열두 제자를 부르사 둘씩 둘씩 보내시며 더러운 귀신을 제어하는 권세를 주시고 _막 6:6-7

고향에서의 사역은 성공적이지 못했고, 예수님은 다른 곳을 전도하시기 시작했습니다. 6절에서의 '모든 촌'이 구체적으로 어디인지는 모르지만, 갈릴리 지역의 여러 동네들이 아닐까 짐작할 뿐입니다. 어쨌든 이번 전도 사역에는 좀 다른 면이 있습니다. 즉, 이번 전도 사역에서 예수님은 제자들을 둘씩 묶어서 각 동네로 파송하셨던 것입니다. 이로써 예수님의 전도 사역이 본격적으로 전개됩니다. 그런데 주님은 제자들을 둘씩 보내시면서 그들에게 '귀신을 제어하는 권세'를 부어 주셨습니다.

먼저 제자들을 둘씩 짝지으신 일을 언급합니다. 왜 예수님께서 제자들을 둘씩 묶어서 보내셨는지 단정적으로 의미를 말하기가 쉽지 않습니다. 어떤 이들은 이것이 구약의 말씀, 즉 두 사람이 증인을 서야만 증언이 성립된다는 말씀들(신 17:6 등등)에서 유래한 것이라 주장합니다. 또 어떤 이들은 이것이 여행에 도움이 되기 때문이라 말하기도 합니다. 어쩌면 이런 주장들이 모두 맞을지도 모르겠습니다. 어쨌든 제자들은 둘씩 짝을 이루어 복음을 전하러 떠남으로써 서로를 돕기도 하고 효과적으로 복음을 전할 수도 있게 되었습니다.

다음으로, 예수님은 그들에게 '귀신을 제어하는 권세'를 부어 주셨습니다. 이 일의 결과가 마가복음 6장 13절에서 나타납니다.

많은 귀신을 쫓아내며 많은 병인에게 기름을 발라 고치더라 _막 6:13

요점을 말씀 드리자면, 제자들이 둘씩 파송되어 한 일은 정확히 예수님의 사역과 일치합니다. 제자들이 예수님으로부터 귀신을 제어하는 권세를 받은 후 둘씩 파송되어 각 동네를 돌아다니며 복음을 전하고 귀신을 쫓아낸 것은 예수님 자신의 사역과 정확하게 닮은꼴입니다. 이 사실은 우리에게 중요한 교훈을 줍니다. 예수님의 제자들은 예수님의 일을 했습니다. 제자들이 세워진 이유입니다. 그리고 이 이유에 근거하여 그들은 제자라 불릴 수 있습니다. 저는 이 사실이 우리에게도 적지 않은 도전이 된다고 생각합니다. 우리는 자신을 '그리스도의 제자'라고 부르는 것이 어색치 않습니다. 그러나 내가 그리스도의 제자라는 것이 어떤 의미일까요? 내가 그리스도의 제자라는 것이 나의 삶에서 어떤 모습으로 드러나야 할까요?

물론 그리스도의 제자가 된다고 하는 것이 예수님의 제자들처럼 모두 집을 떠나 정처 없이 복음을 전하러 다니는 것을 의미하지는 않습니다. 그럼에도 예수님께서 하신 일의 의미와 정신을 이어받아야 함을 부정할 수는 없습니다. 그렇다면 우리의 삶과 연결할 수 있는 그리스도의 제자의 삶이란 구체적으로 어떤 것일까요? 말할 것도 없습니다. 바로 앞에서 말씀 드린 것과 같이 예수님의 사역을 그 제자들이 이어받았듯이, 우리도 예수님의 사역을 이어받는 것입니다. 예수님께서 복음을 전하시고 귀신을 쫓아내셨다면, 그런데 제자들이 역시 그랬다면, 우리도 그리하면 됩니다.

다음으로는 복음을 전하고 귀신을 쫓아낸다는 것이 어떤 모습일지 생각해야 합니다. 먼저, '귀신을 쫓아낸다'는 말을 잘 이해해야 합니다. 그 말을 보면, 귀신을 쫓아내는 일 그 자체에 강조점이 있지 않습니다. 귀신의 지배력에서 벗어나게 한다, 즉 귀신의 지배권으로부터 하나님의 지배권으로 옮겨놓는다는 데 그 강조점이 있습니다. 과거에는 우리가 마귀의 종이었으나 이제는 예수 그리스도를 통하여 하나님의 자녀가 되었습니다. 과거에는 우리가 마귀의 종이 되어 우리 육신의 정욕을 따라 살았지만 이제는 하나님의 자녀가 되어 그가 원하시는 뜻을 따라 삽니다. 이것을 가리켜 주재권(Lordship)의 이동이라 부릅니다. 주재권의 이동은 회개의 또 다른 표현입니다. 따라서 우리가 '회개에 합당한 삶을 살아야 한다'(마 3:8; 눅 3:8)는 가르침을 받을 때, 우리의 주인이 누구인지를 분명히 알고 그분의 마음을 따라 살아야 함을 명심해야 한다는 것입니다. 그러므로 우리는 이렇게 말할 수 있습니다. 우리가 그리스도 예수의 제자가 되어 그분의 제자답게 산다는 것은 무엇보다도 우리가 그분의 다스림 안에서 살아가는 존재임을 명심하며 사는 것이고, 다음으로는 그분의 가르침을 따라 사는 것이며, 그 다음으로는 이 주재권의 영향력을 나를 넘어 나의 가족과 이웃에게로 확장해 가는 것을 의미합니다.

아무것도 가지고 가지 말라!

마지막으로 마가복음 6장 8-10절을 살펴봅니다.

명하시되 여행을 위하여 지팡이 외에는 양식이나 주머니나 전대의 돈이나 아무것
도 가지지 말며 신만 신고 두 벌 옷도 입지 말라 하시고 또 가라사대 어디서든지 뉘
집에 들어가거든 그곳을 떠나기까지 거기 유하라

제자들이 임무를 부여받을 때, 삶의 태도도 지시받았습니다. '지팡이 외에
는 아무것도 가지고 가면 안 된다. 동네에 도착했을 때 묵을 집을 찾았다면
그 동네에서 임무가 끝날 때까지 그 집을 떠나서는 안 된다.' 아주 간단히 말
하자면, 제자들은 먼 길을 떠나면서도 먼 길을 떠나는 것처럼 필요한 것들을
일일이 챙겨서는 안 된다는 것입니다. 제자들은 또 더 나은 조건을 찾아 이
동해서도 안 됩니다. 그들은 오로지 복음을 전하고 귀신을 쫓아내는 일에만
전념해야 합니다. 이로써 그들은 그 임무 외의 모든 일들을 책임져 주시는
하나님을 경험하게 될 것입니다.

이 지시가 오늘을 사는 우리, 즉 그리스도의 제자에게는 어떤 의미일까
요? 신자들이 일부러 가난하게 살 필요는 없습니다. 그러나 필요 없는 일에
자신의 관심과 재산을 사용해서는 안 됩니다. 검소하게 살아야 한다는 뜻이
아닙니다. 맞긴 하지만, 그보다는 다른 의도를 읽어야 합니다. 즉, 그리스도
의 제자는 '목적에 합당한 삶을 살아야 한다'는 것입니다. 우리의 주재권이
하나님께 있다면 우리는 하나님의 부르심에 합당한 모습으로 살아야 합니
다. 우리의 시간, 우리의 생각, 우리의 행동, 우리의 재산, 우리의 가정 등 모
든 것들로 나의 주인이 누구인지를 설명할 수 있어야 한다는 뜻입니다. 나의
이 모습은 내 주인이 하나님이심을 설명할 수 있는가? 우리가 이 질문에 '예'
라고 자신 있게 말할 수 있다면, 우리는 비로소 자신이 그리스도의 제자임을
떳떳하게 입증한 셈입니다.

우리는 중요한 두 가지를 살펴보았습니다. 첫째, 하나님은 은혜를 사모하
고 당신의 가르침을 기꺼이 받는 자에게 더 큰 은총을 베푸십니다. 우리가
그분을 사모하면 할수록, 하나님께서도 우리를 당신의 풍요로움에 더 가까
이 초대하실 것입니다. 둘째, 우리는 그리스도의 제자로서 우리를 다스리는

주인이 누구인지를 더욱 분명히 깨달아야 합니다. 그분께서 우리를 제자로 부르신 것은 우리가 그리스도를 주님으로 인정하고 그분의 삶을 닮아 가는 사람으로 이 세상에서 살기 원하셨기 때문입니다. 나는 누구의 것입니까? 나는 누구의 가르침을 따릅니까? 나와 나의 주변은 어떤 가치관에 따라 움직이고 있습니까? 우리가 예수님처럼, 예수님의 제자들처럼 귀신을 쫓지는 못할지라도, 우리 자신을 그리스도 예수의 은혜의 법으로 묶어 그분의 다스림을 받는 사람으로 살아가야 합니다. 이것이 제자를 부르신 예수님의 심정이라고 생각합니다. 말로만 예수님을 믿는 것이 아니라 삶으로 예수님을 믿어 그분의 삶을 살아 내야 합니다.

30

제자의 조건
마가복음 6:4-13 (2)

심판은 선택, 그러나 때는 있다

1980년 봄, 부활절이 얼마 남지 않았을 때의 어느 날 오후였습니다. 저는 대학을 마치고 다시 학사 편입을 해서 네덜란드어를 배우고 있었습니다. 그 대학의 네덜란드어과에는 유난히 목사 자녀들이 많았습니다. 결국 이들이 나중에 신학을 공부하게 되었는데, 네덜란드가 한국의 장로교회에 신학적으로 아주 큰 영향을 끼쳤기 때문입니다. 어쨌든 당시 네덜란드에서 유학을 하신 한 교수님께서 강사로 강의를 하셨는데, 차영배 교수님이셨습니다.

이 교수님에겐 한 가지 습성이 있었습니다. 네덜란드어를 강의하시다가도 신학 이야기만 나오면 곧장 그 주제로 돌진하셨습니다. 이미 몇 년 동안 이 교수님을 알던 학우들은 가끔 강의가 따분할 때면 이 습성을 이용하곤 했다 합니다. 이날도 그랬습니다. 점심도 먹었겠다, 이른바 춘곤증이 우리를 힘들게 하는 시간이었습니다. 거기에다 교수님은 평생 수업을 진행하면서 눈을 지그시 감고 알 듯 모를 듯 강의를 하시다가 느닷없이 소리를 버럭 지르는 습관도 있었는데, 여하튼 교수님의 습성들을 아는 몇 사람들이 작당했습니다. 수업 도중에 갑자기 질문을 한 것입니다. 안 좋은 경우였지만, 이런 경우에도 용인되는 질문이 있었습니다. 신학적인 질문, 혹은 신앙적인 고민은 언제든 진지하게 받아 주셨습니다. 그런데 이날 이런 질문이 나왔습니다. "교수님, 질문이 있습니다. 성경을 보니까 2천 년 전에 예수님이 부활하셨다고 말합니다. 그런데 이 부활의 사실이 오늘을 사는 우리에게 어떤 의미가 있을까요?"

저야 교회를 다니고 있으니 별로 새로울 것도 없었음에도, 당시가 마침 부활주일이 임박한 때라 대체 이 질문이 우리에게 몇 분짜리 휴식을 줄까 하는 생각에 너무도 흥미진진했습니다. 아니나 다를까, 차 교수님은 이 질문이 나오자마자 거의 20분을 쉴 새 없이 '부활의 사실과 그것의 현재적 의미'라는 주제를 중심으로 설명하셨습니다. 그런데 말입니다. 교수님께서 그 기나긴 강의를 하시더니 난데없이 씨익 웃으시는 것입니다. 그리고 그 후에 하신 말씀 때문에 저는 제 평생에 잊지 못할 오싹한 전율을 느꼈습니다. 교수님께서 이렇게 말씀하셨습니다. "여러분, 나른한 오후에 강의가 지루해서 제게 이런 질문을 한 줄 압니다. 그러나 나는 그 질문에 있는 그대로 성경에 근거해서 성의껏 대답했습니다. 그러므로 저는 이렇게 말해야 하겠어요. 이제 내 말을 들은 여러분 가운데 어느 누구도 하나님 앞에 서서 '나는 복음을 들어본 적이 없다'고 말할 수 없을 것입니다." 그때부터 삼십 년이 훌쩍 지난 지금까지도 저는 그 순간의 두려움과 진지함을 잊은 적이 없습니다.

이제 성경으로 가 봅시다. 주님의 제자 가운데 어떤 사람이 복음을 전합니다. 그 복음을 듣는 이가 귀를 쫑긋하고 들었든지, 건성으로 들었든지 상관없습니다. 그가 그 복음을 듣고 그것을 받아들이지 않는 것에 대해 전적으로 내 책임이라고 서명을 했든지 않았든지 상관없습니다. 복음은 그렇게 선포되는 것이고, 복음이 전해지는 자리에서 그것을 받아들이는 자와 거절하는 자로, 다시 말해 구원받은 자와 심판받는 자로 나뉘는 하나님의 심판이 복음이 전해지는 그 자리에서 이뤄집니다. 이 사실을 안다면 어느 누가 복음을 듣는 자리에서 가벼이 행동하겠습니까? 그러나 유감스럽게도 이 일은 현실에서 매우 자주 일어납니다.

앞서 예를 들었던 에피소드만 해도 그렇습니다. 나른한 오후 어느 누구는 그냥 시간을 때우기 위해서 '부활이 뭔가요?'라고 물었을 수도 있습니다. 그러나 그 시간이 실은 그에게 복음을 들을 수 있는 유일한 기회였을 수도 있습니다. 그가 장차 하나님 앞에 섰을 때에 하나님께서 "너는 어찌해서 내가 보낸 아들 예수를 믿지 않았느냐"고 물으신다면, 그는 얼마나 억울하겠습니까? 성경을 보면 '슬피 울며 이를 갈 것이 있으리라'라는 표현이 예수님의 말씀 가운데 등장합니다(마 22:31; 24:51; 25:30; 눅 13:28). 억울해서 이를 간다는 것입니다. 그런데 애초부터 기회가 없었던 사람이 억울해서 이를 갈까요? 아닙니다. 기회가 바로 눈앞에 왔는데, 그것을 못 잡았기에 억울한 것입니다. 그러나 이미 늦은 것입니다. 그야말로 '후회하면 늦으리'가 되는 것입니다.

성경이 말하는 '심판'에는 이처럼 '시간'과 '결단'의 개념이 대부분 연결되어 있습니다. 심판은 누구나 피해갈 수 없으며, 모든 이에게 좋은 쪽이든 나쁜 쪽이든 선택할 기회는 주어지고, 이 기회는 정해진 시간이 있어서 내 맘대로 그 시기를 조정할 수는 없습니다. 결국 내 갈 길은 내가 결정하지만, 그시기와 방법은 내가 정할 수 없습니다. 그 부분은 오직 하나님의 권한에 속해 있습니다. 나는 오직 그분께서 정하신 때에 전하는 복음을 택하느냐 거절하느냐, 이것만 결정할 수 있을 뿐입니다.

복음 전하는 자의 태도

이 개념들을 염두에 두고 본문을 살펴봅니다. 주님은 제자들을 둘씩 짝지으신 후 그들에게 귀신을 쫓아내는 권세를 주시고, 그들로 하여금 모든 동네로 나가 복음을 전하게 하셨습니다. 그런데 주님은 제자들에게 아주 특이한 것을 주문하셨습니다. 제자들이 전도하러 다닐 때에 어떤 태도로 해야 할 것인가에 관한 주의 사항이었습니다. 문자 그대로 일단 요약해 보겠습니다. 첫째, 여행을 위하여 지팡이 외에는 양식이나 주머니나 전대의 돈이나 아무것도 가지지 말고(막 6:8), 신만 신고 두 벌 옷도 입지 말라(막 6:9). 여행을 가기는 가는데, 그야말로 가까운 곳을 가는 사람처럼 최대한 가벼운 복장만 준비하는 것입니다. 둘째, 어디서든지 뉘 집에 들어가거든 그곳을 떠나기까지 거기 유하라(막 6:10). 몇 가지 주석들을 참고해서 정리하면 이렇습니다. 이 명령에서 보이는 주님의 뜻은, 그 동네에 들어가서 이 집 저 집 왔다 갔다 하면서 거주할 장소를 신경 쓰지 말라는 것이고, 이 집 저 집으로 옮기는 과정에서 집주인들이 원치 아니하게 마음을 불편하게 해서는 안 된다는 것입니다.

이 두 가지 명령을 통해서 주님은 복음을 전하는 자들에게 아주 분명하게 주의를 주십니다. 복음을 전하는 자는 무엇보다도 '안정된' 삶을 기대해선 안 된다는 것입니다. 전도자의 '안정'은 인간이 세상을 살면서 계획하고 누리는 그런 방식으로 확보되지 않습니다. 그의 안정과 안전은 오직 하나님께로부터 나옵니다. 무슨 일을 어디에서 하든지, 복음 전도자는 자신의 삶을 책임져 주시는 하나님께 모든 것을 의존할 준비를 하며 살아야 한다는 말입니다.

얼마 전부터 교회에서 '목사라고 굳이 못 살아야 한다는 법이 있느냐?'고 묻는 소리가 나옵니다. 일부러 가난하고, 일부러 힘들고, 일부러 실패할 일은 없습니다. 그러나 한도는 있습니다. 가난하고 억울한 자의 소리가 자신의 소리처럼 들릴 정도의 수준까지, 하루하루의 삶은 아니라 하더라도 내년의 삶에 관해서는 하나님의 도우심밖에 기댈 곳이 없을 정도까지, 무슨 일을 하더라도 '아이고, 난 거기까지밖에 할 수 없어 기도해야 하겠네' 하고 경각심을 유지할 정도까지는 자신의 삶에 한도를 정해야 합니다. 오늘 밤 잠들기 전에 창밖을 내다보며 '음, 내일도 문제없을 거야' 하고 기도할 필요를 느끼지 못한다면, 전도자의 영성은 거기서부터 빈곤을 향해 곤두박질칠 것입니다. 우리는 이것을 의도적인 청빈으로 말해도 좋고, 자발적 청빈이라 표현해도 좋습니다. 그 표현이 어떻든, 우리는 살아가면서 우리의 힘과 하나님의 힘이 협력할 수밖에 없을 정도의 긴장을 유지해야 한다는 것입니다. 영성은 이처럼 조절되는 삶의 방식을 통해 훈련됩니다. 먹고 싶은 것 먹고, 즐기고 싶은 것 즐기고, 있는 돈으로 걱정 없이 자녀의 학비를 충분히 조달할 수 있다면, 사람은 절대 기도하지 않습니다. 요컨대 의도하고 자발적인 삶의 긴장을 통해 영성을 유지하는 것, 이것이 전도자의 삶입니다.

그러므로 우리는 주님의 명령을 이렇게 해석해야 합니다. "지팡이만 가지고 떠나라. 내일 먹을 양식이 없느냐? 기도하라. 거할 집이 없느냐? 하나님께서 어느 누구를 감동시켜서 너에게 거할 곳을 제공하게 해 달라고 기도해라. 쓸 돈이 없느냐? 누군가에게 도움을 얻기 위해 하나님께 기도하거라. 두 벌 입을 옷도 필요 없다. 네 일이 오늘로 끝날지, 내일로 끝날지 모르잖니?" 이런 명령의 끝에는, 전도자는 하나님의 말씀을 전하기 위하여 보냄을 받은 자이므로 그의 삶 역시 보내신 자에게 의존하여야 함을 강조하시는 주님의 의도가 깔려 있음을 명심해야 합니다.

이제 주님의 마지막 분부를 살펴봅니다. 마가복음 6장 11절입니다.

> 어느 곳에서든지 너희를 영접지 아니하고 너희 말을 듣지도 아니하거든 거기서 나갈 때에 발 아래 먼지를 떨어 버려 저희에게 증거를 삼으라 하시니

여기 가정문이 있습니다. 어느 곳에서든지 너희를 영접하지 않고 너희 말을 듣지도 않거든. 즉, 어디를 가든지 네가 전하는 복음을 전할 때 그것을 받지 않고 거절하면. 거절하면 어떻게 하라고 말씀하십니까? 거기서 나갈 때 발 아래 먼지를 떨어 버리라고 말씀하십니다. 왜 그렇습니까? 그것으로 증거를 삼기 위해서라고 말씀하셨습니다.

어떤 주석[9]에 따르면, 유대인들에게는 이방인 지역을 다녀온 후 신에서 먼지를 터는 관습이 있었다고 합니다. 이 지적이 옳다면 우리는 예수님의 말씀에서 어떤 의도를 발견합니다. 즉, 전도자가 주님의 명령을 따라 어느 동네에 가서 복음을 전했을 때 그것을 받아들이지 않는다면, 그 사람 혹은 그 지역은 그 순간부터 하나님과 상관없게 된다는 뜻입니다. 이 말씀에서 볼 수 있는 주님의 논리는 너무나도 명백합니다. 전도자가 주님께 보냄을 받고 주님께 권세를 받았다면, 그리고 그가 전도자로서 올바른 태도를 가지고 살아간다면 …, 이 조건 아래 무서운 상황이 펼쳐집니다. 그가 전하는 복음은 받는 자에게는 구원의 기회로, 거절하는 자에게는 심판의 시간으로 다가오

---

9 H. Strack and P. Billerbeck, *Kommentar zum Neuen Testament aus Talmud und Midrasch*, 4 vols. (Munich: Beck'sche, 1926 – 28), 1:511.

게 됩니다. 중간은 없습니다.

전도자의 삶, 그리고 일

마가복음 6장 12절 이하를 보면, 주님께 파송과 당부와 권세를 받은 제자들은 나가서 복음을 전하고 병을 고치며 귀신도 쫓아내는 일을 감당합니다. 복습하는 의미에서 이 이야기가 자리한 맥락을 살펴봅니다.

주님께서 갈릴리 지역 전도를 마치고 고향 지역으로 이동하셨습니다. 갈릴리 지역 전도는 성공적이었습니다. 그러나 고향 지역의 전도 활동은 주민들의 강력한 거절 탓에 지지부진했습니다. 결국 주님은 고향과 그 인근 지역에서의 전도 활동을 접고 다른 지역에 가서서 전도 활동을 이어가십니다. 그런데 이번 전도 활동에서 눈에 띄는 변화가 있습니다. 제자들을 둘씩 짝지어 동네들을 돌아다니면서 당신이 하시던 일을 대신 하게 하신 것입니다. 이 활동의 결과는 성공이었습니다. 물론 이 성공으로 말미암아 헤롯이 위협을 느끼고 예수님의 활동을 견제하는 결과가 일어납니다만, 그것은 아직 본문에서 드러나진 않습니다. 어쨌든 예수님은 고향에서의 부진을 전도 활동 방식의 변화를 통해 타개해 나가십니다. 말하자면, 주님은 환경의 제약에도 불구하고 제자들을 당신을 대리하는 복음 전도자로 세워 파송하심으로써 당신 이후의 일을 도모하기 시작하셨다는 것입니다.

이런 흐름 속에서 우리는 지난번과 동일한 본문을 보며, 여기에서 전도자의 삶과 일에 관하여 다시 한 번 염두에 두어야 합니다. 무엇보다도 강조되어야 할 사실은, 복음 전도자는 예수 그리스도를 대신하여 세상에 파송받았다는 것입니다. 그들은 복음을 전하기 위해 존재하고, 부름받았고, 일합니다. 그러나 그들은 자신의 뜻과 능력으로 일하지 않습니다. 자신들을 파송하신 주님, 곧 그리스도 예수의 권세를 가지고 일하며, 그분의 권세를 가지고서 그분께서 하시던 일을 이어서 일합니다. 이런 조건들을 유지하기 위해 전도자는 소위 의도적으로 절제된 삶을 살아야 합니다. 그러므로 본문에서 주님께서 지적하시는 전도자의 삶을 어떻게 그리면 되겠습니까?

먼저, 주님께서 계십니다. 그분은 전도와 전도를 통한 하나님 나라의 확장과 관련하여 모든 것의 근원이 되십니다. 다음에 전도자가 있습니다. 그는 그리스도 예수의 과업을 이어 가는 주님의 대리자입니다. 그러나 그의 권위와 과업은 오직 그리스도 예수에게서만 나옵니다. 그리고 전도자는 자신을 파송하신 주님과 연계성을 유지하기 위해 전도자 자신의 삶의 방식과 내용을 엄격하게 조절하여야만 합니다. 바로 이 조건 아래 전도자의 권위도, 권세도, 사역의 성공도 담보됩니다. 이런 상황들을 통해서 전도자의 전도 활동은 하나님의 나라를 확장해 가는, 그리고 하나님의 심판이 일어나는 현장이 되는 것입니다. 다시 강조하지만, 이 모든 것들의 시작과 마침은 오직 주님이십니다.

이런 원리들을 그리스도의 제자이긴 하지만 소위 전업 전도자까지는 아닌 우리의 삶에 어떻게 적용해야 할까요? 쉬운 과제는 아닙니다. 그러나 저는 이렇게 급하고 거칠게 스스로 대답하려고 합니다. 우리가 그리스도의 부름을 받았다면, 전업 전도자이든 아니든 상관없이 전도자가 살아가는 삶의 원리를 어느 정도 의식하고 살아야 합니다. 즉, 우리 신자들은 누구라 할 것 없이 그분의 부르심을 받았고, 따라서 신자는 부르심의 목적에 합당하게 사는 것이 무엇인지를 끊임없이 탐구하고 묵상하는 가운데 살아야 한다는 것입니다. 자신의 정체성을 유지하기 위해 이 세상에서 절제하며 살아야 하고, 자기 존재의 근원이 그리스도 예수께 있음을 인정해야 합니다. 나의 나 된 것은 오직 주에게서 나온다는 고백 때문에, 우리는 주님께서 모든 것을 자유하게 하셨음에도 자신의 자유를 주님을 위해 유보하는 삶을 살아야 합니다. 그리고 이렇게 살 때에야, 우리는 자유로움 속에서도 주님께서 주시는 권위를 덧입어 세상 사람들에게 두려움과 존경의 대상이 될 수 있습니다. 이것이야말로 현대를 살아가는 우리에게 주님께서 허락하신 '귀신 쫓는 권세'라고 생각합니다.

우리는 늘 염두에 두어야 합니다. 우리 주님의 가르침과 삶을 과연 어떻게 따르고 닮아 갈까 하는 점입니다. 나는 누구인가? 나는 어디에 근거하여 정체성을 설명할 수 있는가? 나는 어떻게 살아야 그분의 부르심에 합당하게 사는 것일까? 나의 존재와 삶의 정체성과 권위, 능력은 어디에 근거하고 있을까? 이런 질문들이 우리의 생각에 가득 차 있을 때 우리의 마음은 비로소 하나님의 나라에 가 있게 될 것입니다. 그리고 이렇게 살지 않으면, 우리의 삶에서 변화라는 것은 일어나지 않을 것입니다.

당신께 말씀 드립니다. 급박한 마음으로 제자들에게 당부하시는 주님의 음성을 말씀 속에서 들으십시오. 그들을 향한 당부가 나를 향해 울리지 않습니까? 오늘을 사는 나에게 주님께서 무어라 말씀하십니까? 나는 그분의 부르심을 받은 신자로서 이 세상을 살아갑니까? 그분의 당부를 따라 나는 오늘도 그분의 복음을 세상에 선포합니까? 그 선포를 통해서 나는 내 주변의 영혼들에게 하나님의 임박한 심판을 선포하고 있습니까? 나의 삶을 통해서 하나님의 나라를 드러내고 있습니까? 이 놀라운 일을 감당하기 위해 나의 삶은 하나님의 간섭과 도우심을 끊임없이 경험하려 의도적으로 통제되고 있습니까?

31 말씀의 울림을 듣는가?
마가복음 6:14-29

설교란 무엇인가

오래전에 있었던 일입니다. 어떤 사람이 제게 와서 이렇게 말했습니다. "목사님, 지난 주 설교 너무 은혜 받았어요. 어떻게 그렇게 말씀 한마디 한마디가 저를 위한 말씀이었는지 모르겠어요." 물론 그 말 듣고 목사가 뭐라 말을 하겠습니까? 저는 그냥 이렇게 대답하고 말았습니다. "아, 그래요? 감사한 일이네. 들리는 대로 살면 되는 거죠." 그런데 몇 달 후, 어떤 사람이 이렇게 말했습니다. "목사님, 왜 요즘 목사님 설교가 매주 저를 찌르는 듯하죠? 교회에 오기만 하면 마음이 불편해 죽겠습니다." 그때 저는 아무 대답도 하지 않았습니다. 실은 앞의 말과 뒤의 말을 한 사람이 동일인입니다. 이 동일인이 같은 이의 설교를 놓고 몇 달 새에 이런 변덕을 부리니, 제가 무슨 말을 하겠습니까? 그러나 그런 중에도 굳이 그 사람이 한 말에서 긍정적인 공통점을 찾는다면, 설교의 내용이 어떻든 자신과 상관이 있는 것으로 제 설교를 알아들었다는 것입니다. 그것이 어떤 때는 불쾌하고, 어떤 때는 감동스럽기도 했겠지만 말입니다.

저는 설교자로서 누군가를 염두에 두고 설교 원고를 작성한 적이 없습니다. 그저 정해진 본문을 놓고, 그 본문을 통해 하나님께서 무어라 말씀하시려는지, 그래서 그 말씀이 우리에게 어떻게 들려야 할지를 고민할 뿐입니다. 그리고 그 나머지는 제가 책임질 문제가 아니라 성령님께서 하셔야 할 문제입니다. 설교를 어떻게 이해하기 쉽게 전달할까, 그 설교에 사용되는 성경 본문을 어떻게 해석해야 할까 등 설교를 둘러싼 복잡한 이론이 있지만, 엄밀하게 말하면 설교는 설교자의 입에서 나올 때까지만 설교자의 몫입니다. 일단 설교자의 입 밖으로 선포된 설교는 그 순간부터 청중들의 몫이 됩니다. 그리고 성령님은 청중들의 마음속에서 움직이셔서 청중들로 하여금 그 설교가 자신에게 말씀하시는 음성임을 믿게 하시고, 그 음성을 자신의 삶에서 어느 부분에 어떻게 적용해야 하는지를 가르치십니다. 그리고 그 가르치심에 그렇게 살겠노라 응답하는 신자에게 그리 살 만한 용기를 부어 주십니다.

우리는 이 모든 과정을 넓게 보는 관점에서의 설교라고 합니다. 그렇기에 설교를 들을 때 자기 마음에 와닿는 것이 있다면, 그것은 설교자가 아닌 하나님의 움직임입니다. 그것을 자신과 설교자와의 인간적 관계에서 해석하고 받아들인다면, 그는 설교에서 얻을 수 있는 유익을 스스로 걷어차 버리는 것입니다. 그럼에도 불구하고 우리는 경험적으로 이런 유감스런 일을 자주 겪습니다. 실은 이 본문에서도 그런 비슷한 경우를 보게 됩니다.

예수님의 이름이 알려지다

제자들이 둘씩 짝을 지어 여러 동네로 파송되었습니다. 제자들은 떠나기 전에 귀신 쫓는 권세도 받았습니다. 이렇게 하여 제자들은 예수님의 일을 대신하여 돌아다니면서 말씀도 전하고 귀신도 쫓았습니다. 이 일을 통해서 복음도 전하고, 병도 고치고 하는 일상적인 일들이 진행되었습니다만, 이 광경을 바라보는 사람들은 이것을 아주 다르게 받아들였습니다.

> 이에 예수의 이름이 드러난지라 헤롯 왕이 듣고 가로되 이는 세례 요한이 죽은 자 가운데서 살아났도다 그러므로 이런 능력이 그 속에서 운동하느니라 하고 어떤 이는 이가 엘리야라 하고 또 어떤 이는 이가 선지자니 옛 선지자 중의 하나와 같다 하되 헤롯은 듣고 가로되 내가 목 베인 요한 그가 살아났다 하더라 _막 6:14-16

우선, 헤롯의 반응입니다. 그는 말합니다. "이는 세례 요한이 죽은 자 가운데서 살아났도다. 그러므로 이런 능력이 그 속에서 운동하느니라 … 내가 목 베인 요한 그가 살아났다." 이 말을 이해하기 위해서 헤롯과 세례 요한의 관계를 알아야 합니다.

세례 요한은 아버지 사가랴와 어머니 엘리사벳 사이에서 태어났습니다. 사가랴는 아비야 계열의 제사장 가문, 어머니 엘리사벳은 아론 자손의 제사장 가문에서 태어났습니다. 게다가 이 부부의 신앙 역시 성경에서 극찬하고 있습니다. "이 두 사람이 하나님 앞에서 의인이니 주의 모든 계명과 규례대로 흠이 없이 행하더라"(눅 1:6). 늦게까지 아이가 없어 걱정이 태산 같았던 이 부부는 어느 날 천사로부터 아이가 있을 것이라는 메시지를 받습니다. 그 아이가 바로 세례 요한입니다. 세례 요한은 임신된 지 6개월 되던 때에 역시 태중에 있던 예수님을 알아보고 태중에서 춤을 추었다는 전설을 만들면서 출생했습니다. 그리고 그는 소위 '나실인의 규례'를 따라 어려서부터 철저하게 금욕적인 생활을 했습니다. 그의 생애와 사역은 불순종하는 하나님의 백성들에게 회개를 요구하는 일로 특징지어졌고, 특히 예수님의 오심을 미리 준비하는 일에 집중되어 있었습니다.

회개를 촉구하는 그의 메시지는 대중의 대대적인 환영을 받았으나 동시에 기득권층의 반발을 불러일으켰습니다. 이 때문에 그는 생명의 위협을 받을 수밖에 없었습니다. 특히 당시 유대 지역의 왕이었던 헤롯의 부도덕한 생활을 지적했는데, 자신의 생명을 마감하는 직접적인 원인이 되었습니다. 헤롯은 당시 그 지역의 통치권자인 로마로부터 임명받았습니다. 이 때문에 그는 흔히 분봉왕(分封王)이라고 불렸습니다. 헤롯은 아버지 헤롯 1세를 이어 유대 지역을 통치하게 되었습니다. 그런데 그는 주후 26년경 첫 번째 부인을 버리고 동생 빌립의 아내와 결혼해 버립니다. 세례 요한은 바로 이런 헤롯의 잘못된 행적을 지적했습니다. 헤롯 가문은 사실 유대인들이 극히 싫어하는 이두매, 즉 에돔 출신이라는 설이 있는데, 이런저런 것들이 복합적으로 작용하여 유대인들의 적개심을 불러일으켰습니다. 그러다 보니 대중들은 세례 요한을 따르는 반면, 헤롯을 비롯한 정치가들이나 종교계의 지도자들은 세례 요한을 극히 싫어했으며 그를 죽이고자 하는 마음까지도 있었습니다.

헤롯도 당연히 세례 요한을 죽이고 싶었습니다. 그러나 세례 요한을 지지하는 민중들의 정서를 무시할 수 없었습니다. 자신은 유대 지역에서 이방인이었고, 따라서 자신을 지지하는 층도 상당히 적었을 것이기 때문입니다. 그러나 헤롯은 자신의 소원을 성취할 기회를 맞았습니다. 헤롯의 생일날, 헤롯의 아내이자 헤롯의 동생 빌립의 아내였던 헤로디아가 전 남편의 딸인 살로메를 시켜 춤을 추게 하고, 기분이 좋아서 무엇이든 해 주겠다는 헤롯의 약속을 핑계 삼아 세례 요한의 목을 요구했습니다. 헤롯은 결국 세례 요한의 목을 치도록 명령했습니다. 이로써 세례 요한은 드라마틱한 생을 마감하게 되었습니다.

세례 요한이 환생했다고?

예수님의 행적이 대중 사이에 널리 퍼지면서 헤롯도 그 소문을 들었습니다. 그리고 예수에 관한 소문을 듣자마자 세례 요한을 떠올렸습니다. 헤롯은 성격이 우유부단한 사람이었던 것 같습니다.

> 헤롯이 요한을 의롭고 거룩한 사람으로 알고 두려워하여 보호하며 또 그의 말을 들을 때에 크게 번민을 느끼면서도 달게 들음이러라 _막 6:20

이처럼 그는 갈등이 깊었습니다. 자신의 죄악을 지적하는 세례 요한을 죽이고 싶었지만, 그의 마음 한구석에는 요한의 말이 옳다 인정하는 양심도 있었습니다. 그런데 세례 요한의 지적을 더 죽일 듯이 밉게 생각하는 사람이 있었으니, 바로 헤롯의 아내 헤로디아였습니다. 그녀는 정말이지 이 인물을 죽이고 싶었습니다. 그럼에도 세례 요한을 죽일 수 없었던 것은 남편이자 왕인 헤롯이 죽이라는 명령을 내리지 않았기 때문입니다. 어쨌든 헤롯은 아내

모녀의 계략에 넘어가서 세례 요한을 죽이고 말았습니다만, 그 마음에는 여전히 세례 요한을 향한 복합적인 감정이 깊이 남아 있었던 것이 분명합니다.

여기서 한 가지 질문을 해결해야 합니다. 지금 헤롯은 예수님과 예수님의 제자들에 관한 소문을 듣고 있습니다. 그런데 어떤 소문을 들었기에 헤롯은 세례 요한을 떠올렸을까요? 이 질문은 꽤 중요합니다. 적어도 헤롯에게는 예수님의 사역이 어떤 의미로 받아들여졌는지를 미루어 짐작할 수 있기 때문입니다. 서두에서 본 바와 같이, 헤롯은 예수의 사역에 관한 소문을 듣고 이렇게 말했습니다. "내가 목 베인 요한 그가 살아났다"(막 6:16). 요한이 죽은 것을 확실하게 보았습니다. 요한의 죽음을 의심할 만한 어떤 이유도 없었습니다. 그럼에도 그는 요한이 돌아왔다고 말합니다. 그렇다면 그는 예수님의 사역에 관해 들으면서 세례 요한을 떠올릴 만한 어떤 유사점을 보았을 것이 틀림없습니다.

그렇다면 세례 요한의 사역에는 어떤 특징이 있을까요? 물론 그의 사역을 전부 연구할 필요는 없습니다. 세례 요한의 사역 가운데 헤롯과 관련이 있는 것만 살펴보면 됩니다. 헤롯이 보기에 세례 요한은 어떤 일을 했을까요? 당연히 자신의 잘못을 지적하는 일과 연관되어 있을 것입니다. 헤롯과 그의 측근들은 이 때문에 예수님을 '선지자'와 연결하였습니다. 예수님과 그분의 제자들이 전한 복음의 내용은 '회개하라, 천국이 가까웠다!'였을 것입니다. 헤롯은 그들에 관한 소문을 듣고서 불의함에서 돌아서라고 말했던 죽은 요한을 떠올렸을 것입니다. 예수님과 제자들은 헤롯의 부도덕함과 불의를 직접적으로 언급한 것 같지는 않고, 설사 했다 하더라도 그것이 주목적은 아니었을 것입니다. 그런데 그 소식을 들은 헤롯은 당장에 세례 요한을 떠올렸습니다. 이것이 무엇을 의미할까요? 간단히 말씀 드리자면, 이것이 '자라 보고 놀란 가슴 솥뚜껑 보고 놀란다'는 우리 속담과 비슷한 경우가 아닐까 생각해 봅니다.

그들은 선지자가 하는 일을 어떤 이 혹은 사회의 불의를 지적하는 일이라고 특징지었고, 예수님의 행적이 이와 유사하다고 추측했습니다. 이것은 그들이 예수님을 자신들에게 위협적인 존재로 인식하기 시작했다는 뜻이기도 합니다. 어쨌든 이들은 예수님의 사역 소식을 들으면서 병을 고치고 귀신을 쫓아내는 그의 능력에 주목했습니다. 이 때문에 그들은 엘리야를 떠올렸습니다. 물론 그들이 죽은 이가 다시 돌아오는, 말하자면 환생(還生)을 믿었다고는 보이지 않습니다. 그럼에도 그들은 엘리야 혹은 또 다른 어떤 선지자가 온 것으로 예수를 바라보았고, 이 말을 들은 헤롯은 마침내 '그렇다면 내가 이전에 목 베어 죽인 세례 요한이 돌아온 것이다'라고 생각했던 것입니다. 우리는 헤롯의 생각을 보며 그의 불안한 정서를 어김없이 봅니다. 자신의 잘못, 그리고 그것을 지적하는 세례 요한, 그리고 그의 죽음, 마지막으로 그를 죽이라고 명령한 자신의 행위. 이런 것들이 예수님의 행적을 들으면서 꼬리를 물고 기억났던 것입니다.

복음은 듣는 이의 마음에서 울림을 일으킨다

저는 서두에 설교와 청중의 반응에 관해 언급했습니다. 이것과 관련하여 페이스북 친구의 담벼락에서 읽은 한 가지 이야기를 옮기려고 합니다.

존 하퍼(John Harper)라는 이가 있었습니다. 그는 스코틀랜드의 글래스고(Glasgow)에서 1872년에 태어났습니다. 그는 14살에 그리스도를 영접했습니다. 그 이후 하퍼는 열정적인 복음 전도자로 살다가 결국 런던에서 목회자로 봉사했습니다. 그의 열정을 인정한 미국 시카고의 무디 교회에서 그를 초청했습니다. 그는 배를 타고 미국으로 건너가게 되었는데, 이때 그가 탄 배가 저 유명한 타이타닉 호였습니다. 그의 나이 서른두 살 때의 일이었습니다. 그는 사우스햄프턴에서 이등석 표를 사서 미국으로 향했습니다. 그리고 그 배는 항해 도중 거대한 빙산과 부딪쳐 침몰했고, 이 사고 때문에 하퍼 목사는 목숨을 잃었습니다. 그로부터 몇 달 후, 온타리오 해밀턴이란 곳에서 열린 한 집회에서 스코틀랜드 출신의 한 청년이 하퍼에 관한 감동적인 이야기를 전하면서 그의 최후에 관한 이야기가 알려지게 되었습니다.

배가 침몰하던 날, 이 청년은 나무 조각 하나를 붙들고서 바다 위에 떠 있었습니다. 그런데 갑자기 한 사람이 파도에 떠밀려 왔는데, 그 역시 나무 조각을 붙들고 있었고, 그의 이름은 하퍼였습니다. 하퍼 목사는 청년에게 떠밀려 오더니 큰 소리로 물었습니다. "여보게, 자네 구원을 받았는가?" 청년이 대답했습니다. "아니요, 아직 못 받았어요!" 하퍼는 물결에 떠밀려 가면서도 외쳤습니다. "예수 그리스도를 믿게. 그러면 구원을 얻을 것이네!" 조금 후, 떠밀려 갔던 하퍼 목사가 다시 청년 곁으로 다가왔습니다. 하퍼가 다시 말을 걸었습니다. "이제 구원 받는가?" 청년이 대답했습니다. "아니요." 그가 다시 말하고 사라졌습니다. "주 예수를 그리스도로 믿게, 그러면 구원을 받을 것이네!" 이 말을 한 후 하퍼 목사는 다시 물결에 휩쓸려 사라져 버렸습니다. 그것이 하퍼 목사의 마지막이었고, 이 청년은 하퍼 목사가 전도한 마지막 생명이 되었습니다. 그러나 그것으로 끝나지 않았습니다. 하퍼 목사의 마지막을 전해 들은 많은 사람들이 또 주님께로 돌아왔던 것입니다.

한 번 생각해 봅시다. 우리가 지금 침몰하는 배에서 바다에 빠져 허우적거릴 때, 어떤 사람이 밀려와서 묻습니다. "당신은 구원받으셨습니까? 당신은 예수님을 믿으십니까?" 이렇게 묻는다면, 나는 어떻게 대답할까요? "야, 이 인간아, 지금 사느냐 죽느냐 하는 판국에 전도할 생각이 나냐? 재수 없이 말이야!" "아니요, 아직 그를 믿지 않습니다. 지금이라도 그를 영접하여 구원을 얻고 싶습니다." 이 두 대답 가운데 어떤 것을 택할 것 같습니까? 두 대답 모두 충분히 가능한 것처럼 들리십니까? 분명한 것은 같은 말을 들어도 반응은 제각각이라는 사실입니다. 무엇보다 사람은 자신을 이성을 가진 존재라고 주장하지만, 실제로는 언제나 객관적인 판단만 하면서 살지 않습니다. 때로는 선입견 때문에, 때로는 감정 때문에, 때로는 인간관계나 이해관계 때문에, 그리고 수많은 이유 때문에 사람은 편협하고 잘못된 판단을 내리기도 합니다.

이런 현상은 예배에 참석하여 설교를 듣는 순간에도 늘상 벌어질 수 있습니다. 때로는 목사와의 관계 때문에, 때로는 감추어진 자신의 상처 때문에,

때로는 나와 어떤 교인의 관계 때문에, 때로는 성경 해석을 둘러싼 이견 때문에, 심지어는 그날 컨디션 때문에. 이러저러한 수많은 미묘한 이유로 설교는 청중의 귀에 이리 들리기도 하고 저리 해석되기도 합니다. 그럼에도 불구하고 우리가 명심해야 하는 것은, 만일, 정말로 만일 오늘 내 귀에 들리는 설교가 내 인생, 나의 미래를 좌우할 수도 있는 진리를 담고 있다면, 그 어떠한 이유로도 나의 잘못된 판단을 정당화할 수 없다는 사실입니다. 공자가 이런 말을 했습니다. "오늘 아침 내가 도를 들을 수 있다면 저녁에 죽더라도 괜찮겠다." 그 도(道)를 아이가 전한다고 업신여기겠습니까? 당나귀가 이야기한다고 안 듣겠습니까? 진리가 나를 자유하게 하고 나를 절망과 죽음에서 구한다면, 나는 그 어느 누구를 통해서 듣는다 하더라도 귀를 기울여야 하지 않겠습니까? 바울은 이렇게 말합니다.

그러므로 믿음은 들음에서 나며 들음은 그리스도의 말씀으로 말미암았느니라 _롬 10:17

믿음은 들어야 생기며, 그 내용은 그리스도의 말씀, 즉 복음입니다. 자세한 신학적 해석을 가하지 않고서 설명하면 이렇습니다. 복음을 들어야만 믿음이 생긴다, 즉 믿음은 우리가 마음대로 믿는지 마는지 결정하는 것이 아니라 하나님께서 복음을 듣는 자들의 마음에서 그 복음의 내용을 믿도록 성령으로 역사하셔야 생긴다는 의미입니다. 그럼에도 불구하고 우리는 잊지 않아야 합니다. 우리가 복음을 듣는 태도는 여전히 중요하다는 것입니다.

복음에는 신기한 능력이 있습니다. 자신을 업신여기는 자에게는 절대로 자신의 능력을 보여 주지 않는다는 것입니다. 우리는 사도행전 8장에서, 그 무더운 어느 날 흔들리는 마차 안에서 이해도 되지 않는 하나님의 말씀을, 그럼에도 불구하고 붙잡고 씨름하는 한 내시의 모습을 봅니다. 하나님은 빌립 집사의 설명을 통해서 그의 눈을 여시고 귀를 여셔서 복음의 진리에 도달하게 하셨습니다. 어떤 목사님께서 이런 말씀을 하셨습니다. 예배 30분 전에만 와도 무엇이 달라져도 크게 달라질 것이라고 말입니다. 틀린 말은 아니라고 생각했습니다. 주일 아침 일찍 일어나 단정하게 차려입고, 예배 시간 전에 교회당으로 나와 미리 자신과 이웃에게 은혜 주시기를 간구하며, 주보에 나온 말씀과 찬송을 찾아 놓고 사모하는 사람에게 하나님께서 어찌 은혜를 베푸시지 않겠습니까? 은혜는 하나님의 뜻대로 받는다 하더라도, 그럼에도 불구하고 저는 여전히 은혜를 사모하는 신자의 태도가 있어야 한다고 믿습니다.

몇 년 전에 어떤 사람이 제게 물었습니다. "목사님 제가 목사님 말씀대로 살면 하나님께서 복을 주실 것이라고 분명히 약속하실 수 있습니까?" 그때 저는 "그렇게 약속한다"고 대답했습니다. 살아 보지도 않고, 자세히 새겨듣지도 않고, 어정쩡하게 자리에 걸쳐 앉은 채로 '나를 한번 감동시켜 봐라, 내 믿어 줄게' 하는 자세로는 어디에 가서 어떤 설교를 들어도 믿음의 능력을 경험할 수 없을 것입니다. 하나님은 자기 인생을 진지하게 걸고 달려들어 씨름하며 애쓰는 사람에게 기꺼이 능력을 보이십니다. 우리는 이 사실을 잊지 말아야 합니다. 이런 노력을 하지 않으면서 '은혜를 받으려고 애써야 소용 있나? 주셔야 받지' 하는 사람은 머리로만 하나님을 믿는 사람일 뿐입니다.

우리는 예수님의 가르침과 사역에 관한 소문을 들으면서 어떤 울림을 들은 헤롯의 모습을 살펴보았습니다. 헤롯은 세례 요한의 경고를 듣고 그를 죽이지도, 그의 경고를 따르지도 못했습니다. 그는 세례 요한의 설교를 통해서 회개할 기회를 만났습니다. 하지만 우유부단한 성격 때문에 악에서 벗어나지 못하고 요한을 죽이고 말았습니다. 헤롯은 예수님의 사역과 메시지를 전해 듣고 다시 세례 요한을 떠올렸습니다. 어쩌면 그 순간은 그에게 주어진 회개할 수 있는 또 한 번의 기회였을 것입니다. 그러나 거기까지였습니다. 그는 거기서 멈추고 자신의 삶을 이어 가다가 결국은 비참하게 인생을 끝냈습니다.

당신은 오늘 말씀에서 어떤 울림을 느낍니까? 당신은 하나님의 말씀을 읽을 때에 어떤 음성을 듣습니까? 사람마다, 사람의 상황에 따라 하나님의 말씀은 다르게 느껴지기도 하고, 판단되기도 하고, 받아들여지기도 합니다. 당신은 어디에 속합니까? 당신은 하나님의 말씀을 읽고 들을 때에 그 말씀이 참되고 나를 구원으로 이끌 만하다고 믿어집니까? 그 안에서 참된 삶의 원리를 발견합니까? 그 말씀을 통해 당신에게 말씀하시는 가르침에 순종할 준비가 되어 있습니까?

32

가서 쉬어라!
마가복음 6:30-34

제자들, 승리의 기쁨을 안고 돌아오다

예수님과 세례 요한의 관계가 두 사람 모두 태중에 있을 때부터 범상치 않았다는 사실은 우리 모두가 압니다. 세례 요한의 어머니는 엘리사벳이고, 예수님의 어머니는 마리아입니다. 이 두 어머니가 각각 아기를 임신하고 있을 때, 이 두 임산부는 만났습니다. 그때 세례 요한은 역시 태중에 있던 예수님을 알아보고 엄마의 태중에서 뛰어놀았습니다. 이처럼 세례 요한과 예수님의 관계가 보통이 아니었음을 성경은 여러 가지 이야기를 통하여 전하고 있습니다. 그럼에도 불구하고 마가는 세례 요한의 죽음을 언급하면서도 이상하리만큼 군더더기를 붙이지 않습니다. 그의 죽음을 언급하고 바로 급하게 다른 사건으로 넘어갑니다. 그 급한 사건은 이른바 '오병이어 사건'이라 불립니다. 오병이어란 떡 다섯 개와 물고기 두 마리를 한문으로 표현한 단어입니다. 이 사건을 두 번에 걸쳐 다룰 텐데, 이번에는 그 사건이 일어나기 직전까지의 기록만을 살펴봅니다.

마가는 세례 요한의 죽음을 언급한 후에 갑작스럽게 흐름을 바꿉니다. 본문은 이렇게 시작합니다.

사도들이 예수께 모여 자기들의 행한 것과 가르친 것을 낱낱이 고하니 _막 6:30

이 문장은 앞 이야기의 연속이 틀림없습니다. 즉, 마가복음 6장 첫 부분에 예수님께서 제자들을 둘씩 짝지어 온 동네에 복음을 전하러 보내신 이야기가 나오는데, 그 이야기의 연속이란 뜻입니다. 그렇게 이야기를 이어 보면, 세례 요한의 이야기는 사실 마가복음 6장에서 깍두기 신세처럼 보입니다. 다시 말해, 마가가 예수님께서 제자들과 함께 널리 복음을 전하시는 이야기를 위해 세례 요한의 이야기를 의도적으로 끼워 넣었다는 뜻입니다.

예수님께서 둘씩 짝을 지어 여러 동네로 보내신 후 시간이 지나고, 제자들이 예수님께로 모여들었습니다. 그들의 상황이 어떠했겠습니까? 기분이 굉장히 들떠 있지 않았겠습니까? 병원에서 처음으로 환자를 진료해 보는 의대생들이나 교생 실습 나간 교대생처럼 처음에는 긴장했을 것입니다. 무슨 말을 해야 할지, 어떤 일을 해야 할지도 막연했을 것입니다. 그러나 그들은 결과적으로 성공했습니다. 복음도 전했고, 복음을 영접하는 자들도 얻었고, 회개하는 자도 보았습니다. 병자도 고쳤습니다. 이 때문에 수많은 사람들이 제자들이 하는 일을 통해서 예수님께서 하신 일이 이어지는 것을 목격했습니다. 그리고 이 소식은 마침내 헤롯에게도 전해졌습니다. 결과적으로 이들은 예수님의 명령을 성공적으로 수행한 것입니다.

그러고 나서 제자들은 예수님께 나아와 자기들이 일할 때 있었던 이야기들을 전했습니다. 본문은 바로 이 대목을 기록하고 있습니다. 그런데 누가복음 10장을 보면, 예수님은 나중에 또 한 번 제자들을 둘씩 짝지어 전도하러 보내십니다. 대부분의 학자들은 이 사건이 이 본문과는 다르다고 생각합니다만, 어쨌든 누가복음을 보면 제자들은 전도 활동을 한 후에 예수님께 돌아와서 이렇게 말합니다.

칠십 인이 기뻐 돌아와 가로되 주여 주의 이름으로 귀신들도 우리에게 항복하더이다 _눅 10:10

이렇게 기뻐하는 제자들을 포함한 일흔 명의 추종자들에게 주님은 이렇게 말씀하셨습니다.

> 예수께서 이르시되 사단이 하늘로서 번개같이 떨어지는 것을 내가 보았노라 내가
> 너희에게 뱀과 전갈을 밟으며 원수의 모든 능력을 제어할 권세를 주었으니 너희를
> 해할 자가 결단코 없으리라 그러나 귀신들이 너희에게 항복하는 것으로 기뻐하지
> 말고 너희 이름이 하늘에 기록된 것으로 기뻐하라 하시니라 _눅 10:18-20

모처럼 큰일을 하고 돌아와 기뻐하는 제자들에게 주님께서 하신 말씀입니다. 좀 쉽게 풀어쓴다면 이리 될 것입니다. "그래, 큰일 했다. 나도 너희가 복음을 전하며 능력을 행할 때 사탄이 하늘에서 번개처럼 떨어지는 것을 보았다. 내가 너희에게 권세를 주었으니, 너희는 절대 해침을 받지 않을 것이다. 그러나 귀신이 너희에게 항복한 것을 기뻐하지 말고, 너희 이름이 하늘에 기록된 것을 기뻐해라."

주님의 명령을 받고 복음을 전할 때에 제자들이 귀신을 쫓아내고 결신자를 얻는 것은 당연한 일입니다. 주님께서 보내실 때 그들에게 그렇게 할 만한 권세를 주셨기 때문입니다. 이 사실은 매우 중요합니다. 어떤 일이 일어났을 때 사람은 그 일을 행한 사람에게 주목합니다. 그러나 하나님의 일에서 우리가 주의해야 할 점이 바로 이것입니다.

어떤 집회에서 말씀을 전하던 목사님이 기도하는 중에 청중이 병에서 놓였습니다. 주님께서 하신 일입니다. 우리는 '주님께 영광을 돌립니다!'라고 한마음으로 외치고 찬송도 하지만, 모임이 끝난 후 이런 분위기는 어느새 사라져 버리고 '병 고치는 은사가 있으신 목사님', '능력의 종'이라 표현하면서 하나님 아닌 목사나 전도자를 추종합니다. 은사의 주인이 누구입니까? 하나님이십니다. 은사를 행한 것처럼 보이는 목사나 전도자가 그 자리에 서는 순간, 그는 그때부터 '주의 종'이 아니라 우상이 됩니다. 능력을 그 사람에게 주신 이가 누구입니까? 하나님이십니다. 그런데도 그 능력을 행사한 자를 목사나 전도자라고 치켜세우면, 그는 바로 그 순간부터 하나님의 자리에 대신

선 참람한 사람이 됩니다.

　사도행전 14장을 보면, 바울과 바나바가 루스드라에서 나면서부터 앉은 뱅이로 살던 한 사람을 낫게 해 주었습니다. 루스드라 사람들은 이 광경을 보고 바울과 바나바를 제우스와 헤르메스가 세상에 현신(現身)했다고 생각하여 그들에게 제사를 드리려고 합니다. 바울과 바나바는 그때 이렇게 행동합니다.

> 두 사도 바나바와 바울이 듣고 옷을 찢고 무리 가운데 뛰어 들어가서 소리 질러 가로되 여러분이여 어찌하여 이러한 일을 하느냐 우리도 너희와 같은 성정을 가진 사람이라 너희에게 복음을 전하는 것은 이 헛된 일을 버리고 천지와 바다와 그 가운데 만유를 지으시고 살아 계신 하나님께로 돌아오라 함이라 … 이렇게 말하여 겨우 무리를 말려 자기들에게 제사를 못하게 하니라 _행 14:14–18

바울과 바나바는 자신들이 받는 칭송을 의도적으로, 그리고 적극적으로 차단합니다. 그렇게 하지 않으면 하나님께서 진노하실 것을 알았기 때문입니다. 하나님께서 하신 일로 말미암아 하나님이 아니라 그 사람이 그 어떠한 것이라도 칭송을 받는다면, 그는 반드시 하나님의 징계를 받을 것입니다.

　그럼에도 불구하고 이런 우려는 심지어 오늘날까지도 이어집니다. 어떤 이에게 예언 기도를 받아서, 어떤 이에게 좋은 격려를 받아서, 어떤 이에게 어떤 매력을 느꼈기에, 심지어 어느 목사의 설교 스타일과 기질이 자기 취향이라는 이유로, 그리고 이러저러한 이유로 말미암아 오늘날의 신자들도 이리저리 한 지도자를 따라 이동하곤 합니다. 어떤 분은 요즘의 교회 풍조가 '팬덤 현상'이라고까지 말합니다. 교회가 건전하지 못한 리더십, 즉 목사 개인에 대한 팬들의 쏠림 현상으로 말미암아 좌지우지되고 있다는 뜻입니다. 쉽게 말하자면, 오늘날 교회의 주도적인 리더십은 우리나라 사회에서 흔히 '오빠 부대' 현상, 즉 어떤 인기인을 죽자고 따라다니는 광팬들의 행태와 아주 유사합니다. 어느 목사가 좋습니다. 인간적인 호감을 누가 말리겠습니까만, 자기가 좋아하는 목사라면 그가 무슨 말을 해도 그 말이 과연 진리의 말씀에 비추어 받을 만한지를 생각하지도 않고서 무조건 옳다 받아들입니다. 일단 그가 좋으면 그가 심지어 그 어떠한 잘못을 해도 '그럴 수도 있지' 하고 무비판적으로 추종합니다.

이런 사람들은 어디를 가도 '자기 목사 스타일'로 세상을 보고, 어디를 가도 '그 교회 스타일'로 예배합니다. 어디에 가더라도 그 목사와 그 교회의 깃발을 꽂아야 직성이 풀립니다. 그러나 분명히 말씀 드립니다. 이런 태도는 기독교 신앙이 아닙니다. 믿음도 아니고, 진리에 속한 자의 태도도 아닙니다. 그저 한 인간을 아이돌처럼 따르는 광신일 뿐입니다. 그런 믿음과 태도로는 절대로 하나님의 나라에 들어갈 수 없습니다.

어느 목사가 한 신자에게 멘토 혹은 삶의 구체적 모델로 역할할 수는 있습니다. 어느 교회가 하나님의 뜻에 약간 더 가까운 모습으로 존재할 수는 있습니다. 그러나 그것이 신앙의 유일한 기준이 되어 '어느 목사는 좀 이상해. 우리 목사님은 안 그런데 말야'라고 판단하기에 빠르고, 어느 교회를 가도 '이 교회는 이런 프로그램 안 하나요? 우리 교회는 하는데'라고 말한다면, 그것은 올바른 신앙인의 태도도 아닙니다. 어디를 가나 우리 교회 식으로, 내식으로 믿으라고 말하는 분이 있고 그리 말하는 교회가 있다면, 그것이 무엇이든 속히 내쳐야 합니다. 세상 어디에도 다른 교회와 다른 목회자는 틀렸다고 말할 만큼 완전한 목회자와 완전한 교회는 없습니다. 우리의 주인은 오직 한 분 하나님이십니다. 우리가 기준 삼을 것은 오직 하나, 하나님의 말씀인 성경밖에 없습니다.

잠시 쉬어라!

주님께서 승리의 기쁨을 안고 돌아와 그 흥분된 순간들을 꺼내 놓는 제자들에게 말씀하십니다.

제자들이 돌아와 자기들이 한 일을 스승께 고하는 그 자리도 몹시 분주했습니다. 우리 주님은 어디를 가시든지 당신을 필요로 하는 자들을 위해 밥 먹는 시간, 잠자는 시간까지도 아낌없이 사용하셨고, 이 때문에 주님은 어디를 가셔도 수많은 사람들, 특히 병자들에게 둘러싸여 사셨기 때문입니다. 본문이 말하는 그 자리 역시 수많은 병자들, 주님의 말씀을 한마디라도 더 듣고자 하는 사람들, 이런 광경이 신기해서 기웃거리는 사람들 등등, 많은 사람들 때문에 몹시 붐볐습니다.

주님은 제자들에게, 따로 한적한 곳에 가서 잠시 쉬라고 명하셨습니다. 그리고 당신도 직접 제자들과 함께 떠나셨습니다. 지금까지 계셨던 곳이 쉬기에는 적당하지 않았기 때문이었을 것입니다. 이어지는 구절을 보면, 예수님과 제자들은 배를 타고 호수를 건너가셨습니다. 쉴 곳을 찾아 떠나신 것인데, 그 의도대로 되지는 않았습니다. 예수님 일행이 배를 타고 호수를 건너가시는 모습을 본 군중들은 그들을 따라 나섰습니다. 그들은 배를 따라 달려서 오히려 예수님 일행보다 더 빨리 배가 닿는 곳에 도착했습니다. 예수님 일행은 다시 구름 같은 군중들에게 둘러싸였습니다. 동시에 제자들을 쉬게 하려던 예수님의 계획은 수포로 돌아가게 되었습니다.

예수님은 호수 건너까지 달려와 당신 일행을 둘러싼 군중들을 둘러보셨습니다. 고된 일과를 소화하는 당신과 제자들을 쉬지 못하게 방해하는 군중들을 원망하거나 그들에게 짜증을 내지 않으셨습니다. 오히려 마가는 예수님께서 당신을 둘러싸고 쉴 새 없이 무엇인가를 요청하는 그들을 이렇게 바라보셨다고 기록합니다.

큰 무리를 보시고 그 목자 없는 양 같음을 인하여 불쌍히 여기사 _막 6:34

그들은 대부분 늙고 병들고 연약한 자들이었습니다. 예수님의 위로가 들고 싶었던 사람들이었으며, 그분의 병 고치는 능력으로 낫기를 원하는 사람들이었습니다. 사회적으로 보호받아야 할 사람들이었습니다. 그러나 사실 그들은 예수님께서 책임지실 무리가 아닙니다. 일차적으로 그들의 지도자라 할 수 있는 로마 제국이 그들을 책임져야 했고, 다음으로는 유대인 사회가 껴안아야 했으며, 무엇보다도 사람들 앞에서 언제나 뻐기고 대접받기만 원하는 종교 지도자들이 책임져야 했습니다. 그럼에도 소위 지도층 인사들은 가난하고 힘없는 사람들을 찾아가 자기의 책임을 다하지 않았습니다. 오히려 힘 있고 돈 많은 자들과 어울려 놀면서 돈 있는 자는 더 많은 돈을, 권력 있는 자는 더 많은 권력을 탐하기에 바빴습니다.

예수님은 마태복음 11장에서 당신의 말씀에 귀 기울이는 자들에게 이렇게 말씀하십니다.

> 너희가 무엇을 보려고 광야에 나갔더냐 바람에 흔들리는 갈대냐 그러면 너희가 무엇을 보려고 나갔더냐 부드러운 옷 입은 사람이냐 부드러운 옷을 입은 자들은 왕궁에 있느니라 _마 11:7-8

아무도 돌보지 않는 그들은 광야에서 홀로 외치면서 회개를 요구하는 세례 요한에게로 몰려갔습니다. 혼탁하고 탐욕으로 가득 찬 세상에서 바른 소리로 그들의 마음을 시원케 하는 사람은 오직 요한밖에 없다고 판단했기 때문입니다. 이제 세례 요한마저 죽임당한 이때, 유일한 대안으로 예수님이 떠올랐던 것입니다. 예수님은 이렇게 오직 자기만을 바라고 저 멀리 호수 건너편에서부터 여기까지 달려온 자들을 '목자 없는 양'이라 보셨습니다. 그들을 바라보는 예수님의 마음에는 끝없는 자비가 끓어올랐습니다. 그리고 그들을 품어 주시고 안아 주시고 다독여 주시려는 마음으로 가득 찼습니다. 이런 상황에서 저 유명한 오병이어의 이적이 베풀어질 것입니다.

일단 여기까지만 살펴보고 두 가지 질문을 던집니다. 왜 예수님은 큰일 하고 돌아온 제자들에게 따뜻한 칭찬 한마디를 전하시지 않았을까요? 그들에게 왜 쉬라 하셨을까요? 첫 질문은 비교적 간단합니다. 말씀을 전하여 회심자를 얻고, 병자를 고치고, 귀신을 쫓는 등 제자들이 심히 기뻐하고 자랑스러워했던 이유를 생각하면 바로 그런 것들이 아니었겠습니까? 그들이 충분히 기뻐하고 자랑스러워할 만합니다. 그러나 생각해 봅시다. "주여, 보십시오. 제가 가서 복음을 전하여 회심자도 얻었습니다! 제가 가서 귀신도 쫓았습니다! 제가 병자도 고쳤습니다!"라고 말하며 뻐기고 자랑할 수야 있겠지만, 그들이 지금 누구에게 그렇게 말하고 있습니까? 주님은 부족한 그들을 부르고 세우고 믿고 보내셨습니다. 그들에게 그렇게 일할 수 있는 권세도 주셨습니다. 그렇다면 그들이 지금 받고자 하는 칭찬은 누구에게 돌려져야 하겠습니까?

이제 주님은 제자들이 감히 상상할 수 없고 행할 수도 없는 엄청난 이적을 행하실 것입니다. 바로 오병이어의 이적입니다. 오직 하나님만이 행하실 수 있는 오병이어의 이적. 이 이적을 통해서 예수님은 제자들이 잠시나마 흉내 내어 본 그 능력의 근원이 누구인지, 그래서 그들이 귀신 쫓고 회개시킨 일을 통해서 영광을 받으실 분이 누구인지를 보게 하실 것입니다. 그리고 나서 우리는 두 번째 질문, 즉 왜 주님께서 제자들을 쉬게 하셨는지를 이해하게 됩니다. 예수님은 흥분하여 들떠 있는 제자들을 쉬게 하심으로써 그들이 사태를 냉철하게 바라보도록 배려하셨던 것입니다. 결과적으로 제자들은 자신들을 좇아 온 군중들 탓에 충분한 휴식은 취하지 못했습니다. 그러나 적어도 그들은 왜 쉬어야 하는지, 쉴 새 없이 그들을 바라며 좇아 다니는 군중들을 어떤 마음으로 대해야 하는지를 분명히 배웠을 것입니다.

목사든 전도자든 그 누구든 하나님의 이름을 입에 올리는 사람들은 다음을 명심해야 합니다. 사역자는 보내신 분을 위해 일하는 사람입니다. 그래서 그들은 언제나 '하나님께서 주신 힘으로 일한다'고 말합니다. 실제로 그들은 기도할 것입니다. 저는 그렇게 믿습니다. 그러나 사람이다 보니 일할 때 긴장도 하고 두렵기도 할 것입니다. 그러나 일하는 가운데 자기도 믿기 어려운 일이 일어나면 일을 시작하기 전의 심정은 금방 잊힙니다. 사역의 결과에 기쁘고, 놀랍고, 그래서 자랑스러워합니다. 그 기쁨이, 일을 시작하기 전에 하나님께 간절하게 기도하던 시간을 쉬이 잊게 합니다. 일이 끝나고 자리에서 내려온 후 자기에게 다가와 '은혜 받았다'고 허리를 숙이는 사람들, 고맙다고 손을 잡는 사람들, 감동받았다고 눈물을 글썽이는 사람들을 보면서 처음에는 '별말씀을!', '하나님께서 하신 일입니다!'라며 손사래를 쳐 보지만, 구름 같이 자신을 둘러싼 청중들을 보면서 그것이 진짜 자기가 한 일이 아닐까 하고 생각하게 되는 것입니다. '칭찬은 고래도 춤추게 한다'는 말이 있습니다. 칭찬이 무조건 나쁘지는 않습니다. 문제는 그 칭찬을 대하는 일꾼의 마음입니다. 그 마음을 초심(初心)으로 유지하는 일은, 모든 사역자가 뼈에 사무치도록 새겨야 할 덕목입니다. 부름받았을 때의 그 긴장과 떨림, 부르신 그분만을 의지할 수밖에 없었던 그 심정을 잊는 순간, 사역자는 그 순간부터 스스로를 하나님의 자리로 높이는 참람한 사람이 될 것입니다.

그런데 정말 목사 같은 이에게서만 이런 일을 보실 것이라 생각하십니까? 무대에 오르기 전, 아무도 없는 구석에 홀로 무릎 꿇고 기도해 보셨습니까? 자신을 바라볼 그 군중들의 눈초리를 이기고 연습한 것을 흔들림 없이 표현하게 해 달라고 간절히 소원해 보셨습니까? 휘황찬란한 조명 아래 수없이 연습하고 외운 악보를 하나씩 풀어놓을 때, 한순간이라도 정신 줄을 놓지 않으려고 온 힘을 다할 때의 그 외로움을 기억하십니까? 마침내 악보의 마지막 음을 연주한 후 터져 나오는 박수와 환호에 '이 맛에 하는 거야!'라며 환희에 찼던 그 시간을 기억하십니까? 당신의 음악에 눈물 흘리던 청중의 모습을 기억하십니까? 잘하셨습니다. 그러나 알아야 합니다. 누가 당신을 그 자리에 세우셨습니까? 누가 아무도 돕지 못하는 그 자리에 함께하셨습니까? 누가 그 자리에서 당신을 지켜 주셨습니까? 누가 당신에게 그 큰 갈채를 받게 하셨습니까? 누가 이 큰 기쁨을 누릴 수 있는 은사를 당신에게 주셨습니까? 이 질문의 답에 하나님이 계시다면, 당신이 교만할 이유는 전혀 없습니다. 기쁨의 자리에서 잠시 그것을 즐기시고, 그 영광을 재빨리 하나님께로 돌려 드려야 합니다. 이것이 인간의 본분입니다.

우리는 어느 자리에 서든 이 사실을 잊지 말아야 합니다. 우리는 하나님의 부름을 받아 어디에든 서게 될 것이며, 일할 것입니다. 그 자리에 세우신 하나님께서 감당할 능력을 주실 것입니다. 그러므로 우리는 우리가 받는 영광을 하나님께 돌려 드려야 합니다. 이렇게 자기 능력의 근원을 아는 사람이라면, 그는 언제나 하나님의 힘으로 승리하며 평생을 행복하게 능력 있는 사람으로서 살아갈 것입니다.

33

왜 놀라는가?
마가복음 6:35-52

이적, 어떻게 볼 것인가?

우리는 성경에서 소위 '이적'이란 주제를 대할 때마다 다음을 명심해야 합니다. 우리는 이적의 초자연성, 즉 어떻게 이런 일이 일어날 수 있는가에 놀라지만, 성경은 거기에 관심이 없다는 사실입니다. 성경은 이적을 바라보는 우리의 관심을 '이 일이 왜 일어났는가'에 쏠리게 합니다. 결국 성경은 이적 뒤에 숨어 있는 하나님, 즉 이적을 주관하시는 하나님의 의도에 우리가 관심을 두도록 권합니다. 들으면 이해가 되는 것 같지만, 사실 이것이 사람들에게 실감되지는 않습니다. 워낙 이적이란 사건이 사람들을 압도하기 때문일 것입니다.

그러나 한 번 생각해 봅시다. 인간으로서는 이적을 일으킬 수 없습니다. 이적은 자연법칙의 기준으로 보았을 때 매우 드물거나 일어날 수 없는 일들을 말합니다. 그러니까 이적, 혹은 기적이라고 말하는 것입니다. 그러나 이 이적을 행한 분이 하나님이라면 문제는 다릅니다. 하나님은 인간이 '꼭 그래야 한다'고 규정한 자연법칙을 초월하신 분입니다. 그분은 인간이 '있을 수 없다, 일어날 수 없다'고 규정한 그 규칙에 구애받지 않으십니다. 그래서 신이십니다. 따라서 우리는 이렇게 정리해야 합니다. '믿음'의 관문을 통과해야만 이적을 통한 하나님의 메시지를 발견할 수 있습니다. 즉, 하나님을 믿는 믿음이 없이는 이적에서 이적이 담은 메시지를 찾을 수 없습니다.

이렇게 볼 때, 본문의 '오병이어 사건'은 달리 읽혀져야 합니다. 즉, 어린이의 도시락 하나를 통해 남자만 오천 명을 먹이시고 남은 이 사건이 무엇을 말하려는가! 여기에 우리의 관심이 집중되어야 합니다. 이 때문에 저는 앞선 본문을 다루면서 이 사건의 주인공이신 예수님의 의도를 길게 언급했던 것입니다. 예수님은 이 사건을 통해 당신의 제자들이 장차 예수님을 대신하여 하나님의 교회를 어떻게 섬겨야 할지를 훈련하시려 했습니다. 이를 위해 예수님은 첫째, 제자들이 그 상황을 인간의 합리성이 아니라 하나님의 이적을 통해서 해결하는 태도를 배우며, 다음으로는 앞으로 물밀 듯 들어오는 하나님의 백성을 조직적으로 대처하는 법을 배우기를 원하셨습니다. 그리고 무엇보다도 백성들을 사역의 대상이 아니라 긍휼의 대상으로 바라보기를 원하셨습니다.

만나와 오병이어 기적

이제 오병이어 사건을 본격적으로 살펴봅니다. 우선적으로 우리가 생각할 점이 있습니다. 이 이야기, 즉 물고기 두 마리와 떡 다섯 덩이를 가지고 수많은 백성을 먹이시는 이야기를 보면서 가장 먼저 연상되는 이야기는 무엇입니까? 바로 구약의 만나 사건입니다. 애굽에서 나온 이스라엘 백성이 광야에서 행진할 때, 하나님은 아침마다 만나를 내려 주셨습니다.

출애굽기 16장과 민수기 11장을 보면, 이 만나는 꿀 섞은 과자 맛이 났고, 흰색 진주 같은 모양이었습니다. 이것을 맷돌에 갈기도 하고 절구에 찧기도 하며 가마에 삶기도 했다고 하는데, 이 만나는 매일 아침 일찍 하늘에서 이슬처럼 내렸고, 이스라엘 백성이 가나안 땅에서 농사를 지어 먹을 수 있을 때까지 매일같이 내리다가 그쳤습니다. 우리는 두 가지를 주목해야 합니다.

무엇보다 이 만나는 하나님께서 당신의 백성 이스라엘에게 베푸시는 은혜였습니다. 하나님은 당신께서 친히 애굽에서 불러 내신 이스라엘 백성이 광야에서 생존하도록 만나를 매일 공급하셨습니다. 이 사실을 백성에게 알리시기 위해 하나님은 신비한 방법을 사용하셨습니다. 만나는 보관할 수 없었습니다. 그날 거둔 만나는 그날에만 먹을 수 있었습니다. 다음 날 아침 나가서 거두기가 귀찮은 사람이 이틀 치를 거두어 놓으면, 만나는 썩어 버렸습니다. 그 대신, 안식일 전날에는 평소의 두 배를 거두어도 잘 보관할 수 있었습니다. 안식일에 일하지 않게 하시려는 하나님의 배려였습니다. 만나는 결국 이스라엘 백성이 하나님 없이는 살 수 없는 존재임을 깨닫도록 고안된 장치였던 것입니다. 그렇기에 우리는 만나 이야기와 오병이어 이야기가 필연적으로 연관성을 갖고 있음을 인정할 수밖에 없습니다.

예수님 자신도 이 연관성을 인정하셨습니다. 요한복음 6장을 보면, 제자와 예수님 사이의 대화가 이렇게 기록되어 있습니다.

> 저희가 묻되 우리가 어떻게 하여야 하나님의 일을 하오리이까 예수께서 대답하여 가라사대 하나님의 보내신 자를 믿는 것이 하나님의 일이니라 하시니 저희가 묻되 그러면 우리로 보고 당신을 믿게 행하시는 표적이 무엇이니이까 하시는 일이 무엇이니이까 기록된바 하늘에서 저희에게 떡을 주어 먹게 하였다 함과 같이 우리 조상들은 광야에서 만나를 먹었나이다 예수께서 이르시되 내가 진실로 진실로 너희에게 이르노니 하늘에서 내린 떡은 모세가 준 것이 아니라 오직 내 아버지가 하늘에서 내린 참 떡을 너희에게 주시나니 하나님의 떡은 하늘에서 내려 세상에게 생명을 주는 것이니라 _요 6:28-33

이스라엘 사람들은 전통적으로 다시 오실 메시아가 눈에 보이는 만나를 백성에게 공급하실 분이라 믿었던 것 같고, 그 전통적 믿음을 제자들이 인용하였습니다. 이에 대해 주님은 당신 자신이 영원히, 그리고 단번에 하나님의 백성에게 주어질 생명의 떡이라 말씀하셨습니다. 물론 이 부분은 긴 설명이 필요하지만, 여기서는 이렇게 정리합니다. '만나'는 하나님의 신성을 증명하는 데 사용되었습니다. 다시 말해 우리가 보고 있는 광야에서의 오병이어 사건은 예수님께서 구약이 예언하는 메시아이심을 증명한 사건이란 뜻입니다.

왕이냐, 기도냐

이런 어마어마한 사건이 벌어진 직후, 예수님은 제자들이 급히 그곳을 떠나도록 재촉하셨습니다. 그래서 제자들로 하여금 먼저 그 고을을 떠나 바다 건너편으로 떠나게 하시고, 예수님은 떡과 물고기를 먹은 군중들을 정리하신 후에 당신은 당신대로 한적한 곳으로 가셨습니다. 그런데 예수님은 무엇 때문에 이 성공적이고 놀라운 이적을 행하신 후에 급히 이곳을 떠나셨을까요? 예수님은 한적한 장소에서 기도하셨습니다. 기도하기 위하여 그곳을 떠나셨다는 뜻입니다. 그러나 직접적인 원인은 따로 있습니다. 요한은 이렇게 말합니다.

> 그 사람들이 예수의 행하신 이 표적을 보고 말하되 이는 참으로 세상에 오실 그 선지자라 하더라 그러므로 예수께서 저희가 와서 자기를 억지로 잡아 임금 삼으려는 줄을 아시고 다시 혼자 산으로 떠나가시니라 _요 6:14-15

그 자리에 있던 군중도 이 사건이 메시아를 가리키는 상징적 사건임을 알았습니다. 이 때문에 그들은 예수님을 억지로 붙잡아 자신들의 왕으로 세우려 했습니다. 결국 예수님은 이들의 행동을 피해 그 자리에서 떠나셨습니다. 예수님은 이 소란스런 자리를 피하여 한적한 곳으로 가셨고 그곳에서 기도하셨습니다.

예수님의 기도가 구체적으로 어떤 내용이었는지는 모릅니다. 그러나 이 기도의 배경을 짐작할 수는 있습니다. 백성들은 그분을 '선지자'라고 불렀습니다. 그리고 그분을 '왕'으로 세우려 했습니다. 선지자와 왕이 어떻게 연결되어야 하는지는 잘 모릅니다. 그럼에도 불구하고 백성은 그분이 신적 권위를 지닌 존재임을 인정했고, 그렇기에 자신들의 왕으로 세우려 했던 것 같습니다. 그러므로 예수님께서 그 자리를 황급히 피해서 기도하셨다는 것은 그 기도가 백성들의 의사를 거절하려는 내용이었음이 틀림없습니다.

여기서 우리는 질문해야 합니다. 예수님께서 세상에 오신 것은 만왕의 왕이 되시기 위함입니다. 그렇다면, 왜 예수님은 더군다나 본인도 아닌 백성이 스스로 원해서 당신을 왕으로 세우려는 시도를 거절하셨을까요? 아직 때가 아니기 때문입니다. 아니, 그것은 하나님께서 정하신 길이 아니었습니다. 인간들은 예수님의 초자연적 역사를 보고서 그분을 왕으로 삼으려 했습니다. 그러나 하나님께서 정하시고 또 예수님께서 걸어가셔야 할 길은 달랐습니다. 그렇습니다. 예수님은 기어이 왕이 되실 것입니다. 그러나 그분은 영광의 카펫을 걸어서 왕좌에 앉지 않으실 것입니다. 고난과 고통, 모욕과 멸시의 깊은 계곡을 거쳐서, 마침내 십자가에 달리실 것입니다. 그런 다음, 하나님께서 그 길을 옳다 인정하시고 그를 하나님의 우편, 영광스런 보좌에 앉히실 것입니다.

사람이 계획한 길은 영광으로 점철된 길처럼 보입니다. 따라서 성공의 길입니다. 반면, 하나님께서 계획하신 길은 참으로 어리석고 실패한 길처럼 보입니다. 하나님께서 굳이 이렇게 어리석고 실패한 것처럼 보이는 길을 계획하신 이유는 무엇일까요? 바울은 다음과 같이 길게 역설합니다.

> 십자가의 도가 멸망하는 자들에게는 미련한 것이요 구원을 얻는 우리에게는 하나님의 능력이라 기록된바 내가 지혜 있는 자들의 지혜를 멸하고 총명한 자들의 총명을 폐하리라 하였으니 지혜 있는 자가 어디 있느뇨 선비가 어디 있느뇨 이 세대에 변사가 어디 있느뇨 하나님께서 이 세상의 지혜를 미련케 하신 것이 아니뇨 하나님의 지혜에 있어서는 이 세상이 자기 지혜로 하나님을 알지 못하는 고로 하나님께서 전도의 미련한 것으로 믿는 자들을 구원하시기를 기뻐하셨도다 유대인은 표적을 구하고 헬라인은 지혜를 찾으나 우리는 십자가에 못 박힌 그리스도를 전하니 유대인에게는 거리끼는 것이요 이방인에게는 미련한 것이로되 오직 부르심을 입은 자들에게는 유대인이나 헬라인이나 그리스도는 하나님의 능력이요 하나님의 지혜니라 _고전 1:18-24

예수님께서 가시는 길이 미련하게 보이는 것은 하나님의 섭리입니다. 다시 말해, 미련한 방법은 하나님께서 당신의 백성을 걸러 내시는 방식입니다. 여기에 비밀이 있습니다. 예수님이 하나님의 아들이심을 감안한다면, 하나님께서 당신의 백성을 구원하시는 방법으로서 십자가는 가장 미련한 방법입니다. 그러나 하나님은 미련한 방식을 택한 자들을 지혜로운 자로 세우심으로써 구원에 관한 한 어느 누구도 당신이 받으실 영광과 찬송을 빼앗지 못하게 하셨습니다. 결국 우리는 이 대목에서 예수님께서 어떤 목적으로 기도하셨는지를 대강 짐작할 수 있습니다. 이때 예수님은 세상의 쉬운 방법을 피하고 하나님의 어리석은 길에 순종하려 기도하셨던 것입니다. 그것은 세상의 유혹에서 벗어나려는 다짐이었고, 다시 한 번 하나님의 뜻과 계획을 되새김질하는 것이었습니다. 우리는 예수님께서 십자가에 달리시기 전에 겟세마네 동산에서 보여 주셨던 기도의 현장을 떠올립니다. 예수님은 그 자리에서 자신이 받아야 할 십자가의 고통스런 잔을 앞에 두고 피와 같은 땀을 흘리시며 고뇌하셨습니다. 그러나 예수님은 긴 기도 끝에 스스로 결론을 내리고 하나님께 아룁니다. "내 아버지여 만일 내가 마시지 않고는 이 잔이 내게서 지나갈 수 없거든 아버지의 원대로 되기를 원하나이다"(마 26:42). 이 일을 피할 수 없다면 제가 지겠습니다! 이것이 예수님의 결론이었습니다.

기도는 나의 결심을 하나님께 아뢰는 것입니다. 하나님의 뜻을 깨달은 자가 그 뜻에 순종하겠다고 자신의 결심을 아뢰는 것입니다. 우리는 기도하기 전 하나님께 무엇을 아뢸까 생각합니다. 아뢴다고 생각한다면 당연하고 자연스런 순서입니다. 그러나 본문을 통해 예수님께서 가르치시는 기도의 자세는 이와 사뭇 다릅니다. 하나님의 뜻을 알기에, 그러나 내 속의 판단과 소원은 이와 다르기에 우리는 기도합니다. 그 기도는 내 안에서 하나님의 뜻과 내 뜻이 벌이는 내적 전투를 의미합니다. 이처럼 예수님께서 오늘 가르치시는 기도는 오래고 깊은 갈등 끝에, 마침내 하나님의 뜻에 승복하겠다고 아뢰는 결단입니다.

왜 놀라는가

제자들이 바다를 건너다가 한 사건이 일어났습니다. 예수님은 오병이어 사건 직후에 군중을 피해 한적한 곳으로 떠나셨고, 제자들은 예수님의 명령에 따라 급히 배를 타고 바다, 혹은 호수를 건넜습니다. 제자들이 아직 바다 위에 있을 때, 갑작스런 큰 바람이 일었습니다. 오병이어 사건이 벌어진 시간이 대략 저녁 식사 시간이었으므로, 이 많은 무리를 먹이기 위해서는 상당한 시간이 걸렸을 것입니다. 그렇다면 제자들이 배를 탄 시간도 상당히 늦은 시간, 즉 밤이었을 것입니다. 마가는 구체적으로 알리지 않습니다만, 이 사건의 무대는 갈릴리 호수가 거의 확실합니다.

갈릴리 호수에서 폭풍이 발생했습니다. 제자들은 이 폭풍 때문에 노를 젓느라 무진 고생했고, 예수님은 이 장면을 멀리서 보셨습니다. 그리고 사경, 즉 새벽 3시부터 6시 사이 어느 순간에 예수님은 물위를 걸어 제자들에게 다가오셨습니다. 그런데 제자들은 이 광경을 보고 크게 소리를 질렀습니다. 자신들을 향하여 다가오시는 예수님을 유령이라 생각했기 때문입니다. 이 모습을 보고 예수님께서 말씀하십니다. "안심하라 내니 두려워 말라"(막 6:50). 그러시고는 배에 올라타셨습니다.

왜 제자들은 물위를 걸어오시는 예수님을 보고 귀신을 보았다며 놀라고 소리를 질렀을까요? 물론 마가는 이 질문에 이렇게 대답합니다.

이는 저희가 그 떡 떼시던 일을 깨닫지 못하고 도리어 그 마음이 둔하여졌음이러라

_막 6:52

마가는 지적합니다. 제자들이 바로 앞에 벌어진 이적의 의미를 깨닫지 못했기 때문이라고 말입니다. 오천 명이 넘는 무리를 먹이시는 예수님을 보며 그분이 누구신지를 깨달았다면, 제자들은 물위를 걸어오시는 예수님을 보고 놀라지 않았을 것입니다. 이것이 마가의 결론이었습니다. 그러므로 우리는

바로 앞의 질문을 이렇게 바꿔야 합니다. "제자들이 앞의 이적을 보았다면, 왜 다음의 이적은 받을 수 없었을까?"

우리는 어려울 때 하나님의 도우심을 간구합니다. 그리고 하나님의 도우심을 실제로 경험하기도 합니다. 기독교를 가리켜 체험의 종교라고 하는 것은 거의 대부분의 신자들이 하나님을 믿을 때, 혹은 신자로서 살아갈 때 이런 하나님의 도우심을 경험하기 때문입니다. 우리는 제각기 나름대로 소위 '하나님의 도우심'에 관한 이야기를 갖고 있습니다. 그런데 동시에 우리는 아주 이상한 경험을 하기도 합니다. 우리는 때로 하나님의 간섭과 도우심을 간증합니다만, 이 간증이 앞으로 우리가 경험할지도 모르는 하나님의 또 다른 도우심을 담보하지 않는다는 것입니다.

단적으로 정리합니다. 어제까지 도우신 하나님을 믿는다면, 왜 오늘이나 내일 도우실 하나님은 믿지 못할까요? 지나온 시간 속에서 경험한 하나님은 우리가 믿기도 하고 간증도 합니다만, 다가올 하나님의 손길은 믿을 수 없다는 것, 이것이야말로 우리가 가진 그 믿음의 한계가 얼마나 분명한지를 보여줍니다. 우리는 마가의 표현을 빌려 우리의 신앙을 평가할 수밖에 없습니다. "저희가 그 떡 떼시던 일을 깨닫지 못하고 도리어 그 마음이 둔하여졌음이러라"(막 6:52). 이것이 바다 위를 걸으시는 예수님을 방금 전에 수천의 백성을 배불리 먹이신 예수님과 연결할 수 없었던 제자들의 현실이었습니다. 동시에, 어제까지 나의 삶에 간섭하셨던 하나님을 내일 나를 도우실 하나님과 연결할 수 없는 나의 현실입니다. 우리의 믿음은 얼마나 보잘것없고 내세울 것이 없습니까?

주님께서 제자들에게 말씀하십니다. "나다, 두려워 말고 안심하라!" 이 말씀은 오늘을 사는 우리에게도 해당되는 위로입니다. "나다, 두려워 말고 안심해라!" 우리의 믿음은 어제까지 벌어진 사건까지에만 유효합니다. 어제 벌어진 사건까지만 설명할 수 있고, 믿을 수 있는 것입니다. 그러나 우리 주님은 말씀하십니다. 오늘, 그리고 내일 벌어질 사건들을 불안해하는 우리에게 위로의 근거가 있다면, 그것은 어제나 오늘이나 내일도 동일하신 하나님의 아들 예수 그리스도입니다. 그래서 말씀하십니다. "나다!" 믿을 것은 내 마음도, 내 경험도 아닙니다. 동일하고 변함없이 나를 사랑하시는 하나님의 아들, 예수 그리스도입니다. 그분 위에 우리가 닻을 내릴 때, 우리는 요동하지 않는 반석과 같은 믿음을 얻게 됩니다.

두 가지를 살펴보았습니다. 기도는 하나님의 길을 깨닫고 거기에 순종하겠다는 결단이요 고백입니다. 우리 믿음의 근거는 변함없으신 그분의 성품입니다. 그분의 성품에 온전히 의지할 때 우리는 견고한 믿음을 갖게 될 것입니다.

34 법이냐, 마음이냐?
마가복음 7:1-13

손을 씻지 않고 떡을 먹다

마가복음 6장까지의 기록을 요약하자면, 예수님은 본격적으로 하나님 나라 복음을 전하기 시작하셔서 여러 가지 이적과 말씀을 베푸심으로써 유대 전역에서 전국적인 관심을 끄시게 되었습니다. 마가복음 7장은 이렇게 유대 전역의 주목을 끌게 되신 예수님께서 본격적인 태클을 당하기 시작하셨음을 알리고 있습니다. 물론 이 본문 이전에도 예수님의 사역을 방해하려는 움직임이 없었던 것은 아닙니다. 그러나 이런 반대에도 불구하고 예수님의 사역이 성공적으로 대중의 관심의 대상이 되자, 예수님을 자신들에 대한 위협으로 간주하는 그룹이 더 구체적으로 드러났습니다. 마가는 그 갈등의 시작을 이렇게 알립니다.

바리새인들과 서기관 중 몇이 예루살렘에서 와서 _막 7:1

그들이 자발적으로 내려왔는지, 아니면 이 지역의 책임자들이 그들을 불렀는지는 분명하지 않습니다. 그러나 그들이 예루살렘에서 내려왔을 때 예수님에게 호의적이지 않았던 것은 분명합니다. 어쨌든 그들이 갈릴리 지역을 중심으로 활동하던 예수님 그룹을 목적으로 내려왔다는 것은, 이제 예수님의 사역이 더 이상 지방에서 일어나는 사소한 일에 그치지 않고 종교와 권력의 중심부인 예루살렘에서도 주목할 만한 일이 되어 버렸음을 알려 줍니다. 예루살렘에서 내려온 이 사람들은 예수님과 그 일행을 주의 깊게 관찰했던 것 같습니다. 마침내 그들은 한 가지 시비거리를 발견했습니다. 마가는 그것을 이렇게 기록해 놓았습니다.

> 그의 제자 중 몇 사람이 부정한 손 곧 씻지 아니한 손으로 떡 먹는 것을 보았더라 _ 막 7:2

제자 가운데 몇 사람이 씻지 않은 손으로 떡을 먹었다는 것인데, 이 행동이 곧바로 예루살렘에서 내려온 이들에게 잘못된 것으로 보였습니다. 손을 씻지 않았다? 위생 문제 때문에 그들이 트집거리로 잡은 것은 아닙니다. 마가는 손을 씻지 않았음을 바로 앞에서 '부정하다'고 설명했습니다. 이 표현은 곧바로 유대인들이 대대로 지켜 온 어떤 규칙과도 연결됩니다. 즉, 손을 씻지 않고 떡을 먹은 행위가 부정하다는 것이고, 부정하다는 것은 그들의 오랜 전통 즉 '의식법'(儀式法)을 어겼다는 뜻입니다.

한자가 익숙하지 않은 분에게는 의식법이라는 단어 자체가 생소할 것입니다. 간단히 말해서 종교적 기준에 따라 깨끗한 것 혹은 일과 더러운 것 혹은 일을 판단하는 규칙을 가리켜 의식법이라 말합니다. 우리나라에도 이와 비슷한 전통이 있습니다. 옛 어른들이 어떤 것 혹은 행동을 가리켜 '부정 탄다'는 말을 하셨는데, 바로 이런 것들이 의식법입니다.

손으로 먹을 것을 집어 먹던 당시의 중근동 지역 관습을 고려할 때. 손을 씻지 않고 먹을 것을 집어 먹는 행위는 위생에 좋지 않았을 것입니다. 하지만 이런 행위는 출애굽 이후 이스라엘 민족 안에서 여호와 하나님과 관련되었습니다. 하나님은 거룩하십니다. 그리고 이스라엘 민족은 하나님께 선택된 백성으로서 그분과 마찬가지로 거룩해야 합니다. 거룩의 기초적 개념은 구별입니다. 즉, 다른 것과 구별되는 것입니다. 따라서 이스라엘 민족은 '하나님의 백성으로서 다른 민족과 구별되는 어떤 삶의 특징'이 있어야 했습니다. 하나님은 모세에게 율법을 주시며 다른 민족과는 다르게 살도록 명하셨습니다. 이 규정은 사실 오늘날 우리와 전혀 상관이 없다시피 하지만, 당시 이스라엘 민족에게는 실로 엄청날 정도로 자세하고 까다롭게 제시되었습니다. 그들은 한 그릇에는 오직 한 가지의 음식만을 담아야 한다, 즉 채소를 담아 먹는 그릇에는 고기를 담을 수 없다는 소소한 규정에서부터 한센병을 얻은 환자는 부정하므로 거주지에서 생활하지 못하고 성 밖으로 나가야 한다는 규정까지, 실로 세세한 생활 습관에까지 세심한 주의를 기울여서 살아가야 했습니다.

예수님의 반박

마가복음은 당시 유대인이 아닌 사람들을 주 대상으로 삼아서 기록되었습니다. 이 때문에 당시 마가복음의 독자들은 유대인들 사이에서 의식법과 관련하여 벌어지고 있는 이 사건을 이해할 수가 없었을 것이 분명합니다. 그래서 마가는 마가복음 7장 3-4절에서 보충하여 설명 하고 있습니다. 그러면서 마가는 이 사건의 또 다른 성격을 설명합니다. 손을 씻지 않고 떡을 먹은 행위가 정확하게 말하자면 모세가 전해 준 '의식법'을 위반한 것이 아니라 소위 '장로들의 유전'을 어긴 것이라고 말입니다. 모세의 율법, 즉 의식법에서는 손 씻고 떡을 먹어야 한다는 규정을 찾아볼 수 없습니다.

죄형 법정주의(罪刑 法定主義)라는 말이 있습니다. 법이 없으면 죄도 없다는 말입니다. 규정이 없는데 죄를 물을 수 없습니다. 따라서 예루살렘에서 온 그들이 제자 일부의 행위를 '부정(不淨)하다'고 비난할 근거는 없습니다. 그렇다면 그들은 무슨 근거로 예수님의 제자들을 비난했을까요? 마가의 표현에 따르면, 그들은 '장로들의 유전'(παράδοσιν τῶν πρεσβυτέρων), 즉 조상 대대로 내려온 관습에 어긋난 일이라고 비난했습니다. 한글 개역개정은 이 부분을 '장로들의 전통'이라 번역했는데, 제가 보기에 결국은 같은 의미이지만, 이 번역이 더 무난한 것 같습니다.

물론 조상 대대로 내려온 관습도 굳이 따지자면 율법에서 나왔을 것이고, 그 율법을 더 잘 따르자는 동기에서 나온 것이 틀림없습니다. 그렇다 하더라도 하나님의 명령과 믿음의 관습은 엄연히 다릅니다. 무엇보다 그 권위가 다릅니다. 하나님의 입에서 직접 나온 말과 인간이 그 하나님의 말씀을 해석하고 실천하는 과정에서 생겨난 전통은 절대 같을 수 없습니다. 비록 더 분명하게 하나님의 의도를 알자고 시작한 일이고, 그래서 더 잘 따르자고 시작한 일이라 하더라도 율법의 의미를 해석하고 구체화하는 과정에서 하나님의 뜻이 왜곡될 가능성은 얼마든지 있기 때문입니다. 더구나 주로 율법학자, 즉 랍비 등이 이런 해석과 관습들을 행했기 때문에 알게 모르게 인간적인 권위가 점점 더해져서 마침내는 하나님의 율법과 전통은 거의 동등한 권위를 갖게 되었습니다.

이런 근거를 가지고 예루살렘에서 내려온 그들은 예수님께 가서 "당신의 제자 일부가 이런 일을 저질렀소, 그러므로 죄를 지은 것이오"라며 비난했습니다. 그들도 자신들이 제자들을 비난하는 근거를 율법이라 하지 않고 장로들의 유전이라고 솔직히 시인합니다. 하지만 그들이 비난하면서 분명히 보이는 태도가 있습니다. 즉, "율법이나 전통이나!" 하는 것입니다. 그들은 조상 대대로 내려온 전통이 율법과 대등한 권위가 있다고 생각했습니다. 그들의 비난에 대해서 예수님은 이렇게 대답하셨습니다.

> 이사야가 너희 외식하는 자에 대하여 잘 예언하였도다 기록하였으되 이 백성이 입술로는 나를 공경하되 마음은 내게서 멀도다 사람의 계명으로 교훈을 삼아 가르치니 나를 헛되이 경배하는도다 하였느니라 _막 7:6-7

예수님의 말씀을 요약하자면, 그들의 비난은 '외식'(外飾, ὑποκριτής)이었습니다. 얼굴을 가면으로 가리고 무대에 선 배우처럼, 겉과 속이 다른 행위라는 뜻입니다. 이유는 무엇입니까? 그들이 입술로는 '나', 즉 하나님을 공경한다 말하면서도 마음으로는 하나님에게서 멀기 때문입니다. 설마 하나님을 믿는다고 말하면서 속으로는 '아니거든!' 한다는 뜻은 아닐 것입니다. 예수님은 예레미야의 말을 더 인용하십니다.

> 사람의 계명으로 교훈을 삼아 가르치니 나를 헛되이 경배하는도다 하였느니라 _막
> 7:7

즉, 하나님을 경배하긴 하는데, 그 경배의 근거가 하나님 자신의 말씀 혹은 가르침이 아니고 사람의 계명입니다. 요즘 말로 '삽질'을 한다는 것입니다. 간단히 설명해 보겠습니다. 하나님, 즉 신은 무한한 존재입니다. 즉 인간의 언어로 규정할 수 없는 존재입니다. 그러니 인간은 신을 이해할 수 없습니다. 따라서 인간이 신을 인식하고 섬기기 위해서는 반드시 한 가지 전제가 따라야 합니다. 신이 스스로 자신이 어떤 존재인지를 인간에게 알려 주어야 합니다. 인간은 신이 알려 준 내용에 따라서만 그를 인식하고 섬길 수 있습니다. 우리는 신이 자신에 관하여 알려 준 내용을 가리켜 '계시'(啓示)라고 일컫습니다. 사람이 신을 섬깁니다. 그런데 경배하는 내용이나 방법이 인간 스스로 고안해 낸 것입니다. 하나님께 도달할 수 있습니까? 하나님께서 그런 경배를 기뻐하실까요? 아무리 열심히 하나님을 예배해도 그 예배는 하나님께 흡족할 수 없습니다. 따라서 헛수고입니다. 열심만으로는 하나님을 기쁘시게 할 수 없습니다. 예수님의 말씀이 이어집니다.

> 너희가 하나님의 계명은 버리고 사람의 유전을 지키느니라 또 이르시되 너희가 너
> 희 유전을 지키려고 하나님의 계명을 잘 저버리는도다 _막 7:8-9

예수님은 그들이 사람의 유전, 즉 전통을 지키기 위해 하나님의 계명까지 무시하려 한다며 두 번이나 거듭 말씀하십니다. 예루살렘에서 온 바리새인과 서기관들이 예수님께 예수님의 제자들을 비난합니다. "당신 제자들이 손을 씻지 않고 떡을 먹습니다. 이 행위는 부정한 것입니다." 예수님의 주장은

무엇입니까? "당신들, 하나님의 계명을 지킨다고 하지만 실은 인간의 전통을 지키려는 것 아닌가? 하나님의 명령을 지킨다고 하지만 실은 하나님은 안중에도 없잖아?" 예수님은 지금, 인간의 유전을 존중하는 그들의 태도가 실은 하나님의 명령을 존중하지 않는 것이나 다름없음을 지적하고 계십니다.

고르반!

여기서 한 가지 짚고 넘어갈 것이 있습니다. 인간의 전통, 즉 장로의 유전(遺傳)이 왜 이처럼 예수님께 부정적이고, 하나님께 대립적이기까지 하는가 입니다. 실은 이를 설명하기 위해서 마가는 10−13절에서 보충하고 있습니다.

율법은 부모 공경을 아주 엄하게 명령합니다. 얼마나 엄하냐면, 어머니나 아버지를 모욕하는 자는 반드시 죽여야 한다고 말할 정도입니다. 따라서 부모 공양, 즉 여생(餘生)을 편하게 모시는 것이 당연합니다. 아니, 의무입니다. 목숨을 걸고 지켜야 하는 …. 이런 까닭에 부모에게 자식 공양(供養)은 '유익한 것', 즉 선물로 여겨졌던 것입니다. 그런데 이 자녀가 부모 공양에 사용할 것들을 가리켜 '고르반!' 하고 선언합니다. 즉, 하나님께 드리기로 했다고 선언하는 것입니다. 이럴 경우 그것은 즉시 하나님께 드려질 것으로 구별되기 때문에 부모에게 가지 않아도 됩니다. 장로들의 유전에 따르면, '고르반'이라 선언된 것은 부모 공양의 의무에서 면제된다고 했기 때문입니다. 그러나 이렇게 하나님께 드려질 것이라 선언된 것들을 반드시 하나님께 드려야 한다, 혹은 언제까지 하나님께 드려야 한다는 규정은 '장로들의 유전'에 나오지 않습니다. 즉, 마음먹기에 따라서는, 부모에게 드리기 싫어서 일단 '고르반'이라 선언해 놓고 세월아 네월아 하면서 시간을 끌어도 사실상 이를 규제할 방법이 없게 되었다는 것입니다.

부모 공경은 하나님께서 친히 명령하셨습니다. 하나님의 이름을 걸고, 그래서 인간의 생명을 걸고 반드시 지켜져야 합니다. 그런데 '장로들의 유전'은 이것을 교묘하게 회피할 길을 열어 주었습니다. 하나님께 바쳐진 것은 부모 공양의 의무에서 면제될 수 있다고 말입니다. 물론 랍비나 율법학자들이 그것을 의도하지는 않았을 것입니다. 부모보다 하나님이 우선이라고, 당연하게 생각해서 그리 말했을 것입니다. 하지만 이런 해석은 하나님의 명령을 어그러지게 하고 결과적으로 하나님을 대적하게 만들었습니다. 악의를 가진 사람에게는 부모를 공양하지 않아도 될 길을 열어 주었기 때문입니다.

이런 희한한 상황이 왜 일어날까요? 깊이 생각해 보면 인간의 전통이 결과적으로 하나님을 대적하게 되는 가장 큰 이유는 하나밖에 없습니다. 하나님의 뜻을 왜곡하려 하기 때문입니다. 아니, 하나님의 명령을 지키지 않으려는 마음 때문입니다. 부모를 공경하라, 하나님께서 명령하십니다. 그런데 자녀 가운데 누가 이 명령을 지키고 싶지 않습니다. 그런데 장로의 유전을 살펴보니 '고르반'이라고 선언하면 그것을 부모에게 바치지 않아도 된다는 규정이 있습니다. 그래서 '고르반!'이라고 선언해 버립니다. 얼마나 좋습니까? 하나님께 헌신하는 사람으로 보일 수도 있어 좋고, 부모에게 갖다 바치지 않아도 좋고. 하나님의 명령을 왜곡하기 위해 장로들의 유전, 즉 인간의 전통이 사용되고 있고, 그러기 위해서 인간의 전통에다가 하나님의 명령과 동일한 권위를 부여하는 것입니다.

예수님은 제자들이 손을 씻지 않고 떡을 먹는 것을 비난하는 그들에게 고르반의 예를 들면서 반박하셨습니다. 예수님의 반박을 읽으면서 우리는 무엇을 깨닫습니까? 하나는, 하나님의 명령과 인간의 유전의 관계에 관한 교훈입니다. 하나님의 백성으로서 살아가는 동안에 선배가 열어 놓은 좋은 전통을 후배들이 지켜 가는 것은 매우 훌륭한 일입니다. 그러나 그 전통이 과연 하나님의 가르침에 일치하는지 계속 물어야 합니다. 그 전통이 하나님께서 당신의 자녀들에게 명령하실 때 품으신 그 의도를 잘 반영하고 있는가? 이렇게 계속하여 질문하고 돌아보아야만 합니다. 이렇게 하지 않을 경우, 우리는 하나님의 마음과는 전혀 상관없는 전통과 습관들을 마치 신앙의 본질인 것처럼 착각할 수도 있습니다.

다음으로는, 제아무리 훌륭한 전통이든 하나님의 명령이든 결국은 그것을 지키는 사람의 마음속 동기가 가장 큰 문제라는 교훈입니다. 제가 요즘 가장 자주 떠올리는 경구가 있습니다. "사랑하는 자는 언제나 방법을 묻고, 사랑하지 않는 자는 언제나 이유를 묻는다." 하나님을 사랑하는 사람은 하나님께서 명령하신 것을 생명을 걸고 지키려 합니다. 그래서 어떻게든지 그 명령을 수행할 방법을 찾게 됩니다. 결과적으로 그는 하나님의 명령을 기어이 지킵니다. 그러나 그렇지 않은 사람은 어떻게든 그것을 지키지 않아도 될 방법을 찾습니다. 그래서 결과적으로 그 명령을 지키지 않게 됩니다. 이 서로 다른 결과는 결국 그 사람이 마음먹은 것의 결론일 뿐입니다. 하고 싶은 사람은 어떻게든 하고, 하기 싫은 사람은 어떻게든 하지 않습니다.

우리는 이제 어떻게 살아야 하나

결론입니다. 예수님의 제자들이 손을 씻지 않고 떡을 먹는 광경을 보면서 예루살렘에서 온 사람들이 비난합니다. 왜 그들은 부정한 행위를 하는 것이냐고. 예수님께서 말씀하십니다. 배가 고파서 손도 씻지 못하고 떡을 먹는 그들을 비난하는 저의가 무엇이냐고 물으십니다. 이렇게 행하면 깨끗하다, 저렇게 살면 더럽다 …. 이렇게 규정하는 의식법과 장로들의 유전은 궁극적으로 '내가 거룩하니 너희들도 거룩하게 살라'는 하나님의 의도를 실행하는 방법에 불과합니다. 하나님은 당신의 백성으로 살아야 할 당신의 거룩한 백성들이 '나는 하나님의 사람이다'라는 의식을 갖고서 구별된 삶을 살라고 의식법을 주셨습니다. '너는 죄인이다, 나는 의인이다' 하면서 서로를 정죄하고 비난하라고 주신 것이 아닙니다. 예루살렘에서 온 바리새인과 서기관들은 손을 씻지도 않고 떡을 먹는 제자들을 보면서 얼마나 배가 고팠길래 손 씻을 새도 없이 떡을 먹을 수밖에 없는가 하고 생각하지 않았습니다. 의식법과 장로의 유전을 들면서 '저놈들은 저래서 더러운 행위를 했다'고 비난했습니다. 그들은 이웃을 긍휼히 여기지 않고 판단과 비난의 대상으로만 생각했을 뿐입니다. 이것은 하나님께서 원하신 것이 절대 아니었습니다.

이 말씀은 오늘의 우리에게도 시사하는 바가 큽니다. 우리는 하나님과 믿음에 관한 수많은 지식을 갖고 있습니다. 그것이 하나님께 바르게 나아가는 데 힘이 됩니까? 아니면, 남의 믿음과 삶을 판단하는 기준이 됩니까? 스스로 목숨을 끊는 행위는 결코 하나님께서 기뻐하시지 않는 일입니다. 그럼에도 우리 가운데 '자살한 사람이 천국을 갈 수 있을까'에 답할 권리와 권위를 가진 사람은 아무도 없습니다. 그렇게 삶의 마지막을 결정할 수밖에 없었던 그의 상황을 긍휼히 여기고, 그렇게 결정하기까지 돕지 못한 우리 자신을 자책할 의무만 있을 뿐입니다. 극단적인 예이긴 하지만, 이런 예는 예수님의 심정을 이해하는 데 도움을 줍니다.

미국에서 있었던 일이라고 하는데, 어떤 사람이 가게에 들어가 음식을 먹고 도망가다가 잡혀서 즉결 재판을 받게 되었습니다. 판사는 그의 사정을 자세히 들은 후 5달러인가의 벌금형을 선고했다고 합니다. 그리고 판결이 끝나자 벌금 5달러를 자신의 돈으로 내게 했다고 합니다. 법이 있고 하나님의 명령이 있는 이상 잘하고 잘못하고의 판단은 피할 수 없습니다. 그러나 법에도 하나님의 명령에도 의도와 취지라는 것이 있습니다. 우리가 늘 주목해야 할 것은 그렇게 명령하신 하나님의 마음입니다. 왜 그리 명령하셨을까? 왜 그것을 요구하실까? 이것을 진지하게 다룰 때 우리는 비로소 하나님의 마음을 기쁘게 해 드리는 그분의 자녀가 될 수 있습니다. 그래서 하나님께서 기대하시는 것처럼 '마음을 다하고 뜻을 다하여' 그분을 사랑하는 자가 되는 것입니다.

우리는 본문을 통해서 '하나님의 명령을 조목조목 잘 지키는 사람'이기보다는 '하나님의 마음을 잘 깨달아 그분을 기쁘게 해 드리면서 사는 사람'으로서 살아야 함을 배웠습니다. 나는 하나님을 사랑합니까? 나는 그분의 마음을 깊이 이해하고 그분께서 바라시는 모습으로 살아갑니까? 내가 하나님의 사람으로서 살아가는 데 나의 행위들은 그저 습관입니까, 아니면 내가 하나님의 사람이란 사실을 깊이 깨달은 결과로서 나온 행위입니까? 이것이 오늘 우리가 들어야 할 하나님의 질문입니다.

35 사랑의 변증법
마가복음 7:14-23

마가가 제시하는 두 이야기

예루살렘에서 몇 명의 바리새인과 서기관이 내려왔습니다. 그들은 예수님 일행을 보기 위해 내려왔습니다. 이미 전국적으로 주목받는 신흥 그룹이었던 예수님 일행이 이제 자기들의 권위를 위협한다고 보았고, 그래서 그들에게서 비난할 만한 흠이 있는가를 보기 원했습니다. 그들은 예수님의 제자들이 손을 씻지 않고서 떡 먹는 장면을 보았습니다. 그들은 즉시 예수님께 찾아가, 제자들이 '장로들의 전통'을 위반했으니 이는 깨끗하지 않은 행위라고 비난했습니다. 그러나 예수님은 그들에게, 그들이야말로 하나님의 명령을 멸시하고 인간의 전통을 가지고서 사람을 정죄한다고 반박했습니다. 예수님의 주장을 요약하자면, 사람의 행위만을 가지고 깨끗하다 더럽다 판단하는 것이 중요하지 않고, 나아가 하나님의 명령의 본뜻을 잘 이해하여 그것을 실천하는 일이 더 중요하다는 것입니다.

본문을 보면, 크게 두 개의 이야기로 구분됩니다. 첫 부분은 예루살렘에서 내려온 바리새인 및 서기관들과의 논쟁이 끝난 직후 다른 그룹, 즉 여러 명의 추종자들에게 앞의 이야기에서 더 말씀하시고 싶었던 본심을 예수님께서 말씀하시는 장면입니다. 다음은 다시 장면이 바뀌어서 제자들만 모인 자리에서 다시 그 부분을 설명하시는 이야기입니다. 마가는 이 두 이야기들을 통해서 예수님께서 우리에게 가르치시려는 부분을 보충하여 설명합니다.

무엇이 사람을 더럽게 하는가?

첫 번째 이야기입니다. 예수님께서 말씀하십니다. "너희는 다 내 말을 듣고 깨달으라"(막 7:14). 그분은 바리새인 및 서기관들과 벌인 논쟁이 실은 아주 중요한 주제를 담고 있다 생각하셨고, 그래서 다시 청중들을 불러 모아 이 주제를 강조하여 말씀하셨습니다. "너희는 내 말을 듣고 깨달아야 한다!" 그 말씀의 주제가 무엇입니까?

무엇이든지 밖에서 사람에게로 들어가는 것은 능히 사람을 더럽게 하지 못하되 사람 안에서 나오는 것이 사람을 더럽게 하는 것이니라 _막 7:15-16

요약하자면, 사람이 하나님 앞에 깨끗하냐 더러우냐 판단하는 기준은 먹는 것이나 먹는 방법이 아니라 그 사람에게서 나오는 것이라는 말씀입니다. 그럼 그 사람에게서 나오는 것이 무엇일까요? 하지만 유감스럽게도 그것이 무엇인지는 구체적으로 말씀하지 않으십니다. 이 말씀이 구체적으로 무슨 의미인지를 제자들은 궁금해했습니다. 그래서 대체 그 말씀이 무슨 뜻이냐고 예수님께 물었습니다. 예수님의 대답이 이어집니다. 이 부분이 두 번째 이야기입니다.

두 번째 이야기는 어떻게 요약할 수 있을까요? 두 번째 이야기가 제자들의 질문에서 시작된 만큼, 이 이야기에서 예수님의 의도는 더욱 분명해집니다. 예수님께서 말씀하십니다. 사람을 더럽게 하는 것은 밖에서 들어가는 것, 즉 음식물이 아니라고. 먹는 것 때문에 사람이 깨끗해진다든지, 부정하게 된다든지 그러지 않는다는 것입니다. 왜 그렇습니까? 여기에는 까닭이 있습니다. 원래 의식법 혹은 정결법은 하나님 앞에 그분의 백성들이 거룩하게 구별되어 살도록 하기 위해 주어졌습니다. 그 목적을 이루기 위해서 의식법, 혹은 정결법은 어떻게 하면 깨끗한지, 어떤 경우에 부정한지를 예를 들어 설명한 것입니다. 그런데 깨끗하다 혹은 부정하다고 판단할 때 중요한 기준이 있습니다. '부정한 것을 만지면 부정하다'는 것입니다. 그런데 음식물은 깨끗할까요, 부정할까요? 어떤 음식물이 우상에게 제사 드리고 남은 것이라면 이것은 당연히 부정합니다. 이 음식을 먹은 사람도 부정할 것입니다. 그러나 그렇지 않다면, 음식물이 부정한지 깨끗한지 판단할 수 없습니다. 그러니 음식물은 중립적이라 말해도 좋을 것입니다. 그런데 왜 씻지 않은 손으로 음식을 먹으면 부정해지는가? 장로들의 전통 때문입니다. 그러면 부정하다 했기 때문입니다. 음식이 부정해서가 아닙니다.

예수님께서 계속하여 말씀하셨습니다. 그러면 사람을 부정하게 하는 것은 무엇인가? 예수님의 말씀을 그대로 인용합니다.

> 속에서 곧 사람의 마음에서 나오는 것은 악한 생각 곧 음란과 도적질과 살인과 간음과 탐욕과 악독과 속임과 음탕과 흘기는 눈과 훼방과 교만과 광패니 이 모든 악한 것이 다 속에서 나와서 사람을 더럽게 하느니라 _막 7:21-23

사람의 마음에서 나오는 것이 사람을 부정하게 한다, 즉 더럽게 합니다. 사람의 마음에서 나오는 악한 것들의 목록을 한번 훑어보기만 해도 그것들이 더럽고 악하다는 것을 우리는 모두 압니다. 그래도 한 가지를 지적해 보겠습니다. 예를 들어 설명합니다. 남성이 여성을 보고서, 혹은 여성이 남성을 보고서 음란한 생각을 품었습니다. 그들이 이성과 더러운 행위를 행했기 때문에 더러운 것이 아닙니다. 음란한 생각을 품은 순간 그는 이미 부정합니다. 그가 음행을 했다면 그가 음행을 행했기 때문에 부정한 것이 아닙니다. 그가 더럽기 때문에 그 더러움이 음행이라는 가시적인 행위로 드러난 것입니다. 어떤 사람이 이웃의 좋은 물건을 보고서 그것을 자기 것으로 만들고 싶다는 생각을 품었습니다. 그는 이미 부정한 사람입니다. 도적질은 그가 이미 부정하다는 사실을 구체적으로 드러낸 증거일 뿐입니다. 이 때문에 마가는 이렇게 말합니다.

이는 마음에 들어가지 아니하고 배에 들어가 뒤로 나감이니라 하심으로 모든 식물
을 깨끗하다 하셨느니라 _막 7:19

음식은 입으로 들어가 배를 거쳐 뒤로 나갑니다. 그러므로 음식은 마음을 건드리지 않습니다. 마음은 이렇게 음식의 영향을 받지 않은 채 독자적으로 어떤 생각을 만들어 냅니다. 결과적으로 사람의 생각이 더러워지는 것은 더러운 음식을 먹어서가 아닙니다. 또, 음식은 더럽지 않습니다. 음식은 깨끗합니다. 이 결론을 이어서 예수님의 말씀이 따라옵니다.

사람에게서 나오는 그것이 사람을 더럽게 하느니라 _막 7:20

역시, 사람의 생각이 사람을 더럽게 한다는 말씀입니다.

예수님은 하나님의 아들이시다!

마가는 7장 1-23절에서 무엇을 말하려 합니까? 우리는 복음서가 외견상 예수의 그리스도 주 되심을 증거하려는 목적으로 기록되었음을 압니다. 그렇다면 마가는 이 부분에서 예수님을 어떤 모습으로 묘사하고 있습니까? 표면적으로 우리 주님은 바리새인 및 서기관의 비난에 대해 논박하신 후 이어서 당신의 생각을 표명하셨습니다. 그 주제는 '무엇이 우리를 깨끗케 하고 더럽게 하는가'입니다. 앞선 본문부터 이번 본문까지 두 번에 걸쳐서 우리는 예수님께서 가르치셨던 내용을 살폈습니다.

먼저 질문부터 하겠습니다. 바리새인과 서기관들은 제자들을 의식법 위반으로 비판했습니다. 예수님은 제자들을 변호하시면서, 동시에 장로들의 전통을 비난하시면서 나아가 율법의 의식법을 재해석하셨습니다. 심지어 예수님은 의식법의 문자적 법규를 부정하고 법규의 숨은 의도를 준수하는 것이 옳다고 주장하셨습니다. 이 모습을 보면서 무엇이 생각나십니까? 논쟁의

내용에서 한 걸음 벗어나 바리새인 및 서기관, 청중들, 그리고 제자들에게 예수님 자신의 견해를 피력하시는 모습을 바라보면, 여기에 엄청나게 심각한 문제가 도사리고 있음을 깨닫습니다. 조상들의 종교적 가르침, 즉 전통을 비판하십니다. 하나님의 율법을 재해석하십니다. 거기에 당신 자신의 주장을 그 모든 것들 위에 놓으십니다. 이것이 무엇을 의미할까요?

예수님 당시의 이스라엘 관습과 율법에 따르면, 예수님의 이런 행위들은 모두 '죽어 마땅한 죄'에 해당합니다. 어느 누구도 장로들의 전통에 이의를 제기할 수 없고, 하나님의 신성한 가르침을 새롭게 해석하거나 덧붙일 수 없기 때문입니다. 다만 한 가지 예외가 있습니다. 하나님 자신은 그리하실 수 있습니다. 하나님께서 당장이라도 나타나셔서 "얘들아, 너희 조상들이 세워 놓은 전통, 다 틀렸다. 내가 한 말도 생각해 보니 달리 말해야겠구나"라고 말씀하신다면 누구도 이의를 제기할 수 없을 것입니다. 그러나 이 일을 사람이 한다? 그는 그렇게 말하는 순간 조상의 전통을 무시하고 하나님을 무시한 죄를 지었다 하여 즉시 사형을 당할 것입니다. 그런데 바로 이 일을 예수님께서 행하고 계신 것입니다. 본문은 지금 예수님께서 생명의 위협을 무릅쓰고 행하신 일을 알립니다.

우리는 이 일을 다른 관점에서 설명할 수 있습니다. 가정해 봅니다. 예수님께서 이렇게 하시고도 죽음을 당하지 않을 가능성은 없을까요? 있습니다. 예수님께 하나님의 권위가 있으면 괜찮습니다. 하나님의 권위를 가지고 말씀하셨는데, 누가 거기에 죄가 있다 없다 말할 수 있겠습니까? 여기에 이르러 우리는 이렇게 결론지을 수 있습니다. 마가가 말하려는 바가 있었다고 말입니다. 즉, 마가는 이것을 주장하고 있습니다. 바로 예수님은 하나님의 권위를 갖고 계신 분이심을! 다시 말해 예수님이 하나님의 아들이시라는 것입니다. 이는 마가복음 전체 흐름에도 어울리는 해석입니다.

행위와 동기

우리는 본문에서 '사람을 더럽히는 것이 음식이 아니라 마음이다'라는 예수님의 가르침을 들었습니다. 사실 이 부분은 우리뿐만 아니라 기독교 역사 가운데 참으로 큰 논쟁거리와 주제가 되었습니다. 조상으로부터 내려온 오랜 종교적 전통과 성경에 기록된 하나님의 말씀, 그리고 신자의 마음 혹은 신자 개인의 동기의 삼각관계를 올바로 정의하는 것이 너무나도 어렵기에 오랜 주제가 되어 버렸습니다. 그래서 마가가 제시하는 흐름을 따라가면서 짧게 설명해 보겠습니다.

예수님께서 말씀하신 것을 여기에 맞춰 풀어보겠습니다. 여기에 조상 대대로 내려온 종교적 전통이 있다 합시다. 예수님의 가르침에 따르면 이 전통은 언제나 한 가지 기준에 따라 검증되어야 합니다. 종교적 전통 혹은 관습은 언제나 하나님의 말씀, 즉 성경에 따라 '이것이 과연 우리 하나님의 의도와 명령의 정신에 부합하는가'를 늘 돌아보아야 한다는 뜻입니다. 가령, 예를 들어보겠습니다. 교회, 특히 한국 교회가 오랫동안 강조한 가르침 중에 '주일 성수'가 있습니다. 주일을 거룩하게 구별하여 지켜야 한다는 것입니다. 우선적으로 생각해 보면, 주일 성수라는 주제는 외견상 오랫동안 특히 한국 교회가 지켜온 관습이라 보아도 과언이 아닙니다. 그런데 이 주일 성수를 종교적 관습, 혹은 전통이라고 보는 순간 우리는 이것이 과연 하나님의 말씀에 부합하는지를 반성해 보아야 합니다. 마가복음에서 예수님의 논리 위에 이 주일 성수를 올려놓는다면, 우리는 '이 관습이 중요하지 않다'고 말해도 괜찮습니다. 극단적으로 말해서, 신자의 마음이 중요하지 주일에 꼭 교회당에 나오고 교회당에서 예배해야 하는 것은 아니라고 말할 수 있습니다. 그러나 우리는 다시 한 번 더 검증해 봐야 합니다. 그렇다면 이 결론이 예수님의 가르침에 부합하는가? 따라서 우리는 예수님의 가르침을 한 번 더 살펴보아야 합니다.

예수님께서 말씀하십니다. "곧 사람의 마음에서 나오는 것은 악한 생각 곧 음란과 도적질과 살인과 … 음탕과 흘기는 눈과 훼방과 교만과 광패니 이 모든 악한 것이…"(막 7:21–23). 이 부분의 논리에서 우리는 한 가지 놀라운 사실을 발견합니다. 예수님은 바로 전에 행위나 전통보다 마음의 상태가 더 중요하다고 말씀하셨는데, 여기에서 그 마음의 상태를 구체적으로 말씀하시면서 도적질과 살인 등등의 구체적인 행위를 예를 들어 설명하셨다는 것입니다. 이것이 무슨 의미일까요? 아주 짧게 말하자면, 예수님의 논지는 이렇습니다. 예수님에게 행위와 생각은 결국 동일하다는 것입니다. 사람을 미워하면 살인합니다. 살인했기 때문에 죄인이 아니라, 미워하는 마음을 품을 때 그는 이미 살인을 준비하고 있는 사람이나 다름없습니다. 이성을 보고 음란한 마음을 품으면, 그는 이미 죄인의 예비자 명단에 자신의 이름을 올린 것입니다. 간음은 그가 품은 음란이 인간의 눈에 현실로 드러난 것에 불과합니다.

이런 논리로 예수님의 가르침을 확장해 보겠습니다. 바로 앞의 주제, 즉 주일 성수로 돌아갑니다. "주일을 꼭 지켜야 해?" 누가 묻습니다. "꼭 해야 하는 건 아니지." 누가 이렇게 대답합니다. 그러나 이것으로 만족되지 않습니다. 주일 성수가 우리에게 자유로우려면, 주일 성수가 주일 하루만을 위한 규정이 아니라 사실은 우리의 시간과 삶의 태도, 심지어 하나님께서 우리에게 안식일과 주일을 허락하신 궁극적인 의도에까지 연결되어 있음을 깨달아야 하고, 우리의 삶을 거기에 맞추어 살아야 합니다. 그래야 규례와 관습 가운데 하나에 불과했던 주일 성수라는 주제에서 자유로울 수 있는 것입니다. 이제 다시 정리합니다. 예수님은 우리에게 모든 속박과 관습, 규칙으로부터의 해방을 허락하시지 않았습니다. 온 맘을 다해 주를 사랑하며, 이 마음으로 하나님께서 명령하신 규례들을 순종하기 위해 자신에게 주어진 자유를 스스로 그분 아래 내어놓기를 원하셨습니다.

사랑의 변증법

이런 사고 과정은 우리가 의식 있는 그리스도인으로 살기 위해 필수적입니다. 이 부분을 좀 더 설명하기 위해 우리가 잘 알고 있는 '십일조 규례'를 여기에 대입해 봅니다. 십일조를 꼭 내야 할까요? 십일조를 종교적 규례라고만 생각한다면, 그냥 교회의 관습이라고만 생각한다면, 우리는 '꼭 내야 하는 건 아니지'라고 답하여야 합니다. 그러나 이 결론을 내리기 전에 우리는 반드시 성찰해야 합니다. 이 규례를 제정하신 하나님의 의도가 무엇인지, 나는 그 규례를 그 의도에 따라 행하고 있는지 말입니다.

이 세상에 존재하는 모든 것이 다 하나님의 것이라는 점에서부터 출발하면, 십일조를 하나님의 호의를 이끌어 내는 방편으로 보기보단 선한 청지기로서 감당해야 될 당연한 의무로 받아들일 수 있을 것이다. 하나님께서 나에게 맡겨 주신 재물을 어떻게 사용하느냐 하는 것은 하나님의 함께하심을 인정하느냐 아니면 하나님의 함께하심을 인정하지 않느냐로 판가름할 수 있는 일이다. … 십일조와 헌금은, 하나님을 변화시키는 것이 아니라 우리를 변화시킨다. 즉, 우리 자신이 우주의 주인이 아니라는 것을 고백하게 만든다. 우리는 받은 것을 가지고 살고, 받은 것을 드릴 뿐이다. 단지 하나님의 은혜를 받는 자로서 서로 나누며 사는 것이다. _마크 월커

십일조는 나 자신을 드리는 것이다. 그러면 더 커진 나를 되돌려 받게 된다. 십일조는 우리 자신의 고통과 상처를 넘어서서 다른 사람을 도와주려는 마음을 갖는 것이다. 십일조는 우리가 가진 모든 것을 함께 나누고자 하는 행위이고, 그렇게 함으로써 이 세상의 모든 좋은 것들이 우리에게 돌아오게 만드는 방법이다. 따라서 십일조는 근본적으로 우리를 위대한 삶으로 이끌어 가는 신뢰, 사랑, 열정의 표현이라고 할 수 있다. _리사 바덴

우리가 만일 이런 성찰에 도달하였고, 이것을 진실하게 실천하고 산다면, 그때부터 우리는 십일조의 외형적 규례로부터 자유로워도 좋습니다. 그러나 그렇지 않다면 우리는 어떻게 하여야 하겠습니까?

본문에 눈에 보이는 형식적 규례와 마음의 동기 사이에서의 대립이 있습

니다. 바리새인과 서기관들은 형식을, 예수님은 동기를 더 우선시하는 듯 보입니다. 그러나 본문의 이야기를 통해서 예수님의 주장을 더 깊이 살펴보면, 예수님 자신도 무조건 형식과 전통을 깨뜨리려 하신 것은 아님을 알 수 있습니다. 정확하게 말하자면, 예수님은 동기가 따르지 않는 형식 자체에 문제를 제기하셨습니다. 올바른 신앙적 동기가 먼저이고, 그 다음에 그 동기가 정직하게 반영된 형식을 지킬 것을 명하시려 했다는 뜻입니다. 형식과 본질, 행동과 동기 이 둘은 서로를 긴장시키는 역할을 합니다. 형식을 지켜야 합니다. 그러나 형식이 전부는 아닙니다. 하나님의 의도, 즉 그렇게 하라고 명하신 하나님의 의도를 올바로 깨닫고, 형식보다는 마음의 동기가 우선인 상태에서 그 형식이 실행되어야 합니다.

우리는 타성과 습관에 익숙한 종교인이 되지 않아야 합니다. 우리는 하나님의 가르침과 의도를 늘 묵상하면서 '왜 이렇게 하라 하셨을까'를 물어야 합니다. 말씀대로 행하되 명령 뒤에 숨은 하나님의 심정을 깨달아야 합니다. 동기가 없이 행위에만 익숙한 사람이 되지 말고, 그분의 마음을 실천하려는 사랑으로써 행하는 사람이 되어야 합니다.

사려 깊고, 마음 깊이 하나님을 사랑하며, 마음과 행위가 일치하는 신앙인이 되십시오. 저는 이것이 우리에게 기대하시는 하나님의 마음이라고 믿습니다. 하나님은 여느 사람이 감히 행할 수 없는 엄청난 일을 해내는 사람보다 당신의 마음을 잘 헤아려 진실하게 살아내는 지혜로운 사람을 찾으십니다. 마음과 삶이 일치하는 신앙인이 되어 이 세상 사람들에게 진정한 그리스도인이 어떤 모습인지를 보여 주십시오.

36 무엇이 나를 깨끗하게 하는가?
마가복음 7:24-30

피신하신 예수님께 한 여인이 찾아오다

본문의 내용은 사실 별것 없습니다. 예수님께서 두로 지방에 가셨는데, 거기서 귀신 들린 딸이 있는 여인을 만나 그 딸을 낫게 해 주셨다는 것이 전부입니다. 그러나 본문을 곰곰이 살펴보면, 마가는 다소 퉁명스러운 느낌으로 단순한 이야기를 전하면서 생각보다 많은 것을 암시하고 있음을 발견하게 됩니다.

마가는 이렇게 이야기 합니다. "예수께서 일어나사 거기를 떠나 두로 지경으로 가서"(막 7:24). 일반적인 의견에 따르면, 마가가 여기서 이야기하는 '거기'는 '가버나움'이 아닐까 싶습니다. 예수님은 거기서 떠나서서 두로로 들어가셨습니다. 같은 이야기를 전하는 마태복음 15장을 참조하면, 예수님은 지금 가버나움을 떠나 '두로와 시돈' 지역으로 들어가셨습니다. 그런데 마가는 바로 뒤를 이어 "한 집에 들어가 아무도 모르게 하시려 하나"(막 7:24)라고 말합니다. 주님께서 두로와 시돈 지역으로 이동하셨고, 그 사실을 '아무도 모르기를' 원하셨습니다. 예수님은 방금 전까지 상당 시간을 논쟁에 할애하셨습니다. 예수님은 그 이전부터 이미 생명의 위협을 느끼기 시작하셨습니다. 따라서 예수님께서 두로와 시돈 지역으로 아무도 모르게 이동하신 것은 이런 적대적인 위협을 피해서 피신하기 위함이 아닐까 하고 짐작할 수 있습니다. 물론 이곳으로 피신하신 이유가 더 있을 수도 있습니다. 너무 일이 많았기 때문에 쉬시기 위해서일 수도 있고, 제자들을 좀 더 집중적으로 가르치시기 위해서일 수도 있습니다.

두로와 시돈은 갈릴리 북부 지역, 즉 요즘의 레바논에 속한 지역입니다. 말하자면 완벽한 이방 지역, 더구나 역사적으로 볼 때 유대인에게는 적대적 감정을 가진 지역이었습니다. 이런 환경이라면 주님께서 충분히 몸을 숨기고 쉬실 만하지 않았겠습니까? 하지만 '아무도 모르게' 하려는 예수님의 계획은 성공적이지 않았습니다. 마가가 곧 이어서 "숨길 수 없더라"(막 7:24)라고 썼기 때문입니다. 왜 아무도 모르게 그 지역으로 가셨음에도 숨길 수가 없었을까요? 마가는 이어서 말합니다.

이에 더러운 귀신 들린 어린 딸을 둔 한 여자가 예수의 소문을 듣고 곧 와서 그 발 아래 엎드리니 _막 7:25

예수님께서 두로와 시돈 지역으로 이동하시자마자 한 여인이 득달같이 달려옴으로써, 원래의 계획은 긴급하게 수정되어야 했습니다. 이를 거칠게 직역하면 '그러나 즉시 그에 관한 소식을 들은 한 여인이 달려왔다'입니다. 예수님의 계획이 잘못된 것이 아니라 딴 데 문제가 있습니다. 그분에 관한 소식이 워낙 널리 전해져 있어서, 몸을 숨기고 말고 할 처지가 아니었다는 뜻입니다. 어쨌든 이 여인은 지금 예수님의 소식을 듣자마자 즉시 그분께서 계신 집까지 달려 들어와서 그분의 발 앞에 털썩 쓰러지듯 엎드립니다(ἐλθοῦσα προσέπεσεν πρὸς τοὺς πόδας αὐτοῦ). 마가는 여인의 행동을 한 문장 안에 단숨에 늘어놓았습니다. 얼마나 간절하고 다급했으면, 여러 동작들을 그처럼 순식간에 표현할 수 있을까요? 결국 마가의 의도는 이렇습니다. 병 낫고자 하는 사람들, 자기의 문제들을 해결하고자 하는 사람들이 수없이 많았습니다. 그들은 예수님을 유일한 희망과 가능성으로 생각했습니다. 그들은 눈을 부릅뜨고 예수님을 주목했습니다. 그래서 예수님께서 어디로 어떻게 숨으시더라도 그분을 금방 찾아내실 수 있을 지경이었습니다. 이렇게 하여 마가의 이야기가 본격적으로 시작됩니다.

여인의 간청을 들어주심

마가는 26절에서 이 여인의 신분을 '헬라인이요, 수로보니게 족속'이라 기록했습니다. 즉, 이 여인은 수로보니게 출신의 헬라인이었습니다. 우선 '수로보니게 족속'이라는 표현이 낯선데, 이것을 짧게 설명하면, 수리아 지역의 페니키아 사람이라는 뜻입니다. 그리고 마가는 '헬라인'이란 표현을 통해 이 여인이 헬라어를 말한다는 점을 알리는 것 같습니다. 동시에 이 여인이 '이방인'이란 점을 말하는 것 같습니다. 그럼에도 마가는 본문에서 이 여인의 출신지를 말하기보다는 이 여인의 형편이 더 급하다는 것을 알리려 합니다. 마가는 25절에서 이 여인이 당한 급박한 처지를 이렇게 알립니다. "더러운 귀신 들린 어린 딸을 둔 한 여자." 귀신이 영적인 존재라고 생각한다면 여기서 '더럽다'는 말의 뜻은 이 귀신이 목욕을 안 했다, 거지같은 복장을 했다는 뜻은 아닐 것입니다. 그보다는 유대인의 종교와 연관되어 있을 가능성이 더 큽니다. 다시 말해, 더러운 귀신이 들렸다는 표현은 유대인의 종교적 관점에서 이 딸이 '부정한 존재'라는 사실을 지적합니다.

이렇게 해서 이 여인의 현실적 상황이 보다 잘 드러납니다. 외국에 사는 이방인으로서 더러운 귀신이 들린 딸을 둔 여인. 이런 표현들은 이 여인이 그야말로 유대인의 관점에서 아무 가치도 없는 여인임을 알립니다. 아니, 가치를 논할 자격은커녕 부정한 존재, 즉 더러운 물건이었다는 것입니다. 이로써 우리는 예수님과 유대교 지도자들 사이에서 치열하게 벌어진 정결−부정 논쟁이 갑작스레 이방인의 세계로 무대가 옮겨져서 귀신 들린 딸을 고치시는 이야기로 이어진 이유를 알게 됩니다. 마가는 바리새인 및 서기관들과 예수님 사이에서 벌어진 논쟁, 즉 무엇이 사람을 더럽게 하고 깨끗케 하는가 논쟁의 연장선에서 이 이야기를 전개하고 있습니다. 마가의 이야기를 계속 따라가겠습니다.

수로보니게 출신의 이방인 여자가 예수님에 관한 소식을 듣자마자 예수님께 달려갔습니다. 여인은 예수님 앞에 급히 엎드려서 자기 딸에게 들어간 귀신을 쫓아내 달라고 간청했습니다. 마가복음과 함께 이 이야기를 기록한 마태복음은 이 부분을 좀 더 상세하게 전합니다. 마태복음 한글 개역 성경에서는 이렇게 번역되었습니다.

가나안 여자 하나가 그 지경에서 나와서 소리 질러 가로되 주 다윗의 자손이여 나를 불쌍히 여기소서 내 딸이 흉악히 귀신 들렸나이다 하되 _마 15:22

수로보니게 여인이 몇 번이나 계속하여 소리쳤습니다. "주 다윗의 자손이여 나를 불쌍히 여기소서!" 왜 자신이 불쌍하다고 생각할까요? '자기 딸이 흉악하게 귀신이 들렸기 때문'입니다. 마태는 이 여인이 자기 딸에게 아주 흉악한 귀신이 들렸다고 말하는데, 마가는 이 표현을 마가복음 7장의 전체 주제에 맞추어서 다르게 표현했습니다. 즉, '더러운 귀신'이라고 표현했던 것입니다. 그러나 예수님은 이 여인의 갑작스런 등장과 애끓는 호소에도 귀를 기울이려 하지 않는 듯이 반응하십니다. 심지어 마태가 표현한 바에 따르면, 이를 보다 못한 제자들이 이 여인을 좀 어떻게 해 보시라고 간청하는데도 불구하고 반응을 유보하셨습니다. 그리고 마태는 예수님께서 왜 이 여인의 간청을 무시하시는지를 예수님 자신의 말로 이렇게 표현했습니다.

나는 이스라엘 집의 잃어버린 양 외에는 다른 데로 보내심을 받지 아니하였노라 _마 15:24

이 말씀의 뜻을 제대로 해석하기는 쉽지 않습니다만, 그 뜻만을 제가 권위 없이 해석하자면 이렇게 될 것 같습니다. "이 여인은 내 사역의 대상이 아니야." 이런 대화가 있은 다음에 비로소 마가의 이야기가 이어집니다.

예수께서 이르시되 자녀로 먼저 배불리 먹게 할지니 자녀의 떡을 취하여 개들에게
던짐이 마땅치 아니하니라 _막 7:27

참으로 무자비한 말씀 아닙니까? 귀신 들려 고통당하는 딸을 둔 어머니. 그가 이방인인들 딸의 고통을 아파하지 않을 리가 없지 않습니까? 그런데 예수님께서 대답하십니다. "자녀부터 먼저 배불리 먹게 할 것이다. 자녀의 떡을 개들에게 던져 주진 않아." 말씀인즉슨, 이 여인이 개라는 뜻입니다. 사랑이 넘치시는 예수님께서 어찌 이방인이라고 그녀를 개에 비유하실 수 있다는 말입니까? 너무나 모욕적이지 않습니까? 그러나 여인은 여기에서 놀라운 인내심을 발휘합니다. 그녀가 대답합니다. 현대인 성경으로 풀어봅니다. "주님, 맞습니다. 그러나 상 아래 있는 개도 아이들이 떨어뜨린 부스러기를 먹습니다." 요점은 무엇입니까? "예, 나는 개입니다"입니다. 그런데 그녀의 말이 이어집니다. "하지만 개들도 주인 상에서 떨어지는 부스러길 먹습니다." 자기가 개이든, 그것이 부스러기이든, 전혀 상관없습니다. 오직 하나, 자기 딸이 낫기만 한다면! 그럴 수만 있다면, 그 어떤 모욕적인 이야기도 견딜 수 있습니다. 얼마나 눈물겨운 모정(母情)입니까!

그런데 여인의 대답을 들은 예수님께서 이렇게 선언하셨습니다.

이 말을 하였으니 돌아가라 귀신이 네 딸에게서 나갔느니라 _막 7:29

'이 말을 하였으니'(διὰ τοῦτον τὸν λόγον)라는 표현은 어디를 어떻게 해석해도 더 이상의 의미를 유추하기가 어려울 것 같습니다. 그러나 같은 이야기를 전하는 마태는 이 구절을 이렇게 표현했습니다. "여자야 네 믿음이 크도다 네 소원대로 되리라"(마 15:28). 이 부분의 원문을 직역해 보면 다음과 같습니다. "오, 여인이여, 너의 믿음이 참으로 크다. 그것이 너의 원하는 바를 일어나게 했다"(ὦ γύναι, μεγάλη σου ἡ πίστις· γενηθήτω σοι ὡς θέλεις).

예수님은 여인의 말을 귀히 보시고 그 딸의 고통을 면해 주셨습니다. 여인

은 급박한 고통을 안고 예수님께로 달려왔고, 모욕적인 예수님의 반응에도 불구하고 끈질기게 고통을 호소함으로써 소원을 이루게 되었습니다.

이방인에게 열린 구원의 문

마가의 이야기는 무엇을 말합니까? 아니, 마가는 무엇을 말하고 있습니까? 이 이야기만 집중해서 살펴본다면, 아마 우리는 거의 대부분 동일한 결론에 도달할 것입니다. 딸을 위해 자존심도 팽개친 여인, 우리 주님은 이 여인의 고통스런 부르짖음에 화답하셨습니다. 우리 주님께서 여인의 부르짖음과 전적인 낮아짐을 귀하게 보셨고, 심지어 놀랍게 생각하셨습니다. 이는 유대인에게서도 보기 힘든 귀한 태도였기 때문입니다. 그리고 여인의 그 절박한 소원을 이루어 주셨습니다.

그런데 이 지점에서 좀 더 곰곰이 따져봐야 합니다. 이 이야기는 이방인 지역, 즉 유대인의 국경 밖 어느 동네에서 일어난 또 하나의 이적 이야기인가요? 이적 이야기, 혹은 치유 이야기 이상의 다른 의미를 찾자면, 우리는 앞서 잠깐 언급한 이야기를 떠올려야 합니다. 즉, 마가가 이 이야기를 유대인과 예수님 사이의 의식법 논쟁 직후에 놓았다는 점입니다. 유대인은 주장합니다. 사람은 의식법을 지켜야 깨끗하고, 이 법을 어기면 부정하다. 반면에 예수님은 주장하십니다. 아니다, 사람이 마음을 어떻게 먹느냐에 따라 깨끗하기도 하고 더러워지기도 한다.

이 논쟁은 결과적으로 아무 결론도 나지 않았습니다. 장로의 유전을 철통같이 우상 받들 듯하는 유대인, 특히 예루살렘에서 내려온 바리새인과 서기관들은 자신들의 주장을 한 치도 양보하지 않았습니다. 그들은 장로의 유전, 즉 대대로 내려온 종교적 전통을 하나님보다 존중했습니다. 그들은 예수님의 반론에 대해 오히려 예수님을 죽이려는 뜻만 더 강하게 다지고 말았습니다. 그리고 이 이야기의 연장선상에서 두로와 시돈 지역의 수로보니게 여인의 이야기가 나오는 것입니다.

이 여인은 사실 바로 앞에 나오는 유대인의 관점에서 두말할 나위 없이 완벽하게 '더러운', 즉 부정한 존재로서의 조건을 두루 갖추고 있습니다. 무엇보다도 이 여인은 헬라인에다가 수로보니게 사람, 즉 외국인입니다. 헬라, 즉 그리스인들은 자신을 지혜를 가진 사람이란 뜻으로 '헬라 사람'이라 불렀다지만, 유대인에게 그런 생각은 말도 안 되는 웃기는 생각이었습니다. 헬라 사람이란 표현은 유대인에게 이방인의 대명사로 사용되었습니다. 그리고 유대인은 이방인을 개처럼 생각했습니다. 따라서 예수님께서 수로보니게 여인을 개에다 비유하신 것은 유대인의 관점에서 하나도 이상하지 않았습니다.

그런데 예수님은 수로보니게 여인을 가리켜 이야기하실 때 하나의 그림을 그려서 보여 주십니다. 즉, 한 주인이 상에 앉아서 자녀와 함께 식사합니다. 그리고 주인은 밥을 달라고 꼬리 흔드는 개를 외면하고 자녀에게 먼저 먹을 것을 줍니다. 그러고선 "개보다는 자식이 먼저 먹어야 해!" 하고 말하는 것입니다. 하지만 이 그림을 유심히 보면, 이런 장면이 한 지붕, 즉 집안에서 일어나고 있습니다. 여인은 바로 이 사실을 배경으로 하여 먼저 자녀에게 먹을 것을 주어야겠다고 말하는 주인에게 이렇게 말하는 것입니다. "하지만 먹을 것을 달라고 꼬리 치는 그 강아지마저도 결국은 주인의 밥상에서 떨어지는 부스러기를 먹지 않습니까?" "한 집안에 있는 모든 존재가 주인으로부터 먹을 것을 얻어먹을 권리가 있다!" 이것이 여인, 아니 마가가 이 이야기를 통해서 우리에게 말해 주려는 메시지 아닐까요? 이렇게 함으로써 마가는 이 여인이 마침내 주인의 은총을 얻었다고 선언합니다.

여인은 자신의 더러움, 부정함을 무릅쓰고 하나님의 아들이신 예수님께 호소합니다. 한 하나님의 피조물로서의 자신의 고통을 돌아보아 달라고 말입니다. 이 호소는 마침내 유대인이 그토록 완강하게 고집하던 부정과 정결의 의식법을 넘어 이방인을 구원의 은총 아래 복속시킵니다. 그러면 마가는 이 이야기를 통해 어떤 메시지를 전하고 있습니까?

완강하게 자신의 전통 위에 서서 하나님의 피조물을 깨끗한 것과 더러운 것으로 구분하는 유대인. 예수님께서 돌발적으로 일어난 수로보니게 여인이야기를 통해서 그들에게 강력하게 선언하십니다. "보라, 너희들이 더럽다고 경멸하고 업신여기는 저 이방인에게도 내가 구원을 베풀리라! 나의 은총과 구원에는 한계가 없다. 세상을 만들고 통치하는 나의 경륜은 너희가 상상하는 한계를 초월하며, 이것은 바로 나만의 권한이다! 그러므로 이제 나는 나의 사랑과 은총을 너희의 경계와 기준을 넘어 온 세상에 선포할 것이다!"

우리는 거칠게나마 당신을 거절하는 유대인들에게 보다 적극적으로 당신의 주장을 펼치시는 예수님의 마음을 발견합니다. 유대인은 창조주와 만물의 아버지로서 베푸시는 하나님의 넘치는 사랑을 거절하고, 알량한 혈통을 자랑하며 피조물을 섬기기는커녕 '이방인'을 업신여겼습니다. 그들은 하나님께 구별되었다는 사실만을 교만에 이르도록 자랑할 뿐이었습니다. 그러나 예수님은 아무도 공감하지 않을 한 이방 여인에게 관심을 가지셨습니다. 그리고 바닥까지 내려가는 그 여인의 간곡한 외침을 귀히 보시고 그것을 '큰 믿음'으로 간주하셨습니다. 그리고 그 순간 이 여인은 존엄을 지닌 한 인간, 즉 창조받은 그대로의 신분으로 돌아가게 되었습니다. 예수님은 마가복음의 독자들에게 물으십니다. "자, 너희들이 보기에 누가 깨끗한가? 유대인이냐, 수로보니게 여인 같은 이방인이냐? 그리고 그 깨끗함의 근거는 무엇이냐? 장로들의 전통이냐, 하나님을 믿는 믿음을 가진 그 사람의 마음이냐?" 그 질문은 우리에게도 동일하게 주어집니다. 무엇이 우리를 하나님 앞에 깨끗하게 구별되게 합니까? 우리가 이 질문에 답할 차례입니다. 당신은 무어라 말씀하시겠습니까?

37

입을 열라, 마음을 열라!

마가복음 7:31-37

한 병자를 고치시다

본문은 이렇게 시작됩니다.

> 예수께서 다시 두로 지경에서 나와 시돈을 지나고 데가볼리 지경을 통과하여 갈릴
> 리 호수에 이르시매 _막 7:31

성경의 무대인 유대 지방의 지리를 잘 모르는 우리로서는 이런 표현이 나올 때 좀 난감합니다. 상당히 자상하게 예수님의 이동 경로를 알리는 것 같긴 한데, 도무지 실감나지 않기 때문입니다. 하지만 주석들을 찾아보면, 이스라엘의 지리를 잘 안다 해도 별 도움이 되지는 않을 것입니다. 그러니까 여기에 나온 지명이 구체적으로 어디인지는 몰라도 좋습니다. 이 부분을 통해서 마가가 말하려는 의도만 생각하면 됩니다. 그래서 아주 분명한 부분만 추려 내면 이렇습니다. 예수님은 지금 '유대' 경내가 아닌 이방인 지역을 두루 돌아다니십니다. 그 목적은 복음을 전하는 것입니다. 하지만 예수님은 '아무도 모르게'(막 7:25), 즉 비공개적으로 이 전도를 행하고 계십니다. 그럼에도 불구하고 우리는 예수님께서 명백하게 서기관 및 바리새인들의 주장, 즉 장로들의 전통에 따라 사람을 할례 받은 자와 안 받은 자, 정결한 자와 더러운 자로 나누는 가르침에 도전하고 계심을 주목합니다. 그 다음을 보면 어

떤 사건이 일어납니다.

> 사람들이 귀먹고 어눌한 자를 데리고 예수께 나아와 안수하여 주시기를 간구하거
> 늘 _막 7:32

예수님께서 갈릴리 근처에 도착하셨을 때, 그 지역 사람들이 한 사람을 데
리고 왔습니다. '귀먹고 어눌한 사람'이었습니다. 우리도 아는 바지만 말하
는 것과 듣는 것은 상당히 밀접한 관계가 있습니다. 말할 수 없는 것이 듣지
못하기 때문인 경우가 상당히 많다고 합니다. 그러니 이 이중 장애인은 들
을 수 없는 상태에서 태어나고 자라다 보니 자연스레 말하는 데도 장애가 있
었다고 추측할 수 있습니다. 물론 우리는 '어눌하다'는 마가의 표현에서 그
럼 이 사람이 어느 정도 수준의 이중 장애를 지닌 사람일까를 물을 수 있습니
다. 원칙적으로 그가 완전히 듣지 못한다면 말도 전혀 할 수 없어야 하는 것
이 보통일 텐데, 어찌해서 어눌하다, 즉 말을 더듬는다는 표현을 했을까 하
는 의문이 일기 때문입니다. 하지만 우리는 그보다 더 중요한 문제에 집중하
려 합니다.

먼저 이런 질문부터 생각해 봅니다. "왜 하필이면 이 귀먹고 어눌한 사람
이 여기에 등장하는가?" 예수님께서 두로와 시돈 및 갈릴리 지역을 두루 다
니셨습니다. 이 지역은 분명히 유대인의 영향력이 미치지 않는 곳이며, 종교
적인 면에서 예루살렘을 중심으로 하는 바리새인과 서기관들에게 결단코 깨
끗하다 할 수 없는 곳이었습니다. 어쨌든 비록 알려지기를 원하지 않으셨다
하더라도, 예수님은 이곳에서 수로보니게 여인의 딸만 낫게 하신 것은 아니
었을 것입니다. 말하자면 여러 종류의 이적, 즉 병자를 낫게 하셨을 것이 분
명합니다. 그렇다면 왜 본문은 '하필이면 듣지 못하고 말하지 못하는 병자'의
치유 사건을 언급하고 있을까요?

사람들이 '귀먹고 어눌한 사람'을 데려와 '안수'해 주시기를 간청합니다.
그들은 예수님께 병 고치는 능력이 있음을 이미 알고 있었습니다. 이 앎은

마치 믿음처럼 강하고 견고했습니다. 바로 얼마 전까지 주로 유대 경내에서만 활동하시던 예수님께 이런 능력이 있음을 그들이 어떻게 알았을까요? 마가는 마가복음 5장 1-20절에서 거라사 지역에서 일어난 한 사건을 언급하는데, 거라사 지역에 거주하던 한 귀신 들린 사람이 예수님으로부터 고침을 받은 후 데가볼리 지역으로 가서 거기 머물면서 예수님에 관한 소문을 널리 퍼뜨렸다고 기록해 놓은 바 있습니다.

병 고치는 예수님의 사역

많은 무리가 예수님께 와서 듣지도 못하고 말하는 것도 몹시 힘든 한 사람을 내밀면서 그를 고쳐 달라고 했습니다. 이에 대해 우리 주님께서는 이렇게 반응하셨습니다. 먼저, 이 사람을 밖으로 데리고 나가셨습니다. '무리를 떠나기 위해'서였습니다. 이 표현은 아직도 예수님께서 자신을 공개적으로 드러내기 원치 않으셨음을 의미합니다. 다음으로, 손가락을 그의 양 귀에 넣고, 침을 뱉어 그의 혀에 대셨습니다. 여러 가지 해석과 의미를 이야기하지만 이 부분은 그다지 중요하지 않으므로 지나가겠습니다. 다만, 우리는 그분의 치유 방식보다 그분께서 왜 굳이 이런 구체적인 방법을 사용하셨는가에 더 집중해야 합니다. 즉, 말씀만으로도 고치실 수 있는데 왜 이런 행동을 사용하셔서 고치셨는가 하는 것입니다.

예수님의 이런 행동에는 당시의 유대인들에 대한 당신의 무언의 항의가 담겨져 있을지도 모릅니다. 유대인은 환자의 병에는 연민할지라도 그와 접촉하는 것만은 절대 원하지 않았을 것이 분명합니다. 그러나 예수님은 그러시지 않았습니다. 그분은 모든 피조물을 아버지 하나님과 함께 창조하신 분으로서, 자신의 능력으로는 절대 구원받을 수 없는 당신의 백성을 위해 이 땅에 오셨습니다. 그 사랑 때문에 조상의 전통에 매인 유대인에게 사람 취급도 받지 못하는 더러운 이방인들의 질고에 탄식하시며, 그들의 귀와 혀, 환부(患部)를 친히 만지신 것입니다. 예수님은 하늘을 우러러 탄식하시는 가운데 이 환자에게 명하십니다. "에바다!" 이 명령은 동시에, 교만한 유대인들을 향한 무언(無言)의 항의와 경고였습니다. "자, 보아라! 너희가 부정하고 더럽다고 멸시하는 이 사람을 내가 하나님의 아들로서 낫게 하겠다!"

마가에 따르면 '에바다'(εφφαθα)는 아람어입니다. 당시의 유대인들이 일상에서 사용하던 언어였습니다. 이 사건이 일어난 지역의 사람들은 대부분 아람어를 알아들을 수 있었겠지만, 그럼에도 마가는 친절하게 아람어를 모르는 독자들을 위해 그 뜻을 번역해 놓았습니다. 그 뜻은 '열려라'입니다. 그리고 그 순간, 이 '듣지 못하고 말이 둔한 병자'는 고침을 받았습니다. 듣기에 문제가 있어서 말하는 데도 문제가 있었다면, 들을 수 있게 되었다 하여 말까지 금방 자유로워지지는 않습니다. 말하는 능력은 천천히 회복될 것입니다. 하지만 마가는 그런 상세한 부분까지는 언급하지 않습니다. 병자가 나았다는 사실에만 독자들이 집중하게 합니다. 이 일이 벌어진 직후, 예수님은 다시금 분명하게 병자와 그를 데려온 사람들, 주위에 있던 사람들에게 이 일과 관련하여 누구에게든지 알리지 말라고 경고하셨습니다.

마가는 이어서 이 일을 목격한 사람들의 반응을 남겨 놓았습니다. 이 일을 목격한 사람들은 입을 모아 이렇게 말합니다. "그가 다 잘하였도다"(막 7:37, καλῶς πάντα πεποίηκεν). 신학자들의 해석을 요약하면, 이 말은 하나님의 창조 사역, 즉 창세기 1장 31절을 떠올리게 한다고 합니다. 즉, 예수님의 병 고치시는 일을 목격한 이들이 그의 사역을 '모든 것을 다 잘하시는 하나님'에 빗대어 말했다는 것입니다. 그리고 이 표현은 다음과 같이 발전됩니다. "귀머거리도 듣게 하고 벙어리도 말하게 한다"(막 7:37). 이 표현은 이사야서 35장 5-6절을 떠올리게 합니다.

> 그때에 소경의 눈이 밝을 것이며 귀머거리의 귀가 열릴 것이며 그때에 저는 자는 사슴같이 뛸 것이며 벙어리의 혀는 노래하리니 이는 광야에서 물이 솟겠고 사막에서 시내가 흐를 것임이라

마가는 이 치유 이야기를 하나님의 아들이자 메시아로 약속된 바로 그분임을 설명하는 증거로서 기록했습니다. 다시 말해 마가는 이 본문과 그 앞의 수로보니게 여인의 이야기를 통해서 온 인류를 구원하시려는 하나님의 큰일이 이방에까지 전파되기 시작하였음을 증언하려 했다는 것입니다.

예수님은 7장 앞부분에서 유대인과 종교 지도자들에게 거절당하신 후 이방 지역으로 숨어 들어가셨습니다. 이로써 예수님의 메시아로서의 사역은 좌절되는 듯했습니다. 그러나 마가는 예수님의 사역이 이방인들로 말미암아 오히려 더욱 성공적으로 전개되었다고 증거합니다. 그러므로 오늘 이야기에 듣지 못하고 말하지 못하는 장애인이 등장하고, 그를 향해서 우리 주님께서 '열려라!'라고 명하시고, 그 명령이 즉각적으로 이뤄진다는 이야기는, 이 맥락에서 매우 중요한 메시지를 전하고 있습니다.

누가복음에서 예수님은 말씀하십니다. "대답하여 가라사대 내가 너희에게 말하노니 만일 이 사람들이 잠잠하면 돌들이 소리 지르리라 하시니라"(눅 19:40). 유대인이 예수님의 메시아 되심과 하나님의 아들 되심을 증언하지 않는다면, 돌들을 명하여 그들로 하여금 증언하게 하시겠다는 뜻 아니겠습니까? 그러므로 마가복음 7장의 전체 이야기에 맞추어 표현하자면, 이렇게 될 것입니다. "너희들이 나의 하나님 아들 되심을 증언하지 않는다면, 나는 이방인의 입을 빌려 그렇게 하고 말 것이다!"

울타리를 무너뜨리라!

마무리하기 위해 고넬료 이야기를 살펴보려 합니다. 고넬료는 누가 보아도, 특히 장로와 조상의 전통으로 완강하게 무장한 정통파 유대인의 관점에서 보아도 완벽한 의인이라 할 수 있습니다. 하나님은 그를 샘플로 삼으셔서 베드로와 예루살렘교회의 유대인 혈통의 교인들에게 거세게 도전하셨습니다. "자, 내가 이 고넬료를 내 백성으로 받아들이려 한다. 이제 너희들은 이 일에 대해 어떻게 반응하겠느냐?" 하지만 여기서 우리는 분명히 해야 합니다. 고넬료가 하나님의 자녀가 된 것은, 그가 경건하고 착했기 때문이 아닙니다. 하나님은 당신의 주권을 행사하셔서 고넬료라는 사람을 예수 그리스도를 믿는 믿음의 복된 경지로 초대하셨습니다. 고넬료의 경건함과 믿음은, 고넬료라는 사람으로 대표되는 '이방인'을 하나님 나라의 당당한 백성으로 받아들일 것을 설득하기 위해 사용된 방편일 뿐입니다. 유대인의 전통에 따르면, '아브라함의 혈통도 아니고 그래서 유대교로 귀의했으나 할례 받지 못하였기에 완전하게 하나님 백성의 공동체에 들어올 수 없는 한 사람'을 하나님 나라의 자녀로 받아들이시려는 하나님의 의도를 유대인들에게 설득하기 위해 사용된 방편일 뿐이었습니다. 하나님은 고넬료의 경건함을 들어 유대인 출신의 그리스도인들을 설득하십니다. "자, 봐라, 이 고넬료를! 이 사람의 경건함이 너희만 못하니? 이방인 중에도 이렇게 구원받을 만한 사람이 있지 않느냐 말이다. 그러니, 이제부터는 이방인들도 교회 공동체의 일원으로 받아주렴."

이런 설득은 사실 이전부터 있었습니다. 그 대표적인 메시지를 구약의 요나서에서 발견합니다. 니느웨, 즉 이방인을 구원하시려는 하나님의 계획, 그리고 택함 받지 못한 이방인이라는 이유로 하나님의 명령마저 거절하는 요나. 이 두 편의 줄다리기는 어이없게도 박 넝쿨 사건을 통해서 하나님의 승리로 끝납니다. 이 요나 이야기를 통해 하나님은 이방인 역시 당신의 주권과 은총의 그늘 아래 두시려는 의도를 강력하게 전하셨습니다.

본문에서도 이 의도는 분명히 드러납니다. 예수님께서 조상의 전통에 의지하여 당신의 피조물을 깨끗한 것과 더러운 것으로 구분하는 것에 대해 이것의 부당함을 지적하시는 것에서 알 수 있습니다. 예수님은 하나님의 의도를 거절하는 유대인들에게 '보란 듯이' 행동하십니다. '더러운 것들'이 모여 사는 이방인 지역으로 가서서 그들의 비참함에 한탄하시고, 그들을 만지시고, 고치셨습니다. 그러므로 예수님께서 두로와 시돈으로 가셔서 일하신 것은 이방인조차도 사랑하고 구원하시려는 하나님의 의도를 다시 한 번 명백하게 드러냅니다.

우리의 사고와 세계관에는 한계가 있습니다. 그렇기에 우리는 자신이 하나님의 자녀이며, 하나님은 우리에 대해 창조주와 구속주로서의 주권을 가지신 분임을 명확하게 인정해야 합니다. 우리는 하나님을 우리의 가치관과 사고의 한계에 가둘 수 없습니다. 우리가 오히려 하나님께 매여야 합니다. 우리는 무슨 일에든지 하나님의 생각을 물어야 합니다. 우리는 그분의 소유며, 그분의 주권 아래 숨을 쉬고 움직이며 살고 있기 때문입니다.

이 사실은 다시 한 번 우리가 이룬 교회와 우리 자신을 돌아보게 합니다. 우리는 그분의 창조주 되심과 우리 자신의 죄인 됨, 그리고 그분의 아들 예수 그리스도의 십자가를 인정하고 고백합니다. 그리고 그 순간부터 하나님을 아버지라 부르며, 그분의 아들 예수를 구주로 인정합니다. 우리는 이것을 '믿음'이라 부르며, 그로 말미암아 본질상 진노의 자녀였던 우리가 하나님의 자녀가 되었다고 고백합니다. 그러나 우리는 이 극적인 신분 변화에 하나의 전제가 있다는 사실을 너무나도 자주 잊고 삽니다.

우리는 아버지이신 하나님의 마음을 우리 삶의 곳곳에 모셔 두기 위해 얼마나 애씁니까? 그분의 사랑과 은총의 빛을 얼마나 의식하며 살아갑니까? 어떤 순간에 어떤 결정을 내리려 할 때, 우리가 그분 앞에 있음을 의식합니까? 이런 질문들은 우리가 하나님의 한계에 자신을 맞추려는 첫 걸음입니다. 저는 지난 번과 이번에 '하나님의 한계'라는 표현을 자주 사용하고 있습니다. 그러나 아셔야 합니다. '하나님의 한계'는 그저 수사적 표현일 뿐입니다. 그것은 우리로서는 도무지 상상할 수조차 없는 '무한'을 의미합니다. 하나님은 곧 유일하신 무한자이시기 때문입니다. 따라서 우리는 하나님의 자녀로서, 그분의 한계 안에 갇히는 것을 두려워할 필요가 없습니다. 우리는 오직 그분의 무한하심에 사로잡혀 그 안에서 기뻐하며 그분의 위대하심을 즐겨야 합니다. 이 신비한 관계를 무시하고 무한하신 하나님께 그 뜻 묻기를 꺼려 한다면, 우리는 언제나 자신의 한계에 묶여서 자유 없는 삶을 살 수밖에 없을 것입니다.

우리는 인종과 국경, 온갖 종류의 차별적 기준에 묶였던 우리 자신을 풀어야 합니다. 당장 편하고 이롭기 때문에 너와 나를 차별하고 우리와 너희를 구분 짓던 완고한 습관을 버려야 합니다. 모든 이를 용서하고 품으시려는 하나님의 끝없는 사랑과 자비를 이해하시고, 온 세상을 하나로 만들어 모든 민족들이 당신의 보좌 앞에 무릎 꿇고 찬송하게 하시려는 하나님의 장쾌한 계획을 따라 이 세상을 그분의 눈으로 보십시오. 모두가 사랑할 만한 사람이며, 모두가 품어야 할 귀한 존재입니다. 그분께서 사랑하시는 자를 미워하지 마십시오. 그분께서 품은 자를 내치지 마십시오. 그분께서 아직도 참으시는 자를 버리지 마십시오. 모두가 나의 섬김을 받을 자격이 있는 사람들입니다. 교회에 함께 앉아 예배하면서도 그 시간만 끝나면 다시 보고 싶지 않은 사람이 있다면, 아직도 아버지 하나님의 마음을 덜 이해한 것입니다. 어떤 사람의 불행을 보면서 '내 그럴 줄 알았다'라고 생각한다면, 아직도 하나님의 긍휼을 충분히 경험하지 못한 것입니다. 저 멀리 아프리카의 빈곤한 이들은 돕고 싶은데 바로 내 옆의 이웃을 돕는 일에는 망설인다면, 아직 하나님의 창조주 되심을 깊이 묵상하지 못한 것입니다. 하나님만 생각하면 충분히 기쁜데 교회라는 것이 왜 있어야 하는지를 모른다면, 아직도 '우리를 함께 부르시는' 하나님의 심정을 충분히 깨닫지 못한 것입니다. 하나님의 부르심은 개인적 수양과 평안으로의 초대가 아닙니다. 얽히고설킨 이해관계와 개인의 가치관들이 충돌하는 가운데 '그럼에도 불구하고 사랑하시고 품으신' 하나님의 마음을 통곡하면서 온몸으로 익혀 가는 기나긴 자기 포기의 길입니다. 하나님께서 이 길로 우리를 부르셨습니다.

38 너희에게 얼마나 있느냐?
마가복음 8:1-10

불쌍히 여기시다!

본문은 "그 즈음에 또 큰 무리가 있어"로 시작합니다. 예수님은 여전히 이방인의 지역, 즉 데가볼리 인근에 계셨을 것입니다. 예수님은 이 지역에서 연이어 이적을 베푸셨는데, 그 바람에 자신의 행적을 숨기려 했던 당신의 계획은 어그러졌고, 많은 사람들은 그분을 쫓아다녔습니다. 본문은 이렇게 무엇인가를 간절히 바랐던 수많은 사람들이 예수님을 쫓아다님으로써 한 가지 어려운 문제가 일어났다고 이야기합니다. 이로 말미암아 우리는 사천 명의 무리를 넉넉하게 먹이신 예수님의 이적을 듣게 됩니다. 예수님께서 제자들에게 말씀하십니다.

> 내가 무리를 불쌍히 여기노라 저희가 나와 함께 있은 지 이미 사흘이매 먹을 것이
>
> 없도다 _막 8:2

그 많은 무리가 예수님을 쫓아다닌 지 이미 사흘이나 되었는데, 이들에게 먹을 것이 없음을 아시고 예수님의 마음이 움직였습니다. 그 마음은 '불쌍함'이었습니다. 그리고 그 불쌍함의 감정에는 상당히 구체적인 근거가 있었습니다. 예수님께서 이렇게 말씀하십니다.

만일 내가 저희를 굶겨 집으로 보내면 길에서 기진하리라 그중에는 멀리서 온 사람
도 있느니라 _막 8:3

지금 먹을 것이 떨어졌는데, 무리 중에는 집이 먼 사람도 있을 것이고, 그래서 그들이 집으로 가다가 기진맥진할 수도 있을 것이라는 말입니다. 마가는 이들의 숫자가 사천 명이었다고 말합니다. 예수님은 그 많은 무리를 바라보시며 그 숫자의 많음에 우쭐하시지 않고 그들이 처한 현실적 상황에 더 마음을 기울이셨습니다. 그들 중에 아무라도 다치거나 탈진하기를 원치 않으실 만큼, 그들의 어려움에 세심하고 예민하게 마음을 쓰셨습니다.

마가는 이미 이와 비슷한 이야기를 기록한 적이 있습니다. 즉, 마가는 마가복음 6장 34절 이하에서 예수님께서 남자만 오천 명이 넘는 엄청난 무리를 먹이신 사실을 기록했던 것입니다. 여기서도 예수님은 당신을 따르는 무리들의 배고픔을 불쌍히 여기셨습니다. 제자들은 그들이 흩어져서 각자 알아서 먹게 하자고 제안합니다. 하지만 예수님은 제자들에게 그들을 먹이라고 말씀하셨습니다. 하지만 제자들은 '돈'을 이유 삼아 그 일이 불가능하다고 대답했습니다.

그런데 이 본문은 마가복음 6장의 이야기와 비슷한 내용인 듯하면서도 순서와 내용에서 약간 다릅니다. 마가복음 6장의 이야기에서는 제자들이 예수님을 따르는 무리들의 식사 문제를 먼저 거론했습니다. 반면에 이 본문에서는 예수님께서 먼저 문제를 제기하셨습니다. 제자들의 반응은 이번에도 부정적입니다. 그들이 대답합니다.

이 광야에서 어디서 떡을 얻어 이 사람들로 배부르게 할 수 있으리이까 _막 8:4

요점이 무엇입니까? 제자들은 지금, 이 광야에서 그 많은 떡을 어떻게 구하겠냐고 반문합니다. 저 불쌍한 이들을 먹이시려는 예수님의 마음은 이렇게 제자들에게 거절당합니다.

우리는 마가복음 6장에서 예수님께서 보여 주신 그 엄청난 이적을 기억합니다. 제자들은 그 사건을 까맣게 잊었을까요? 적어도 본문에 기록된 내용만 봐서는 그런 것 같습니다. 놀라운 것은 예수님의 반응입니다. 우리 같으면 이렇게 꾸짖을 수도 있지 않겠습니까? "얘들아, 너희는 얼마 전에 내가 남자만 오천 명을 먹인 일을 기억하지 못하니?" 하지만 예수님은 정말로 아무 일도 일어나지 않은 듯이 그냥 이렇게 물어보십니다.

너희에게 떡 몇 개나 있느냐 _막 8:5

예수님은 제자들에게 "너희가 갖고 있는 것이 얼마나 되느냐"고 물으셨습니다. 제자들이 대답합니다. "일곱 개입니다." 예수님은 먼저 무리를 땅에 앉게 하셨습니다. 이때 예수님은 마가복음 6장에서와 마찬가지로 몇 명씩 무리 지어 이 많은 사람들을 앉게 하셨을 것입니다. 그러고 나서 예수님은 제자들이 가져다 드린 떡 일곱 개를 손에 들고 축복하셨습니다. 그 순간, 일곱 개의 떡은 그 자리에 모인 사람들이 먹고도 남을 만큼 늘어나 앉은 자들 앞에 놓이게 되었습니다. 이적은 이것으로 그치지 않았습니다. 예수님은 다시 '두어 마리', 즉 몇 마리의 생선을 가져오게 하셔서 마찬가지로 무리들이 먹고 남을 만큼 만드셨습니다. 이어서 마가는 이 이야기를 마무리합니다. 그는 이 이적을 통해 약 사천 명의 무리가 떡과 생선을 먹었으며, 그들이 배부를 정도로 먹고 남은 것을 거두어 보니까 일곱 광주리가 남았다고 증언합니다. 이 모든 일이 끝난 후 예수님은 제자들과 함께 배를 타고 달마누다 지역으로 이동하셨습니다.

개와 부스러기에 관한 묵상

마가는 이 이야기를 통해 무엇을 말하고 있을까요? 아니, 예수님은 이 이적을 통해 무엇을 말씀하시나요? 우리는 마가복음이라는 짧다면 짧고 길다면 긴 복음서에서 비슷한 내용의 이적을 두 번이나 본 셈입니다. 다시 말해, 마가복음 6장에서 일어난 이야기나 마가복음 8장에서 일어난 이야기나 대동소이하다는 것입니다. 그런데도 마가는 의도적으로 비슷한 양상의 사건을 두 번이나 기록했는데, 이유가 무엇일까요? 마가는 이적들을 통해 예수님의 하나님의 아들 되심을 증거한다면, 다른 내용의 이적을 독자에게 소개해도 괜찮지 않겠습니까? 그럼에도 마가가 비슷한 내용의 이적을 거듭 소개했다면, 우리는 이 이적들 사이의 차이점을 자세히 살펴야 합니다. 이렇게 전제할 때, 가장 두드러지는 차이점이 있습니다. 이적이 일어난 장소가 다르다는 것입니다.

장소가 다르다? 이런 뜻입니다. 마가복음 6장의 이적은 유대인의 땅에서 일어났습니다. 제자들은 예수님의 명령에 따라 온 고을을 돌아다니며 복음을 전할 때에 여러 가지 이적을 행했습니다. 그들이 돌아와서 예수님께 자기가 행한 일들을 열심히 전할 때, 예수님은 그들이 조용한 곳으로 가서 쉬게 하셨고, 그 후에 이 이적이 일어났습니다. 우리는 이 이적을 오병이어의 이적이라 말합니다. 예수님은 제자들의 성공적인 복음 선포와 세례 요한의 처형 사건 이후에 남자만 오천 명이나 되는 엄청난 무리를 배불리 먹이심으로써, 당신께서 하나님의 백성들에게 진정한 목자이심을 선포하셨습니다. 그에 비한다면 마가복음 8장의 이적은 비슷하면서도 다릅니다. 이 이적은 이방인의 땅에서 일어났습니다. 이것이 대체 무슨 메시지를 전합니까? 이것을 찾기 위해 이 이야기 바로 직전의 문맥을 고려해 보아야 합니다. 다시 말해 마가복음 7장의 흐름을 유의해 보아야 합니다.

마가복음 7장의 가장 큰 쟁점은 유대인의 오랜 전통과 하나님의 율법 사이의 충돌이었습니다. 즉, 유대인은 조상부터 내려온 전통에 따라 깨끗한 것과 더러운 것을 구별하고 차별했습니다. 그들은 그렇게 함으로써 무엇을 얻었을까요? 그들은 하나님의 백성은 하나님과 마찬가지로 거룩하게 자기를 구별해야 한다는 사실을 깨닫기는 했습니다. 그러나 그 깨달음이 자신을 거룩하게 구별하게 하지는 못했습니다. 구속하신 하나님의 긍휼에 대한 감사는 '나는 거룩하나 너는 더럽다, 우리는 깨끗하나 너희는 부정하다'라는 자만(自慢)으로 변질되었습니다. 이들은 하나님의 긍휼을 깨닫지 못했습니다. 하나님은 당신의 백성이 거룩하게 구별되기를 원하셨지만, 나아가 세상 모든 사람들, 다시 말해 유대인뿐만 아니라 이방인 모두에 대해서도 그 소원을 품고 계시다는 사실을 깨닫지는 못했습니다. 따라서 유대인은 자신에 관해서는 교만하고 이방인에게는 무자비한 종교적 괴물이 되었습니다. 이처럼 자비가 없는 종교는 하나님을 제대로 인식하게 하지도 못할 뿐더러 종교인들을 자기중심적 존재로 만듭니다.

이에 대해 예수님은 사람을 더럽게 하기도 하고 깨끗하게도 하는 것은 오직 사람 자신의 마음이라고 주장하셨습니다. 다시 말해, 종교적으로 깨끗한 사람인지 부정한 사람인지는 혈통에 따라 결정되는 것이 아니라고 주장하셨던 것입니다. 이는 유대인 중심의 세계관에 젖은 바리새인과 서기관들에게는 이론상 맞더라도 현실적으로는 섣불리 인정할 수 없었던, 사실상 뜨거운 감자 같은 주장이었습니다. 그렇습니다. 음식을 먹었다고 사람의 본질이 달라지진 않습니다. 하지만 '거룩해지기 위해서 이럴 땐 이렇게 해야 한다, 이런 걸 먹으면 부정해진다' 등 이렇게 거룩한 백성으로 살기 위한 자세한 규칙들을 만들었는데, 이것 역시 부정할 수도 없는 노릇 아니겠습니까?

이런 딜레마를 우리의 상황에서 이렇게 설명할 수 있을 것입니다. 우리는 우리 삶과 시간의 주인이신 하나님을 인정하기 위해 하나님의 명령을 따라 일주일에 하루를 구별하여 주일로 지킵니다. 그리고 그날이면 함께 모여 예배합니다. 주일 예배 외의 시간에는 성경을 읽기도 하고, 전도도 하고, 어려움에 빠진 이웃을 심방하기도 하고, 쉬기도 하고, 가족과 함께 시간을 보내기도 합니다. 우리는 이것을 '쉰다'라고 표현합니다. 즉, 주일은 무조건 일하지 않는 것이 아닙니다. 나를 위해 살던 나머지 엿새와는 전혀 다른 성격의 일을 하는 것입니다. 이것을 통해서 우리의 모든 시간을 하나님께서 원하시는 의도에 맞추어 살아야 함을 몸으로 익힙니다.

아주 간단하게 주일의 의미를 말씀 드렸지만, 한 가지 곤혹스런 질문이 발생합니다. 그럼, 주일을 이렇게 지키지 못하면 죄인가요? 주일에 예배하지 않고, 주일에 전도하지 않고, 주일에 성경 읽지 않으면 죄입니까? 우리는 하나님의 의도를 잘 이행하기 위해 주일에는 이러이러한 일을 하는 것이 좋다고 상세한 규칙들을 정했습니다. 그런데 이 규칙들은 글로 기록된 순간 율법이 되어 죄인가 아닌가 하는 논란거리로 변질되어 버립니다. 이 딜레마야말로 우리 인간의 본성적 한계를 보여 줍니다. 어쨌든, 예수님은 마가복음 7장에서 격렬한 논쟁을 벌이신 후에 이방인의 지역으로 피신하셨는데, 바로 이이방인의 지역에서 일곱 개의 떡과 두어 마리의 생선을 가지고서 사천 명의 무리를 배불리 먹이신 것입니다.

이제 이런 문맥을 배경으로 이 이적의 메시지를 살펴봅니다. 그러기 위해 다시 수로보니게 여인의 간절한 호소를 떠올려야 합니다. 여인이 말합니다. "주여, 옳소이다마는 상 아래 개들도 아이들이 먹던 부스러기를 먹나이다!" 여인은 딸에게 들린 귀신을 쫓기 위해 예수님께 달려왔습니다. 그러나 예수님은 개에게 먹을 것을 주시지 않는다며 매몰차게 거절하셨습니다. 여인은 그 모욕을 참으며 다시 간청했습니다. 예수님은 이 이야기를 통해 속으로는 지극히 더러우면서도 혈통을 의지하여 자신이 깨끗하다고 믿는 유대인과, 자신을 개라 부르는 것도 개의치 않고 하나님의 아들께 나아와 은총을 베풀어 달라고 호소하는 이방 여인을 극적으로 대조하셨던 것입니다. 마가는 묻습니다. 아니, 예수님께서 물으십니다. "자, 너희가 볼 때 이 둘 가운데 누가 더 깨끗하며 누가 은총을 받을 만한 자인가? 누가 내 백성이 되겠는가?"

본문이 이 질문에 대한 답이라면, 이 이야기는 우리에게 무슨 대답을 들려주나요? 스스로를 깨끗하다 믿고 이방인을 업신여기는 교만한 유대인이 하나님의 긍휼을 입을 자입니까? 그들이 하나님의 백성입니까? 아니면, 오직 하나님의 아들이신 예수 그리스도의 은총을 간구하는 저 이방인들입니까? 예수님은 개나 다름없다고 업신여김을 받아 온 이방인들에게도 자비를 베푸셨습니다. 그들을 배불리 먹이심으로써, 이방인 역시 당신의 은총과 권능 아래 존재함을 선언하셨습니다.

너희에게 얼마나 있느냐?

마가복음 6장과 8장에서 두드러지게 보이는 제자들의 태도가 있습니다. 그들은 이 두 이야기에서 한결같이 예수님께서 하시려는 일에 대해 부정적 태도, 혹은 소극적 태도를 보여 주었습니다. 마가복음 6장에서는 예수님보다 먼저 청중들의 배고픔을 염려하면서도, 그들을 어떻게 먹여야 하는지에 대해서는 현실적 이유를 들어 부정적으로 답합니다. 즉, 제자들은 돈을 염려합니다. 말이야 그럴 듯합니다. 고을과 멀리 떨어진 이곳에서 어떻게 이 많은 무리를 먹일 만한 음식을 구하겠는가 말합니다. 하지만 그들은 그 경황에서도 이 사람들을 먹이려면 200데나리온이 필요하겠다고 계산까지 마쳤습니다. 그들의 배고픔에 동정심도 없었고, 저녁 늦게까지 예수님 곁에 머물며 어떻게든 말씀도 듣고 고치심을 받으려는 저들의 상황에 대한 연민도 없었습니다. 그들은 바로 얼마 전까지 온 동네를 돌아다니며 말씀을 전할 때에 이적을 행한 것에 대한 자랑스러움은 기억했지만 정작 그 많은 사람들의 비참한 처지에 대해서는 관심 두지 않았습니다.

마가복음 8장에서도 제자들의 태도는 비슷합니다. 그들은 이제 돈이 아닌 다른 핑계를 들어 백성들의 어려움을 해결하려 하지 않았습니다. 자신들이 먹을 것을 구할 수 없다고 말입니다. 이 광야에서 먹을 것을 어떻게 구하느냐고 말입니다. 안 하려는 사람에게는 아주 합리적인 핑계입니다. 하지만 하려고 마음만 먹는다면 가능한 일이었습니다. 바로 옆에 예수님께서 계시잖습니까? 그 예수님께서 얼마 전에 이런 일을 해결해 주셨잖습니까? 그분께 간청하면 되지 않습니까? 그러나 그들은 그러지 않았습니다. 그럴 마음이 없었습니다. 이런 제자들에게 예수님은 꾸지람 대신 하나의 행동으로 그들을 가르치셨습니다. 예수님은 이번 이적에서 저번 이적과는 다른 방식으로 행하셨습니다. 예수님은 먼저는 떡 일곱 개로 무리가 먹을 것을 만드셨고, 다음으로는 물고기 몇 마리를 가지고 또한 그리하셨습니다. 말하자면 예수님은 두 번이나 제자들 앞에서 이적을 행하셨습니다. 이것이 무엇을 뜻합니까? 두 번이나 거듭되는 이적을 보면서 제자들은 무엇을 느껴야 했습니까? 자신들의 믿음 없음, 그리고 예수님을 따르는 무리에 대한 동정심이 없음을 깨달아야 하지 않았겠습니까?

예수님은 광야까지 쫓아와 말씀도 듣고, 고치심도 받고자 하는 이방인들을 불쌍히 보셨습니다. 그들이 이방인이라는 사실은 전혀 문제 되지 않았습니다. 아파하고 고통당하며 절박함이 중요했습니다. 예수님은 그들을 위해서도 기꺼이 십자가에 달리셨습니다. 이것이 우리 예수님의 심정이라면, 우리는 이 심정을 동일하게 갖고 있습니까? 예수님께서 제자들에게 물으십니다. "너희에게 떡이 몇 개 있느냐?" 가진 것이 일곱 개였습니다. 그것만으로도 저 무리를 먹이실 수 있었습니다. 바로 옆에 하나님의 아들 예수 그리스도께서 계셨기 때문입니다. 생선 몇 마리로도 그리할 수 있었습니다. 바로 옆에 얼마 전에도 그 엄청난 이적을 베푸신 그분이 계셨기 때문입니다. 이 어려운 상황은 예수님을 사흘이나 따르면서도 그분의 도우심을 구하려는 저들을 사랑하려는 마음이 없었기 때문입니다. 그리고 그들을 진정으로 불쌍히 여기시고 그들을 참으로 도우실 수 있는 예수님을 의뢰하지 않았기 때문입니다.

이제 우리는 스스로에게 물어야 합니다. 내 이웃의 고통을 봅니까? 간절하게 도움을 요청하는 저들의 부르짖음을 보십니까? 그런데 우리는 왜 망설입니까? 예수님께서 물으십니다. "네가 가진 것이 얼마나 있느냐?" 가진 것이 적어서? 아닙니다. 불쌍히 여기는 마음이 없기 때문입니다. 우리에게 예수님의 심장이 없기 때문입니다.

39

우리 안의 누룩
마가복음 8:11-21

표적을 구하는 바리새인들

마가복음 8장의 두 번째 이야기입니다. 처음 이야기는 우리가 잘 압니다. 예수님께서 물고기 두어 마리와 떡 일곱 개를 가지고 남자만 사천 명을 먹이신 이야기입니다. 예수님은 말씀을 듣기 위하여 멀리까지 따라온 사람들이 먹고도 남을 만큼 푸짐하게 먹이시면서 그들에게 하나님 나라의 복음을 전하셨습니다. 첫째, 무엇보다도 마가는 이 이야기를 통해서 예수님이 하나님의 아들이심을 보여 줍니다. 둘째, 이 이야기는 마가복음 6장의 비슷한 이야기, 다시 말해 소위 오병이어의 이적 이야기와는 달리 비유대인을 주 대상으로 한 이야기이며, 이방인에게까지 하나님께서 은총을 베푸실 것을 알립니다.

우리 주님은 이렇게 아주 조금의 양식으로 많은 무리를 먹이신 후 서둘러 제자들을 데리고 배에 타셨으며, 달마누다로 가셨습니다. 달마누다가 어디인지는 확실하지 않습니다. 그런데 달마누다 지역에 예수님과 제자들이 도착하자마자 하나의 해프닝이 벌어집니다. 마가는 이렇게 전합니다.

바리새인들이 나와서 예수께 힐난하며 그를 시험하여 _막 8:11

'힐난한다'(συζητεῖν)는 양쪽 사이에 의견 차이가 아주 큰데 그 어떠한 해결책도 생각하지 않은 채 질문을 던지는 행동을 말합니다. 마가복음에는 바리새인들이 이런 태도로 예수님께 질문한 경우가 모두 네 번 나옵니다(막 1:27; 7:1; 9:14, 16; 12:28). 마가복음의 흐름을 놓고 볼 때, 본문과 가장 가까운 곳에서 예수님과 바리새인 사이의 의견 차이를 어디서 발견할 수 있을까요? 마가복음 7장의 '그 논쟁'을 들 수 있지 않을까요? 여기서 바리새인들은 예수님께 와서 정결법, 혹은 의식법의 문제, 즉 무엇이 사람을 깨끗하게 하는가 하는 문제를 가지고 예수님과 논쟁을 벌였습니다. 같은 사람이라는 보장은 없지만, 어쨌든 심각한 의견 차이를 갖고 있던 바리새인들이 다시 본문에 등장한 것입니다.

바리새인들은 예수님 일행이 유대인이 사는 지역으로 돌아왔다는 소식을 들었습니다. 그들은 예수님 일행이 이방인 지역에서 무슨 일을 했는지 들었을 것입니다. 예수님께서 이방인들과 어떻게 지내셨는지, 얼마나 많은 병자들을 고치셨는지, 어떤 말씀을 전했는지, 심지어 얼마 전에 물고기 두어 마리와 떡 일곱 개를 가지고 남자만 사천 명을 배불리 먹이신 이야기도 들었을 것입니다. 순전히 인도주의적인 관점에서 보자면 칭찬을 들어 마땅한 일들입니다. 불쌍하고 병든 자들, 배고픈 자들을 도왔고, 더욱이 유대인이 그런 일을 했다면, 이것은 하나님께 택함을 받은 사람으로서 하나님께 영광 돌릴 일을 했다 하여 칭찬받아야 합니다. 하지만 이것은 우리 생각일 뿐입니다. 문제는 도움 받은 이들이 이방인이었다는 것입니다. 지난번에도 살펴본 바와 같이 이방인은 사람이 아닙니다. 종교적으로 부정한 사람, 즉 더러운 사람입니다. 도움 받을 가치가 없습니다. 이런 까닭에 칭찬 받을 일을 하고서도 왜 그런 일을 했느냐고 비난받을 수도 있습니다. 이것이 그 당시 유대인의 생각이었습니다.

조상부터 내려오는 전통, 즉 먹는 것 때문에 더러워진다 생각하던 서기관과 바리새인들에 대해 예수님은 사람이 마음 때문에 더러워지지 음식 때문에 더러워지지는 않는다고 맞서셨습니다. 바리새인들은 이런 예수님을 미워했습니다. 그들은 예수님 일행이 유대인 지역에 들어섰다는 소식을 듣자마자 그에게 달려간 것입니다. 마가복음 본문을 보면 그들은 예수님께 와서 '표적'을 요구했습니다. 분위기는 분명히 적대적이었을 것입니다. 그런데 그 표적이 무엇일까요? 마가의 기록을 연구한 학자들에 따르면, 마가복음에서 '표적'(σημεῖον)이란 단어는 흔히 우리가 생각하듯 이적을 의미하지 않습니다. 마가가 말한 부분을 정확히 인용하자면 '하늘로서 오는 표적'(σημεῖον ἀπὸ τοῦ οὐρανοῦ)이었습니다. 말하자면 이 바리새인들은 예수님이 하나님께서 보내신 인물인지를 하나님 자신이 증명하실 것을 요구했다는 것입니다.

마가가 말하기를, 그들은 예수님을 시험하듯 했습니다(πειράζοντες αὐτόν). 바리새인들은 예수님께서 계속하여 보여 주신 그 말씀과 사건들이 구약 성경이 말하는 메시아의 그것과 비슷함을 느꼈던 것 같습니다. 그럼에도 불구하고 그들은 예수님께 '하나님께서 이것을 직접 증명해 보여야 한다'고 요구했습니다. 이유가 있었습니다. 예수님께서 메시아시라면 분명히 이러저러한 모습이어야 하는데, 자기들이 생각하는 것과 예수님의 행적이 일치하지 않았기 때문입니다. 자기들이 아는 메시아가 예수님이라면 분명히 그는 유대인들만을 위해서 일해야 합니다. 뿐만 아니라 유대인의 왕이 되셔서 로마인들을 물리치셔야 합니다. 그런데 예수님은 종교적으로 존경받는 자기들, 궁정에 있는 귀족들, 권력 잡은 자들을 적대시하셨습니다. 나아가 자기들이 하찮게 여기는 가난하고 소외된 사람들, 심지어 이방인들까지 가까이하시고 그들을 위로하시고 고쳐 주셨습니다. 그들이 생각하기에 이것은 아니었습니다. 이런 분이 메시아일 수는 없었습니다. 이 때문에 그들은 가장 확실한 방법을 선택했습니다. 하나님께서 예수님이 메시아이심을 직접 증명해 주시면 가장 확실하지 않겠습니까? 예수님은 그들이 원하는 것을 정확히 아셨습니다. 그 때문에 예수님은 이렇게 말씀하십니다.

어찌하여 이 세대가 표적을 구하느냐 내가 진실로 너희에게 이르노니 이 세대에게 표적을 주시지 아니하리라 _막 8:12

예수님은 이 말씀을 하시면서 깊이 한탄하셨습니다. 그 수많은 이적들, 말씀들이 이미 예수님이 하나님의 아들이심을 충분히 증거하고 있음에도 그들이 여전히 예수님이 진정 메시아시라면 그것을 하나님께서 직접 증거하셔야 한다고 주장하고 있기 때문입니다. 예수님은 이에 대해 단호하게 대응하십니다. 그 명백한 증거들을 뻔히 보고서도 이제는 하나님께서 직접 증거해 달라고 요구하는 그들에게, 예수님은 더 이상은 반응하지 않겠다고 결정하셨습니다. 그리고 즉시 배를 다시 타고 건너편으로 가셨습니다.

또 잊는 제자들

바로 이어지는 이야기는 배 위에서의 일어난 한 가지 사건을 설명합니다. 그 일은 이렇게 시작합니다.

제자들이 떡 가져오기를 잊었으매 배에 떡 한 개밖에 저희에게 없더라 _막 8:14

배를 타고 가다가 누군가 배가 고팠나 봅니다. 먹을 것을 찾습니다. 그러나 그 배에는 오직 하나의 떡 조각밖에 없었습니다. 급히 서둘렀기 때문인지, 준비성이 없었는지, 이유는 알 수 없습니다. 그러나 바다에 떠 있는 배 안에 떡 덩이 하나밖에 없었다는 것은 분명합니다. 따지고 보면 우스꽝스런 일입니다. 소문난 잔치에 먹을 것 없다고, 그 많은 떡으로 수천 명의 군중을 먹인 예수님 일행에게 떡이 한 덩이밖에 없으니 이렇게 황당한 일이 어디 있겠습니까? 그런데 상황을 지켜보시던 주님께서 제자들에게 이렇게 말씀하셨습니다.

삼가 바리새인들의 누룩과 헤롯의 누룩을 주의하라 _막 8:15

제자들은 무엇 때문인지 앞에 붙어 있는 말은 잊고, 그냥 '누룩'이란 단어만 알아들었던 모양입니다. 제자들은 즉시 수군거리면서 대화를 나눕니다.

이는 우리에게 떡이 없음이로다

떡이 없으니까 누룩을 말씀하시는구나, 그들은 이렇게 생각했습니다. 떡이 없다, 이것을 보고 누룩을 말씀하신다 …. 그럼 예수님께서 누룩이라도 배 안에 있으면 떡을 굽자고 하실 것이라 생각했다는 말일까요? 이 얼마나 황당한 짐작입니까? 제자들의 대화를 지켜보시던 예수님께서 다시 말씀하셨습니다.

> 너희가 어찌 떡이 없음으로 의논하느냐 아직도 알지 못하며 깨닫지 못하느냐 너희
> 마음이 둔하냐 _막 8:17

예수님은 답답하셨습니다. 당신이 누룩 이야기를 하자 이를 빵이 없기 때문에 하신 말씀으로 받아들이는 제자들을 보시며 탄식하셨습니다. "너희들의 마음이 그리도 둔하단 말이냐?" 예수님은 왜 제자들의 마음이 둔하다고 말씀하셨을까요? 마음이 둔한 것이 구체적으로 무엇인지, 예수님은 설명하십니다.

> 너희가 눈이 있어도 보지 못하며 귀가 있어도 듣지 못하느냐 또 기억지 못하느냐 _
> 막 8:18

예수님의 말씀에 따르면, 제자들은 눈이 있어도 보지 못하고 귀가 있어도 듣지 못하며 무슨 일을 경험해도 기억하지를 못합니다. 이것이 마음이 둔한 사람의 모습입니다. 이제부터는 예수님과 제자들의 대화가 문답식으로 이어집니다. 예수님께서 먼저 물으십니다.

예수님: 내가 떡 다섯 개를 오천 명에게 떼어 줄 때에 조각 몇 바구니를 거두었더
  냐?
제자들: 열둘입니다.
예수님: 그럼, 내가 떡 일곱 개를 사천 명에게 떼어 줄 때에 떡 조각을 몇 광주리 거
  두었더냐?
제자들: 일곱 광주리입니다.
예수님: 그런데도 아직 깨닫지 못하느냐?

예수님께서 제자들에게 들어도 듣지 못하고, 보아도 보지 못하며, 기억하지도 못한다고 지적하신 말씀은 결국 이것입니다. 제자들은 예수님께서 두 번이나 이적을 베푸셔서 많은 군중을 먹이신 사건을 마치 없었던 것처럼 행동했습니다. 그들은 그 사건들을 경험하면서 그것이 무엇을 말하는지 듣고, 보고, 기억해야 했습니다. 다시 말해, 그들은 이 사건들을 통해서 예수님이야말로 하나님의 아들이심을 철저하게 깨달았어야 했습니다. 그러나 제자들은 이런 놀라운 사건이 두 번이나 계속되었음에도 그 일에 실패했습니다.

바리새인의 누룩과 헤롯의 누룩

이제 '바리새인들의 누룩과 헤롯의 누룩'이 무슨 의미인지를 살펴봅니다. 바리새인들이 예수님께 와서 '당신이 메시아임을 하나님께서 직접 증명해 달라'고 요청합니다. 그들은 그 표적을 보아야만 믿겠다고 주장합니다. 이 말을 통해 소위 '바리새인들의 누룩'이 무엇인지를 능히 짐작할 수 있습니다. 믿음의 눈을 가진 사람이라면 죽은 사람을 살리고, 가난한 자를 위로하며, 하늘로부터 떡을 내리는 예수님을 보면서 구약에서 그렇게도 수없이 예언된 메시아, 즉 하나님의 아들이심을 믿을 수밖에 없을 것입니다. 그러나 바리새인과 서기관들, 소위 성경깨나 읽고 믿음 좋다고 손꼽히는 그들은 이 사실들을 보고도 '하나님이 직접 증명해 주셔야 믿겠다'고 고집을 피우고 있

습니다.

이들이 보여 주는 행동이 과연 어떤 의미일까요? 하나님에 관해 잘 압니다. 하나님의 나라를 사모하기도 합니다. 그러나 그런 바람과 신앙의 수준을 가진 사람도 바로 눈앞에서 하나님의 일을 하는 예수님을 하나님의 아들로 알아보지 못합니다. 왜 그렇습니까? 자기가 바라는 메시아의 모습, 자기가 기대하는 하나님 아들의 모습과 다르기 때문입니다. 차라리 그들이 성경을 전혀 몰랐다면 어떠했을까요? 차라리 그들이 하나님을 전혀 몰랐다면 어떠했을까요? 그들이 성경도 모르고 하나님의 '하'자도 들어보지 못한 사람이었다면, 죽은 이를 살리고 하늘로부터 떡을 내리시는 예수님을 보면서 어떻게 생각했을까요? '하나님이 아니고서야 어찌 저런 일을 할 수 있담!'이라고 생각하지 않겠습니까?

이렇게 볼 때 복음서에 등장하는 두 헤롯도 그런 부류의 사람이었습니다. 헤롯 대왕은 갈릴리 지역의 총독으로 부임했다가 로마 황제 아우구스투스에게 유대인의 왕으로 임명받았습니다. 그는 어느 날 동방에서 찾아온 사람들에게 이 지역의 왕이 태어났다는 소리를 듣고 크게 놀랍니다. 그는 즉시 성경에 그런 일을 예언한 부분이 있을 것이라 생각했고, 성경에 해박한 지식을 가진 학자들을 불렀습니다. 그리고 그들로부터 베들레헴 지역에 바로 그 사람이 태어났을 것이라는 대답을 들었습니다. 그러나 헤롯은 그들의 말을 거꾸로 이용합니다. 헤롯은 그 시점부터 두 살 아래의 유아를 모조리 죽입니다. 헤롯은 자신의 권력을 유지하기 위해서 하나님의 일을 거역하는 행위도 서슴지 않았습니다.

또 하나의 헤롯, 보통은 분봉왕 헤롯이라고 구별되어 불리는 이 헤롯은 헤롯 대왕의 둘째 아들이고, 당시 갈릴리와 베레아 지역을 다스리던 분봉왕이었습니다. 그는 아내와 이혼하고 자신의 이복형제인 빌립의 아내이자 자신의 조카인 헤로디아와 재혼했습니다. 이것은 분명히 불의한 행위였습니다. 그러나 그는 자신의 불의함을 지적하는 세례 요한을 죽입니다. 이로써 세례 요한이 고대하고 준비하던 하나님의 아들 예수 그리스도를 거역한 것입니다. 다시 말해 이 두 사람에게 '누룩'이란 결국, 하나님의 아들의 증거를 뻔히 보아도 믿지 못하게 하는 불신앙이었습니다.

우리는 본문에서 눈앞에 명백하게 보이는 표적을 보고도 더한 표적을 구하는 바리새인들을 보았고, 두 번이나 거듭되는 놀라운 이적을 경험하고도 하나님의 아들이신 예수 그리스도를 알아보지 못하는 제자들을 보았습니다. 바리새인들은 자신이 알고 있는 성경 지식과 종교적 전통 때문에 그분을 인정할 수 없었습니다. 그들이 가진 종교적 전통과 성경 지식은 눈앞에 살아 계신 하나님의 아들을 보지 못하게 했습니다. 예수님은 이것을 '누룩'이라 표현하시면서 주의해야 한다고 제자들에게 교훈하셨습니다.

그러나 제자들은 이 누룩이 떡을 만들 때 사용하는 그 누룩이라고 착각했습니다. 제자들 또한 예수님께서 행하신 모든 일들이 하나님의 아들이신 예수 그리스도를 증거하는 표적이란 사실을 깨닫지 못했던 것입니다. 다만 차이가 있다면 바리새인들은 예수님을 적대시했으나 제자들은 예수님을 따라다녔다는 것입니다.

우리는 물어야 합니다. 예수님을 하나님의 아들로 믿지 못하게 하는 그 누룩이 우리에게는 없습니까? 우리는 하나님의 아들이신 예수님을 제대로 보고 있습니까? 우리는 어느 시점에 하나님께서 살아 계심을 인정할 수밖에 없는 일을 경험하곤 합니다. 그러나 문제는 우리가 그런 경험을 오래도록 유지하지 못한다는 것입니다. 한 순간 나의 구주이신 예수 그리스도를 믿겠노라 다짐하지만, 그 결심은 오래가지 않습니다. 뿐만 아니라 거역할 수 없는 하나님의 증거를 경험하면서도 우리는 여러 가지 이유로 그 사실을 유의해서 받아들이려 하지 않습니다. 그러므로 충분한 증거를 보고서도 그것 말고 이렇게 해 주시기를 요구하는 바리새인들이나, 보고도 믿지 못하고 믿지 못할 뿐만 아니라 기억조차 하지 않는 제자들의 모습은 사실상 우리의 이야기나 다름없습니다.

우리는 얼마나 자주 우리 주님을 잊습니까? 얼마나 자주 그분께서 우리를 도우셨던 그 아름다운 이야기를 잊습니까? 심지어 우리는 '주님, 그렇게 말고 이렇게 해 주셔야 믿겠습니다'라고 터무니없게 요구하기도 합니다. 그런데 우리가 하나님 앞에 얼마나 형편없는 사람이었는지를 알고서도, 그럼에도 불구하고 우리를 부르시고 자녀 삼아 주셨는지를 경험하고서도 이런 행동을 할 수 있겠습니까? 곰곰이 생각해 보면 우리는 너무나도 자주 바리새인과 헤롯의 누룩을 경험하며 사는 것 같습니다. "이렇게 하지 말고 저렇게 해 보세요. 그러면 믿을게요!" 우리는 동냥을 하는 주제에 백 원짜리 말고 만 원짜리 돈을 달라고 떼를 쓰는, 예의 없는 거지 같은 사람들 아닐까요? 제자들의 한심스런 모습을 보면서 우리 주님의 심정이 어떠하셨겠는지를 다시 생각해 봅니다. 주님께서 말씀하십니다. "아직도 깨닫지 못하느냐"(21절).

다음에는 앞 못 보는 소경을 고치시는 예수님의 모습을 보게 될 것입니다. 이 이야기가 결코 우연히 이어진다고 보지 않습니다. 왜 하필이면 이 대목에 보지 못하는 소경의 이야기가 나올까요? 이 소경을 고치신 우리 주님의 심정이 오늘같이 황당하고 갑갑한 상황에 대한 대답이 아닐까요?

우리는 이 이야기가 갑갑하면서도 어떤 시원한 해결책이 없이 끝나고 있음을 주목해야 합니다. 주님의 질문은 우리에게도 열려 있습니다. "아직도 깨닫지 못하느냐?" 우리 마음에 아직도 왕성하게 발효되는 누룩, 뻔히 하나님의 움직임을 보면서도 믿지 않고 기억조차 못하게 하는 누룩이 혹시 있지 않은지 깊이 자신을 돌아보아야 합니다.

40 '아직도'의 희망
마가복음 8:22-25

'아직도'의 절망

말라기 선지가가 활동할 때 유대인 혹은 이스라엘 민족은 우스꽝스러운 상황 가운데 있었습니다. 우스꽝스러운 상황이란 이스라엘 민족이 말끝마다 '하나님의 나라'와 '하나님의 뜻', 혹은 '메시아 소망'을 입에 올리면서도 정작 자기들은 하나님 나라의 백성답게 살고 있지 않았다는 것입니다. 다윗 왕국의 찬란한 영광은 이미 쇠락할 대로 쇠락했고, 이번에는 이 나라 저번에는 저 나라의 식민지로 수탈을 당했습니다. 당연히 약속의 민족답게 약속을 더욱더 갈망했습니다. 암울한 시절의 하나님 백성에게 '메시아'와 '하나님 나라'는 더욱 간절하고 유일한 소망이었을 것입니다. 그러나 말라기 선지자가 보는 그들의 현실은 정말 그야말로 아니었습니다. 단적으로 말하자면 이런 것입니다. 말끝마다 '말세여, 말세!' 하고 혀를 차며 하나님 나라를 입에 올리지만, 그것은 그냥 그 어지러운 세상이 바뀌기를 바라는 탄식일 뿐이었습니다. 말라기 선지자가 보기에 이 백성들은 정작 그 하나님 나라에 들어가서 살 자격과 수준이 아니었습니다.

구약의 선지자들이 묘사하는 하나님 나라에는 뚜렷하고 공통된 특징이 있습니다. 그 나라는 공의의 나라입니다. 모든 백성이 어느 부분 하나라도 불공평하다 생각하지 않고, 그래서 억울하다고 하소연하지 않습니다. 간략하게 설명하느라 아주 마땅치는 않습니다만 이렇게 하나님의 성품에 따라 하나님의 나라가 규정된다 본다면, 말라기 선지자가 지적하는 바는 바로 이렇게 말할 수 있습니다. "너희는 말끝마다 하나님이 어디 계시느냐 하며 한탄하기도 하고, 그분이 오셔야 한다고 말하기도 하며, 도대체 정의는 어디로 실종되었느냐 말하는데, 좋다. 그럼 물어보자. 공의와 평화를 말끝마다 입에 올리는 너희 자신은 그렇게 정의로우냐?"

이 상황을 아주 거칠게 오늘날로 가져와 봅니다. 이런 상황은 말라기가 활동하던 때나 지금이나 매일반입니다. 말끝마다 정의를 이야기합니다. 말끝마다 세상을 염려합니다. 화를 내기도 합니다. 그런데 염려와 분노를 쏟아내는 자신은 과연 어떻습니까? 정의로운 사회를 말하면서도 내 이웃의 어려움에 손 하나 까딱하려 하지 않습니다. 정의로운 사회를 이루어야 한다 말하면서 자신의 사업을 위해서는 관리에게 뇌물을 가져다줍니다. 심지어 교통신호조차 지키려 하지 않습니다. 나의 진급, 나의 성공, 내 가족의 행복을 위해서라면 정직하지 않은 행위를 거리끼지 않습니다. 그러면 이들이 말하는 '정의의 나라'는 무엇입니까? 혹시 나에게만 정의로운 것? 그때의 정의는 대체 무엇을 이야기합니까? 공의로운 나라는 결국 우리에게 하나의 의미입니다. 그 나라를 이루는 데에는 반드시 '나'의 문제가 따를 수밖에 없습니다. 내가 정의의 편에 서야, 내가 정의로워야 그 나라의 실현이 비로소 가능해진다는 것입니다.

주님은 한탄하셨습니다. "아직도 알지 못하며 깨닫지 못하느냐 너희 마음이 둔하냐 너희가 눈이 있어도 보지 못하여 귀가 있어도 듣지 못하느냐 또 기억지 못하느냐 … 아직도 깨닫지 못하느냐"(막 8:17-21). 수백 년 동안 메시아를 고대하던 이스라엘 민족이었습니다. 그러나 정작 그분이 오셨음에도 알아보지 못합니다. 특히 제자들도 깨닫지 못합니다. 이 얼마나 우습기도 하고, 슬프기도 합니까?

마가복음을 시작하면서 마가복음의 전체적인 주제를 말씀 드렸습니다. 하나님의 아들이신 예수 그리스도를 믿게 하는 것입니다. 이 일은 마가복음 마지막 부분에서 극적으로 성공을 거둡니다. 즉, 십자가에 달려 죽으시는 예수님을 바라보며 백부장이 이렇게 고백합니다.

이 사람은 진실로 하나님의 아들이었도다 _막 15:39

결론적으로 하나님과 예수님께서 계획하고 시작하신 이 구속사의 위대한 작전은 하나님의 승리로 끝났습니다. 그러나 아직 멀었습니다. 적어도 이 본문이 기록되는 시점에서는 말입니다. 예수님께서 실로 하나님의 아들이 아니라면 절대로 할 수 없는 이적들을 보여 주심에도 불구하고, 백성은 한사코 예수님을 대적합니다. 제자들 역시 정도의 차이는 있어도 여전히 하나님의 아들을 알아보지 못합니다. 그러기에 적어도 이 본문의 시점에서 예수님께서 제자들에게 물으실 때의 그들의 상황은 절망 그 자체였습니다. 무엇을 보고 들어도 깨닫지 못하는 그들의 상황, 그것을 절망이라는 말 외에 달리 무슨 단어로 표현할 수 있겠습니까?

시각 장애인을 낫게 하시다

이제 본문을 살펴봅시다. 예수님 일행이 배에서 내려 벳새다에 도착했습니다. 벳새다는 갈릴리 호수 혹은 바다 북동쪽 해변과 요단강 동쪽에 위치한 성이었습니다. 행정적으로는 당시의 분봉왕 헤롯의 관할 아래 있었습니다. 이 벳새다 사람들이 한 사람을 예수님께 데려왔습니다. 그 사람은 소경, 시각 장애인이었습니다. 이렇게 해서 예수님의 치유 사역이 시작되었습니다.

예수님은 먼저 그의 손을 잡으셨습니다. 앞을 보지 못하는 사람에게 가장 적절한 행동이었습니다. 그리고 주님은 이 사람을 이끌어 '마을 밖으로' 데리고 가셨습니다. 그리고 그의 눈에 침을 뱉으시며 안수하셨습니다. 이렇게 하여 이 시각 장애인은 앞을 보게 되었습니다. 마가복음은 이 사람이 낫는 과정을 더 이상 자세히 알려 주지 않습니다. 막 바로 예수님께서 이 사람에게 "무엇이 보이느냐"고 묻는 말로 연결되고 있습니다. 마가는 이 사람이 낫는 데에 관심이 없습니다. 낫는 것은 당연한 일입니다. 그 사람이 낫기를 바라고, 그가 낫기 위해 안수하는 그분이 바로 하나님의 아들이시기 때문입니다.

예수님의 질문에 이 사람은 대답합니다. "사람들이 보이나이다"(막 8:24). 그러나 오랫동안 앞을 보지 못했기에 그가 단번에 사물을 인식할 수는 없었을 것입니다. 그래서 그는 자기가 보는 상황을 덧붙여서 설명합니다. "나무 같은 것들의 걸어가는 것을 보나이다"(막 8:24). 요약하면, 그가 예수님의 안수를 받으면서 시력을 회복했지만 아직 완전하지 않았다는 것입니다. 예수님께서 이 말을 듣고 그에게 다시 안수하셨습니다. 이렇게 하여 이 사람은 완전하게 시력을 회복하게 되었습니다. 마가는 예수님의 두 번째 안수 후에 이 사람이 "만물을 밝히 보는지라"(막 8:25)라고 기록했습니다. 그런데 마가복음의 원문은 더 상세하게 설명해 놓았습니다. 25절을 직접 번역하면 이렇습니다. "(그가, 즉 예수님께서) 이에 다시 그 사람의 두 눈 위에 손을 대시니, 그의 눈들이 크게 떠지고, 회복되고, 모든 것을 깨끗하게 보았다(διέβλεψεν καὶ ἀπεκατέστη καὶ ἐνέβλεπεν τηλαυγῶς ἄπαντα)."

이 이야기는 마가복음 7장에 있는 듣지 못하고 그래서 말을 더듬거리는 사람을 고치신 이야기와 아주 비슷합니다. 그러나 이 두 이야기를 비교하여 굳이 그 차이점을 찾는다면 차이점이 있기는 합니다. 어떤 사람의 표현을 빌려서 설명합니다. 그는 이 이야기에서의 예수님이 이적을 행하는 분으로서가 아니라 치료자, 즉 의사와 같은 모습을 보여 준다고 언급합니다.

'아직도'의 희망

우리는 이적이라는 단어를 사용할 때 이 이야기처럼 시각 장애인이나 청각 장애인 등을 고쳐 주는 것을 생각합니다. 그런데 이적이라 할 때 죽은 사람을 살리는 일이나 해가 뒤로 물러가는 것, 홍해 같은 바다가 갈라지는 일 등등을 먼저 생각합니다. 다시 말해 이적에도 등급이 있고, 난이도가 있다 생각하는 것입니다. 그렇게 본다면, 죽은 사람도 살리고, 귀신도 쫓아내신

적이 있는 예수님께서 약간 난감한 상황에 처하신 것 같기도 합니다. 앞을 보지 못하는 사람을 고치실 때, 한 번 안수하셔도 완전하게 낫지를 않아 두 번째로 안수하셔야 하는 상황이었기 때문입니다. 어떻습니까? 예수님이 피곤하셨나? 그때 순간적으로 신통력이 감소되었나? 예수님의 능력으로도 이 사람의 장애를 단번에 못 고치신다는 것을 말하려는 것인가? 마가의 의도는 그렇지 않습니다. 이 이야기는 예수님의 능력을 강조하기 위한 수많은 이야기 가운데 하나가 아닙니다.

이 이야기는 전능하신 하나님의 아들로서 이적을 행하시는 분이 아니라 하나님의 아들이시면서도 의사와 같이 어떤 문제를 차근차근 해결해 가시는 분이심을 설명하는 데 강조점이 있습니다. 예수님께서 소경을 소개받으십니다. 그를 이끌고 마을 밖으로 가십니다. 그의 눈에 침을 뱉으시면서 손으로 만지셨습니다. 그에게 어떤 일이 일어났는지를 물어봅니다. 그의 증세를 듣고 다시 안수하십니다. 결과적으로 그는 완전하게 회복되었습니다. 이런 일의 진행 과정에서 우리는 요즘 우리말로 '맞춤형 치료'의 전형을 봅니다. 즉, 마가는 이 이야기에서 그 어떠한 장애인도 단방에 고치시는 주님의 능력을 소개하지 않습니다. 마가는 환자의 상황을 들으면서 그 증세에 맞는 처방과 해결책을 제시하여 기어이 낫게 하시는 섬세한 의사와 같은 우리 주님의 면모를 보여 주려 했습니다.

따라서 이 이야기는 그 수많은 이적 이야기 가운데 하나이면서도 결코 거기서 그치지 않습니다. 제자들은 이미 수많은 이적을 경험하고 심지어 예수님을 대신하여 복음 사역에 나서서 자신들이 직접 병도 고치며 귀신도 쫓아냈습니다. 그럼에도 불구하고 그들은 이적을 행하시는 예수님의 능력을 확신했을지언정 그분이 하나님의 아들이심을 깨닫지는 못했습니다. 제자들의 이런 모습을 보시고 주님께서 물으셨습니다. "너희 마음이 그렇게도 둔하단 말이냐?" 배 위에서 이렇게 물으셨지만, 제자들에게는 그저 미안하고 답답하기만 한 상황이었을 것입니다. 예수님이 하나님의 아들이심을 모르는데, 어떤 식으로 묻든 제대로 대답할 수는 없었을 것입니다. 여기서 그들의 한계를 봅니다.

우리는 이 이야기 바로 뒤의 이야기를 통해 마가복음이 절정을 향해 달려가고 있음을 볼 것입니다. 예수님은 제자들에게 당신이 누구인지를 물으신 후에 당신이 십자가에 달려 돌아가실 것을 처음으로 이야기하십니다. 다시 말해 본문의 치유 이야기에는 주님의 의도가 담겨 있습니다. 주님은 아직까지 당신의 정체도 모르고 무엇을 하기 위해 이 땅에 오셨는지를 모르는 제자들을 그들의 상황에 맞추어 섬세하게 바꿔 나가실 것입니다.

이번 이야기는 변함없이 우리 인간들의 죄와 질고에 대한 해결자로서의 예수님, 능력을 행하시는 하나님의 아들로서의 예수님의 면모를 증거합니다. 하지만 이 이야기는 한 가지 메시지를 더 담고 있습니다. 어떤 이적과 가르침을 받아도 정작 중요한 점만은 한사코 깨닫지 못하는 제자들, 그리고 질병으로 고통당하는 장애인을 섬세하게 고치시는 예수님, 이 예수님을 만남으로써 마침내 죽음까지도 기꺼이 감당하면서 복음을 전하는 자로 변해 가는 제자들의 모습을 우리는 기대하게 됩니다. 이 변화의 주도권은 예수님께 있었습니다.

그러므로 이 이야기를 이렇게 마무리 하여야 합니다. 예수님을 깊이 만나서 그분의 섬세한 만지심을 경험해야만 우리는 비로소 제대로 된 예수 그리스도의 제자가 될 수 있다고 말입니다. 어떻게 보면 너무나도 평범한 표현입니다만, 우리는 이를 너무나도 자주 잊고 삽니다. 예수님의 제자가 되기 위해서는 예수님을 만나야 합니다. 우리가 그분의 제자가 되기 위해서는 그분께 나아가 우리의 증상을 고백해야 합니다. 우리의 모자람을 고백할 때, 우리가 무능력하고 무지한 것을 고백할 때, 우리 주님께서 우리에게 오셔서 고치실 것입니다. 아니, 제대로 된 당신의 제자로 만드실 것입니다.

'아직도'의 절망 가운데서 어쩔 줄 몰라 우왕좌왕하는 우리에게 어떤 희망이 있습니까? 우리는 때로 우리의 진정한 문제가 무엇인지조차 모르고 살아갑니다. 그러나 우리는 기억해야 합니다. 그분을 만나는 데 우리의 희망이 있습니다. 우리의 희망은 그분께 있습니다. 그분을 만나야 변합니다. 우리의 문제에 아파하며 정직하게 우리 자신의 고통과 어려움을 인정하며 이 사실을 그분께 고백할 때에, 의사이신 우리 주님께서 우리의 문제를 고치시고 회복하실 것입니다. 언젠가 어느 순간에 예수님께서 우리에게 일일이 물으실 것입니다. "너는 나를 누구라고 생각하느냐?" 어느 누구도 이 질문을 피할 수 없습니다. 우리가 어떤 동기로 예수님을 믿노라 말했든, 우리가 어떤 목적으로 하나님을 안다고 말하든 상관없습니다. 심지어 예수님을 모르는 사람 역시 그러합니다. 모든 사람이 하나님의 보좌 앞에 서게 될 것이고, 그 자리에서 자신이 가야할 자리가 결정될 것입니다. 그때든 언제든, 우리는 예수님이 누구신지를 고백해야 합니다. 천국으로 가는 길은 오직 그분, 예수 그리스도의 이름밖에 없기 때문입니다.

41

순종으로 완성되는 제자도
마가복음 8:26-38 (1)

마을로 들어가지 말라?

주님께서 시각 장애인, 즉 앞 못 보는 사람을 고치셨습니다. 그런데 26절을 보면 주님께서 이 일 끝에 알 수 없는 말씀을 하십니다.

예수께서 그 사람을 집으로 보내시며 가라사대 마을에도 들어가지 말라 하시니라

여러 면에서 볼 때 이 말씀은 사실 이해하기가 쉽지 않습니다. 무엇보다도 이 사람은 앞을 보지 못하기 때문에 집과 가족을 떠나 유랑하면서 살았을 것입니다. 그런데 이 사람이 나았다면 집으로 돌아가서 가족과 함께 살도록 하시는 것이 당연하지 않겠습니까? 그런데 왜 주님께서는 이 사람에게 마을에 들어가지 말라고 당부하셨을까요?

다음으로 예수님은 지금 복음을 전하러 유대 전역을 여행하고 계십니다. 얼마 전에는 유대인이 사는 지역을 넘어 이방인이 사는 지역까지도 다녀오셨습니다. 이런 상황에서 앞 못 보는 사람을 고치셨는데, 이 사람이 자기가 예수님 때문에 낫게 되었다고 동네방네 다니면서 선전한다면 전도에 얼마나 좋은 영향을 주겠습니까? 그러나 워낙 이 부분이 짧게 기록되었기 때문에 우리는 예수님의 의도를 자세히 모릅니다. 그래서 그 다음 이야기를 살펴봅니다.

마가복음 8장 27절 이하의 이야기는 아주 잘 알려져 있습니다. 그러나 먼저 이 이야기의 전후 사정을 살펴보아야 합니다. 마가복음 8장 처음에 작은 물고기 두어 마리와 떡 다섯 개로 남자만 오천 명을 먹이신 사건이 기록되어 있고, 바로 이어서 시각 장애인을 고치시는 이야기가 기록되어 있습니다. 예수님은 이 이야기가 이어지는 내내 당신이 누구인지를 제대로 깨닫지 못하는 제자들에게 답답함을 토로하셨습니다. 주의해야 할 점에 대해서도 길게, 그리고 풀어서 자세히 설명하셨습니다. 이런 이야기들 뒤에 바로 본문의 이야기가 등장하고 있습니다. 이 이야기에서 예수님은 제자들에게 질문하십니다. "사람들이 나를 누구라고 하느냐"(막 8:27).

예수님께서 조심스러움과 안타까움을 토로하셨음에도 불구하고, 제자들의 마음이 들떠 있을 것은 틀림없을 것입니다. 주로 갈릴리 지역에서 태어나고 자란 제자들이 예수님을 따라 유대 지역과 심지어 이방인의 지역까지 돌아다니면서 수많은 이적을 목격하고, 적지 않은 무리가 스승을 따르는 장면도 보았습니다. 이 제자들은 예수님의 질문에 이렇게 대답합니다.

세례 요한이라 하고 더러는 엘리야, 더러는 선지자 중의 하나라 하나이다 _막 8:28

예수님의 행적을 본 그들이 예수님을 묘사하는 데 사용한 인물은 셋입니다. 세례 요한, 엘리야, 그리고 선지자 가운데 하나. 사실 이런 평가는 이미 마가복음 6장에 기록되어 있습니다. 거기서도 마가는 헤롯을 비롯한 당시의 대중들이 예수님에 대해 어떤 생각을 하고 있었는지를 이렇게 알려 줍니다.

이에 예수의 이름이 드러난지라 헤롯 왕이 듣고 가로되 이는 세례 요한이 죽은 자 가운데서 살아났도다 그러므로 이런 능력이 그 속에서 운동하느니라 하고 어떤 이는 이가 엘리야라 하고 또 어떤 이는 이가 선지자니 옛 선지자 중의 하나와 같다 하되 헤롯은 듣고 가로되 내가 목 베인 요한 그가 살아났다 하더라 _막 6:14-16

이스라엘 백성이 예수를 평가하는 데 등장하는 인물들에게는 공통점이 있습니다. 이 인물들이 한결같이 선지자, 즉 하나님의 메시지를 백성에게 전달하는 일을 했다는 것입니다.

이스라엘 백성이 예수님을 선지자로 받아들였다는 사실을 좀 더 살펴봐야 합니다. 예수님은 하나님의 아들로 오셨습니다. 그러나 백성들은 그분을 선지자로 받아들입니다. 그들은 이스라엘을 로마의 압제에서 해방시킬 메시아를 간절하게 기다렸습니다. 하지만 예수님을 메시아로 받아들일 수는 없었습니다. 가난한 목수의 아들로 나사렛에서 태어난 예수님을 메시아라고 상상할 만한 근거는 전혀 없었습니다. 그래서 그들은 예수님을 메시아에 앞서 보내진 사자, 즉 선지자라 생각할 수밖에 없었던 것입니다. 세례 요한은 자신이 메시아의 사자이며, 자기 뒤에 오시는 분이야말로 메시아시라고 고백합니다. 마가는 자신의 복음서 처음부터 끝까지 하나님의 아들, 곧 메시아이신 예수님을 증거하고 있습니다.

하지만 예수님을 하나님의 아들, 곧 메시아로서 받아들일 만한 여지는 본문의 이야기가 진행되는 때까지 전혀 없었습니다. 마가는 이 일이 예수님의 십자가 사건 이후에야 비로소 가능함을 보여 줍니다만, 그때까지는 아직 시간이 필요했던 것입니다. 조금 이따가도 보겠지만, 예수님께서 앞을 보게 된 시각 장애인에게 마을로는 들어가지 말라고 분부하셨던 것은 이처럼 아직 메시아로 받아들여지지 않는 당신의 상황을 빗댄 표현이었습니다.

위대한 신앙 고백

예수님은 제자들의 그 대답을 들으시고 그들에게 다시 물으셨습니다.

너희는 나를 누구라 하느냐 _막 8:29

이때 베드로가 나서서 이렇게 말합니다.

주는 그리스도시니이다 _막 8:29

같은 장면을 기록한 마태복음에서는 이렇게 고백했습니다.

주는 그리스도시요 살아 계신 하나님의 아들이시니이다 _마 16:16

역시 같은 장면이 언급되는 누가복음에서는 이렇게 고백했습니다.

하나님의 그리스도시니이다 _눅 9:20

결론적으로 말하자면, 세 개의 복음서는 자신이 기록하고 있는 상황에 맞추어서 베드로의 고백을 묘사하고 있습니다. 그 표현들에는 공통점이 있습니다. 세 복음서에 등장하는 베드로의 고백은 한결같이 '메시아', 즉 하나님께서 구약에서 내내 예언하신 하나님의 아들이 바로 그분, 즉 예수님이시라는 사실을 말하고 있다는 것입니다.

예수님은 베드로의 고백이 무엇을 의미하는지 아셨습니다. 때문에 베드로의 고백을 이렇게 평가하셨습니다.

바요나 시몬아 네가 복이 있도다 이를 네게 알게 한 이는 혈육이 아니요 하늘에 계신 내 아버지시니라 _마 16:17

앞서 언급한 대로, 베드로를 포함해 당대 어느 누구도 예수님을 메시아 앞에 등장할 선지자 이상으로 생각하지 못했습니다. 그럼에도 불구하고 베드로는 예수님을 그리스도 곧 하나님의 백성을 구하기 위해 오실 메시아라고 고백한 것입니다. 예수님은 베드로의 고백이 인간 베드로 자신의 능력과 인식에서 나오지 않았다고 평가하셨습니다. 예수님은 곧 이어서 베드로의 고백을 복되다 말씀하십니다만, 그것은 마태의 전언이고, 마가는 베드로의 고백 이후의 장면을 의도적으로 생략합니다. 베드로의 고백은 물론 귀하고 예수님의 평가와 축복도 귀하지만, 마가는 예수님의 하나님의 아들 되심과 그분의 고난에 초점을 맞추고 있기에 그보다 더 시급한 주제로 독자들을 끌고 가야 했기 때문입니다.

마가는 베드로의 고백 바로 뒤에 막 바로 자신의 주제로 연결합니다. 예수님께서 말씀하십니다.

> 자기의 일을 아무에게도 말하지 말라 경계하시고 인자가 많은 고난을 받고 장로들과 대제사장들과 서기관들에게 버린 바 되어 죽임을 당하고 사흘 만에 살아나야 할 것을 비로소 저희에게 가르치시되 _막 8:30-31

예수님의 말씀을 굳이 둘로 정리하자면 이렇습니다. 첫째, 자신에 관한 일, 즉 예수님께서 메시아이심을 아무에게도 말하지 말라고 말씀하셨습니다. 이 말씀의 요점은 아직 누구에게도 이 사실을 말하지 말라는 것입니다. 둘째, 예수님께서 조만간 고난 받아 돌아가셨다가 다시 살아나실 것임을 바로 이 시점부터 비로소 언급하기 시작하셨습니다.

아직은 아니다

이제 생각해 봅시다. 주님은 제자들이 당신이 하나님의 아들이심을 알아보지 못함을 안타까워하셨습니다. 그런 상황에서 베드로의 고백이 나왔다면 크게 기뻐하실 뿐만 아니라 그 고백을 세상에 널리 퍼뜨리라고 격려하셨어야 하지 않겠습니까? 그러나 주님은 베드로와 제자들에게 당신의 일을 아무에게도 말하지 말라 단단히 이르셨습니다. 왜 그렇습니까? 그 전에 반드시 있어야 할 일이 있었기 때문입니다. 무엇입니까? 인자가 고난 받고 십자가에 달려 죽으셨다가 부활하시는 일입니다. 예수님은 베드로가 말한 위대한 신앙 고백 바로 뒤에 당신이 걸어가셔야 할 과정을 처음으로 언급하셨습니다. 성령님께서 베드로 안에서 일하신 결과로 이런 고백이 나오긴 했습니다. 하지만 이 위대한 고백이 나오자마자 우리 주님은 당신이 당하실 고난과 죽음, 부활을 말씀하셨던 것입니다. 베드로가 예수님을 메시아, 즉 구주라고 고백하는 아주 기분 좋은 분위기를 좀 즐기셨다가 이 일을 이야기하셔도 좋지 않았을까요?

그러나 이어지는 이야기를 보면 예수님은 절대로 그렇게 생각하시지 않은 것 같습니다. 예수님께서 고난과 죽음, 부활에 관한 앞으로의 일정을 언급하시자마자 베드로가 다시 나서서 이렇게 말합니다.

베드로가 예수를 붙들고 간하매 _막 8:32

어떤 주석에 따르면 원문이 보여 주는 분위기는 이렇습니다. 베드로가 예수님을 붙잡고 말하는데, 마치 자기가 이 일을 하지 않으면 안 된다는 듯이 강하게 예수님을 붙들고서 강권하다시피 말했다는 것입니다. 그런데 마가는 베드로가 예수님께 대체 무슨 말을 했는지를 이야기하지 않습니다. 그래서 마태복음 16장에서 베드로가 무슨 말을 했는지 보겠습니다.

베드로가 예수를 붙들고 간하여 가로되 주여 그리 마옵소서 이 일이 결코 주에게
미치지 아니하리이다 _마 16:22

이 문장을 얼핏 보면 예수님께 그런 흉한 일들이 절대 일어나지 않기를 바라는 듯이 베드로가 정중하게 말하는 것 같지만, 헬라어 원문으로 보면 달리 해석할 수도 있습니다. 즉, '그런 일들은 절대 일어날 수 없습니다' 정도로 단정적으로, 심지어 예수님께서 그런 말씀을 하신 데 대해 꾸짖다시피 하는 그런 정도의 분위기로 베드로가 말했다고도 해석할 수 있습니다.

예수님께서 당신의 고난과 죽음, 부활의 일정표를 아주 자세하게 제자들 앞에 보여 주실 때 베드로는 아주 강력하게 그 가르침을 거절했습니다. 베드

로는 예수님의 말씀을 결사적으로 혹은 강력하게 배척했던 것입니다. 그런데 예수님은 베드로의 태도에 대해서 역시 그만큼이나 강력하게 반응하셨습니다.

> 예수께서 돌이키사 제자들을 보시며 베드로를 꾸짖어 가라사대 사단아 내 뒤로 물러가라 네가 하나님의 일을 생각지 아니하고 도리어 사람의 일을 생각하는도다 하시고 _ 막 8:33

"그런 일은 절대 일어나선 안 됩니다!"라고 반발하는 베드로에게 예수님은 "이 사탄아!"라고 대응하십니다. 당신이 걸어야 할 길을 가로막는 이는 누구든 사탄으로 간주하시겠다는 아주 강력한 태도였다고 해석할 수 있습니다. 사실 베드로는 억울할 수 있습니다. 베드로가 '예수님은 하나님의 아들, 메시아시다'라고 주장한 것이 예수님께서도 인정하신 것처럼 올바른 고백이라면, 고난을 당하는 메시아, 더욱이 고난당하고 버림받고 죽임 당하는 메시아는 유대인의 전통에서는 상상할 수 없는 일이었기 때문입니다.

물론 유대인의 신학적 전통 안에서 메시아에 관한 설명에는 크게 보아 두 가지의 흐름이 있습니다. 하나는, 메시아가 오셔서 모든 민족과 모든 나라들의 섬김을 받으시리라고 생각합니다. 다른 하나는, 이 하나님의 아들 메시아가 자기 백성에게 배척당하고 고난을 당하실 것이라고 생각합니다. 사실 이 부분은 간단히 설명하기가 어렵지만, 이렇게 정리하고 지나갑니다. 구약 성경에는 메시아에 관한 이 두 가지 가르침이 분명히 공존하는데, 예수님 당시의 유대인들은 영광 받으실 메시아를 강력하게 기대했던 것이고, 이에 대해 예수님은 아주 분명하고 강력하게 고난당하실 메시아의 모습을 보여 주셨다는 것입니다. 예수님은 고난당하고 죽으실 메시아의 모습이 '하나님의 일'이라고까지 강조하셨습니다.

예수님은 나아가 당신의 뜻을 제자들에게 강하게 적용하십니다.

무리와 제자들을 불러 이르시되 아무든지 나를 따라오려거든 자기를 부인하고 자기 십자가를 지고 나를 좇을 것이니라 _막 8:34

예수님의 말씀을 이렇게 해석해 보았습니다.

내가 메시아로서 고난당했다가 다시 살아나는 것은 아버지 하나님께서 확정하신 일이다. 뿐만 아니라 누구든지 나를 따르려면 자신의 십자가를 지고 좇아야 한다. 이것이 하나님의 방법이며, 누구도 이것을 바꿀 수 없다.

주님께서 분명하게 강조하십니다. 하나님은 사람의 생각이 아니라 당신의 생각에 따라 당신의 백성 구원 계획을 철저하게 실행하신다는 것입니다. 하나님의 생각은 이것입니다. 메시아 되신 예수 그리스도께서 걸어가실 그 길처럼, 누구든지 하나님의 나라에 들어갈 사람은 반드시 마찬가지로 십자가의 길을 걸어야 합니다. 이것이 자기를 부인하는 일입니다. 이 일이 이루어지기까지, 예수님은 당신이 하나님의 아들이심이 널리 공개되기를 원치 않으셨습니다.

순종으로 완성되는 제자도

본문을 보며 이 사실 하나만은 깊이 주목해야 합니다. 예수님은 메시아로 오셔서 당신의 계획을 아주 분명하게 예언하셨습니다. 당신의 백성을 구하시기 위해 고난 받으시고, 죽으시며, 다시 살아나는 것이었습니다. 하나님의 아들로서 당연히 받으셔야 할 백성들의 환호와 경배를 굳이 마다하시고, 아버지 하나님께서 정하신 대로 당신의 목숨으로 당신 백성의 생명을 얻으시겠다는 이 계획. 하지만 베드로의 입에서 나온 반응은 하나님의 백성으로 기나긴 세월을 살면서 간절하게 메시아를 바랐던 당시 유대인들의 생각을 정확하게 보여 주었습니다. 그들은 생각합니다. 메시아는 이래야 한다! 그들이 기대한 메시아는 화려하고, 존엄한 가문에서 태어나 권력을 장악하며, 백성을 로마의 압제에서 건져 내어 저 찬란한 유대 왕국을 재건하는 그런 분이었습니다. 하지만 예수님께서 선포하신 메시아는 기껏해야 당신의 백성에게 거절당하고, 고난당하고, 죽고, 다시 살아나는 그런 존재입니다. 바로 이런 생각의 차이 때문에 베드로와 예수님 사이의 긴장이 일어나게 되었습니다.

이런 긴장은 사실 오늘날의 우리에게도 심심찮게 일어납니다. 우리는 예수님을 믿는다 합니다. 성경을 잘 알기에 하나님과 믿음에 대해 무엇이든 말할 수 있습니다. 하지만 우리의 그 믿음이라는 것이 때로는 우리를 통해 일하시려는 하나님의 역사를 방해할 때가 많다는 사실을 잊어서는 안 됩니다. 우리의 믿음, 우리의 지식, 우리의 관습이 때로는 하나님의 뜻을 오해하게 하고, 잘못 믿게 하고, 심지어는 하나님께서 행하시려는 일을 방해하기도 한다는 뜻입니다. 이런 일들이 왜 일어날까요? 예수님께서 베드로에게 말씀하신 그대로 이것을 표현하자면, 우리가 하나님의 일을 생각하지 않고 도리어 사람의 일을 생각하기 때문입니다. 우리의 믿음과 생각으로 무엇인가를 하려 할 때 이것이 때로 하나님의 일을 방해합니다. 결론적으로 말씀드리자면, 우리는 무슨 일에든 하나님의 관점에서 생각하며, 그분의 의지와 계획에 언제든지 순종하려는 태도를 갖추어야 합니다.

예수님은 베드로를 꾸짖는 자리에서 당신의 제자로 따라올 자들에게 첫 번째로 부여되는 의무를 지적하셨습니다. 즉, '자기를 부인하는 일'입니다. 자기의 생각, 주장, 욕망 같은 것들을 버리지 않으면 제자가 될 수 없습니다. 입으로 그 어떠한 고상한 고백을 내놓더라도 자기 속마음을 지배하는 가치와 판단을 포기하지 않으면, 그 어떠한 사람이라도 하나님의 뜻에 순종하는 삶을 살 수 없습니다. 결국 자기 부인은 제자가 되기 위한 첫 번째 관문이고, 자기에게 지워진 십자가의 무게를 견뎌 낼 수 있는 원천적인 힘입니다.

사람의 일을 생각하지 말고 하나님의 일을 생각하라! 우리는 베드로의 고백 이야기에 빠져서 이 귀중한 예수님의 가르침을 정작 우리 자신에게 적용하는 것을 잊곤 합니다. 베드로의 고백과 칭찬과 실패는 결국 우리 자신에게도 적용되어야 할 소중한 교훈입니다. 우리는 말끝마다 하나님의 뜻을 찾고 그분의 뜻대로 살기를 바란다고 말합니다. 그러나 그 소중한 고백들이 아름다운 신앙의 열매로 맺어지기 위해서는, 무엇보다도 하나님의 뜻 앞에 기꺼이 나의 생각과 판단을 포기하려는 결단이 필요합니다. 이 일이 실행되지 않는다면, 우리는 하나님의 일을 방해하는 사탄이 될 것입니다.

이 말씀의 교훈을 구체적으로 어떻게 적용할지에 관한 부분은 이 말씀을 읽는 개개인에게 맡기려고 합니다. 죽은 자도 살리고 하늘에서 먹을 것도 내리시는 선생님을 보면서도 제자들은 틈만 나면 나중에 누가 더 높은 자리에 오를까 궁리합니다. 그러나 예수님은 언제나 하나님의 뜻을 물으시며 고민하는 가운데 즐거이 받고 싶지는 않았던 그 고난의 잔을 기어이 받으셨습니다. 이 둘 사이의 차이는 결국 누구의 뜻이 더 중요한지를 결정하는 태도에서 극복됩니다. 내 삶 가운데 일어나는 수많은 일들, 하나님께 도움을 요청하는 부분들, 어떤 결정이 옳은지를 고민하는 일들에 앞서서 이것을 기억하십시오. 나는 지금 그분의 뜻을 존중하며, 그분께서 말씀하신다면 기꺼이 내 뜻과 계획, 판단까지 포기하겠다며 각오하는가? 화려하고 감동적인 신앙 고백만으로는 충분하지 않습니다. 하나님의 뜻에 기꺼이 자신을 부인하는 순종을 통해 완성됩니다.

42

누가 그의 제자인가
마가복음 8:26-38 (2)

선택의 무거움

어떤 분의 홈페이지[10]에서 읽은 이야기입니다.

아프리카에 가면 결혼을 앞둔 처녀들에게 행하는 한 가지 행사가 있다고 한다. 그 것은 많은 처녀들이 옥수수 밭에 한 고랑씩 맡아 그 고랑에서 제일 크고 좋은 옥수 수 한 개씩을 따는 일인데 제일 크고 좋은 옥수수를 딴 처녀가 그날의 승리자가 되 는 것이다. 그런데 한 가지 규칙이 있는데, 한 번 지나친 것은 다시 돌아볼 수도 없 고 다시 돌아갈 수도 없다는 것이다. 오직 앞만 보고 가다가 마음에 드는 옥수수 하 나만을 따야 한다. 한 번 땄으면 도중에 좋은 것이 있다고 해서 그것을 버리고 다시 딸 수도 없었다. 그렇기 때문에 그 경기에 임한 처녀들은 아주 신중을 기할 수밖에 없었다. 그런데 기이한 일은, 제일 좋은 옥수수를 따러 들어간 처녀들은 한결같이 풀이 죽은 모습으로 제일 못나고 형편없는 옥수수를 들고 나온다는 것이다. 왜 그 럴까? 이것이다 싶으면 저 앞에 더 좋은 것이 눈에 띄고, 저거다 싶으면 그 앞에 더 좋아 보이는 것이 눈에 띄고, 그러다 보면 어느새 마지막 고랑에 이르게 되고, 그제 야 비로소 '아까 마음에 드는 것 그냥 그것 다 가지고 나올 걸!' 하는 마음 때문에 속 이 상하고, 할 수 없이 아무것이나 따 가지고 나오게 된다는 것이다.

---

10 http://onebody.org/m/calendar_list_m.asp?Category=SP_IL&searchtxt=&startop=&endop=&showda te=33620.

인간은 미래를 알지 못합니다. 다만 현재의 무엇인가를 선택하며 살아갈 뿐입니다. 인간 모두가 공통적으로 경험할 수밖에 없는 난감함일 것입니다. 제게는 한 가지 버릇이 있는데, 여러 가지 먹고 싶은 메뉴가 많은 식당에 가면 무엇을 먹어야 할지 몰라서 쩔쩔맵니다. 이것도 먹고 싶고, 저것도 먹고 싶고. 상당히 많은 사람들도 이런 난처한 상황에 처하는 것 같습니다. 예를 들면, 우리나라 식당에 짬짜면 같은 메뉴가 나온 것이 이런 난감한 선택을 피하기 위해서가 아닐까 싶습니다. 짬뽕을 먹고 싶은데 짜장면이 눈에 아른거리고, 짜장면을 먹고 싶은데 짬뽕이 눈에 아른거리고. 어쨌든 한 번 선택하면 절대로 무를 수 없는 상황에서 무수하게 많은 것들이 내 앞을 스쳐 지나갈 때, 당신은 정말 후회 없는 선택을 할 자신이 있습니까?

무엇인가를 고를 때 그 기준은 실로 다양합니다. 가령, 이런 예를 들어봅니다. 사과가 여러 개 있습니다. 당연히 좋은 것도 있고 덜한 것도 있을 것입니다. 그런데 이 여러 개의 사과를 먹는 방법에도 차이가 있습니다. 어떤 사람은 가장 좋은 것부터 먹습니다. 또 어떤 사람은 가장 못한 것부터 먹습니다. 이런 선택법은 나름대로 장단점이 있습니다. 가장 좋은 것부터 먹는 사람은 먹을 때마다 가장 좋은 것을 먹는 셈입니다. 가장 좋은 것을 골라 먹었으니 그보다 못한 것만 남았지만, 남은 것 중에서도 가장 좋은 것을 먹는다면 그 사람은 먹을 때마다 행복할 것입니다. 반면 가장 못한 것부터 먹는 사람이 있다면 그 사람은 먹을 때마다 더 좋은 것을 먹기 때문에 행복할 것입니다. 이처럼 사람의 철학과 가치관, 성격과 우선순위에 따라 선택의 순서와 방법은 판이합니다. 이 때문에 선택에는 정답이 없다고 보는 것이 옳습니다.

그러나 어떠한 단 한 번의 선택에 자신의 인생 전체가 걸려 있다면 문제가 다를 것입니다. 예수님께서 말씀하십니다.

아무든지 나를 따라오려거든 자기를 부인하고 자기 십자가를 지고 나를 좇을 것이니라 _막 8:23

요즘처럼 말이 싸구려가 된 세상에서 이 말씀을 들으면 '십자가'가 어느 정도는 무거운 짐 정도로 느껴질 것입니다. 하지만 예수님 당시의 사람들에게 '십자가'는 문자 그대로 십자가였습니다. 모진 매를 맞고 나무 십자가에 못 박혀서 죽을 때까지 매달리는 형벌이 십자가형이었습니다. 인류가 고안한 가장 잔인한 형벌이라고도 말합니다. 예수님은 그런 무서운 십자가형에 빗대어서 당신 따르는 일을 설명하셨습니다. 이런 일을 즐겨할 사람은 없을 것입니다. 그 때문에 자신을 완전히 부인하지 않으면 할 수 없는 일이 바로 십자가를 지고 예수님을 따라가는 일, 즉 제자의 길이라 할 수 있습니다. 짧게 말합니다. 예수님을 따르는 일은 곧 목숨을 걸어야 비로소 할 수 있습니다. 그만큼이나 중요한 일이라고 해석할 수 있습니다.

십자가, 모두에게 적용되는 삶의 원리

예수님의 말씀 가운데 후반부에 속하는 부분을 더 살펴봅니다.

무리와 제자들을 불러 이르시되 _막 8:34

같은 이야기를 기록한 마태복음 16장을 보면 마가복음의 본문과 약간의 차이가 있습니다. 예수님께서 십자가에서 고난 받아 죽으실 것을 알리실 때에 베드로가 그래서는 안 된다고 강력하게 만류하는데, 이에 대해서 예수님께서 베드로를 호되게 꾸짖으십니다. 여기까지는 두 복음서가 거의 비슷합니다. 하지만 베드로를 꾸짖으시는 장면에서 다른 점이 보입니다. 마태복음에서는 십자가의 길을 만류하는 베드로 개인에게 꾸중하십니다. 하지만 마가복음을 보면 베드로에 대한 엄한 꾸짖음이 그 자리에 있던 동료 제자들에게까지 연장되고 있음을 봅니다. 다시 말해 마가복음은 예수님의 십자가 사역이 예수님의 뒤를 따르는 모든 제자들에게 적용되는 삶의 원리임을 강조하고 있습니다.

정리를 해 봅니다. 예수님께서 말씀하십니다. 나를 따르려면 먼저 자신을 부인하여야 한다. 그리고 각자에게 주어진 십자가를 져야 한다. 하나님의 생각 앞에 자신의 생각을 내려놓아야 합니다. 내 생각보다 하나님의 생각이 탁월함을 인정해야 합니다. 이럴 때, 마침내 하나님의 뜻을 따라 십자가라도 질 수 있습니다. 이 논리로 따르자면, 적당히 내 뜻대로 살다가 어떤 부분만 하나님의 뜻을 따를 수는 없습니다. 예수님은 여기에 오직 두 가지 길만 있을 뿐이라 말씀하십니다.

> 누구든지 제 목숨을 구원코자 하면 잃을 것이요 누구든지 나와 복음을 위하여 제 목숨을 잃으면 구원하리라 _막 8:35

아주 거칠게 이 말씀을 정리하면 이렇게 됩니다. "스스로 살길을 찾느냐? 그는 반드시 죽을 것이다. 그러나 누구든지 나와 나의 가르침을 위해 죽으면, 그는 반드시 살 것이다." 결국 누구를 위해, 무엇을 위해 죽느냐가 자신을 죽이기도 하고 살리기도 한다는 뜻입니다. 자기를 위해 죽는 자에게는 죽음이 기다립니다. 그러나 인생의 진정한 주인이신 예수님과 그분의 복음을 위해 죽는 사람은 영원한 생명을 얻을 것입니다. 이것이 제자의 길이요, 제자 된 사람들의 삶의 원리입니다. 이 부분을 '제자도'라고도 말합니다.

제자도, 제자의 길, 제자로서의 삶의 원리. 그리스도인의 숫자가 많아진 현대에서 제자도는 자신을 소개하고 알리는 수많은 정보 가운데 하나가 되어 버렸습니다. 누군가를 만나서 인사를 나누고 자신을 소개할 때 "어머 크리스천이셔요? 저도 교인이랍니다. 그런데 날라리에요. 호호호!" 하며 나를 상대방에게 설명하는 많은 정보 가운데 하나 정도가 되어 버렸다는 것입니다. 알리고 싶지 않으면 안 알려도 됩니다. 누군가를 알고 지냈는데 몇 년 후에 보니 같은 교회 교인이었다는 이야기가 그리 어색하지 않게 되었습니다. 그러나 우리가 알고 있는 '물고기' 표시만 하더라도 예전의 의미는 사뭇 달랐습니다. 지금이야 신자들이 자기 수첩이나 자동차에 붙이는 액세서리 정도가 되었지만, 2천 년 전 신자들에게는 목숨을 걸고서라도 기어이 자신의 신자 됨을 알리는 수단이었습니다.

그때의 신자들은 자기 옷소매 안쪽에다 물고기 형상을 새겨 넣고 다녔습니다. 물고기를 헬라어로 '익투스'(ἰχθύς, ΙΧΘΥΣ)라고 합니다. 이 '익투스'는 '주는 그리스도시요, (살아 계신) 하나님의 아들, 구원자이십니다'라는 고백에서 각 단어의 첫 알파벳 글자만을 따서 만든 단어이기도 했습니다(Ιησους Χριστος Θεου Υιος Σωτηρ). 신자인 것이 알려지면 즉시 노예로 팔려가거나 죽임을 당하던 그 시절에, 그리스도인처럼 보이는 사람이 있으면 그 사람을 뒷골목으로 데리고 가서 이 물고기 표시를 슬며시 보이며 자신들이 예수님의 제자임을 확인하고 뜨겁게 포옹하는 것을 그들은 주저하지 않았던 것입니다. 그들은 그 위험을 무릅쓰고서라도 자신이 예수님의 제자임을 알리는 것을 주저하지 않았습니다. 요즘의 우리에게 기독교, 믿음, 예수님의 제자 됨은 대체 어떤 의미가 있을까요? 어느 정도로 중요합니까?

예수님은 이어서 이렇게 말씀하십니다.

사람이 만일 온 천하를 얻고도 제 목숨을 잃으면 무엇이 유익하리요 사람이 무엇을 주고 제 목숨을 바꾸겠느냐 _막 8:36-37

예수님의 말씀에서 두드러지는 주제는 간단합니다. 무엇이 더 중요한지입니다. 사람은 더 중요한 것을 고릅니다. 이것이 자연스러운 행동입니다. "세상이 중요해, 당신 목숨이 중요해?" 이런 질문을 받는다면, 누구나 자기 목숨을 선택할 것입니다. 하나님의 생각을 택할 것이냐 자신의 생각을 택할 것이냐, 자신을 위해 살 것이냐 예수님을 위해 살 것이냐, 십자가를 질 것이냐 자신의 방식대로 살 것이냐를 결정하는 데, 이것은 가장 근본적인 논리입니다. 이 질문에 어느 것을 택하느냐에 따라서 삶과 죽음이 갈립니다. 하나님의 생각을 따르는 자, 십자가의 길을 걷는 자, 예수님을 위해 사는 자는 영원한 생명을 얻을 것입니다. 나의 생각을 따르는 자, 자기를 위해 사는 자는 반드시 죽을 것입니다. 성경은 이 질문에 올바른 답을 택하는 것을 가리켜 지혜라고 말합니다. 다시 말해, 참 지혜는 더 중요한 것이 무엇인지를 바로 아는 것이고, 더 중요한 것을 위해서 덜 중요한 것을 버리는 것입니다.

이 본문을 좀 더 유의해서 보아야 합니다. 여기서 이렇게 말씀하셨습니다.

> 누구든지 나와 복음을 위하여 제 목숨을 잃으면 구원하리라 _막 8:35

'나와 복음을 위해서 죽으면….' 예수님은 당신과 당신이 전하는 복음을 위해 죽는 자는 생명을 얻을 것이라 말씀하셨습니다. 이 말씀은 당신이 하나님의 아들이심을 전제하지 않으면 실로 황당하기 짝이 없는 말입니다. 내가 이웃을 위해 죽었다고 내가 생명을 얻을 수는 없습니다. 오직 생명의 주인이신 하나님의 아들을 위해서 죽을 때에만, 그분의 말씀을 전하다 죽을 때에만 생명을 얻을 수 있습니다. 그러므로 하나님의 아들이신 분이 아니고서는 어느 누구도 이런 말을 할 수 없다는 점을 고려할 때, 이 말씀을 통해서도 하나님의 아들로서의 예수님의 신분을 다시 한 번 확인할 수 있습니다.

예수님을 시인하라!

그런데 예수님의 마지막 말씀을 보면 선택이 그냥 선택으로 끝나지 않음을 알 수 있습니다.

> 누구든지 이 음란하고 죄 많은 세대에서 나와 내 말을 부끄러워하면 인자도 아버지
> 의 영광으로 거룩한 천사들과 함께 올 때에 그 사람을 부끄러워하리라 _막 8:38

예수님은 당대의 특성을 '음란하고 죄 많은 세대'라고 묘사하셨습니다. 이 말씀은 물론 구약 시대를 배경으로 하고 있습니다. 예를 들어 예레미야가 요시야 시대에 예언한 내용(렘 3:6-9; 13:27)이나 호세아 선지자의 부정한 아내

고멜 이야기 같은 것들을 배경으로 합니다. 즉, 신앙적으로 타락하고 신실하지 못하며, 그래서 죄가 넘쳤던 구약 시대의 이스라엘을 빗대어 예수님 당시 시대를 그리 표현하셨던 것입니다. 더구나 예수님의 말씀은 당신께서 다시 오실 것을 전제하고 있음을 감안해야 합니다. 다시 말해 '음란하고 죄악 많은 세대'라는 말씀은 그 당시뿐만 아니라 오늘날까지도 적용할 수 있는 말씀이란 뜻입니다. 어쨌든 신앙적으로 충성스럽지 않은 시대적 환경에서 '나는 예수님을 믿소', 혹은 '하나님의 말씀이 진리입니다'라고 말하는 것은 목숨을 걸 만큼이나 어려울 것입니다.

이 말씀을 지금 적용하면 예수님의 의도를 더 현실적으로 이해할 수 있지 않을까 생각합니다. 오늘날의 세태에서 '나는 예수님을 믿습니다'라고 말하기는 쉬워도 '예수님을 믿어야 구원받습니다', 혹은 '성경 말씀은 진리입니다'라고 말하기가 얼마나 어렵습니까! 예전에는 이렇게 말하면 죽음을 당해야 했기에 어려웠지만, 요즘에는 상당한 지역을 제외하면 그 누구도 예수님 믿는다는 것을 박해하지 않는 세상에서 살면서도 그 믿음의 내용을 명백하게 공개적으로 말하기가 정말로 어려워진 것 같습니다. '예수님 믿으면 구원 받습니다'라고 말할 수는 있습니다. 그러나 '예수님을 믿지 않으면 구원받지 못합니까'라는 질문에 '그럼요'라고 말한다는 것이 참으로 어렵습니다. '동성애 행위가 죄인가요?'라는 질문에 '그렇다'고 말하는 일도 결코 쉽지 않습니다. '그렇다'라고 말하는 순간, 그 사람은 순식간에 난폭하고 무례한 그리스도인이 되기 쉽기 때문입니다. 눈에 띄는 박해는 줄어들었을망정 문화와 교양이라는 이름의 폭력은 우리의 입을 교묘하게 막습니다. 그만큼 이 시대는 신자들에게 지혜와 신중함을 요구하며, 부드러우면서도 단호함을 갖춘 믿음을 요구하고 있습니다.

이 부분만은 강조하고 싶습니다. 우리는 어떤 상황에서도 어느 시대에서도 나의 신자 됨을 숨겨서는 안 되며, 성경이 가르치는 진리를 양보해서도 안 됩니다. 우리의 태도가 무례하고 난폭해서는 안 되지만, 고상함과 예의를 위해 진리를 양보해서는 안 됩니다. 믿는 것을 믿는다고 말해야 하며, 확신하는 것을 확신한다고 말해야 합니다. 표현과 태도의 문제 때문에, 우리가 확신하는 내용과 삶의 원리마저 양보할 수는 없습니다. 이 때문에 현대를 살아가는 그리스도인은 그 어느 시대의 그리스도인보다 힘겨운 영적 전쟁을 치러야 할 처지에 있습니다. 예수님의 말씀에 귀를 기울이십시오.

> 누구든지 나와 내 말을 부끄러워하면 인자도 아버지의 영광으로 거룩한 천사들과 함께 올 때에 그 사람을 부끄러워하리라 _막 8:38

예수님께서 말씀하십니다. "네가 나를 시인하기를 부끄러워하느냐? 그럼 나도 너를 하나님 아버지 앞에서 부끄러워할 것이다." 예수님과 복음의 진리에 대한 나의 태도가 예수님께서 나를 대하실 태도를 결정합니다. 내가 그분을 부끄러워하면 그분도 나를 부끄러워할 것이고, 내가 그를 부끄러워하지 않으면 그분도 나를 부끄러워하지 않을 것입니다. 이것은 예수님께서 다른 상황에서도 가르치신 대원칙입니다. 즉, 대접받기 원하면 대접하라는 그 원칙의 적용인 셈입니다. 이 원칙은 아주 분명합니다. 내가 나중에 하나님 앞에서 받을 심판은 장래에 이루어질 일이기 때문에 지금은 알 수 없다고 말해서도 안 됩니다. 내가 하나님과 그리스도 예수와 관련하여 보여 주는 태도가 원인이 되어 미래에 내가 받을 심판이라는 결과가 존재하게 될 것입니다. 지금 나의 태도는 미래에 하나님께서 나를 어떻게 대하실지를 미리 보여 주는 표상입니다. 다시 말합니다. 하나님을 세상 앞에서 시인하십시오. 하나님께서 당신을 시인하실 것입니다. 예수님께서 말씀하신 진리는 이처럼 단순하며 명확합니다.

누가 그의 제자인가?

예수님을 따르는 사람, 예수님의 제자로서 사는 사람이 여기 있습니다. 예수님의 제자는 중요한 것을 위해 덜 중요한 것을 포기합니다. 자신의 뜻과 삶의 원칙을 버리고 하나님의 뜻과 삶의 원칙을 따릅니다. 참 생명을 얻기 위하여 죄에 대해서는 죽고 하나님의 아들 예수와 그분의 가르침에 대해서는 삽니다. 충성된 사람을 찾을 수 없는 이 죄 많은 세대에서, 담대하게 자신의 구주이신 예수 그리스도를 시인하며, 하나님의 말씀이 진리임을 고백하는 사람입니다. 성경은 이런 사람을 예수 그리스도의 제자, 즉 그리스도 예수의 가르침을 충성되게 살아 내는 사람이라 부릅니다. 예수님께서 가르치시고 선포하신 하나님의 나라는 이런 충성스런 예수님의 제자들에 의해 시작되고 확장되어 마침내 이루어질 것입니다.

43

그의 말을 들으라!
마가복음 9:1-8

기다리라!

예수님은 베드로의 신앙 고백을 통해서 하나님의 아들로서의 당신의 신분을 완전히 드러내셨습니다. 그러나 예수님은 분명하게 당부하셨습니다. 그 사실을 아직 공개해서는 안 된다! 여기에는 여러 가지 이유가 있을 것입니다.

첫째, 예수님이 하나님의 아들이시라는 사실, 그분께서 당신의 택하신 백성을 구원하시기 위하여 오셨다는 사실을 이제 막 제자들이 어렴풋이 알기는 했습니다. 그럼에도 그들은 자기 눈앞에 계신 구주를 온전히 이해하지 못했습니다. 단적으로 말해 그들은 구약이 전하는 메시아 예언을 통해 예수님을 이해할 뿐이었습니다. 그들은 영광스런 메시아를 알 뿐이었습니다. 그러나 예수님께서 보여 주시려는 메시아의 모습은 달랐습니다. 예수님은 십자가의 고난을 통해서 당신 백성들의 죄를 대속하시고, 이로써 죄악 된 이 세계를 온전하게 회복하려 하셨습니다. 따라서 제자들이 그 시점까지 알고 있었던 메시아의 모습은 반쪽이었습니다. 제자들은 예수님께서 십자가에서 고난당하시고 죽으신 후에 부활하셔서 하나님 아들의 영광을 쟁취하시는 모습을 더 지켜보아야 했습니다.

둘째, 제자들의 메시아 신앙은 유대인 중심의 폐쇄된 믿음 체계라 할 수 있습니다. 메시아로 오신 예수님의 생각은 그것을 훨씬 뛰어넘습니다. 하나님의 아들은 유대인뿐만 아니라 하나님 아버지께서 창조하신 모든 피조물을 회복하셔서 그것으로부터 영광과 찬송을 영원토록 받으시기 위해 이 땅에 오셨습니다. 이를 위해서, 자신들의 힘으로는 하나님의 거룩에 스스로 도달할 수 없는 이들을 위해 율법으로 스스로 제정하신 원리, 곧 희생 없이는 죄사함도 없다는 규정을 당신의 생명으로써 만족시키셔야 했습니다. 따라서 예수님의 부활은 삼위일체 하나님께서 영원 전부터 작정하신 이 계획이 온전하게 이루어졌음을 기뻐하시는 선언이었습니다. 하늘로 올라가 보좌에 앉으신 예수 그리스도는 약속하신 대로 영광의 구름을 타고 다시 이 세상에 오실 것입니다. 제자들은 자신의 눈으로 이 과정을 친히 목격하기까지 기다려야 했습니다. 이렇게 함으로써 제자들은 스스로 계획하시고 스스로 이루시는 하나님의 구원 역사를 목격해야 했으며, 세상을 구원하시려는 하나님의 계획을 깊이 깨달아야 했습니다.

셋째, 제자들에게 하나님의 구원 계획이 온전하게 알려지고, 예수님의 그리스도 되심도 분명히 알려져야 하겠지만, 동시에 이 지식으로 말미암아 제자들이 제자로서의 삶을 온전하게 살아 내도록 변화되어야 했습니다. 단적으로 말해, 제자들은 하나님의 아들이신 예수님께서 자신의 뜻을 포기하고 하나님의 뜻을 이루기 위해 죽기까지 순종하시는 모습을 보아야 했습니다. 이 모습을 통해서 그들은 이 땅에서 예수님의 제자로 살면서 예수님처럼 자신을 부인하고 하나님의 뜻을 이루기 위하여 죽기까지 순종하는 삶의 원리를 배워야만 했던 것입니다.

마지막으로, 제자들은 예수님께서 승천하신 후에 약속하신 대로 성령 하나님을 보내 주시기까지 기다려야 했습니다. 앎은 삶으로 드러날 때 비로소 온전해집니다. 예수님의 삶을 목격한 제자는 변해야 합니다. 아니, 변할 수밖에 없습니다. 그러나 자신의 힘으로는 되지 않습니다. 예수님에 관한 지식은 성령님을 통해 힘, 곧 아는 자의 삶을 송두리째 변화시키는 능력으로 변합니다. 그들은 성령께서 물 붓듯 부어질 때까지 기다려야 했습니다.

이제 본문을 살펴봅니다. 대부분의 학자들은 9장 1절을 8장의 마지막 절로 분류합니다. 예수님께서 이렇게 말씀하셨습니다.

> 내가 진실로 너희에게 이르노니 여기 섰는 사람 중에 죽기 전에 하나님의 나라가
> 권능으로 임하는 것을 볼 자들도 있느니라 _막 9:1

여기에 등장하는 '하나님의 나라'가 구체적으로 무엇인지를 밝히기는 상당히 어렵습니다. 그러나 이 하나님의 나라 바로 뒤에 붙어 있는 '권능으로'라는 단어에서 힌트를 얻을 수 있습니다. 지금 예수님께서 말씀하시는 대목에서 그 '하나님 나라'는 '하나님의 권능'과 관련이 있다고 말입니다.

예수님의 말씀처럼 하나님의 나라가 '권능으로' 임하는 것을 본 사람들이 있을 것입니다. 이 나라는 역사의 마지막에 임할 그 하나님의 나라는 아닙니다. 예수님께서 오심으로 말미암아 하나님의 나라가 이 땅에 임했습니다. 비록 눈에는 보이지 않지만, 이 세상에 예수님과 함께 이미 능력으로 와 있는 하나님의 나라입니다. 예수님께서 복음을 전하실 때에 하나님의 나라가 어둠의 세상을 거둬 가는 현장을 그들은 이미 보고 있었습니다. 십자가에서 승리하신 예수님께서 약속하신 성령을 부어 주실 때에 제자들은 드디어 하나님의 교회를 기초할 수 있었습니다. 이 역사는 마침내 역사의 끝에 이르러 다시 오실 예수님의 능력으로 완성될 것입니다.

변화산으로 올라가시다

9장 2절 이하의 이야기는 흔히 '변화산 이야기'로 불립니다. 2절을 보니 예수님께서 베드로, 야고보, 그리고 그의 형제 요한, 이렇게 세 명의 제자를 데리고 산으로 가셨습니다. 바로 앞의 일이 있은 지 마가와 마태는 엿새, 누가는 여드레 후에 일어난 일이라고 같은 사건을 약간 다르게 기록하고 있습니다만, 당시의 시간 계산법상의 차이라고 봅니다. 어쨌든 예수님은 세 명의 제자들을 데리고 산으로 가셨습니다. 그 산을 흔히 변화산이라고 합니다만,

그때 일어난 사건 때문에 그리 부르는 것뿐입니다. 따라서 그 산이 어디인지는 정확하지 않고, 대강 헤르몬산 남쪽 기슭이라고 알 뿐입니다. 그와 마찬가지로, 이 사건에서 예수님께서 산으로 데려가신 세 제자들에 관한 이야기도 별로 중요해 보이지는 않습니다.

구약 성경에서 '산'은 하나님께서 사람들에게 당신을 드러내시거나 당신의 뜻을 알리시는 장소였습니다. 특별히 이번에는 예수님께서 산으로 올라가셔서 만나신 인물들을 주목해야 합니다. 모세는 시내산에서 자신에게 나타나신 여호와 하나님을 뵈었고(출 24:12-18), 엘리야 역시 시내산의 또 다른 이름이라 불리는 호렙산에서 하나님을 뵈었습니다(왕상 19:8-18). 모세는 율법과 율법 시대를 대표하는 인물이며, 유대 전통에서 엘리야는 선지자의 대표급 인물입니다. 이 두 인물을 예수님께서 만나셨다? 구약 시대의 모든 사람들이 이렇게 높여 마지않는 두 인물을 예수님께서 만나셨을 때 과연 무슨 일이 있었을까요? 모세와 엘리야가 예수님께 무슨 좋은 말로 위로를 했을까요? 예수님께서 그들의 격려를 받으셨을까요? 물론 인간의 관점에 서라면 이런 일을 상상할 수도 있습니다. 그러나 사실은 그렇지 않았을 것입니다.

무엇보다 모세와 엘리야를 만나기 전에 예수님의 형체에 변화가 있었음을 주목해야 합니다. 마가는 이때의 상황을 이렇게 기록했습니다.

> 엿새 후에 예수께서 베드로와 야고보와 요한을 데리시고 따로 높은 산에 올라가셨더니 저희 앞에서 변형되사 그 옷이 광채가 나며 세상에서 빨래하는 자가 그렇게 희게 할 수 없을 만큼 심히 희어졌더라 _막 9:2-3

구체적으로 어떻게 변형되었는지는 자세히 알지 못합니다. 다만 마가는 '옷이 광채가 나며 세상에서 빨래하는 자가 그렇게 희게 할 수 없을 만큼 심히 희게 되었다'고 표현했습니다. 이 현상은 예수님께서 하나님의 영광을 드러내셨음을 상징적으로 보여 줍니다. 다시 말해 지금 예수님은 당신의 하나님 되심을 이렇게 인상적으로 보여 주신다는 것입니다. 이렇게 볼 때 예수님께서 모세와 엘리야를 만나신 것이 인간으로서 누릴 수 있는 엄청난 영광일까요? 그렇지는 않을 것입니다. 오히려 예수님께서 이 만남의 주도권을 갖고 계셨습니다. 예수님은 이때 하나님으로서의 신분으로 이들을 만나셨기 때문입니다.

그런데 우리는 주목해야 합니다. 하나님으로서 당신의 정체를 드러내신 예수님께서 굳이 이 두 사람을 만나신 이유가 무엇일까요? 구약 성경에 기라성 같은 인물들이 많습니다. 아브라함, 다윗 등등. 그럼에도 불구하고 모세와 엘리야 두 사람을 만나신 이유는 이 두 사람이 갖고 있는 상징성 때문이었습니다. 앞에서도 언급했지만, 모세는 율법을 대표하는 인물이며 엘리야는 선지자의 대표급 인물입니다. 따라서 이 두 사람이 공통적으로 상징하는 것은 구약과 율법 시대입니다. 구약과 율법의 대표적인 상징으로서의 두 사람을 하나님이신 예수님께서 만나셨다는 이 사실은 무엇을 말할까요? 간단히 말하자면 이렇습니다. 마가는 예수님께서 이 두 사람과 만나는 이야기를 통해서 구약의 율법과 예언을 완성하시는 분이신 예수님을 증거하려는 것입니다.

두려워하는 제자들

이런 모습을 지켜보던 제자들의 모습이 흥미롭습니다. 더 이상 희어질 수 없을 만큼 희고 광채가 나는 옷을 입으신 예수님께서 엘리야 및 모세와 이야기하시는 광경을 보고 베드로가 말을 꺼냈습니다.

랍비여 우리가 여기 있는 것이 좋사오니 우리가 초막 셋을 짓되 하나는 주를 위하여, 하나는 모세를 위하여, 하나는 엘리야를 위하여 하사이다 _막 9:5

엿새, 혹은 여드레 전만 하더라도 예수님을 가리켜 '그리스도시며 동시에 하나님의 아들'이라고 고백했던 베드로 아닙니까? 그런 그가 지금 예수님을 '랍비'라고 부릅니다. 물론 랍비라는 호칭이 나쁘지는 않습니다. 하지만 지금 예수님은 도저히 인간이라고 볼 수 없을 만큼 엄청난 모습으로 변형되어 있었습니다. 여러 가지 정황을 볼 때 베드로가 제정신이라면 지금의 예수님은 하나님이라고 인정할 수밖에 없습니다. 그럼에도 그는 예수님을 랍비라고 불렀습니다. 뿐만 아니라 베드로는 예수님과 엘리야, 모세를 위하여 지금 여기에다 초막을 짓고 함께 살자고 합니다. 하나님이신 예수님께서 어떻게 초막에서 거하시겠습니까? 모세와 엘리야 역시 보좌에 앉으신 하나님과 함께 하늘에 거주하고 있습니다. 이들이 어떻게 이 산에 지은 초막에 거주하겠습니까? 베드로가 여러 모로 앞뒤가 맞지 않은 말을 한 이유를 마가는 이렇게 설명합니다.

이는 저희가 심히 무서워하므로 저가 무슨 말을 할는지 알지 못함이더라 _막 9:6

짧게 말하자면, 베드로가 지금 제정신이 아니라는 말이고, 이는 베드로를 포함한 세 제자가 심히 무서워서(ἔκφοβος) 그랬다는 것입니다. 제자들이 영광의 광채를 입고 계신 선생님이 엘리야 및 모세와 함께 대화를 나누는 장면을 보았다면 기뻐하고 반가워해야 하지 않을까요? 그런데 왜 제자들은 크게 놀랐을까요? 여러 학자들의 견해에 따르면, 제자들이 무서워하는 것은 하나님 앞에 설 때 일어나는 자연스런 현상입니다. 그것은 전능하시고 거룩하신 하나님 앞에 죄인으로서의 인간이 서게 될 때 본능적으로 보이는 현상입니다.

거룩하고 존엄하신 하나님 앞에 어떤 사람이 담대히 설 수 있겠습니까? 인간은 죄인의 모습으로 하나님 앞에 설 때 어떻게 될지를 본능적으로 압니다. 거룩하시고 의로우신 하나님은 당신께서 거룩하시고 죄 없으신 것처럼 당신의 피조물도 그리 존재하기를 원하십니다. 하나님은 죄를 미워하시며, 심판하십니다. 하나님의 형상으로 지어진 인간은 타락하여 온전하게 하나님을 알지 못함에도 하나님께서 죄를 미워하시며 멸하신다는 사실을 기억하고 있습니다. 이 때문에 베드로를 포함한 세 명의 제자들은 두서없는 소리를 할 정도로 놀랐던 것입니다.

바로 이때, 구름이 와서 그들을 덮었습니다. 그리고 구름 가운데서 하나님의 음성이 들렸습니다. 하나님께서 말씀하셨습니다.

이는 내 사랑하는 아들이니 너희는 저의 말을 들으라 _막 9:7

이번 이야기의 결론입니다. 다시 말해, 이 이야기는 하나님의 아들이신 예수 그리스도의 정체를 보이시면서 그분이 말씀하시는 복음을 반드시 들어야 함을 강조하는 사건이라는 말입니다.

정리합니다. 마가는 자신의 복음서 서두에서 예수님께서 세례 받으시는 장면을 통해 하늘의 음성을 전했습니다. 마가는 이 음성을 통해서 하나님의 아들이신 예수 그리스도의 정체를 밝혔습니다. 하나님의 아들이신 예수님의 모습은 마가복음의 마지막 부분 백부장의 고백을 통해 절정을 이룹니다. 백부장은 그분이 진실로 하나님의 아들이었다고 고백합니다. 마가는 자신의 긴 이야기를 듣는 이들이 반드시 백부장처럼 예수님을 하나님의 아들로 받아들일 수밖에 없을 것이라고 확신했을 것입니다. 마가는 이 이야기를 통해서, 특히 하나님의 음성을 통해서 예수님의 정체와 사역의 권위를 다시 확인해 주었습니다.

그의 말을 들으라!

구름이 자욱한 가운데 하나님의 음성이 들렸습니다. "너희는 그의 말을 들어야 한다!" 이 음성이 들린 후 구름이 걷히고, 모세 및 엘리야도 사라졌습니다. 예수님도 산으로 올라가시기 이전의 모습으로 돌아오셨습니다. 예수님은 산에서 내려오시는 도중에 제자들에게 엄히 당부하십니다. 당신의 부활이 있기까지는 이 사실을 누구에게도 알리지 말라고 말입니다. 이 당부가 그대로 지켜졌는지는 정확하지 않습니다. 이 엄청난 경험을 동료 제자들에게 은밀하게 알렸을 가능성도 있습니다. 그러나 이 시점에서 분명한 사실이 있습니다. 메시아의 죽음과 부활을 목격하기까지는 그분의 영광도 온전히 드러날 수 없다는 점입니다. 이 사실을 깊이 생각해야 합니다. 그토록 오랫동안 기다렸던 메시아가 이 땅에 오셨습니다. 그로 말미암아 하나님의 나라가 이 땅에 임하게 될 것입니다. 그런데 왜 이 기쁜 소식이 조심스럽게 알려져야 했을까요?

우리 인간의 약점 때문입니다. 인간은 메시아를 고대했지만, 그의 존재를 오직 '영광'이란 관점에서만 기다렸습니다. 유대인의 생각은 단순했습니다. '잃어버린 저 다윗 왕국을 이 땅에 다시 세우겠다!' 이것이 그들이 메시아를 기다리는 가장 큰 이유였습니다. 이를 위해서 메시아는 힘과 권세를 가진 분이어야 했습니다. 강대한 제국, 로마를 무찔러야 했기 때문입니다. 하지만 하나님의 계획은 달랐습니다. 아니, 하나님의 마음은 다른 곳에 초점이 맞춰져 있었습니다. 하나님의 관심은 '사람', 즉 그 나라의 백성이었습니다. 하나님의 나라는 하나님의 궁극적인 목적입니다. 하지만 하나님의 관점에서 볼 때 그 하나님의 나라는, 당신께서 창조하신 모든 피조물들이 당신의 사랑과 은혜 아래 행복하게 살아가는 수단입니다. 이 차이를 이해하십니까? 원칙적으로 말한다면 하나님의 나라는 언제고 존재했습니다. 하나님께서 살아 계시고, 이 피조 세계도 존재합니다. 피조 세계는 언제 한순간이라도 창조주이신 하나님의 능력으로부터 벗어난 적도 없었고 그럴 수도 없었습니다. 언제나 하나님의 통치 아래 존재했습니다. 그런데 새삼스럽게 '하나님의 나라'라니요?

따라서 우리는 이렇게 말해야 합니다. 하나님의 관심은 그분의 통치 아래 복을 누리는 피조물 자체에 있다고 말입니다. 하나님의 능력은 지금이라도 마귀의 세력을 부수고 이 땅에 '하나님의 나라'를 세울 수 있습니다. 그런데 문제는 그 나라의 백성입니다. 그 나라의 백성이 그 나라의 백성으로서 살아가는 것이 얼마나 큰 사랑이고 은혜인지를 마음으로부터 깊이 깨달아야 합니다. 그래야만 자원하는 마음으로 통치자이신 하나님의 보좌 앞으로 나아가 그침이 없는 찬송을 기쁨으로 그분께 올려 드릴 것입니다. 그래야만 다시는 분쟁과 다툼이 없는 평화의 나라가 설 것입니다.

이 과정을 향하여 가기 위해서 먼저 죄의 문제가 해결되어야 할 것입니다. 이 모든 목표들이 하나님의 아들 예수 그리스도의 십자가 사건을 거쳐야만 최종적으로 완성될 것입니다. 제자들은 하나님의 아들 예수님께서 인류를 대신하여 십자가를 지시고 그 위에서 승리하시는 모습을 보아야 합니다. 그때까지는 그분의 신분을 함부로 드러내서는 안 됩니다. 예수님께서 하나님의 아들이신 사실을 십자가 사건 이전에 안다면, 하나님의 나라를 잘못 기대하는 대중들에 의해 정치적으로 왜곡될 수밖에 없을 것입니다. 우리는 예수님께서 예루살렘으로 입성하시는 장면을 통해서 이 문제를 보게 될 것입니다.

무엇을 배워야 할까요? 우리는 다음 본문에서 예수님을 반대하는 움직임을 여전히 볼 것입니다. 아니 이 움직임은 날이 갈수록 더욱 심해질 것입니다. 어쨌든 이 이야기에서 하나님께서 구름 가운데서 전하신 그 당부를 다시 일깨우고자 합니다. "이 사람은 나의 사랑하는 아들이다. 너희는 저의 말씀을 들으라!" 이 사건은 마가의 이야기 가운데 지금까지 기록된 예수님 사역의 정리이고, 결론입니다. 그분의 사역을 볼 때, 그분은 아들이심이 틀림없다! 그리고 이 결론은 점점 더 십자가 죽음을 향해 다가가는 예수님의 행적을 지켜볼 우리에게 다시 한 번 용기를 줍니다. 하나님께서 말씀하십니다. "이 사람은 나의 사랑하는 아들이다. 너희는 이 사람의 말을 들어야 한다!"

우리가 마가복음을 읽는 이유와 목적이 바로 여기 있습니다. 2천 년 전에 유대 땅에서 일어난 한 사람의 이야기를 듣는 것은 그분께서 진실로 하나님의 아들이셨고, 그러므로 우리가 그분의 말씀에 귀를 기울이고 그 말씀에 순종하여야 함을 깨닫기 위함입니다. 마지막으로 당신에게 질문합니다. "이 이야기들을 자세히 들었습니다. 당신은 예수님을 하나님의 아들로, 당신의 구주로 받아들입니까?" 당신의 필요와 관점에서 보는 하나님의 아들이 아니라, 그분께서 보여 주시는 그대로의 하나님의 아들을 깨닫기까지, 우리는 조심스레 기다리며 십자가를 주목해야 합니다.

44

산에서 내려온 믿음
마가복음 9:9-13

산에서 내려오다

놀랍고 장엄한 시간이 이제 끝났습니다. 예수님께서 산에 오르시자마자 인간의 언어로서는 표현할 수 없는 신비한 모습으로 변화하시고, 그 자리로 유대인에게는 우상과 같은 인물 모세와 엘리야가 하늘에서 내려와 예수님과 함께 대화를 나누었습니다. 이런 기가 막힌 상황에서 하늘로부터 하나님의 음성이 들렸습니다. "이는 내 사랑하는 아들이니 너희는 저의 말을 들으라"(막 9:7). 이 일 후에 예수님과 두 제자가 산에서 내려오는데, 제자들의 기분이 어떠했겠습니까? 청와대 가서 대통령 만나고 온 기분일까요? 내가 가장 좋아하는 그 사람을 만나서 악수도 하고 사인도 받고 돌아오는 느낌일까요? 유명인과 함께 사진 찍고 언제 다시 한 번 만나자고 약속한 기분일까요? 그 무엇을 상상하든 그것을 초월하는 강력한 인상을 주었을 것이 틀림없습니다.

그런데 그런 경험이 우리에게 무엇을 요구합니까? 하나님께서 산 위에서 말씀하셨습니다. "이 사람은 내가 사랑하는 아들이야. 너희들은 이 사람의 말을 순종해야 해!" 예수님께서 산으로 제자 둘을 데리고 올라가신 이유가 무엇일까요? 당신이 정말로 하나님의 아들이심을 확신하도록 그리하신 것 아니겠습니까? 그러니 '우리 선생님이 하나님의 아들이시라니, 이렇게 놀라운 일이 어디 있나 말이야?' 하고 일기장에 적어 두기만 하면 될까요? 그럴 수는 없습니다. 산 위에서의 체험이 일상으로 돌아온 제자들의 삶에서 내면화되어야 합니다. 그러나 제자들은 산에서 내려오면서부터 고민해야 했습니다. 예수님께서 뜬금없이 "나는 죽어야 한다"고 말씀하셨기 때문입니다.

하나님께서 보증까지 서시면서 이 사람을 믿으라 하셨지만, '믿을 수 있어야 믿지'라는 것이 이때의 제자들 상황이 아니었을까요. 어쨌든 우리는 먼저 이것을 생각해야 합니다. 하늘의 영광까지 경험한 제자들이 어째서 하나님의 아들이신 예수님의 말씀을 이해하지 못할까? 물론 안다고 진짜로 다 아는 것도 아닙니다. 그러니 예수님께서 하나님의 아들이심을 철석같이 믿을지라도 믿는 순간 모든 것이 통째로 깨달아지는 것은 아닐 것입니다. 그럼 이들이 예수님의 말씀을 그대로 믿지 못한 까닭은 무엇일까요? 무엇보다도 제자들의 인식 한계입니다. 인식의 한계가 무엇인가요? 앞에서 언급했지만, 결국 제자들의 '메시아'에 관한 지식이 바르거나 충분하지 않았던 것입니다.

제자들, 즉 당시의 유대인이 알던 메시아는 다윗-솔로몬 왕국과 강력하게 물려 있었습니다. '하나님께서 보내신 메시아가 과거의 그 솔로몬 왕국을 재건할 것이다.' 이런 민족주의적이고 정치적인 성향의 메시아 사상이 대다수의 유대인에게 있었습니다. 그러다 보니 메시아에 관한 예언 가운데서도 그들의 기호에 맞는 부분만 선택하고 강조하여, 마침내 메시아의 고난에 관한 부분은 사실상 무시되고 그래서 잊혀 있었던 것입니다. 이런 문제는 예수님 당시에도 흔했습니다.

짧게 요약합니다. 유대인들은 상당히 오랫동안 하늘로부터 내려올 메시아, 즉 제2의 다윗 왕국을 재건할 인물을 고대했습니다. 하지만 그들은 메시아를 심히 소원하였으나 왜곡된, 즉 잘못된 메시아 소망을 갖고 살았습니다. 이런 배경을 갖고 다시 제자들의 문제로 돌아온다면 예수님께서 "내가 고난을 받을 것이다"라고 말씀하실 때에 어째서 그들이 말씀을 이해할 수 없었는지 짐작할 수 있을 것입니다.

내려오는 도중에

본문을 살펴봅시다. 먼저 마가복음 9장 10절입니다.

저희가 이 말씀을 마음에 두며 서로 문의하되 죽은 자 가운데서 살아나는 것이 무엇일까 하고

구약 성경을 살펴보면, 유대인들도 부활이란 개념을 알고 있었습니다. 다만, 그 부활이 메시아에게 적용된다는 사실이 너무 어색했다는 것입니다. 그런데 제자들은 예수님께 뜬금없이 이렇게 질문합니다.

어찌하여 서기관들이 엘리야가 먼저 와야 하리라 하나이까 _막 9:11

'메시아가 오기 전에 엘리야가 다시 와서 유대인들을 회개시킴으로 그들의 왕이신 메시아를 맞을 준비를 시킨다.' 이것이 유대인의 전통적 믿음이었습니다. 세례 요한은 광야에서 세례를 베풀며 일하는 가운데, 불의한 분봉왕 헤롯의 사생활이 문란하다는 말까지도 서슴지 않았습니다. 이 모습을 보면서 유대인들은 이 세례 요한이 엘리야라고 생각했던 것입니다. 이런 경우가 또 한 번 있습니다. 예수님께서 복음을 전하시며 이적을 행하시자, 이것을 본 헤롯은 엘리야, 곧 세례 요한이 다시 살아왔다고 생각했습니다. 이런 일들을 볼 때, 유대인들이 메시아에 관한 정보 자체가 전혀 없는 것 같지는 않습니다.

여기에서 어떤 문제점이 보이지 않으십니까? 그들이 이렇게 세례 요한을 엘리야로 보고 예수님을 엘리야로 보고 하는 모습에서 발견해야 하는 문제는, 유대인의 전반적인 인식에 어떤 한계가 보인다는 것입니다. 다시 말해, 유대인들은 그 어떤 위대한 인물이 오더라도 그를 엘리야 이상, 즉 메시아로 볼 수가 없다는 것입니다. 이런 상황의 원인이 어디에 있었는지를 우리가 이

미 살펴 보았습니다. 유대인은 메시아를 고대했으나 궁극적으로는 자신들이 바라던 그 메시아만을 기다렸기 때문입니다. 그러다 보니, 유대인들은 어떠한 위대한 인물이 나타나더라도 기껏해야 '엘리야'까지 생각할 수밖에 없었습니다. 이 상황은 지금까지도 이어집니다. 지금의 이스라엘 국가가 누군지에 이론이 있습니다만, 소위 정통 유대인들은 현재까지도 '메시아'를 기다리고 있습니다. 우리가 메시아라고 믿는 예수님은 그들에게 그저 위대한 선지자 정도일 뿐입니다.

계속해서 말씀을 봅니다. 제자들의 질문에 이렇게 답하십니다.

> 엘리야가 과연 먼저 와서 모든 것을 회복하거니와 어찌 인자에 대하여 기록하기를 많은 고난을 받고 멸시를 당하리라 하였느냐 그러나 내가 너희에게 이르노니 엘리야가 왔으되 기록된 바와 같이 사람들이 임의로 대우하였느니라 _막 9:12-13

일단 앞부분부터 살펴봅니다. "그래, 맞아. 엘리야가 정말로 먼저 와서 모든 것을 회복했다. 그런데 어째서 인자에 관하여 예언한 부분은 인자가 많은 고난을 받고 멸시를 당하리라 하였느냐?" 우리는 이미 예수님의 두 제자 베드로 및 요한과 함께 산 위에서 엘리야와 모세, 그리고 예수님께서 대화하시는 모습을 보았습니다. 이 이야기를 통하여 적어도 이 점만은 분명하게 깨닫습니다. 다시 올 것이라던 그 엘리야가 과연 누구인지를 명쾌하게 판정할 권리가 예수님께 있다는 사실 말입니다. 엘리야와 만나서 대화한 인물이 아니라면 누가 그 일을 할 수 있을까요? 이 땅에 엘리야를 보내시고 그를 통해 일하셨던 하나님, 그리고 그 아들 예수 그리스도가 아니시라면 누가 그렇게 판정할 수 있겠습니까? 그분께서 말씀하십니다. "맞다, 너희들이 말하던 그 이야기가. 세례 요한이 바로 다시 오리라던 엘리야다."

원문을 보더라도, 논리상으로 보더라도 '회복하거니와'와 '어찌' 사이에 '그런데'(καί)가 들어 있습니다. 예수님께서 말씀하십니다. "엘리야는 이미 다시 왔다는 것이 맞다. 그런데 어째서 인자에 관하여 기록하기를 많은 고난을 받고 멸시를 당하리라 하였느냐?" 예수님은 제자들의 관심을 인자, 즉 메시아에게로 돌리셨습니다. 다시 오리라던 엘리야가 세례 요한이라는 사실이 이제 밝혀졌습니다. 처음 온 엘리야도 위대한 인물이었고, 다시 온 엘리야도 위대했습니다. 그러나 두 번째 엘리야 즉 세례 요한에게는 또 하나의 위대한 사역이 있었습니다. 그를 기준으로 하여 그 뒤에 오실 메시아가 누구인지가 매우 분명하게 드러날 것이기 때문입니다.

그는 왕의 행차 앞에 불리는 나팔 소리였습니다. 나팔 소리를 들었을 때 백성이 환호하는 것은 나팔 소리 때문이 아닙니다. 그 나팔 소리와 함께 등장할 왕 때문입니다. 그렇습니다. 백성이 정말로 기다리는 것은 왕입니다. 이렇게 볼 때 세례 요한이 왜 그처럼 자신이 별것 아니라고 한사코 뒤로 물러서려 했는지 이해할 수 있습니다. 진실로 세례 요한은 자신의 본분을 알았고, 그 본분에 충실했고, 충성스러웠습니다. 그 때문에 예수님께서 "여자가 낳은 자 중에 세례 요한보다 큰 이가 일어남이 없도다"(마 11:11)라고 평가하셨던 것입니다. 그러니 메시아를 고대하는 사람은 이제 엘리야 말고 메시아만 기다리면 됩니다.

그런데 예수님의 말씀이 계속 이어집니다. "그런데 어째서 인자에 관하여 예언한 부분은 인자가 많은 고난을 받고 멸시를 당하리라 하였느냐?" 다시 올 엘리야에 관해서는 잘 믿으면서 인자, 즉 메시아가 고난을 받을 것이란 말씀은 믿지 않는다는 말씀입니다. 이 이유는 분명합니다. 예언이라고 다 예언이 아닙니다. 그들에게는 믿고 싶은 것만, 제 눈에 보고 싶은 것만 예언이기 때문입니다.

> 그러나 내가 너희에게 이르노니 엘리야가 왔으되 기록된 바와 같이 사람들이 임의로 대우하였느니라 하시니라 _막 9:13

감정을 조금 섞어서 풀어써 보겠습니다. "하지만 내가 분명히 말하는데, 너희가 그렇게 기다리던 엘리야도 다시 오니까 너희들 멋대로 대접했어." 기다리면 뭐합니까? 메시아가 다스리는 두 번째 유다 왕국을 그토록 간절히 기다리면서, 메시아 앞에 오는 엘리야를 그들은 반대하고 박해하고 마침내 죽였습니다. 물론 백성들 전부가 그런 것은 아니었습니다. 하지만 결과적으로 엘리야는 회개를 촉구하는 말씀을 전하다가 비참한 죽음을 당해야 했습니다. 여기서 예수님께서 암시하십니다. 엘리야를 이처럼 부당하게 대접한 이 백성들이 결국은 그 뒤에 올 메시아, 즉 예수님 당신마저 이렇게 부당하게 대접할 것이라고 말입니다.

여기까지의 예수님 말씀을 몇 개의 문장으로 이어봅니다.

(1) 너희와 유대인 대부분이 믿은 것처럼 세례 요한은 다시 올 엘리야가 맞아.
(2) 엘리야에 관해서 그렇게도 깊이 믿던 너희들이라면, 메시아가 고난도 당하리라는 예언은 왜 믿지 않나?
(3) 어쨌든 너희들은 그렇게도 기다린다던 두 번째 엘리야를 제멋대로 부당하게 대우했어.
(4) 두 번째 엘리야를 너희들이 그리 대했다면, 메시아는 어떻게 대우할 것 같아?
(5) 자, 이제 내가 곧 고난을 받고 죽을 것이라 말한 것을 이해하겠니?

"엘리야를 알아보았다면 그 뒤에 올 메시아, 곧 나도 알아보아야 한다. 엘리야가 핍박을 당했다면 나라고 핍박당하지 않겠나?" 사실 이렇게 간단한 논리임에도 불구하고, 복음서의 이야기는 결국 예수님의 예고대로 이루어지고 만다는 것을 보여 줍니다.

메시아와 그의 백성들

메시아를 수백 년이나 기다렸어도 오신 메시아를 몰라본 유대인들. 산 위에서 하나님의 확인과 당부까지 들었음에도 그 하나님의 아들을 이해하지도, 믿지도 못하는 제자들. 그들의 슬픈 모습에서 바로 우리의 모습을 봅니다. 진리를 보아도 진리를 온전히 받아들이지 못하고 자신의 한계 안에서만 인식하려는 우리 인간의 못된 습성이 너무나 분명하게 드러나고 있습니다. 그런데 왜 이런 일이 늘 일어날까요?

제자들이 예수님과 함께 산 아래로 내려왔을 때 많은 사람들이 누군가를 둘러싸고 있는데, 그들 가운데 예수님의 제자들과 서기관들이 있었습니다. 그리고 그들은 열심히 '변론'을 하고 있었습니다. '변론하다'(συζητέω)는 좋게 말하면 함께 모여서 논의한다는 뜻이지만 실은 적대적인 태도로 의논하는 것입니다. 서로 자기가 옳다고 당신 틀렸다고 하면서 말다툼을 한다는 의미가 강합니다. 그런데 무엇 때문에 제자들과 서기관들 사이에 이런 논쟁이 벌어졌을까요? 알고 보니 그들은 귀신 들린 벙어리를 놓고 열심히 논쟁하고 있었습니다.

놀랍지 않습니까? 귀신 들리고 병든 사람을 놓고서 변론을 하다니요? 병든 자에게는 낫게 해 주는 것보다 좋은 일이 없고, 귀신 들린 자에게는 귀신에게서 벗어나도록 해 주는 것보다 좋은 일이 없습니다. 그런데 제자들은 물론 서기관들은 함께 열심히 논쟁하는 일밖에 할 수가 없었습니다. 우습습니까? 그들은 왜 이런 기가 막힌 일을 하고 있을까요? 귀신 쫓는 권세가 없었고, 병 낫게 하는 능력이 없었기 때문입니다. 그런 능력이 없던 그 사람들은 실상 아무런 결론도 내릴 수 없는, 누구에게도 도움이 되지 않는 논쟁이나 하고 있었던 것입니다. 이 광경을 보신 예수님께서 이렇게 한탄하셨습니다. "믿음이 없는 세대여!" 예수님의 눈에는 이런 허탄한 논쟁이 믿음이 없기에 일어난 일이었습니다.

제자들은 예수님과 여행하면서 자신들의 선생님이 하나님의 아들이시라는 증거를 충분히 목격했습니다. 뿐만 아니라 예수님과 함께 산 위로 올라갔던 제자들은 그야말로 더 이상 확실할 수 없는 하나님의 아들에 관한 경험을 했습니다. 이제 그들에게 얼마나 더 확실한 증거가 있어야 하나님의 아들 예수 그리스도를 확실히 믿을 수 있겠습니까? 무엇을 더 경험해야 병들고 귀신 들린 사람을 놓고 변론이나 하면서 시간을 낭비하지 않겠습니까? 이것이 더 많은 지식과 더 강한 경험의 문제일까요? 하나님의 아들을 보고서도 믿어지지 않는 이 상황을 어떻게 하면 해결할 수 있겠습니까?

이 한 단어가 생각났습니다. 바로 'commitment'라는 영어 단어였습니다. 이 단어를 우리말로 편하게 설명하자면 이렇습니다. '내가 믿는 어떤 것에 나의 시간과 에너지를 쏟으려는 자발적인 태도 혹은 어떤 일을 하겠다는 약속 혹은 굳은 결심.' 자기가 듣고 본 것에 대한 확신. 듣고 본 일에 자신을 맡기지 않으면 믿음도 없습니다. 그냥 보고 들은 것을 알고 있을 뿐입니다. 알고 있는 것은 실상 아무 능력도 없습니다. 뿐만 아니라 알고만 있는 것들은 논쟁만 일으킵니다. 쓸데없는 변론이나 하게 만듭니다. 그러나 자신이 보고 들은 것에 충성스런 사람은 자신이 보고 들은 것을 확신합니다. 그것을 믿습니다. 이 믿음 때문에 무엇인가를 하게 됩니다. 아니 할 수밖에 없습니다. 이것이 믿음의 힘입니다. 그럼에도 우리는 이 믿음도, 이 믿음의 능력도 갖지 못합니다. 더욱이 이 상황을 '믿음도 하나님께서 주셔야 생기는 법'이라고 변명합니다. 어쩌면 신학적으로는 맞는 이야기일지 모릅니다. 그러나 마찬가지로 움직일 마음이 없는 사람, 경험하고 아는 것에라도 자신을 바치려는 최소한의 마음조차 없는 사람에게는 성령께서도 일하실 자리가 매우 좁습니다.

앎이 믿음이 되고, 믿음이 능력이 되는 원리

베드로와 요한이 산 아래로 내려오면서 보여 준 그 무기력한 모습은 어쩌면 우리 자신의 모습이 아닐까 생각합니다. 어떤 때는 이런 경우에 정말로 하나님의 은혜로 살 수 있었다 말합니다. 그러나 그런 경험에도 불구하고 대부분 우리의 삶은 견고하게 하나님께 매이지 않습니다. 정직하게 말하자면 하나님의 도우심을 고백한 자신의 입을 부끄럽게 만드는 일상이 계속될 뿐입니다. 물론 이럴 때 우리는 우선적으로 이렇게 연약한 자신을 위해 성령님의 도우심을 구해야 합니다. 그러나 동시에 우리 자신이 체험하고 배우며 아는 것만큼이라도 충성해야 합니다. 이것이 우리 자신이 성령님과 함께 믿음을 키워 가는 바른 자세입니다.

지금까지 살아오면서 형식을 지키지 않고도 마음을 지키는 사람을 보지 못했습니다. 자신의 삶에 스스로 재갈 물리지 않고서도 하나님을 사랑할 수 있는 사람을 보지 못했습니다. 그럴 수밖에 없습니다. 사람은 원래 그만큼이나 연약하기 때문입니다. 하나님의 사랑이라는 엄청난 보화에 비한다면 정말 쩨쩨하고 치사스런 비교입니다만, 이 현실을 지적하지 않을 수가 없습니다. 주일 예배를 드리는 일이 다른 무언가를 하는 일보다 중요하지 않습니까? 원칙을 말한다면 어디에나 계시고 언제나 계시는 하나님께 예배하는 일이 꼭 주일일 필요는 없습니다. 그러니 어디서든 예배하면 되고 언제든지 그분을 만나시면 됩니다. 그런데 어떻게 정해진 시간에 예배 드리는 일은 연습 때문에 안 드려도 되면서 놀러 갈 때는 수업을 빼먹고 갈 수 있을까요? 학생이니 그럴 수밖에 없겠다 이해는 하겠지만, 그럼 그 사람은 다른 시간에 예배를 드리는가요?

이런저런 이유로 어쩔 수 없이 교회 일에는 빠지지만, 그런 분들을 길게 관찰해 보면 결국은 자기 하고 싶은 일은 어떻게든 하고 하기 싫은 일은 어떻게든 하지 않습니다. 말로 하다 보니 거칠게 들리지만, 이런 생각은 우리 누구라도 한 사람의 삶의 행동을 오랜 기간에 걸쳐서 보면 느끼는 것입니다. 사람은 돈 나오는 곳에 충성합니다. 사람은 자기 좋은 일을 행합니다. 마음과 행동은 이처럼 언제나 긴밀하게 함께 움직입니다. 정말 어쩔 수 없어 학교 수업 때문에 주일 예배를 드릴 수 없게 되었다면, 적어도 다음 한 번은 예배를 위해 수업을 빠지십시오. 물론 이렇게 하기 위해서는 전제가 있습니다. 아파서 죽을 지경이 아니라면 평소에는 절대 수업에 빠져서는 안 됩니다. 직장 생활을 하시는 분들도 마찬가지입니다. 우리가 이렇게 스스로를 어떤 형식에 매는 것은 우리가 연약하다는 사실을 알기 때문이고, 이렇게 함으로써 예배의 중요성을 잊지 않게 하기 위해서입니다. 예배든 봉사든, 이런 원리와 방법을 통해서 우리가 하나님께 속했음을 더욱 깊이 믿어가는 것입니다. 그리고 이렇게 함으로써 우리의 믿음이 더욱 강한 능력을 얻어 가게 됩니다.

더 알아야 하는 것이 아닙니다. 더 체험해야 하는 것이 아닙니다. 지금 내가 알고 깨달은 것에라도 내 삶을 걸어야 합니다. 그래야 그 다음도 있습니다. 자기가 아는 것에 하나님을 짜 맞추지 말고, 오히려 하나님께 우리의 사고와 삶을 짜 맞춰야 비로소 능력 있는 삶도 경험할 수 있습니다.

45

제자는 대답해야 한다
마가복음 9:14-29

두려운 질문

청년 시절, 저는 청년부 회원이면서 성가대원으로 봉사하고 있었습니다. 청년부원 중에도 저처럼 주일 예배 성가대원으로 봉사하는 사람들이 꽤 있어서 청년부 공식 순서가 끝나면 소위 '노래 좋아하는' 성가대원들이 자연스럽게 개별 모임을 가지곤 했습니다. 하루는 아름답게 해가 지는 모습을 바라보며 대화를 나누었습니다. 그때 제 옆에 앉아 있던 선배가 말했습니다. "나는 교회를 다니면서 성가대 봉사까지 하지만, 솔직히 예수님의 십자가니 뭐니 하는 건 별로 관심이 없어. 노래만 있으면 충분하다고 생각하거든." 몇 년 동안 그녀의 모습을 봐 왔던 저는 그 마음에 숨겨져 있던 진심을 듣고서 소스라치게 놀랐습니다. 믿음이 없더라도 신앙생활을 함께할 수 있다…. 솔직히 저는 그때 두렵기까지 했습니다. 지금이야 워낙 놀랄 만한 경험을 많이 해서 '교회라는 것이 그렇지'라고 받아들입니다만, 그때는 교회에서 만나는 모두가 마음속 깊이 하나님을 확신하는 줄 알았습니다.

설교를 마치고 단에서 내려오면 그 이후로 하루 이틀 정도는 거의 매주 경험하는 제 마음이 바로 이런 비슷한 느낌입니다. 예를 들자면, 그 심사(心思)는 이렇습니다. 우리는 매주 교회당에서 예배를 드립니다. 그 예배에 설교가 있는데, 설교는 개신교회 예배에서 거의 절대적인 비중을 차지합니다. 예배는 기본적으로 하나님께 드리는 의식입니다만, 설교는 예배에 참석한 회중들에게 들려주시는 하나님의 선포이며, 거기에 복음, 위로와 견책 등등의 내용이 들어 있습니다. 이 설교가 서 있는 근거는 성경의 이야기, 즉 텍스트입니다. 이 설교를 들으면서 우리는 하나님께서 성령님을 통해 깨우치시는 말씀을 우리의 삶에 비춰 봅니다. 그런데 말입니다, 이런 생각을 해 보셨습니까? 이 성경의 내용이 틀림이 없고, 사실 그대로 기록되어 있음을 믿는가? 이 질문은 굉장히 중요합니다. 우리가 예배에서 하나님의 임재를 기원하며 그분의 살아 있는 말씀으로서의 성경을 묵상하는데, 이 성경의 말씀이 진리인지 아닌지를 확신하지 못한다면 그 예배 자체의 의미가 송두리째 허물어져 버리기 때문입니다.

누군가의 말을 듣고서 열심히 달려가고 있는데, 그 말이 사실이 아님을 뒤늦게 알았습니다. 얼마나 허무합니까? 하지만 요즘의 세태는 그렇지 않습니다. 사람들은 말합니다. "그 말이 사실 아니면 어때? 내가 좋아서 선택한 건데." 그렇습니다. 그 말이 사실인지 아닌지는 중요하지 않을 수도 있습니다. 그 말을 들으면서 판단하고 결정한 것은 바로 나이기 때문입니다. 이런 태도는 성경을 대할 때도 드러납니다. 이에 따르면 성경이 진리인지 아닌지, 사실인지 아닌지는 중요하지 않습니다. 설교를 듣거나 성경을 읽을 때 내 마음이 울렸고, 그래서 내가 움직였다면 그것이 더 중요하다고 생각합니다. 성경이 진리이냐 사실이냐가 중요하지 않다는 뜻입니다. 이런 태도는 내 믿음의 근거가 진실이냐 아니냐 하는 문제에는 관심이 없습니다. 내가 바라던 말, 내가 듣고 싶었던 말이냐 아니냐가 중요할 뿐입니다. 극단적으로 말하자면, 이것은 자기 자신이 하나님, 즉 신이 되려는 태도입니다. 이것이 문제인가요? 문제라면 무슨 문제일까요? 간단히 말하자면, 믿었던 자신마저 무너질 때에는 정말 대책이 없다는 것입니다.

우리는 이 문제를 부여잡고 진지하게 물어야 합니다. 내가 들은 설교, 내가 읽은 성경이 정말 진리일까? 내가 들은 이 말씀이 참이고 진리이며 하나님의 권위에 근거한 것이라면? 그렇다면 어떻게 될까요? 하나님께서 살아 계시고, 그분께서 이 세상을 지으셨으며, 그분의 아들이 이 세상에 오셨다는 성경의 내용들이 그야말로 진실이라면? 진리는 그 자체로 서 있지 않습니다. 진리는 듣는 사람들에게 하나의 분명한 반응을 요구합니다. 이것이 성경이 말하는 진리의 독특한 성격입니다.

하나님은 사랑이십니다. 그분의 사랑은 당신께서 지으신 피조물의 타락을 팔짱 끼고 지켜보지 않습니다. 움직입니다. 간섭하십니다. 때로는 진노하십니다. 때로는 탄식하십니다. 마침내 당신의 아들을 사람의 형상으로 보내시며, 그를 십자가에 달리게 하십니다. 이렇게 능동적인 진리의 속성은 진리를 듣는 사람에게서도 마찬가지로 드러납니다. 진리를 듣는 사람은 반응합니다. 그 말씀에 놀라고, 믿고, 그것을 자신을 위한 하나님의 메시지로 인정합니다. 그리고 자신의 삶에서 그 말씀을 살아 냅니다. 마침내 그 진리와 함께 하나님과의 영원한 교제를 누립니다. 그러므로 진리는 듣는 자에게 받아들일 것을 요구하며, 그에 따라서 살 것을 요구합니다. 이것이 진리에 대한 '전적인 헌신'(commitment)입니다.

우리는 매주 예배를 드리며 매일 하나님의 말씀을 읽지만, 그 순간순간이 위기이며 기회임을 깨달아야 합니다. '매일 읽고 듣는 진리가 사실이 아니라면 어떻게 될까? 그것이 사실이라면 나는 어떻게 그 말씀에 반응해야 할까?' 같은 이런 고민들이 당연히 생겨야 합니다. '나는 목사님의 설교가 무엇을 이야기하든 상관없어, 그 가운데 듣고 싶은 부분만 들을 거야' 혹은 '지금 읽는 말씀 가운데 내게 필요한 메시지가 무얼까?' 이렇게 생각하십니까?

본문에도 사람의 능력으로는 도저히 행할 수 없는 이적 이야기가 나옵니다. 이 이야기가 사실이라고 생각한다면, 나는 어떻게 반응해야 하겠습니까? 교훈이나 적용이 중요하지 이 이야기가 사실이 아니라도 상관없다고 생각하십니까? 아니면 그냥 습관적으로 나와서 시간이 되었으니까 그냥 듣는 것입니까? 교회 나오면 당연히 예배를 드리니까, 혹은 설마 틀린 말을 하겠는가 생각하십니까? 성경이 하나님의 말씀으로서 진리라는 사실이 믿어지지 않으면, 교회에서 행하는 그 모든 것이 헛것이요 도덕 강론일 뿐입니다. 그런 상태에서는 도움이 절박한 사람 앞에서 변론이나 할 수밖에 없었던 예수님의 제자들이나 다름없는 신세일 뿐입니다. 이런 믿음으로 내가 살겠습니까, 남을 살리겠습니까? 목에 걸린 십자가가 사람을 살릴 수 없습니다. 그냥 장식일 뿐입니다. 보면 기분이 좋아질지는 모르겠지만 그 이상도 그 이하도 아닙니다. 이런 맥락에서 우리의 믿음을 깊이 돌아보고 반성하는 시간이 자주 있어야 하는 것입니다.

산 아래서 변론하는 제자들

본문을 살펴봅니다. 소위 변화산에서의 이적이 일어난 직후의 이야기입니다. 14절의 분위기를 보면, 산에서 내려오자마자 벌어진 이야기 같지만, 같은 이야기를 기록한 누가복음 9장을 보면 본문의 이야기는 예수님과 제자들이 산에서 내려오고 '이튿날'에 일어난 것 같습니다. 어쨌든 예수님께서 산에서 내려오실 무렵 베드로와 요한을 제외한 나머지 제자들은 산 아래에서 서기관들과 변론, 즉 논쟁을 하고 있었습니다. 논쟁의 주제는 무슨 신학적인 것이 아니었습니다. 17절의 표현 그대로 인용하자면, "벙어리 귀신 들린 내 아들", 즉 벙어리 아들을 누가 고쳐 달라고 데려왔는데, 이 아들을 놓고 변론이 벌어졌다는 것입니다.

그런데 이 설명을 유심히 들여다보면 이상한 점이 눈에 띕니다. 벙어리면 벙어리이지 여기에 왜 귀신이란 단어가 붙을까요? 여러 가지 이유로 말을 못할 수 있습니다. 그런데 왜 사람들은 이 장애를 귀신과 연결할까요? 이유는 간단합니다. 다음 절을 보면, 왜 사람들이 말 못하는 벙어리를 가리켜 '귀신 들렸다'고 표현하는지를 이해할 수 있습니다.

> 귀신이 어디서든지 저를 잡으면 거꾸러져 거품을 흘리며 이를 갈며 그리고 파리하여 가는지라 _막 9:18

귀신이 이 사람을 지배하면, 그는 그 자리에서 거꾸러져 경련하면서 거품을 입에 뭅니다. 그 결과로 이 사람은 날이 갈수록 살이 빠집니다. 바로 이 대목 때문에 '귀신이 들렸다'고 사람들이 말했던 것입니다. 의학적으로 보자면, 뇌전증 증상이라 봐도 무방할 것입니다. 그러나 이것이 단순히 정신과적 문제 때문인지, 그들이 말하는 대로 정말 귀신 때문인지는 누구도 속단할 수 없습니다. 이어지는 이야기를 봐서는 단순한 정신 질환 때문은 아닌 것이 거의 분명합니다. 어쨌든 날로 악화되어 가는 아들의 뇌전증 증상과 장애 때문에 고통스러워하던 아버지는 제자들에게 데려와 고쳐줄 것을 요청했습니다. 그러나 제자들은 아무 일도 할 수 없었습니다. 병을 고칠 수 없었습니다.

이런 상황에서 변론이 벌어졌다 하니, 마가가 그 변론의 주제를 정확하게 밝히지 않았어도 무엇인지를 짐작할 수는 있습니다. 서기관들이 제자들에게 이렇게 물었을 것입니다. "여봐라, 지금 귀신 들린 벙어리가 여기 있지 않니? 너희들에게 고쳐 달라고 이 사람 아비가 부탁했으니 한 번 고쳐 봐. 너희 선생님은 이런 일 잘하시잖니? 그리고 너희들도 그런 일 해 봤잖아?" 참 곤란한 일이 벌어졌습니다. 예수님은 병자들을 잘 고치실 뿐만 아니라 죽은 사람도 살리신 분으로서 이미 유대 전역에 명성을 날리고 있습니다. 뿐만 아니라 제자인 그들 역시 귀신을 쫓기도 하고, 병자를 고치기도 한 바 있습니다. 그렇다면 제자들이 이 병자도 고칠 수 있다고 봐야 하지 않겠습니까? 더욱이 서기관들이 호의에서 이런 말을 하지는 않았을 것입니다. 그렇다면 제자들이 멋들어지게 이 병자를 고치면 어떨까요? 여봐란듯이 행세할 수 있지 않겠습니까? 마침 선생님도 외출 중이신데 제자들끼리 이런 일을 하면 선생님께서도 칭찬하시지 않겠습니까? 그러나 그들은 그럴 수 없었습니다. 겸손해서 그랬을까요? 천만의 말씀입니다. 그들에게는 그런 일을 행할 만한 능력이 없었습니다. 그것이 이유였습니다. 병자가 앞에 있는데 고칠 수가 없습니다. 제자들이 이 모양이니, 서기관도, 병자의 아버지도, 구경꾼들도, 모두가 황당했습니다. 뭐지 이 사람들? 예수님의 제자들 맞는가?

상황이 이러니 예수님께서 그 장소에 도착하셨을 때 병자의 아버지가 냉큼 나아와 이렇게 말하는 것도 무리는 아니라 생각합니다.

> 내가 선생의 제자들에게 내어 쫓아 달라 하였으나 저희가 능히 하지 못하더이다 _
> 막 9:18

이 말에는 배경이 있습니다. 당시에 누가 '나는 누구의 제자다'라고 말하면 그는 자기 스승의 대리인이었습니다. 그러므로 '예수님의 제자다'라고 말하는 순간 그 말을 하는 사람은 예수님이나 진배없는 신분이 됩니다. 예수님의 제자라면 예수님처럼 병자를 고치고, 귀신을 쫓고, 죽은 자를 살려야 합니다. 그래서 제자라 불리는 것입니다. 아니라면 그 사람의 말은 거짓입니다. 그러니 귀신 들린 벙어리를 고치지 못하는 예수님의 제자들을 못 미더워하는 것이 당연하지 않겠습니까? 이런 상황에서 제자들의 선생이신 예수님께서 등장하셨습니다. 그런데 마가에 따르면, 이 시끄러운 현장에 당도하신 예수님을 맞이하는 무리의 반응이 예상 밖이었습니다.

> 온 무리가 곧 예수를 보고 심히 놀라며 달려와 문안하거늘 _막 9:15

예수님을 아무리 좋아하고 존경해도 그렇지 심히 놀라다니 …. 우리말 성경에는 그 이유를 알 만한 단서가 없습니다만, 원어를 연구하는 분들의 의견을 참조하면 여기 이 현장에 당도하시는 예수님의 모습은 굉장히 달랐습니다. 그들은 소위 변화산 위에서 있었던 광채가 아직 예수님의 몸에 남아 있었을 것이라 말합니다. 이런 모습으로 현장에 나타나신 예수님을 보면서 거기 있던 모든 이들이 한껏 기대한 것만은 확실합니다.

믿음이 없는 세대여!

이 딱한 사정을 확인한 예수님은 말씀하셨습니다.

믿음이 없는 세대여 내가 얼마나 너희와 함께 있으며 얼마나 너희를 참으리요 _막 9:19

예수님의 눈에 이 세대는 믿음이 없습니다. 그리고 이 사실이 예수님께는 너무나도 안타깝고 아팠습니다. 예수님께서 얼마 전부터 당신의 죽음을 예고하기 시작하신 마당이라 이 안타까움은 더욱 가중되었습니다. 이제 시간이 얼마 남지 않았다! 이것이 여전히 믿음 없고 그래서 능력도 없는 무기력한 제자와 이 세상의 신자들을 향한 안타까움의 실체입니다. 그러나 그분은 승리하실 것입니다. 그분은 당신의 계획대로 십자가를 향해 걸으실 것이고, 십자가의 형벌을 감당하실 것이고, 거기서 죽으실 것입니다. 그리고 아버지께서 그를 살리실 것입니다. 이 고난의 길을 갈 때, 그분의 길을 목격한 제자들은 첫 열매 되신 예수님의 뒤를 따라 두 번째 열매가 되는 길을 걸을 것입니다. 이것이 이 믿음 없는 세대가 믿음을 갖는 유일한 방법이고, 예수님의 해법이었습니다. 지금으로서는 병자를 살릴 유일한 해법이신 예수님 자신이 나서실 수밖에 없었습니다. 예수님께서 명령하십니다.

그를 내게로 데려오라 _막 9:19

예수님의 명령에 따라 귀신 들려 고통당하는 벙어리가 예수님 앞에 도착했습니다. 이때 병자는 땅에 엎드려져 거품을 물고서 굴렀습니다. 귀신 쫓는 권세가 없는 사람들에게는 귀신의 능력을 목격하는 두려운 광경이었을 것입니다. 그러나 예수님께는 자신의 마지막을 예감한 귀신의 발악이었습니다. 예수님께서 명령하셨습니다. 예수님의 명령은 구체적이었습니다.

예수께서 … 그 더러운 귀신을 꾸짖어 가라사대 벙어리 되고 귀먹은 귀신아 내가 네게 명하노니 그 아이에게서 나오고 다시 들어가지 말라 하시매 _막 9:25

귀신은 그분의 명령을 따라 쫓겨 나갔으며, 이제는 다시 그에게로 들어갈 여지마저 사라졌습니다.

이제부터 한 가지 사실에 주목해야 합니다. 귀신 쫓는 권세를 가지신 예수님과 그분의 사역보다 더 중요한 교훈이 이 이야기에 담겨 있습니다. 귀신 들린 벙어리의 아버지와 예수님의 대화를 먼저 주목합시다. 이 대화에서 두드러지게 등장하는 단어가 하나 있습니다. '믿음'입니다. 이 믿음이란 단어는 예수님 당신의 한탄에도 등장합니다. 예수님의 지적을 따라 이 상황을 간략하게 말하자면, 귀신 들린 이 병자를 해결할 수 없는 이유가 '믿음'이 없기 때문입니다. 실제로 아버지는 자신의 믿음 없음을 불쌍히 여겨 달라고 부르짖기도 합니다. 그런데 이 모든 상황이 정리된 후에 제자들과 함께하신 예수님은 그전까지와는 좀 다른 말씀을 하십니다. 제자들은 왜 자신들이 귀신을 쫓을 수 없었는지를 예수님께 물었습니다. 이 말을 볼 때, 제자들은 여러 가지 모습과 말로 귀신을 쫓으려고 나름대로 노력했을 것입니다. 그런데 이 질문에 예수님께서 어떻게 대답하셨습니까?

기도 외에 다른 것으로는 이런 유가 나갈 수 없느니라 _막 9:29

믿음이 없어서 못한다는 것입니까? 기도가 없어서 그랬다는 것입니까? 귀신을 못 쫓아낸 것이 믿음 없기 때문입니까, 기도를 하지 않아서입니까?

예수님의 제자가 들어야 할 질문

본문의 상황과 예수님의 말씀을 순서대로 꼼꼼히 살펴보면, 우리는 귀신 쫓는 권세와 기도, 그리고 믿음의 삼각관계를 이해할 수 있을 것입니다. 먼저 상황을 봅니다. 예수님께서 계시지 않은 상황에서 제자들에게 귀신 들린 병자가 찾아왔습니다. 사람들은 예수님께서 그렇게 하셨으니 당연히 그분의 제자들도 귀신을 쫓을 수 있으리라 생각했습니다. 그러나 제자들은 그렇게 하지 못했습니다. 이때 예수님께서 오셔서 귀신을 쫓으시기 전에 '믿음' 없는 세대를 한탄하셨습니다. 다시 말해 믿음은 귀신의 지배에서 벗어날 수 있는 유일한 권세이자 방법이었습니다. 그럼 믿음은 무엇을 말할까요? 귀신을 쫓아내는 능력? 수단? 아닙니다. 믿음은 권세 많으신 참 하나님을 신뢰하는 것이며, 그 하나님의 통치 아래 사는 방식입니다.

여기서 우리가 조심해서 표현해야 할 부분이 있습니다. 믿음은 귀신을 쫓아내는 권세 정도가 아닙니다. 우주의 통치자이신 하나님을 의뢰함으로써 그분의 권능의 날개 아래 살아가는 방식입니다. 우리가 그분의 통치 아래 살아갈 때 세상의 그 어느 것도 우리를 다스리거나 해할 수 없습니다. 귀신의 능력 아래 고통당하는 이를 보면서 예수님께서 이 세대의 믿음 없음을 한탄하신 것은 바로 이 때문이었습니다.

나아가, 제자들이 "우리는 왜 선생님처럼 할 수 없었나요?"라고 물었을 때, 예수님은 "기도 외에 다른 것으로는 이런 유가 나갈 수 없"다고 말씀하십니다(막 9:29). 그럼, 기도가 무엇이길래 예수님께서 이렇게 말씀하셨을까요? 기도는 하나님께 아뢰는 행위입니다. 아뢴다는 것은 신뢰하기 때문입니다. 우리가 우리 자신의 문제를 안고 하나님 앞에 기도로 나아가는 것은 능력 많으신 그 하나님께 그 문제를 의탁한다는 표시입니다. 그러므로 기도한 사람은 기도의 내용은 주님께 온전히 맡기고 오직 감사함과 소망 안에서 삽니다. 바로 이때 하나님께서 움직이십니다. 이것이 기도의 원리라고 할 때, 기도와 믿음의 관계를 이해할 수 있습니다. 하나님의 권능을 믿는 사람은 반드시 기도하며, 기도할 때에 하나님의 능력이 드러난다는 뜻입니다.

사실 새삼스럽지 않은 결론입니다. 그러나 그 전에, 한 가지 무거운 깨달음을 마음에 새겨야 합니다. 세상은 우리가 예수님 믿는 사람임을 압니다. 우리가 믿는 예수님이 어떤 분인지를 대강이라도 압니다. 그들은 종종 우리에게 물을 것입니다. "네가 예수를 믿는 사람이라며? 그럼 이럴 경우 너는 혹은 나는 어떻게 할지 얘기해 줘." "네가 예수를 믿는 사람이라면!" 우리의 이웃들이 이런 전제를 달고서 우리가 예수님의 제자임을 증명하기 원한다면,

우리는 어떻게 대답해야 할까요? 이 말씀을 기억하십시오. 베드로전서 3장 15절입니다.

> 너희 마음에 그리스도를 주로 삼아 거룩하게 하고, 너희 속에 있는 소망에 관한 이
> 유를 묻는 자에게는 대답할 것을 항상 예비하되 온유와 두려움으로 하라

46

믿음과 신자의 길

마가복음 9:30-37

믿음의 주체와 대상을 분별해야 한다

중학교 시절 다니던 교회의 담임목사님은 꽤 유명한 부흥사였습니다. 봄, 가을이면 부흥회가 열렸는데, 저는 그 기간이면 당연하게 학교를 조퇴한 후 아침부터 저녁까지 집회에 참석했습니다. 그냥 참석도 아니고 강대상에서 가장 가까운 자리에 앉아서, 말씀도 듣고 아멘도 큰소리로 하고, 박수 치며 찬송도 부르고 …. 그렇게 하면 큰 은혜를 받을 줄 알고 그랬습니다. 그런데 어느 아침 집회 시간에 담임목사님께서 강단에서 내려와 제 바로 앞에 서시더니, "내 양복을 한 번 잡아 봐"라고 말씀하셨습니다. 그냥 아무 생각 없이 잡았습니다. 그랬는데 목사님이 못마땅한 듯이 이렇게 말씀하셨습니다. "에헤이, 그리 믿음이 없이 잡으니 하나님께서 낫게 하시겠나!" 그제야 속으로 '주여, 믿습니다!'라고 이를 악물고 기도하는 마음으로 목사님의 바지를 붙잡았습니다. 뭐, 아무 일도 일어나지 않았습니다. 그때는 목사님이 그리 말씀하시면 그런 줄 알고 믿는 것이 제게는 너무나도 자연스러웠습니다. 이것이 우리가 예전에 흔히 생각하던 '신자의 생활'이 아닐까요?

본문을 살피기 전에 지난 이야기, 즉 귀신 들린 벙어리에 관한 이야기를 조금 더 보려고 합니다. 같은 이야기가 기록된 마태복음이나 누가복음을 비교할 때, 마가가 이 이야기에서 독특하게 강조하려는 바가 있다고 보기 때문입니다. 마가는 누가와 비교할 때 이 이야기에서 예수님과 벙어리 귀신 들린

아들의 아버지 사이의 대화를 유난스럽게 자세히 기록하고 있고, 마태와 비교할 때는 이 이적 직후에 제자들이 왜 이런 일을 하지 못하였는지 예수님께서 설명하신 부분을 생략하고 있음을 볼 수 있습니다. 결론부터 말하자면, 마가는 예수님이 하나님의 아들이심을 강조하기 위하여 이 이야기를 설명하고 있는데, 이 큰 틀 속에서 이 이야기를 생각해 보려는 것입니다.

마가는 예수님께서 베드로 및 요한과 함께 산에서 내려오신 후에 나머지 제자들이 서기관들과 변론을 벌이는 장면을 본 사실부터 이 이야기를 기록했습니다. 예수님께서 이 현장에 도착하시자마자 한 사람이 예수님께 다가옵니다. 이 사람의 외아들은 벙어리에다가 귀신까지 들리는 바람에 어려서부터 큰 고통 가운데 살고 있었습니다. 그는 자기 아들을 낫게 해 달라고 예수님께 간청했습니다. 그런데 그는 간청하면서 이렇게 말합니다. "그러나 무엇을 하실 수 있거든 우리를 불쌍히 여기사 도와주옵소서"(막 9:22). 병자의 딱한 사정을 감안하면 그냥 지나칠 수도 있는 대목입니다. 이 아버지는 자신의 간절한 소원을 차마 직설적으로 표현하지 못하고 완곡하게 표현했을 수도 있습니다. 그러나 예수님은 이 표현에 예민하게 반응하셨습니다. "할 수 있거든이 무슨 말이냐"(막 9:23). '할 수 있으면'이라는 조건절이 탐탁하지 않았다는 것입니다. "나에게 '할 수 있거든'이라는 말이 타당하기나 한가? 나는 모든 것을 할 수 있단 말이다"라는 뜻이 아닐까요?

참으로 복되게도, 이 아버지는 예수님의 의도를 바로 알아차렸습니다. 그는 즉시 이렇게 말합니다. "내가 믿나이다 나의 믿음 없는 것을 도와주소서"(막 9:24). 그는 자기 눈앞에 서 있는 예수님께서 자기 아들을 고통스럽게 하는 귀신을 제어하실 분임을 고백합니다. 뿐만 아니라 이 예수님께서 귀신을 제어하실 권세를 가지셨음을 조그마한 의심도 없이 믿는 그 믿음조차도 그분께 의탁할 수밖에 없음을 고백했습니다. 이 고백이 나온 후 예수님은 이 사람의 아들을 귀신으로부터 해방시키셨습니다.

마가가 이 대화에서 알리려는 '믿음'은 구체적으로 무엇입니까? 이 '믿음'의 구체적인 내용을 살피기 전에 먼저 우리는 그간에 이 대목과 관련하여 상당하게 오해하고 있음을 돌아보아야 합니다. 그 오해는 이것입니다. 나중에 제자들이 "왜 우리는 귀신을 쫓아내지 못했습니까"라고 묻습니다. 이에 대해서 예수님은 마태복음 17장에서 "너희 믿음이 없기 때문이다"라고 대답하셨는데, 이 말씀에 오해의 소지가 있었다는 것입니다.

> 가라사대 너희 믿음이 적은 연고니라 진실로 너희에게 이르노니 너희가 만일 믿음이 한 겨자씨만큼만 있으면 이 산을 명하여 여기서 저기로 옮기라 하여도 옮길 것이요 또 너희가 못할 것이 없으리라 _마 17:20

간단히 말하자면, 마태복음의 이 말씀은 '산'과 '겨자'의 극적인 대비를 통해서 믿음의 능력을 설명하려는 것이 틀림없습니다. 그러나 '믿음의 능력'이라는 표현을 잘 새겨야 합니다. '믿음의 능력', 혹은 '믿음의 역사(役事)'란 표현은 믿음의 대상이신 우리 하나님의 능력의 크기지 우리 믿음의 크기와 강도를 말하는 것이 아닙니다. 우리가 믿음의 대상이신 하나님을 바르게 믿고 의지할 때, 우리가 흔히 말하는 '믿음의 분량'과 상관없이, 믿음의 대상이신 하나님께서 산이라도 옮기실 것이다, 바로 이 사실을 지적하신 것입니다. 그럼에도 불구하고 우리는 언제나 마태복음 17장 20절과 마가복음 9장의 말씀을 '우리 믿음의 크기'라는 관점에 맞추어 생각하곤 합니다. 우리 믿음이 이정도로 커야 산이라도 옮길 수 있다, 그러므로 산이 움직이지 않는 것은 우리의 믿음이 적기 때문이다, 이런 식으로 예수님의 의도를 왜곡하여 해석하곤 했다는 것입니다.

믿음과 신념을 분간하여야 함

실제로도 우리는 얼마나 자주 이렇게 말합니까! 그러나 이런 말은 옳지 않습니다. 우리가 믿음과 믿음의 능력과 관련하여 할 수 있는 것은 크게 믿는 것, 강하게 믿는 것이 아닙니다. 일하시는 분은 오직 하나님 한 분이시고, 그분만이 이 세상을 통치하심을 확신하며, 그런 까닭에 그분께 우리 인생을 마땅히 전부 맡기는 것이 믿음입니다. 믿음을 생각할 때 반드시 기억해야 합니다. 믿음은 창조주이시며 통치자이신 하나님을 아버지로서 전적으로 신뢰하며 그분과 함께하는 수단이지, 산을 옮기거나 내 목표를 성취하는 수단은 아니라는 점입니다.

예수님은 병자의 아버지가 믿음의 대상으로서의 당신을 보다 정확하고 바르게 이해하기를 원하셨습니다. 이 요구에 부응하여 병자의 아버지는 믿음의 대상이신 하나님의 아들을 믿는 것조차 하나님께 간구해야 할 부분임을 고백했습니다. 이 믿음에 대하여 우리 주님은 귀신을 쫓아내심으로써 그의 믿음이 복됨을 인증해 주셨습니다.

이 이야기에서 우리가 배워야 할 교훈이 적지 않습니다. 가장 우선되는 교훈은 이것입니다. 우리가 흔히 말하는 믿음에는 그야말로 문자 그대로의 믿음이 있는가 하면 인간의 신념이라고 따로 구별해야 옳은 경우도 있다는 것입니다. '믿음이 강하다'라는 표현이 가능할까요? '강하다'가 있으면 '약하다'는 것도 있을 터인데 우리 믿음을 무엇으로 측정해야 강하다 약하다, 심지어 크다 작다 할 수 있을까요? 아브라함처럼 자기 아들을 제물로 바치면 믿음이 크고, '아이고, 아들만은 안 되겠습니다' 하면 믿음이 작은가요?

사실 이런 표현이나 생각이 마냥 틀렸다고 말할 수는 없습니다. 그러나 이런 생각이나 표현을 사용할 때 우리가 신중해야 하는 것은 맞습니다. 이런 생각이나 표현으로 말미암아 부작용이 일어날 수 있기 때문입니다. 내가 만일 '크게 믿어서' 내가 바라던 일이 일어났다고 생각한다면, 또는 하나님께서 일하셨다고 생각한다면, 그것은 잘못된 생각입니다. 하나님은 우리에게 늘 넘치도록 은혜를 베푸시지만, 그것은 우리의 믿음 때문이 아니라 당신 자신의 사랑과 긍휼 때문입니다. 그분의 마음을 움직일 만한 그 어떠한 공로도 우리에게서 발견할 수 없습니다. 성경 전체가 그렇게 가르치고 있습니다. 그리고 그때 말하는 믿음은 실상 '신념'입니다. 믿음과 신념을 구분하지 못하기 때문에 우리는 "할 수 있거든이 무슨 말이냐 믿는 자에게 능치 못할 일이 없느니라"(막 9:23)는 식의 표현이 성경적이라고 오해합니다. 우리는 신앙의 이름으로 각색된 '긍정의 힘' 같은 가르침을 매우 조심스럽게 분간할 줄 알아야 합니다.

낮아짐을 향하는 성품과 믿음

제자들이 귀신 들린 벙어리를 고칠 수 없었는지를 여쭈었을 때, 예수님은 기도 외에는 이런 일을 할 수 없다고 대답하셨습니다. 그러나 이 가르침이 제자들의 마음에 얼마만 한 깨달음을 주었는지에 관해서는 마가가 말하지 않습니다. 마가는 이 이야기를 급히 마무리하고서 대중의 관심으로부터 멀어지기를 바라시는 예수님의 계획을 알려 줍니다. 예수님은 제자들과 함께 이적이 일어난 현장을 떠나 갈릴리 지역으로 이동하십니다. 그리고 가능하면 대중과의 접촉을 피하셨습니다. 이 조용한 시간에, 십자가에 관한 당신의 계획을 제자들에게 더욱 분명하게 알리려 하셨기 때문입니다. 그런데 제자들의 반응은 이랬습니다.

그러나 제자들은 이 말씀을 깨닫지 못하고 묻기도 무서워하더라 _막 9:32

이미 몇 차례 언급했지만, 이렇게 예수님의 가르침이 거듭되는데도 제자들은 여전히 깨닫지 못했고, 이해되지 않은 부분을 예수님께 여쭙기조차 무서워했습니다. 그럼에도 불구하고 제자들이 열심히 한 일이 있습니다. 그들은 예수님과 함께 길을 가는 동안 한 가지를 놓고 열심히 토론을 벌였습니다. 나중에 누가 더 높은 자리에 앉을 것인지를 놓고 열심히 토론했다는 것입니다. 솔직히 표현하면, 이들은 누가 높은 자리에 앉을 것인가를 놓고 서로 다투었습니다.

가버나움에 일행이 도착하였을 때 예수님께서 제자들에게 물으셨습니다.

가버나움에 이르러 집에 계실 새 제자들에게 물으시되 너희가 노중에서 서로 토론한 것이 무엇이냐 하시되 저희가 잠잠하니 이는 노중에서 서로 누가 크냐 하고 쟁론하였음이라 _막 9:33-34

가버나움으로 오는 도중에 제자들이 무슨 짓을 했는지, 예수님은 이미 아셨습니다. 그래서 짐짓 물어보셨는데, 그래도 자신들이 떳떳하지 못했음을 알기는 했는지 제자들은 대답하지 않고 침묵했습니다. 이때 주님께서 말씀하십니다.

아무든지 첫째가 되고자 하면 뭇 사람의 끝이 되며 뭇 사람을 섬기는 자가 되어야 하리라 하시고 _막 9:35

으뜸이 되려는 자, 가장 뒷자리에 설 것이다. 이 얼마나 역설적인 가르침입니까? 우리가 어릴 적에 누군가 무엇이 되고 싶으냐고 물으면 대통령 아니면 대장이 되고 싶다고 했습니다. 부모는 그런 대답을 하라 가르치기도 했고, 또 자식의 입에서 그런 대답이 나오면 대견해하기도 했습니다. 지금이야 희망 사항이 바뀌어서 인기 연예인, 유튜버가 되고 싶다고 대답하는 아이들이 많아졌습니다. 하지만 어느 영역에서든지 으뜸이 되고자 하는 욕심은 누구에게나 보편적으로 존재할 것입니다.

작년 말 우리 교회가 독일 교회와 연합 행사를 했습니다. 그때 크게 놀란 것이 있었습니다. 자기 아이가 자그만 역할 하나라도 하는 그 모습을 사진으로 담기 위해서 예배 도중에도 움직이는 독일인 부모들을 보았기 때문입니다. 물론 예배와 행사에 초대받은 가정이 교회가 운영하는 유치원의 학부모 가정이다 보니 더 심하지 않았나 생각도 해 보지만, 교회를 강하게 존중한다는 독일 사람들이 예배 시간에 거리낌 없이 사진을 찍으러 우왕좌왕하는 모습을 본다는 것은 정말 의외였습니다. 어쨌든 자기 자식이 으뜸 되는 자리에 앉기를 바라는 심정은 세계 어느 나라의 부모 할 것 없이 보편적으로 가진 정서일 것입니다.

그런데 말입니다만, 예수님의 말씀을 좀 더 들어봅니다.

> 어린아이 하나를 데려다가 그들 가운데 세우시고 안으시며 제자들에게 이르시
> 되 누구든지 내 이름으로 이런 어린아이 하나를 영접하면 곧 나를 영접함이요 누
> 구든지 나를 영접하면 나를 영접함이 아니요 나를 보내신 이를 영접함이니라 _막
> 9:36-37

"어린아이 하나를 나의 이름으로 영접하는 것이 곧 나를 영접하는 것이다.
누구든지 나를 영접하면 나를 영접하는 것이 아니라 나를 보내신 하나님 아
버지를 영접하는 것이다." 예수님은 무엇을 말씀하시려는 것입니까? 우선,
예수님의 말씀 가운데 '영접하는 자'라는 표현이 있습니다. 원어의 뜻을 그대
로 설명하자면, '영접하는 자'(ὃς … δέξηται)는 '받드는 자', 혹은 '섬기는 자'입니
다. 다시 말해 '어린이를 예수님의 이름으로 섬기는 자'라는 말입니다. 또 하
나, 당시 어린아이는 쉽게 말해 천덕꾸러기, 힘없는 사람, 약한 사람을 이르
는 상징적인 언어였습니다. 이제 정리합니다. 가진 것 없고 가치 없는 사람
이라 할지라도 이런 사람을 예수님의 이름으로 높이고 섬기면 그 사람은 곧
하나님을 섬기고 높이는 것이나 다름없다는 말씀입니다.

메시아 사역과 신자의 인격

우리는 이 말씀이 얼마나 충격적인 발언인지 상상조차 할 수 없습니다. 설
마 그럴까! 어떻게 어린아이나 가난한 자, 천대받는 자를 예수님의 이름으로
섬기는 것이 하나님 자신을 섬기는 일이나 다름없겠는가! 우리는 믿음을 소
유했다고 스스로를 생각하면서도 겸손이나 섬김이 교양 선택 과목이나 도덕
적인 품성의 일부라고 생각하곤 합니다. 하면 좋지만 안 해도 상관없는, 천
국 가는 데는 상관없는 그런 일이라 생각한다는 것입니다. 교회당 건축을 위

해서라면 기꺼이 큰 헌금이라도 감당하면서도 가난하고 어려운 이웃을 섬기는 일은 무척이나 깊이 고민해야 겨우 몇 푼 더하는 것으로 그 일을 때우려고 합니다. 정말 이래도 될까요? 물론 그렇지 않습니다.

마가복음의 흐름을 따라 살펴보면, '어린아이를 예수님의 이름으로 섬기는 행위'는 결국 메시아의 십자가 사역과 깊은 연관이 있습니다. 하나님의 아들이신 메시아, 곧 예수 그리스도께서 이 땅에 오신 것 자체가 '낮아짐'과 연결되어 있기 때문입니다. 제자들은 메시아의 십자가 죽음에 관한 예고를 주님께 직접 들으면서도 이해하지 못했습니다. 제자들에게 메시아는 언제나 높아짐과 영광 안에 존재했습니다. 그래서 그들은 예수님의 말씀을 들으면서도 궁금한 점을 묻기조차 두려워했던 것입니다. 메시아의 낮아짐의 개념을 모르니, 그들이 겸손과 낮아짐을 깨달을 리도 없었을 것입니다. 이 지경이니, 그들은 메시아의 낮아짐과 수난에 관한 가르침을 받으면서도 그 순간조차도 예수님께서 왕이 되시면 나는 어느 벼슬을 차지할까, 제자 가운데 누가 더 높은 자리에 앉을까를 놓고 논쟁을 벌였던 것입니다.

이런 희극 같지도 않은 희극적인 에피소드에서 배워야 할 교훈은 무엇입니까? 예수님의 사역을 제대로 이해하지 못한 사람은 겸손의 '겸'자도 생각할 수 없습니다. 거두절미하고, 근 30여 년 간 교회를 섬기면서 한 가지 사실을 깨달았습니다. 사람은 본성적으로 높아지고 명예로워지기를 바랍니다. 불교에서도 '해탈을 하기 위해서 마지막으로 버려야 할 것이 부처가 되려는 욕망'이라 말합니다. 교회에도 이와 맥락이 비슷한 우스개가 있습니다. 명예를 마다하는 사람이 꼭 하나 듣고 싶어 하는 말이 '저 사람은 명예를 하찮게 생각한다'는 칭찬이라 합니다. '저 사람 참 겸손하다'는 말을 슬그머니 건네면 누구든지 기꺼이 부엌으로 들어갑니다. 곰곰이 사람을 들여다보면, 자기도 의식하지 못하는 사이에 자신의 취향과 본모습을 드러내곤 합니다. 일 년 내내 손에 물 한 방울 묻히지 않는 사람이 있는가 하면, 언제나 늦게 와서 자기 볼 일만 보고 돌아가는 사람도 있고, 가끔 솔로 파트 몇 소절이라도 맡겨야 마지못해 성가대에 서는 사람도 있습니다. 이런 모습은 사실 그 누구만의 문제가 아니라 우리 모두의 본성적 태도입니다.

제자들은 메시아를 잘못 알았습니다. 잘못 안 것이 죄는 아닙니다. 나중에라도 배우면 됩니다. 그러나 그들은 메시아가 걸어야 할 십자가의 길을 이해하지 못했을 뿐만 아니라 사실상 이해하려고 노력조차 하지 않았습니다. 그저 그들이 가진 메시아 개념을 연장하면서 나중에 자기가 얼마나 높은 자리에 올라 출세할까에만 관심을 기울였습니다. 우리의 모습이 아닙니까? 우리 주님은 하늘 보좌에서 영원토록 찬송을 받으셔야 합니다. 그러나 주님은 스스로 자신을 낮추어 이 땅에 인간의 모습으로 오셨고, 우리를 구원하시기 위하여 기꺼이 십자가의 고난을 감당하셨습니다. 이로 보건대 메시아의 성품과 삶은 그 자체로 낮아짐과 섬김이었습니다.

이것이 사실이라면 그분을 믿는 우리는 어떠해야 하겠습니까? 그분께서 하신 일을 제대로 이해했다면, 그분의 제자라 불리는 그리스도인인 우리들 역시 그분의 성품과 삶의 태도를 닮아야 하지 않겠습니까? 여기에 이르러 우리는 이렇게 말해도 과히 틀리지 않다고 확신합니다. 겸손하지 않은 사람, 낮아지지 않는 사람, 그래서 눌리고 억울한 사람을 예수님의 이름으로 섬기지 않는 사람은 우리 하나님과 예수님을 뼛속 깊이 깨닫지 못한 사람입니다. 스스로 낮은 자리에 서기를 꺼리며 오로지 칭찬받고 명예로운 자리에 서기를 추구하는 사람은, 아직까지 예수님을 깊이 배우지 못한 사람입니다.

성경을 깊이 살피다 보면, 우리는 감당하기 어려울 정도로 많은 교훈을 발견합니다. 그러나 그렇다고 해서 신앙의 길, 신자가 되어 사는 길이 복잡하고 이해하기 어렵지는 않습니다. 신자가 되는 길은 결국 예수님을 닮아 가는 것이고, 하나님께서 바라시는 대로 공의롭고 바르게 이 세상을 사는 것이며, 그분의 성품을 나의 인격을 통해서 세상에 펼쳐 보이는 것이기 때문입니다. 그리고 공부하여 이론으로 안다고 해도 이 길을 걸을 수 있는 것은 아닙니다. 하나를 알더라도 그 앎을 귀히 여기며, 그 부분만이라도 내 삶을 걸고 무겁게 받아들여 실천해야 합니다. 마침내 그렇게 그리스도 예수의 성품을 닮아 갑니다.

낮아짐과 섬김은 예수님을 믿는 믿음의 본질적인 모습입니다. 낮아짐과 섬김은 신자들이 교양으로 선택할 덕목이 아니라 자신의 본질적인 성품으로 만들어야 할 덕목이라는 뜻입니다. 앞에서 언급한 것처럼 저는 이 일이 우리 주님의 말씀과 삶을 깊이 묵상해야만 가능하다고 믿습니다. 다시 한 번 간곡하게 권면합니다. 성경을 통하여 우리 주님의 말씀을 깊이 묵상하고, 그 말씀이 나의 성품으로 화하기까지 끊임없이 정진해야만 합니다. 우리가 '믿음'이라 부르는 이 길은 마침내 예수 그리스도의 삶과 성품으로 변화하는 지점에서 마치게 될 것입니다.

47 제자로 사는 삶
마가복음 9:38-41

세상에서 사는 법

사람은 사람과 어울려서 사회를 이루며 살아갑니다. 거기서 파생되는 수많은 인간관계들. 사람들은 하루에도 몇 번씩 이 관계와 저 관계 가운데 어느 관계가 더 중요한지를 비교하고 계산하면서 살아갑니다. 누구의 전화를 받습니다. 언제 만나기로 약속합니다. 그런데 다른 사람이 전화합니다. 공교롭게도 앞사람과 약속한 시간에 만나자고 제안합니다. 전화를 받으면서 생각해 봅니다. 앞사람과 맺은 약속이 중요할까, 뒷사람과의 약속이 중요할까? 나중에 전화한 사람의 비중이 더 크다면, 때로는 앞사람과 약속을 취소하기도 합니다. 이처럼 대부분의 사람들은 매순간 더 중요한 것과 덜 중요한 것을 저울질하면서 살아갑니다. 이런 계산과 비교 끝에 자기가 더 중요하다고 생각하는 그것을 선택하며 사는 것이 바로 우리 인간의 모습입니다.

하지만 본문을 보면서, 이런 행태가 정말 우리 삶의 전부인가를 물을 수밖에 없습니다. 예수님의 제자들이 가버나움으로 가는 중에 누가 더 높은 자리를 차지할까를 놓고 다투었습니다. 선생이신 예수님은 가버나움으로 가는 길에 일부러 시간을 내서서 당신의 십자가 계획을 자세히 설명하시는데, 제자들의 관심은 다른 곳에 있었습니다. '우리 선생님이 유대인의 왕이 되신다면, 나는 그 나라에서 어느 자리에 오를까?' 이것이 제자들을 사로잡고 있던 가장 큰 관심거리였습니다. 그 관심거리 탓에 숙식을 같이 하던 동료들이 갑작스럽게 경쟁자가 되었습니다. 그리고 거기서 다툼이 일어나게 되었던 것입니다.

그런데 예수님은 비교적 조용히 반응하셨습니다. 호된 꾸짖음보다는 안타까움이 더 강하셨던 것 같습니다. 따지고 보면 당연한 것이었습니다. 하나님의 심정과 계획을 깊이 깨닫지 못한 그들이 어떻게 예수님의 가르침을 곧이곧대로 깨닫고 실천할 수 있었겠습니까? 그들의 태도는 꾸짖는다고 해결될 문제가 아니었습니다. 그들 마음 깊은 곳에 예수님의 심장과 계획이 파고들어 가기 전까지는 어림도 없는 문제였습니다. 이 말은 우리 주님의 가르침이 정말 목숨을 걸지 않고서는 절대 살아 낼 수 없는, 세상과는 전혀 다른 삶의 원리임을 의미하기도 합니다.

예수님은 아주 진지하게("앉으사 … 불러서 … 이르시되", 막 9:35) 제자들을 가르치셨습니다. 아주 강한 톤으로 가르치셨습니다. "아무든지 첫째가 되고자 하면 뭇사람의 끝이 되며 뭇사람을 섬기는 자가 되어야 하리라"(막 9:35). 너희가 무슨 자격으로 그런 꿈을 꾸느냐고 무시하지도 않으셨고, 비아냥거리지도 않으셨습니다. 섬기는 자가 되지 않으면 섬김을 받지 못한다는 것이 예수님께서 제시하신 대원칙이었습니다. 이 원칙은 실상 세상을 거스르는 처세술이었습니다. 왕이든 귀족이든 높임을 받는 사람은 사실 타고나는 경우가 많고, 그렇지 않다면 힘으로 주변을 위압하여 그들에게서 높임을 받는 것이 세상의 원칙 아니겠습니까? 그런데 당신이 메시아 곧 하나님의 아들이심을 은연중에 과시하신 예수님께서 제자들에게 높아지려면 먼저 낮아지라 말씀하시니, 거기에다 예수님 당신도 십자가에 곧 달릴 것이라고 말씀하시니, 이 상황을 제자들이 어떻게 받아들이고 이해할 수 있겠습니까?

어린아이와 하나님의 연관성

거기에다 이 말씀으로도 충분하지 않으셨는지, 어린아이 하나를 불러다 품에 안으시고서 이른바 실물 교육까지도 실시하셨습니다. 예수님께서 말씀하십니다.

> 누구든지 내 이름으로 이런 어린아이 하나를 영접하면 곧 나를 영접함이요 누구든
> 지 나를 영접하면 나를 영접함이 아니요 나를 보내신 이를 영접함이니라 _막 9:37

당시에 존중받지 못하던 아이를 가리키시며 "이런 사람을 내 이름으로 섬기면 그 사람은 곧 하나님을 섬기는 것이다"라고 말씀하십니다. 가진 것 없고 가치 없는, 그래서 세상에서 무시당하는 사람이라 할지라도 이런 사람을 예수님의 이름으로 높이고 섬기면, 그 사람은 곧 하나님을 섬기는 것이나 다름없다는 말씀입니다. 나와 너로 규정되는 인간관계가 있습니다. 우리는 이것을 수평적 관계라고 말하곤 합니다. 그런데 이 수평적 인간관계에서 일어나는 일이 인간과 하나님 사이, 즉 수직적 관계에서 일어나는 일이 될 수 있습니까? 예배 후에 내 옆을 스치는 어느 누구에게 반가운 눈웃음을 보내거나 반대로 눈을 흘기거나 하는 행위가 어떻게 하나님께 눈을 흘기거나 눈웃음을 건네는 일이 될 수 있습니까? 어제 친구들과 함께한 자리에서 누군가를 놓고 욕을 하거나 칭찬을 한 바로 그 행위가, 어떻게 하나님께 욕을 하거나 찬송한 것으로 계산될 수 있다는 말입니까? 예수님의 말씀을 고려할 때, 이 연결 고리가 가능한 것은 오직 한 가지 이유밖에 없습니다. '내 이름', 즉 '예수의 이름으로' 이런 일을 했기 때문에 그 인간에게 행한 인간의 행위가 하나님께 행한 행위가 되는 것입니다. "높아지기를 바란다면 우선 낮아져야 한다. 너의 이웃에 대한 행위는 곧바로 하나님께 대한 행위가 된다." 이 두 문장의 조합이 가지고 온 파장은 실로 엄청납니다.

제가 결혼하기 전, 교회에 한 여성이 있었습니다. 예쁘고 교양 있는, 그래서 뭇 남성의 주목을 끌었는데, 이 자매 성격이 약간 모가 났습니다. 여러 사람이 그 부분을 지적하기도 하고 그녀의 성격을 불편해했지만, 예쁘면 모두가 용서되는 몹쓸 세상인지라 이 자매의 모난 성격은 좀처럼 개선될 기미가 보이지 않았습니다. 그 시절 저도 성깔로 치면 남 못지않았습니다. 제 성격

도 그런 주제에 그 '못된' 자매를 보면서 의협심이 일었습니다. 그래서 어느 날, 날을 잡아서 그녀에게 한마디를 했습니다. "아무개 자매, 한마디 할 게 있는데, 성질 좀 고치면 안 될까?" 그러자 그 자매는 금방 대답합니다. "걱정 마, 내 남편한테만 착하게 굴면 될 거 아냐?" 그 자매, 본인 성격이 모가 났다는 사실을 알았던 것 같습니다만, 그것을 고칠 생각은 없고 '성격이 모가 나면 어때? 남편에게만 착하면 되지' 하고 스스로를 위로하며 살았던 것 같습니다. 정말 그럴까요? 안에서 새는 쪽박이 밖에서라고 새지 않겠습니까?

사람들은 인간관계 가운데서 드러내는 자신의 행위를 나름의 기준으로 설명합니다. 그러나 그의 행위는 결국, 그 자신의 성격이 바깥으로 연장되어 나타난 것입니다. 그러므로 '저 사람은 사실 사귀어 보면 참 착한데 …'라는 표현은 사실이 아닐 수도 있습니다. 그냥 눈에 보이는 그의 행동이 그의 성격이라고 보면 됩니다. 다만, '누가 어떻다'라고 말할 때 우리는 그 말을 입 밖으로 꺼내기 전에 몇 번이고 '혹시 이런 표현이 그 사람을 내가 잘못 보아서 그런 게 아닐까' 하고 신중하게 돌아보아야 할 것입니다. 그 사람의 성격이 그런 것은, 그 사람 자신이 스스로의 인생을 책임지면 됩니다. 그러나 '그 사람의 인격'을 평가하는 말은 말하는 사람 자신이 하나님 앞에 책임져야 할 부분입니다. 마태복음에서의 예수님 말씀을 두려운 마음으로 거듭 새겨야 합니다.

> 형제에게 노하는 자마다 심판을 받게 되고 형제를 대하여 라가라 하는 자는 공회에 잡히게 되고 미련한 놈이라 하는 자는 지옥 불에 들어가게 되리라 _마 5:22

하나님께서 만드시고 사랑하시는 사람, 하나님의 형상을 따라 지음 받은 사람을 어느 누구라도 낮추어 부를 수 없습니다. 어린아이가 미숙하다 하여 천하다고 업신여기는 것은 그 아이를 빚어내신 하나님을 멸시하는 일입니다. 배우지 못한 사람, 냄새나는 옷을 입은 사람, 말을 더듬거리는 사람, 다리를 저는 사람 …. 이런 사람을 업신여기고 자신이 가진 것을 뽐내던 입술을 가지고 하나님을 찬양하는 노래를 부를 수 없습니다. 우리는 잊지 말아야 합니다. 모든 생명, 모든 피조물의 뒤에 계신 하나님을 생각하십시오. 그분을 향하여 말하듯이 그 혹은 그녀에게 말하고 행동해야 합니다. 이것은 우리가 예수님의 제자로, 하나님의 자녀로 살아갈 때 이웃을 대하는 기본적인 원리가 되어야 합니다.

마음을 넓히라

예수님께서 이렇게 가르치셨을 때, 요한이 갑자기 이렇게 말합니다.

요한이 예수께 여짜오되 선생님 우리를 따르지 않는 어떤 자가 주의 이름으로 귀신을 내어 쫓는 것을 우리가 보고 우리를 따르지 아니하므로 금하였나이다 _막 9:38

요한이 대체 무슨 생각으로 이렇게 말했는지는 잘 모르겠습니다. 어린아이같이 낮은 존재도 하나님을 대하듯 성심을 다해 섬기라고 하시니까 "그럼 이런 놈들은 어떻게 해야 할까요?" 하는 식으로 묻지 않았을까요? 요한의 질문에 예수님은 대답하셨습니다.

금하지 말라 내 이름을 의탁하여 능한 일을 행하고 즉시로 나를 비방할 자가 없느니라 우리를 반대하지 않는 자는 우리를 위하는 자니라 _막 9:39-40

요한이 묻는 요지는 이렇습니다. "우리 그룹에 속하지 않은 사람이 예수님의 이름으로 귀신을 쫓는데, 우리가 이 광경을 보고 그리하지 말라고 했습니다. 잘한 것 아닌가요?" 이런 질문이 나온 것은 당시 유대인 사회에 있었던 하나의 관습 때문이었습니다.

당시 유대교의 가르침을 해석하면서 여러 사람들이 나름대로 독특하게 의견을 내놓았고, 이런 의견을 따르는 추종자들이 그룹을 만들곤 했습니다.

성경을 보면 세례 요한에게도 이런 추종자들이 있었고, 그 외에도 에세네파니 뭐니 하는 이름을 지어서 자기파를 구별했던 것입니다. 복음서에 따르면, '주기도문'이라 불리는 부분이 나온 배경도 사실은 이런 관습 때문이었습니다. 여러 그룹에는 선생을 중심으로 하여 추종자들이 있었는데, 이 그룹들에는 나름대로 기도문이 따로 있었던 모양입니다. 그러다 보니, 예수님의 제자들도 이제 우리도 나름대로 우리를 대표하고 알릴 만한 기도문 하나를 만들자는 식으로 말했던 것 같습니다. 이런 요구에 대해서 우리 주님께서 '너희는 이렇게 기도하라'라고 말씀하신 것입니다. 이렇게 하여 이른바 주기도문이 오늘까지 전해지고 있습니다. 이런 배경을 의식하면서 생각해 봅니다. 제자들이 돌아다니면서 보니까 자기들의 선생이신 '예수'의 이름으로 귀신을 쫓는 이들이 있었다는 것이고, 그 광경을 본 제자들이 그들에게 우리 선생님의 이름으로 귀신 쫓는 일을 다시는 하지 말라고 단단히 일렀다는 것입니다.

이런 행동이 잘한 일입니까? "우리 선생님 성함을 니들이 무슨 권리로 사용하는데?" 이런 논리는 당시의 관습에 따르면 과히 틀린 것 같지 않습니다. 그러면 주님께서 제자들을 칭찬하셨습니까? 아닙니다. 주님께서 말씀하셨습니다. "하지 말라고 말하지 마!" 의외 아닙니까? 왜 예수님은 그들의 행위를 금하지 말라고 말씀하셨을까요? 바로 뒤에 이유를 설명하십니다. 첫 번째 설명은 이렇습니다. "내 이름을 의탁하여 능한 일을 행하고 즉시로 나를 비방할 자가 없느니라"(막 9:39). 기가 막힌 논리 아닙니까? 누군가에게 밥을 얻어먹고 금방 뒤돌아서서 밥 사 준 사람을 욕하지는 않습니다. 이런 비슷한 논리 아닌가 싶습니다. 그런데 또 하나의 이유가 이어집니다. "우리를 반대하지 않는 자는 우리를 위한 자니라"(막 9:40). 친구의 친구는 친구입니다. 원수의 원수는 친구이고, 원수의 친구는 원수입니다. 우리는 이런 역설적인 논리를 이미 익숙하게 압니다.

'우리를 반대하지 않는 자는 우리를 위한 자다. 내 이름으로 귀신을 쫓는 사람은 내 친구 혹은 내 편이다.' 예수님의 관점은 무엇입니까? 그룹을 짓고, 그룹이 그룹을 적대적 혹은 경쟁적인 관계로 인식한다면, 모든 그룹은 모든 그룹에 대하여 배타적일 수밖에 없습니다. 그런데 예수님의 생각은 다릅니다. 내 제자, 내 공동체, 내 제자는 아니더라도 내 이름으로 귀신을 쫓는다면 그 사람은 멀리 보아 내 편 아닌가? 그런데 그 사람이 하는 일을 왜 막아야 하지? 이런 생각에는 이른바 '전략적 관점'이 깔려 있지 않을까요? 그가 하나님의 나라를 위해 예수의 이름으로 귀신을 쫓는다면 그가 좁은 의미에서는 내 그룹의 구성원이 아니더라도 넓은 의미에서는 내 편이다. 이런 관점은 영역 중심의 사고가 아닙니다. 나의 영역과 너의 영역을 어떻게 선을 그어 구별할까, 이것이 중요하지 않습니다. 그가 하는 일이 하나님의 나라를 확장하는 데 기여하는 일이라면, 그 사람이 내 편에 속하지 않아도 괜찮다. 이런 생각을 목적 지향적 관점이라 불러도 괜찮을 것입니다.

하늘의 관점으로 세상을 살기

크게 보아라, 마음을 넓게 써라! 내가 하는 똑같은 일을 누가 한다면, 그는 내 동지이다! 우리의 관점에서 보더라도 그리 부담이 없는 가르침입니다. 그럼에도 불구하고, 우리가 경험하는 현실은 정반대입니다. 당장 우리가 경험하는 현실은 이렇습니다. 어느 도시에 한인 교회가 둘입니다. 두 교회의 교인들이 한 학교를 다닙니다. 그런데 교회가 다르다고 하여 학교에서 마주쳐도 서로 인사하지 않습니다. 공부도 끼리끼리 모여서 합니다. 특정한 도시의 일만이 아닙니다. 이 이야기가 어색하지 않은 것이 우리의 현실입니다. 예수님이 다릅니까? 하나님이 다릅니까? 아니지 않습니까? 남의 이야기로 들으면 굉장히 어색하고 불편한데, 내가 속한 환경에서는 아주 흔한 일이 되는 것이 너무나도 신기하지 않습니까? 우리끼리 모여서 예배하면 너무 좋은데, 다른 나라 사람과 예배하면 너무나도 어색합니다. 물론 외국어로 예배하는 것이 불편하긴 할 것입니다. 그러나 그렇다고 해서 '역시 우리말로 예배하는 것이 너무 좋아'라며 그들과의 만남을 대놓고 꺼리는 것도 바람직하지는 않습니다.

이런 문제는 사실 작은 일일 수 있습니다. 예전부터 이런 말이 있었습니다. 세상에 하나님도 못 말리는 것이 믿는 사람끼리 싸우는 것이란 말. 다른 종교를 가진 사람들끼리 싸우는 것은 말할 것도 없고, 같은 종교를 가진 사람끼리 싸우는 것도 마찬가지입니다. 오죽하면 2차 세계 대전 때 하나님께서 잠시 피신하셨다고 하는 농담이 있을 정도였습니다. 프랑스도 전쟁에서 이기게 해 달라고 기도하고, 영국도 마찬가지로 하나님께 기도하니, 하나님께서 대체 어느 편을 드셔야 하겠습니까? 정확한 통계를 갖고 있지는 않습니다만, 제가 보기에 인류 역사상 가장 많은 희생자를 낸 전쟁이 종교 전쟁이 아닐까 합니다. 이유는 누구라도 추측할 수 있습니다. 믿음이라 할 때 하나님의 가르침을 토대로 자신의 삶을 해석하는 것인데, 이러다 보면 어느 결에 신자 자신이 하나님의 자리에 앉아 세상을 자기중심으로 볼 위험이 굉장히 높기 때문입니다. 이런 위험에서 멀어지려면 신자는 언제나 자신의 삶을 하나님의 관점에서 객관화하려는 노력이 필요합니다.

주님은 제자들에게 더 넓은 마음과 전략적 사고방식을 요구하셨습니다. "그들이 너희의 바운더리 안에 속한 사람이든 아니든 내 이름으로 무엇을 하고 있다면, 그들 역시 내 사람들이다." 하나님의 일은 추상적이고, 따라서 나와는 먼 일입니다. 그런데 그것이 우리 교회 일이라면 매우 적극적으로 봉사합니다. 이것이 우리의 경험입니다. 우리 교회가 하지 않는 일을 다른 교회가 할 때, 그것이 정말 하나님을 위해서 해야 하는 일이라면 그 일은 더 이상 남의 일이 아니라 내 일이 되어야 합니다. 이 교회가 하든 우리 교회가 하든 그것이 하나님의 일이기 때문입니다. 이런 열린 마음으로 세상을 바라보아야만 하나님이 좋은 것이고, 또 이렇게 되어야만 나 역시 좀 더 넓고 유연한 시각을 가진 사람으로 성장할 수 있습니다. 이웃 신자와 경쟁하는 구도에 파묻혀서 하나님 나라의 보다 넓은 시각을 잊어서는 안 됩니다. 이래서는 우리의 일하는 영역도 넓어질 수 없고, 더 다양한 관점과 방법을 아우를 수 있는 사람이 되기도 어렵습니다. 하나님은 우리를 부르실 때 우리 동네에서만 호령하는 동네 호랑이로 부르지 않으셨습니다. 우주를 통치하시는 하나님의 아들로, 상속자로 우리를 부르셨습니다. 그러므로 하나님을 믿는 사람이 쪼잔하게 자기 잘되는 일이나 생각하고, 자기 집이나 위하고, 자기 교회만 잘되기를 기도한다면, 이것은 분명히 건강하지 않습니다.

예수님의 말씀을 한 번 마음에 그려 보십시오. 지극히 작은 사람을 하나님처럼 섬기는 나. 나에게 예수님의 이름으로 물 한 그릇이라도 대접하는 그 사람을 장차 나와 함께 하나님의 상급을 받을 동료로서 받아들이는 나. 나의 모습을 이렇게 생각만 해도 내 그릇이 금방 커지는 것을 느낄 수 있지 않습니까? 나의 삶의 수준이 달라지지 않습니까? 세상을 바라보는 안목이 넓어지지 않습니까? 하나님은 이처럼 통이 크고 넓은 마음을 지닌, 그러나 동시에 겸손한 사람이 되기를 바라시며 우리를 부르셨습니다. 십자가, 낮아짐, 섬김 등 굉장히 실천하기 어려운 명령입니다. 아니, 그야말로 자신을 십자가에 매어 달지 않고서는 절대 실천할 수 없는 일일 것입니다. 그럼에도 불구하고 하나님의 그 부르심에 순복할 때, 우리는 하나님과 함께 이 세계를 다스릴 그분의 자녀로서 그분의 옆에 서게 될 것입니다.

48 소금처럼 사는 제자
마가복음 9:42-50

믿음과 선택

창세기 47장 27절부터 48장 7절까지를 보면, 이 부분에서 가장 두드러지는 것은 야곱의 집념입니다. 야곱은 기어이 가나안 땅으로 가야 한다는 자신의 마음을 아들 요셉에게 강요하다시피 했습니다. 그는 자신이 죽거든 애굽에다 장사 지내지 말고 두었다가 해골이라도 갖고서 가나안 땅으로 가야 한다고 말했습니다. 뿐만 아니라 야곱은 요셉에게 그렇게 하겠다고 약속하라고 강요합니다. 이렇게까지 야곱이 가나안 땅을 사모한 것은 일찍이 그의 가정에게 주신 하나님의 약속 때문이었습니다. 그의 할아버지 아브라함 역시 그 약속을 믿었기에 가나안 땅에 돈을 주고서 자신의 가족 묘 자리를 사고 거기에 자신과 아내를 묻었던 것입니다.

따지고 보면 야곱의 이런 집념은 놀랍습니다. 젊은 시절의 그 영악하던 야곱의 모습을 생생하게 기억하는 창세기의 독자라면, 그가 이렇게까지 가나안 땅을 사모하는 것이 너무나도 생소합니다. 이를 이해하려면 먼저 가나안 땅과 고센 땅을 살펴봐야 합니다. 고센 땅은 지리적으로 나일강의 갖가지 양분이 쌓이는 삼각주 지역에 위치합니다. 비옥할 뿐만 아니라 가나안 땅의 지리적 특성과 비교할 때, 무엇보다도 비 걱정을 하지 않아도 되는 복된 땅입니다. 그에 비교하면 가나안 땅은 비를 머금을 수 없는 토질이어서 비옥하기는 하지만 비가 적당한 때에 내리지 않으면 그야말로 아무짝에도 쓸모없었습니다. 비가 내려야 한다는 이 조건은 당시 사람들에게 종교적 의미와 연결되었습니다. 하나님께서 적당한 때마다 비를 주셔야만 한다는 의미였고, 그러므로 가나안 땅에서는 이런 면에서 하나님의 동행이란 조건 하에서만 풍요를 보장받을 수 있었습니다.

이런 상황을 고려할 때, 야곱이 젊은 때였다면 과연 어떤 땅을 선호했겠습니까? 사시사철 비 걱정 없이 농사를 지을 수 있는 고센 땅을 선택했겠습니까, 시시때때로 하나님의 눈치를 보아야 하는 가나안 땅을 선택했겠습니까? 누가 봐도 고센 땅이 더 낫지 않겠습니까? 거기에다 자기 아들 요셉이 총리 대신으로 앉아 일하는 애굽인데, 이 땅에서는 가나안 원주민들의 눈치를 보지 않아도 되지 않겠습니까? 그런데 이처럼 좋은 조건을 누리고 있던 자식들에게 "나는 죽어서라도 가나안 땅, 하나님께서 우리에게 약속하신 그 땅으로 가야 하겠다"고 말하는 야곱을 창세기에서 보는 것입니다. 이런 변화는 80여 년에 가까운 하나님의 훈련 때문이었습니다. 엎어지고 뒤집어지는 인생살이 끝에 야곱은 마침내 자기 계산보다는 하나님의 약속을 더욱 사모하는 사람으로 변모했던 것입니다.

이렇게 변화된 야곱의 특징이 무엇입니까? 눈앞에 보이는 이익보다 하나님의 약속을 더 귀중히 여기는 태도입니다. 그는 인간적으로 볼 때 고센 땅이 훨씬 더 유리한 줄을 분명히 알았을 것입니다. 하지만 그는 고센보다 불리한 가나안을 선호했습니다. 다시 말해 야곱은 147세에 이르러 자신의 계산보다 하나님의 약속을 더 의지했습니다. 비록 자신의 습성이 '고센 땅이 더 살기에 편해!'라고 말할지라도, "내가 가나안 땅을 너와 네 후손에게 주겠다"고 말씀하신 하나님의 약속을 더 신뢰했습니다. 자기 눈이 고센 땅을 더 좋게 보더라도, 그래서 가나안 땅이 덜 좋아 보이더라도, 야곱은 여전히 가나안 땅을 선택했습니다. 야곱은 하나님께서 자기에게 가장 좋은 것을 주시는 분이심을 신뢰하였습니다.

이렇게 볼 때 야곱이 보여 주는 믿음을 이렇게 정리할 수 있습니다. 믿음은 하나님의 신실하심과 선하심에 근거하여 판단하는 행위이며, 하나님의 약속에 근거하여 어떤 것을 선택하는 것입니다. 다시 말해 믿음은 하나님의 신실하심과 선하심을 근거로 하여 자신의 삶을 해석하는 안경입니다.

범죄하게 하는 것

우선 본문에서 두드러지게 드러나는 특징이 있습니다. 형식적으로 볼 때 그 특징은 이렇습니다. "무엇이 너를 범죄하게 하느냐? 그럼 그걸 잘라 버려라. 그것 가지고 지옥 가는 것보다 잘라 버린 채로 천국 가는 것이 낫지 않으냐?" 신체의 어떤 부분을 놓고 그것보다 중요한 것이 천국이냐 지옥이냐를 예수님께서 물으십니다. 냉정하게 판단한다면 지옥보다 천국, 즉 영생이 낫습니다. 훨씬 낫습니다. 예수님의 질문에는 중간이 없습니다. 다른 것을 생각할 여지를 전혀 주시지 않습니다. 냉혹할 정도입니다. 그것으로 말미암아 지옥의 형벌을 받겠느냐, 그것을 버림으로 영생을 얻겠느냐? 이런 대비로 우리를 일깨우려 하시는 것은 분명합니다. 전혀 피할 여지가 없을 때에, 그때에야 사람은 더 중요한 것이 무엇인지를 인지하며 그것을 선택한다는 것입니다.

그러나 예수님의 질문에 이렇게 결론을 내린다 하더라도, 우리에게는 여전히 의문이 남습니다. 43절 이후에 반복되는 그 '범죄'가 대체 무엇이냐는 것입니다. 손이 범죄하게 하는 것이 무엇이며, 발이 범죄하게 하는 것이 무엇입니까? 눈이 범죄하게 하는 것이 무엇입니까? 우리는 찍어 버리라, 뽑아 버리라는 주님의 말씀이 너무 강력해서 막상 그 범죄가 구체적으로 무엇이며, 손이나 발, 눈이 대체 어떻게 우리를 범죄하게 하는 것인지는 구체적으로 생각해 보지 않았습니다. 우리는 지금 그것을 살펴보아야 합니다.

손과 발, 눈이 무엇으로 우리를 범죄하게 할까요? 그러나 이렇게 질문할 때는 답을 찾기 어렵습니다. 설사 어떤 답을 찾는다 하더라도 또 다른 어려움에 봉착하기 때문입니다. 주님께서 말씀하십니다.

소금은 좋은 것이로되 만일 소금이 그 맛을 잃으면 무엇으로 이를 짜게 하리요 너희 속에 소금을 두고 서로 화목하라 하시니라 _막 9:50

심판의 몸서리쳐지는 장면 가운데 이렇게 소금이 등장하고 있습니다.

사람마다 불로서 소금 치듯 함을 받으리라 _막 9:49

불에다 소금을 뿌리면 어울리지 못하고 탁탁 튑니다. 불의 뜨거움을 소금의 수분이 견디지 못하고 튀는 것입니다. 저는 이 묘사가 지옥의 불에서 고통당하는 인간의 모습을 연상시킨다고 봅니다. 그런데 이 소금이 갑자기 그 다음 절에서 극적인 의미 전환을 일으킵니다. 그래서 50절에서의 소금의 의미는 문맥상 '화목'의 역할, 즉 화목의 중재자가 되어 버립니다.

예수님은 제자들에게 소금의 역할, 즉 세상에서 화목하게 하는 역할을 해야 한다고 가르치셨습니다. 그런데 누구와 화목하라는 말씀일까요? 본문 주변을 살펴보면 제자들이 화목해야 하는 대상은 놀랍게도 이런 사람들입니다. 제자들과 같은 그룹에 속하지는 않았지만 예수의 이름으로 귀신을 쫓는 사람들, 다시 말해 같은 목적을 공유하지만 같은 그룹에는 속하지 않은 사람들입니다. 그들을 배타적인 태도로 대해서는 안 됩니다. 같은 일을 하는 동료로서 받아들여야 합니다. 이 일은 절대로 쉽지 않습니다.

바리새인들은 귀신을 쫓고 병자를 고치며 죽은 자를 살리는 예수님을 동료로서 받아들이지 못했습니다. 그들은 예수님의 사역이 하나님의 이름으로 행해지는 것을 보지 않았습니다. 그들은 예수님이 바리새파에 혹은 사두개파에 속하지 않았다는 사실에 분노했고, 랍비 자격증을 갖지 않은 것에 화를 냈습니다. 자기들의 이익에 해가 되기에 이를 갈았습니다. 그러므로 하는 일의 방향이 같다면 같은 그룹에 속하지 않은 사람이라도 받아들인다는 것은 인간의 능력으로서는 도저히 실천할 수 없는 과제라고 보입니다.

본문은 결론적으로 무엇을 말하고 있습니까? 적어도 표면적인 관찰로는 이 부분에서 일관된 주제는 없어 보입니다. 이해 자체가 어렵습니다. 그러나 이 본문을 본문 앞의 예수님의 말씀과 연결하면 어느 정도의 성과를 얻을 수 있습니다. 앞부분에서 우리는 두 가지 의미를 찾아냈습니다. 첫째, 인간 사이의 수평적 관계에서 행해지는 행동들이 하나님과의 수직적 관계에 직접적으로 연결된다. 둘째, 우리 사이의 그룹 짓기와 그 그룹 사이의 배타적 관계를 '하나님 나라' 중심의 관점에서 바라보는 넓은 시각을 가지라. 특히 두 번째 의미는 본문을 이해하는 데 결정적인 열쇠가 됩니다. 이것을 전제로 본문의 의미를 생각할 때, 특히 본문 마지막 절의 '화목'이란 결론으로 본문 앞의 말씀과 연결할 때, 우리는 비로소 '범죄하게 하는 것'이 무엇인지를 알게 됩니다. 그것은 한 목적을 가지고 하나님의 나라를 위하여 일하는 동료들을, 혹은 함께 믿는 이웃을 실족하게 하는 죄입니다.

실족케 하는 죄에 관하여

우리는 예수님을 믿으면서부터 지금까지 이웃을 사랑하라는 가르침을 너무나도 자주 들었습니다. 그러나 본문을 살피면서 심상치 않은 무거운 느낌을 예감합니다. 본문이 주어진 상황을 봅니다. 제자들은 십자가 사역에 관한 거듭되는 예수님의 예고를 제대로 이해하지 못했고, 오히려 자기들 가운데 누가 가장 높은 자리에 앉을까에 관심을 두었습니다. 이런 상황에서 우리 주님의 가르침이 길게 이어지고 있습니다. 주님께서 말씀하십니다.

누구든지 나를 믿는 이 소자 중 하나를 실족케 하면 차라리 연자 맷돌을 그 목에 달리우고 바다에 던지움이 나으리라 _막 9:42

"누구든지 나를 믿는 소자 하나라도 실족하게 한다면! 나를 믿는 사람이 너 때문에 하나라도 넘어진다면, 그는 차라리 연자 맷돌을 매고 바다로 던져지는 게 나을 것이다!" 얼마나 무서운 말씀입니까? 예수님의 서릿발 같은 교훈이 이어집니다. "네 손이, 네 발이, 네 눈이 나를 믿는 작은 아이 하나라도 실족하게 한다면, 즉시 그것을 잘라 버려라. 실족케 하는 그것을 갖고서 지옥에 가는 것보다는 나은 일이다."

우리는 죄를 짓지 않고서 살 수 없는 존재입니다. 죄를 지은 후에 후회하기도 합니다. 그러나 내가 실족하게 한 그 사람의 문제에 관하여 내 목숨으로 그 죄를 배상하려는 마음까지는 없습니다. 약간의 가책이 있어 사죄는 할지 몰라도 나의 죄를 계속 지적하는 사람에게 '미안하다는데 왜 계속 성질을 부리느냐'고 오히려 화를 냅니다. 자신의 죄보다 용서를 받지 않는 이의 못된 성격이 더 문제라고 몰아붙이기도 합니다. 이것이 우리의 한계입니다. 그러나 주님은 이 문제에 여전히 강경하십니다. "사람마다 불로써 소금을 치듯 할 것이다." 형제와 자매를 쓰러지게 한 죄의 대가는 명백합니다. 지옥 불이며, 영원한 고통입니다.

저는 이 주제에 관하여 더 이상 말씀을 이어 갈 자신도 없고 담력도 없습니다. 말 한마디 한마디가 송곳과 같이 제 의식과 양심을 찔러 대기 때문입니다. 그럼에도 불구하고 있는 용기를 다하여 제 자신과 우리 공동체를 준엄하신 우리 주님의 말씀 앞에 세우기 원합니다. 그래서 다 함께 주님의 긍휼과 은혜를 받기 원합니다. 주님의 말씀 앞에 서는 것이 때로는 아프고 진저리가 납니다. 수치스럽기도 합니다. 그러나 그것을 이기고 용감하게 그 말씀 앞에 서서 나의 삶을 돌아보며, 우리 주님께서 원하시는 형상을 향하여 한 걸음 한 걸음 나아가는 것이 얼마나 복된 일입니까. 하나님의 말씀을 대면하는 그 어려운 고비를 넘을 수 있는 것은 그것이 얼마나 복된 일인지를 알기 때문입니다.

높아지기를 간절히 바라는 제자들 앞에 어린아이를 안고 앉으셔서 그들을 향해 던지시는 이 가르침에 우리는 몇 번이고 주의하여 귀를 기울여야 합니다. "높아지기를 바라느냐? 너희들의 바람이 어떠하든, 나는 십자가의 길을 걸어가련다. 내가 너희들에게 바라는 길은 높아지는 것이 아니라 세상에서 가장 낮고 천한 사람까지라도 섬기는 것이다. 그러지 않고 그를 오히려 실족하게 한다면, 너희는 불에 던져진 소금처럼 맹렬하게 타오르는 지옥 불에서 영원토록 고통을 당할 것이다. 자, 이제 어떻게 하겠느냐? 네 형제를 실족시키는 것이 손이라면 손을 잘라 버리고, 발이라면 발을 잘라 버리겠다는 각오로 그들을 대할 수 있겠느냐? 이것이 내가 걸어가는 십자가의 길이다. 이것이 나의 길을 따르는 너희들이 따라야 할 길이다." 이 말씀에 우리는 어떻게 대답해야 하겠습니까? 우리는 어떤 각오로 우리의 형제와 자매를 대해야 하겠습니까?

하나님을 사랑하는 길은 멀리 있지 않습니다. 예수 그리스도의 길을 따르는 제자의 길이 멀리 있지 않습니다. 바로 내 옆에 매일 있는 듯 없는 듯 존재하는 형제와 자매, 마음 내키면 웃어 주다가 싫으면 속으로 욕 한마디 해도 상관없는 그 형제와 자매를 섬기는 일이 곧 하나님을 사랑하는 일이고 주님의 제자가 되는 길입니다. 그럼에도 만날 때마다 핑계를 대며 늦게 나오는 뺀질이 같은 어느 누구를 '저 애는 원래 저래' 하고 슬그머니 내 마음 한 켠에 제쳐놓고도 그것을 아파하기는커녕, 세련된 신앙인의 자세라고 자위하는 것이 바로 우리입니다. 이런저런 이유로 우리가 교회에서 매주 마주치면서도 마음으로는 절대 형제자매로 인정하지 않는 사람이 우리 안에 얼마나 많습니까! 우리 주님은 형제와 자매를 사람 취급하지 않고도 아무렇지 않게 생각하는 우리를 뼈아프게 다그치십니다. 주님은 그런 그조차도 사랑하고 섬기라 말씀하십니다. 지옥이라는 무서운 회초리를 휘두르시면서까지 말입니다.

이러저러한 이름으로 무리 지어 무슨 행사를 벌이는 것은 교회가 본질적으로 해야 할 일이 아닙니다. 내 눈에 띄는 형제와 자매를 예수 그리스도의 이름으로 사랑할 수 없어 가슴을 치며 부르짖는 일이야말로 교회가 해야 할 가장 큰 사역 가운데 하나입니다. 교회에는 말씀으로도 제어할 수 없는 완고한 나의 고집을 깨뜨리지 못함으로 말미암아 통곡하는 사람이 많아야 합니다. 교회는 내 옆의 형제와 자매를 아주 가끔 찬양 가운데 포옹이나 하면서 그것을 사랑이라 일컫는 곳이 아닙니다. 교회는 내가 얼마나 하나님을 사랑하는지 측정하기 위해 존재하는 곳이며, 그 안에서 만나는 형제와 자매는 내가 얼마나 낮아지는 연습을 했는지를 가늠하는 존재입니다. 이 사실을 우리가 깊이 마음에 새기지 않으면, 교회가 얼마나 큰가, 교회가 얼마나 다양한 사업을 하는가 같은 것을 가지고서 서로 비교하고 뻐기며 좌절하게 될 것입니다. 교회는 낮아지고 섬기고 사랑하는 성격을 지닌 공동체를 향해서 가야 합니다. 교회가 행해야 할 가장 큰 사명과 사역은 바로 이것입니다. 이 일을 하기 위하여 교회가 온 힘을 다할 때, 그래서 그 공동체에 속한 하나하나가 우리 주님의 성품을 닮아 갈 때, 비로소 우리 주님의 간절한 바람은 완성될 것입니다.

49

하나님을 시험하지 말라

마가복음 10:1-12

예수님을 시험하는 바리새인

본문 이전의 상당히 긴 부분은 예수님께서 제자들을 집중적으로 가르치시는 내용이었습니다. 이제 제자들을 가르치시는 일이 끝나고 무대가 바뀌며 한 사건이 이어집니다. 본문을 보면 바리새인과 예수님의 대화가 나오는데, 주제는 '이혼'입니다. 평면적으로 보면 이혼이라는 주제 자체가 굉장히 현실적이며 동시에 미묘하고 심각하기 때문에 본문을 대하자마자 우리는 '이혼에 관한 예수님의 가르침은 무엇일까?' 하고 달려들 수밖에 없습니다. 그러나 결론부터 이야기하자면, 그런 식으로 성급하게 달려들어서는 안 되고, 전체 문맥을 보면서 교훈을 찾는 것이 옳습니다. 그렇지 않을 경우 성경 어디서나 하나님의 마음에 초점을 맞추지 못하고 성경을 한낱 종교 법규집으로 만들 위험이 있습니다.

본문의 배경이 되는 장소는 '유대 지경과 요단강 건너편'이며, 여러 해설들을 참조하면 '베레아' 지역일 확률이 아주 높습니다. 마가복음 11장과의 연결을 생각하면 지금 예수님 일행은 예루살렘을 향해 이동하는 중인 것 같습니다. 어쨌든 예수님 일행은 여기에서도 예수님을 찾아온 많은 청중을 만나야 했습니다. 이로써 제자들을 향한 예수님의 심화 학습은 자연스럽게 끝났습니다. 예수님 일행은 이 많은 무리들을 가르치느라고 바빴습니다. 그런데 이때 한 그룹의 바리새인이 예수님을 찾아왔습니다. 그들은 예수님께 한 가지를 질문했습니다. 마가는 이들의 질문이 일종의 '시험'이었다고 말합니다. 어떤 책은 마가가 여기서 사용한 '시험'(ἐπερωτάω)이란 단어를 이렇게 해석해 놓았습니다. "피고인을 시험해 보다, 방심하고 있는 사람을 잡다." 바리새인들은 이 질문을 통해서 예수님을 자기들이 원하는 방향으로 몰고 가려 했습니다.

사람이 아내를 내어 버리는 것이 옳으니이까 _막 10:2

문자 그대로 해석하자면, '남편이 아내를 쫓아내는 것이 합법적입니까?'입니다. 이 질문이 담고 있는 의미가 오늘날의 우리에게는 상당히 불편할 것입니다. 오늘날의 우리에게 결혼은 자신의 결정을 책임질 수 있는 독립된 존재인 남자와 여자가 결합하는 일입니다. 그러므로 바리새인들의 질문이 쉽게 '이혼'을 의미한다면 오늘날의 우리는 자연히 이렇게 물을 수 있을 것입니다. 어째서 남자만 여자를 버릴 권리가 있습니까? 여자도 남자를 버릴 수 있지 않습니까? 그러나 이런 반문(反問)은 지금 언급할 상황이 아니라 생략합니다.

예수님께서 대답하셨습니다.

모세가 어떻게 너희에게 명하였느냐 _막 10:3

예수님은 당신의 의견을 내놓기 전에 바리새인들의 의견을 꺼내기 위해서 이렇게 물어보셨습니다. 바리새인들이 곧 대답합니다.

모세는 이혼 증서를 써 주어 내어 버리기를 허락하였나이다 _막 10:4

바리새인들뿐만 아니라 율법을 제대로 학습한 유대인이라면 모두 '이혼'에 대한 태도가 이미 정해져 있어야 했습니다. 율법에 이혼에 관한 하나님의 규례가 있었기 때문입니다. 그럼에도 불구하고 그들은 왜 예수님께 질문했을까요? 예수님은 바리새인들의 대답을 들으시고 곧장 다시 물으십니다.

너희 마음의 완악함을 인하여 이 명령을 기록하였거니와 _막 10:5

이혼에 관한 구약의 규정을 살펴보면 이혼의 조건과 절차에 관한 부분은 있어도 하나님께서 어떤 의도로 이런 규정을 만드셨는지는 분명하게 나와 있지 않습니다. 하지만 예수님은 이 규례가 제정된 배경을 이렇게 설명하셨던 것입니다. 사실 이런 부분만 보더라도 우리는 예수님의 권위가 하나님과 방불하다는 사실을 깨달을 수 있습니다. 다시 말해 율법의 배경을 설명하시는 예수님의 행위는 율법을 제정하신 하나님의 권위를 전제하지 않고서는 설명할 수 없습니다.

결혼의 기원

예수님께서 말씀하십니다. "이 명령, 다시 말해 이혼에 관한 율법의 규례는 너희 마음의 완악함 때문에 생긴 것이다." 이 말씀을 추론하면, 이혼 규정은 하나님께서 원하셔서 생긴 것이 아니라는 뜻입니다. 너희, 즉 인간이 완악해서 할 수 없이 제정되었다는 말입니다. 말라기 2장 16절을 보면 하나님은 이혼을 미워하십니다. 원하시지 않는다는 뜻입니다. 그럼에도 불구하고 인간의 완고한 마음은 '그렇게 하겠다'고 고집합니다. 이 때문에 하나님은 아주 예외적인 조건 아래 당신의 뜻을 양보하셨습니다. 이어서 예수님은 당신의 뜻을 본격적으로 드러내셨습니다.

창조 시로부터 저희를 남자와 여자로 만드셨으니 이러므로 사람이 그 부모를 떠나서 그 둘이 한 몸이 될지니라 이러한즉 이제 둘이 아니요 한 몸이니 그러므로 하나님이 짝지어 주신 것을 사람이 나누지 못할지니라 하시더라 _막 10:6-9

결혼 예식에 참석하면 아주 흔하게 듣는 말씀입니다. 그러나 우리는 결혼 식장에서 선포되는 그 말씀을 귀담아 듣지 않습니다. 결혼의 즐거움에 도취되어 그 말씀을 결혼의 통과 의례 가운데 하나일 뿐이라고 생각했기 때문입니다.

예수님께서 전하시는 '결혼의 기원'은 우리에게 결혼의 즐거움을 넘어 아주 심각한 생각을 넘겨줍니다. 하나님께서 세상을 만드셨습니다. 그때 하나님께서 남자와 여자를 만드시고 그들로 하여금 부모를 떠나 하나로 결합하게 하셨습니다. 우리는 이것을 '결혼의 신적 기원(神的 起源)'이라 말합니다. 결혼은 생리적으로 그리고 정신적으로 준비된 남성과 여성이 서로에 대한 사랑을 확인한 후 결합하여 가정을 이루는 행위입니다. 그러므로 결혼의 주체는 결혼 당사자인 남성과 여성입니다. 그러나 성경은 결혼이라는 제도가 하나님께서 제정하신 것이라 말합니다. 하나님의 권위 위에 세워진 것이 결혼이라는 뜻입니다. 하나님께 누구 보고 '너 이 사람과 결혼해라, 애는 둘 낳는 게 좋겠다' 등등의 말씀을 하실 권리가 있다는 뜻은 아닙니다. 사랑과 책임을 전제로 남자와 여자 당사자가 결정하는 것이 결혼입니다만, 그럼에도 불구하고 결혼이 하나님께서 당신의 권위로 친히 세우신 제도라는 성경의 주장은 이 결혼의 당사자들에게 실로 만만치 않은 무게를 느끼게 합니다.

요점을 말합니다. 하나님께서 결혼을 제정하셨습니다. 그러니까 어떻다는 것입니까? '결혼을 결정하는 것은 너희 인간들, 즉 결혼 당사자와 그 가족들이지만, 그렇다고 너희들 마음대로 했다 물렀다를 결정할 수는 없다'는 것입니다. 그러므로 예수님은 이렇게 결론을 내리십니다.

하나님이 짝지어 주신 것을 사람이 나누지 못할지니라 _막 10:9

다시 정리합니다. 결혼하는 것은 인간이 결정하는 일입니다. 결혼을 통해서 남자와 여자 두 사람이 결합합니다. 그런데 결혼은 하나님께서 만드신 제도입니다. 따라서 누구도 이 결합을 임의로 깨뜨리지 못합니다. 이것은 인간만의 문제가 아니라 하나님의 문제이기도 하기 때문입니다.

결혼, 하나님, 그리고 인간의 현실

바리새인들과의 대화가 끝나고 숙소로 돌아오자 이번에는 제자들이 바리새인들과의 대화에 관하여 예수님께 질문합니다. 왜 그렇습니까? 바리새인들은 이혼이 가능하냐고 물었고, 예수님은 그럴 수 없다고 말씀하십니다. 그러나 예수님도 바리새인도 공통적으로 전제한 엄연한 사실이 있습니다. 모세가 세운 율법입니다. 율법은 이혼을 가능하다고 말합니다. 그러므로 법적으로 말한다면 이혼은 합법적입니다. 이렇게 쉽다면 쉬운 일을 놓고 바리새인은 왜 질문했고, 예수님은 왜 그리 두루뭉술하게 대답하셨습니까? 바리새인들과 예수님의 대화에서 어떤 결론이 도출되었습니까? 적어도 우리가 보기에는 아닙니다. 이런 결론 없는 대화가 있을 수 있습니까? 그런데 이 대화를 자세히 들여다보면, 이렇게 엇박자가 일어난 근본적인 이유가 따로 있습니다. 앞에서도 언급했습니다만, 바리새인들의 질문에는 따로 의도가 있었습니다. 예수님을 시험하려는 것이었습니다. 따라서 그 시험의 내용이 무엇인지를 살펴야 합니다.

본문의 배경은 베레아일 가능성이 아주 큰데, 헤롯왕이 이 지역을 다스렸습니다. 그런데 이 헤롯왕은 세례 요한의 죽음과 아주 깊은 관련이 있습니다. 그는 원래의 아내를 버리고 자기 이복동생의 아내인 헤로디아를 아내로 삼았습니다. 세례 요한은 이 사실을 지적하면서 헤롯을 비판했습니다. 헤롯은 한편으로 세례 요한을 존경하고 무서워했으므로 그의 비판을 싫어하면서도 감히 그를 해치지 못했습니다. 하지만 헤롯의 두 번째 아내가 된 헤로디아는 달랐습니다. 그는 딸 살로메를 헤롯의 생일에 춤추게 했고, 무슨 소원이든 들어주겠다는 헤롯의 말을 이용해서 세례 요한의 목을 베어 버렸습니다.

이런 배경을 안다면, 헤롯이 직접 다스리는 이 지역에 오신 예수님께 하필이면 '이혼'이란 주제를 들고 온 이유를 어느 정도 짐작할 수 있습니다. 바리새인들은 이혼이라는 매우 예민한 주제를 질문함으로써 예수님을 위험에 빠뜨리려고 했습니다. 그리고 예수님은 이들의 의도를 알고 계셨습니다. 하지만 이런 의도를 갖고서 바리새인들이 질문했다 하더라도 이에 대한 예수님의 대답이 우리에게 들려주는 교훈은 실로 만만치 않습니다. 예수님은 이 기회를 이용하여 우리에게 아주 중요한 교훈을 전하십니다.

우선, 예수님은 '이혼'이라는 주제를 놓고 이게 가능하냐 불가능하냐를 판단하면서 가장 먼저 기초를 보라고 말씀하십니다. 예수님께서 일깨우시는 기초는 이것입니다. 결혼은 하나님께서 친히 제정하신 제도라는 것입니다. 우리는 어떤 주제를 생각할 때 그 주제 자체에 파묻히는 경향이 있습니다. 세상에 복잡하지 않은 문제가 어디 있겠습니까? 어떤 문제도 쉽게 결론을 얻기 어렵습니다. 이럴 때 우리는 더 큰 맥락을 보아야 합니다. 이혼은 결혼에서 파생된 문제입니다. 그리고 결혼은 하나님께서 제정하신 것입니다. 그렇다면 우리는 결혼 제도를 제정하실 때에 하나님의 의도가 무엇이었는지를 먼저 생각해야 합니다. 이래야 엉킨 실타래처럼 복잡한 문제를 풀 수 있는 실마리를 찾을 수 있습니다.

다음으로, 하나님께서 왜 이혼을 규례로, 즉 율법으로 허용하셨는지를 생각해야 합니다. 예수님께서 지적하십니다. "이혼은 우리 인간의 완악한 마음 때문이다." 이혼은 하나님께서 좋다고 생각하셔서 허용된 것이 아닙니다. 우리 인간의 문제 때문에 허용된 것입니다. 극단적으로 말하자면, 하나님은 이혼을 허용하시고 싶지 않았습니다. 그러나 죄에 물든 우리 인간의 한계 때문에 어쩔 수 없이 최소한의 조건 아래 허용하셨습니다. 이것을 잘 생각해야 합니다. 요점은 이것입니다. 이혼은 율법으로 허락되었습니다. 그러므로 법적으로는 이 규정의 조건을 충족하면 이혼이 허용됩니다. 그래서 법이 해도 된다면, 할 수 있습니까? 아니라는 것입니다.

법을 가장 잘 지키는 것은 법이 제정될 때 그 법에 담긴 의도에 충실하는 것입니다. 이혼은 안 하는 것이 가장 좋습니다. 그럼에도 굳이 하려면 아주

제한되고 조심스런 조건 아래에서 가능합니다. 이 사실이 우리에게 주는 교훈은 매우 큽니다. 하나님은 당신의 백성이 이 땅에서 살아갈 규칙을 제정하실 때에 언제나 '인간의 어쩔 수 없는 한계'를 고려하셨습니다. 냉정하게 말한다면 하나님은 하나님이십니다. 우리는 그분의 명령을 따라야 합니다. 원칙상 지키면 복을 받고 안 지키면 죽습니다. 하나님은 능히 그러실 만한 권한을 갖고 계십니다. 그럼에도 하나님은 현실에서 벌어지는 온갖 상황에서 '지키면 복 준다. 안 지키면 죽인다!' 하는 냉혹한 규칙을 우리에게 강요하지 않으셨습니다.

이것은 하나님의 사랑 때문이고, 우리의 한계를 이해하고 안타까워하시는 긍휼 때문입니다. 그러므로 우리는 '이혼해도 된대!' 하며 기뻐할 일이 아닙니다. 친히 제정하신 울타리 안에서 복을 누리고 살아가지 못하는 인간을 불쌍하게 여기시는 하나님의 긍휼에 감사해야 하고, 그런 은혜를 입은 사람으로서 하나님의 바라심에 미치지 못하는 슬픈 현실에서 일어나 더욱 바람직한 자리로 나아갈 길을 고민해야 합니다. 그렇지 않으면 우리는 하나님의 긍휼과 은총을 헛되이 만드는 사람들이 될 것입니다. 그 어떤 주제에서라도 이 원리를 늘 명심해야 합니다.

율법 이전에

우리는 아주 어려운 주제를 살피고 있습니다. 이 주제가 우리에게 가지고 온 복잡한 상황 때문에, 교회는 더 이상 이혼에 관하여 가벼이 이야기할 수 없는 상황에 처하게 되었습니다. 그럼에도 불구하고 이 문제에 관하여 이렇게 말씀 드리고 싶습니다. 본문은 이혼이 가능한가를 말하려는 것이 아닙니다. 예수님은 결혼의 기원과 결혼에 관하여 하나님께서 기대하셨던 것이 무엇인지를 먼저 생각하라고 우리에게 말씀하십니다. 우리가 놓치지 말아야 할 것이 바로 이것입니다. 이 태도는 그 주제가 이혼이든 무엇이든 동일하게 적용되어야 합니다.

우리는 이 세상에서 살아가는 동안 수많은 일들을 결정합니다. 그 과정에서 수많은 문제들을 경험합니다. 여기에서 우리는 잘못 선택할 수 있고, 실수할 수 있고, 생각이 변할 수 있습니다. 결정할 때에는 미처 예측하지 못한 일들이 돌발적으로 일어날 수 있습니다. 이로 말미암아 우리는 고통을 당하기도 하고, 슬퍼하기도 하며, 후회하기도 하고, 싸우기도 하며, 미워하기도 합니다. 하나님은 율법을 선포하실 때, 우리조차도 감안하지 못한 인간의 연약함과 실수, 실패, 고통까지도 미리 예측하셨습니다. 이 지혜와 긍휼 때문에 하나님은 스스로 제정하신 제도에서조차도 그 제도의 기쁨을 누리지 못할 뿐만 아니라 그 규례에 신실할 수조차 없는 우리를 위해서 그 비참한 상황을 모면할 길을 마련해 주셨습니다.

인간으로 살아가면서 결혼이란 주제처럼 중요한 것이 어디 있겠습니까? 그러나 솔직히 말합시다. 우리가 결혼을 언급할 때 이것이 하나님께서 제정하신 제도 가운데 하나라는 생각이 눈곱만큼이라도 영향을 줍니까? 우리가 결혼을 기대하면서, 하나님께서 우리의 결혼에 거는 기대가 얼마나 반영되어 있을까요? 결혼과 이혼에 관한 하나님의 규정에서 얼마나 신중하게 우리의 한계와 하나님의 긍휼을 발견하려고 노력합니까? 결혼할 수 있을까? 이혼할 수 있을까? 여기에 관한 하나님의 규칙은 무엇일까?

이런 질문에 앞서 이것을 물어야 합니다. 이런 인간의 주제에 관하여 하나님은 우리에게 어떤 기대를 갖고 계실까? 우리의 문제에 관하여 하나님은 어떤 마음을 갖고 계실까? 이런 질문들은 법 이전의 문제입니다. 규칙 이전의 문제입니다. 우리는 이혼에 관한 예수님의 가르침 가운데서 우리 삶의 현장을 바라보시는 하나님의 마음을 읽어야 합니다. 하나님은 우리에게 삶의 기쁨을 주기 원하시고, 인생의 곳곳에서 이뤄지는 삶의 단계에 여러 가지 제도들을 세우심으로써 우리의 결정에 안전을 보장하셨습니다. 하나님은 심지어 부족하고 연약한 결정으로 말미암아 고통당하는 단계에서도 우리와 동참하기를 원하셨고, 우리의 슬픔과 후회에까지 긍휼 어린 배려를 베푸시려 합니다.

그러므로 우리는 이제 '이혼해도 됩니까?' 하고 물어서는 안 됩니다. 이 문제의 근원으로 올라가서, 우리가 결혼을 어떻게 결정하고 결혼을 통해 기대하는 것이 무엇인지부터 묻기 시작해야 합니다. 나아가 하나님께서 결혼에 관하여 어떤 생각을 하고 계신지, 결혼의 의미가 무엇인지, 결혼을 통해 우리가 누려야 할 것이 무엇인지를 물어야 합니다. 이를 통해서 마침내 우리 인생의 주인이 하나님이심을 고백해야 합니다.

바리새인들처럼 듣지도 않고, 순종하지도 않을 것이면서 하나님께 묻는 것은 그분을 시험하는 행위입니다. 본문에서 우리가 읽어야 할 예수님의 심정을 이렇게 표현해 보고 싶습니다. "어떤 문제가 있든, 그것을 먼저 나와 함께 상의하자!" 이 예수님의 심정을 가지고서 이미 결혼하신 분들은 결혼을 다시 점검하고, 앞으로 결혼하실 분들은 미리 준비하십시오.

50

어린이를 축복하라
마가복음 10:13-16

세상 속의 어린아이

예수님께서 한창 일을 하실 때에 부모들이 아이들을 데리고 예수님께로 나아왔습니다. 그들은 예수님께서 자기 자녀들을 축복해 주시기를 바랐습니다. 당시 유대인들은 자녀를 공회당으로 데려가서 랍비의 안수를 받기도 했고, 일반적으로는 부모들이 집에서 자기 자녀에게 안수했다고 합니다. 그러니 예수님을 존경하는 사람이 있었다면, 자기 자녀를 예수님께 안수를 받도록 했던 것이 어색하지 않았을 것입니다. 그러나 예수님의 제자들은 이것을 심하게 나무랐던 것 같습니다. 예수님께서 너무 바쁘셨기 때문입니다. 제자들은 선생님을 염려해서 그랬을 것입니다.

그런데 이 장면을 보신 주님께서 이를 분히 여기셨습니다. 원래의 뜻을 감안하면 이 말은 '몹시 불쾌하게 생각하셨다'는 의미입니다. 예수님께서 말씀하셨습니다.

어린아이들의 내게 오는 것을 용납하고 금하지 말라 하나님의 나라가 이런 자의 것이니라 내가 진실로 너희에게 이르노니 누구든지 하나님의 나라를 어린아이와 같이 받들지 않는 자는 결단코 들어가지 못하리라 _막 10:14-15

주님께서는 왜 어린아이들을 귀중하게 여기셨을까요? 세상의 모든 사람이 바로 이 어린아이들과 같지 않으면 결단코 하늘나라에 들어갈 수 없기 때문입니다. 이것이 마가복음 10장 14-15절의 의미가 될 것입니다. 그래서 주님은 '어린아이'를 통해서 하나의 중요한 메시지를 전달하시려 하십니다.

먼저, 제자들의 태도와 예수님의 언급에서 하나의 갈등을 발견합니다. 즉, 어린아이를 사이에 두고 하나의 긴장이 발견됩니다. 딱 잘라서 이렇게 물어보면 됩니다. 어린아이는 귀한 존재입니까 아닙니까? 이렇게 물어볼 때 우리는 어린아이가 귀한 존재이면서도 사실은 아니기도 하다고 대답할 수밖에 없습니다. 이상하게 들리겠지만 이것은 유대인 사회에서도 심지어는 우리에게도 엄연한 현실입니다.

어느 사회, 어느 시대에도 그렇지만, 어린아이는 귀한 존재로 여겨집니다. 유대 사회도 그랬습니다. 어린아이는 하나님의 언약에 대한 선물이자 보증이었습니다. 아브라함 때에 시작된 하나님의 언약이 어떤 것이었습니까? 하나님은 이렇게 말씀하셨습니다.

> 너는 눈을 들어 너 있는 곳에서 동서남북을 바라보라 보이는 땅을 내가 너와 네 자손에게 주리니 영원히 이르리라 내가 네 자손으로 땅의 티끌 같게 하리니 사람이 땅의 티끌을 능히 셀 수 있을진대 네 자손도 세리라 너는 일어나 그 땅을 종과 횡으로 행하여 보라 내가 그것을 네게 주리라 _창 13:14-17

한 예에 불과합니다만, 이 말씀에서 미루어 짐작할 수 있듯이 어린아이는 하나님의 언약을 이루는 데 결정적인 역할을 합니다. 특히 어린아이는 많을수록 좋습니다. 그래서 시편 기자는 이렇게 말합니다.

> 자식은 여호와의 주신 기업이요 태의 열매는 그의 상급이로다 젊은 자의 자식은 장사의 수중의 화살 같으니 이것이 그 전통에 가득한 자는 복되도다 저희가 성문에서 그 원수와 말할 때에 수치를 당치 아니하리로다 _시 127:3-5

아버지, 어머니 그리고 많은 자녀들이 한 식탁에 둘러앉아 식사하는 장면, 유대인에게 가장 행복한 모습이 바로 이 장면이었습니다. 그래서 이 장면은 하나님께 받은 축복을 상징했습니다.

그러나 실제의 삶에서는 어떻습니까? 어린아이들이 언제나 존중받고 사랑받습니까? 놀랍게도 유대인의 사회에서조차 어린아이가 그다지 존중받지 않았음을 발견합니다. 가장 큰 이유가 여기 있습니다. 어린아이는 '약함'의 상징이기 때문입니다. 과부와 가난한 자, 병든 자와 어린아이. 이 단어들은 사회에서 언제나 약한 자를 상징했습니다. 어느 사회나 어린아이를 존중하자 하지만, 현실적으로 노인들이 가장 크고 중요한 자리를 차지하는 것이 전통이요 관습입니다. 부모는 자녀에 대해 절대적인 권위를 가지며, 자녀들은 육체적인 형벌이나 강제를 통해 교육받습니다. 이것은 유대 사회에서도 마찬가지였습니다. 어린아이가 12살이 되어 율법 교육을 받기 전까지는 종교적으로 미숙한 자로 여겨졌으며, 여자, 병든 사람, 가난한 사람과 마찬가지로 사회 변두리 집단에 불과했습니다. 우리도 마찬가지 아닙니까? 행동이 신중하지 못한 사람이 있으면 우리는 늘상 이렇게 말합니다. "언제 어른 될래?" 이 말은 그 사람이 아직 '아이' 같다는 뜻이며, 아직 완전히 익지 않았다는 뜻입니다. 아이는 언제나 모자란 것, 아직도 갈 길이 먼 사람의 동의어로 쓰이곤 했다는 것입니다.

예수님의 도전

그러고 보면 예수님께로 다가오던 아이를 제자들이 꾸짖은 이유를 어느 정도는 이해할 수 있습니다. 하지만 예수님은 오히려 이런 제자들을 꾸짖으셨습니다. 우리는 예수님의 이런 태도가 한 번에 그치지 않았음을 잘 압니다. 마가복음 9장에 제자들이 누가 더 높은지를 놓고 다투는 장면이 나옵니다. 이때 예수님은 어린아이 하나를 데려다가 그를 어른들의 한복판에 세우셨습니다(막 9:36). 본문 마가복음 10장 16절에서도 예수님은 어린아이를 안아 주시고 일일이 축복하셨습니다. 부모들이 그저 안수 기도만 해 달라고 했을 뿐인데, 예수님은 이 아이들을 일일이 안아 주시고 거기에 축복 기도까지 하셨다는 것입니다.

예수님의 행동을 유심히 살펴보면, 이런 일들이 아주 세심하게, 그리고 매우 깊은 의미가 담긴 채 진행되었음을 알게 됩니다. 어떤 신학자는 이를 가리켜 '예수님께서 어린아이를 하나님 나라의 중심에 세우셨다'고 해설했습니다. 이로써 어린아이는 어른의 주변에서 어른의 중심으로 위치를 바꾸게 되었다는 것입니다. 이것은 아주 중요한 가치의 전환을 의미합니다. 이제부터 어린아이는 어른의 부속품이 아니라 어른이 보고 배워야 할 선생의 위치에 서게 되었다는 뜻입니다. 그야말로 '혁명적'인 사건이었습니다. 그럼에도 불구하고 이 장면이 우리에게 감동을 주기는 어렵습니다. 예수님께서 이렇게 말씀하시던 당시의 상황을 우리가 모르기 때문입니다.

예수님 당시 유대인들은 로마의 지배 아래 있었습니다. 유대인들은 로마-그리스 문화로 일컬어지는 가치관 아래 살았습니다. 당시 로마나 그리스 사회가 추앙하던 가장 큰 덕목은 '힘'이었습니다. 다시 말해, 강한 것이 선(善)이고 약한 것이 악(惡)이었던 사회였습니다. 아버지는 힘의 상징이었으며, 가정은 아버지의 절대적인 권위 아래 있었습니다. 로마법은 가정에 대한 아버지의 절대적인 권위를 보장해 주었습니다. 자녀의 삶과 죽음, 그리고 장래를 결정할 권한 역시 아버지에게 주어졌습니다. 딸, 장애아, 혹은 병약한 아이는 노예로 팔아 버리거나, 혹은 죽일 수도 있었습니다. 이것이 예수님께서 사시던 시대의 분위기였습니다. 이런 상황에서 아이가 어른의 중심에 설 수 있었을까요? 예수님께서 아이를 어른의 중심에 세우신 것이 가능했을까요?

바울은 "아비들아 너희 자녀들을 노엽게 하지 말"(엡 6:4)라고 말합니다. 가부장적 권위주의가 판을 치던 시절에 이렇게 말하는 것은 사회 제도와 의식의 대변혁을 요구하는 것이었습니다. 바울은 이것이 '옳기 때문이다'라고 주장합니다. 하나님께서 옳다고 하시면 옳은 것입니다. 거기에 무슨 이의가 있을 수 있겠습니까? 그런데 우리는 바울의 주장이 어느 날 갑자기 나오지 않았음을 생각해야 합니다. 지금까지 살펴본 것처럼 바울의 주장은 예수님께서 이 본문에서 제기하신 도전을 이어받은 것뿐입니다.

왜?

예수님께서 어린아이를 이렇게 존중하신 의도는 무엇일까요? 주님은 말씀하셨습니다.

> 어린아이들의 내게 오는 것을 용납하고 금하지 말라 하나님의 나라가 이런 자의 것
> 이니라 _막 10:14

어린아이의 중요성은 어린아이만이 갖는 하나의 특징 때문입니다. 어른은 아이를 생각할 때 언제나 모자람, 즉 미완성을 떠올립니다. 따라서 어린아이는 어른의 가르침을 통해 더 자라야 하는 존재입니다. 이런 전제 때문에 어른은 언제나 어린아이를 가르치려 들고, 억압을 해서라도 자신의 가치관이나 심지어는 습관까지 자신이 편하게 생각하는 쪽으로 바꾸려 합니다. 어른은 '편하고 익숙한 것이 진리일 가능성이 있다'고 생각하는 경향이 있습니다. 하지만 정작 본인은 자신의 이런 습성을 쉽게 깨닫지 못합니다. 여기에서 소위 세대 간의 갈등이 일어납니다. 그리고 이 갈등에서 승자는 언제나 어른이 됩니다. 나이와 연륜과 힘 등 모든 것을 어른이 쥐고 있기 때문입니다.

그러나 주님은 어른들을 향하여 이렇게 말씀하십니다. "너희들이 이 어린아이 같지 않다면 결단코 하늘나라에 들어갈 수 없다." 이 말씀을 통해서 주님은 어른들이 아이를 존중해야 함을 강조하셨습니다. 그 '아이'를 통해서 무엇인가를 오히려 배워야 하기 때문입니다. 어른들이 아이에게 배울 것이 있고, 따라서 아이들은 어른들에게 없어서는 안 될, 아니 무시받아서는 안 될 존재로서 대우받아야 한다는 말씀입니다. 그런데 무엇을 배워야 할까요?

누구든지 하나님의 나라를 어린아이와 같이 받들지 않는 자는 _ 막 10:15

어린아이에게서 어른들이 배워야 할 것이 있습니다. 어린아이처럼 하나님의 나라를 받아들여라, 즉 하나님의 나라를 받아들이는 태도입니다. 다시 말씀 드립니다. 어린아이 같은 태도로 하나님의 나라를 받아들여야 한다는 것입니다. 그럼 어린아이들이 도대체 어떤 태도를 가지고 있다는 말씀입니까?

어른은 위기 속에서도 얻을 것과 잃을 것을 계산합니다. 소위 머리가 굵기 때문입니다. 무엇을 보아도 금방 견적이 나옵니다. 처음과 마지막이 분명히 계산된다는 뜻입니다. 따라서 어른은 남의 말을 그대로 믿으려 하지 않고 자기 나름대로 해석하려 듭니다. 그러나 아이들은 다릅니다. 아이는 언제나 사람의 말을 있는 그대로 받아들이려 합니다. 물론 요즘 아이들이 얼마나 영악한지는 모릅니다만, 그것은 아이를 그렇게 만든 어른 탓일 것입니다. 어쨌든 주님의 말씀을 이렇게 정리할 수 있습니다. "하나님의 나라를 어린아이처럼 있는 그대로, 단순하게 믿지 않고서는, 하나님 나라 못 들어간다!"

주님은 어린아이의 맑은 마음과 단순함을 어른들이 반드시 배워야 한다고 말씀하십니다. 달리 표현해 봅니다. 하나님은 어른들이 아이들을 늘 볼 수 있게 하셨습니다. 그들을 통해서 하나님의 말씀을 순진무구하게, 말씀 그대로 받아들이는 심성을 배우도록 말입니다. 따라서 어린아이는 어른의 스승입니다. 어른들은 그들의 맑은 눈동자와 마음을 배워야 합니다. 어른에게 언제나 아이를 가르칠 권리만 있는 것이 아닙니다. 때로는 아이로부터 배워야 합니다. 아이들이 순수하게 세상을 보듯이, 어른들도 그리해야 합니다. 아이들이 의심과 편견 없이 하나님의 말씀을 받아들이듯이, 어른들도 그리해야 합니다. 하나님께서 만드신 세상의 질서와 이치가 이러합니다. 어느 쪽도 일방적으로 배우거나 가르치지 못합니다. 어른들은 아이들을 올바른 품성을 가진 성인으로 가르쳐야 할 의무가 있으며, 아이들은 어른들이 잊었던 순수의 세계를 일깨워야 합니다. 이렇게 모두는 서로를 보완하고 키우기 위해서 존재합니다.

참으로 신비로운 하나님의 섭리가 여기에서 드러납니다. 하나님은 가난한 자를 부유한 자 옆에 두셨습니다. 가난한 자는 부유한 자에게 동정의 대상으로만 존재하지 않습니다. 가난한 자의 존재로 말미암아 부유한 자는 자신의 부와 편안함에 대한 감사를 기억합니다. 따라서 가난한 자는 부유한 자에게 성가신 존재가 아니라 고마운 존재가 됩니다. 세상에 장애인이 많습니다. 그들의 슬픔과 고통은 비장애인에게 자신의 건강이 얼마나 고마운 것인지를 잊지 않게 합니다. 그러므로 장애인은 비장애인에게 귀찮고 불쾌한 존재가 아니라 비장애의 감사와 행복을 일깨워 주는 고마운 존재입니다. 아이도 마찬가지입니다. 아이는 우리가 늘상 가르치고 키워야 할 의무를 진 대상이 아닙니다. 우리를 순수로 돌아가게 하며, 맑은 심성으로 하나님을 만나도록 일깨우는 귀중한 스승입니다.

어린아이에게서 배운다

어른들은 아이들로부터 하나님을 믿는 자세를 배워야 합니다. 자녀가 없는 분들은 자기 아이에게서 이것을 배울 수 없을 것입니다. 우선은 근처에 있는 아이들에게서라도 배우십시오. 그 아이들의 삶 그 자체에서 배우시는 것입니다. 아이들의 맑은 눈을 자주, 그리고 아주 가까이에서 들여다보십시오. 그들의 맑은 영혼을 느끼십시오. 어르면 웃고 화난 척하면 울려고 하는 그의 모습에서, 우리의 영혼이 하나님의 말씀에 얼마나 예민해져야 하며, 어떻게 반응해야 하는지를 배우십시오. 작은 것을 주어도 웃는 그의 모습에서 우리가 어떻게 하나님께 감사하여야 하는지를 배우십시오. 아이를 보면서 "야, 나도 너 땐 그랬다"고 말하지 마십시오. 아이가 우리처럼 변해야 하는 것이 아니라 우리가 그들처럼 순수해져야 합니다.

어린아이가 있는 부모들에게 마지막으로 권면합니다. 아이들이 지금 나 때문에 누릴 것을 충분히 누리지 못한다, 그것으로 말미암아 내 자식에게 자책감을 느끼십니까? 그러지 마십시오. 아이들은 물질적인 풍요만으로 길러지지 않습니다. 우리가 하나님을 사랑하는 법을 보십시오. 하나님께서 우리를 세상에서 가장 넉넉하게 살도록 하셨기 때문에 하나님을 사랑하는 것이 아닙니다. 그분의 사랑을 느끼기 때문에 환경과는 상관없이 그분을 사랑하는 것입니다. 아이들도 마찬가지입니다. 선물을 가장 많이 사 주기 때문에 부모를 사랑하는 것이 아닙니다. 자기에게 관심과 사랑을 기울여 주기 때문에, 자기가 부모에게 가장 중요한 존재임을 느끼기 때문에 부모를 사랑하며 또 자기의 삶에 만족을 느끼는 것입니다.

그러므로 부모는 자녀에게 당당해야 하고, 떳떳해야 합니다. 부족한 삶에도 불구하고 항상 감사하며 찬송하는 모습을 보임으로써 가장 훌륭한 자녀 교육을 하고 있음을 잊지 말아야 합니다. 그런 긍지 속에 자란 아이는 궁핍함에도 만족하고 기뻐하는 자세를 배워서 평생을 살 것입니다. 그러니 좋은 선물 사 주지 못한 것에 슬퍼하지 마시고, 아이의 손을 붙잡고 감사 기도를 매일 드림으로써 그를 최고의 자녀 교육으로 나아가게 하십시오. 이처럼 최상의 자녀 교육 기회가 누구에게나 주어져 있습니다. 아이들에게 안 좋은 것은 혜택을 덜 누리는 상황이 아닙니다. 부모의 잘못된 염려와 과보호입니다. 잘못되고 세속화된 가치관으로 그들을 가르쳐서 절대 손해 보지 않고 살게 하는 교육은 옳지 않습니다. 우리는 그들이 더욱 순수하게 살아가도록 장려해야 하며, 그들이 그렇게 살아갈 수 있는 세상으로 오히려 변화시켜야 합니다.

마지막으로 미혼의 성도들에게 권면합니다. 우리가 아이들을 사랑으로 쓰다듬고 격려하며, 그들의 마음에 우리의 눈높이를 맞추어 주기를 즐겨 한다면, 그들은 이 땅에서 천국을 경험할 것입니다. 또 우리 역시 하나님 섬기는 법을 아이들로부터 잘 배울 것입니다. 부디 우리의 어린아이를 사랑하시고, 많이 칭찬해 주십시오. 예수님께서 축복하기를 기뻐하셨던 아이들을 늘 가까이에 두고 그들을 축복하며 또 그들로부터 맑은 영혼을 배우시기 바랍니다. 당신이 부모가 되었을 때에도 마찬가지입니다. 어린아이는 우리에게 허락된 하나님의 축복입니다.

51

누가 영생을 얻을까?

마가복음 10:17-31

영생을 고민하는 사람

본문은 "예수께서 길을 나가실새"라는 말로 시작합니다. 예수님과 제자들 일행은 예루살렘을 향해 가던 도중이었습니다. 그런데 그 길 어디선가 갑자기 한 사람이 예수님께로 달려왔습니다. 마태복음에 따르면 그는 부자였고, 청년이었습니다(마 19:22). 누가는 이 사람이 관원이었다고 설명합니다(눅 18:18). 그러나 이 사람이 몇 살이었는지, 어느 관청의 어느 정도 직급이었는지는 알 수 없습니다. 그는 예수님께로 '달려와서' '꿇어 앉아' 물었습니다. 이런 설명을 통해 이 사람의 성품과 내면을 약간이나마 엿볼 수 있습니다. 즉, 그의 행동에서 겸손함, 무엇보다 지금 자신이 질문하려는 주제에 대한 진지한 열심을 느낄 수 있다는 것입니다.

그가 예수님께 묻습니다. "선한 선생님이여 내가 무엇을 하여야 영생을 얻으리이까"(막 10:17). 그의 관심과 고민은 이것입니다. 무슨 일을 하면 영생을 얻을 수 있는가? 부자 청년, 거기에다 관원이었다면 이 사람은 당시의 관점에서 '성공한 사람'이었습니다. 잘 나가는 사람이었다는 것입니다. 이런 사람이 벌건 대낮에 길 가시는 예수님께 달려와 무릎을 꿇고서 공개적으로 질문합니다. 어떻게 하면 영생을 얻을 수 있는가. 이 고민을 풀기 위해서라면 체면 같은 것은 생각하지 않은 것 같습니다. 칭찬받을 행동이라는 것입니다.

그러나 예수님의 대답은 의외였습니다. 첫마디가 이러했습니다. "네가 어찌하여 나를 선하다 일컫느냐"(막 10:18). 상식적으로 이런 식의 대답은 질문한 사람에 대한 면박입니다. 당신에게 질문하기 위해서 달려온 사람에게 이런 식으로 대접하는 것은 무례하지 않습니까? 예수님은 다음과 같이 말씀을 이어가십니다. "하나님 한 분 외에는 선한 이가 없느니라"(막 10:18). 영생의 문제를 진지하게 고민하고 그 의문을 해결하기 위하여 달려온 부자 청년에게 우리 주님은 예의고 뭐고 차릴 새도 없이 막 바로 도전적인 질문으로 청년의 질문을 맞받아치셨습니다.

예수님께서 이 청년에게 하신 말씀을 풀어 봅니다. "하나님 외에는 선한 이가 없다. 그러므로 너는 나를 선한 존재라고 말하지 말아라." 그럼, 본인이 악하다는 뜻입니까? 아닙니다. 지금 주님은 '선하다'라는 말의 새로운 기준을 제시하시고 계십니다. '선하다'라는 말을 우리말 사전은 이렇게 설명합니다. "착하고 올바름. 어질고 좋음. 또는 그런 일." 이 설명이 암시하듯이, 인간이 보통 말하는 '선'은 사람들이 세운 기준에 맞느냐에 달려 있습니다. 기준에 맞으면 선한 것이고, 그렇지 않으면 나쁜 것입니다. 이런 의미를 전제한다면, 이 청년은 지금 영생을 어떻게 얻을까 하고 고민하면서 어떤 착한 일을 해야 하는지를 생각한 것이 틀림없습니다. 다시 말해 이 청년은 선한 일을 행한 결과로 영생을 얻는 것이라 생각했다는 뜻입니다. 아주 거칠게 물어봅니다. 영생은 이 세상의 문제가 아닙니다. 다음 세대에 관한 일이며, 영원에 관한 문제입니다. 그런데 이 영생을 '착한 일들'을 한다 해서 얻을 수 있을까요? 있다면, 대체 어떤 종류의 착한 일을 해야 가능합니까?

착한 사람이 되기 위하여 착한 선생이신 예수님께 이 청년이 질문했다면 그의 질문은 타당할 것입니다. 그러나 그의 질문은 착한 사람이 되는 방법을 묻는 것이 아닙니다. '영생'을 얻는 방법을 묻습니다. 그렇다면 하나님이셔야만 영생의 방법을 이야기할 수 있습니다. 뿐만 아니라 영생이 어떤 선한 일들을 행한 결과로 주어진다고 전제한다면, 그 선한 것들은 우리가 볼 때 선한 일들이 아니라 하나님께서 보실 때 선한 것들이어야 할 것입니다. 다시 말해, '선'의 기준 역시 하나님께서 정하시는 것이라는 말씀입니다. 하나님께서 괜찮다, 좋다 하시면 '선'한 것입니다. 여기에서 우리는 선한 분은 오직 하나님이시라는 말씀의 뜻을 이해하게 되고, 예수님께서 당신을 선하다고 일컫지 말라고 말씀하셨던 이유도 이해하게 됩니다. 그러나 주님께서 여기서 말씀하시려는 것은 여기에서 그치지 않습니다. 궁극적으로 이것을 말씀하시려 합니다. '영생은 착한 일을 하는 결과로서 주어지는 것이 아니다. 영생의 근원이신 하나님께서 허락하셔야 가능한 일이다.' 따라서 이 청년은 선한 선생님께 나갈 것이 아니었습니다. 영생의 주관자이신 하나님께 나아갔어야 했던 것입니다.

부족한 것이 있다

청년과 주님의 대화입니다. 주님께서 말씀하십니다.

네가 계명을 아나니 살인하지 말라, 간음하지 말라, 도적질하지 말라, 거짓 증거하지 말라, 속여 취하지 말라, 네 부모를 공경하라 하였느니라 _막 10:19

예수님께서 거론하신 내용은 이 청년도 알고 우리도 압니다. 이른바 '십계명' 아닙니까. '속여 취하지 말라'는 말씀만 빼고는 '십계명' 가운데 다섯 번째부터 아홉 번째까지의 계명입니다. 그리고 그 부분을 언급하시면서 주님은 처음에 '이것은 너도 이미 알 것이다'라고 전제하셨습니다. 그런데 말입니다. 주님은 왜 십계명을 언급하시면서 십계명에서도 다섯 번째 계명 이후를 언급하셨을까요? 방금 전에 '영생'은 하나님께 속한 문제라고 살펴보지 않았습니까? 그렇다면 주님께서 굳이 십계명을 언급하실 때 첫 번째 계명부터 네 번째 계명까지를 언급하셨어야 하지 않습니까? 하나님을 잘 섬겨야 영생을 얻는 것인데, 그러자면 십계명의 첫 번째 부분을 강조하셔야 옳지 않겠습니까?

그러나 곰곰이 생각해 보면 꼭 그렇지만은 않습니다. 주님께서 십계명을 해설하실 때에 이렇게 말씀하신 적이 있습니다.

> 예수께서 가라사대 네 마음을 다하고 목숨을 다하고 뜻을 다하여 주 너의 하나님을
> 사랑하라 하셨으니 이것이 크고 첫째 되는 계명이요 둘째는 그와 같으니 네 이웃을
> 네 몸과 같이 사랑하라 하셨으니 이 두 계명이 온 율법과 선지자의 강령이니라 _마
> 22:37-40

이 말씀에서 분명히 암시할 수 있습니다. 십계명에 두 개의 큰 기둥이 있
는데, 하나는 하나님 사랑, 또 하나는 이웃 사랑이며, 하나님 사랑과 이웃 사
랑은 절대 떨어질 수 없는 관계라는 것입니다. 하나님을 사랑하는 사람은 이
웃을 사랑합니다. 계명 혹은 명령이기 때문에 억지로 지켜야 하는 것이 아닙
니다. 하나님을 사랑하는 사람은 하나님의 속성을 소유하고 있고, 그렇다면
자연스럽게 이웃을 사랑할 수밖에 없기 때문입니다.

그런데 이 청년은 예수님의 말씀에 이렇게 대답합니다.

> 선생님이여 이것은 내가 어려서부터 다 지키었나이다 _막 10:20

그에게 예수님의 대답은 아주 쉬웠습니다. 그는 이런 정도의 계명과 준수
는 이미 어릴 때부터 알고 실천했다고 말합니다. 사실이 그랬을 것입니다.
제대로 된 유대인이라면 보통 여섯 살부터 율법을 배우기 시작했을 테니 말
입니다. 더욱이 이 사람은 영생을 고민합니다. 소위 종교적인 열심이 있었
고, 그래서 신앙 문제를 고민하는 사람이었습니다. 요즘 말로 이 사람은 영
성이 아주 풍부한 사람이었습니다. 이런 사람이라면, 그 정도 계명들쯤이야
알기도 잘 알뿐더러 잘 지키기도 했을 것입니다. 그런데 그 정도를 모르고서
예수님께서 그리 말씀하셨을까요? 주님께서 이렇게 말씀하십니다.

> 예수께서 그를 보시고 사랑하사 가라사대 네게 오히려 한 가지 부족한 것이 있으니

가서 네 있는 것을 다 팔아 가난한 자들을 주라 그리하면 하늘에서 보화가 네게 있으리라 그리고 와서 나를 좇으라 하시니 _막 10:21

예수님은 지금 '영생의 조건'을 말씀하십니까? 재산을 다 팔아서 이웃에게 나눠 주고 예수님을 따라야만 영생을 얻을 수 있다고 말씀하십니까? 아닙니다. 예수님은 지금 이 청년에게 감당 못할 수준을 요구하심으로써 좌절시키시려는 것도 아닙니다. 예수님은 어려서부터 하나님을 사랑하고 하나님의 계명을 준수하며 거기에다 영생을 얻는 방법을 고민하는 이 청년을 기뻐하셨으며, '사랑하셨다'고까지 증언합니다. 그래서 이 청년에게 영생에 이르는 바른 길을 알려 주시려는 것입니다. 그럼 예수님께서 청년에게 알리신 '영생을 얻는 법'은 무엇입니까?

그 사람은 재물이 많은 고로 이 말씀을 인하여 슬픈 기색을 띠고 근심하며 가니라 _막 10:22

'네게 있는 것을 다 팔아 가난한 자들을 주라 … 그리고 와서 나를 좇으라' 하는 말씀을 듣는 순간, 청년의 마음에 깊은 근심이 드리웠습니다. 그는 재물이 아주 많았고, 하나님을 사랑하기는 했으나 자신이 가진 그 재물을 모두 팔아서 가난한 사람에게 나눌 수는 없었으며, 모든 것을 버리고 주님의 뒤를 따를 수는 없었습니다. 이것이야말로 청년에게 부족했던 바로 그것이었습니다.

있는 것을 다 버리고, 나를 따르라

열정을 품고서 달려와 질문했던 청년이 근심 가운데 떠나고, 이제 예수님과 제자들만 남게 되었습니다. 그때 주님께서 말씀하십니다. "재물이 있는 자는 하나님의 나라에 들어가기가 심히 어렵도다"(막 10:23). 이 말씀을 들고 제자들이 크게 놀랐습니다. 그들의 반응을 보신 주님께서 다시 덧붙이십니다.

> 얘들아 하나님의 나라에 들어가기가 어떻게 어려운지 약대가 바늘귀로 나가는 것이 부자가 하나님의 나라에 들어가는 것보다 쉬우니라 _막 10:24-25

이 말씀을 해석하자면, 부자가 하나님의 나라에 들어가는 것이 약대가 바늘귀 통과하는 것보다 어렵다, 즉 부자가 영생 얻기가 거의 불가능하다는 뜻만은 분명하지 않겠습니까? 그러나 여기서 이 점을 분명히 해야 합니다. 부자라고 무조건 영생을 얻기 어려운 것은 아닙니다. 부자가 재물을 하늘나라보다 더 사랑하기 때문에 얻기 어려운 것 뿐입니다. 이 논리를 따라서 이렇게 말해야 합니다. 부자라고 영생을 얻지 못하는 것도 아니고, 가난하다고 무조건 영생을 얻을 수도 없습니다. 영생의 조건이라고 우리가 말할 수 있다면, 영생의 조건은 그가 가난하든지 부유하든지 상관없이 동일한 원칙만 있을 뿐입니다. 하나님을 세상의 그 어떤 것보다 더 귀하게 여겨야 합니다. 하나님의 논리는 이것입니다. 가장 귀하게 여기는 그것이 바로 그 사람이 섬기는 신입니다.

제자들은 예수님의 말씀을 듣고 크게 놀랐습니다. 마가는 제자들의 반응을 이렇게 기록했습니다.

> 제자들이 심히 놀라 서로 말하되 그런즉 누가 구원을 얻을 수 있는가 하니 _막 10:26

제자들이 크게 놀란 이유는 무엇일까요? 예수님의 말씀과 반대되는 어떤 전제를 믿고 있었기 때문이 아니겠습니까? 그러면 제자들이 믿고 있던 것은 무엇입니까? 간단히 말하자면, 당시의 유대인들은 자녀가 많다든지, 가축이 많다든지, 집안 일이 잘 풀리든지 하는 일들을 하나님의 축복이라 보았습니다. 말하자면 이 청년이 부자인데다가 관원이라는 사실을 알았을 때, 제자들은 그의 모습에서 하나님을 떠올렸습니다. 하나님께서 함께하시는 사람, 하나님께서 사랑하시는 사람이 아니고서는 그런 부(富)와 관직(官職)을 누릴 수 없을 것이라고 생각했던 것입니다. 그런 사람이라면 영생은 당연히 보장되어 있을 것이라고 짐작했을 것입니다. 그런데 그런 그가 영생을 고민하며, 더욱이 선생님께서 이런 사람은 영생을 누리기가 극히 어렵다고 단정하시니 어찌 놀라지 않을 수 있겠습니까? 그들의 반응을 보신 주님께서 말씀하십니다.

> 사람으로는 할 수 없으되 하나님으로는 그렇지 아니하니 하나님으로서는 다 하실 수 있느니라 _막 10:27

어려서부터 하나님을 사랑하고, 계명을 배우는 대로 준수하며, 재물과 명예를 지닌 사람이 영생을 진지하게 고민합니다. 이런 사람이 영생을 얻지 못한다면, 대체 누가 얻을 수 있단 말입니까? 아마 이 질문이 제자들을 포함한 그 시대 사람들의 보편적인 질문이었을 것입니다. 하지만 그들은 예수님의 의도를 알아채지 못했습니다. 하나님은 다 하실 수 있다! 예수님의 대답이 바로 이것입니다. 하나님께서 하실 수 있다 …, 이 말씀이 강조하는 것은, 영생의 문제는 전적으로 하나님의 권한이라는 사실입니다. 영생은 하나님께 속한 것이며, 따라서 하나님께서 당신의 뜻에 따라 주고 안 주고 하는 것이지, 어떤 조건을 충족하면 주고 못하면 안 주고 하는 것이 아니라는 뜻입니다. 따라서 영생은 하나님의 선물이지, 율법을 준수하거나 심지어 하나님 나라를 위하여 자기 것을 다 버리고 주님을 따르는 것으로도 얻을 수 없다는 것입니다.

이때 베드로가 한 가지 사실을 떠올렸습니다. 그가 말합니다. "보소서 우리가 모든 것을 버리고 주를 좇았나이다"(막 10:28). 과연 그렇게 볼 수도 있습니다. 부자 청년은 '네 가진 재산을 팔아서 가난한 이웃에게 나눠 주고 나를 따르라'는 요구에 응하지 못했습니다. 그는 하지 못했지만 제자들은 그렇게 했습니다. 제자들은 '나를 따르라'는 주님의 부르심을 듣고 그 자리에서 즉시 주님을 따랐습니다. 이만하면 되지 않았습니까? 예수님께서 이 말에 대해 일단은 인정하시는 듯합니다. 그러나 그 대답의 마지막 부분에서 결정적인 말씀을 하십니다.

> 그러나 먼저 된 자로서 나중 되고 나중 된 자로서 먼저 될 자가 많으니라 _막 10:31

'먼저 된 자가 나중 되고, 나중 된 자로서 먼저 될 자가 많다.' 하나님께서 행한 대로 복을 주실 것입니다. 그러나 그 순서는 행한 대로가 아닐 것입니다. 어떤 사람을 앞줄에 세우실지는 오직 하나님의 권한입니다. 모든 것을 버리고 주님을 따랐다고 영생을 주실 의무가 하나님께 있는 것은 아닙니다. 안 주셔도 그만, 주셔도 그만입니다. 원래는 하나님 앞에 어떻게 해도 죽어 마땅한 것들인데, 누가 '나 이렇게 했으니 복 달라'고 한다 해서 하나님께서 그에게 복을 억지로 주실 필요는 없습니다. 그러므로 이렇게 결론을 내립니다. '영생을 얻으려면 모든 것보다 하나님을 우선으로 사랑하고 그 말씀을 따라 살아야 합니다. 그러나 그것이 영생을 얻는 조건은 아닙니다.'

누가 영생을 얻는가?

여기, 진지하고 치열하게 영생을 추구하는 청년이 있습니다. 세상적으로 돈을 많이 가졌고, 사회적으로도 관직을 누리는 사람으로서 명예 또한 거머쥔 사람이었습니다. 어려서부터 율법을 준수하는 사람이기도 했습니다. 거기에다 끊임없이 하나님 나라를 추구하는 신앙인이기도 했습니다. 우리는 생각합니다. '이런 사람이 영생을 얻지 못하면, 대체 누가 영생을 얻을 수 있단 말이야?' 그러나 예수님은 그 사람의 내면을 보셨습니다. 그에게는 부족한 점이 있었습니다. 그는 하나님을 사랑했지만 가장 사랑하지는 않았습니다. 이 문제를 지적하시면서 주님은 결정적인 원리를 제시하십니다. 영생은 하나님의 권한이라는 것입니다. 예수님은 영생을 추구하는 이 종교성 풍부한 청년을 걸어 넘어뜨리려 하신 것이 아닙니다. 이런 사람조차도 자신의 행위로 하나님 나라에 들어갈 수는 없다고, 하나의 예를 들어 보이신 것입니다.

이제 마지막으로 묻습니다. 그렇다 하더라도 영생을 얻는 길은 정말 없습니까? 물론 단서는 이미 주어져 있습니다. 이 질문에 답을 얻기 위해서는 마가복음 10장의 구조를 살펴야 합니다. 10장 처음에서 이혼의 문제를 살폈습니다. 이혼은 인간의 완악한 마음 때문에 하나님께서 마련하신 예외 규정입니다. 인간의 완악한 마음은 인간의 어쩔 수 없는 한계를 고려하신 하나님의 진심을 깨닫지 못하고 오히려 예수님을 궁지에 빠뜨리는 함정으로 이용되기까지 했습니다.

그리고 그 다음 이야기, 즉 예수님께서 어린아이를 안고 축복하시는 이야기로 이어집니다. 이 이야기를 통해서 우리는 예수님의 마음을 느꼈습니다. 완고한 마음 때문에 가정이라는 제도를 통해서 주시는 하나님의 축복을 누리지 못하고, 오히려 이러면 이혼해도 되는 것이냐며 따지는 어른이 어린아이라는 존재와 극적으로 비교됩니다. 어린아이는 그 시절에 업신여김을 당하는 존재였으며, 스스로의 힘으로 자신을 보호하지는 못하는, 약한 존재의 상징이나 다름없었습니다. 그럼에도 불구하고 어린아이에게는 뛰어난 점이 하나 있었습니다. 순전함입니다. 어린아이는 눈에 보이는 대로 보고, 느끼는 대로 느끼며, 들리는 대로 행합니다. 이런 어린아이를 주님께서 환영하시고 그들을 끌어안고 축복하셨던 것입니다.

이 어린아이의 이야기가 부자 청년 이야기 바로 앞에 놓였음을 주목해야 합니다. 부자 청년이 뛰어난 영성에도 불구하고 자기 재산 때문에 고민하고 돌아가는 장면에 예수님께서 축복하셨던 어린아이들을 놓아 보십시오. 이 아이들이었으면 부자 청년에게 하셨던 주님의 말씀에 어떻게 반응했을까요? 아이들은 예수님의 축복 기도를 바라며 사심 없이 순수하게 그분에게로 나아왔을 것입니다. 이 아이들은 예수님의 가르침에 아무런 전제나 고민을 달지 않고 그냥 순종할 것입니다.

'영생을 얻고자 하느냐? 이 어린아이들같이 하나님의 나라를 있는 그대로 받아들여라! 그분께서 베푸시는 은총에 온몸으로 뛰어들어서 누리라!' 이것이 본문에 숨어 있는 예수님의 마음이 아닐까요? 영생은 하나님의 선물입니다. 인간의 그 어떠한 행위도 하나님의 요구를 만족시킬 수 없습니다. 행위로는 영생을 얻지 못합니다. 아무런 전제도, 조건도 없이, 어린아이처럼 그의 복 주심을 바라며 나아가 그분의 팔에 안기는 사람만이 그 나라의 복, 영생을 얻습니다.

우리도 부자 청년처럼 영생의 문제에 관하여, 하늘의 일에 관하여 진지하고 치열해야 합니다. 그러나 동시에 잊지 않아야 합니다. 영생은 오직 하나님의 은혜로 얻을 수 있습니다. 어린아이와 같은 순전함을 가지고 그분의 은혜를 향하여 나아갈 때 우리는 그분의 품에 안겨서 그분께서 주시는 복을 영원히 누릴 수 있습니다. 다시 말해 우리는 이 두 가르침을 놓고 항상 균형을 잡으면서 살아야 합니다. 우리는 영생을 얻는 일에 관하여는 그분의 은총에 의지하며, 영생에 관한 일에서는 진지함을 잊지 않도록 해야 할 것입니다. 영생은 그냥 오지도 않고, 그렇다고 내 힘으로 무엇인가를 노력해야 오는 것도 아닙니다.

52

내 잔과 세례를 함께 받겠느냐?

마가복음 10:32-45

수난을 예고하시다

지난 본문을 살펴보며 마가복음 10장의 의도와 흐름을 이렇게 정리했습니다.

그럼에도 불구하고 어린아이에게는 뛰어난 점이 하나 있었습니다. 순전함입니다. 어린아이는 눈에 보이는 대로 보고, 느끼는 대로 느끼며, 들리는 대로 행합니다. 이런 어린아이를 주님께서 환영하시고 그들을 끌어안고 축복하셨던 것입니다. 이 어린아이의 이야기가 부자 청년 이야기 바로 앞에 놓였음을 주목해야 합니다. 부자 청년이 뛰어난 영성에도 불구하고 자기 재산 때문에 고민하고 돌아가는 장면에 예수님께서 축복하셨던 어린아이들을 놓아 보십시오. 이 아이들이었으면 부자 청년에게 하셨던 주님의 말씀에 어떻게 반응했을까요? 아이들은 예수님의 축복 기도를 바라며 사심 없이 순수하게 그분에게로 나아왔을 것입니다. 이 아이들은 예수님의 가르침에 아무런 전제나 고민을 달지 않고 그냥 순종할 것입니다. '영생을 얻고자 하느냐? 이 어린아이들같이 하나님의 나라를 있는 그대로 받아들여라! 그분께서 베푸시는 은총에 온몸으로 뛰어들어서 누리라!' 이것이 본문에 숨어 있는 예수님의 마음이 아닐까요?

이 예수님의 마음이 본문의 서두에 여지없이 드러나고 있습니다.

예루살렘으로 올라가는 길에 예수께서 제자들 앞에 서서 가시는데 저희가 놀라고

좇는 자들은 두려워하더라 _막 10:32

예수님께서 제자들과 함께 예루살렘으로 올라가실 때 앞장을 서셨습니다. 자연스럽게 제자들은 선생님의 뒷모습을 잘 볼 수 있었습니다. 그런데 제자들은 예수님의 모습을 보고 두려웠습니다. 알 수 없는 어떤 느낌이 전해졌기 때문입니다. 이런 분위기 속에서 예수님의 말씀이 시작됩니다. 그 말씀의 주제는 본문에서 표현한 대로 '자기의 당할 일', 즉 예수님께서 고난 받으신 후 십자가에 달려 죽으실 일을 언급하신 것입니다.

그 일이 절대 쉽지 않았습니다. 그 어려운 일을 향하여 가시는 예수님의 굳건한 결심은 뒤에서 따르는 제자들이 압도당해서 두려움을 느낄 만큼이나 결연하셨다는 것입니다. 그 결심이 33절 이하에 기록되어 있습니다.

보라 우리가 예루살렘에 올라가노니 인자가 대제사장들과 서기관들에게 넘기우매

저희가 죽이기로 결안하고 이방인들에게 넘겨주겠고 그들은 능욕하며 침 뱉으며

채찍질하고 죽일 것이니 저는 삼 일 만에 살아나리라 하시니라 _막 10:33-34

제자들은 말씀 가운데 언급한 '인자'가 예수님 자신을 가리키는 줄을 잘 알았습니다. 그들은 앞으로 예수님께서 얼마나 험한 길을 걸으실지 실감했습니다. 예수님은 지금 이 순간에도 당신이 죽음 후에 살아나실 것을 분명히 언급하셨습니다. 하지만 그것은 이성이 홀로 작동할 때나 위로가 되는 말입니다. 제자들은 부활 앞에 나열된 죽음을 향한 과정에만 관심을 집중했습니다. 그들은 거듭된 예수님의 가르침에도 불구하고 유대인이 전통적으로 알고 있던 메시아사상을 아직까지 포기하지 못했습니다. 그들은 예수님께서 전통적인 메시아 사상을 따라 하나님의 종으로 유대 땅에 오셔서 영광스러운 유다 왕국을 건설하실 것이라고 굳게 믿었던 것입니다.

그러나 지금, 그 메시아께서 자신의 입으로 선언하십니다. "나는 조만간

대제사장과 서기관들에게 팔릴 것이며, 이방인 손에 넘겨져 모욕과 고난을 받은 후 죽을 것이다. 그리고 사흘 후에 살아날 것이다." 마가복음 전체의 구조를 고려하면, 여기서 아주 분명한 특징이 드러납니다. 예수님의 수난에 관한 예고가 자세해지면 자세해질수록 제자들의 엉뚱한 반응도 더욱 두드러집니다.

제자들의 요청

그 말씀이 끝나자마자 제자 둘이 예수님께 실로 엉뚱한 질문을 드립니다.

세베대의 아들 야고보와 요한이 주께 나아와 여짜오되 선생님이여 무엇이든지 우리의 구하는 바를 우리에게 하여 주시기를 원하옵나이다 _막 10:35

같은 이야기를 기록한 마태복음은 이런 부탁을 이 두 제자의 어머니가 드렸다고 말합니다. 그러나 이런 차이는 중요하지 않습니다. 어쩌면 어머니와 두 아들이 함께 예수님께 부탁했을 수도 있습니다. 우리는 어째서 이 두 제자가 이처럼 당당하게 "무엇이든지 우리의 구하는 바를 우리에게 하여" 달라고 부탁할 수 있는지에 주목해야 합니다. 세베대의 아들 야고보와 요한의 어머니는 살로메로 알려졌습니다. 살로메는 예수님의 어머니인 마리아와 자매 관계라고들 말합니다. 말하자면 야고보와 요한은 혈통적으로 예수님과 이종 사촌이었던 것입니다. 그런 관계를 근거로 이렇게 당당하게 요청하는 것인지는 모르겠습니다만, 어쨌든 예수님의 대답은 이랬습니다.

너희에게 무엇을 하여 주기를 원하느냐 _막 10:36

그들의 태도에 숨겨진 의도를 모르셨을까요? 아셨을 것입니다. 그러나 예수님은 그들 자신의 입으로 자신의 소원을 분명하게, 공개적으로 고백하기를 원하셨습니다. 그리고 그 질문에 일언반구 어떤 부정적이거나 비판적인 판단을 표현하지도 않으셨습니다. 제자들은 이렇게 소원을 말합니다.

주의 영광 중에서 우리를 하나는 주의 우편에, 하나는 좌편에 앉게 하여 주옵소서 _막 10:38

어쩌면 그들은 주님께서 베드로에게 말씀하신 것을 염두에 두었을 것입니다. 마가복음 10장 23-28절을 보면, 부자 관원이 돌아간 후에 예수님께서 제자들에게 부자가 천국 들어가는 것이 마치 약대가 바늘구멍에 들어가는 것처럼 어렵다고 말씀하셨습니다. 이 말씀을 듣고 베드로가 말했습니다.

보소서 우리가 모든 것을 버리고 주를 좇았나이다 _막 10:28

베드로는 이런 마음이었을 것입니다. '부자는 재산 버리기가 어려워서 주님을 못 따랐지만, 우리는 가족과 생업을 버리고 주님을 따르지 않았는가?' 그는 자신들이 세상을 버리고 예수님을 따르게 된 것이 자랑스러웠을 것입니다. 베드로의 말 바로 뒤에 이어지는 예수님의 말씀을 마가는 생략했습니다만, 마태는 같은 이야기를 기록하면서 이 부분을 이렇게 추가했습니다.

내가 진실로 너희에게 이르노니 세상이 새롭게 되어 인자가 자기 영광의 보좌에 앉을 때에 나를 좇는 너희도 열두 보좌에 앉아 이스라엘 열두 지파를 심판하리라 _마 19:28

제자들은 이 말씀을 듣고 한껏 기대에 부풀었을 것입니다. 그리고 야고보와 요한의 어머니 살로메도 이 말씀을 듣고 기대했던 것 같습니다. 그래서 살로메는 두 아들과 함께 예수님께 와서 자기 아들들이 예수님의 좌편과 우편에 앉게 해 달라고 청했던 것 같다는 말씀입니다.

제자들과 함께 예루살렘으로 올라가시는 주님은 주변 사람들이 두려워하고 놀라기도 할 만큼 결의에 차 있었습니다. 세상을 평정하고 왕의 자리에 오르기 위해서 결의에 찬 것이 아닙니다. 하나님의 뜻에 순종하여 십자가에 달리시기 위해, 그리고 돌아가시기 위해 결의에 가득 차서 예루살렘으로 올라가시는 길이었던 것입니다. 이 기세를 정말로 느낀 제자들이라면, 그들은 어떤 태도를 취해야겠습니까? 함께 죽지는 못할망정 예수님의 마음을 제대로 파악하기라도 했어야 하지 않았을까요? 그런데 제자들의 태도는 그와는 정반대였습니다. 예수님은 이 속 썩이는 제자들의 요청에 이렇게 답하셨습니다.

예수께서 가라사대 너희 구하는 것을 너희가 알지 못하는도다 _막 10:38

주님은 '너희가 구하는 것이 뭔지도 모르는구나' 하고 가볍게 대응하시는 듯했습니다. 그러나 주님은 이 부분을 그냥 지나치지 않으셨습니다. 주님께서 다시 물으십니다.

너희가 나의 마시는 잔을 마시며 나의 받는 세례를 받을 수 있느냐 _막 10:38

우리는 이 말씀이 '고난', 즉 예수님께서 당하시는 것과 같은 종류의 고난을 의미함을 알고 있습니다. 이것을 알 때 그 누구도 이 질문에 쉽게 대답할 수 없음도 우리는 압니다.

고난은 받을 수 있으나

하지만 야고보와 요한은 이 질문에 이렇게 대답했습니다.

할 수 있나이다 _막 10:39

결과적으로 볼 때, 야고보는 초대 교회에서 가장 먼저 순교하다시피 했고, 요한 역시 순교는 아니더라도 죽을 때까지 오랫동안 고난 속에 살았습니다. 그들은 이렇게 자기 말에 책임을 지는 사람이 되었습니다만, 그럼에도 당시에 대답할 때에는 자기들이 이렇게 예수님의 삶과 죽음을 증언하는 사도로서 고난 가운데 생애를 살리라고는 꿈에도 생각하지 못한 것이 틀림없습니다. 이 용감한 대답에 예수님께서 이렇게 받으셨습니다.

너희가 나의 마시는 잔을 마시며 나의 받는 세례를 받으려니와 내 좌우편에 앉는 것은 나의 줄 것이 아니라 누구를 위하여 예비되었든지 그들이 얻을 것이니라 _막 10:39-40

주님께서 말씀하십니다. "그래, 너희가 나와 함께 고난당하는 것은 할 수 있겠지만, 내 옆에서 높은 자리를 차지할 수 있느냐 하는 것은 오직 하나님께서 주셔야 할 일이다."

저는 개인적으로 예수님의 이 말씀이 너무나도 마음에 무겁게 와닿습니다. 하나님의 부르심을 받은 사람이라면 고난은 누구든지 짊어질 수 있습니다. 부르심을 받은 사람이 원한다면 말입니다. 그러나 상을 주고 말고는 전적으로 하나님의 주권에 속해 있습니다. 만일 누구라도 고난을 당할 테니 그 보상으로 상급을 달라고 한다면, 그는 하나님과 거래를 하자는 사람입니다. 거래는 대등한 지위에 있는 사람끼리 하는 것입니다. 인간은 하나님과의 협상 테이블에 앉을 수 없습니다. 인간은 하나님께서 만드신 피조물이기 때문입니다. 만일 인간이 어떤 조건을 내세우면서 자신이 원하는 것을 하나님께 요구한다면, 그는 즉시 하나님과 대등한 자리를 탐한 죄인이 되는 것입니다. 그는 하나님의 정죄를 받을 것입니다.

고난은 그를 따르는 제자라면 누구든 자신의 의지로 선택할 수 있습니다. 그러나 보상은 하나님의 일입니다. 우리가 그 어떤 행위를 내세워서라도 그에 대한 보상을 하나님께 요구할 수는 없습니다.

낮아지기 위한 인자의 길

야고보 및 요한과 예수님 간의 대화를 들은 제자들의 반응이 이어집니다. 그 둘을 제외한 열 명의 제자는 옆에서 대화의 내용을 들었습니다. 마가의 설명에 따르면, 그들은 이 대화를 듣고서 두 사람을 분히 여겼습니다. 이런 반응을 볼 때, 사실은 그 열 명의 제자들의 마음에도 두 제자와 같은 욕망이 있었음을 알 수 있습니다. 그들은 이미 전에도 틈나는 대로 '누가 더 높은 자리에 앉을까'를 놓고서 다투기까지 했습니다. 그때마다 예수님은 낮아짐의 길을 말씀하셨으나 그들의 욕망은 사그라들지 않았습니다. 그들의 욕망은 전에 없이 결의에 찬 태도로 예루살렘을 향하시는 예수님 앞에 다시 모습을 드러냈습니다. 예수님께서 이런 상황을 보시고 제자들을 불러 모으신 후 입을 떼셨습니다.

> 이방인의 소위 집권자들이 저희를 임의로 주관하고 그 대인들이 저희에게 권세를 부리는 줄을 너희가 알거니와 _막 10:42

예수님께서 무엇을 말씀하십니까? 예수님은 소위 세상의 권력이 어떤 속성을 가졌는지 설명하십니다. 간단히 말하자면, 세상에서 말하는 권력은 높은 자가 낮은 자를 힘으로 다스리는 것입니다. 이에 비하여 예수님께서 제자들에게 가르치시려는 권세는 그와 정반대입니다. 예수님의 말씀을 더 들어 봅니다.

> 너희 중에는 그렇지 아니하니 너희 중에 누구든지 크고자 하는 자는 너희를 섬기는 자가 되고 너희 중에 누구든지 으뜸이 되고자 하는 자는 모든 사람의 종이 되어야 하리라 _막 10:43-44

제자가 추구해야 할 그 권세는 세상의 권세와 정반대입니다. 소위 '높은 자'가 '낮은 자'를 섬기는 것입니다. 따라서 으뜸이 되려면 가장 낮은 자리에서 종이 되어 모든 사람을 섬겨야 합니다.

이것을 과연 권세라고 할 수 있을까요? 섬기는 권세라니! 섬김을 받는 것이 권력 아닙니까? 섬김을 받기 위하여 권력을 탐하는 것 아닙니까? 예수님께서 제자들에게 가르치신 권세는 세상이 생각하는 그것과 완전히 반대였습니다. 하나님의 나라에서는 섬기는 자가 높습니다. 그러나 우리는 이 가르침에 대해서 그 어떠한 질문도 항의도 할 수 없습니다. 그 다음 구절에서 우리 주님께서 이렇게 못 박으셨기 때문입니다.

> 인자의 온 것은 섬김을 받으려 함이 아니라 도리어 섬기려 하고 자기 목숨을 많은
> 사람의 대속물로 주려 함이니라 _막 10:45

제자들이 뼛속 깊이 새겨야 할 권세의 개념은 세상에서 온 것이 아닙니다. 바로, 예수님께서 세상에 오셔서 보여 주신 그 모범에 근거한 것입니다. 예수님은 당신이 이 세상을 섬기기 위해서 오셨다고 선언하셨습니다. 그분은 그 섬김의 모범을 보이기 위하여 당신의 목숨을 이 세상의 모든 사람들을 위해 내어놓으실 것입니다.

물론, 예수님 당신의 논리를 따르자면, 그분은 이렇게 세상을 위하여 당신의 목숨을 내어놓음으로써 마침내 세상에서 가장 높은 분이 되실 것입니다. 그러나 고난이 먼저이며, 죽음이 먼저입니다. 그러므로 예수님의 고난과 죽음의 과정에서 권력의 속성을 배우며, 권력을 얻는 방법을 아울러 배웁니다. 우리는 다음과 같은 말을 너무나도 잘 압니다. '높아지고자 하느냐? 먼저 낮아져라!' 그러나 여기에 예수님의 이전 가르침에서 한 가지를 단서로 달아야 합니다. 낮아지는 것은 제자로서 응당 해야 할 일이지만, 높아지려는 목적을 먼저 세우고서 낮아지는 것은 해당 사항이 없다는 것입니다. 낮아지는 것은 제자가 당연히 취해야 할 태도입니다. 그리스도께서 본을 보이신 대로 사는 것이 곧 낮아지는 것이기 때문입니다. 그러나 높아지려는 의도를 이미 깔고

서 낮아지는 것은 제자가 취할 태도는 아닙니다. 높이는 것, 혹은 높아지는 것은 오로지 하나님만이 뜻하신 대로 되는 일입니다.

이 지점에서 잠시 멈추어 이와 관련하여 좀 더 살펴야 합니다. 이 교훈과 관련하여 너무나도 많은 오도(誤導)된 태도를 우리가 보았기 때문입니다. 예수님의 제자라고 고백하면서 '낮은 자로서 섬기는 삶'을 보여 주는 사람들 가운데 실제로는 그것을 높아짐의 수단으로 교묘하게 사용하는 것을 저는 수없이 보았습니다. 겸손한 듯하나 실은 높아지기를 바라고, 섬기는 듯하나 결국은 칭찬받고자 하며, 버리는 듯하나 실상은 더 많은 것을 얻고자 하는 사람이 세상에 얼마나 많습니까! 심지어 친절하고 겸손한 태도로 이웃을 섬기지만 실은 '저 사람은 정말 겸손한 사람이야'라는 칭찬을 받으려 하고, 그것을 은밀하게 즐기는 사람도 적지 않습니다.

그러나 우리는 알아야 합니다. 인간은 속을 수 있으나 하나님은 그 중심을 보십니다. 바로 이런 이유 때문에 높이는 것은 오직 하나님만이 하실 수 있다고 성경이 주장하는 것입니다. 어쨌든 인간은 이토록이나 집요하게 높음을 추구하며, 이토록이나 악하고 교활합니다. 우리는 날마다 우리 주님께서 친히 보이신 낮아짐의 모범을 따라 살면 됩니다. 그것이 고난의 길이든 죽음의 길이든. 때가 되면 당신의 뜻에 따라 우리를 높이실 것입니다. 이 높아짐의 과정 역시 우리 주님께서 친히 보이셨습니다.

고난과 죽음의 길을 결연한 마음으로 당당하게 걸어가시는 예수님의 모습이 보이십니까? 예수님의 마음은 그야말로 어린아이의 순전함 그 자체였습니다. 아버지께서 원하시면 합니다. 그분께서 명하시면 목숨을 걸고 행합니다. 그 때문에 우리 주님의 길이 그처럼 단호했던 것입니다. 그분이 걸어가시는 그 길은 낮아지며, 섬기며, 죽는 길이었습니다. 이 일에 생명을 걸고 충성하신 후에 아버지 하나님은 그를 하늘의 보좌에 앉게 하셨습니다. 이것이 제자의 길입니다.

이 대목에서 더 이상 말씀을 잇지 못하겠습니다. 그 길이 얼마나 어렵고 고통스러운지 알기 때문입니다. 그러나 이 말씀만은 전하려 합니다. 본문 속 우리 주님의 모습을 보십시오. 주님은 죽을 준비가 되지 않은 제자에게 죽으라고 떠미시지 않았습니다. 낮아질 준비가 되지 않은 당신의 제자들에게 강요하시지도 않았습니다. 높아지고자 하는 열망을 꾸짖으시지도 않았습니다. 오직 당신이 가셔야 할 길을 가셨으며, 그것을 통해 제자들이 걸어야 할 길을 실제로 보이셨습니다. 우리는 압니다. 그분의 제자들은 정한 때가 되자 선생님의 소원대로 죽음으로, 삶으로 주님을 위하여 내어놓아야 할 것들을 기꺼이 내놓았습니다. 이것은 우리의 모습이기도 합니다. 여기에 우리의 소망이 있고, 염려하지 않아야 할 이유가 있습니다.

53 주께 나아가는 자의 행복
마가복음 10:46-52

바디매오, 주님을 만나다

본문은 예수님 일행이 예루살렘으로 가는 길에 여리고를 지나다가 일어난 이야기입니다. 그곳에 예수님 만나기를 간절하게 바라던 사람이 있었습니다. 바디매오였습니다. 그는 소경이기도 하고, 거지이기도 했습니다. 시각장애라는 조건과 거지라는 조건은 사실 그것만으로도 불행했습니다. 하지만 바디매오처럼 이런 조건들은 중복되는 것이 보통입니다. 몸이 성치 않으니 노동력이 없고, 노동력이 없으니 돈이 없고, 돈이 없으니 거지라고 불립니다. 그에게 유일한 소망이 있다면, 앞을 보는 것이었습니다. 앞을 볼 수 있다면 움직일 수 있을 것이고, 움직인다면 일해서 먹고 살 수 있을 테니까 말입니다.

바로 그날 그 시간에 주님의 등장을 기다리던 사람들이 들썩이기 시작하자 바디매오는 알아챘습니다. 자기가 그토록 기다리던 예수님께서 오신 것이라고 말입니다. 그리고 그는 울부짖기 시작했습니다. 그리고 소리 질러 주님을 불렀습니다. 앞이 보이지 않아서 예수님께로 갈 수 없었던 그로서는, 그분의 주목을 받을 수 있는 가장 효과적인 방법이었습니다. 그는 부르짖었습니다.

다윗의 자손 예수여 나를 불쌍히 여기소서 _막 10:48

주위의 사람들이 시끄럽다고 꾸짖었지만 상관치 않았습니다. 그는 주위의 비난에도 불구하고 거듭 주님을 불렀습니다. 마침내 그는 주님의 주목을 끄는 데 성공했습니다. 이로써 예수님을 대면할 수 있었습니다.

주님의 허락을 받자, 바디매오는 겉옷까지 팽개치고 주님을 향해 달려갔습니다. 주님께 조금이라도 빨리 당도하기 위해서였습니다. 부끄러운 모습을 남에게 보인다 하더라도 그는 전혀 개의치 않았습니다. 가장 빨리 주님께 달려갈 수 있다면 그런 모습으로라도 주님께로 달려가려 했습니다. 그 앞에 도착하자 주님께서 물으셨습니다.

네게 무엇을 하여 주기를 원하느냐 _막 10:51

인사말도, 자신을 소개하는 말도 생략한 채 그는 즉시 대답합니다.

보기를 원하나이다 _막 10:51

이 말은 '낫게 해 주십시오'보다 훨씬 더 직설적입니다. 한 시각 장애인이 평생에 걸쳐서 정련하고 요약한 단답형의 대답이었습니다. 뿐만 아니라 평생을 보지 못해 한이 맺힌, 그래서 그의 간절한 소원이 담긴 울부짖음이었습니다. 그의 대답을 들으신 주님께서 이렇게 응답하십니다.

가라 네 믿음이 너를 구원하였느니라 _막 10:52

주님은 이 말씀으로 바디매오를 그토록 오래, 그리고 그토록 고통스럽게 붙잡던 것으로부터 자유하게 하셨습니다. 주님은 바디매오의 마음에서 믿음을 보시고, 그것을 '믿음'이라 선언하셨습니다.

우리는 무엇을 믿음이라 말합니까? 흔히 이렇게 말합니다. 믿음에는 대상이 있으며, 그리스도인에게 믿음의 대상은 하나님입니다. 또 믿음에는 그 내용이 반드시 필요합니다. 즉 기독교 신자는 신자 자신이 하나님을 믿기 전에는 죄인이었다는 사실, 자신이 자신의 죄에 대해서는 전혀 무능력하다는 사실, 그리고 하나님의 아들이신 예수 그리스도만이 나의 죄 문제를 해결해 주셨다는 사실 등등을 분명히 인식해야 한다는 것입니다. 이런 것을 가리켜 우리는 '믿음의 내용'이라 말합니다. 이렇게 본다면 예수님께서 바디매오에게 '믿음이 있다'고 말씀하신 것은 믿음에 관한 우리의 인식과 너무나도 차이가 큰 셈입니다.

바디매오의 경우에서 보는 믿음과 구원의 상관관계

그렇지만 믿음이 무엇인지 말하기 전에 바디매오 이야기에서 생각해야 할 것이 있습니다. 바디매오가 여기 있습니다. 장애와 가난은 그를 불행하게 하는 가장 결정적인 요소였습니다. 다음으로 '구원'이란 단어를 살펴봅니다. '구원'은 어디로부터, 특히 인간을 얽매고 고통스럽게 하는 모든 것으로부터 벗어나는 것을 말합니다. 그러므로 바디매오에게 구원은 무엇보다도 시각 장애와 가난으로부터 벗어나는 것을 의미하는 셈입니다. 예수님의 시대를 사는 바디매오에게는 구원은 먼 곳, 곧 죽은 다음에 천국에서 사는 것보다 당장 이 원수 같은 장애와 가난에서 벗어나는 것이었음이 틀림없습니다.

주님께서 바디매오를 부르시고, 그를 시각 장애와 가난에서 벗어나게 하셨습니다. 그러니까 바디매오는 '구원'을 받은 것입니다. 이제 묻습니다. 바디매오의 구원은 어디에서 왔습니까? 물론 하나님의 아들이신 예수님께서 구원하셨습니다만, 예수님 자신의 말씀에 근거해서 이렇게 말해도 좋을 것입니다. 바디매오가 구원받은 이유는 '믿음' 때문이었습니다. 예수님은 소위 그의 '믿음'에 근거하여 그를 구원하셨던 것입니다. 즉, 바디매오는 믿음으로 말미암아 시각 장애로부터 벗어날 수 있었습니다. 이제 앞을 볼 수 있는 바디매오는 열심히 일할 수 있을 것이고, 따라서 그는 가난의 멍에로부터도 벗어날 수 있을 것입니다.

지금까지 바디매오 이야기에서 믿음과 구원이라는 두 단어의 관계를 구성해 보았습니다. 바디매오의 예에서 볼 때, 구원에서 소위 '믿음'이 대체 어느 정도의 역할을 할까요? 이것을 이렇게 물어보면 이해하기가 쉬울 것 같습니다. 바디매오의 믿음은 구원에 이를 만했습니까? 그의 믿음은 그가 기적을 경험하기에 충분했습니까? 바디매오의 믿음은 예수님께 구원을 얻을 정도였습니까? 유감스럽게도 우리는 이렇게 대답해야 합니다. 바디매오의 믿음은 구원을 얻기에, 즉 시각 장애로부터 벗어나기에 턱없이 부족했습니다. 그런데 우리는 이렇게 답하는 순간, 이 대답으로 말미암아 예수님의 말씀을 의심하게 된다는 사실을 깨닫고 화들짝 놀라게 됩니다. 왜냐하면 예수님은 바디매오에게 "네 믿음이 너를 구원하였느니라"라고 분명하게 말씀하셨기 때문입니다. 따라서 이 딜레마를 해결하기 위해서 한 가지 테마에 다시 집중해야 합니다. 예수님께서 바디매오에게 "네 믿음이 너를 구원하였느니라"라고 선언하실 때 그 '믿음'이 대체 무슨 뜻이었는지를 좀 더 살펴보아야 한다는 말입니다.

바디매오가 구원을 받은, 즉 시각 장애와 빈곤의 고통에서 벗어난 형식은 '믿음을 통해서 구원받음'이었습니다. 즉, 믿음을 인정받은 후에 구원을 받았기 때문입니다. 그러나 바로 앞에서 보시다시피, 예수님께서 바디매오에게서 발견하신 믿음의 내용과 질은 바디매오가 경험하고 있던 고통의 크기에 훨씬 모자랐습니다. 다시 말해, 바디매오의 믿음과 그가 처한 고통을 저울질할 때 그의 믿음은 아주 미미하다고 해도 과언이 아니라는 것입니다.

따라서 우리는 이렇게 정리할 수 있습니다. 예수님은 바디매오의 믿음의 수준을 보신 것이 아닙니다. 그럼 무엇입니까? 바디매오가 예수님께 구원을 얻은 것은 자신의 믿음 때문이 아니라는 것입니다. 아니, 그럼 앞의 말씀은 무엇입니까? 바디매오가 자신의 믿음으로 말미암아 구원을 받았다 했잖습니까? 그 말도 맞습니다. 바디매오에게 믿음이 있다, 그래서 구원을 받을 만하다고 예수님께서 말씀하신 것도 맞습니다.

바디매오가 구원을 요청할 때, 예수님께 그를 구원하고자 하는 마음이 불일 듯 일어났습니다. 예수님은 바디매오에게서 그가 구원을 받을 만한 구석이 있는지를 찾아보셨습니다. 당연히 없을 것입니다. 있더라도 턱없이 모자랍니다. 그럼에도 불구하고 그분은 여전히 바디매오에게 구원을 베풀기 원하셨습니다. 그래서 핑계를 찾아보십니다. 아, 있었습니다! 바디매오가 아주 아주 간절하게 구원을 요청했습니다. 예수님은 바디매오의 그 열정을 기뻐하셨습니다. 그래서 예수님은 그의 간절한 심정을 믿음이라 선언하시고는, 그것을 핑계 삼아 그를 구원하셨던 것입니다.

이제 다시 물어봅니다. 예수님께서 바디매오를 구원하신 것은 그의 믿음 때문입니까, 아니면 예수님의 긍휼 때문입니까? 예수님은 공식적으로 이렇게 말씀하십니다. "바디매오는 자신의 믿음 때문에 구원받은 거야." 그러나 우리는 그 말씀을 이렇게 해석합니다. 바디매오는 사실상 예수님의 긍휼, 즉 고난 받는 자를 불쌍하게 여기시는 예수님의 긍휼 때문에 구원받았다고 말입니다.

여기에서 우리는 아주 중요한 구원의 원리를 발견합니다. 바디매오는 믿음 때문에 구원 얻은 것이 아닙니다. 바디매오는 예수님의 긍휼 때문에 구원을 얻은 것입니다. 이 원리가 다른 경우에도 적용이 될까요? 다시 말해, 우리 인간이 하나님의 구원을 얻는 과정에서도 동일하게 적용될까요? 저는 바디매오의 경우가 우리 모두의 경우에도 마찬가지로 적용된다고 믿습니다. 다시 말해, 우리는 믿음으로 말미암아 하나님의 자녀가 되었다고 말하지만, 그 믿음의 내용과 수준을 볼 때 단지 그것만으로는 구원을 얻기에 턱없이 부족하다고 생각합니다. 아니, 절대로 안 될 일이라고 말해야 맞습니다.

믿음은 구원의 조건이 아니다

원칙적으로 하나님은 믿음을 근거로 인간을 구원하십니다. 그러나 실상 인간 개개인의 '믿음'은 구원이 가져다줄 그 엄청난 복락에 비해 턱없이 부족합니다. 그런데 하나님은 당신의 피조물들을 사랑하셔서 받을 자격도 없는 자들을 그렇지 않다, 있다 하시면서 당신의 자녀로 삼으십니다. 따라서 바울은 이렇게 말합니다.

> 그런즉 육신으로 우리 조상된 아브라함이 무엇을 얻었다 하리요 만일 아브라함이
> 행위로써 의롭다 하심을 얻었으면 자랑할 것이 있으려니와 하나님 앞에서는 없느
> 니라 성경이 무엇을 말하느뇨 아브라함이 하나님을 믿으매 이것이 저에게 의로 여
> 기신 바 되었느니라 _롬 4:1-3

하나님은 아브라함을 지극히 사랑하셨습니다. 하나님은 그에게 복 주시기를 원하셨습니다. 그런데 실제로 아브라함에게는 하나님께 그만한 복을 받을 자격이 없었습니다. 그럼에도 불구하고 하나님은 어떻게든 아브라함에게 복을 주시고 싶었습니다. 마침내 하나님은 아브라함에게서 그럴 듯한 핑계를 찾으셨습니다. 아브라함이 '너에게 하늘의 별만큼, 바닷가의 모래만큼 무수한 후손을 주겠다'는 하나님의 약속을 믿었다는 핑계였습니다. 하나님은 무릎을 치면서 말씀하십니다. "됐어, 바로 그거야!" 하나님의 약속을 믿었음을 우리는 믿음이라 하고, 하나님께서 그것을 보시고 "됐어, 바로 그거야!" 하신 것을 우리는 '의'(義)라고 표현합니다.

아브라함은 복 받을 만했습니까? 아닙니다. 그런데 하나님은 그만하면 되었다고 그를 인정하셨습니다. 그가 당신의 말씀을 믿었기에 그렇다는 것입니다. 그러나 실상을 봅시다. 아브라함은 이삭이 아들로 태어나기까지 한 번도 변함없이 하나님의 말씀을 믿었습니까? 아닙니다. 마음만 믿는 척했지, 사실상 인간적인 방법으로 아들을 만들려고 별의별 궁리를 다했습니다. 그런데 그것이 뭐 대단해서 '그만하면 되었다'고 말씀하셨을까요? 그것은 어떻게 해서든지 아브라함에게 복을 주시려는 하나님의 호의 때문에, 즉 하나님의 긍휼 때문에 일이 그렇게 되어 버린 것입니다.

그러므로 우리는 이렇게 말합니다. 아브라함이 믿음으로 의인이 된 것, 아브라함이 믿음의 조상이 된 것이 실상은 무엇 때문입니까? 하나님의 긍휼과

사랑 때문입니다. 따라서 아브라함이 믿음의 조상이 된 것은 아브라함의 믿음 때문이 아니라 하나님의 호의 때문이었습니다. 우리는 하나님의 호의를 선물이라고도 말합니다. 또한 이것을 은혜라고도 말합니다.

내게 사랑하는 여인이 있습니다. 그녀가 무어라 말하든, 무엇을 입든 너무나도 예뻤습니다. 무엇 때문입니까? 사랑 때문입니다. 내게 아주 멋있는 남자가 있습니다. 그가 무어라 말하든, 그가 무엇을 하든, 나는 그가 세상에서 제일 멋있게 보였습니다. 무엇 때문입니까? 사랑 때문입니다. 우리는 이렇게 말해야 합니다. 인간과 인간 사이, 심지어 하나님과 인간 사이에서 제일 중요한 것은 '조건'이 아니라 '사랑'이라고 말입니다. 우리는 믿음으로 구원받는다는 말을, 구원의 조건이 믿음이라는 개념으로 받아들여서는 안 됩니다. 하나님께서 우리를 구원하시는 것은 사랑 때문이지 '믿음'이라는 조건 때문이 아닙니다.

주님께 나아가는 자의 행복에 관하여

우리의 삶을 돌아봅니다. 우리는 교회를 다니면서 수도 없이 이렇게 듣고 또 그렇게 믿어 왔습니다. 믿음으로 구원을 얻는다고 말입니다. 사실입니다. 하나님께서 당신의 보좌 앞에서 우리를 당신의 자녀로 인정하실 때, 우리를 그렇게 인정하시는 근거를 이렇게 말씀하실 것입니다. "쟤가 내 말을 그대로 믿었거든." 그러나 우리는 심지어 그 자리에 서서도 이 사실을 잊지 말아야 합니다. 우리에게는 그분의 자녀가 될 만한 이유가 사실은 아무것도 없었다고 말입니다. 그분께서 우리를 당신의 자녀로 받아들이신 것은 눈곱만큼도 우리의 공로 때문이 아닙니다. 오로지 우리를 사랑하시는 바로 그 사실에 근거합니다. 그러므로 우리는 우리가 하나님께 받은 구원을 은총, 즉 자격이 없음에도 불구하고 받은 하나님의 선물이라고 이르는 것입니다.

이 사실은 우리에게 여러 면에서 깊은 교훈을 줍니다. 우리는 하나님께 이것을 달라, 저것을 해 달라 기도합니다. 그런 것들을 부탁할 만한 자격이 있습니까? 더 나아갑니다. 우리는 하나님을 아버지라 부를 자격이 있습니까? 우리가 무엇이기에 하나님께 이렇다 저렇다 말하는 것입니까? 물론 우리는 이렇게 말합니다. "우리야 물론 자격이 없습니다. 그러나 그렇기 때문에 우리가 기도할 때마다 예수님의 이름으로 기도한다고 마무리하지 않습니까?" 예, 틀린 말씀은 아닙니다. 누구도 아닌 주님 자신께서 우리에게 이렇게 약속하셨습니다.

내 이름으로 무엇이든지 내게 구하면 내가 시행하리라 _요 14:14

또한 주님께서 이렇게 말씀하십니다.

내가 진실로 진실로 너희에게 이르노니 너희가 무엇이든지 아버지께 구하는 것을 내 이름으로 주시리라 _요 16:23

그러나 이 경우에도 말씀 뒤에 숨어 있는 주님의 극진한 사랑을 발견해야 합니다. 주님은 우리를 너무나도 사랑하시기에 스스로를 이렇게 얽어매신 것입니다.

다시 묻습니다. 주님 앞으로 기도를 통해, 성경 묵상을 통해 나아갈 때, 어떤 마음으로 나아갑니까? 어떻게든 우리를 사랑하시려는 주님을 바라며 나아갑니까? 무슨 핑계를 대서라도 우리에게 복을 주시려는 주님의 긍휼을 기대하며 나아갑니까? 우리 인간을 사랑하시려는 그 사랑에 겨워, 무엇에든지 복을 주시고 어디에서든지 도우시려는 주님의 사랑이 우리 마음에 느껴집니까? 그분께 기도하고 도움을 요청하는 것이 오직 그분의 사랑과 자비에 근거할 뿐임을 분명히 깨닫고 그분께 나아갑니까? 그분의 마음과 그분의 그 극진하신 사랑을 전제하고 그분께 나아간다면, 우리는 그분께 무릎을 꿇는 바로 그 순간부터 행복할 것입니다. 우리를 사랑하시는 그분 앞에 나아감을 깊이 깨달을 때, 우리는 기도하는 가운데 이미 이루어 주실 그분으로 말미암아 평안할 것입니다. 바울은 이렇게 말합니다.

일하는 자에게는 그 삯을 은혜로 여기지 아니하고 빚으로 여기거니와 일을 아니할
지라도 경건치 아니한 자를 의롭다 하시는 이를 믿는 자에게는 그의 믿음을 의로
여기시나니 일한 것이 없이 하나님께 의로 여기심을 받는 사람의 행복에 대하여 다
윗의 말한바 그 불법을 사하심을 받고 그 죄를 가리우심을 받는 자는 복이 있고 주
께서 그 죄를 인정치 아니하실 사람은 복이 있도다 함과 같으니라 _롬 4:4-8

바디매오를 부르셔서 주체할 수 없는 사랑으로 복 주신 주님께서 우리를
부르십니다. 의로 여길 만한 부분이 전혀 없음에도 우리를 부르시고, 어떻게
해서든지 복을 주시려는 주님께서 우리를 향해 "내게 달려오라" 팔을 벌리십
니다. 우리의 고통과 불안을 안고 그분을 향해 부르짖을 때, 주님은 그것을
믿음으로 인정하시고 당신을 구원하실 것입니다. 이제 우리가 할 일은 무엇
입니까? 바디매오처럼 나를 얽어매는 모든 것을 벗어던지고 그를 향해 있는
힘껏 달려가야 하지 않겠습니까? 사랑 많으신 주님을 향해서 달려갈 준비가
되셨습니까? 언제나 우리가 내놓을 것보다 더 많은 것 주기를 기뻐하시는 주
님께서 저기 계십니다.

54

환호, 그 이후
마가복음 11:1-10

카리스마 넘치는 인물, 예수

본문은 이렇게 시작합니다.

저희가 예루살렘에 가까이 와서 감람산 벳바게와 베다니에 이르렀을 때에 _막
11:1

'감람산', 혹은 '올리브산'이라고 불리는 산이 예루살렘 근처 동쪽에 있는
데, 남북으로 약 4km정도의 크기라고 알려져 있습니다. 이 산은 예루살렘보
다 약간 낮다고 합니다. 그리고 본문에 '벳바게'와 '베다니'라는 지명이 나옵
니다. 베다니는 예루살렘에서 약 3.5km 떨어진 곳입니다. 감람산 동쪽에 있
습니다. 또 벳바게라는 곳은 현재 어디인지 분명하지 않습니다. 하지만 베다
니와 함께 언급되는 것으로 보아 벳바게는 베다니 가까이에 있었던 것 같습
니다.

이 무렵, 예수님은 마지막으로 예루살렘을 방문하기 위해 길을 가고 계셨
습니다. 거기에는 물론 예수님의 제자들이 동행했습니다. 그 밖에도 상당히
많은 사람들이 예수님과 동행하고 있었습니다. 유월절이 머지않은 때였습니
다. 유월절이 되면 유대 전역(全域)에 사는 유대인들이 성전을 순례하기 위해
서 예루살렘으로 몰려듭니다. 따라서 예루살렘과 이어진 길이라면 어디든지
유대인으로 붐비는 것이 당연했습니다. 하지만 이번에는 경우가 약간 달랐

습니다. 유월절 성전 순례가 주된 목적이었겠지만, 이때 예수님과 같이 예루살렘으로 향하는 유대인들에게는 예년과 다른 목적이 또 하나 있었던 것 같습니다. 도대체 이 예수라는 인물이 이 신기한 일들을 언제까지 계속할 것인가 하는 궁금증을 풀고 싶었던 것입니다.

이 궁금증은 본문 바로 이전의 몇 가지 사건 때문에 불거졌습니다. 본문과 같은 이야기를 기록한 다른 복음서들을 찾아보아야 그 사건이 등장하는데, 예수님께서 베다니에 살던 나사로를 살리신 일이었습니다. 예수님은 평소에 이 나사로 집안과 잘 알고 지내셨던 것 같습니다. 나사로뿐만 아니라 이 사람의 여동생 마르다와 마리아와도 잘 아셨던 것 같습니다. 그런데 나사로가 갑작스럽게 죽었습니다. 이 소식을 들으신 주님은 베다니로 가셨습니다. 그러나 너무 늦었습니다. 주님께서 도착하셨을 때는 장례가 이미 끝난 후였습니다. 시신은 벌써 무덤에 묻혔고, 더운 날씨 때문에 부패가 이미 시작되었습니다. 그러나 주님은 마치 잠이 든 나사로를 불러 깨우시듯이 그를 무덤 밖으로 불러내셨습니다. 죽은 나사로가 다시 살아난 것입니다(요 11:1-44). 이 사건 때문에 예수님 주변에는 이적을 구경하기 원하는 구경꾼들로 넘쳐나기 시작한 것 같습니다.

그 후 예수님께서 여리고에 들르셨을 때, 이곳에 살던 삭개오가 주님을 영접했습니다. 삭개오는 세리였습니다. 그냥 세리도 아니고 세리의 두목, 즉 세리장이었습니다. 요즘 세무원은 시험을 쳐서 채용되는 공무원입니다. 세금을 걷는 일은 정부 사업을 집행하기 위해 재원을 마련하는 일로, 아주 중요한 일입니다. 어딜 가나 세무원은 가장 머리 좋고 능력 있는 사람들로 채워지기 마련입니다. 말하자면 세무원은 국가를 경영하는 데 큰 역할을 하는 엘리트 그룹이라 할 수 있습니다.

하지만 예수님 당시의 세무원은 아주 달랐습니다. 예수님 당시 세무원은 유대 나라를 위해서 일하지 않았습니다. 세금을 매기고 징수하는 일이야 물론 유대인을 대상으로 하는 일이지만, 그들을 채용하고 일을 시키는 일은 유대 나라가 하지 않았습니다. 왜 그랬겠습니까? 나라가 없기 때문입니다. 당시 유대는 로마의 지배 아래 있었습니다. 따라서 세무원들은 로마를 위해 일해야 했습니다. 그들은 로마와 계약을 맺고 로마가 원하는 액수를 당국에 바치기만 하면, 그는 할당액 이외에 얼마를 더 백성들에게 징수받든 간섭받지 않았습니다. 말하자면 당시의 세무원들은 로마 당국이 원하는 재원을 확보해 주는 조건으로 백성들을 가혹하게 착취할 수 있는 권리를 얻었던 것입니다. 한마디로, 예수님 당시의 세무원은 촉망받는 엘리트가 아니라 지배 국가를 위해 봉사하는 매국노였습니다. 이 매국노의 두목, 삭개오가 예수님을 영접하면서 엄청난 제안을 했습니다. 삭개오는 예수님께 이렇게 약속을 했습니다.

> 주여 보시옵소서 내 소유의 절반을 가난한 자들에게 주겠사오며 만일 뉘 것을 토색한 일이 있으면 사배나 갚겠나이다 _눅 19:8

죽은 사람을 살린 예수라는 인물이, 이제는 매국노마저 교화(敎化)시켰습니다! 이런 일련의 사건들이 많은 사람을 흥분시켰습니다. 그들은 이런 사건들이 하나의 결론을 미리 보여 주는 것이라 받아들였습니다. 유대 왕국의 회복입니다. 죽은 사람을 살리고, 도시락 하나로 수천 명을 먹이며, 호수 위를 맨발로 걷습니다. 소경을 보게 하시고, 문둥병자를 깨끗하게 하십니다. 예수님은 왕궁과 성전에서 점잔을 빼면서 존경을 강요하는 종교 지도자 및 정치 지도자와 확연히 달랐던 것입니다. 예수님은 도리어 그들의 권위를 무시하는 듯한 태도를 보였습니다. 누구에게도 굴복하거나 굽히지 않는 인물, 기적을 행하는 인물, 자신을 하나님과 동일시하는 그 놀라운 카리스마 …. 이것을 보는 사람마다 세례 요한이나 엘리야 같은 위대한 지도자를 떠올렸으며, 동시에 저 옛날부터 예언되어 온 해방자, 유대 왕국을 회복할 것이라 예언된 메시아를 연상할 수밖에 없었던 것입니다.

돌들마저도 외쳐야 할 찬송

이 무렵 예수님께서 제자들에게 한 가지를 부탁하셨습니다.

> 너희 맞은편 마을로 가라 그리로 들어가면 곧 아직 아무 사람도 타 보지 않은 나귀
> 새끼의 매여 있는 것을 보리니 풀어 끌고 오너라 _막 11:2

이 명령에 어떤 문제점이 있는지는 예수님 당신이 잘 아셨던 모양입니다. 무엇일까요? 남의 가축을 어떻게 자기 마음대로 가져올 수 있겠습니까? 주인의 허락을 받아야 가능할 것입니다. 그래서 주님께서 이렇게 당부하셨습니다.

> 만일 누가 너희에게 왜 이리 하느냐 묻거든 주가 쓰시겠다 하라 그리하면 즉시 이
> 리로 보내리라 _막 11:3

이어지는 기록을 보면, 예수님께서 당부하신 대로 일이 일어났고, 또 미리 당부하신 대로 했을 때 역시 말씀대로 일이 진행되었던 것 같습니다.

그럼 주님은 이 나귀로 무엇을 하려 하셨을까요? 본문은 주님께서 이 나귀로 무엇을 하겠다고 구체적으로 말씀하셨는지는 말하지 않습니다. 하지만 제자들은 이 나귀의 등에 자기의 겉옷을 걸쳤습니다. 그러고는 나귀의 등에 주님을 앉혔습니다. 그들은 주님께서 타신 나귀를 끌고 가면서 소리를 치기 시작했습니다.

> 호산나 찬송하리로다 주의 이름으로 오시는 이여 찬송하리로다 오는 우리 조상 다
> 윗의 나라여 가장 높은 곳에서 호산나 _막 11:9-10

'호산나'(ὡσαννά)라는 단어의 기원은 '호시아나'(הֹושִׁיעָה נָּא)라는 히브리어 단

어입니다. 번역하면 '지금 기도하오니 우리를 구원하소서' 정도입니다. 따라서 그들의 찬송을 알기 쉽게 풀면 이런 뜻입니다. '하늘에 계신 하나님이여, 우리를 구원하소서!' 이 뜻이 맞다면, 그들은 예수님을 하나님, 혹은 하나님께서 보내신 메시아로 받아들였다는 말입니다.

마가복음에는 없지만 다른 복음서의 기록을 보면, 이 찬송을 들은 바리새인들이 즉시 예수님께로 몰려왔습니다. 그들은 주님께 이렇게 부탁했습니다.

선생이여 당신의 제자들을 책망하소서 _눅 19:39

예루살렘에는 명절을 맞아 수많은 사람들이 몰려들고 있었습니다. 이때에 누구라도 그들을 부추겨서 소란이 일어나게 한다면, 여기에 주둔한 로마 병사들이 그냥 두고 보지는 않을 것이 분명합니다. 왜 그렇습니까? 백성들은 지금 하나님, 혹은 메시아를 외치고 있습니다. 이것이 유대인들에게는 종교적인 의미일 수 있겠지만, 로마인들에게는 정치적인 의미로 해석될 여지가 아주 강합니다. 다시 말해, 로마 사람들이 이들의 환호성을 독립을 요구하는 시위로 해석할 가능성이 아주 높았던 것입니다. 이렇게 된다면, 지금 이 모임은 걷잡을 수 없는 파국으로 연결될 것입니다.

바리새인들이 과연 이런 문제를 진심으로 염려했기에 이렇게 말했는지는 분명하지 않습니다. 그들은 오히려 예수님께서 하나님 혹은 메시아와 마찬가지로 높여지는 것을 두려워했는지도 모릅니다. 어쨌든 그들의 요청에 주님은 분명하게 당신의 뜻을 표현하셨습니다.

내가 너희에게 말하노니 만일 이 사람들이 잠잠하면 돌들이 소리지르리라 _눅 19:40

예수님의 말씀은 여러 가지로 해석될 수 있습니다. 그러나 무엇보다 주님의 말씀을 이렇게 해석하는 것이 차라리 더 그 의미에 충실할 것입니다. "저들의 환호성은 정당하다. 저들의 환호성을 멈추어선 안 된다. 저들이 조용하다면 저 돌들이라도 외쳐야 할 찬송이 아니냐?" 그러므로 이 말씀을 통해서 주님은 강조하십니다. "저들이 지금 외치고 있는 바로 그 인물, 메시아가 바로 나다! 나는 너희를 구원할 메시아, 유대인의 왕이다!"

왕으로 오신 예수?

이 이야기는 오늘날까지 교회가 '종려주일'로 지키는 절기의 기원이 되었습니다. 이 이야기가 교회의 시작에서부터 지금까지의 모든 그리스도인에게 무엇을 전하려 하는지는 매우 중요합니다.

본문에는 제자들이 어린 나귀의 등에 예수님을 태우고 힘껏 찬양하는 모습이 기록되어 있습니다. 여기에서 우리는 제자들의 찬양이 어떤 의미였는지 짐작할 수 있습니다. 잇따라 일어난 기적과 사건을 경험하며 제자들은 흥분했습니다. 예수님의 행적을 옆에서 지켜보았던 사람들 역시 흥분했습니다. 그들은 하나님이나 메시아, 혹은 유대 나라를 독립시킬 왕에게나 할 수 있는 노래와 탄원을 예수님께서 가시는 길 앞에 늘어놓았습니다. 주님은 그들의 찬송을 막지 않으셨습니다. 주님은 당신이 그들의 왕이란 사실을 굳이 숨기려 하지 않으셨습니다. 주님은 그들의 찬송이 당연하다고 두둔하셨습니다. 나아가 그들의 찬송은 온 세상의 피조물들이 불러야 할 찬송이라고까지 말씀하셨습니다.

그러나 예수님의 예루살렘 입성 장면을 다른 복음서들과 함께 찬찬히 들여다보면, 이런 분위기와는 전혀 다른 느낌이 감지됩니다. 마가복음 11장을 보면, 주님은 이날 예루살렘성으로 들어가셨다가 다시 베다니로 돌아가셨습니다. 그리고 며칠이 지난 후, 주님은 제자들과 함께 마지막 식사를 나누셨습니다. 그런데 요한복음 13장을 보면, 주님은 이때 영원토록 우리의 마음에 남을 하나의 순서를 진행하셨습니다. 주님께서 친히 제자들의 발을 씻어 주신 것입니다. 왜 이런 일을 행하셨을까요?

우리는 이 무렵, 아니 이보다 훨씬 오래전부터 제자들 간에 하나의 분쟁이 있었음을 잘 압니다. 그것은 장차 하나님의 나라가 임하고 주님께서 왕이 되실 때에 과연 누가 가장 높은 자리에 앉을 것인가를 놓고 벌인 다툼이었습니다. 그러므로 식사 시간에 제자들의 발을 씻어 주신 것은 그 무엇인가를 당신의 행동으로 친히 보여 주시기 위함이었습니다. 즉, 제자들에게 하나님 나라의 성격과 이 나라에 들어갈 사람의 자격을 가르치신 것입니다.

낮은 자들의 나라, 하나님 나라

주님은 제자들의 발을 씻기시는 행동을 통해서 섬기는 사람의 모습을 보여 주셨습니다. 이 모습이 얼마나 놀랍고 충격적입니까? 세상의 왕은 힘을 과시하여 백성을 두렵게 합니다. 그리하여 그 힘에 굴복하게 만듭니다. 따라서 왕에게 힘이 없다는 것은 곧 그 자리를 빼앗긴다는 의미입니다. 그러므로 세상의 왕은 타인을 굴복시키고 두렵게 만드는 힘과 별개로 생각하기가 불가능합니다. 하지만 주님께서 보여 주신 왕의 모습은 이와 전혀 달랐습니다. 주님께서 보여 주신 왕의 모습은 오히려 백성들의 발까지도 씻겨 주는 것이었습니다. 이것은 백성을 섬기는 자신의 사역을 특징적으로 보여 주는 행위였습니다. 주님은 누가 더 높아질까를 다투던 제자들에게 더욱 낮아질 것을 행동으로써 가르치셨습니다. 우리 주님의 겸손의 절정은 십자가 위에서 나타납니다. 당신의 죄도 아닌 백성의 죄를 대신 지시기 위해서, 주님은 인간이 보여 줄 수 있는 가장 낮고 비참한 모습을 기꺼이 당하셨던 것입니다.

본문에서 주님의 모습을 보면서 어떤 생각이 듭니까? 당신을 왕이라 부르며 환호하는 백성 앞에 왕의 짐승이 아닌 일꾼의 짐승 나귀 새끼를 타고 입성하시는 예수님의 모습을 보십니까? 사실 이 본문에서 낮아짐, 겸손과 같은 개념들을 주제 삼은 것은 바로 이 장면 때문입니다. 다시 말해, 이런 주제들이 아니고서는 열렬하게 왕을 환영하는 백성들의 소리에도 나귀 새끼를 타고 성문으로 들어가시는 이 예수님의 기가 막힌 모습을 설명할 길이 없기 때문입니다.

왕 되신 주님을 향해 찬송하기는 쉽습니다. 흥분되기도 할 것입니다. 그러나 냉정하게 자신을 돌이켜 보면, 이 열광은 세속적 왕 개념에 도취된 결과일 뿐입니다. 주님께서 보여 주신 십자가의 길은 이 세속적 왕 개념과 전혀 다릅니다. 영광 이전에 낮아짐이 있어야 하며, 환호 전에 자신의 것을 다 내어놓는 고뇌가 따라야 합니다. 높임을 받기 전에 세상의 그 누구보다도 낮아지는 비참의 자리에 도달해야 합니다. 칭찬을 받기 전에 세상 사람들의 비난과 멸시를 경험해야 합니다. 영광을 얻기 전에 반드시 조롱의 소리를 들어야만 합니다. 이것이 우리 주님께서 보여 주신바 왕의 자리에 오르는 비결입니다. 하나님의 영광스런 자리를 버리고 십자가에 당신의 생명을 고통스럽게 내놓기 위해 이 땅에 오신 주님의 마음을 따르는 것은 너무나 어렵습니다. 그러나 분명한 것이 있습니다. 우리가 이 땅에서 세상을 섬기는 마음과 자세로 살아가기를, 주님께서 원하신다는 것입니다.

우리가 이 마음을 따라 산다는 것이 얼마나 어려운 일인지 모릅니다. 이런 마음으로 세상을 살기가 너무 힘들어서 차라리 예수님 믿는 것을 포기하고 싶은 마음이 들 때도 있을 것입니다. 그러나 이 길에서 먼저 승리하신 주님께서 우리를 부르십니다. 바울은 이 주님의 모습을 부활의 첫 열매라 일컬었습니다. 먼저 걸어가셔서 그 길이 진리임을 증명하신 것입니다. 우리가 이 겸손과 낮아짐의 길을 걸으면서 세상을 섬기게 될 때 우리에게 확실한 영광의 자리가 보장될 것입니다. 그럼 이제 우리가 어떻게 해야 하겠습니까? 우리는 어떤 모습과 어떤 자세로 살아야 주님처럼 세상을 섬길 수 있겠습니까? 주님의 행적을 살피는 일은 이처럼 자신의 갈 길을 찾는 것입니다. 우리는 생애 동안 어떤 모습으로 실천하며 살아야 할지를 고민해야 합니다.

주님께서 말씀하십니다. "담대하라 내가 세상을 이겼노라"(요 16:33). 세상 사람들이 주님의 가르침을 실천하지 못하는 것은 낮아짐과 높임을 도무지 연결하지 못하기 때문입니다. 아니, 실상 그들에게 낮아짐은 실패요 수치입니다. 그러나 우리 주님께서 보여 주신 영광의 길은 그 낮아짐을 통해서만 열립니다. 이것이 낮아짐의 비밀입니다. 이 비밀을 깨닫는 사람만이 영광의 자리에 도달할 수 있을 것입니다. 영광의 자리를 조명이 쏟아지는 자리에서 갈채를 받는 것만으로 바라지 마십시오. 낮아지고, 때로는 무시당할 때도 있어야 함을 기억하십시오. 우리가 마지막 갈채를 받아야 할 자리는 하나님의 보좌 앞입니다. 그 보좌 앞에서 천사들의 갈채를 받는 것, 이것이 우리의 진정한 삶의 목표요, 내 인생의 절정입니다. 이것이 우리의 소원이 되어야 합니다. 세상을 섬기는 자만이, 그리고 자신을 낮추는 겸손한 자만이 영원한 높임의 자리에 서게 될 것입니다. 세상에서 가장 낮아진 사람만이, 돌들마저도 불러 마땅한 영광의 찬송을 듣게 될 것입니다. 그러므로 어떻게 하여야 낮아지는 종의 모습으로서 이 세상을 살 수 있을 것인지를 깊이 묵상합시다.

55 내 삶의 열매
마가복음 11:11-21

성전을 둘러보시다

종려주일은 우리 주님께서 예루살렘성으로 들어가실 때에 백성들이 환호하면서 환영한 사건을 기념하는 것입니다. 그런데 그 사건을 오늘날에 이르기까지 기념해야 할까요? 교회의 역사가 2천 년이 넘는데, 그간에 기념할 만한 일이 얼마나 많겠습니까? 그럼에도 불구하고 예수님의 예루살렘 입성 사건을 오늘날까지 기념해야 한다면 그 이유는 무엇일까요? 이 질문에 바르게 답하기 위해서는 이 본문에 담겨진 예수님의 뜻을 제대로 이해해야 합니다.

복음서들은 주님께서 예루살렘에 들어가신 직후에 행하신 한 가지 일을 공통적으로 기록하고 있습니다. 마가는 예수님께서 예루살렘에 입성하신 후 성전까지 가셔서 이곳저곳을 둘러보셨지만 특이한 일은 없었던 것처럼 기록했습니다. 마가에 따르면, 예수님 일행은 이날 성전에서 시간을 보내다가 저녁이 되자 일단 베다니로 돌아갔습니다. 그리고 다음 날, 예수님은 다시 성전으로 들어가셔서 성전에서 장사하는 사람들을 내쫓으셨습니다.

본문에는 예수님께서 성전에 들어가셨다고 기록되어 있습니다만, 더 구체적으로 설명하면 여기 '성전'은 성전 중에서도 소위 '이방인의 뜰'이라는 곳이었습니다. 이 '이방인의 뜰'은 예루살렘 성전을 순례하는 나그네들에게 아주 요긴한 시장이 열리는 곳이었습니다. 나그네들은 이 시장에서 제사용 제물들을 구입했습니다. 말하자면 나그네들이 원래 집에서 끌고 와야 할 제물들을 이곳에서 구입함으로써 여행의 불편함을 해결했다는 것입니다. 그런데 예수님께서 지금 이곳을 방문하셔서 이곳의 장사치들을 향해 아주 격렬하게 행동하셨습니다.

마가는 예수님의 행동을 다음과 같이 기록했습니다.

예수께서 성전에 들어가사 성전 안에서 매매하는 자들을 내어 쫓으시며 돈 바꾸는 자들의 상과 비둘기 파는 자들의 의자를 둘러엎으시며 아무나 기구를 가지고 성전 안으로 지나다님을 허치 아니하시고 이에 가르쳐 이르시되 기록된바 내 집은 만민의 기도하는 집이라 칭함을 받으리라고 하지 아니하였느냐 너희는 강도의 굴혈을 만들었도다 하시매 _막 11:15-17

같은 사건을 기록한 마태복음의 본문(마 21:12-13)과 비교할 때, 마가복음의 본문 16절은 마가만 기록한 내용입니다. 다시 말해 '아무나 기구를 가지고 성전 안으로 지나다님을 허치 않으셨다'는 내용은 마가만이 기록했습니다. 이 부분을 이해하기 위해서 당시의 상황을 잠시 돌아보아야 합니다.

예수님 당시의 성전은 다섯 구역으로 구분되었습니다. 가장 바깥에는 이방인의 뜰, 혹은 바깥뜰이라고 불리는 구역이, 성전을 북쪽으로 바라볼 때 오른쪽에는 '여자의 뜰'로 불리는 구역이, 이 구역을 지나면 '남자의 뜰' 혹은 '이스라엘의 뜰'이라는 구역이, 그 다음에는 '성소'라고 불리는 '제사장의 뜰'이, 마지막으로 '지성소'가 있었습니다. 부정한 사람이라고 율법에 규정된 나병환자들은 성안으로 들어오는 것이 금지되었기 때문에 예루살렘성 바깥에서 구걸했고, 신체가 건강한 거지들은 예루살렘 성안으로 들어가 성전 주변에 머물면서 구걸했습니다. 그들은 때로 성전 안으로 들어가 구걸하기도 했습니다. 그리고 장애인들은 스스로 움직일 수 있을 경우에만 성전 안뜰로 들어갈 수 있었습니다.

유대인 여자들은 지성소를 북쪽으로 바라볼 때 동쪽으로 들어갈 수는 있었지만, 제사에는 참여할 수 없었습니다. 남자들은 '여자의 뜰'을 지나서 '이스라엘의 뜰' 혹은 '남자의 뜰'로 불리는 구역으로 들어갑니다. '여자의 뜰'을 둘러싼 벽을 따라 헌금함이 놓여 있었고, 성전 앞에는 번제단이 놓여 있었다고 합니다. 이 번제단에서 제사를 드리거나 각종 축제에 사용될 가축을 파는 장사치들은 이방인의 뜰에서 영업을 하고 있었습니다. 그리고 20세 이상의 유대인 남자라면 매년 한 번씩 성전세를 내야 했는데, 이 성전세를 위해 동전을 바꾸는 장사치들도 '이방인의 뜰'에서 영업을 했습니다. 이 본문의 배경이 유월절이었으니, 일 년에 가장 큰 축제 기간이었습니다. 말하자면 성전을 중심으로 형성된 상권(商圈)에 있어서는 1년 가운데 가장 큰 대목을 지내고 있었던 것입니다.

성전을 정리하시다

유월절은 이스라엘 민족에게 가장 의미 있는 절기라 할 수 있습니다. 애굽 땅에서 400년 이상 종살이 하던 이들은 열 번에 걸친 하나님의 이적을 통해서 자유인이 되었습니다. 그들은 다시 40년의 광야 생활 끝에 가나안 땅에 들어가 한 나라를 이루었습니다. 이런 역사적 유래 때문에 이스라엘 민족은 예수님 당시까지 유월절을 가장 성대한 절기로 삼았습니다. 그러나 이런 절기가 언제나 순수하게 지켜진 것은 아닙니다. 유대 전역의 유대인들이 몰린다는 것은 상업적 의미를 아울러 가질 수밖에 없습니다. 사람이 몰리는 곳에 돈이 돌고, 돈이 돌면 자연히 경제 활동이 활발해집니다. 이런 이치 때문에 유월절을 맞아 성전을 방문하는 수많은 사람들을 대상으로 숙박업소나 음식점 등등, 타 지역에서 몰려든 사람들이 예루살렘에 머물면서 필요한 온갖 업종이 활기를 띠었을 것이 분명합니다. 성전 주변에서 영업을 하는 장사치들도 이 가운데 속합니다.

이 이방인의 뜰에 벌여져 있는 시장 구역은 언제부터인지는 정확하지 않으나 제사장이 도입한 공식적인 장소였습니다. 제사장은 순례자들이 제물을 끌고 성전까지 오기가 불편하다는 사실을 발견했습니다. 순례자의 불편을 줄이려는 의도는 좋았는데, 문제는 돈 있는 곳에 이권이 생긴다는 점이었습니다. 제사장의 허락 아래 거래가 시작되자 상인들은 장사할 장소를 얻기 위해서 제사장에게 막대한 금액을 지불하게 되었습니다. 이른바 자릿세입니다. 이로써 상인과 제사장 간에 더러운 관계가 생기기 시작한 것입니다. 상인들은 이익을 확보하기 위해 순례자들을 대상으로 엄청난 폭리를 취하기 시작했습니다.

문제는 더 있습니다. 먼 길에서 피곤하게 걸어온 순례자들이 제사를 드리기 위해 성전에 들어왔습니다. 편하게 오자고 제물을 가지고 오지 않았는데, 이제 제물을 여기 시장에서 구해야 합니다. 그러나 내어놓은 제물들은 시가보다 훨씬 비싸고 거기에다가 온전하지도 않습니다. '기왕 죽여서 태울 짐승인데 뭘 ….' 사는 사람이나 파는 사람이 은연중에 이렇게 생각했을 것입니다. 거기에다가 성전세를 내기 위해서 잔돈을 바꾸는 수수료도 너무 비쌉니다. 사람들은 모두 압니다. 이 엄청난 폭리 뒤에 상인과 제사장의 검은 거래가 있다는 사실을 말입니다. 이런 거래 뒤에 온전한 제사가 드려질 수 있겠습니까? 하나님을 향한 순전한 마음이 생기겠습니까? 오랫동안 먼 길을 걸어온 순례자들이 그 모든 어려움과 피곤함을 씻을 만한 하나님의 은혜를 체험할 수 있겠습니까? 뿐만 아니라 제사장들이 과연 순수한 마음으로 제사를 집행할 수 있겠습니까?

우리는 이제 예수님의 행동을 어느 정도는 이해할 수 있습니다. 하지만 문제가 있었습니다. 당시에 이와 관련된 사업에서 돈을 버는 사람이 예루살렘 인구의 20퍼센트 정도였다고 합니다. 예수님께서 성전의 질서와 원래의 기능을 회복하시려고 이렇게 하신 사실을 백번 인정한다 합시다. 그러나 이들에게는 예수님의 행위가 종교적인 의미보다 더 중요한 문제로 다가왔을 것이 틀림없습니다. 예수님은 지금 그들의 생계를 위협하고 계신 것입니다. 한편으로는 지금 자신의 지지층을 적으로 만들고 계신 것입니다. 예루살렘의 민중은 이틀 전 나귀를 타고 입성하시는 예수님을 유대인의 왕으로 영접하다시피 했습니다. 그들은 예수님의 의도와는 전혀 다른 여러 가지 의미에서 환영했습니다만, 예수님의 정치적 지지층이라 해도 틀리지 않을 것입니다. 그런데 예수님은 그들의 생계 수단을 정죄하고, 결과적으로 그들의 생계를 위협하신 것입니다. 이로써 예수님의 행동은 죽음을 재촉하는 일이 되고 말았습니다.

주님께서 단호하게 말씀하십니다. "이 집은 나의 집이다." 제사장에게 지불한 자릿세를 당신에게 달라는 뜻입니까? 아닙니다. 주님은 장사치의 시끄러운 외침과 더러운 이권 거래를 멈추라고 선언하십니다. 그러면 순례자들에게 예전처럼 제물을 집에서부터 가져오라고 말씀하시는 것입니까? 따라서 이 시장은 이제 폐쇄하겠다고 선언하시는 것입니까? 물론 아닙니다. 성전을 성전 본연의 장소로 회복하시려는 것뿐입니다. 그럼, 주님께서 말씀하신 '내 집'은 어떤 집이어야 할까요? 하나님의 집은 기도하는 집이어야 합니다. 하나님의 집은 기도하는 집이어야 한다는 이 말씀이 무슨 의미인지는, 주님께서 바로 이어서 하시는 행동에서 분명하게 드러납니다.

마가복음에는 없지만 마태는 이때 예수님께서 하신 일을 기록해 놓았습니다.

소경과 저는 자들이 성전에서 예수께 나아오매 고쳐 주시니 _마 21:14

주님은 제사의 목적과 성전의 의미를 잊고 종교 행위에 몰두한 유대인들에게 위와 같이 행동으로써 성전의 의미를 보여 주셨습니다. 한마디로 말씀드립니다. 성전은 하나님의 것입니다. 제사장의 것도 아니고, 장사치의 것도 아닙니다. 순례자의 것도 아닙니다. 오직 하나님의 것입니다. 나아가, 성전은 기도하는 곳입니다. 찌들고 지친 영혼이 기도로써 하나님을 만나는 곳입니다. 나아가, 하나님의 능력으로써 치유받는 곳입니다. 주님은 바로 이 목적, 오직 이 목적을 위해서 성전이 서 있기를 바라셨습니다.

성전을 성전으로

예수님께서 돌아가시기 전에 요란하게 백성들의 환영을 받으면서 예루살렘에 들어가신 목적이 무엇입니까? 성전을 성전답게, 즉 성전을 성전의 원래 목적으로 회복하시려는 것이었습니다. 물론 예수님께서 다시 오시기 전까지 이 땅의 신자들을 통하여 눈에 보이지 않는 성전이 이루어질 것입니다. 그리고 이 성전은 예수님께서 친히 다스리시는 하나님의 나라를 통해서 최종적으로 완성될 것입니다. 어쨌든 우리는 '성전을 성전답게 회복하시려는' 주님의 의도를 읽고 있습니다. 그런데 이 일이 과연 예수님 당시에만 필요했을까요?

잘 아실지 모르겠습니다만, 차마 입에 올리기조차 어려운, 교회와 관련된 수치스런 사건들이 수도 없이 매스컴에 오르고 있습니다. 목회자와 교인 간의 부적절한 관계, 재정과 관련된 부정 사건, 교회의 주도권을 둘러싸고 벌어지는 폭력 사건 …. 이 모든 사건들이, 도대체 이것이 교회 안에서 벌어질 수 있는 일인가 하고 생각할 겨를도 없을 만큼 자주 벌어지고 있습니다. 이런 사건들을 생각하다 보면, 결국 교회의 안과 밖을 구별하기 어렵다고 생각할 수밖에 없습니다. 물론 그렇지 않은 교회도 많을 것이라 믿습니다만, 한국 교회는 세상과 구별하기가 불가능한 꼴이 되어 버렸습니다. 이 총체적인 교회의 위기는 모든 신자들이 공통적으로 짊어져야 할 책임입니다. 교회가 가진 외형을 힘으로 생각하고 그것을 사유화하려는 인간의 죄악 된 본성 때문이라는 말씀입니다. 우리는 교회가 무엇인지에 관하여 진지하게 생각하며 교회를 다니지 않는다는 것입니다.

주님은 인간 내면의 변화를 우선시하셨습니다. 당신을 유대인의 왕으로 추대하려는 군중을 멀리하셨고, 가난한 자와 병든 자를 가까이하셨습니다. 당신은 머리 둘 곳도 없는 신세라고 말씀하셨으며, 심지어 모든 자들에게 배척당하셨습니다. 주님은 아버지의 구원을 완성하시기 위해 기꺼이 당신의 목숨을 바치셨습니다. 십자가 위에서 "어찌하여 나를 버리셨나이까?" 하고 부르짖으시기까지 인간의 죄악을 철저하게 홀로 대신하셨습니다. 그분의 삶은 한마디로 낮아짐과 섬김이었습니다. 그분의 삶을 이 정도만 살펴본다 하더라도 그분의 제자라면 어떤 길을 걸어가야 할지 명백하지 않습니까? 오늘을 살아가는 우리가 무엇을 더 알아야만 오늘날과 같은 수치스런 상황을 보지 않겠습니까? 무엇을 더 배워야만 우리는 예수님의 삶을 닮아 갈 수 있겠습니까? 무엇을 더 알아야만 교회는 우리 주님께서 원하셨던 모습으로 변하겠습니까?

　교회의 주인은 하나님이시며, 그분의 아들 예수 그리스도의 소유입니다. 내가 교회에 등록되었다고 한 표를 행사하는 주인입니까? 내가 목사이기 때문에 주인입니까? 내가 집사이기 때문에 주인입니까? 내가 무슨 일을 한다고 그 일에 권리가 있습니까? 교회의 주인은 어제나 오늘이나 변함없이 오직 한 분, 주님 예수 그리스도밖에 없습니다. 우리는 오직 그분이 원하시는 대로 교회를 이루어 나가야 할 종일 뿐입니다. 성전 앞에 서서 주님께서 호령하십니다. "이 집은 내 집이다. 이 집은 기도하는 집이다. 이 집은 가난한 자와 병든 자가 위로받고 나음을 받는 곳이다." 주님께서 선언하신 용도 외에, 주님께서 요구하신 목적 외에 성전이 존재할 수 없습니다. 마찬가지로 누구든지 이 용도 외에 다른 용도로 교회를 사용한다면, 교회는 주인이신 예수 그리스도에 의해서 문을 닫게 될 것입니다.

무화과나무 앞에서 열매를 찾으시는 주님

　본문에는 또 하나의 의미심장한 이야기가 있습니다. '무화과나무 이야기'입니다. 예수님과 제자 일행이 베다니에서 1박을 하고 다시 예루살렘으로 들어갈 때에 예수님께서 배가 고프셨습니다. 예수님은 마침 그 근처에 있는 무화과나무로 가셨습니다. 마가에 따르면, 그때 그 무화과나무는 잎사귀가 달려 있었습니다. 때는 지금의 달력으로 3-4월이었습니다. 일반적으로 무화과나무는 3월 말에서 4월 초에 잎이 자라기 시작하고, 6월경에야 열매가 맺히기 시작하고, 늦은 열매는 8월 말에서 10월에 맺힌다고 합니다. 그러니 지금 본문이 말하는 시기에는 잘해 봐야 덜 익은 열매나 달려 있을 때였습니다. 마가가 말하는 대로 이때는 무화과의 때가 아니었던 것입니다. 하지만 나그네나 거지들은 그 시기에 덜 익은 열매라도 겨우 먹곤 했다고 합니다. 그러니 예수님께서 그 나무에서 열매를 전혀 기대할 수 없다고는 말하기 어려웠을 것입니다.

어쨌든 열매는 없었고, 이 상황에서 예수님은 무화과나무를 저주하셨습니다. 이튿날 예루살렘으로 가던 중에 제자 베드로는 어제 예수님의 저주를 받았던 그 무화과나무가 말라붙은 것을 발견했습니다. 그러면 성전에서 일어난 사건 앞뒤에 이 에피소드가 등장하는데, 사소하다면 사소한 이 이야기가 이렇게 주의 깊게 배치된 이유는 무엇일까요? 우리는 이 무화과나무 이야기가 성전 이야기와 깊은 관련이 있다고 느낍니다. 다시 말해, 무화과나무 이야기는 제 기능을 다하지 못하는 예루살렘성전을 빗대어 무엇인가를 말하고 있다는 것입니다. 무화과나무 이야기가 말하려는 것은 이것입니다. 하나님의 아들이신 예수님께서 먹고자 할 때 먹을 것을 내어놓지 못하는 무화과는 말라붙을 것입니다. 마찬가지로 하나님의 기대에 부응하지 못하는 예루살렘성전은 곧 멸망할 것입니다.

백성들은 예수님께서 찬란했던 다윗과 솔로몬의 왕국을 다시 건설해 줄 것을 기대했습니다. 그러나 예수님은 눈에 보이지 않는 하나님의 나라를 세우기 원하셨습니다. 하나님의 나라는 예수님께서 왕이 되시고 그분을 마음을 다하고 생명을 다해 사랑하고 순종하는 신자들이 이루는 나라입니다. 그 나라는 열광과 힘으로 이뤄지는 나라가 아니라 사랑과 겸손으로, 서로가 서로를 섬김으로 이뤄지는 나라입니다. 예수님은 이것을 이루시기 위하여 예루살렘을 방문하셨습니다. 하지만 당시의 사회와 종교를 책임 맡은 사람들도, 백성들도, 하나님의 아들을 환영하지 않았습니다. 그들은 메시아이신 예수님의 의중을 헤아리려 하지 않았습니다. 자신들이 바라는 방식으로 이 땅에 다윗과 솔로몬의 왕국을 재건해 주기만을 기대했습니다. 자신의 바람이 무너지고 자신의 이익이 위협받자, 그들은 예수님을 죽이려고 달려들었습니다.

이 일이 과연 예수님 때에만 일어났습니까? 자신의 생각과 주장을 포기하지 않을 뿐만 아니라 예수님과 하나님의 나라를 자신의 이익을 위해서 이용하려는 이들이 과연 그때에만 있었습니까? 우리의 종교적 열정은 과연 어떤 동기를 숨기고 있습니까? 우리의 기대와 이익을 기독교 신앙이 위협할 때, 우리는 어떤 태도를 드러냅니까? 예루살렘 입성을 환영하는 군중 틈에, 어떻게든 예수님을 죽이려던 대제사장과 서기관, 바리새인 가운데, 빌라도의 뜰에 모여서 예수님을 십자가에 매달아 죽이라고 소리 지르는 군중 틈에, 나도 끼어 있는 것은 아닙니까? 예수님은 아직 때가 되지 않았으나 덜 익은 열매라도 몇 개 남아 있기를 바라는 심정으로 무화과나무를 바라보셨습니다. 우리의 믿음이 아직 여물지 않았어도, 알이 많이 맺히지는 않았더라도, 그래도 언젠가는 먹음직한 열매로 익어 갈 것이라는 희망과 함께 우리 주님 앞에 보여 드릴 덜 익은 열매가 내 삶에서 영글어 가고 있습니까?

56 믿음, 기도, 그리고 용서
마가복음 11:20-25

행동으로 보이시는 메시지

본문을 추려 보면 크게 보아 두 부분입니다. 첫 부분은 예수님과 제자 일행이 예루살렘성 근처를 지나다가 전날 예수님께서 저주하셨던 그 무화과나무가 뿌리째 메말라 버린 것을 발견했다는 이야기이고, 다음 부분은 이 일과 관련하여 예수님께서 제자들에게 어떤 가르침을 베푸시는 이야기입니다. 첫 부분은 무화과나무에 관한 이야기인데, 다시 정리합니다. 전날, 즉 월요일 아침에 예수님과 제자 일행이 베다니에서 예루살렘성으로 가다가 예수님께서 배가 고프셨고, 예루살렘성 근처의 한 무화과나무에 다가가셔서 열매가 있을까 살피셨으나 없었기에 예수님께서 무화과나무를 향하여 저주하셨습니다.

그리고 본문의 이야기가 이어지는데, 그 다음 날 즉 화요일 아침에 다시 예수님 일행이 그 무화과나무 곁을 지나는데 제자들이 그 나무를 보니까 뿌리서부터 메말랐다, 즉 그 나무가 완전히 죽은 것을 보았습니다. 제자 가운데 베드로가 예수님께 이 사실을 알렸습니다. 그러나 예수님은 그에 대해 이렇다 저렇다 말씀하시지 않았던 것 같습니다. 문제는 그 다음입니다. 마가는 이 에피소드 바로 뒤에 예수님의 말씀을 이어 놓았습니다. 예수님께서 말씀하셨습니다. "하나님을 믿으라"(막 11:22). 무화과나무의 죽음과 하나님 믿는 일이 무슨 상관이 있습니까? 더욱이 예수님께서 계속 말씀하십니다.

내가 진실로 너희에게 이르노니 누구든지 이 산더러 들리어 바다에 던지우라 하며
그 말하는 것이 이룰 줄 믿고 마음에 의심치 아니하면 그대로 되리라 _막 11:23

그리고 이 말씀의 결론은 놀랍게도 '기도'로 이어집니다.

그러므로 내가 너희에게 말하노니 무엇이든지 기도하고 구하는 것은 받은 줄로 믿
으라 그리하면 너희에게 그대로 되리라 _막 11:24

그런데 더 놀라운 것은 이 '기도'가 '용서'로 이어집니다.

서서 기도할 때에 아무에게나 혐의가 있거든 용서하라 그리하여야 하늘에 계신 너
희 아버지도 너희 허물을 사하여 주시리라 하셨더라 _막 11:25

그 다음에 제자들의 질문이 없는 것을 보아, 이 사건과 예수님의 말씀에
대하여 제자들은 별다른 질문이 없었던 것 같습니다. 그럼 제자들이 이해한
것은 무엇일까요? 이 질문에 대답하기 위해서는 마가복음 11장 1절부터 이
본문까지 그 흐름을 살펴봐야 합니다. 이 부분에서 두 개의 상징적인 주제어
를 찾을 수 있습니다. 다시 말해 '성전'과 '무화과나무'를 주목해야 합니다. 아
주 간단히 요약합니다.

먼저 성전에 관하여. 예수님은 왕, 즉 메시아의 모습으로 예루살렘에 입
성하여 성전에 가셨습니다. 거기서 장사치들을 쫓아내시면서 이 집, 즉 성전
이 모든 사람이 하나님께 기도하는 집이 되어야 한다고 선언하십니다. 물론
이 일은 유월절로 붐비는 성전 한 귀퉁이에서 일어난 작은 해프닝이었습니
다. 그러나 예수님의 행동을 유심히 지켜보던 이들에게는 절대 무시할 수 없
는 엄청난 사건이었습니다.

다음으로 무화과나무에 관하여. 무화과나무를 놓고 벌이신 예수님의 행
동은 누가 보더라도 예루살렘을 중심으로 오랫동안 이어져 온 유대교, 즉 율

법을 중심으로 한 유대교의 심판을 보여 줍니다. 만물의 창조주이신 하나님께서 열매를 요구하셨지만 무화과, 즉 유대교는 그분을 만족시키지 못했습니다. 열매 없는 나무는 조만간 하나님의 저주를 받고 뿌리까지 말라 죽을 것입니다. 결론을 내립니다. 우리는 마가복음 11장 1절부터 이 본문에 이르기까지 두 개의 큰 메시지를 읽었고, 예수님의 행위 연극을 통해서 그 메시지를 본 것입니다.

성전과 무화과나무

그러나 그것으로 끝입니까? 아, 유대교가 망하는구나 하면 우리는 이 본문에서 더 이상 알 것이 없습니까? 본문 속 예수님의 가르침은 여전히 문맥과 맞지 않아 보입니다. 그래서 이제부터 이 문제를 함께 살펴봅니다.

우선, 무화과나무가 말라 죽었다는 베드로의 보고를 들으신 예수님께서 처음으로 하신 말씀을 다시 상기해 봅니다. "하나님을 믿으라"(막 11:22). 무화과나무가 말라 죽었다는 사실과 하나님을 믿는 것이 관련 없어 보입니다. 그러나 무화과나무가 예루살렘성전을 중심으로 하는 유대교를 상징한다면 그 둘이 관련 있음을 알게 됩니다. 우리는 지금 신약 시대에 살기 때문에 예루살렘성전이 대체 어떤 의미와 비중을 차지하는지 짐작하지 못합니다. 그러나 구약 시대를 살았던 유대인이라면 이것이 얼마나 엄청난 사건인지를 알 것입니다. 다시 말해 예루살렘성전이 저주받고 사라진다면 유대교는 즉각 사라질 것임을 뜻합니다. 예루살렘성전은 유대인에게 하나님께서 계신 곳이며, 하나님의 상징입니다. 그것이 멸망한다는 것은 당시의 유대인에게 상상하기도 두려운 일이었습니다. 유대인들의 모든 것이 순식간에 사라지는 것입니다.

그러나 생각해 보십시오. 성전을 둘러보시던 예수님께서 '이 집은 하나님께 만인이 기도하는 집'이라고 선언하셨습니다. 무화과나무를 저주하신 일이 단지 성전을 없애겠다는 예고였습니까? 성전은 분명히 무너질 것입니다.

그러나 여호와 하나님을 믿는 믿음 자체가 사라지는 것은 아닙니다. 성전이 무너지는 것 같은 근본적인 혁파가 일어날 것이고, 이를 통해서 새롭게 여호와 하나님을 믿는 믿음이 드러나게 될 것입니다. 새로운 믿음의 형태는 예수 그리스도의 십자가와 죽음, 부활을 통해 드러날 것입니다. 예루살렘성전과 유대인 혈통을 중심으로 이어져 온 여호와 종교는 예수 그리스도의 죽음과 부활을 통해서 모든 종류의 울타리와 벽을 무너뜨리고 이 세상 모든 종족들이 한 하나님을 주와 아버지로 부르는 종교로 확장될 것입니다. 그러므로 예수님께서 무화과나무의 죽음을 보고 받았을 때 "하나님을 믿으라"고 하신 말씀의 의미는 분명합니다. 예루살렘성전이 무너지더라도 여호와 하나님을 믿는 믿음은 계속 이어질 것이고 그 일을 바로 당신이 시작하실 것임을 알리신 것입니다.

이어서 주님은 그 믿음을 이렇게 표현하셨습니다.

> 내가 진실로 너희에게 이르노니 누구든지 이 산더러 들리어 바다에 던지우라 하며
> 그 말하는 것이 이룰 줄 믿고 마음에 의심치 아니하면 그대로 되리라 _막 11:23

이 말씀 가운데서 '믿음'의 반대는 '의심'입니다. 의심하지 않고 믿는다면 산을 들어 바다에 던질 수도 있을 것입니다. 여기서 '산'은 믿음이 가져다줄 하나님 나라의 능력을 드라마틱하게 보이기 위한 비교입니다. 그러므로 '이 산'이 어느 산인지는 중요하지 않습니다. 그가 제사장이든 서기관이든 세리든 창기든 상관없습니다. 믿음의 주체가 어떤 신분이라도 상관없습니다. 그가 누구이든 믿음을 가지면 됩니다. 말하는 그대로 이룰 줄 믿기만 하면, 다시 말해 하나님께서 그 믿음을 이루실 줄을 믿기만 하면, 그가 말하는 것이 그대로 이루어질 것입니다. 믿음은 믿는다고 고백하는 사람이 누구인지가 중요하지 않습니다. 그 일의 주관자가 하나님이심을 믿는 것이 중요합니다. 사람이 하는 것이 아니라 하나님께서 하시기 때문입니다.

이런 태도는 사실 마가복음이 10장에서부터 지속적으로 보여 준 것이기도

합니다. 마가복음 10장에서 어린아이에 관한 우리 주님의 말씀을 살폈습니다. 하나님의 나라는 어린아이 같은 자라야 들어간다! 주님은 하나님의 아들이신 예수 그리스도 당신에 관한 순전한 믿음과 결단을 요구하셨습니다. 그러나 제자들은 누가 더 높은 자리에 오를 것인가에 관심을 집중했습니다. 제사장과 서기관, 바리새인, 정치인들은 그분이 무슨 권위를 가지고 이렇게 엄청난 주장을 할 수 있는지 화를 낼 뿐이었습니다. 그러나 주님의 태도는 확고합니다. 어린아이 같은 자가 아니면 결단코 하나님 나라에 들어갈 수 없다! 순전한 마음으로 하나님의 아들이신 그리스도 예수를 받아들이라! 그렇지 않으면 천국은 없다! 그러나 슬프게도 우리 주님의 간곡하고 단호한 초청을 받아들인 사람은 없었습니다. 심지어 제자들까지도 단호하게 죽음의 길을 앞서 가시는 주님의 모습을 보며 의심하고 두려워했습니다.

예루살렘성전은 무너질 것입니다. 그러나 유대인이 금방 연상하듯 여호와 하나님이 없어지는 것은 아닙니다. 예루살렘성전이라는 형태는 사라지겠지만, 그 성전의 주인이신 여호와 하나님은 여전히 존재하실 것입니다. 그러므로 우리 주님께서 "하나님을 믿으라"고 말씀하신 것은 성전이 아니라 성전이 상징하는 그분, 여호와 하나님을 믿으라는 뜻입니다. 유대교라 불리는, 예루살렘성전을 상징으로 하는 이스라엘의 민족 종교는 없어질지 몰라도, 여호와 하나님은 당신의 아들인 예수 그리스도의 십자가와 부활을 통해 이스라엘의 국경과 혈통을 초월하여 오히려 온 세계 만백성의 하나님이 되실 것입니다.

믿음과 기도, 그리고 용서

이제 예루살렘성전에서 드리던 제사는 효력이 없습니다. 누구든지 하나님을 믿기만 하면 됩니다. 믿음의 대상은 여전히 유효합니다. 그가 누구이든 하나님을 믿기만 하면 됩니다. 유대인이라도, 비유대인이라도, 천한 사람이라도, 고귀한 사람이라도, 남자라도, 여자라도, 누구라도 믿음의 대상이신 하나님을 믿기만 하면 됩니다. 대신, 조건이 있습니다. 예수님의 표현을 직접 인용해 봅니다. "누구든지 이 산더러 들리어 바다에 던지우라 하며 그 말하는 것이 이룰 줄 믿고 마음에 의심치 아니하면 그대로 되리라"(막 11:23)는 것을 믿어야 합니다. 저는 이 말씀이 마가복음 10장에서의 '어린아이와 같은 태도'와 같은 의미라고 생각합니다. 다시 말해, 산을 명하여 저 바다로 들어가라고 하면 그대로 될 것을 믿는, 그야말로 어린아이와 같은 순전한 믿음을 가져야만 한다는 것입니다. 이런 믿음을 가질 때 하나님께서 '산이 바다로 던지우는 것과 같은 엄청난 하나님 나라의 능력'을 우리에게 보여 주실 것입니다.

여기서 우리가 반드시 한 가지를 전제해야 합니다. 지금 주님께서 믿음을 설명하십니다. '믿음이 있을 때 그가 믿는 대로 될 것이다'라는 뜻으로 해석해서는 안 됩니다. '신자가 전적으로 하나님을 신뢰할 때 하나님께서 그 일을 행하신다'는 뜻으로 해석해야 합니다. 그 말이 그 말 같지만, 사실 이 두 문장의 의미는 전혀 다릅니다. 믿기는 우리가 믿지만 일하는 이는 우리 자신이 아니라 하나님이십니다. 이 말은 우리가 주체인 듯하면서도 실은 주체가 아님을 의미합니다. 우리 주님께서 경고하십니다. 우리가 믿음을 핑계로 하나님을 이렇게 저렇게 부려먹을 생각은 하지 말라는 것입니다.

이제 믿음과 기도의 관계를 언급하신 부분을 살펴보려고 합니다. 주님께서 말씀하셨습니다.

그러므로 내가 너희에게 말하노니 무엇이든지 기도하고 구하는 것은 받은 줄로 믿으라 그리하면 너희에게 그대로 되리라 _막 11:24

내게 믿음이 있습니다. '이렇게 되리라 하면 반드시 그렇게 하나님께서 이루실 것이다'라는 믿음이 있습니다. 내가 믿는 내용을 하나님께서 반드시 이룰 것이라는 확신이 있을 때, 그는 당연히 기도할 것입니다. 그 일을 하나님께서 하실 줄을 아는데, 기도 외에 어떤 방법으로 그것을 이루겠습니까? 그러므로 우리 주님께서 여기에서 강조하시는 것은 기도의 능력이 아니라 기도의 의미입니다. 간단히 말합니다. 기도는 내 뜻을 이루는 수단이 아닙니다. 내가 믿는바 그것을 이루실 분이 하나님이심을 고백하는 행위입니다. 다시 말해 '나'와 '하나님'과의 관계를 인식하고 고백하는 자리가 기도라는 뜻입니다. 이렇게 기도를 통하여 믿는 나와 믿음을 이루시는 하나님과의 관계가 제대로 고백될 때, 놀라운 결과가 이어집니다. 용서입니다.

이웃을 용서한다는 말은 이웃과 올바른 관계를 맺는다는 의미입니다. 용서를 통한 새로운 관계 맺기는 사실 하나님의 구원을 받은 신자들이 반드시 보여야 할 열매입니다. 이유는 다음과 같습니다. 우리는 믿음을 통해서 구원을 얻었다고 말합니다. 구원은 일차적으로 죽음에서 벗어났다는 뜻으로 자주 사용됩니다. 그러나 죽음은 우리가 하나님과 멀어졌을 때 일어난 결과일 뿐입니다. 다시 말해 '구원'은 우리 인간과 하나님 사이의 어그러진 관계를 회복한다는 뜻이기도 합니다. 우리는 이것을 화해라고 부릅니다. 예수 그리스도께서 우리를 대신하여 우리의 죗값을 십자가로 갚으신 일로 말미암아 하나님과 우리가 원래의 관계로 회복되었다는 것입니다. 하나님은 아들 예수 그리스도의 대속(代贖) 죽음을 보시고 우리를 용서하셨습니다. 그러므로 우리는 예수님 안에서 하나님의 용서를 경험합니다.

이 용서의 경험은 이제 하나님과 나 사이에서 나와 이웃 사이로 확장됩니다. 용서받은 사람은 용서합니다. 무조건적인 용서를 경험한 신자라면 자신이 용서받은 방식으로 이웃을 용서합니다. 논리적으로는 당연하지만, 우리는 말하지 않아도 이 이웃 용서가 얼마나 어려운 일인지를 잘 압니다. 우리의 경험 안에서 용서는 차라리 죽음과 가깝습니다. 나를 죽이지 않으면 이웃을 용서할 수 없는 것이 우리 인간의 경험이란 뜻입니다. 그러나 용서 바로 앞에 기도가 언급되고 있음을 주목하십시오. 나아가, 그 기도 앞에 믿음의 능력이 언급되고 있음을 주목하십시오. 이것이 무슨 의미겠습니까? 용서하기 위하여 기도하라는 뜻 아니겠습니까? 기도는 믿음에서 나옵니다. 믿음은 산을 옮길 만한 능력이 있습니다. 내가 아니라 하나님께서 행하시는 능력입니다. 이 능력은 산이나 옮기는 데 쓰는 것이 아닙니다. 내 이웃을 용서하기 위해 사용하는 능력입니다.

용서가 중요한 이유가 또 하나 있습니다. 용서를 통해 우리가 우리 이웃과 새롭게 관계를 맺을 때, 거기에 하나님의 나라가 이뤄지기 때문입니다. 하나님 나라는 무력을 통해 이뤄지는 것이 아닙니다. 하나님의 무조건적인 용서의 사랑을 경험한 신자들이 각자의 이웃을 용서하고 사랑과 섬김의 관계를 맺음으로써 이뤄집니다. 기도는 산이라도 옮길 만한 능력이 있습니다. 이 능력을 믿고 기도할 때에 하나님께서 우리에게 용서의 능력을 허락하십니다. 하나님의 용서를 경험한 사람이 기도를 통해 하나님 나라의 능력을 받을 때, 그 신자는 이웃을 능히 용서할 수 있습니다. 하나님의 나라는 이로써 그들 사이에 실재로 임합니다.

용서와 하나님 나라

본문은 기도와 믿음의 능력을 가르치고 있다고 생각해 왔던 것 같습니다. 사실 저도 교회에서 어릴 때부터 믿음은 역사하는 힘이 크다, 그러니까 의심하지 말고 기도하라는 뜻으로 이 본문을 배웠습니다. 그러나 본문을 문맥에 따라 해석하면서 전혀 새로운 도전을 받게 되었습니다. 물론 믿어야 하겠고, 기도하면서 의심이 없어야 할 것입니다. 그러나 본문에서 우리 주님께서 교훈하시는 내용은 이것을 훨씬 뛰어넘습니다. 우리 주님은 당신이 곧 짊어지실 십자가와 부활이 가져올 하나님의 나라를 말씀하십니다. 예루살렘성전 중심의 여호와 신앙은 하나님의 아들 예수 그리스도 당신의 고난과 십자가, 부활 사건을 통하여 새롭게 거듭날 것입니다. 하나님의 나라는 예루살렘과 유대인의 혈통의 울타리를 넘어 하나님을 믿는 모두에게 전파될 것입니다. 그리고 그 나라의 능력은 신자의 삶 가운데서 드러날 것입니다. 그 나라의 능력은 신자 개개인이 자신의 이웃을 용서하는 가운데 드러날 것입니다. 용서를 통하여 화해가 일어나고, 화해를 통하여 평화가 임할 것입니다. 이 일의 끝에 평화의 나라, 하나님의 나라가 실제로 임하게 될 것입니다.

　예수 그리스도의 십자가와 부활로 말미암아 새롭게 시작될 하나님 나라에 관한 비전을 풀어 보았습니다. 거기에 우리의 믿음이 있고, 기도가 있으며, 용서가 있었습니다. 이 본문으로 믿는 사람들이 흔하게 말하는 경건의 모습들이 하나님 나라와 얼마나 가까운지를 설명했습니다. 하나님 나라, 그리고 믿음의 공동체는 멀리 장래에 일어날 일도 아니고 추상적인 주제도 아닙니다. 내가 하나님으로부터 죄를 용서받았다는 인식을 통해 그 용서의 방식으로 내 이웃을 용서하고, 이로써 평화의 나라를 이루는 것이 우리 믿음의 비전입니다. 용서하기 위하여 하나님께 기도로 울부짖고, 기도를 통하여 용서의 힘을 경험해야 합니다. 작다면 작으면서도 절대 쉽지 않은 이 용서의 행위가 마침내 사랑의 공동체, 나아가 평화의 나라를 만들기 위한 위대한 첫걸음이 될 것입니다. 이 본문을 통하여 우리 믿음의 비전, 그리고 신자로서의 신앙적 행위들이 하나님 나라 혹은 믿음의 공동체와 어떤 상관관계가 있는지를 깊이 들여다보게 될 것입니다.

57 두려운 것이 당신의 하나님이다

마가복음 11:26-33

권위를 묻다

복음서 어디에서 예수님의 가르침을 읽더라도 우리는 그분의 가르침에 사람을 압도하는 권위가 담겨 있음을 알게 됩니다. 예수님은 당신의 의견을 말씀하시면서 '제 생각에는 이렇다고 봅니다' 같은 투의 어법을 사용하시지 않았습니다. 좋게 말하면 확신에 찬 말씀을 하신 것이고, 나쁘게 말하면 자기 확신에 가득 찬, 요즘 젊은이들의 표현대로 말하자면 '꼰대같이' '재수 없이' 말씀하신 것입니다. 물론 우리는 이렇게 생각할 수도 있습니다. 예수님의 제자들이 기록한 것이고, 예수님께서 하나님의 아들이시니 그분의 제자들이 그런 식으로 기록한 것이 아닌가 하고 말입니다. 이런 생각은 그럴 듯하게 들립니다. 우리가 지금 보고 있는 한글 성경이 백여 년 전의 어법(語法)을 아직도 이어받고 있기 때문입니다. 하지만 이것이 예수님의 어법 탓만은 아닙니다. 마태는 이렇게 증언합니다.

> 예수께서 이 말씀을 마치시매 무리들이 그 가르치심에 놀래니 이는 그 가르치시는
> 것이 권세 있는 자와 같고 저희 서기관들과 같지 아니함일러라 _마 7:28-29

예수님 당시의 청중들 역시 예수님의 말씀에서 서기관들이 가르칠 때와는 전혀 다른 어떤 느낌, 다시 말해 그분의 말씀에서 형용할 수 없는 권위를 느

겠습니다. 이것이 어법의 문제일까요? 예수님께서 요즘 우리나라에서 흔히 사용하는 '…인 것 같아요' '제가 보기에 …' 이런 식의 말투를 사용하지 않고 직설적으로 말씀하셨기 때문에 그랬을까요? 이것이 어법의 문제는 아닐 것입니다. 더 중요한 단서가 있습니다. 마가는 이렇게 말합니다.

> 다 놀라 서로 물어 가로되 이는 어찜이뇨 권세 있는 새 교훈이로다 더러운 귀신들을 명한즉 순종하는도다 하더라 _막 1:27

마가는 당시의 청중이 예수님의 말씀에서 권세를 느낀 이유를 두 가지로 요약합니다. 첫째, '새 교훈', 즉 여태껏 듣지 못한 내용이었기 때문에. 둘째, 그분의 말에 말하는 자로서의 권위뿐만 아니라 '힘', 즉 귀신이라도 쫓아내는 능력이 실제로 따랐기 때문입니다.

본문을 보니 27절에서 이렇게 장면이 시작됩니다.

> 저희가 다시 예루살렘에 들어가니라 예수께서 성전에서 걸어다니실 때에 대제사장들과 서기관들과 장로들이 나아와 _막 11:27

예수님께서 제자들과 함께 다시 예루살렘성전을 방문하셔서 그곳을 거니실 때, 대제사장들과 서기관들과 장로들이 그들을 향해 다가왔습니다. 이 대목을 설명한 몇몇 주석가들에 따르면, 이 무리들은 '공회', 즉 '산헤드린'의 멤버들이었습니다. 산헤드린은 의장인 대제사장 이하 일흔 명의 유대인으로 구성된 모임을 말합니다. 회원은 주로 서기관과 장로들이었으며, 이 모임은 기원후 70년에 폐지되기까지 유대인 사회를, 특히 종교적인 문제를 최종적으로 총괄하는 영향력 높은 기관이었습니다.

이 산헤드린의 멤버들이 예수님과 제자들 앞에 나타났습니다. 사실 이것이 보통 일은 아닙니다. 그렇지 않습니까? 예수님과 그분의 제자들이 당시의 사회에서 어떤 계층이었습니까? 평범한 서민층이라면 사실 좋게 표현한 것 아닙니까? 목수에, 어부에, 거기에 당시 사회에서는 매국노나 다름없던 세리까지. 그들의 출신 성분을 보면, 서민이라기보다는 하층 계급에 가깝습니다. 하지만 지금 그들을 찾아온 사람들은 누구라도 이의를 제기할 수 없는 엘리트 계층이었습니다. 그들이 예수님 일행을 찾아온 것입니다. 그리고 그들은 예수님께 이렇게 묻습니다.

> 무슨 권세로 이런 일을 하느뇨 누가 이런 일할 이 권세를 주었느뇨 _막 11:28

그들은 예수님께 이렇게 물었습니다. 무슨 권세로 이런 일을 하느냐? 누가 이런 일을 할 권세를 주었느냐? 그 말이 그 말 아닙니까? 누가 말을 합니다. 일을 합니다. 말을 하든, 일을 하든, 사실 본인이 좋아서 그리하는 것입니다. 그런데 그것을 '누가 시켜서 그러느냐?'라고 묻는 것은 무슨 경우일까요?

이미 본문의 이야기를 잘 아는 우리로서는 이 사건이 잠깐 지나가는 해프닝처럼 보일 수 있습니다. 사실 본문의 내용이 예수님과 공회 회원들이 '권위'라는 주제를 놓고 대화하는 것 아닙니까? 물론 예수님께서 질문하는 그들을 신랄하게 비난하시면서 그들의 위선을 드러내시기에 약간의 긴장이 일긴 합니다만, 그럼에도 우리가 심각하게 깊이 살펴할 교훈을 찾기는 쉽지 않습니다. 하지만 마가복음 전체를 바라보는 시각으로 이 부분을 보면 그 상황은 전혀 다르게 느껴집니다.

본문 이후로 마가복음에는 다섯 개의 이야기가 이어집니다. 이 다섯 개의 이야기가 모두 예수님과 사회 및 종교 권력자들이 벌이는 '권위' 논쟁입니다. 따라서 이렇게 말해도 됩니다. 마가는 지금부터 아주 길게, 반복해서, 예수님의 권위가 도대체 어디서 왔는지를 논증하려고 한다는 것입니다. 우리는 그 대답을 알고 있습니다. 마가는 이미 이렇게 기록했습니다.

> 하늘로서 소리가 나기를 너는 내 사랑하는 아들이라 내가 너를 기뻐하노라 하시니

마가가 증언한 바와 같이, 예수님은 하나님의 아들이십니다. 그분이 하나님의 아들이심을 하나님 당신께서 증명하셨습니다. 예수님의 권세 혹은 권위를 묻는다면, '그분은 하나님의 아들'이라고 대답하면 됩니다. 이 대답을 듣고도 그분의 권위에 관하여 더 물을 것이 있겠습니까? 그럼에도 불구하고 부득부득 묻는다면, 우리는 질문하는 사람이 '그를 모르기 때문'에 그런다고 이해할 수밖에 없습니다. 그가 누군지 모르니까, 눈앞에 선 그가 누군지를 모르기 때문에 당신의 권위가 어디서 왔느냐고 묻는다 …. 참으로 의미심장한 일입니다.

마가는 이 사건 이후 마가복음 12장부터 거듭해서 다섯 번이나, 여러 상황에서 예수님의 권위를 묻는 유대인 권력자들의 모습을 보여 줍니다. 마가의 의도는 무엇일까요? 그는 이 긴장되는 갈등을 길게 그리면서 '예수님은 하나님의 아들이시다'라는 사실을 증명하기 위해 절정을 향해 달리고 있습니다. 이 갈등의 정점에는 '예수님께서 십자가에서 죽으시는 사건'이 놓여 있고, 예수님은 부활이라는 엄청난 사건을 통해서 당신의 주장이 사실임을 입증하실 것입니다. 그러므로 이 본문은 그 절정을 향하여 가는 도입부인 셈입니다.

무슨 권위로? 누가 준 권위로?

공회의 멤버들이 "무슨 권세로 이런 일을 하느냐, 누가 이런 일을 할 권세를 주었느냐"고 묻자, 예수님께서 대답하십니다. 어쩌면 그들은 예수님께서 며칠 전에 예루살렘으로 들어가시면서 행하신 일이나 그 다음 날 성전에서 행하신 행동에 관하여 묻는 것이 아닐까 싶습니다. 하지만 이 부분에서 그들이 무엇을 염두에 두고 묻는지를 알 길은 없습니다. 그럼에도 그들이 어떤 태도로 묻는지를 알 수는 있다고 보입니다. 마가는 이렇게 말합니다.

예루살렘에서 내려온 서기관들은 저가 바알세불을 지폈다 하며 또 귀신의 왕을 힘입어 귀신을 쫓아낸다 하니 _막 3:22

'예루살렘'은 정치적으로나 종교적으로나 유대인에게 최종적인 권위의 상징입니다. 거기에서 활동하는 서기관들은 곳곳에서 병자를 고치며 돌아다니는 예수에게 귀신이 지펴서 그가 그런 일을 할 수 있다고 판단했습니다. 이 것이 예루살렘에 사는 종교 지도자들의 선입견이었습니다. 그런 선입견을 가지고 사람들이 예수님께 물었습니다. "무슨 권세로 이런 일을 하느냐? 누가 이런 일을 할 권세를 주었단 말이냐?" 예수님께서 그들이 어떤 선입견을 갖고 있는지 모르셨을까요? 그들이 정말 그 권위가 어디에서 온 줄을 몰라서 물은 줄 아셨을까요? 그렇지 않을 것입니다. 그들의 질문을 받고, 예수님께서 대답하십니다.

나도 한 말을 너희에게 물으리니 대답하라 그리하면 나도 무슨 권세로 이런 일을 하는지 이르리라 요한의 세례가 하늘로서냐 사람에게로서냐 내게 대답하라 _막 11:29-30

예수님은 그들의 질문에 대답하시지 않고 오히려 질문하십니다. "당신들이 나의 이 질문에 대답하면 나도 당신들의 질문에 대답하겠다. 세례 요한이 누구의 권세로 세례를 주었느냐? 하나님께서 주신 것이냐, 사람들이 준 것이냐?" 그들은 예수님의 질문에 함정이 있음을 알아차렸습니다. 어떤 함정입니까? 마가는 다음과 같이 설명했습니다.

저희가 서로 의논하여 가로되 만일 하늘로서라 하면 어찌하여 저를 믿지 아니하였느냐 할 것이니 그러면 사람에게로서라 할까 하였으나 모든 사람이 요한을 참 선지자로 여기므로 저희가 백성을 무서워하는지라 _막 11:31-32

예수님의 질문에 세례 요한이 세례를 베푼 권위가 하나님께서 주신 것이라고 대답하면, 당시의 통치자였던 헤롯을 정치적으로 공격하는 위험이 발생합니다. 사람이 준 것이라고 대답하면, 세례 요한을 아직도 선지자로 숭상하던 대중들에게 비난받을 위험이 발생합니다. 이 때문에 공회 회원들은 이러지도, 저러지도 못할 곤경에 빠진 것입니다.

그들은 의논 끝에 이렇게 대답합니다. "몰라." 이렇게 대답하자 예수님께서도 이렇게 말씀하셨습니다. "그럼 나도 대답하지 않겠다." 앞에서 말씀 드린 것처럼 정치와 종교의 중심지인 예루살렘에서 유대인들의 삶과 정신, 종교를 좌지우지하는 엘리트들이 별로 고상하지 못한 계층의 집단에게 다가와 그들의 리더인 예수라는 청년에게 '권세'라는 주제를 놓고 질문을 했습니다. 그들이 "누가 이런 일을 하랬는데?" 하고 물을 때 질문을 듣는 사람에게 어떤 느낌으로 다가오겠습니까?

성전을 둘러싼 부패가 있었고, 이로 말미암아 성전은 원래의 기능을 수행할 수 없었습니다. 병자가 사방에 우글거렸지만 그들은 가난했기에 의료의 혜택을 받을 수 없었습니다. 하나님을 제대로 설명하고 바르게 그분을 사랑하는 법을 알고 싶었지만, 누구도 그런 말을 해 주지 않았습니다. 사회에 억울한 일, 슬픈 일, 어그러진 일들이 만연했지만, 어느 누구도 그것을 지적하지도, 고치려 하지도 않았습니다. 오히려 그렇게 하려는 사람들이 나오는 족족 억누르고, 그들을 죽이기까지 했습니다.

도대체 누가 이런 일을 해야 합니까? 소위 많이 배운 엘리트들, 권력을 쥔 사람들, 종교 지도자들이 해야 할 일 아닙니까? 예수라는 청년이 일어나 병든 자를 고치고, 억울한 자를 위로하며, 주린 자들을 먹였습니다. 사회에 만연한 부패와 부조리를 지적했습니다. 바른 신앙이 무엇인지를 가르쳤습니다. 가장 아래 계층의 사람들과 함께하면서 그들을 하나님 나라의 소망으로 인도했습니다. 이것이 잘못된 일입니까? 예수님께 와서 누구의 권위로 이런 일을 하느냐고 묻는, 바로 그들이 진작에 했어야 할 일 아닙니까?

진정한 권위, 권위의 근원은 하나님이다

예수님께 와서 권위를 묻던 그들의 태도를 자세히 살펴보십시오. 그들은 예수님께 질문할 때 위세가 당당하게 보였습니다. 왜 그렇습니까? 그들에게는 누구라도 승복시킬 만한 권위가 있었기 때문입니다. 유대인 가운데서도 공회의 회원으로 뽑힐 만한 혈통, 거기에다 서기관과 대제사장, 그리고 장로라고 불리는 이들이었습니다. 그야말로 엘리트 중의 엘리트 아닙니까? 혈통으로든 종교적으로든 사회적으로든, 어느 모로 보아도 그들에게는 '사회 지도층'이란 타이틀이 부끄럽지 않았습니다. 그런 그들이 예수라는 한 청년에게 다가왔습니다. 그러나 예수라는 이 청년은 그들의 오라에 고개를 숙이지 않았습니다. 오히려 그들에게 말합니다. "나도 하나 묻겠소. 그 질문에 당신들이 대답하지 않는다면 나도 대답하지 않겠소이다." 너무나 당돌하지 않겠습니까? 하지만 화를 내기에는 이릅니다. 청년 예수는 질문을 던집니다. "세례 요한은 누구의 권위로 세례를 베풀었소?" 그들은 이 질문을 받고 논의를 거듭했지만 대답할 수 없었습니다. 이렇게 대답해도, 저렇게 대답해도 위험한 상황이 일어날 것을 두려워했기 때문입니다.

대제사장, 서기관, 장로들은 가만히 앉아 있어도 권위가 넘치는 오라를 뿜어 낼 사람들이었습니다. 이 사회 지도층 인사들은 겉으로는, 공식적으로는 하나님께 권위를 부여받은 것같이 보였습니다. 그렇기 때문에 그들은 유대인에게 존경받는 유력 인사들이 되었던 것입니다. 대제사장, 서기관, 장로…. 얼마나 영광스런 호칭입니까? 하지만 예수님의 질문 한마디에 그들의 정체가 민낯을 드러냈습니다. 그들은 사람의 평판을 두려워했고, 헤롯의 정권을 두려워했습니다. 그들은 세례 요한이 헤롯의 잘못을 지적하다가 죽은 사건을 잘 알았습니다. 세례 요한이 하나님께서 보내신 선지자라는 사실을 마음으로는 동조했습니다. 그러나 그들은 이 마음을 표현할 수 없었습니다. 공개할 수 없었습니다. 정치권력도 두려웠고, 대중의 인기도 무서웠습니다.

화려하고 영광스런 타이틀로 치장한 사람들이 여기 있습니다. 그들은 자신들이 해야 했을 일들을 하는 예수님께 거들먹거리며 다가가 "누가 이런 일을 하라 했나"라고 말하며 위압합니다. 그러나 그들이 뽐내는 권위는 허세였습니다. 그들은 타이틀로 권위를 유지할 뿐, 실제로는 두려운 것이 많은 사람이었을 뿐입니다. 그들은 예수님을 위압하려고 왔으나 자신의 비참한 실상만 드러냈을 뿐입니다. 그들은 존경을 받을 자격도, 권위를 인정받을 가치도 없는 사람들이었던 것입니다. 그들은 하나님을 들먹이지만 실상은 인기와 평판, 권력을 두려워했습니다. 그러므로 그들은 하나님을 섬기는 사람이 아니라 인기와 평판, 그리고 권력을 섬기는 사람들이었던 것입니다. 뿐만 아니라, 그들은 하나님께 권위를 부여받았다고 뻐기지만, 정작 그 권위를 가지고 세상에서 해야 할 일들을 행하지도 못했습니다. 그러므로 그들이 내세우는 '하나님의 권위'는 그들에게는 실제로 존재하지 않는 것이었습니다.

하나님을 위해 일한다 말하지만 자신의 배를 섬기는 사람이 많습니다. 하나님을 믿는다 하지만 실제로는 명예와 돈, 권력을 섬기는 사람이 얼마나 많습니까! 나는 무엇을 섬기고 있습니까? 기억하십시오. 가장 먼저 챙기는 것이 그 사람의 하나님입니다. 그가 가장 두려워하는 것이 그의 하나님입니다.

그리고 이 사실을 아울러 깊이 새겨야 합니다. 권위는 입으로 주장한다고 생기는 것이 아닙니다. 권위에 합당한 일을 할 때, 그 권위가 하나님으로부터 부여되었음이 스스로 드러납니다. 예수님의 권위가 하늘로부터 보장되었으나 그것으로 끝나지 않았습니다. 그분의 삶이, 그분께서 하신 일이, 그분이 바로 하나님의 아들이심을 증명했습니다. 삶과 권위는 이처럼 떨어뜨릴 수 없습니다. 우리도 그런 삶을 살기 바랍니다. 아니, 그래야 합니다. 우리는 어느 권위에 근거하여 우리 자신을 소개하고 있습니까? 우리는 그 권위에 걸맞은 삶을 살고 있습니까?

58 하나님의 기이한 일
마가복음 12:1-12

포도원의 비유

본문은 거의 전체가 하나의 비유로 이루어져 있습니다. 이른바 포도원의 비유입니다. 그러나 비유의 내용을 곰곰이 살펴보면 제목 자체가 달라져야 한다는 사실을 깨닫습니다.

어떤 사람이 포도원을 만들었습니다. 그는 포도원 시설을 다 갖춘 후, 농부들에게 세를 주고 먼 나라로 여행을 떠났습니다. 우리나라 역사에 있었던 용어로 말하자면 '소작'(小作)을 준 것입니다. 땅 주인이 몇 명의 농부에게 땅을 빌려 주고, 대신 주인은 농부로부터 소출의 일부를 받는 방식을 말합니다. 주인과 농부들은 서로 만족할 만한 조건으로 농지 임대 계약을 맺은 것인데, 문제가 생긴 것입니다. 농부들은 정한 소출을 주인에게 내놓지 않았습니다. 그들은 오히려 소작료를 받으러 온 종을 심하게 구타한 후 빈손으로 돌려보냈습니다. 주인은 다른 하인을 보냈습니다. 그러나 농부들은 이번에도 하인을 심하게 때리고 희롱까지 한 후에 빈손으로 돌려보냈습니다. 주인은 다시 하인을 보냈습니다. 이번에는 농부들이 하인들을 때리기도 하고, 죽이기도 했습니다. 주인은 마지막으로 자기 아들을 보냈습니다. 주인의 기대는 지금까지와 달랐습니다. '내 아들만은 존중하지 않을까?' 그러나 농부들은 모의 끝에 주인의 아들을 죽인 후 시체를 포도원 밖으로 내버렸습니다. 여기까지가 포도원을 둘러싼 이야기의 줄거리입니다. 여기까지 이야기를 끌어온 예수님께서 청중에게 물으셨습니다. "자, 이제 주인이 어떻게 할 것 같으냐? 농부들을 깡그리 죽이지 않겠느냐?"

먼저, 본문의 정황을 살펴봅니다. 이 이야기는 어디에서 어떤 상황에서 일어났습니까? 결론부터 말씀드리자면, 이 이야기는 마가복음 11장에서 이어지고 있습니다. 다시 말해 마가복음의 이야기를 시간의 흐름이라는 관점에서 이해하자면, 예수님과 제자들이 예루살렘성전에서 거닐다가 공회원들을 맞닥뜨리고, 여기서 예수님께서 공회원들에게 '도대체 네가 무슨 권세로 이런 일을 하느냐'는 질문을 받으면서 논쟁이 벌어졌는데, 이 논쟁 후에 이 이야기가 이어지고 있는 것입니다. 그러므로 이 이야기는 바로 이전의 이야기에 등장하는 동일한 청중들이 듣고 있다고 봐야 합니다.

다음으로 청중, 즉 공회원들은 이 비유를 듣고 불같이 화를 냅니다. 마가는 이 장면을 다음과 같이 기록했습니다.

> 저희가 예수의 이 비유는 자기들을 가리켜 말씀하심인 줄 알고 잡고자 하되 무리를 두려워하여 예수를 버려 두고 가니라 _막 12:12

적어도 확실한 것은 공회원들은 이 비유가 자기들을 빗대어 말하는 것인 줄을 알아차렸다는 사실입니다. 이 비유는 공회원들을 빗대어 말할 뿐만 아니라 그들을 비난하는 것이었습니다. 그래서 화를 낸 것입니다. 그렇다면 그들이 이 이야기를 자신에 관한 이야기라고 받아들일 만한 단서가 있습니까? 아주 단순하지만, 이 이야기의 배경은 '포도원'입니다. 포도원은 유대인의 종교적 전통에서 이스라엘 민족을 가리켰습니다. 대표적으로 이사야는 이와 관련된 이야기를 합니다.

> 내가 나의 사랑하는 자를 위하여 노래하되 나의 사랑하는 자의 포도원을 노래하리라 나의 사랑하는 자에게 포도원이 있음이여 심히 기름진 산에로다 땅을 파서 돌을 제하고 극상품 포도나무를 심었었도다 그중에 망대를 세웠고 그 안에 술틀을 팠었

도다 좋은 포도 맺기를 바랐더니 들포도를 맺혔도다 _사 5:1-2

예수님의 이야기 속으로 다시 들어가 봅니다. 주인이 포도원을 만들었습니다. 이 주인은 계약을 맺고 농부들에게 이 포도원을 맡겼습니다. 계약에 따르면 농부들은 주인에게 일정량의 수확을 주어야 했습니다. 그러나 그들은 계약을 이행하지 않았고, 소작료를 받으러 온 하인들을 때리고, 모욕하고, 죽이기까지 했습니다. 그들은 마침내 주인의 아들까지 죽이고 그 시체를 농장 밖으로 내버렸습니다. 그들은 계약에 충실하지 않았을 뿐만 아니라, 놀랍게도 아들을 죽여 포도원을 자기들이 차지하려고 했습니다.

당시 유대에서는 포도원이 흔했다고 합니다. 뿐만 아니라 이런 소작농들도 많았다고 합니다. 소작농들은 포도원을 가진 지주와 계약을 맺고 일했습니다. 그러나 비유 이야기에 나온 소작농들의 경우는 실제로 없는 일, 다시 말해 있을 수 없는 일이라고 해야 합니다. '그런 사람들이 있을 수 있나! 그런 일이 있을 수 있는가!' 이야기를 듣는 사람들이 대부분 이렇게 생각했을 것이 틀림없습니다. 그러나 이 말 같지도 않은 일이 실제로 일어났습니다. 포도원에서는 일어날 수 없는 일이었지만, 이 이야기가 하나님과 이스라엘 사이의 일이라면 말이 다릅니다. 이스라엘 백성은 하나님 앞에 언제나 불충성스러웠기 때문입니다. 불충성이란 표현은 한참 모자랍니다. 누가는 예수님의 말씀을 이렇게 기록했습니다.

화 있을진저 너희는 선지자들의 무덤을 쌓는도다 저희를 죽인 자도 너희 조상들이로다 이와 같이 저희는 죽이고 너희는 쌓으니 너희가 너희 조상의 행한 일에 증인이 되어 옳게 여기는도다 이러므로 하나님의 지혜가 일렀으되 내가 선지자와 사도들을 저희에게 보내리니 그중에 더러는 죽이며 또 핍박하리라 하였으니 _눅 11:47-49

이스라엘 역사를 보면, 선지자의 역사는 고난의 역사였으며 피 흘림의 역사였다는 것입니다. 선지자의 역할은 하나님의 뜻을 이스라엘 민족에게 알리는 것입니다. 결과적으로 볼 때 선지자들은 전부 이스라엘의 계약 위반을 지적하였고, 회개하고 돌이켜서 부름 받았을 때의 그 모습으로 돌아가라고 호소했으며, 그러지 않을 경우 하나님께서 심판하실 것이라 전했습니다. 그러나 그 숱한 지적과 촉구는 전부 허사로 돌아갔습니다. 오히려 어떤 선지자는 맞아 죽었고, 어떤 선지자는 톱으로 잘려 죽었으며, 어떤 선지자는 땅에 생매장당하기도 했습니다. 이 역사를 기억한다면 포도원 이야기가 과연 어떤 말을 하려는지 너무나 분명할 것입니다. 그렇습니다. 이스라엘은 하나님 앞에 계약을 충실하게 이행하지 않았습니다. 하나님의 하인, 선지자들을 죽이고 핍박했으며, 마침내 하나님을 대신하여 이 땅에 오신 메시아, 곧 예수님을 십자가에 못 박아 죽일 것입니다.

하나님의 진노와 이어지는 계획

예수님께서 이스라엘의 기나긴 배신의 역사를 이렇게 간단하게 포도원 이야기를 통해 요약하신 후 드디어 이렇게 질문하십니다. "자, 이제 물어보자. 너희들 같으면 어떻게 하겠느냐? 포도원 주인이 어떻게 할까? 주인이 이 농군들을 모조리 죽이는 것이 당연하겠지?" 여기까지의 상황에서 누가 감히 포도원 주인, 즉 하나님의 반응이 부당하다고 말하겠습니까? 계약의 조건으로 보아도, 인간의 도리로 보아도, 계약을 파기하고 오히려 해를 입힌 이 농군들을 포도원 주인이 죽이는 것이 마땅합니다. 그런데 예수님은 바로 이 대목에 이르러 이렇게 말씀하십니다.

> 포도원 주인이 어떻게 하겠느뇨 와서 그 농부들을 진멸하고 포도원을 다른 사람들에게 주리라 _막 11:9

이 말씀은 단지 이스라엘에 대한 하나님의 심판만 전하는 것이 아닙니다.

농군들을 죽이는 것으로 끝나지 않는다는 말입니다. 예수님은 놀랍게도 '그이후'를 함께 말씀하십니다. 포도원 주인은 이 불충성스러운 농군들을 죽인후에 다른 이들에게 포도원을 넘깁니다. 다른 농군들에게 경작을 맡긴다는 것입니다.

이스라엘과 맺은 계약은 이스라엘의 불성실로 말미암아 깨졌습니다. 새로운 계약이 맺어지고, 이 계약에 따라 포도원은 다른 이들에게 넘어갔습니다. 앞에서 언급한 대로 포도원의 비유가 오랜 세월 이스라엘에게만 연결된 역사임을 압니다. 그런데 이 포도원이 이스라엘이 아닌 다른 누구에게로 넘어갈 것이라고 예수님께서 말씀하십니다. 이 말씀이 이스라엘, 즉 유대인들에게 얼마나 충격적인 선언인지 짐작하실 수 있습니까? 과연 이 이야기를 가장 가까운 현장에서 들은 공회원들, 즉 대제사장들과 서기관들과 장로들은 정말 불같이 화를 냈습니다. 그 결과는 무엇일까요? 십자가, 즉 예수님을 죽이는 것입니다.

이제 우리는 이 이야기 주변으로 관심을 넓혀 봐야 합니다. 크게 보아 마가는 이 부분에서 '권위'라는 주제를 이어가고 있습니다. 공회원들이 "대체무슨 권세로 이런 일을 행하며 이렇게 말하는 것이냐"라고 도발하자, 일차적으로 예수님은 그들의 권위라는 것이 얼마나 허무맹랑한지 폭로해 버리셨습니다. 공회원들이 '하나님의 권위'로 덧칠한 대제사장, 서기관, 장로로서의 권위는 실상 하나님으로부터 온 것이 아니었습니다. 그들은 걸핏하면 하나님의 이름을 들먹였지만, 실제로는 하나님을 두려워하지도, 하나님께서 위임한 임무들을 충성스럽게 이행하지도 않았습니다. 그들은 사람들의 평판과 정권을 두려워했을 뿐이며, 따라서 그들의 실질적인 신은 명예와 명성, 권력이었습니다.

그리고 예수님의 반격이 더욱 거세집니다. 예수님께서 선언하십니다. "너희들과 하나님 사이에 맺어진 언약은 깨졌다! 너희들은 불성실한 계약자들이고, 주인을 배신하고 핍박하며 그 아들마저 죽일 사람들이다. 그러므로 하나님께서 새로운 계약을 다른 이들과 맺을 것이다. 너희는 이제 아웃(Out)

이야!"

하나님은 당신의 편에서 정말 할 수 있는 최선을 다하셨습니다. 몇 번이고 종을 보내셨으며, 그도 모자라 아들까지 보내셨습니다. 더 이상 할 것이 없을 만큼 하나님은 계약에 충실하셨던 것입니다. 그러므로 진노는 하나님의 당연한 권리입니다. 하나님은 당신의 아들까지 죽인 이들을 모조리 죽이시는 것이 마땅합니다. 이것이 공의입니다. 계약 그대로 이행하는 것입니다. 그런데 놀라운 것은 하나님의 계획입니다. 하나님은 이 불충성스런 그들을 죽이는 데서 그치시지 않습니다. 예상을 완전히 벗어난 이들과 새로운 계약을 맺으십니다. 예수님께서 말씀하십니다.

너희가 성경에 건축자들의 버린 돌이 모퉁이의 머릿돌이 되었나니 이것은 주로 말미암아 된 것이요 우리 눈에 기이하도다 함을 읽어 보지도 못하였느냐 _막 12:10-11

포도원 비유는 어느 결에 끝나고, 이제 하나님의 구원의 비밀이 드러납니다. 예수님은 시편 118편 22절과 23절을 인용하여 말씀하셨습니다. "건축자들이 버린 돌, 즉 사람들이 쓸모없다고 생각하여 버린 돌이 건물의 모퉁잇돌로 요긴하게 쓰일 것이다." 유대인의 눈에 쓸모없다고 생각되는 존재가 누구겠습니까? 유대인의 세계관에서 볼 때 이 질문의 답은 분명합니다. 뭉뚱그려서 표현하자면 이들입니다. 이방인. 그렇습니다. 바로 우리같이 유대인의 혈통에 들지 못한 사람들입니다.

'이방인이 이 세상을 경영하는 주체로 쓰일 것이다.' 이스라엘 사람들 가운데 지금까지 어느 누구도 이 사실을 예측하지 못했습니다. 시편 기자가 말한 대로 이것은 정말 기이한 일입니다. 그야말로 건축자, 즉 하나님이 아니고서는 어느 누구도 예측할 수 없고 결정할 수 없는 일입니다.

누구의 권위냐? 어떤 권위냐?

예수님께서 매우 논리적으로 말씀하셨기 때문에 공회원들은 불같이 화가 났습니다만 한마디도 대꾸할 수 없었습니다. 심증으로나 정황으로나 예수님의 이야기가 자신들을 비난하고, 심판을 예고하고 있음도 분명히 알았을 것입니다. 매우 화가 나서, 가능하다면 예수라는 저 청년을 당장 죽이고 싶었을 것입니다. 하지만 그럴 수 없었습니다. 예수님 주위에는 그들 말고도 또 다른 청중이 있었습니다. 이들은 예수님의 말씀을 듣고 기뻤습니다. 물론 이들도 예수님의 말씀을 잘 들었다면 구원사의 주류가 이스라엘에서 다른 어딘가로 옮겨질 것임을 알아챘을 것입니다. 유대인이라면 누구라도 서운하고 절망스런 계획임이 틀림없을 것입니다만, 그럼에도 이들은 공회원들과는 다른 태도를 보였습니다. 그들은 예수님을 지지했습니다. 때문에 공회원들은 눈앞에 서 계신 예수님을 당장 죽일 수 없었던 것입니다. 공회원들을 주저하게 만든 그들은 아마 가난하고 못 배운 하급 계층의 대중이었을 것이 확실합니다. 어쨌든 이 이야기를 통해서 더욱 확실해졌습니다. 누군가에게 예수님은 더욱 죽이고 싶은 인물이 되었습니다. 예수님께서 죽어야 할 이유가 더욱 분명해진 것입니다.

이 본문에서 예수님은 의도적으로 자신의 죽음을 앞당기고 계십니다. 예수님은 권력자들에게 죽임 받아 마땅한 인물로 확정되고 있는 것입니다. 그러나 동시에 이 본문을 통해서 이 사실을 확인해야 합니다. 바로 예수님의 '권위'입니다. "이분이 누구시길래 하나님의 구원 계획을 말할 수 있는가?" 그렇습니다. 예수님은 하나님께서 이스라엘과 맺은 계약을 파기하시고, 버린 돌이나 다름없던 이들과 새로운 계약을 맺으실 것이라 선언하셨습니다. 공회원들은 묻습니다. "무슨 권세로? 누가 이렇게 하라고 했느냐?" 이에 대해 예수님은 그분이 누구라고 분명하게 대답하시지 않았습니다. 하지만 이 말씀을 통해서 그분이 가진 권위는 너무나도 명백하게 드러났습니다. '하나님 당신이 아니고서는, 하나님의 아들이 아니고서는 어느 누구도 이런 말을

할 수 없다!'

　예수님은 당신의 권위를 입증하는 자리에서 그 권위를 이렇게 과시하실 뿐만 아니라 끝없이 당신의 종들을 무시해 온 이스라엘에게 심판을 선언하십니다. "이제 새로운 계약이 시작될 것이다!" 주님께서 선언하셨습니다. 새로운 계약은 예수님께서 십자가에서 당신의 피로 세우시는 언약입니다. 하나님의 구원은 이로써 '누구든지', 즉 유대인의 혈통과는 상관없이 예수님의 죽음을 자신을 위한 대속의 죽음으로 인정하는 모든 이들에게 확장될 것입니다. 예수님의 십자가는 그분을 믿는 모두를 하나님의 나라로 이어 줍니다. 그리하여 마침내, 이 세상의 모든 백성이 예수님의 이름으로 하나 되어, 그리고 하나님의 백성이 되어 그분의 나라를 이루게 될 것입니다. 이로써 이스라엘의 계약 위반 탓에 가려진 하나님의 구원 계획은 예수님의 십자가로 말미암아 극적인 반전이 이루어집니다. 인간의 힘으로 할 수 없는, 오직 하나님만이 하실 수 있는 기이한 계획이 바로 예수님의 십자가였던 것입니다.

　이제 마지막으로 다시 묻습니다. 누가 이런 엄청난 계획을 공개할 수 있습니까? 어떤 권위가 이렇게 말할 수 있습니까? 예수님만이 하실 수 있습니다. 그러므로 예수님은 하나님의 아들이십니다. 아멘.

59

두 권위 사이에서
마가복음 12:13-17

공회원들의 계략

주님은 포도원 비유를 통해서 공회원들을 통렬하게 비난하셨습니다. 그들은 매우 화가 나서 주님을 당장이라도 체포하려고 했습니다. 그러나 그 주변의 지지자들이 반발할 것이 두려워 오히려 그들이 떠나고 말았습니다. 이렇게 하여 예수님의 권위를 둘러싼 한 라운드는 끝났습니다. 하지만 그들이 그 정도로 포기할 사람들은 아니었습니다. 그리하여 본문의 '그들', 즉 대제사장과 서기관들과 장로들로 구성된 공회원 대표들은 다른 전략을 짜냈습니다. 본문이 말하는 대로 바리새인과 헤롯당 중 몇 명을 예수님께로 보내는 것이었습니다.

바리새인은 당시 유대 사회에서 무시 못 할 어느 계층의 이름이었습니다. 바리새파라고 불리는 이 종교 그룹은 기원전 5세기까지 거슬러 간다고 말은 하지만 결정적인 증거를 찾기는 어렵다고 하는데, 기원전 167년경의 마카비의 반란 때에 갑자기 등장했다는 것이 일반적인 의견입니다. 그들은 예수님 당시에 이르러 유대인 대중의 종교적 주류가 되었다고 합니다. 어쨌든 그들은 '바리새파'(Φαρισαίων)라는 이름이 말하듯 세상과 구별되는 거룩한 삶에 중점을 두는 경향이 있었습니다. 바리새파 사람들은 철저하게 율법을 준수해야 한다고 주장했습니다. 유대인의 종교적 관점에서 볼 때, 당시 사회가 로마라고 하는 이교도의 지배 아래 있었던 이른바 세속화된 사회였다는 점을 감안한다면, 이들의 주장은 정치적으로나 종교적으로 대중의 엄청난 지지를 받을 수 있었습니다.

우리는 또 하나의 이름, '헤롯당'(Ἡρῳδιανῶν)을 본문에서 봅니다. 이름에서 보이듯 그들은 헤롯의 행동대원들로 이루어졌습니다. 즉, 당시 갈릴리 지역과 베레아 지역의 통치자인 헤롯의 뜻을 따라 나라 안의 소요를 모조리 정리함으로써 로마의 직접적인 개입을 방지하려는 정치적 입장을 내세웠습니다. 그들을 헤롯당이라 불렀던 것입니다. 그들이 어떻게 유대인의 종교 지도자였던 공회원들과 뜻이 맞았는지 알 수는 없습니다만, 어쨌든 바리새인과 헤롯당원은 공회원의 부탁을 받고 예수님께 접근해 왔습니다. 따라서 이 이야기는 짧지만 예수님의 권위를 놓고 벌이는 또 하나의 라운드입니다.

공회원의 부탁을 받고서 바리새인과 헤롯당 사람들이 예수님께 다가왔습니다. 그들은 묻습니다. "가이사에게 세를 바치는 것이 가하니이까 불가하니이까?" 이 질문에 대해서 예수님은 데나리온이라는 당시의 동전을 가져오게 하시고 그것을 보여 주시면서 이렇게 대답하셨습니다. "가이사의 것은 가이사에게, 하나님의 것은 하나님께 바치라." 본문의 길이도 짧지만 내용도 이처럼 단순하기 짝이 없습니다. 그러나 이 짧은 문장에 숨겨진 긴장은 사실 어느 긴 본문 못지않습니다.

당시의 통치자는 로마 제국의 황제였습니다. 지배를 받는 한 그에게 세금을 내는 것이 맞습니다. 그런데 문제는 로마 황제가 자기 민족이 아니고, 거기에다 식민지 통치자였습니다. 유다 왕국에 관한 애국심이 남아 있는 사람이라면, 종교적으로든 정치적으로든 로마 황제에게 세금을 낸다는 것은 견딜 수 없는 문제였습니다. 이런 심정이 당시 유대인들의 지배적인 정서였을 것입니다. 그런데 바리새인과 헤롯당원들은 바로 이 정서를 건드리면서 예수님께 질문하고 있는 것입니다. 마가는 이 질문의 배경을 예수님께서 이미 알고 계셨다고 밝힙니다.

예수께서 그 외식함을 아시고 이르시되 어찌하여 나를 시험하느냐 _막 12:15

우선 예수님께서 그들이 당신을 시험한다고 언급하신 부분을 살펴봅니다. 이 질문이 왜 시험일까요? 앞서 언급한 대로 당시의 정치적 상황을 감안할 때, 유대인의 정서를 배경으로 하여 세금 문제를 언급하는 것은 상당한 위험이 따랐습니다. 로마의 황제에게 세금을 내라고 한다면, 유대인들에게 매국노, 반역자라는 비난을 들을 것입니다. 그러나 내지 말라고 한다면, 예수님은 당장 로마의 권위에 거역하는 반역자가 될 것입니다. 그들은 왜 이런 위험한 질문을 했을까요? 그 위험을 몰랐을까요? 정말 어떻게 해야 하는지를 몰랐을까요? 물론 이런 질문들은 잘못되었습니다. 무엇보다 우리는 이렇게 물어봐야 합니다. '그들은 지금까지 로마 정부에 세금을 내고 살았을까요, 안 내고 버텼을까요?' 아마도 이들은 로마 당국에 세금을 냈을 것입니다. 그럼에도 불구하고 그들은 왜 예수님께 이렇게 물었을까요? 양심의 가책 때문에? 천만의 말씀입니다!

마가는 예수님께서 그들의 외식함을 이미 간파하셨다고 기록했습니다. 마가는 본문 처음에 "저희가 예수의 말씀을 책잡으려 하여"라고 말함으로써 그들이 예수님을 찾아온 이유를 분명히 밝혔습니다. '예수의 말씀을 책잡는다'(ἵνα αὐτὸν ἀγρεύσωσιν λόγῳ)를 원어의 뜻을 따라 풀면, 그의 말을 깨닫지 못하는 가운데 잡는다, 즉 예수님께서 말하는 가운데 덫에 걸리도록 한다는 의미입니다. 그들이 질문할 때 예수님은 대답하실 것이고, 대답하시는 가운데 책잡힐 만한 어떤 구멍이 보이지 않을까 하는 의도가 있었다는 것입니다. 이 의도를 이루기 위해, 그들은 낯 뜨거워서 얼굴을 들기도 어려울 만한 간사한 언어를 구사했습니다.

선생님이여 우리가 아노니 당신은 참되시고 아무라도 꺼리는 일이 없으시니 이는 사람을 외모로 보지 않고 오직 참으로써 하나님의 도를 가르치심이니이다 _막 12:14

참되다는 말은 진실만을 말한다는 뜻입니다. 그들은 이어서 예수님께서 아무라도 꺼리지 않는다, 즉 사람을 외모로 보지 않고 오직 진실만을 말하는 분이라고 추켜세웁니다. 이유가 어떠하든, 동기가 어떠하든, 질문하는 사람이 원수든 친구든 가리지 않고 오직 진실로만 대답한다 …, 말하자면 그들은 예수님께 자신들이 뭐라 하든 동기가 무엇이라 짐작이 되든 있는 그대로 솔직히 대답해 달라는 의미일 것입니다. 웃기지 않습니까? 자기를 죽이려는 사람에게 '오직 진실'을 요구할 자격이 있습니까? 자기들은 속셈을 있는 그대로 예수님께 알렸습니까? '우리가 당신 말에 꼬투리를 잡아서 죽이려고 하니 솔직하게 말하세요!' 이것이 얼마나 무섭고 뻔뻔스런 말입니까?

데나리온으로 대답하시다

예수님은 그들의 저의(底意)를 간파하셨고, 그들의 태도가 횟가루로 단장한 무덤 같다는 사실을 아셨습니다. 예수님께서 말씀하십니다. "어찌하여 나를 시험하느냐?" 이번에는 지난번과는 다르게 그들의 질문에 대응하셨습니다. 지난번에 예수님은 "너희들이 내 질문에 대답하지 않는다면 나도 너희 질문에 대답하지 않겠다"고 말씀하셨습니다. 하지만 이번에는 달랐습니다. 예수님께서 말씀하십니다. "데나리온 하나를 가져다가 내게 보이라"(막 12:15).

데나리온이란 당시에 통용되던 동전의 이름입니다. 가치로 치면 당시 일용직 노동자가 하루 품삯으로 받는 액수였다고 합니다. 그런데 그 동전의 모습이 문제였습니다. 데나리온이라고 불리는 이 동전 앞면에는 당시의 로마 황제인 티베리우스의 두상(頭像)이 '신성한 아우구스투스의 아들, 티베리우스 아우구스투스 황제'라는 글씨와 함께 새겨져 있었다고 합니다. 다시 말해 당시 로마 황제 티베리우스가 신(神)임을 선언하는 말이었다는 것입니다. 이 데나리온 동전 뒷면에는 티베리우스 황제의 어머니 리비아의 흉상과 함께 '위대한 신관(神官)'이란 글이 새겨져 있었다고 합니다. 그런데 하나님을 유일신으로 섬기고 그 신의 유일한 택함 받은 백성이라 자부하는 유대인들이 이런 표현들을 그냥 지나칠 수 있었겠습니까? 경건하고 자부심 높은 유대인이라면 그 동전을 보기만 해도 구역질이 나고, 자존심이 상할 대로 상했을 것이 분명합니다.

로마의 동전을 쓰는 곳은 로마의 영토이고, 그 동전을 사용하는 사람은 로마 황제가 살아 있는 신이라는 사실을 인정하는 것입니다. 이렇게 볼 때 유대인이 로마의 화폐를 쓴다는 것은 그 자체로 고민거리입니다. 여호와 하나님을 섬기는 사람이 로마 황제를 신으로 섬길 수는 없고, 따라서 동전을 쓴다는 것은 자신의 믿음과 세계관을 포기한다는 뜻이나 다름없기 때문입니다. 그렇다면 예수님께서 바리새인과 헤롯당원들에게 동전을 보여 주시면서 '이것이 누구의 것이냐'고 물으셨는데, 이 질문에 그들은 어떻게 대답해야 하겠습니까? 이 동전은 틀림없이 가이사, 즉 로마 황제의 것입니다. 그것을 부정한다면 그는 즉시 로마에 반역을 하겠다는 것이 되고, 그것을 인정한다면 유대인으로서의 자존심과 여호와 종교 신자로서의 정체성은 여지없이 무너질 것입니다.

여기서 볼 때 예수님을 시험하려고 "누구에게 세금을 바쳐야 하느냐"고 물은 바리새인과 헤롯당원은 예수님의 질문으로 말미암아 자신들도 빼도 박도 못할 난처함에 빠지게 되었습니다. 예수님이든 바리새인과 헤롯당원이든 똑같이 이렇게 대답할 수도, 저렇게 대답할 수도 없는 처지에 놓였다는 것입니다. 그런데 여기서 예수님께서 한걸음 더 치고 나가십니다.

가이사의 것은 가이사에게 하나님의 것은 하나님께 바치라 _막 12:17

이로써 서양 세계에서 오래 이어진 저 유명한 격언이 탄생하게 되었습니다. '가이사의 것은 가이사에게, 하나님의 것은 하나님께.' 이 말은 때로 세상의 것과 하나님의 것을 구별하라는 뜻으로 쓰이기도 했고, 우리 역사에서는 정치와 종교를 분리하여 생각하라는 뜻으로 오해되기도 했습니다. 그러나 이 말씀이 정말로 그런 의미입니까?

가이사의 것은 가이사에게, 하나님의 것은 하나님께!

　예수님께서 동전에 그려지고 새겨진 글귀와 흉상을 가리키며 물으셨습니다. "이 형상과 이 글귀는 누구를 가리키는 것이냐?" 이에 바리새인과 헤롯당원들은 대답합니다. "가이사의 것입니다." 예수님께 다가와 "우리가 세금을 내야 합니까"라고 물었을 때 그들은 당당했습니다. 어떻게 보면 애국심에 불타는 유대인처럼 보일 수도 있었고, 어떻게 보면 하나님을 매우 사랑하는 사람처럼 보일 수도 있었을 것입니다. 하지만 그 동전은 분명히 로마의 황제가 지금 이 땅과 이 땅에 사는 유대인의 실질적인 통치자임을 선언하고 있었습니다. 이 사실을 부인할 수 없었습니다. 더욱이 그들은 실제로도 이미 로마의 통치권을 인정할 뿐만 아니라 로마 정부에 세금을 납부하고 있었습니다. 겉으로는 애국심과 종교적 열정을 읊조리려도 실제로는 로마의 지배 아래 있는 것이 그들의 실제적 모습이었습니다. 이 얼마나 웃기는 일입니까? 예수를 함정에 빠뜨려 죽이려고 다가왔을 때는 당당해 보였지만, 그들의 실상은 당당할 수도 당당할 이유도 없는 그냥 힘없는 식민지 백성 가운데 하나일 뿐이었습니다.

　예수님의 대답은 생각할수록 우리에게 명백한 대답이 아니라 더욱더 깊은 사고의 세계로 밀어 넣습니다. 우선, 바리새인과 헤롯당원들은 예수님께 로마의 황제에게 세금을 내는 것(δίδωμι)이 합당한지를 물었습니다. 그런데 예수님의 말씀을 들여다보면 세금을 내는 일 자체를 직접적으로 언급하시지는 않습니다. 예수님은 "가이사에게 세금을 내라"고 말씀하실 때 그들이 사용한 단어와 표현을 사용하시지 않고, 다른 표현을 사용하셨습니다. 헬라어로 표현된 문장을 우리말로 바꾸는 일이 까다롭습니다만, 그 뜻을 최대한 존중하며 표현하자면, 예수님은 가이사의 것은 가이사에게 지불하라고 말씀하실 때에 '갚는다'(ἀποδίδωμι)는 단어를 사용하셨습니다. 법적인 의무로서가 아니라 어느 누구에게서 받은 혜택의 대가를 되돌려 준다는 의미입니다.

　주님께서 이렇게 말씀하셨던 것입니다. "너희는 지금 로마의 통치 아래 살고 있지 않느냐? 그렇다면 그에 대한 대가를 그들에게 갚아라." 이 부분만 본다면 예수님은 그들의 질문에 '로마에 세금을 내는 것이 맞다'고 대답하신 것같이 보입니다. 그러나 그것은 아닌 것 같습니다. 예수님의 진짜 의도는 당신께서 로마의 통치 아래 사는 유대인의 현실적 문제를 이해하고 계심을 보여 주는 것입니다. 이 상황에서 유대 왕국의 재건을 이야기하려는 것이 아닙니다. 로마의 통치를 현실로 인정하고, 그것을 종교적 이상을 가지고서 극단적 해석을 시도하는 일을 삼가라는 뜻 아닐까 싶습니다. 어떻게 보면 바리새인과 헤롯당원이 이 문제를 이용해서 예수님을 어떻게 해 보려는 시도를 비난하려는 의도도 있는 것 같습니다.

그런데 예수님의 진짜 의도는 사실 그 다음 말씀에 드러납니다. "(그리고) 하나님의 것은 하나님께 갚아라." 로마의 우산 아래 산다면 그에 대한 대가를 갚는 것이 맞다고 예수님께서 말씀하셨습니다. 이 원리는 하나님께로 연장됩니다. 그렇다면 하나님께 받은 은혜는 하나님께 갚는 것이 옳다! 우리는 예수님의 말씀에서 한 가지 교훈을 얻습니다. 우리 주님은 "가이사의 것은 가이사에게 갚으라. 그러나 하나님의 것은 하나님께 갚아야 한다"고 말씀하시지 않았습니다. "가이사에게 받은 것이 있다면 가이사에게 갚으라. 그리고 하나님께 받은 것은 하나님께 갚으라'고 말씀하셨습니다. 여기에서 바리새인과 헤롯당원이 유일신이신 여호와 하나님을 믿는 자들이었음을 기억해야 합니다. 그리고 이것을 전제하고 정리하자면, 여호와 신앙을 가진 사람들에게는 가이사의 것과 하나님의 것을 구분할 수도 없고, 이 둘이 양립할 수도 없음이 분명합니다.

믿는 사람에게 하나님의 것과 세상의 것은 독립적이지 않습니다. 세상의 것은 궁극적으로 하나님의 것에 모두 포함되기 때문입니다. 이것도 하나님의 것이고, 저것도 하나님의 것입니다. 모든 것이 하나님의 것입니다. 이런 관점에서 볼 때 바리새인과 헤롯당원의 질문은 전제부터 잘못되었습니다. 그리고 여기까지는 내 것이고 여기서부터는 하나님의 것이라고 구분하는 우리의 생각도 잘못되었습니다. 결국 우리 주님의 말씀은 당신을 위험에 빠뜨리려는 질문을 넘어섭니다. 훨씬 넘어섭니다. 주님은 '모든 것이 하나님의 것'임을 선언하고 계십니다.

우리가 이 땅에서 사는 한 이 세상의 권세를 인정해야 합니다. 그러나 분명한 전제가 있습니다. 이 땅의 것, 이 세상도 하나님께 속했다는 사실입니다. 이 때문에 우리는 이 세상의 모든 것을 하나님께서 원하시는 방향으로 개발하고 운영하고 다스릴 의무가 있습니다. 이 세상에 하나님의 공의와 사랑이 넘치도록 만들 의무가 있습니다. 이것은 정치가에게만 부여된 의무가 아닙니다. 우리 모두, 이 땅에서 생명을 붙이고 사는 모든 신자의 의무입니다. 바울 사도는 이 믿음을 따라 이렇게 선언했습니다. "이는 만물이 주에게서 나오고 주로 말미암고 주에게로 돌아감이라. 영광이 그에게 세세에 있으리로다. 아멘"(롬 11:36).

지금까지 '권위 논쟁'이라는 관점에서 본문을 살펴보았습니다. 우리는 모든 것을 만드신 하나님께 모든 것을 복속시키며 살아갑니까? 그분의 뜻을 나의 모든 것에 적용시키며 살아갑니까?

60

살리는 말씀, 죽이는 말씀
마가복음 12:18-27

사두개인들이 찾아오다

공회원들이 보낸 바리새인과 헤롯당원들과의 논쟁이 끝나고, 곧이어 몇 사람이 다시 예수님을 찾아왔습니다. 그들은 '사두개인'이었습니다. 사두개인들은 예루살렘의 대제사장 가문과 유력한 일반인 가문들로 구성되어 있었습니다. 그들은 부유했으며 세속적이었습니다. 그들은 교리적으로 보수적이었으며, 주요 관심사는 자신들의 특권을 유지하는 것이었습니다. 그들은 구약 가운데 모세오경만을 가장 권위 있는 하나님의 말씀으로 보았습니다. 그런데 이 사람들이 왜 예수님을 찾아왔을까요? 그들은 예수님께 이렇게 질문했습니다.

> 선생님이여 모세가 우리에게 써 주기를 사람의 형이 자식이 없이 아내를 두고 죽거든 그 동생이 그 아내를 취하여 형을 위하여 후사를 세울지니라 하였나이다 칠 형제가 있었는데 맏이 아내를 취하였다가 후사가 없이 죽고 둘째도 그 여자를 취하였다가 후사가 없이 죽고 셋째도 그렇게 하여 일곱이 다 후사가 없었고 최후에 여자도 죽었나이다 일곱 사람이 다 그를 아내로 취하였으니 부활을 당하여 저희가 살아날 때에 그중에 뉘 아내가 되리이까 _막 12:19-23

참 딱한 사정입니다. 칠 형제가 있었습니다. 맏형이 결혼했는데 자식을 남기지 못하고 죽었습니다. 그래서 동생이 형수와 결혼했습니다. 그런데 둘째 아들도 자식을 남기지 못하고 죽었습니다. 그래서 세 번째 아들이 다시 형수와 결혼합니다. 그러나 그마저 죽습니다. 이렇게 하여 일곱 형제가 잇달아 한 여인과 결혼하였으나 자식을 남기지 못한 상태에서 죽은 것입니다. 마침내 이 여인도 죽었습니다. 이 상태에서 그들이 부활한다면 대체 어떤 아들이 이 여인의 남편입니까? 이것이 사두개인들이 질문한 내용입니다. 이 여덟 명이 부활하였는데, 이 기구한 여인은 과연 누구를 자기 남편이라고 불러야 할까요?

먼저, 이런 이야기가 가능한지 살펴봅니다. 사두개인의 질문에는 배경이 있습니다.

> 형제가 동거하는데 그중 하나가 죽고 아들이 없거든 그 죽은 자의 아내는 나가서 타인에게 시집가지 말 것이요 그 남편의 형제가 그에게로 들어가서 그를 취하여 아내를 삼아 그의 남편의 형제 된 의무를 그에게 다 행할 것이요 그 여인의 낳은 첫 아들로 그 죽은 형제의 후사를 잇게 하여 그 이름을 이스라엘 중에서 끊어지지 않게 할 것이니라 _신 25:5-6

신명기 당시의 관점에서는 여성이 결혼하면 남성의 가정에 속한다는 것이 히브리인뿐만 아니라 당시 중근동 지역의 보편적인 생각이었던 것 같습니다. 물론 요즘의 관점에서는 여성이 결혼한 후 배우자가 죽으면 자신의 장래에 관하여 스스로 결정할 권리를 갖는다는 것이 자연스럽습니다. 이렇게 상충된 관점이 있을 수 있겠으나 어쨌든 신명기 당시의 관점에서, 남편을 잃은 부인을 어떻게 보호하느냐 하는 문제는 율법의 제도 안에서도 매우 심각한 것이었습니다.

모세의 율법은 이 문제에 대한 해법으로 이른바 '형사취수제'(兄死娶嫂制), 혹은 '취수혼'(娶嫂婚)이란 제도를 제시했습니다. 형이 자녀를 남기지 못하고 죽을 경우 시동생이 형수와 결혼하여 대(代)를 잇게 하는 것입니다. 여기서 태어난 아들은 죽은 형의 아들이 되어 그 아버지의 재산을 상속하게 됩니다. 이는 과부가 되어 노동력을 상실한 여성을 보호하고, 대를 이어 그 가문의 재산을 이어 가도록 하려는 배려였습니다. 이것과 관련하여 오늘날 여성의 성적(性的) 자기 결정권의 관점에서 문제를 제기하기는 어렵습니다. 무엇보다도 구약이 말하는 결혼은 가문과 가문이 결합하는 문제라는 대전제가 있고, 형사취수제도는 이스라엘 민족이 살고 있는 가나안 땅의 분배 제도까지도 얽혀 있어서 실로 단순하지 않기 때문입니다. 어쨌든 사두개인들은 이 제도를 부활 문제와 연결함으로써 예수님께 아주 절묘한 질문을 한 것입니다.

부활한 후에는 다르다!

예수님의 대답을 살펴봅니다. 예수님의 첫 번째 말씀입니다.

너희가 성경도, 하나님의 능력도 알지 못하므로 오해함이 아니냐 _막 12:24

사두개인들은 부활을 믿지 않았습니다. 그럼에도 그들은 부활을 전제하면서 죽은 자가 한 자리에서 만날 때의 곤란함을 지적했습니다. 말하자면 그들은 '부활'을 가정하고 질문했지만, 실상은 부활이 없다는 말을 하려고 했던 것입니다. 그러나 예수님은 "너희가 성경도 모르고 하나님의 능력도 모른다"고 대뜸 판단하셨습니다. 성경도 모르고, 하나님의 능력도 모른다 …. 사두개인이 귀족 계층이고 나름대로 성경을 잘 안다고 뻐기던 사람임을 감안한다면, 예수님의 첫마디는 정말 자존심 팍팍 상하는 말씀이었을 것입니다.
예수님의 말씀이 이어집니다.

사람이 죽은 자 가운데서 살아날 때에는 장가도 아니 가고 시집도 아니 가고 하늘
에 있는 천사들과 같으니라 _막 12:25

예수님에 따르면, 사람은 부활한 이후에 결혼하지 않습니다. 부활한 사람들은 존재 방식 자체가 바뀌기 때문에 죽지 아니하는 천사와 같은 존재가 된다는 말씀입니다. 놀라운 말씀 아닙니까? 예수님께서 물으십니다. "너희가 말하는 대로 부활이 정말 있는 일이라면, 결혼 제도가 부활한 이후의 사람들의 상황을 구속해야 한단 말이냐? 부활한 사람에게는 결혼이 필요 없다." 예수님의 말씀에서 우리는 아주 중요한 교훈을 얻습니다. 결혼은 죽음을 전제하여 제정된 제도라는 것입니다. 다시 말해 하나님은 죽어야 할 운명의 인간이 대를 이어 존재할 수 있도록 결혼 제도를 제정하셨다는 말씀입니다. 이 결혼 제도를 통하여 언젠가 죽어야 할 인간들이 대를 이을 수 있도록 하심으로써 인간의 씨를 이 땅에 보존하게 하셨다는 말씀입니다.

그러나 부활한 후 인간은 영원히 살 것입니다. 그렇다면 결혼은 필요 없습니다. 부활한 사람은 죽기 전에 누렸던 결혼 관계와 상관없이 살 것입니다. 이것이 예수님의 말씀입니다. 예수님께서 즉흥적으로 이 생각을 고안하셨을까요? 아닙니다. 예수님께서 당신의 말씀이 어떻게 해서 나오게 되었는지, 좀 더 이어서 설명하셨습니다.

> 죽은 자의 살아난다는 것을 의논할진대 너희가 모세의 책 중 가시나무 떨기에 관한 글에 하나님께서 모세에게 이르시되 나는 아브라함의 하나님이요 이삭의 하나님이요 야곱의 하나님이로라 하신 말씀을 읽어 보지 못하였느냐 _막 12:26

하나님께서 모세에게 친히 나타나셔서 당신을 이렇게 소개하셨습니다. "나는 아브라함의 하나님이요, 이삭의 하나님이요, 야곱의 하나님이다." 이스라엘의 조상인 아브라함, 이삭, 야곱은 그들 역시 유한한 인간으로서 죽어야 했습니다. 하지만 하나님의 지혜는 결혼 제도를 통하여 그들이 죽은 후에도 자손들의 씨 가운데 영원히 존재하도록 하셨습니다. 이로써 이 제도를 제정하신 하나님은 인간의 유한함과 시간의 제약에 구애받지 않으시고 온 세대의 하나님으로 임하시는 것입니다. 예수님의 결론은 분명합니다.

하나님은 죽은 자의 하나님이 아니요 산 자의 하나님이시라 너희가 크게 오해하였
도다 하시니라 _막 12:27

죽은 자들과 지금 이 땅에 살아 있는 자들과 앞으로 이 땅에 왔다가 흙으
로 돌아갈 모든 자들은 결국 모두가 부활하여 하나님 앞에 존재할 것입니다.
그러므로 하나님은 모든 산 자의 하나님이시라 불리는 것입니다.

사두개인은 믿지도 않는 부활 교리를 끌고 와 믿는 척했습니다. 그리고 형
사취수제도라는 규례를 그것과 연결하여 부활 후에 일어날 곤란한 상황을
가정했습니다. 그리고 이 문제와 관련하여 어떻게 생각하느냐고 예수님께
물었습니다. 그러나 예수님은 부활은 당연히 있을 일이라 대답하셨습니다.
뿐만 아니라 결혼 제도와 형사취수제도의 의미와 한계를 매우 분명하게 설
명해 주셨습니다. 결론적으로 부활한 후에는 결혼도, 형사취수제도도 용도
가 폐기되어 더 이상 존재하지 않을 것이라고 말씀하셨습니다.

이로써 사두개인은 여전히 부활을 믿지 않음이 드러났고, 사두개인들이
예수님을 곤란하게 만들려고 억지 같은 질문을 갖고 왔음도 드러났습니다.
그럼 된 것입니까? 이야기는 이제 끝났습니까?

살리는 교리, 죽이는 교리

이전 본문에서는 바리새인과 헤롯당원들이 예수님께 와서 질문했습니다.
그들은 예수님을 죽이려고, 예수님의 권위를 허물기 위하여 치명적인 함정
을 숨긴 질문을 준비했습니다. 그들은 세금을 로마 황제에게 바치는 것이 가
하냐고 물었습니다. 이로써 '내야 한다'고 대답하시면 로마에 부역하는 배신
자로 몰고, '내지 말아도 된다'라고 대답하시면 즉시 예수를 로마의 반역자로
몰 함정을 파 놓았던 것입니다. 그들은 예수님을 이 함정에 어떻게든 빠뜨리
기 위해 자존심까지 내던지며 마음에도 없는 아첨의 말을 내놓았습니다.

그런데 이번에는 사두개인들이 예수님께 함정을 파 놓고 다가옵니다. 사

두개인 역시 자기들이 믿지도 않는 부활 교리를 믿는 척합니다. 그들의 의도를 감안할 때 그들은 예수를 잡아 죽이기 위해, 혹은 예수의 권위에 결정적인 흠집을 내기 위해 자기들의 믿음을 뒤집는 것도 마다하지 않았습니다. 믿음은 자신의 삶을 건 무거운 문제입니다. 그런데 미운 사람, 얄미운 사람을 죽이고 흠집 내기 위해 자신의 믿음을 왜곡하거나 뒤집습니다. 얼마나 밉고, 얼마나 얄미우면 그리하겠습니까? 그러나 그들은 자신의 전부나 다름없는 하나님과 그분의 말씀을 일부러 뒤집고 왜곡합니다. 증오나 살인 의지도 중요하지만, 목적이 어떻든 자기 생명의 근거이신 하나님과 그분의 말씀을 이리 대하는 것은 그보다 더 중요한 죄입니다.

우리는 이 본문에서 사두개인들이 신앙, 혹은 교리를 왜곡하는 방식을 주목해야 합니다. 그들은 부활을 애초에 믿지도 않았지만 부활이 있다고 전제했습니다. 그리고 율법의 규례 가운데 형사취수제도라는 규정을 인용하여 부활이 가져올 난감한 상황을 가정했습니다. 물론 그 목적은 사람을 죽이기 위해서였습니다. 여기서 보이는 가장 큰 문제는 사두개인도, 바리새인도, 헤롯당원도 율법의 용도를 몰랐거나 짐짓 왜곡했다는 것입니다. 형사취수제도는 앞에서도 언급한 대로 당시의 체제 안에 살아야 했던 자식 없는 과부를 어떻게든 살리기 위한 제도였습니다. 이는 분명히 하나님의 사랑에서, 하나님의 긍휼에서 나온 것입니다. 말하자면 사람을 살리기 위한 것입니다. 그러므로 우리는 이런 제도와 규례를 통해서 인간을 불쌍히 여기시고 이렇게 세세한 부분까지 간섭하시려는 하나님의 사랑을 볼 수 있습니다. 그러나 악한 의도를 가진 사람은 이 사랑의 법을 비틀어서 하나님의 사랑을 가리고, 그 법으로 오히려 사람을 죽이려는 데 사용합니다. 이것은 율법의 문제가 아니라 사람의 문제입니다.

사실 하나님의 긍휼과 사랑을 전제하지 않는다면, 율법은 언제나 우리에게 귀찮고 불필요한 것입니다. 그래서 하나님의 사랑을 외면하는 사람은 언제나 이렇게 묻습니다. "왜 이것을 꼭 지켜야 합니까?" 율법은 인간을 위하시는 하나님의 사랑에서 나왔습니다. 간단히 말해서 율법은 궁극적으로 인간을 위한 것입니다. 창조주 하나님께서 인간이 당신이 만드신 이 세상을 사는 동안 모든 유익하고 선한 것들을 누리도록 하시려는 의도로 주신 것이 율법이라는 뜻입니다. 그러나 하나님으로부터 벗어나기를 원하는 사람은 언제나 '왜?' 하며 그 규례들을 거절합니다. 좋은 반찬들로 가득 찬 밥상을 엄마가 차려 주자 아들이 말합니다. "이걸 꼭 먹어야해?" 이것이 율법을 거절하는 사람을 잘 설명하는 비유입니다.

하나님을 사랑하는 사람, 하나님 안에서 그분께서 마련하신 가장 좋은 것들을 누릴 마음이 있는 사람은 하나님의 법을 사랑합니다. 그러나 그분을 사랑하지 않는 사람은 언제나 그 법을 지켜야 할 이유를 물으며, 그 법을 오해하고 왜곡하여 자신뿐만 아니라 이웃까지 해하는 데 사용합니다. 대부분 그런 사람들은 하나님의 사랑을 내세우며, 하나님의 공의를 외면합니다. 만물의 창조주이신 하나님께서 우리를 위해 제정하신 제도 안에서 하나님과 화평 누리기를 거절합니다. 우리는 사두개인들의 모습 속에서 우리 자신을 발견합니다. 우리 역시 하나님께서 우리에게 주신 규례에 담긴 사랑보다는 강제에만 주목합니다. 그래서 화를 내고 투덜거리며, 때로는 자신도 지키지 못할 그것들을 가지고 이웃들을 억압하고 정죄하며 판단하는 죄를 지으며 살아갑니다.

주일을 꼭 지켜야 할까요? 이웃을 꼭 사랑해야 할까요? 꼭 봉사해야 할까요? 꼭 성경을 읽어야 할까요? 꼭 기도해야 할까요? 우리가 흔히 말하는 대로, 소위 수준 높은 것부터 수준 낮은 것까지 온갖 종류의 신앙생활과 관련된 것들이 '꼭'이란 단어와 함께 '해야 하나요?'라는 질문으로 만들어집니다. 단적으로 말씀 드리지만, '꼭 실천해야 하는 규례'는 없습니다. 그러나 기억하셔야 합니다. 그 모든 불평 가득한 질문 가운데 언급되는 하나님의 규례들은 모두가 우리 자신을 위한 것입니다. 이 땅에 사는 동안 누려야 할 유익을 우리 것으로 만드는 규칙입니다. 그러므로 꼭 해야 하느냐를 묻지 말고 하나님께서 왜 이것을 행하라 하셨는지를 물으십시오. 이것이 지혜로운 하나님 자녀의 자세입니다.

본문에서 예수님을 잡기 위해서 하나님의 규례를 사용하는 사두개인의 모습을 보았습니다. 그들은 생각했을 것입니다. '우리는 하나님의 율법을 아주 잘 알아. 이 법을 사용해서 예수님을 죽여야겠다.' 그러나 그들은 하나님의 아들이신 예수님으로부터 '율법도 잘 모르고, 하나님의 능력도 모르는 사람들'이란 판결을 받았습니다.

　　율법의 조항들을 많이 아는 것이 자랑은 아닙니다. 율법 안에 담긴 하나님의 의도와 사랑을 이해하며 하나라도 그것을 지키기 위해 애쓰는 사람이야말로 하나님의 자녀입니다. 하나님은 우리를 살리고, 보호하며, 우리가 당신 안에 있는 모든 선한 것들을 누리기 원하십니다. 그 규례들을 자신과 이웃을 살리는 데 사용하느냐, 자신도 이웃도 죽이는 데 사용하느냐 하는 것은 이제 우리 자신에게 달려 있습니다. 우리의 선택은 어떤 쪽입니까? 참된 지혜는 어디에 있습니까?

61 사랑은 오직 하나의 방법만을 안다

마가복음 12:28-34

서기관이 찾아오다

예수님과 사두개인들이 논쟁을 벌였습니다. 사두개인들은 이 논쟁에서 일곱 형제와 결혼한 한 여인이 부활 후에 과연 누구의 아내가 되겠느냐는 질문을 예수님께 던졌습니다. 그러나 예수님은 사두개인들에게 부활 후에는 결혼이 존재하지 않는다고 대답하심으로써 그들의 질문 자체를 무력화시키셨습니다. 한 서기관이 이 광경을 보았습니다. 이 서기관이 예수님께 질문합니다. 이 서기관의 질문과 예수님의 답변이 바로 이 본문의 내용입니다. 이 본문을 보면 이 서기관이 예수님께 적대적이지는 않은 것 같습니다. 여태까지 서기관들이 예수님께 적대적인 태도를 자주 보였는데, 이 사람이 예수님께 호의적인 태도를 보이는 것은 아주 이례적입니다. 그 이유는 무엇일까요?

무엇보다 이 서기관이 예수님과 사두개인들 간의 논쟁을 지켜보았기 때문이 아닐까 싶습니다. '원수의 원수는 친구'라는 우스개가 있습니다. A와 B, 그리고 C가 있습니다. A와 B가 사이가 나쁘고, B와 C가 사이가 나쁩니다. 이럴 경우, A와 C는 친구 관계가 된다는 것입니다. 참 우스운 말이지만 이것이 우리가 사는 사회의 일반적인 경험입니다. 서기관과 사두개인은 전통적으로 사이가 좋지 않았습니다. 그러므로 이 서기관은 부활이란 주제를 놓고 사두개인과 논쟁하시는 예수님을 보고 호감을 가진 것이 틀림없습니다. 서기관은 바리새인과 마찬가지로 부활이 있다고 믿었던 것 같고, 예수님께서 부활을 옹호하시는 모습을 보고서 예수님을 좋게 생각했던 것 같습니다. 이 서기관이 예수님께 묻습니다.

모든 계명 중에 첫째가 무엇이니이까 _막 12:28

서기관의 질문을 이해하기 위해서 먼저 알아야할 상식이 있습니다. 당시 '랍비'라고 불리던 유대교 선생들은 율법 즉 토라(Torah)가 613개의 명령으로 되어 있고, 이 가운데 248개는 긍정형 명령, 그리고 365개는 부정형 명령으로 이루어져 있다고 주장했다고 합니다. 따라서 수백 개의 명령 가운데 가장 우선되는 것이 무엇인지를 놓고 상당한 논의가 있었습니다. 그래서 서기관은 자기가 속한 서기관 그룹 안에서 논의되고 있던 질문을 들고 예수님께 나아왔던 것입니다. 서기관의 질문에 주님께서 이렇게 말씀하셨습니다.

예수께서 대답하시되 첫째는 이것이니 이스라엘아 들으라 주 곧 우리 하나님은 유일한 주시라 네 마음을 다하고 목숨을 다하고 뜻을 다하고 힘을 다하여 주 너의 하나님을 사랑하라 하신 것이요 둘째는 이것이니 네 이웃을 네 몸과 같이 사랑하라 하신 것이라 이에서 더 큰 계명이 없느니라 _막 12:29-31

마태는 같은 이야기를 전하는데, 여기에서 예수님은 다음과 같이 덧붙이십니다.

이 두 계명이 온 율법과 선지자의 강령이니라 _마 22:40

다시 말해 예수님이나 서기관이나 '가장 중요한 계명'이라고 말할 때 이것만 지키면 나머지는 지킬 필요가 없다는 뜻으로 말한 것이 아닙니다. 어떤 계명이 다른 나머지 계명들을 발생시키는 가장 근본적인 계명인지를 말한 것입니다.

네 모든 것을 다해 하나님을 사랑하라

예수님은 율법 가운데 가장 근본적인 계명을 '하나님 사랑과 이웃 사랑'이란 두 개의 핵심적 개념으로 요약하셨습니다. 첫째, 같은 이야기를 기록한 마태복음 22장 37절을 보면 주님께서 이렇게 말씀하셨습니다. "네 마음을 다하고 목숨을 다하고 뜻을 다하여 주 너의 하나님을 사랑하라." 이 부분을 마가복음 본문과 비교하면 한 단어가 추가되었습니다. 바로 '힘'입니다. 이것이 무슨 차이일까요? 그러나 마태복음과 마가복음의 기록이 겉으로는 차이가 있을지언정 실질적으로는 차이가 전혀 없다고 봅니다. 왜냐하면 이 두 본문에서 우리 주님의 강조점은 하나님을 '자신의 모든 에너지와 존재를 다하여' 사랑한다, 즉 전인격적으로 하나님을 사랑하라는 점에 있다고 보기 때문입니다. 다시 말해 우리 주님은 그 수많은 규례들을 '모든 것을 바쳐서 하나님을 사랑'하는 데 그 목적이 있다고 갈파하셨던 것입니다.

사실 이 부분은 우리가 당연하게 생각할 정도로 익숙하면서도 동시에 곧잘 놓치기도 합니다. 여기 유일신이신 하나님께서 계십니다. 그리고 그분의 피조물인 인간이 있습니다. 우리는 하나님께서 이 세상을 창조하셨음을 고백합니다. 그리고 우리가 그분의 능력으로 그분의 형상을 따라 만들어졌고 고백합니다. 이 두 문장은 그 어떠한 망설임도 없이 우리 인간이 창조주이신 유일신 하나님을 모든 것을 바쳐서 사랑하는 것으로 인도합니다. 하나님의 존재와 우리의 존재를 온전히 깨닫는 순간 인간은 하나님을 사랑하는 것이 마땅하다는 것입니다. 하지만 우리의 현실은 그렇지 않습니다. 고백은 고백일 뿐입니다. 고백이 고백하는 사람으로 하여금 하나님을 전인격적으로 사랑하는 데로 이끌지 않는다는 뜻입니다.

유대인들은 하나님의 피조물이며 동시에 그분의 택하심을 받았습니다. 그들은 약속의 땅 가나안에 들어가 자유하게 하신 하나님의 은총을 마음껏 찬송하며 살도록 위임받았습니다. 하지만 그들은 가나안 땅에 들어가서 하나님의 백성으로 살아갈 지침서, 즉 율법을 613개의 명령으로 분류했습니다. 물론 그들은 '여호와 하나님을 사랑했기에' 그리했습니다. 적어도 처음에는 그랬을 것입니다. 하지만 시간이 지나면서 그들은 613개의 규례 가운데 어느 것이 가장 우선되는 규례인가를 놓고 거듭 토론했습니다. 그들은 입으로는 하나님을 더 잘 사랑하기 위해서라고 말했습니다. 어쩌면 그 말은 진실일지도 모릅니다. 그러나 실상은 달랐습니다.

본문을 통해서 우리는 우리 주님의 율법 이해를 발견합니다. 예수님은 그 수많은 규례를 '하나님 여호와를 사랑하는 방법'이라 말씀하셨습니다. 이 둘의 차이를 이해하시겠습니까? 지난번에 사랑이 흔들리는 사람의 특징을 이렇게 살폈습니다. "저는 하나님을 사랑합니다. 그러나 제가 꼭 이걸 해야 합니까? 꼭 이렇게 하지 않아도 하나님을 사랑할 수 있지 않을까요?" 이런 마음을 가진 사람은 가령 613개의 명령 가운데 몇 가지를 빼고 준수하려고 합니다. 반면, 하나님을 온 마음과 온 뜻을 다해 사랑하려는 사람은 613개의 규례 가운데 굳이 몇 개를 빼고 더한다는 의식이 없습니다. 이 차이는 엄청납니다.

사랑이 식은 사람은 사랑의 행위를 의무로 생각합니다. 그래서 하나님 사랑하는 것을 조건으로 이해합니다. '몇 개를 지키면 하나님을 사랑하는 것일까? 몇 개를 어기면 하나님을 사랑하지 않는 것일까? 이 명령이 클까, 저 명령이 클까?' 이렇게 생각합니다. 그러나 사랑은 조건이 아닙니다. '어느 계명이 더 중요할까' 비교하지도 않습니다. 사랑하는 대상 그 자체가 가장 중요하기 때문입니다. 이런 이유 때문에 우리 신자들은 이와 같이 고백합니다. "우리는 하나님 자신을 우리가 추구해야 할 가장 선한 존재로 고백합니다." 하나님은 우리가 어떤 것과 비교한 끝에 더 나은 존재로 인정하는, 그런 분이 아니십니다. 그냥 그 자체로 가장 좋은 분이십니다. 우리는 바로 그분께서 빚으신 존재이기 때문입니다.

하나님을 이런 존재로 인정한다면, 계명 몇 개 가운데 얼마는 지켜도 되고 얼마는 지키지 않아도 되는 그런 차원으로 행동하지 않습니다. 그의 관심은 온전히 창조주이며 구주이신 하나님께 집중되어 있으므로, 그가 무엇을 하든 그것은 자연스럽게 자신이 사랑하는 하나님을 기쁘시게 해 드리려는 목표와 관련이 있습니다. 이런 태도로 하나님을 대하는 신자는 하나님을 향한 자신의 사랑을 몇 개의 명령 준수로 표현하려 하지 않습니다. 오히려 하나님의 규례를 온전히 다 지키고도 더 하지 못하는 것을 하나님 앞에 죄송하게 생각할 뿐입니다. 이것은 몇 가지의 죄를 지었느냐의 문제도 아니고, 사랑의 분량의 문제도 아닙니다. 자신이 가장 귀한 존재로 여기는 하나님을 모든 것을 다 바쳐 사랑하려는, 동기의 문제입니다.

하나님의 나라에 멀지 않다!

예수님의 대답을 들은 서기관이 이렇게 화답합니다.

서기관이 가로되 선생님이여 옳소이다 하나님은 한 분이시요 그 외에 다른 이가 없다 하신 말씀이 참이니이다 또 마음을 다하고 지혜를 다하고 힘을 다하여 하나님을 사랑하는 것과 또 이웃을 제 몸과 같이 사랑하는 것이 전체로 드리는 모든 번제물과 기타 제물보다 나으니이다 _막 12:32-33

서기관의 말은 얼핏 보아 예수님의 말씀과 크게 다르지 않습니다. 예수님은 이 서기관을 이렇게 평가합니다.

예수께서 그 지혜 있게 대답함을 보시고 _막 12:34

그리고 예수님은 이 서기관을 이렇게 칭찬하셨습니다.

네가 하나님의 나라에 멀지 않도다 _막 12:34

마가는 서기관과 예수님의 대화를 통해 이 두 사람이 구약의 율법을 이해하는 데 별다른 차이가 없음을 보여 줍니다. 그럼, 마가는 저 많은 반대자들 가운데 눈에 띄는 동지 하나를 만났다는 이야기를 하는 것일까요? 오랜만에 예수님의 의견에 동의하는 사람이 있었다는 것을 이야기하려는 것일까요?

이런 질문에 답하기 위해 무엇보다 이 대화가 '성전'에서 이루어졌음에 주목해야 합니다. 더욱이 이 일이 예수님께서 이 성전이 조만간 쓸모없어질 것을 선언하신 뒤에 일어났음에 주목해야 합니다. 따라서 서기관의 말을 다시 음미해 봅니다. 그는 마지막에 이렇게 말했습니다. "마음을 다하고 지혜를 다하고 힘을 다하여 하나님을 사랑하는 것과 또 이웃을 제 몸과 같이 사랑하는 것이 전체로 드리는 모든 번제물과 기타 제물보다 나으니이다"(막 12:33). 이 말을 '성전'이라는 주제에 맞추어 거칠게 해석하자면 이러할 것입니다. '율법에서 말하는 모든 계명의 중심이 가시적인 예루살렘성전에서 제사를 드리는 일보다 온 맘을 다하여 하나님과 이웃을 사랑하는 것이다.' 이로써 서기관은 예루살렘성전 이후의 신앙을 암시하시는 예수님의 의견에 저도 모르게 동의한 셈이 됩니다.

마가는 이 이야기를 이렇게 마무리합니다.

> 예수께서… 네가 하나님의 나라에 멀지 않도다 하시니 그 후에 감히 묻는 자가 없더라 _막 12:34

마가는 지금까지 예수님의 논쟁을 연속적으로 기록했습니다. 처음에는 공회원들이 예수님의 권위를 놓고 논쟁을 일으켰고(막 11:27-33), 이어서 예수님은 포도원 비유를 통해서 이스라엘에 부여된 하나님의 기대가 무너졌음을 선포하셨습니다(막 12:1-12). 다음으로 바리새인과 헤롯당원들은 세금에 관한 질문을 가지고 예수님을 시험했으며(막 12:13-17), 사두개인들은 부활에 관한 질문을 통해서 예수님을 곤경에 빠뜨리려고도 했습니다(막 12:18-27). 따라서 34절의 "그 후에 감히 묻는 자가 없더라"라는 말은 이 일련의 논쟁에서 마침내 예수님께서 승리하셨고 메시아로서 하나님의 아들로서의 권위를 입증하셨음을 선언하는 의미입니다.

따라서 예수님께서 서기관에게 "네가 하나님의 나라에서 멀지 않았다"라고 하신 말씀은 열려 있습니다. 예수님은 서기관과의 대화 끝에 마침내 하나님의 아들로서의 당신의 권위를 종결하신 다음 그 '멀지 않은 하나님의 나라'에 관한 관심을 끌어내신 것입니다. 대체 그 멀지 않다는 하나님의 나라는 무엇인가? 그 하나님의 나라는 어떻게 해야 실현되는가? 우리는 이 질문들의 답을 이미 알고 있습니다. 하나님의 임재의 상징으로서 오랫동안 유대인 신앙의 중심에 서 있었던 성전이 곧 폐쇄될 것입니다. 그리고 이 성전의 기능은 십자가 위에서 승리하신 예수님 당신이 친히 감당하실 것입니다. 그리하여 이곳에서도 아니고 저곳에서도 아닌, 어디서나 그분의 아들 예수 그리스도를 통해서 하나님께 신령과 진정으로 직접 예배하는 날이 곧 올 것입니다.

예수님의 삶에서 완성되고 드러나는, 하나님 사랑하는 법

지금까지 우리는 율법의 궁극적인 목적이 무엇인지를 살펴보았습니다. 율법의 요구는 분명합니다. 나의 모든 것을 다하여 하나님을 사랑하며, 또 그와 같은 태도로 이웃을 사랑하라는 것이었습니다. 율법에 등장하는 그 수많은 계명들은 결국 내 모든 것을 다하여, 내 삶의 모든 영역에서 하나님을 향한 나의 사랑을 보여 드리는 행위라는 말입니다. 따라서 '우리는 어떤 것이 더 중한가, 무엇을 어디까지 지키면 구원을 얻을까' 하는 질문은 이제 우리에게 유치합니다. 사랑은 어느 하나도 소홀하지 않게 합니다. 이것은 해야 하고 저것은 하지 않아도 되는 것이 아니라, 그분을 사랑하기 때문에 어느 하나라도 그것을 전부처럼 생각하면서 그 명령을 생명처럼 귀중하게 지켜야 합니다.

주님의 십자가는 이 사실을 가장 분명하게 보여 줍니다. 주님은 우리의 죄를 대속하시기 위하여 십자가에 달리셨습니다. 십자가에 달려 죽으신 일은 인간을 구원하기 원하시는 하나님 아버지의 뜻을 이뤄 드리기 위하여 스스로 행하신 일입니다. 아버지 하나님을 마음을 다해 사랑하셨기 때문입니다. 따라서 우리가 흔히 '십자가의 도(道)'라고 부르는 예수님의 삶은 마음과 생명을 다하여 하나님을 사랑하는 방법을 생생하게 모범으로 보여 주시는 삶이었습니다. 이것은 그 수많은 율법의 요구들을 단 하나로 요약하는 것이었고, 율법의 조밀한 항목들로부터 자유한 삶의 모습이었으며, 그러면서도 하나님께로 가장 잘 나아가는 방식이었습니다. 이런 의미에서 우리 주님의 십자가의 도는 율법으로부터의 자유이자 율법의 완성입니다.

인간에게 가장 큰 상급은 인간을 창조하신 하나님 자신입니다. 따라서 인간은 하나님을 알고 그분을 목숨을 다해 사랑하는 것이 마땅합니다. 하나님은 당신의 백성에게 창조주 하나님을 사랑하는 법을 알려 주셨습니다. 그리고 그분의 아들 예수 그리스도는 율법의 한계에 갇힌 당신의 백성에게 자유함을 주셨으며 가장 온전하게 아버지 하나님을 사랑하는 삶을 보여 주셨습니다. 그러므로 우리에게 제시된 구원의 길은 분명합니다. 하나님의 아들 안에서, 하나님의 아들이 친히 보여 주신 방법대로, 우리의 창조주이시며 아버지이신 하나님을 사랑하는 것입니다. 이 사실을 안다면, 율법으로부터 십자가의 도로 우리의 관심을 돌리시는 예수님께 주목해야 하지 않겠습니까?

십자가의 도, 우리 주님께서 걸어가신 그 길은 그러나 참으로 기묘한 길입니다. 하나님을 목숨을 다해 사랑하기를 원하는 이에게는 세상에서 가장 쉽고 분명한 길입니다. 하지만 그렇지 못한 이에게는 참으로 어렵고 무서운 길입니다. 그럼에도 불구하고 우리는 분명히 인정해야 합니다. 우리는 하나님의 피조물이며, 따라서 하나님 자신을 우리의 가장 큰 상급으로 삼아야 합니다. 우리가 신자로서 하나님을 온 마음을 다하여 사랑해야 할 이유가 바로 여기 있습니다. 그러므로 우리는 선택해야 합니다. 과거 유대인처럼 '이 계명이 큰가, 저 계명이 큰가, 이건 지켜야 하는 건가, 저건 안 지켜도 되는 건가' 하는 율법의 종으로 살아야 하겠습니까? 아니면 나를 만드신 그 하나님을 아버지로 삼아 온 마음을 다해 사랑하는 삶을 살아야 하겠습니까?

62 새로운 시대가 시작된다!
마가복음 12:35-44

두 개의 이야기?

본문은 두 개의 이야기로 구성된 것처럼 보입니다. 첫째 부분은 35절부터 37절까지 서기관의 가르침을 공격하시는 예수님에 관한 이야기이고, 둘째 부분은 38절부터 44절까지 한 과부의 헌금과 그에 관한 예수님의 평가 이야기입니다. 더구나 이 두 이야기의 주제도 다르게 보입니다. 이 때문에 대부분의 경우 본문을 둘로 나누어 생각합니다.

그러나 이렇게 생각해 봅시다. 첫 부분에는 서기관의 가르침에 관한 예수님의 평가가 나옵니다. 그런데 이 이야기에서 '서기관'은 예수님의 말씀으로 말미암아 청중인 백성들에게 거의 우스갯거리가 되는 느낌입니다. 이상하지 않습니까? 바로 앞에서 한 서기관이 예수님의 율법 이해와 거의 일치하는 견해를 가짐으로 큰 칭찬을 받았습니다. 그런데 어떻게 예수님께서 서기관의 가르침을 반박하고 이로 말미암아 서기관들이 백성에게 조롱거리 비슷한 취급을 받는 이야기가 바로 이어서 나올 수 있을까요?

더욱이 우리는 과부의 헌금 이야기를 따로 떼어 놓고 살펴보면서 자신의 재산 전부를 헌금한 과부를 주님께서 칭찬하신 이야기라고 이해합니다. 정말 그렇습니까? 이에 대한 대답은 뒤로 잠시 미루고, 이것부터 먼저 살펴봅니다. 마가가 예수님께서 수난을 향하여 걸어가시는 과정을 기록하면서 과부의 헌금 문제를 왜 이 대목에 끼워 놓았을까요? 문맥의 흐름이 자연스럽지 않다고 생각하지 않습니까?

서기관을 경계하시다

먼저, 서기관에 관한 이야기부터 살펴봅니다.

> 예수께서 성전에서 가르치실새 대답하여 가라사대 _막 12:35

본문은 예수님께서 어떤 질문에 대해 대답을 전제하고 시작합니다. 그러나 그 질문이 구체적으로 어떤 내용이었는지 알 수 없습니다. 다만, 다른 번역본들을 보면 그 질문을 한 사람이 예수님께 우호적인 태도를 가진 사람이 아니라 적대적인 사람이었음을 암시합니다. 이 질문에 예수님께서 대답하십니다.

> 어찌하여 서기관들이 그리스도를 다윗의 자손이라 하느뇨 _막 12:35

이 대목을 읽으면, 적어도 그 질문이 서기관들의 가르침과 연결되어 있음이 분명합니다. 서기관들은 그리스도가 다윗의 자손이라 가르쳤다는 것입니다. 그런데 예수님의 대답은 서기관의 가르침을 반박하고 있습니다. 주님께서 말씀하십니다.

> 다윗이 성령에 감동하여 친히 말하되 주께서 내 주께 이르시되 내가 네 원수를 네 발 아래 둘 때까지 내 우편에 앉았으라 하셨도다 하였느니라 _막 12:36

"서기관들이 그리스도를 다윗의 자손이라 한다. 그런데 정작 다윗은 성령의 영감을 받아 고백하면서 그 그리스도를 주라 부르지 않느냐?" 물론 여기에 등장하는 '그리스도'와 '주'는 유대인들이 구약 전체를 통해 약속받았다고 믿는 그 메시아(מָשִׁיחַ)입니다. 그런데 이상하지 않습니까? 족보상으로 볼 때 메시아가 다윗의 후손이라면 다윗이 자기 후손인 그 메시아를 보고 '주'라고 부를 수 있습니까? 그렇다면 다윗은 그 메시아가 자기의 후손이면서도 하나님의 아들이심을 알았기에 그렇게 했던 것 아니겠습니까? 따라서 예수님은 이렇게 결론을 말씀하십니다. "다윗이 그리스도를 주라 하였은즉 어찌 그의 자손이 되겠느냐?"

유대인이라면 누구나 예언된 그분 메시아가 신적 존재, 즉 하나님의 아들이심을 알았습니다. 그럼에도 서기관들은 메시아를 다윗의 후손이라고 가르쳤습니다. 백성들 역시 이 가르침에 이의를 제기하지 않았습니다. 이렇게 하여 유대인들은 메시아가 다윗의 후손으로 와서 멸망한 유다 왕국을 회복할 것이라는 믿음을 공유하게 되었던 것입니다. 그러나 우리는 본문 이후의 시대에 살면서, 역사 속에 오셔서 모든 신자들의 구주가 되신 그 메시아, 곧 예수 그리스도의 사역을 보고 있습니다. 그들이 기다리던 그 메시아가 정말로 그들이 믿던 대로 유다 왕국을 회복하셨습니까? 아니지 않습니까? 메시아 곧 예수 그리스도는 유대인의 혈통으로 이 땅에 오셨습니다. 그러나 예수 그리스도는 인간의 죄로 말미암아 타락한 이 세상, 이 우주를 하나님께서 원래 창조하신 그 상태로 회복하셨습니다.

그들은 메시아를 오해했습니다. 구약이 예언한 메시아는 다윗의 혈통으로 오셨으나 다윗의 혈통을 훨씬 넘어서셨습니다. 그들이 기다렸던 메시아는 유다 왕국의 국경을 넘어 우주에까지 그 영역을 넓히셨습니다. 그 사역의 결과로 그분 이전에는 이방인이요 구원에서 멀었던 우리까지도 하나님의 자녀가 되었습니다. 그분의 사역은 마침내 인간의 타락으로 말미암아 함께 신음하던 피조물 세계에까지 확장될 것입니다. 그리하여 그리스도 예수의 이름 안에서 모든 피조물들이 하나님의 보좌 앞에서 그분의 거룩하신 이름을 찬양할 것입니다. 이렇게 보니 당시 유대인들이나 서기관들이 메시아를 얼마나 오해했는지 분명하지 않습니까? 유대인들은 하나님의 아들 메시아의 사역을 자기 민족 중심의 사고방식 안으로만 좁혀서 제한하였던 것입니다.

예수님은 다윗이 기록했다는 그 시편에서 한 구절을 인용하셨습니다. 그 간단한 예를 통하여 유대인이 오랫동안 오해했던 메시아 이해를 단숨에 뒤엎으셨습니다. 그리고 청중들은 예수님의 말씀을 들으며 즐거워했습니다. 마가의 이 표현, "백성이 즐겁게 듣더라"(막 12:37)는 우리에게 몇 가지를 알려줍니다. 무엇보다도 마가는 청중들이 예수님의 말씀을 즐거워했다는 표현을 통해서 바로 앞에서 자신이 내린 결론 부분을 확인합니다. 마가는 이렇게 말했습니다.

> 예수께서 그 지혜 있게 대답함을 보시고 이르시되 네가 하나님의 나라에 멀지 않도다 하시니 그 후에 감히 묻는 자가 없더라 _막 12:34

몇 차례의 논쟁을 통해서 예수님은 '감히 묻는 자', 즉 하나님의 아들로서의 예수님의 권위에 도전할 사람이 없게 되었다고 마가는 언급했습니다. 적대적인 태도를 가진 여러 그룹과의 논쟁을 통해서 그렇게 입증된 예수님의 권위는 자신을 따르는 백성들에게도 입증됩니다. 그들은 예수님의 말씀을 듣고 기뻐했습니다.

과부의 헌금 이야기

이제 과부의 헌금 이야기를 살펴봅니다. 이 이야기를 살펴보면서 먼저 그 앞의 세 구절을 보아야 합니다. 주님께서 말씀하십니다.

> 가라사대 긴 옷을 입고 다니는 것과 시장에서 문안받는 것과 회당의 상좌와 잔치의 상석을 원하는 서기관들을 삼가라 저희는 과부의 가산을 삼키며 외식으로 길게 기도하는 자니 그 받는 판결이 더욱 중하리라 하시니라 _막 12:38-40

서기관들에 대한 예수님의 말씀은 이 부분에 들어와 더욱 날카로워집니다. 예수님은 여기서 서기관들의 문제를 다음과 같이 요약하셨습니다. 첫째, 서기관들은 자신의 지위를 뻐기기 좋아하고 어디서나 대접받기 좋아한다. 둘째, 그들은 돈을 좋아하여 심지어 과부의 재산마저도 탐한다. 셋째, 그들은 하나님께 기도하는 순간에도 사람에게 인정받기 위하여 외식을 서슴지 않는다. 결론적으로 그들은 하나님 앞에 더 큰 심판을 받을 것이다. 그러므로 그들을 피하는 것이 상책입니다.

선생이 된다는 것은 누군가를 가르친다는 의미입니다. 가르치려 할 때 어쩔 수 없이 많은 말을 합니다. 문제는, 하나님께서 심판하실 때 각 사람의 말한 바에 따라 판단하신다는 것입니다. 자기 말로 심판을 받는다는 것입니다. 물론 기준은 분명히 하나님께 있습니다. 그러나 하나님은 마지막 심판 때에야 심판의 기준을 선포하시지 않습니다. 각 사람이 이 땅에서 사는 동안에 입 밖으로 내놓은 수많은 말들을 통해서 당신이 심판하실 기준을 미리 선포하십니다. 사람은 이 사실도 모른 채 이웃을 속이기 위해서, 자신이 많이 안다고 자랑하기 위해서, 실로 많은 이유들 때문에 감당하지도 못할 말들을 쏟아 내고 있습니다. 그러나 우리는 하나님 앞에 설 때 자신도 기억하지 못하는 스스로의 말들을 다시 들을 것이며, 하나님은 이 말을 기준으로 우리 각 사람을 심판하실 것입니다. 바울 사도는 이렇게 말합니다.

스스로 속이지 말라 하나님은 만홀히 여김을 받지 아니하시나니 사람이 무엇으로 심든지 그대로 거두리라 _갈 6:7

하나님의 무서움이 바로 여기에 있습니다. 자기가 쏟아 낸 말들을 하나님 앞에서 낱낱이 다시 들으며 그 말로 심판받는 광경을 직접 경험한다면 얼마나 두렵겠습니까?

그런데 서기관의 잘못과 심판 예고에 이어서 마가는 바로 과부의 헌금 이야기를 전합니다. 마가는 성전에 계시던 예수님께서 연보궤를 바라보고 앉으셨다고 말합니다. 예수님께서 앉으신 자리는 이른바 '여인의 뜰'로 불리는 곳에 있었습니다. 여러 학자들에 따르면, 이 여인의 뜰에는 모두 13개의 연보궤가 있었다고 합니다. 제사를 드리기 위해 성전을 찾아온 사람들은 이곳을 지나다가 자신의 형편에 맞는 궤에 자원하여 헌금을 넣었습니다. 이 이야기에 등장하는 과부는 성전에 들어와 여인의 뜰에 놓인 열세 개의 연보궤 중 하나에다 두 렙돈을 넣었습니다. 한 렙돈은 당시 팔레스타인 지역의 유대인이 쓰던 동전 가운데 하나로, 이 동전 두 개, 즉 두 렙돈은 한 데나리온의 64분의 1 정도의 가치가 있었다고 합니다. 한 데나리온은 당시 일용직 노동자의 하루치 품삯이었습니다. 그렇다면 과부가 집어넣은 두 렙돈이 얼마나 적은 액수인지 이해할 수 있을 것입니다. 그러나 실상 이 돈이 이 과부에게는 결코 적지 않았습니다. 예수님께서 말씀하십니다.

> 이 가난한 과부는 연보궤에 넣는 모든 사람보다 많이 넣었도다 저희는 다 그 풍족한 중에서 넣었거니와 이 과부는 그 구차한 중에서 자기 모든 소유 곧 생활비 전부를 넣었느니라 하셨더라 _막 12:43-44

세상은 어떤 사람이 내는 헌금 액수로 그 사람의 믿음을 평가합니다. 하지만 예수님의 평가 방식은 다릅니다. 예수님은 그 사람의 헌신 정도로 그의 믿음을 평가하십니다. 말하자면 예수님은 각 사람의 중심을 보시고 평가하신다는 말입니다.

부자 역시 헌금을 했지만, 본문은 부자의 헌금이 액수로는 많을지언정 그에게 그리 부담스러운 정도는 아니었음을 암시합니다. 물론 부자라고 해서 아무나 돈을 흥청망청 쓰지는 않을 것입니다. 사실 정직하게 돈을 모은 부자라면 돈의 귀함을 알 것이고, 따라서 돈을 함부로 쓰지 않을 것입니다. 그런 사람에게 "당신 돈이 많으니까 헌금 많이 해도 되잖아?"라고 함부로 말할 수 없습니다. 또 정직하게 돈을 번 부자는 단돈 얼마라도 정말 귀한 마음으로 하나님께 헌금할 것입니다. 중요한 것은 이 본문에서 그 이야기를 하려는 것이 아닙니다. 예수님은 문자 그대로, 과부에게 동전 두 개가 얼마나 큰 것이었는지를 말씀하시고자 하는 것입니다.

새로운 시대가 시작된다!

이 두 이야기는 어떻게 연결되어 있을까요? 두 이야기에 등장하는 단어는 각각 서기관과 과부입니다. 그리고 이 두 단어가 굉장한 대조를 이룹니다. 서기관들은 어디를 가나 높임 받기 원하고, 뻐기기 잘하며, 가르치기를 좋아 합니다. 그러나 실상은 잘못된 가르침을 전하는 거짓 선생이며, 심지어 당시 약한 자들의 대명사였던 과부의 돈까지 갈취하는 자들이었습니다. 그들에게 주어질 운명은 이미 예고되었습니다. 우리 주님께서 말씀하십니다.

> 주인의 뜻을 알고도 예비치 아니하고 그 뜻대로 행치 아니한 종은 많이 맞을 것이
> 요 알지 못하고 맞을 일을 행한 종은 적게 맞으리라 무릇 많이 받은 자에게는 많이
> 찾을 것이요 많이 맡은 자에게는 많이 달라 할 것이니라 _눅 12:47-48

그럼에도 불구하고 과부는 성전에 나아와 하나님을 향한 사랑을 자신이 가진 모든 것을 다 바쳐 표현했습니다.

이제 우리는 마지막으로 물어야 합니다. 당시의 선생이라 할 서기관들의 이런 절망적인 모습, 그리고 그들의 잘못된 가르침과 약탈적인 탐욕에도 불 구하고 성전에 나아와 자신의 전부로 하나님을 향한 사랑을 표현하는 과부. 이 대조적인, 그리고 비극적인 상황을 통해 마가는 대체 무엇을 말하고 있습 니까? 이 질문에 제대로 대답하려면 이 이야기 바로 뒤에 이어지는 말씀을 빠르게 훑어보는 것이 좋습니다. 우선, 마가복음 13장은 성전의 붕괴를 말하 고 있습니다.

> 예수께서 이르시되 네가 이 큰 건물들을 보느냐 돌 하나도 돌 위에 남지 않고 다 무
> 너뜨려지리라 하시니라 _막 13:2

또 같은 이야기를 다루는 누가복음 20장과 21장에서 우리 주님은 이 이야기의 결론으로서 이렇게 말씀하십니다.

저들은 그 풍족한 중에서 헌금을 넣었거니와 이 과부는 그 구차한 중에서 자기의 있는바 생활비 전부를 넣었느니라 하시니라 어떤 사람들이 성전을 가리켜 그 미석과 헌물로 꾸민 것을 말하매 예수께서 가라사대 너희 보는 이것들이 날이 이르면 돌 하나도 돌 위에 남지 않고 다 무너뜨리우리라 _눅 21:4-6

서기관으로 상징되는 성전, 즉 구약의 제도는 이제 희망을 완전히 잃었습니다. 그러면 이제 다른 희망은 없습니까? 아닙니다. 있습니다. 성전의 멸망을 선언하시는 우리 주님을 주목하십시오. 누가 감히 성전의 멸망을 예언할 수 있습니까? 성전의 근원이 되시는 하나님의 권위 아니고서, 이런 말씀을 누가 할 수 있겠습니까? 더욱이 우리는 과부의 '중심'을 꿰뚫어 보시는 주님의 모습에 주목해야 합니다. 과부의 기가 막힌 사정에 울분을 토하시며, 그런 사정에도 전심을 다해 하나님을 사랑하는 마음을 간파하시며, 그녀가 바치는 두 렙돈 속에서도 그 중심을 온전하게 살피시는 예수님. 그렇습니다. 서기관으로부터 시작하여 과부에 이르기까지 길게 이어지는 말씀은 성전으로 대변되는 구약의 율법 제도를 폐지하고 새로운 구원의 제도를 시작하시려는 바로 주님을 주목하라는 메시지였습니다. 우리 주님은 하나님의 마음을 올바르게 가르치지 못하고 가난하고 억울한 이들을 약탈이나 하는 그 제도를 폐지하고, 참되고 진실하게 하나님을 찾는 이들을 끌어안을 새로운 제도를 선언하시려는 것입니다.

바로 그 메시아가 오셨습니다! 그와 함께 새로운 시대가 시작될 것입니다! 빈부의 차별 없이 오직 그 중심을 살피시는 그분, 억울하고 어려운 이들을 착취하시지 아니하고 바른 길로 인도하시는 그분, 참되고 진실하게 하나님을 사랑하는 이들을 끌어안으시는 분. 바로 그 메시아가 성전을 폐쇄하고 새로운 시대를 열기 위하여 성전 뜰에 서 계십니다. 마가는 여러 이야기들을 통해서 하나님의 아들로서의 권위에 도전하는 시도들을 뚫고 점점 더 명확하게 메시아로서의 당신의 모습을 드러내시는 예수 그리스도의 여정을 그렸습니다. 비록 그분의 길은 십자가에서의 죽음으로 끝나는 것 같았지만, 그리스도 예수는 그 죽음의 권세를 이기고 부활하셔서 온 세계에 자신의 구주 되심을 선포하실 것입니다. 그분을 영접할 자가 과연 누구입니까?

63 새로운 시대로 가는 길목에서
마가복음 13:1-13

예루살렘성의 장래를 말씀하시다

마가복음 13장과 관련해서는 논의가 굉장히 많습니다. 마가복음 13장은 일반적으로 '작은 묵시', 혹은 '공관 묵시'라고 불립니다. '묵시'(默示)는 장래에 일어날 일들에 관하여 기록한 것을 가리키는 말입니다. 마가복음 13장을 그리 부르는 까닭은 그 내용이 장래에 벌어질 일들을 예수님께서 언급하시기 때문입니다. 실제로 마가복음 13장을 보면, 그 내용이 주로 장차 일어날 일과 연결되기 때문에 이런 분류에 일단은 동의할 수밖에 없습니다. 하지만 마가복음 13장이 정말 장래에 일어날 일들에 관해서만 말하고 있습니까? 그럴 수도 있고, 아닐 수도 있습니다. 결론적으로 마가복음 13장이 오로지 장래에 일어날 일들만 이야기하고 있다고 말한다면, 이 부분은 마가복음 전체 흐름에서 연결성을 잃고 말 우려가 있습니다. 본문은 제자들의 말로 시작됩니다. 마가는 이 상황을 이렇게 묘사했습니다.

> 예수께서 성전에서 나가실 때에 제자 중 하나가 가로되 선생님이여 보소서 이 돌들
> 이 어떠하며 이 건물들이 어떠하니이까 _막 13:1

바로 앞에서 예수님은 제자들에게 성전 중심의 율법 시대가 끝나고 하나님의 아들이신 당신께서 친히 은혜의 시대를 열 것을 역설하셨습니다. 그런

데 그 말씀이 끝나고 성전을 떠나시는 예수님께 제자들이 왜 이렇게 말했는지 알기 어렵습니다. 그러나 짐작하건대 제자들은 성전에서 길게 말씀하신 우리 주님의 의도를 제대로 이해하지 못했던 것 같고, 그래도 여러 가지 말씀 가운데 성전이 가장 중요한 주제였음은 알았던 차에 예수님과 함께 성전에서 나오다가 그 성전이 눈에 띄었던 것 같습니다.

원래 우리가 아는 성전은 솔로몬이 건축했습니다. 그러나 이 성전은 기원전 587(6)년 바벨론 제국의 느부갓네살왕에게 파괴당했습니다. 그 후 바벨론을 멸망시킨 페르시아 제국의 고레스왕이 칙령을 내려 이스라엘 백성들이 포로에서 풀렸는데, 그들이 스룹바벨 등의 지도 아래 성전을 재건합니다. 여러 곡절 끝에 학개와 스가랴 등이 주도하여 솔로몬 성전이 불완전하게나마 재건되었습니다. 스룹바벨이 포로에서 돌아와 성전 재건을 시작한 지 거의 20년 만의 일이었습니다.

당시 예루살렘성전은 흔히 '헤롯 성전'이라고 불립니다. 로마 제국의 지배 아래 그 지역을 통치하던 헤롯이 지은 성전이라는 뜻입니다. 헤롯은 당시 유대 지역 왕이었는데, 주전 19년경에 성전 건축을 시작했습니다. 이 공사는 물론 스룹바벨과 학개 등이 재건한 두 번째 성전을 기초로 한, 일종의 확장 공사였습니다. 유대인 출신이 아니었던 헤롯은 로마 당국에 엄청난 뇌물을 준 대가로 왕이 되었습니다. 이 때문에 자신의 정치적 기반이 약해서 마음에 걸렸던 헤롯은 유대인의 마음을 얻기 위해 성전을 건축하기 시작한 것입니다. 이 공사는 엄청난 재물과 시간을 들이면서 진행되어 기원후 62-64년경에야 완공되었다고 합니다. 이 헤롯 성전은 완공된 지 얼마 되지 않아 기원후 70년경에 로마에게 완전히 파괴당하고 맙니다.

지금까지 살펴본 대로, 예수님 당시에 성전 공사는 여전히 진행 중이었습니다. 그럼에도 이 성전은 매우 화려했습니다. 그러다 보니 제자들의 생각으로는 이 거대하고 화려한 성전이 폐쇄된다고 예수님께서 말씀하시는 것이 도무지 믿어지지 않았을 것입니다. 그래서 그들은 완곡하게 성전의 화려함을 언급함으로써 자신들이 예수님의 말씀에 동의할 수 없음을 표시했을 것입니다. 하지만 예수님의 대답은 한층 더 단호했습니다.

네가 이 큰 건물들을 보느냐 돌 하나도 돌 위에 남지 않고 다 무너뜨려지리라 _막 13:2

돌 위에 돌 하나도 남지 않을 것이다 …. 이 말씀은 과장이 아니었습니다. 완강하게 버티던 예루살렘성은 무려 삼 년에 걸친 로마군의 공격으로 오늘 날 통곡의 벽이라 불리는 성벽 한 뼘을 제외하고는 철저하게 파괴되고 말았 습니다.

예루살렘성전은 이스라엘의 역사와 명멸을 같이했습니다. 통일 이스라엘 왕국을 이룬 다윗으로서는 열두 지파를 결속할 상징이 필요했고, 이 소원은 하나님의 허락 아래 그 아들 솔로몬의 때에 이뤄졌습니다. 솔로몬은 과연 현명했습니다. 그는 성전을 완공하면서 그 성전이 전능하신 하나님의 임재 의 상징에 불과하다고 고백합니다. 하지만 실제 상황은 달랐습니다. 솔로몬 성전은 하나님 임재의 상징에 머물지 않고, 이스라엘 민족의 정체성을 설명 하는 데 빠질 수 없는 중요한 상징이 되었습니다. 이 성전이 무너진다는 것 은 이스라엘 사람들에게 세상의 종말을 의미하는 것이 되어 버렸다는 말입 니다.

예수님은 이어서 말씀하십니다. 마가는 예수님께서 말씀하시는 장면을 다음과 같이 기록했습니다.

예수께서 감람산에서 성전을 마주 대하여 앉으셨을 때에 _막 13:3

성전의 운명, 다시 말해 세상의 종말을 언급하시는 주님의 모습을 보십시 오. 주님은 지금 감람산 위에 올라 그 산을 등에 지고 성전을 바라보며 계십 니다. 너무나도 인상적이지 않습니까? 감람산은 예루살렘성이 세워진 곳보 다 약 50미터 정도 높은 산이라고들 합니다. 위압적이진 않지만 충분히 예루살렘의 영광스런 모습을 조망(眺望)할 수 있을 정도입니다. 그리고 조만간 예수님은 감람산에서 당신의 마지막 밤을 하나님께 피땀 흘리며 기도하며 지내실 것입니다. 예수님은 지금 그 감람산 위에 올라 용도 폐기를 선언하신 예루살렘성과 성전을 바라보며 13장 전체를 길게 말씀하셨던 것입니다.

성전의 운명은 감람산까지 예수님을 따라온 제자들을 무겁게 눌렀습니다. 그래서 제자들 가운데 베드로와 야고보와 요한과 안드레가 예수님을 조용히 찾아와 여쭈었습니다.

> 우리에게 이르소서 어느 때에 이런 일이 있겠사오며 이 모든 일이 이루려 할 때에 무슨 징조가 있사오리이까 _막 13:4

그들은 두 가지를 물었습니다. 첫째, 언제 성전이 무너집니까? 둘째, 이런 일이 일어날 때 어떤 징조가 있겠습니까? 이미 언급한 것처럼, 제자들을 포함한 유대인들은 성전이 무너지는 것이 곧 세상의 종말이라고 생각했습니다. 다시 말해 성전이 무너지는 날 곧 세상의 종말이 오면, 메시아의 왕국이 들어설 것이라고 생각했던 것입니다. 이 생각은 사실 우리들에게 참으로 난감합니다. 우리는 지금 이미 세상에 오신 예수님 이후의 시대를 살고 있습니다. 그래서 다시 오실 하나님의 아들, 곧 그리스도 예수의 재림을 기다리고 있습니다. 하지만 본문 속의 제자들은 예수님의 두 번째 오심은 물론 첫 번째 오심도 아직 인지하지 못하고 있습니다. 이 제자들은 예수님의 십자가 사건과 죽음, 부활, 그리고 승천과 오순절 성령 체험을 경험한 후에야 하나님의 아들이신 예수 그리스도를 고백하게 되었기 때문입니다. 제자들은 지금 이 순간 시대의 흐름 가운데 자신이 어느 지점에 있는지를 몰랐고, 이 때문에 이런 질문을 하게 된 것입니다.

주의하라, 두려워 말라, 조심하라, 전하라!

이제 본격적으로 예수님의 대답이 이어집니다. 우리는 지금까지 제자들의 생각과 질문이 잘못되었고, 이 잘못이 어떻게 해서 생겼는지를 짧게 살폈습니다. 하지만 예수님은 제자들의 잘못을 지적하시지 않았습니다. 어쨌든 주님은 그냥, 그들의 질문에 대답하는 형식으로 그들이 궁금해하는 '세상의 종말', 즉 '메시아의 오심과 그의 나라의 시작'을 설명하셨던 것입니다. 예수님께서 말씀하십니다.

> 너희가 사람의 미혹을 받지 않도록 주의하라 _막 13:5

제자들에게 전하신 첫 번째 강조점은 '주의하라'(βλέπετε)였습니다. 문자 그대로 이 부분을 번역하면, '어느 누가 너희들을 잘못 인도하지 않도록 주의하라'는 뜻입니다. 어쨌든 예수님은 사람을 주의해야 한다는 말씀의 뜻을 이렇게 설명하셨습니다.

> 많은 사람이 내 이름으로 와서 이르되 내가 그로라 하여 많은 사람을 미혹케 하리라 _막 13:6

'그때'가 되면 이곳저곳에서 자칭 메시아라고 주장하는 이들이 많이 일어날 것입니다. 그때 사람들은 주의해야 합니다. 흔들리지 않고 정신 차려야 합니다. 그들은 메시아가 아닙니다. 메시아, 곧 세상의 종말이 다가옴을 알리는 징조에 불과할 뿐입니다. 그리고 메시아가 오실 것을 알리는 징조일 뿐입니다. 메시아의 실체가 가까웠음을 알리는 신호일 뿐입니다. 마찬가지로 전쟁이 여기저기서 터질 것이며, 지진과 기근 같은 자연 재난이 사방에서 발생할 것입니다. 놀라운 일이겠지만, 이것은 그냥 시작에 불과합니다(8절).

이런저런 놀라운 일에 정신을 팔지 말고 오히려 조심해야 할 일이 있습니다. 세상 사람들은 하나님을 믿는 이들을 세상의 권세에 넘길 것입니다. 심지어 가족이 가족을 대적하여 분란이 일어나기도 할 것입니다. 이때 하나님의 백성들은 무슨 말을 할지 염려하지 말고, 성령께서 주시는 말씀을 기다려야 합니다(11절). 하나님의 백성들은 이렇게 오직 하나에만 정신을 집중해야 합니다. 그것은 복음이 모든 나라에 전파되는 일입니다(10절). 이 일 때문에 하나님의 백성들은 모든 사람들에게 미움을 받을 것입니다. 그럼에도 불구하고 온 세상에 복음 전하는 일에만 마음을 집중하면서 끝까지 견디면, 그들은 구원을 얻을 것입니다(13절).

지금까지 마가복음 13장 1절부터 13절까지 말씀을 거의 요약하다시피 했습니다. 마가복음 13장은 어느 부분 하나라도 간단하게 다룰 수 없을 만큼 어렵습니다. 그러나 마가복음 전체 맥락에 따라 13장을 살펴보면, 한 가지 중요한 메시지는 발견할 수 있습니다.

메시아가 오는 길목에 서서

앞서 언급한 대로 묵시를 미래에 일어날 사건들을 언급하는 것이라고 본다면, 마가복음 13장은 이 점에서 매우 독특합니다. 이 독특한 성격을 설명하기가 좀 까다롭습니다만, 이렇게 설명하면 어떨까 싶습니다. 모든 일이 그렇듯, 사람은 자신이 경험한 일들을 나름대로의 관점에서 설명할 수 있고 또 그렇게 합니다. 하지만 벌어지지 않은 일은 좀 다릅니다. 벌어지지 않았다는 말은 인간 경험의 영역 밖에 있는 일이라는 뜻입니다. 경험 밖에 있는 일이다 보니 설명할 수 없습니다. 이럴 때 우리는 '예측'이란 말로 아직 일어나지 않은 일들을 설명하려 합니다. 하지만 그것은 어디까지나 예측일 뿐입니다. 그런데 희한하게도 인간은 바로 이 지점에서 자신의 본색을 드러냅니다.

여기 미래에 관하여 언급하는 성경 구절이 있습니다. 그럴 때, 인간은 미래에 벌어질 일에 관한 하나님의 의견을 묻지 않습니다. 지금까지 벌어진 일들을 분석하고 논리화한 것을 근거로 소위 미래에 관한 일들을 추론합니다.

이미 벌어진 일들을 엮어 내는 것은 어떤 관점이든지 나름대로 일리가 있습니다. 그러나 그런 관점들이 현실적인 데이터를 기반으로 미래에 관한 일을 이야기하기 시작할 때 오류를 드러내기 시작합니다. 문제는 자신의 한계를 인정하지 않을 때 커집니다. 여태까지의 경험으로 생각할 때 이런 일이 있을 것이라 보지만, '솔직히 이것은 하나님의 영역이니 벌어져 봐야 알 일일 뿐 사실은 잘 모르겠다'라고 말하지 않으려 한다는 것입니다.

마귀는 과거의 일은 잘 알아도 미래에 벌어질 일은 모릅니다. 그러나 인간은 과거를 꿰뚫는 마귀의 언설에 홀딱 넘어가서 자신의 미래를 말해 주면 그것을 곧이곧대로 믿으려 합니다. 마귀가 과거의 일을 정말 잘 아는지도 문제이지만, 그것을 그럴 듯하게 설명한다고 해서 미래의 일까지 정확하게 맞추는 것은 더욱 아닙니다. 이런 의미에서 마귀는 인간에게 언제나 거짓말하는 존재이며, 인간을 하나님으로부터 멀리 떨어지게 만드는 존재입니다. 이런 비슷한 논리가 우리가 미래의 일을 다룰 때에도 일어날 수 있습니다. 그리고 이 점을 분명히 인식하지 않으면, 우리는 장래의 일을 다루는 성경을 해석하다가 하나님의 뜻이 아닌 우리의 의견을 거기에다 주입할 가능성이 있습니다. 따라서 성경 가운데 미래의 사건을 언급하는 부분은, 우리 믿음의 실상을 적나라하게 시험하는 시금석이 될 수 있습니다. 이 부분을 어떻게 해석하느냐, 어떤 입장을 견고하게 가졌는가를 시험하는 기준이 될 수 있다는 뜻입니다. 미래에 관한 일을 언급하는 말씀을 해석할 때 지극히 견고하게 유지해야 할 기준이 있습니다. 그 일이 어떻게 해석되고 어떤 내용을 말하든, 그 모든 일의 주관자가 하나님이시라는 사실을 잊지 않아야 합니다.

이 원칙을 갖고 본문을 살펴봅니다. 우리 주님께서 성전의 파괴를 선언하시고 예루살렘성을 나와 감람산에 오르셨습니다. 그 산에 앉아 예루살렘을 바라보시면서 소위 '마지막 때'에 일어날 일을 선언하십니다. 그때에 일어날 여러 가지 징조를 설명하셨습니다. 이 설명에서 우리가 가장 중요하게 붙잡아야 할 사실이 무엇일까요? 이 모든 일이 하나님의 계획 아래 일어난다는 사실 아닙니까? 그렇습니다. 모든 일이 하나님의 계획 아래, 하나님의 통제 아래 일어납니다. 그 일들이 무엇이든, 그 일들이 얼마나 두렵고 혼란스럽든 오직 한 가지 사실을 알릴 뿐입니다. 하나님의 아들이 곧 오실 것이라는 바로 그 사실을 알리려는 징조에 불과할 뿐입니다.

더욱이 우리 주님은 심지어 식구들마저 등을 돌리는 그 적대적인 상황 가운데서도 우리가 반드시 수행해야 할 일을 분명하게 가르치셨습니다. 복음을 전하는 일입니다. '주의하라, 두려워 말라, 조심하라, 복음을 전하라!' 이것이 본문을 통해 우리 주님께서 전하신 하나님 나라 백성들의 행동 지침입니다. 장래에 일어날 일의 주관자는 하나님이십니다. 그분께서 계획하시고 진행하시며 이루실 것입니다. 이 믿음이 난리와 혼란 가운데 살아야 할 우리가 흔들리지 않도록 힘을 공급합니다. 우리는 견고하게 흔들리지 않고 오직 한 가지, 복음을 땅 끝까지 전하는 일에 매달려야 합니다. 우리가 그 일에 전념할 때 하나님은 계획하신 일들을 한 치의 오차도 없이 진행하실 것입니다.

이 부분이 과연 묵시로서 오직 미래에 벌어질 일들만을 이야기하고 있다고 느껴지십니까? 서두에서 그렇기도 하고 그렇지 않기도 하다고 언급한 이유를 이제 이해하시겠습니까? 장래의 일을 언급하는 듯이 보이는 성경 말씀을 볼 때 잊지 않아야 할 것은, 이 시간의 통치자가 하나님이시라는 사실이며, 장래의 사건이라는 우리 능력 밖의 문제를 대할 때 우리가 어떤 태도 위에 견고하게 서야 하는가입니다. 이를 통해 우리는 미래를 하나님께 맡기면서 현재를 지혜롭게 살아가는 법을 배웁니다.

64 두려운 시간을 지나는 이의 소망
마가복음 13:14-23

'지금'을 사는 자의 현실

초등학교 시절, 아버지와 작은 아버지께서 사업을 하다가 실패하시는 바람에 우리 가정은 완전히 파산했습니다. 부도가 나기 전, 가족들이 모두 모여서 언성을 높이기도 하고 울기도 하는 등 상당히 심각한 모임을 두어 번 가졌습니다. 초등학교 6학년이었던 제가 무엇을 알았겠습니까만, 그 분위기를 볼 때 저도 모르게 긴장해서는 식구들이 모인 거실 귀퉁이에 조용히 앉아 있었습니다. 그런데 작은 아버지께서 저를 보시고는 한마디 하셨습니다. "너는 가서 공부나 해!" 이 상황에서 그야말로 '공부나 할' 마음이 조금이라도 있었겠습니까? 하지만 따지고 보면, 제가 할 수 있는 일이라곤 공부밖에 없었던 것이 맞습니다. 공부를 하는 것이 그 상황에서 제가 할 수 있는 최선이었습니다. 이 상황에 관하여 제가 무엇을 할 수 있겠습니까? 빚을 갚을 수 있겠습니까, 부도를 막을 수 있겠습니까? 아버지를 능가할 만한 사업 구상을 제시할 수 있겠습니까? 차라리 지금 열심히 공부해서 이 상황 이후의 우리 집안을 이어 갈 준비를 하는 것이 옳지 않겠습니까? 작은 아버지의 심정도 마찬가지라고 생각합니다. 제가 공부하는 것이 지금의 상황에 대한 대책이어서가 아니라, 장래를 준비하기 위해 필요한 일이라서 공부할 것을 권하셨을 것입니다.

우리가 살아가는 동안 이런 비슷한 일이 어디 한둘이겠습니까? 유학 나온 학생에게 부모님이 전화를 하셔서 이런저런 집안의 어려운 일을 말씀하십니다. 그때 그 유학생은 이렇게 말할지 모릅니다. "어머니, 아버지, 그럼 제가 지금이라도 공부 그만 두고 돌아갈까요?" 이럴 때, 어머니께서 이렇게 말씀하실 것입니다. "돌아오라는 소리가 아니라 공부나 열심히 하라는 말이야."

우리는 오늘 하루를 어제나 그제나 마찬가지의 모습으로 살아갑니다. 이런 생활은 내일도 모레도 이어질 것입니다. 좋게 보면 한결같은 마음으로 살아가는 것입니다. 그러나 이런 삶의 패턴은 가끔 어떤 특별한 사건들 탓에 깨어집니다. 병, 죽음, 파산 등등. 이런 '특별한' 사건을 맞으면서 우리는 갑자기 정신이 번쩍 들었다는 듯이 그 전까지 쭉 이어진 일상을 되돌아봅니다. '내가 내일 죽는다면, 내 가족이 내일 모레 심각한 병에 걸린다면 ….' 이런 특별한 일들은 매일 반복되기에 '일상'이라고 불리는 내 삶의 모든 것들을 새롭게 평가하도록 강요합니다. 그리고 그 순간 이후로, 내 모든 삶의 '일상'들은 새로운 의미에 따라 배열됩니다.

그래서 어느 누군가가 이렇게 말했다고 합니다. "5분 앞을 미리 내다볼 수 있는 사람이 있다면, 그 사람은 세상을 정복할 것이다." 저는 이렇게 해석합니다. '누구든지 자신의 장래를 5분 미리 내다본다면 분명히 지금의 삶의 태도가 달라진다'고 말입니다. 미련한 사람은 언제나 자기 삶의 태도를 정당화합니다. '괜찮겠지. 괜찮을 거야 ….' 그렇기는 합니다. 오늘 내가 한 시간 책 안 읽고 연습하지 않는다고 인생이 달라지기야 하겠습니까? 때로는 아무 일도 하지 않고 놀기만 했는데도 결과가 더 좋게 나오기도 하고, 단 10분을 공부했는데도 희한하게도 그때 풀어본 문제가 시험에 나오기도 합니다. 그러나 이런 일에 재미 들린 사람은 '운'(運)에다가 자기 인생을 걸기도 합니다. 하지만 어느 분야에서도 통하는 진실이 있습니다. 운보다 노력에 인생을 걸어야 하고, 이런 마음으로 사는 것이 마땅합니다. 한 치 앞을 내다보지 못하기에 인간은 확률에 인생을 걸어야 합니다. 끝없는 노력과 훈련은 우리가 실수할 확률을 줄이는 유일한 수단입니다.

이 사실은 굉장히 중요합니다. 우리는 '장래에 내가 무엇이 될까', '언제 내가 바라던 일이 실현될까'에 관심을 갖습니다. 하지만 인간인 우리는 지금 내가 할 수 있는 일에 최선을 다해야 합니다. 여기에서 우리는 장차 일어날 일에만 집중된 우리의 관심을 현재 우리가 해야 할 일로 돌이켜야 할 이유를 발견합니다. 이것을 좀 더 간단하게 정리합니다. 즉, 장차 일어날 일에 관한 지식은 필연적으로 현재를 사는 우리의 윤리적 삶의 태도를 결정한다는 것입니다. 우리 주님께서 이렇게 말씀하십니다.

> 그러나 그 날과 그때는 아무도 모르나니 하늘에 있는 천사들도 아들도 모르고 아버지만 아시느니라 _막 13:32

조심스러운 말입니다만 여러 정황, 적어도 마지막에 있을 일에 관한 우리 주님의 말씀들만을 살피더라도 주님께서 마지막에 일어날 일들에 관하여 모르실 수 없습니다. 그러므로 이 말씀은 세상을 움직이시는 최종적인 권한이 하나님 아버지께 있음을 강조한 것이라고 받아들여야 합니다. 그런데 주님은 바로 다음에 이렇게 말씀하셨습니다.

> 주의하라 깨어 있으라 그때가 언제인지 알지 못함이니라 _막 13:33

언제 주인이 들이닥칠지 모르니 하인들이 주인이 돌아올 때까지 해야 할 일이 있습니다. 하루하루 주의하고 깨어서 사는 것입니다. 주인은 집을 떠나면서 하인들에게 하루하루를 책임 있게 살도록 그에 맞는 권한을 부여하고 떠났습니다. 그러므로 하인들은 주인이 올 때까지 최선을 다해, 그리고 책임 있게, 하루하루를 살아 내는 것이 옳습니다.

때가 너무 급하다

주님께서 이렇게 말씀하십니다.

멸망의 가증한 것이 서지 못할 곳에 선 것을 보거든 (읽는 자는 깨달을진저) 그때에

유대에 있는 자들은 산으로 도망할지어다 _막 13:14

본문은 '멸망의 가증한 것이 서지 못할 곳에 선' 장면으로 시작합니다. 이 말씀이 무슨 의미인지를 알기 위해서 같은 사건을 기록한 다른 복음서를 볼 필요가 있습니다. 먼저 마태는 예수님의 말씀을 이렇게 기록해 놓았습니다.

너희가 선지자 다니엘의 말한바 멸망의 가증한 것이 거룩한 곳에 선 것을 보거든 _
마 24:15

마태는 유대인들을 주된 독자로 삼아 복음서를 기록했습니다. 때문에 유대인들이 잘 알고 있는 역사적 사건, 즉 다니엘서 9장 26절과 27절을 배경으로 삼았습니다. 요약하자면 다니엘 9장의 예언은 역사적으로 기원전 167(8) 년 시리아의 통치자 안티오코스 에피파네스 4세(Antiochus Epiphanes Ⅳ)가 예루살렘을 공격한 사건으로 성취되었다는 것입니다. 이때에 안티오코스 에피파네스 4세는 예루살렘성을 공격하여 함락시키고 성전에다 올림포스의 제우스 신전을 세우고 돼지를 제물로 바쳤다고 합니다. 즉, 주님은 이런 사건이 조만간 다시 일어날 것이라고 말씀하시는 것입니다. 이미 몇 번 언급한 것과 같이, 성전에 '멸망의 가증한 것'이 선다는 것은 유대인에게 있을 수 없는 일이었습니다. 다시 말해, 세상의 마지막이나 다름없는 엄청난 사건이었습니다. 다음으로, 누가복음의 같은 본문을 살펴봅니다. 누가는 예수님의 말씀을 이런 식으로 해석했습니다.

너희가 예루살렘이 군대들에게 에워싸이는 것을 보거든 그 멸망이 가까운 줄을 알
라 _눅 21:20

누가복음은 유대교에 관한 지식이 없는 이방인들을 주된 독자로 삼았는데, 이 때문에 누가복음은 좀 더 구체적인 사건으로 예수님의 말씀을 설명했

습니다. 기원후 67-8년에 기샬라의 요한 등이 열심당원들을 이끌고서 성전을 점령하고, 불법적으로 자격이 없는 사람을 대제사장으로 세웠으며, 반대파를 잔혹하게 처벌할 뿐만 아니라 성전을 모독하는 행위들을 행했다고 합니다. 이렇게 더럽혀진 예루살렘성전은 2년 후인 기원후 70년 티투스(Titus) 장군이 지휘하는 로마 군대에게 점령당하고 파괴당했습니다.

어쨌든 우리 주님은 이 놀랍고 두려운 성전 멸망 사건이 일어날 때를 위하여 세 가지의 행동 지침을 제시하십니다. 첫째, 14절 후반부입니다.

그때에 유대에 있는 자들은 산으로 도망할지어다 _막 13:14

성전이 멸망하는 광경을 목격한 사람은 무조건 도망해야 합니다. 그리고 이어서 15절과 16절에서 도망하는 자들의 태도를 좀 더 구체적으로 설명하십니다.

지붕 위에 있는 자는 내려가지도 말고 집에 있는 무엇을 가지러 들어가지도 말며 밭에 있는 자는 겉옷을 가지러 뒤로 돌이키지 말지어다 _막 13:15-16

'지붕 위에 있는 자', 다시 말해 지붕 위에 올라가서 한가롭게 쉬던 사람들은 멸망의 가증한 것이 서서는 안 될 거룩한 곳에 서는 것을 보는 즉시 지붕 위에서 도망해야 합니다. 도망하기 전에 무엇이라도 가지고 가기 위해 집으로 들어가서는 안 됩니다. 밭에서 일하던 사람도 일하다가 성전이 멸망하는 광경을 보는 즉시 도망해야 합니다. 그 역시 무엇을 가지고 가기 위해 집으로 돌아가서는 안 됩니다. 무조건 도망해야 합니다. 자기 판단을 믿거나 요행을 기다려서는 안 됩니다. 자기 힘으로 무엇이라도 대비하려는 시도도 해서는 안 됩니다. 때가 너무나도 급하기 때문입니다.

역사를 살펴보면, 이스라엘은 로마에게 예루살렘성과 성전이 파괴당한 이후 1948년에 지금의 팔레스타인 지역에 나라를 세우기까지 실로 긴 세월을 나라 없는 백성으로 떠돌아다녀야 했습니다. 다시 말해 예루살렘성과 성전의 파괴는 그만큼이나 그들에게 두렵고 엄청난 사건이었습니다. 이런 유래 없는 엄청난 사건은 사건을 목격하는 하나님의 백성들에게 이에 상응하는 분명한 태도를 요구합니다. 그런데 우리는 알아야 합니다. '도망하라, 돌아가지 말라, 돌이키지도 말라!' 이런 명령은 무엇보다도 사태의 급박함을 알립니다. 그만큼이나 큰 생명의 위험도 따를 것이라는 뜻입니다. 그러나 동시에 예수님의 이 명령들은 우리의 시선을 다른 곳으로 돌리려는 의미도 있음을 알아야 합니다. 즉, 이 긴 가르침 바로 직전까지 예수님은 성전에 머무시면서 그 성전이 조만간 무너지고 당신 자신이 성전을 대신 하실 것이라고 선언하셨다는 것입니다.

물론 예루살렘성과 성전의 파괴는 심각한 사태입니다. 그러나 그 이후에 일어날 일이 더 중요합니다. 그 무너진 성전은 십자가에서 죽었다가 살아나실 예수님께서 대신하실 것입니다! 따라서 성전이 무너지는 광경을 보는 하나님의 백성들은 성전의 멸망에 좌절하거나 세상에 이제 소망이 없다고 주저앉지 말고 영원한 성전이 되실 예수님께 주목해야 합니다. 따라서 성전의 파괴는 세상의 끝이 아닙니다. 새로운 시대의 시작입니다. 그러므로 우리는 성전의 파괴 가운데서 더 완전하고 영원한 성전의 등장을 바라보아야 합니다. 따라서 우리는 예수님께서 왜 그렇게 성전의 멸망을 보는 이들에게 단호한 행동을 요구하셨는지를 이해해야 할 수 있습니다.

다시 한 번 우리 주님의 명령을 살펴봅시다. "도망하라, 들어가지 말라, 돌이키지 말라!" 결론적으로 우리는 유사 이래 보지 못했던 대 변란(變亂) 속에서 새로운 시대가 시작될 징조를 발견하며, 이 징조에 대해 단호하고 분명한 삶의 태도를 가지기를 바라셨던 우리 주님의 마음을 발견해야 합니다.

기도하라! 기도의 근거와 확신

다음으로, 세상이 곧 끝날 것같이 도망할 것을 재촉하시던 주님의 말씀에서 우리는 한 가지 눈에 띄는 점을 발견합니다.

이 일이 겨울에 나지 않도록 기도하라 _막 13:18

장차 일어날 예루살렘성과 성전 파괴 사건은 사회에서 가장 연약한 부류에 속하는 '아이 밴 자와 젖 먹이는 자'들에게 더욱더 고통스러운 시간이 될 것입니다. 새로운 생명을 기다리는 기쁨도, 어린 아기에게 젖을 먹이는 행복함도 기대할 수 없습니다. 태중에 혹은 품에 안긴 태아와 갓난아기는 난리를 피해야 하는 여인들에게 움직이기 불편하고 부양하기에는 고통스런 존재가 될 것입니다. 이 일이 겨울에 일어난다면 이 여인들의 고통은 더욱 심할 것입니다. 유대 땅은 겨울이 우기(雨期)입니다. 비가 오는 겨울이 되면 이 비 때문에 생기는 와디, 즉 비 때문에 생겨난 도랑 때문에 임신한 여인이나 아이를 가진 부녀자들은 이동하기가 더욱 어려울 것입니다. 어쨌든 성전과 예루살렘성의 파괴는 이제 피할 수 없는 미래의 일이 되었습니다. 그러니 이 일이 일어나지 않게 해 달라고 기도해서는 안 됩니다. 이미 일어나기로 예정된 일이기 때문입니다. 기도해야 한다면 이 저주스럽고 고통스런 일이 그나마 덜 어려운 시기에 일어나도록 기도하는 것밖에 방법이 없습니다.

그러나 감사하게도 우리 하나님의 자비가 이 천지가 뒤집히는 듯한 사건 가운데서 드러납니다. 주님께서 말씀하십니다.

만일 주께서 그날들을 감하지 아니하셨더면 모든 육체가 구원을 얻지 못할 것이어늘 자기의 택하신 백성을 위하여 그날들을 감하셨느니라 _막 13:30

하나님은 이 환란 가운데서 모든 사람이 죽는 것을 원치 않으셨습니다. 하나님은 당신이 택하신 백성들이 보존되게 하시려고 전쟁의 시간을 감하셨습니다. 우리가 기도할 것은 바로 이것입니다. 피할 수 없는 고통의 시간에 하나님의 자비에 근거하여 당신의 택한 백성들에게 구원을 베풀어 달라는 이

기도. 그것이 우리가 할 수 있는 최선의 태도입니다. 그리고 이 기도와 구원의 가능성은 우리에게 가장 중요한 한 가지 사실을 가르쳐 줍니다. 이 모든 사건들이 오직 하나님의 주도 아래 일어난다는 바로 그 사실입니다.

예루살렘이 무너지는 피할 수 없는 미래가 당시의 유대인들에게 주어졌습니다. 예정된 저주스런 시간은 하나님의 계획 아래 착착 다가올 것입니다. 그때가 언제일지, 그 일이 어떻게 일어날지, 나는 과연 이 전쟁에서 살아남을지 등 이 모든 것이 정말 궁금할 것입니다. 그럼에도 이 사건에서 내가 할 일은 없습니다. 내 생명을 내가 보호할 수도 없습니다. 이 모든 일들은 오직 하나님께서 계획하신 대로 일어날 것입니다. 내가 이 사건과 관련하여 할 수 있는 유일한 일은 이 모든 사건 속에서도 나를 구원해 달라고 그분의 자비하심에 근거하여 기도하는 것입니다. 그리고 이 사건이 마지막 징조가 아니라 새로운 은혜의 시대를 여는 하나의 징조임을 명심하고 하나님께서 하시는 일을 소망 가운데 지켜보는 것입니다. 이 시간은 분명 고통스럽겠지만, 이 시간을 통해 예수 그리스도께서 십자가 사건을 통해서 영원하고 완전한 하나님의 나라를 완성해 가시는 하나님의 경륜을 발견해야 합니다. 그분의 경륜 안에서 이 사건은 고난의 시간을 넘어 소망의 시간으로 변합니다.

우리는 무엇을 생각하고, 어떤 삶을 선택해야 하겠습니까? 다시 한 번 강조합니다. 미래에 관한 우리의 관심은 분명코 오늘의 삶의 모습을 결정합니다. 그래야 합니다. 반대로 말하자면, 오늘 우리 삶의 모습을 통해서 미래에 관한 스스로의 믿음을 표현하는 것입니다. 스스로의 삶을 돌아보면서, 마치 미래 없는 사람처럼 오늘을 살아서는 안 된다는 이 긴장감을 늦춰서는 안 됩니다. 세상을 움직이시는 하나님께 내 장래는 온전히 맡기고, 하루하루의 삶을 마치 내 인생의 마지막 날처럼 살아가기를 소망합니다. 이 세상을 다스리시는 우리 하나님의 계획 안에서, 고통스런 시간에서도 택한 자들에게 구원을 베푸시는 하나님의 자비가 오늘을 사는 우리 모두에게 풍성히 있을 것입니다.

65

깨어라, 할 일이 있다!
마가복음 13:24-37

종말에 대한 두려움

이장림 목사와 그가 이끄는 '다미선교회'라는 단체가 있었습니다. 이장림 목사는 1987년에 『다가올 미래를 준비하라』를 출간했습니다. 이 책에서 이장림은 1992년 10월 29일 0시에 휴거, 즉 특정 신자들이 하나님의 부르심을 받아 공중으로 들려 올라갈 것이라고 주장했습니다. 그의 주장은 적지 않은 파문을 일으켰고, 많은 사람들이 그를 따랐습니다. 그를 따르는 사람들은 집을 팔기도 하고, 가정을 버리기도 했으며, 심지어는 자기 가족이 이 집단에 참여하는 것을 반대한다고 비관하여 자살을 하기도 했습니다. 결국 이장림은 결국 1992년 9월 사기 및 외환관리법 위반 혐의로 구속되었고 징역형을 선고받았습니다. 그러나 무엇보다 중요한 것은 그가 주장한 10월 29일 휴거가 일어나지 않았다는 사실입니다.

우리는 이 사건을 '다미선교회 사건' 혹은 '이장림 사건'이라고 기억하고 있습니다. 그런데 역사 속에서 이런 사건, 즉 세상의 마지막과 관련된 사건들을 매우 흔하게 발견합니다. 이런 일은 사실 아주 먼 일, 혹은 남의 일만은 아닙니다. 불과 십여 년 전, 전 세계적으로 지진과 전쟁, 특히 항공기 추락 사건이 자주 일어났던 것으로 기억합니다. 그때 어머니께서 전화를 하셨는데, 무슨 뉴스를 보셨는지 뜬금없이 전화를 하셔서는 "세상이 정말 말세인가 봐"라며 한탄하셨습니다. 세계 곳곳에서 지진이 일어나고, 여객기들이 떨어지고, 사방에서 전쟁 소식이 들릴 때, 어머니는 금방 '말세' 혹은 '예수님의 재림'을 연상하셨던 것입니다. 사실 저도 아주 충격적인 소식을 들을 때 "말세여!" 하고 한탄하기도 합니다.

참혹하고 슬픈 소식이 있을 때마다 인간은 어떤 위기감을 느낍니다. 저는 이런 반응이 우리 인간의 무의식에 심겨진, 어떤 본능에 가까운 공포에서 우러난 것이라고 생각합니다. 저도 어릴 때부터 지금까지 엽기적이거나 아주 충격적인 일이 일어나기라도 하면 어른들이 '말세여!'라고 한탄하는 모습을 자주 봤습니다. 이렇게 인간은 자기의 경험으로 설명할 수 없는 일들을 목격할 때마다 무의식적으로든 한탄으로든 '말세'와 연관시키곤 합니다. 성경은 우리에게 소위 '말세'에 관하여 무엇이라 말합니까? 성경이 세상의 종말에 관하여 가르치려 하는 것은 무엇입니까?

보다 분명한 종말의 징조

본문은 마가복음 13장의 마지막 부분입니다. 마가복음 13장의 구조는 이중적입니다. 다시 말해 전반부는 현재, 즉 예수님께서 이 땅에 오신 그 상황을 직접적인 배경으로 하고 있으며, 후반부 즉 이 본문은 예수님의 재림 사건과 직접적인 관련이 있다고 보는 것이 일반적인 의견입니다. 그러나 마가복음 13장 전체의 관점은 확고합니다. 언제 어떻게 종말적 사건이 일어날지는 전적으로 하나님의 권한이며, 우리는 다만 그분을 굳게 신뢰하고 우리가 맡은 일에 최선을 다해야 한다는 것입니다.

본문 이전까지 주님은 이른바 '때'에 관한 징조들을 몇 가지 언급하셨습니다. 이 징조들은 이른바 성전의 멸망을 예고하는 사건들입니다. 성전의 멸망은 유대인에게 세상이 뒤집어지는 듯한 두려운 일입니다. 그러나 성전의 멸망은 그 자체로 끝나지 않습니다. 성전의 기능은 하나님의 아들이신 예수 그리스도로 대체됩니다. 그리스도의 십자가로 말미암아 이제부터 영원토록 인간의 한계에 따라 제한되지 않고 온전하게 하나님과 인간 사이는 연결될 것입니다. 그러므로 성전의 멸망은 두려운 일이 아니라 기쁜 일이 됩니다.

　주님은 본문에서도 이어서 '징조들'을 언급하십니다. 하지만 이전과는 약간 다른 양상을 띱니다. 그 징조들이 이전과는 확연하게 차이가 날 정도로 강력하다는 것입니다.

> 그때에 그 환난 후 해가 어두워지며 달이 빛을 내지 아니하며 별들이 하늘에서 떨어지며 하늘에 있는 권능들이 흔들리리라 _막 13:24-25

　이전에 언급된 징조들, 다시 말해 예루살렘의 멸망, 신자들에 대한 박해나 거짓 선지자들의 출현 등등도 큰 징조이지만, 해가 어두워지고 달이 빛을 내지 않는 일 등등의 사건은 감각이 있는 사람이라면 누구라도 인지할 수 있는 큰 사건입니다. 이런 일들이 문자 그대로 일어난다면 얼마나 무섭겠습니까? 어쨌든 이렇게 이전보다 더 큰 이변과 사건들을 통해서 주님께서 다시 오심을 알립니다. 하나님의 뜻을 모르는 사람들은 이런 큰 사건들에 관하여 관심을 기울이고, 그것을 두려워합니다. 그러나 예수님을 따르는 신자들은 달라야 합니다. 이 일들이 두렵긴 하겠지만, 오히려 우리 주님께서 다시 오실 것이라는 사실로 말미암아 담대해야 할 것입니다. 주님께서 말씀하십니다.

> 그때에 인자가 구름을 타고 큰 권능과 영광으로 오는 것을 사람들이 보리라 _막 13:26

　신자는 알아야 합니다. 하나님의 계획표에 따르면, 그 두렵고 큰일들이 있기 전에는 예수님도 다시 오시지 않을 것입니다. 그러므로 예수 그리스도를 사랑하는 신자라면, 더 큰 기쁨을 위하여 그보다 적은 일들은 참아야 합니다. 견뎌야 합니다. 그리고 다른 일에 주목해야 합니다. 주님께서 이어서 말씀하십니다.

또 그때에 저가 천사들을 보내어 자기 택하신 자들을 땅 끝으로부터 하늘 끝까지 사방에서 모으리라 _막 13:27

주님께서 그때에, 즉 크고 두려운 일들이 주님의 재림을 예고하는 그 시기에 또 하나의 일이 진행될 것이라는 뜻입니다. 세상이 뒤바뀌는 듯한 대사건들이 진행되는 이면에 그 두려움을 넘어 주목해야 할 사건이 여기 있습니다. 하나님께서 당신께서 택하신 사람들을 사방에서 모으시는 일입니다. 이 사실을 안다면 신자는 어떤 태도를 보여야 할까요? 그 큰 사건들이 세상의 마지막을 알리는 징조이며, 동시에 예수님의 재림을 맞이할 만한 자격을 가진 신자들을 빠짐없이 모으시는 하나님의 활동이 시작되었음을 명심하는 것입니다.

징조를 본 신자들이 할 일

예수님은 이어서 무화과나무의 비유를 다시 일깨우십니다. "무화과나무 가지가 연하여지고 잎사귀를 내면 여름이 가까운 줄을 아"(28절)는 것같이, 이 종말의 징조들이 일어날 때 신자들은 두려움을 넘어 이 사실을 바라보아야 합니다. "인자가 가까이 곧 문 앞에 이"(29절)르렀다는 사실입니다. 저는 이것이 바로 성경이 말하는 믿음이라고 생각합니다. 다시 말해, 하나님의 말씀을 따라 어떤 사건을 어떻게 해석하느냐, 이것이 믿음이 가져다주는 유익 가운데 하나라고 생각한다는 뜻입니다. 그러므로 우리는 이렇게 표현해야 합니다. 세상에 깜짝 놀랄 만한 사건들이 일어날 때, 우리는 그 징조들을 보며 놀라고 두려워하기보다 이 사건을 계획하시고 실행하시는 하나님께 더욱 주목해야 합니다.

우선 본문이 기록하는 대로 이 징조들을 보면 이렇습니다.

해가 어두워지며 달이 빛을 내지 아니하며 별들이 하늘에서 떨어지며 하늘에 있는 이런 일들이 실제로 어떤 사건들일지에 관한 해석이 분분합니다만, 구체적인 내용에 관해서는 관심을 둘 필요가 없습니다. 하지만 이것이 그 어떤 사건으로 이뤄지든 그때에 살고 있는 모든 사람들이 매우 생생하게 경험할 것은 분명합니다. 하늘이 무너지고 땅이 흔들리는 것 같은 이런 사건들 앞에 두려움을 갖지 않을 사람이 어디 있겠습니까?

그러나 이 두려움 속에서도 놓치지 않아야 할 것이 있습니다. 첫째, 이 사건들의 주관자가 하나님이시라는 사실입니다. 언젠가 있을 일을 예고할 수 있는 자격은 그 일을 계획하는 사람에게만 있습니다. 사건이 일어날 시간과 사건의 내용은 계획한 사람만이 알고 있기 때문입니다. 따라서 어떤 사건이 예고대로 일어난다면 그 사건을 예고한 사람이 주관하고 있음을 입증하는 근거가 될 것입니다. 장차 있을 일을 예고하시는 주님의 심정이 바로 이와 같을 것입니다. 우리 주님께서 크고 두려운 사건들이 일어나는 그 시절을 살아가는 신자들에게 이렇게 말씀하시는 것 아니겠습니까? "봐라, 내가 미리 예고한 대로 그 일들이 일어나지? 내 말이 맞지?" 그러므로 언젠가 재림하실 주님의 시간에 살고 있을 신자들은 두려워하는 데서 벗어나 그 일을 예고하신 하나님이 지금 일어나는 사건들의 주관자이심을 믿어야 합니다. 그렇다면 신자는 그 믿음으로 말미암아 두려움에서 벗어날 수 있을 것입니다.

둘째, 두려움 속에서도 그것을 주관하시는 하나님을 신뢰할 때, 신자는 비로소 그 사건들이 어떤 목적을 갖고 있는지에 관심을 갖게 됩니다. 우리 주님께서 본문에서 말씀하신 것처럼, 그 날에 일어날 두려운 사건들은 그야말로 '징조'입니다. 그 징조들이 가리키는 진정한 사건은 바로 우리 주님의 재림입니다. 예수 그리스도, 바로 그분께서 이미 수없이 예고된 바에 따라 다시 오실 것입니다! 신자들은 예언을 따라 일어나는 사건들을 보면서 떠올려야 할 것은 바로 이것입니다. 신자들은 그 사건들 뒤에 마침내 다시 오실 예수 그리스도를 기다려야 합니다.

그런데 이런 계획표를 예수님께서 미리 알리신 이유는 무엇일까요? 마가복음 13장은 성전의 파괴에서 시작하여 예수님의 재림을 넘어 하나의 목적을 향해서 달려가는 역사를 기록했습니다. 그 하나의 목적은 하나님 나라의 회복, 다시 말해 예수 그리스도께서 왕이 되어 영원토록 다스리시는 하나님의 나라입니다. 다시 말해 하나님의 계획은 마침내 드러날 하나님의 나라에서 완성된다는 뜻입니다. 하나님의 나라가 이뤄지기 위해서는 예수 그리스도께서 반드시 다시 오셔야 합니다. 예수님의 재림은 그것으로만 끝나지 않고 하나님 나라의 완성과 긴밀하게 연결되어 있습니다.

지금까지 길게 말씀 드린 것처럼 마가복음 13장은 한 가지 사실을 강조합니다. 역사의 주관자는 하나님이십니다. 하나님은 역사를 말로만 주관하시지 않습니다. 하나님은 이 세상에서 일어나는 모든 일을 계획하시고, 그 계획에 따라 움직이십니다. 하나님의 일은 당신의 나라, 즉 하나님의 나라가 이뤄지는 것으로 완성됩니다. 이 완성을 위하여 결정적인 열쇠를 쥐신 분이 예수 그리스도이십니다. 그러므로 예루살렘성전이 무너지는 것 때문에 절망했던 유대인들은 온전한 하나님 나라를 이루실 예수 그리스도를 영접해야 하며, 하나님 나라의 백성들은 다시 오실 예수 그리스도를 통하여 하나님 나라를 이루시려는 하나님을 신뢰하는 가운데 다시 오실 그리스도 예수를 기다려야 합니다. 그리고 다시 오실 그리스도 예수를 기다리는 그 나라의 백성들은, 이 일을 처음부터 마지막까지 홀로 진행하시는 하나님을 신뢰하면서 흔들리지 않아야 합니다.

예수님께서 다시 오시기 전에 일어나는 놀라운 사건들은 결국 하나님 나라의 백성을 사방에서 모아들이시려는 하나님의 신호입니다. 그 사건들에 두려워하지 않고, 다시 오실 예수님을 고대하며, 곧 이루어질 하나님의 나라에 들어가기에 부족함이 없는 백성으로 세상을 살아 내는 신자가 되기 위하여 오직 하나님의 능하신 능력을 의지하고 참된 믿음을 갖고 살아 내야 합니다. 주님께서 당신의 백성들에게 말씀하십니다.

이와 같이 너희가 이런 일이 나는 것을 보거든 인자가 가까이 곧 문 앞에 이른 줄을 알라 _막 13:29

하나님을 신뢰하고 하나님 나라를 고대하는 신자라면, 그리스도 예수께서 다시 오시기 전에 일어날 사건들에만 관심을 갖거나 그것을 두려워하는 데서 머물러서는 안 됩니다. 오히려 더욱 간절하게 예수 그리스도의 재림을 사모해야 합니다. 예고하신 그 일은 반드시 이루어질 것입니다.

깨어라, 할 일이 있다!

이제 마가복음 13장 마지막 부분에 나오는 예수님의 비유를 살펴봅니다.

가령 사람이 집을 떠나 타국으로 갈 때에 그 종들에게 권한을 주어 각각 사무를 맡기며 문지기에게 깨어 있으라 명함과 같으니 _막 13:34

주인이 멀리 다른 나라로 떠나면서 하인들에게 권한을 주며 일을 맡겼습니다. 그리고 말합니다. "내가 언제 올지 모르니, 내가 올 때까지 열심히 일하라." 주인이 언제 올지는 주인 자신만 압니다. 하인들이 할 일은 주인이 언제 오더라도 그에게 책망받지 않도록 열심히 맡겨진 일을 하는 것입니다. 예수 그리스도의 재림과 곧 이루어질 하나님의 나라를 진정으로 사모하는 사람이라면, 이 모든 일을 홀로 주관하시는 하나님을 믿고 그때까지 해야 할 일에 최선을 다해야 합니다. 이것이 종말을 살아가는 신자의 모습입니다. 그러므로 주님께서 말씀하십니다.

그가 홀연히 와서 너희의 자는 것을 보지 않도록 하라 깨어 있으라 내가 너희에게 하는 이 말이 모든 사람에게 하는 말이니라 _막 13:36-37

이 말씀에 따르면, 우리는 이렇게 말할 수 있습니다. 신자가 현재를 살아가는 모습을 보면, 그가 어떤 가치관과 목적을 갖고 있는지를 볼 수 있다고 말입니다. 사실 이 말은 거의 모든 경우에 해당하는 진리입니다. 사람은 반드시 자신이 가장 중요하게 생각하는 것을 먼저 선택합니다. 본인이 그것을 의식하든 못하든, 사람은 자신의 현재와 미래를 어떤 식으로든 연결하면서 살아갑니다. 그러므로 우리가 정말로 능력 많으신 창조주 하나님을 믿는다면, 세상의 그 어떠한 일에도 놀라지 않고 묵묵히 자기에게 주어진 일을 살아 낼 수밖에 없는 것입니다.

마가복음 13장 마지막 부분을 통해 세상을 움직이시는 하나님의 능력과 계획을 엿보았습니다. 세상은 예수 그리스도의 재림과 그분께서 왕 되시는 하나님 나라의 최종적인 완성으로 끝을 맺을 것입니다. 이 흐름 가운데 우리가 있음을 믿는다면, 지금을 사는 우리의 삶은 어떠해야겠습니까? 바울 사도는 이렇게 화답합니다.

세월을 아끼라 때가 악하니라 _엡 5:16

세월을 아끼며 산다는 것은 가장 시급한 일이 무엇인지, 가장 중요한 일이 무엇인지를 잘 분간하며 산다는 뜻입니다.

갈 길이 분명한 사람, 시간이 얼마 남지 않았다는 사실을 깨달은 사람의 삶은 그렇지 않은 사람의 그것과 다를 수밖에 없습니다. 나는 무엇을 위해 삽니까? 나는 무엇을 하며 삽니까? 이 질문에 대한 답이야말로 그 사람의 믿음이 무엇인지에 대한 가장 정확한 답일 것입니다. 그러므로 우리는 기억해야 합니다. '말세', 혹은 '크고 두려운 일들'에 관한 성경의 예언은 우리를 두려움에 빠지도록 하려는 것이 아니라 이 일의 주관자이신 하나님 안에서 정신 차리고 맡겨진 일에 더욱 열심히 살게 하기 위한 것입니다. 이런 의미에서 세상의 마지막에 일어날 일들은 참된 신자를 골라내는 시금석입니다. 참된 신자는 어둠과 혼란 가운데 살아가면서도 곧 다가올 하나님 나라의 영광을 소망하며 그 안에서 하나님의 나라를 미리 살아 내는 사람들입니다.

이어지는 마가복음 이야기에서 세상을 향하신 하나님의 계획을 실행하시기 위해 십자가의 고난과 죽음을 향하여 한 걸음씩 전진해 가시는 우리 주님의 모습을 집중적으로 보게 될 것입니다. 실상 예수님의 이런 모습이야말로 하나님의 계획을 가장 깊이 이해한 사람의 삶의 모범입니다. 예수님의 죽음과 부활 이야기를 읽으며 우리 자신의 삶을 깊이 반성하고 성찰해야 합니다.

66 누가 다스리는가?
마가복음 14:1-11

'종말'의 교훈

　본문은 마가복음 12장의 연속선상에 있습니다. 마가복음 13장은 그 이전까지의 기록과는 달리 소위 '종말'에 관한 예수님의 긴 가르침이었습니다. 물론 이 가르침은 헤롯이 재건한 예루살렘성전의 운명을 제자들이 물었기 때문에 예수님께서 이에 대답하시면서 이뤄진 것입니다. 제자들은 성전 주변에서 대제사장, 서기관, 바리새인들과 논쟁하는 가운데 나온 예수님의 말씀에서 이상한 낌새를 느꼈기에 그리 물었던 것입니다.

　하지만 예수님의 대답은 제자들의 질문, 즉 성전의 미래에 관한 부분에만 묶여 있지 않았습니다. 제자들은 당시의 유대인들이 보통 그러했듯이 '성전의 파괴'를 '크고 두려운 날'이라 생각했습니다. 유대인의 전통적인 생각에 따르면, 성전이 무너진다는 것은 상상하기도 어려운 일이었고, 그래서 크고 두려운 날이었습니다. 다시 말해 유대인들은 성전이 파괴되는 날이 곧 세상의 마지막 날이라고 생각했다는 것입니다. 성전은 하나님의 임재의 상징입니다. 따라서 하나님께서 거하시는 성전이 무너진다면 곧 그날이 세상의 마지막이나 다름없다고 생각했다는 것입니다.

　그러나 예수님께서 이 세상에 오신 궁극적인 목적은 무엇입니까? 유대인의 혈통과 국경, 예루살렘성전에 묶인 하나님을 풀어내어, 온 세상을 다스리시는 진정한 통치자와 구원자가 되게 하시기 위하여 오신 것 아닙니까? 예수님의 목적을 생각할 때 성전의 파괴는 놀라운 일이 아니라 자연스런 일일 수도 있을 것입니다. 과거는 지나가야 합니다. 이 때문에 예수님은 새 술은 새 부대에 넣는다고 말씀하신 것입니다(막 2:22; 마 9:17; 눅 5:37-38). 예수님은 성전의 종말을 예고하는 데서 나아가 세상의 종말에 관해서도 언급하셨습니다. 그리고 주님은 당신 자신을 이 모든 가르침의 중심에 놓으셨습니다.

그러므로 이 가르침의 핵심은 여기에 있습니다. 예수님께서 이 세상에 오심으로써 이 세상을 당신의 나라로 만드시려는 하나님의 계획은 본격적으로 시작되었습니다. 사람들이 두려워하는 세상의 종말은 예수님의 오심으로써 시작된 것입니다. 그러므로 세상의 종말은 두려워할 날이 아닙니다. 하나님의 자녀들은 두려워하지 않고 담대해야 합니다. 그분을 온전히 신뢰할 때 그들은 안전할 것입니다. 하나님의 백성들에게 종말은 구원받을 참된 하나님의 자녀를 가려내는 시험의 때입니다. 우리는 제아무리 무서운 영화를 보아도 주인공이 죽을 것을 두려워하지는 않습니다. 주인공은 영화의 마지막 순간까지 죽는 경우가 없다는 사실을 알기 때문입니다. 그럼에도 긴장은 하겠지만 말입니다.

방책을 구하는 사람들

이제 본격적으로 마가복음 14장을 살펴봅니다.

이틀을 지나면 유월절과 무교절이라 _막 14:1

유대인에게 가장 큰 명절인 유월절과 무교절이 지금 언급되고 있습니다. 유월절과 무교절은 이스라엘 민족의 역사 가운데 가장 의미 있는 사건을 배경으로 합니다. 애굽에서 400년 이상 노예로 살던 이스라엘 민족이 모세의 인도를 따라 가나안을 향해 발걸음을 떼었던 결정적인 계기가 바로 이 사건이었습니다. 모세가 하나님의 명령을 따라 이 백성을 풀어 주라고 전했을 때, 이 말을 들은 애굽 왕 바로는 즉각 거절했습니다. 그의 완고한 마음을 꺾기 위하여 하나님은 애굽 땅에 전례 없는 엄청난 재난들을 퍼부으셨습니다. 우리는 이 재난들을 모세의 열 가지 재앙이라고 부르며, 그 열 번째 재앙은 사람과 짐승의 새끼 가운데 첫 번째 생명이 죽게 되는 것이었습니다. 이 재앙은 애굽 전역에 걸쳐 일어난 일이므로 히브리 사람들에게도 적용되어야 합니다. 하지만 하나님은 이스라엘 백성에 한해서는 엄청난 재앙을 면하게 해 주셨습니다. 이 재앙을 면하기 위해 이스라엘 백성은 어린양을 잡아서 그 피를 자기가 사는 집의 입구에 발라야 했습니다. 드디어 정해진 시간이 되자 하나님께서 보내신 천사들이 애굽 전역을 돌아다니면서 첫 번째 소생들을 죽이기 시작했습니다. 그러나 천사들은 어린양의 피가 발라진 이스라엘 사람들의 집은 들어가지 않았습니다. 이것이 우리가 아는 유월절 이야기입니다. 즉, 유월절에서 '유월'(逾越)은 천사들이 집 입구에 발라진 어린양의 피를 보고서 '그냥 건너갔다'(pass over)는 뜻으로 붙인 이름입니다.

이 마지막 재앙을 겪은 후에야 바로는 마음을 바꾸어 이스라엘 민족을 풀어 줍니다만, 어쨌든 이 유월절 사건 이후부터 애굽 왕 바로가 풀어 줄 때까지 이스라엘 백성들은 집에 머물면서 무교(無酵), 즉 누룩이 들어 있지 않은 떡을 먹으며 지시를 기다렸습니다. 누룩이 들지 않은 떡은 발효가 되지 않고, 따라서 부드럽지 않습니다. 대신 발효가 될 때까지 기다릴 시간이 필요하지 않습니다. 하나님께서 이스라엘 백성에게 누룩이 들지 않은 떡을 먹으라고 명령하신 것은, 명령이 떨어지면 즉시 집을 떠나야 하기에 긴박하게 기다리라는 뜻인 것 같습니다.

이런 역사적 사건을 배경으로 하는 것이 유월절과 무교절입니다. 다시 말해, 유월절과 무교절은 애굽에서 종살이하던 이스라엘 백성을 구원하신 하나님의 큰일을 기념하는 절기였습니다. 이런 내력을 가진 절기다 보니 이스라엘 백성, 즉 유대인들은 로마 제국의 지배 아래서도 여전히 이 절기를 성대하게 지켰습니다. 심지어 이스라엘은 한 해의 시작을 이 절기를 기준으로 삼기까지 했습니다(출 12:1-2). 비록 과거 다윗과 솔로몬 왕국의 영광은 유지하지 못했다 하더라도, 민족의 정체성을 설명하는 절기이기도 하지 않습니까? 더욱이 모세의 율법은 이때 모든 백성이 예루살렘에 와서 반드시 제사를 드릴 것을 명령합니다. 이 때문에 예수님 당시 예루살렘성의 인구는 평소 10만 명이었다가 유월절과 무교절 시즌이면 20만 명 정도로 북적였다는 설명이 있습니다. 물론 당시 예루살렘의 인구에 관해 여러 견해가 있습니다만, 적어도 확실한 것은 당시 예루살렘성의 구조를 고려할 때 이 성의 최대 수용 인구가 10만을 절대 넘을 수 없음은 분명합니다.

유월절에서 무교절로 이어지는 이 시기에는 로마 제국의 군대도 치안 때문에 신경이 적잖이 곤두섰을 것입니다. 무엇보다 빼앗긴 나라의 백성으로서 민족의 해방을 상징하는 유월절이 당시의 유대인들에게 과연 어떤 의미로 다가왔을지를 생각한다면, 로마 제국 군대로서는 이 시기에 신경이 상당히 예민해졌을 것이 분명합니다.

12장에서도 소위 대제사장과 서기관, 바리새인들이 예수님을 죽이려는 마음이 굴뚝같았음을 보았습니다만, 그 문맥을 이어서 14장 역시 그들이 여전히 주님을 죽이려는 마음이었다고 서두에 기록합니다. 그러나 '궤계'(詭計, δόλος)라는 단어가 암시하듯, 그들은 정당한 방법으로는 예수님을 고소하여 제거할 방법을 찾을 수 없었습니다. 그러니 궤계 즉 속임수가 필요했던 것입니다. 그럼에도 그들은 이렇게 말했습니다.

민요가 날까 하노니 명절에는 말자 _막 14:2

그들은 예수를 잡아 죽일 방법에 대해서는 걱정하지 않았습니다. 시기가 문제일 뿐이라고 생각했습니다. '지금은 시기가 좋지 않아! 사람이 워낙 많은데 이때 그를 죽이면 그를 좋아하던 이들이 시끄럽게 할 것이다.' 이것이 그들의 판단이었습니다. 정말 그렇습니까? 그 다음 대목으로 넘어갑니다.

향유를 뿌리다

그런데 그 다음 이야기는 갑작스런 사건으로 이어집니다.

예수께서 베다니 문둥이 시몬의 집에서 식사하실 때에 한 여자가 매우 값진 향유
곧 순전한 나드 한 옥합을 가지고 와서 그 옥합을 깨뜨리고 예수의 머리에 부으니
_막 14:3

지금 예수님과 그 일행은 마지막으로 예루살렘을 방문하는 중입니다. 군중들의 환호 가운데 예루살렘에 입성하신 주님은 예루살렘에서 동쪽으로 약 3킬로 떨어진 베다니에 숙소를 정하셨던 것 같고, 일이 있을 때마다 예루살렘으로 가셨던 것 같습니다. 어쨌든 예수님 일행이 베다니 시몬의 집에서 식사를 하실 때에 한 여인이 찾아왔습니다. 그녀는 식사 중인 예수님께 다가와 그분의 머리에 향유를 부었습니다. 같은 사건을 기록한 마태(마 26:1-13)와 요한(요 12:1-8)에 따르면, 이 여인은 나사로의 누이이자 마르다의 자매인 마리아였던 것 같습니다. 마리아는 식사 중인 예수님께 다가와 당시로서는 상당한 고가(高價)의 향유를 예수님께 부었습니다. '나드'(νάρδου πιστικῆς)는 인도산 식물의 뿌리에서 추출한 기름으로, 비싼 향유로 팔렸습니다. 마태에 따르면, 이 향유는 당시 노동자의 일 년 치 품삯과 맞먹는 가격이었습니다.

마가는 본문에서 '어떤 사람들'이 이 광경을 보고 화를 냈다고 기록했습니다(4절). 마태에 따르면, 이들은 예수님의 제자들이었습니다. 그리고 요한에 따르면, 이 분위기를 주도한 사람은 가룟 유다였습니다. 가룟 유다는 마리아의 행동에 아주 크게 화를 냈던 것 같습니다. 그리고 그가 마리아를 비난한 근거는 다음과 같습니다.

이 향유를 삼백 데나리온 이상에 팔아 가난한 자들에게 줄 수 있었겠도다 _막 14:5

이렇게 유다가 큰 소리로 떠들자, 그곳에서 그 비싸다는 향유의 냄새에 취해 있던 사람들은 정신이 번쩍 들었습니다. 그렇습니다! 향유를 팔아서 그 돈으로 가난한 사람들에게 나눠 준다면 대체 몇 명이나 도울 수 있었겠습니까?

이들의 공감대가 전혀 근거 없는 것은 아니었습니다. 평소 예수님의 행적을 보십시오. 예수님의 사역은 언제나 가난한 사람들에게 초점이 맞춰진 것 같이 보였습니다. 그렇지 않습니까? 그런데 놀랍게도 예수님은 이 대목에서 우리나 제자들의 기대와는 전혀 다른 말씀을 하십니다.

> 저를 가만 두어 나의 장사할 날을 위하여 이를 두게 하라 가난한 자들은 항상 너희
> 와 함께 있거니와 나는 항상 있지 아니하리라 하시니라 _요 12:7-8

우선순위를 말씀하시는 것입니까? "가난한 사람은 항상 있다. 나는 그렇지 않다. 그러니 마리아가 나를 장사할 준비를 하도록 내버려 두어라." 주님의 말씀을 이렇게 이해할 수 있겠습니까? 그럴 수도 있겠으나 문제는 여전히 남습니다. 무엇보다 마리아가 정말로 임박한 우리 주님의 죽음을 미리 내다보고 그분을 장사하는 의식으로서 이런 행동을 했는지 분명하지 않기 때문입니다. 그럼에도 불구하고 우리 주님은 마리아의 귀한 행동을 칭찬하고 계심이 분명합니다.

누가 다스리는가?

'본문이 이야기하려는 주제는 무엇인가?' 이 질문의 해답을 찾기 위해서 본문의 구조를 주목해야 합니다. 1절부터 11절까지 그 흐름을 파악하셨습니까? 본문은 크게 세 개의 흐름으로 연결되어 있습니다. 첫 번째 이야기는 1-3절이고, 두 번째 이야기는 4-9절인데, 두 이야기의 내용은 이미 살펴보았습니다. 세 번째 이야기는 10-11절인데, 마리아가 예수님께 향유를 부은

사건 이후에 가룟 유다가 예수님을 대제사장들에게 파는 장면입니다. 이렇게 볼 때, 마리아가 예수님께 향유를 부은 사건은 다소 어울리지 않아서 빼도 괜찮을 만큼 독립된 에피소드처럼 느껴집니다. 마리아의 향유 사건이 중요하지 않다는 뜻은 아닙니다. 꼭 있어야 할 이야기일 수도 있습니다.

그렇다면 마가는 무슨 이유로 이 이야기를 굳이 이 대목에 삽입했을까요? 그 이유를 추론하기 위해 이 이야기 이후 가룟 유다가 대제사장들을 찾아가 예수님을 파는 장면이 이어진 것을 봐야 합니다. 마가의 이야기에서는 보이지 않습니다만, 요한의 도움을 받아서 알게 되는 사실이 있습니다. 마리아가 예수님께 그 귀한 향유를 붓는 광경을 보고 가룟 유다가 앞장서서 그 행위를 비난합니다. 그 돈으로 차라리 가난한 사람들을 도왔어야 했다고 말입니다. 그러나 요한은 이 대목에서 그의 본심을 이렇게 밝힙니다.

> 이렇게 말함은 가난한 자들을 생각함이 아니요 저는 도적이라 돈 궤를 맡고 거기 넣는 것을 훔쳐 감이러라 _요 12:6

그는 돈을 매우 사랑했습니다. 그는 예수님과 제자들의 신임을 받아 돈을 관리했습니다. 요한은 가룟 유다가 그 돈을 횡령했다고 폭로합니다. 이를 볼 때 마리아를 비난한 그의 본심은 가난한 사람을 위한 것이 아닙니다. '예수님께서 마리아에게서 향유를 받아서 파시고, 그 돈을 유다에게 맡겼더라면 자신에게도 얼마의 떡고물이 떨어졌을 것이다. 그런데 그것을 못하니 화가 나서 한 말이었다.' 이렇게 해석할 수도 있는 것입니다.

따라서 마리아의 향유 이야기가 적어도 가룟 유다 개인에게는 또 다른 의미로서 중요한 사건일 수밖에 없습니다. 다시 말해, 마리아의 향유 이야기는 여태까지 숨겨져 있던 가룟 유다의 본심이 여지없이 분명하게 폭발하도록 자극하는 에피소드였다는 것입니다. 마리아의 향유를 놓고 예수님은 가룟 유다와는 전혀 다른 관점과 가치관을 보여 주셨습니다. 이 일 때문에 가룟 유다는 도저히 예수님과 같은 길을 걸을 수 없다고 결정했던 것 같습니다.

결국 그는 대제사장들을 찾아가서 자신의 스승 예수님을 팔아넘기겠다는 뜻을 보였습니다.

이 일이 본문의 흐름에 무슨 의미가 있을까요? 본문 처음을 보면, 대제사장들과 서기관들은 예수님을 죽이고 싶은 마음이 굴뚝같았습니다. 그런데 예수님의 대중적인 인기가 워낙 높다 보니 유월절과 무교절의 열기가 좀 가라앉은 다음에 결행을 하자, 즉 예수님을 죽이자고 결정합니다. 그런데 생각지도 않게 예수님의 제자인 가룟 유다가 제 발로 찾아와서 예수를 팔겠다고 하는 것입니다. 이렇게 되면 문제가 달라지지 않겠습니까? 왜 그렇습니까? 대제사장과 서기관, 바리새인들이 스스로 예수님을 죽이려 하면 문제겠지만, 예수님의 제자가 배신을 하면 말이 달라집니다. 예수님을 죽이는 책임이 가룟 유다, 즉 예수님을 판 그분의 제자 책임이 되기에 그렇습니다. 결과적으로 대제사장들이 예수를 죽이려던 계획은 이로써 급하게 변경됩니다. 이렇게 볼 때 마리아의 향유 이야기는 대제사장의 결정을 변경하게 하는 결정적인 역할을 했다고 해석해야 할 것입니다.

그런데 더 중요한 질문이 있습니다. 이런 이야기의 흐름에서 마가는 무엇을 말하려는 것일까요? 대제사장들은 예수를 죽이려는 계획에 대해 지금은 시기가 좋지 않으니 다음으로 미루자고 결정합니다. 그들은 하나님의 아들을 죽이는 일에 마치 자신들이 그럴 권한을 가진 듯이 말했습니다. 그러나 하나님의 계획은 그들과 달랐습니다. 하나님은 예수의 죽음을 예정하셨을 뿐만 아니라 그 시기도 분명히 계획하셨습니다. 하나님은 예수의 죽음을 유월절과 연계시키기를 바라셨습니다. 그의 죽음의 의미를 유월절에 희생된 어린양의 이미지를 통해서 당신의 자녀들에게 설명하기를 바라셨다는 뜻입니다. 어쨌든 대제사장들의 스케줄은 뜻하지 않은 마리아의 향유 사건을 통해서 변경되었습니다. 다시 말해 대제사장들이 쥐고 있는 듯한 구속사의 흐름은 이처럼 돌발적인 사건을 통해 하나님께로 돌아갔다는 것입니다. 바로 이것이 본문이 전해 주는 중요한 메시지 가운데 하나라고 확신합니다.

주님은 마가복음 13장에서 '종말'을 말씀하시는 가운데 끊임없이 강조하셨습니다. "두려워 말라, 정신 차리라, 나를 신뢰하라! 역사의 마지막까지 이르는 모든 흐름은 나의 계획 안에 있다!" 이 강조점은 본문에서도 여지없이 반복됩니다. 대제사장들의 계획은 그들이 예측하지 못했던, 아니 전혀 예측할 수 없었던 엉뚱한 사건 때문에 실패로 돌아갑니다. 그리하여 예수님의 구속 사역의 주도권은 여전히 하나님께 있음이 드러났습니다. 본문을 통해서 세상의 흐름이 인간의 계획이 아니라 하나님의 계획대로 이뤄짐을 배웁니다.

그러므로 이제 마지막으로 묻습니다. 세상의 주권자가 누구입니까? 내 인생의 주권자가 누구입니까? 우리가 이 질문들에 '하나님!'이라고 대답한다면, 우리가 경험하는 그 수많은 의문 앞에서 우리의 태도는 어떠해야 하겠습니까?

67 하나님 나라의 소망
마가복음 14:12-26

마지막 식사를 준비하다

본문은 예수님과 제자들의 유월절 식사를 다룹니다. 이 식사는 제자들이 예수님과 나누는 마지막 식사이기 때문에 '유월절 마지막 식사'라고도 부르고, '최후의 만찬'이라고 부르기도 합니다. 오늘날에는 성찬식의 기원이라는 점에서 이날의 식사를 주목합니다. 하지만 이 식사가 언급되는 복음서의 장면들은 그리 단순하지 않은 이야기들을 담고 있습니다. 예를 들어, 마태와 요한은 이 식사 도중에 일어난 일을 상세하게 기록해 놓았습니다. 마태는 이날의 식사 이야기를 통해서 새로운 시대, 즉 예수 그리스도께서 당신의 백성들과 맺는 새 언약의 시작을 만찬 장면과 함께 그려 놓았습니다(마 26장). 이에 덧붙여 요한은 유월절 식사 가운데 일어난 에피소드를 추가로 밝히면서 섬김과 사랑의 도를 강조했습니다(요 13장). 마가는 마가복음 14장에서 유월절 식사 이야기를 간략하게 다룹니다. 마가는 이 이야기에 무슨 메시지를 담아 놓았을까요?

마가는 '무교절의 첫날, 즉 유월절 양 잡는 날'이라고 이 이야기가 일어난 시간을 기록했습니다. 구약의 관습을 모르는 우리에게는 그날이 그날 같습니다만, 이 부분을 꼼꼼히 들여다보는 학자들에게는 많은 논란이 있는 부분입니다. 어떤 사람은 이날이 금요일, 즉 니산월 15일일 것이라고 말합니다. 어떤 사람은 이날이 목요일, 즉 니산월 14일일 것이라고 말합니다. 여러 가지 가설들이 있습니다만, 우리가 그 논쟁에 뛰어들 필요는 없습니다. 이 이야기의 진짜 강조점은 다른 데 있기 때문입니다.

어쨌든 이날이 '유월절'과 강력하게 연결되어 있다는 점은 분명하고, 이 이야기를 통해서 예수님께서 제자들에게 무언가를 아주 분명하게 말씀하시려고 했음도 분명합니다. 이날과 관련하여 누가는 이렇게 기록했습니다.

> 내가 고난을 받기 전에 너희와 함께 이 유월절 먹기를 원하고 원하였노라 _눅 22:15

이날 있었던 마지막 식사는 유월절, 즉 어린양의 피를 발라서 당신의 백성들을 구별하여 죽음에서 건지신 사건과 강력하게 연결되어 있습니다. 그러나 곧 이어서 보듯 이날의 식사에서는 처음부터 끝까지 어린양이 아닌 예수 그리스도가 중심입니다.

제자들이 예수님께 묻습니다. "우리가 어디로 가서 선생님으로 유월절을 잡수시게 예비하기를 원하시나이까"(12절). 누가는 이 대화를 예수님께서 시작하신 것으로 기록합니다만, 마가는 이 대화를 제자들이 먼저 꺼냈다고 기록했습니다. 여하튼 이 질문에 예수님께서 이렇게 대답하십니다.

> 성내로 들어가라 그리하면 물 한 동이를 가지고 가는 사람을 만나리니 그를 따라가서 어디든지 그의 들어가는 그 집주인에게 이르되 선생님의 말씀이 내가 내 제자들과 함께 유월절을 먹을 나의 객실이 어디 있느뇨 하시더라 하라 _막 14:13-14

이 말씀을 따라 제자 둘이 예루살렘성으로 들어갔고, 그들은 예수님의 말씀대로 성내에서 물 한 동이를 지고 가는 사람을 만났습니다. 그들은 그를 따라 가서 그의 주인을 만났습니다. 제자들은 예수님의 당부대로 주인에게 말합니다. "우리 선생님께서 이르기를 당신에게 '우리가 함께 식사할 방이 어디 있느냐'고 물으라 하셨습니다." 그 말을 듣자 주인은 곧 그들이 함께 식사할 방을 보여 주었습니다.

이야기의 흐름이 이와 같습니다. 이 스토리를 보며 느끼신 점이 있습니까? 제가 보기에 이 이야기에서 두 가지 가능성을 봅니다. 첫째, 이 이야기가 가능하다면 예수님께서 이날을 위해 미리 준비하신 것이 틀림없다. 둘째, 그렇지 않다면 이 이야기는 예수님께서 당신의 능력으로 미리 이렇게 일이 진행되도록 하셨다. 어떤 의견을 지지하십니까? 하지만 두 의견 중에 어느 쪽이 맞는지 알기 어렵습니다. 성경 어디를 봐도 이 이야기가 어떻게 일어나게 되었는지를 말하지 않기 때문입니다. 그러나 한 가지는 분명합니다. 이 이야기의 흐름에서 마가가 강조하는 것은 '모든 일이 예수님을 중심으로 일어났다'는 사실입니다.

배신자를 언급하시다

날이 저물자 대망의 그 유월절 식사, 즉 예수님과 제자들의 마지막 식사가 시작되었습니다. 그런데 마가의 이야기는 같은 이야기를 다룬 다른 복음서와 비교할 때 눈에 띌 정도로 짧습니다. 다시 말해 마가는 식사 동안에 있었던 이야기들 가운데 예수님께서 직접 제자들의 발을 씻어 주신 이야기 같은 것들을 과감하게 생략하고 있습니다. 놀랍게도 마가는 가룟 유다가 예수님을 배반할 것이란 예수님의 말씀을 첫머리로 하여 이야기를 시작했습니다.

> 내가 진실로 너희에게 이르노니 너희 중에 한 사람 곧 나와 함께 먹는 자가 나를 팔
> 리라 _막 14:18

유대인들에게는 여러 종류의 절기가 있었고, 그 절기들은 대부분 식사와 연결되어 있습니다. 밥 먹는 행위는 우선 고픈 배를 채우는 행위입니다. 그러나 함께 모여 나누는 식사는 그 자리에 모인 사람들을 하나로 묶는 역할을 하기도 합니다. 특별히 이스라엘 사람들이 유월절에 가족끼리 모여서 나누

는 식사는 서로를 든든하게 묶는 일도 될 뿐만 아니라 서로 공유하고 있는 소망과 기쁨, 즉 하나님께서 애굽에서 종살이하던 우리 선조를 구출해 주셨다는 그 역사적 믿음을 확인하는 자리도 되었습니다. 이런 의미에서 가족이나 친구, 동료들과 함께 유월절 식사를 나누는 일은 로마의 압제 아래 있던 이스라엘 사람들에게 엄청난 의미가 있었을 것이 틀림없습니다. 그런데 그 특별한 유월절의 밥상에서 예수님께서 '배신자'를 언급하셨으니 제자들에게 이 말씀이 얼마나 엄청난 충격이었겠습니까?

예수님의 말씀에 크게 놀란 제자들은 저마다 예수님께 묻습니다. "혹시 저입니까?" 그러나 예수님은 그들의 질문에 구체적으로 대답하지 않으셨습니다. 이렇게 말씀하셨습니다.

> 열둘 중 하나 곧 나와 함께 그릇에 손을 넣는 자니라 인자는 자기에게 대하여 기록
> 된 대로 가거니와 인자를 파는 그 사람에게는 화가 있으리로다 그 사람은 차라리
> 나지 아니하였더면 제게 좋을 뻔하였느니라 하시니라 _막 14:20-21

예수님은 이 말씀으로 당신을 배신할 자가 누구인지를 암시하셨고, 그의 슬픈 운명도 언급하셨습니다. 그런데 이 말씀에서 우리가 보아야 할 것이 있습니다. 첫째, 배신자를 암시하는 말씀을 보면, '우연'처럼 보이는 사건, 즉 예수님의 손과 배신자의 손이 공교롭게도 한 그릇에서 만날 것이라 예고됩니다. 이 말씀은 그가 누구인지에 강조점이 있지 않습니다. 인간의 눈에는 그 일이 '우연'처럼 보일지라도, 그 일은 하나님께서 계획하셔서 진행되는 것임을 강조합니다. 다시 말해, 배신자 역시 하나님의 계획에 이미 들어 있었다는 뜻입니다. 따라서 이 부분에서도 예수님의 주도권을 발견할 수 있습니다. 가룟 유다가 스스로 결심하고 실행한 일이기는 하지만, 이것 역시 처음부터 끝까지 하나님의 계획 안에 들어 있었다는 것입니다.

이 강조점은 바로 앞의 마가복음 12장 혹은 그 이전부터 계속해서 드러납니다. 예를 들어 마가복음 12장에는 예수님께서 예루살렘성으로 들어가시는

장면이 있는데, 여기서도 마가는 나귀 새끼를 준비하는 일에서부터 철저하게 예수님의 계획이 실행되고 있음을 보여 줍니다. 이 강조점은 마가복음 14장 첫머리에서 절정을 이룹니다. 무교절이 다가올 무렵, 대제사장과 서기관들이 대중들의 반발을 두려워하면서 예수님을 죽이려는 계획을 늦추려 했으나, 이 순간 예수님께서 주도권을 쥐시면서 그 일을 당신의 계획표에 맞추도록 유도하시는 장면이 나옵니다. 이런 강조점을 통해서 마가가 말하려는 것은 분명합니다. 예수님은 당신의 백성들에게 거절당하고 죽임 당하셨으나 세상에서 벌어진 그 모든 일들은 궁극적으로 하나님의 계획 아래 일어났다는 것입니다. 이로써 하나님은 당신의 뜻을 이루셨고, 백성들은 자신의 행위로 말미암아 심판을 받게 됩니다.

유월절에 나눠진 예수님의 피와 살

주님의 마지막 식사에 있었던 일 하나를 더 살펴봅니다.

저희가 먹을 때에 예수께서 떡을 가지사 축복하시고 떼어 제자들에게 주시며 가라사대 받으라 이것이 내 몸이니라 하시고 또 잔을 가지사 사례하시고 저희에게 주시니 다 이를 마시매 가라사대 이것은 많은 사람을 위하여 흘리는바 나의 피 곧 언약의 피니라 _막 14:22-24

유대인 전통에 따른 '유월절 식사'는 어떤 모습이었을까요?. 전통적인 유월절 식사는 먼저 이 식사 모임을 축복하는 기도로 시작됩니다. 이어서 포도주를 마십니다. 그리고 그 모임에서 가장 어린아이나 구성원이 이렇게 묻습니다. "왜 이날 밤은 다른 날 밤과 다릅니까?" 이 질문에 아버지나 모임의 주관자가 유월절 사건을 설명합니다. 이 설명을 배경으로 하여 아버지 혹은 식사 주관자는 유월절 식사에 등장하는 요소들이 어떤 의미인지를 가르칩니다. 유월절 양이 무슨 의미인지, 무교병은 무슨 의미인지, 그날 준비하는 소금 한 그릇과 쓴 나물이 갖는 상징적 의미 등등을 설명합니다. 참석자들은 이 설명을 들으면서 자신의 선조들이 하나님과 맺은 언약을 기억하며 유월절의 영광스런 해방 사건을 다시 체험하곤 했습니다. 바로 이것이 유월절 식사의 대략적인 내용입니다.

그런데 본문의 유월절 식사 이야기에는 이런 전통적인 내용들이 언급되지 않고 오히려 떡과 포도주를 언급하시며 그 의미를 설명하시는 예수님의 말씀만이 기록되어 있을 뿐입니다. 이것이 무슨 의미일까요? 앞에서도 언급한 것처럼 예수님은 마가의 이야기를 통해 유월절 전통을 이 사건에 강력하게 연결하십니다. 그러나 이 유월절 식사는 다시 예수님으로 말미암아 전혀 새로운 의미를 갖게 됩니다. 다시 말해 예수님의 죽음은 유월절에 희생되는 어린양이 갖는 의미와 같습니다만, 이 희생은 어린양을 잡는 것 같은 피 흘림이 아니라 예수님께서 십자가에 달려 죽으시는 일로 대체되었던 것입니다. 어쨌든 예수님께서 식사 시간에 제자들에게 언급하신 떡과 포도주가 세상 사람을 위하여 당신을 전부 내어 주는 희생을 표현하는 두 가지 방식임은 틀림없습니다. 이로써 유월절 식사는 세상 사람을 구하기 위하여 당신을 전부 희생하신 예수님의 십자가 사건을 기억하는 사건이 되었습니다.

그 후에 예수님은 이렇게 말씀하셨습니다.

진실로 너희에게 이르노니 내가 포도나무에서 난 것을 하나님 나라에서 새 것으로 마시는 날까지 다시 마시지 아니하리라 _막 14:25

이 말씀에서 강조점은 '나는 그때까지 포도주를 마시지 않겠다'가 아닙니다. 하나님 나라에서 제자들과 함께 마실 그날, 즉 미래에 대한 강력한 소망에 강조점이 있습니다. 우리 주님은 포도주를 높이 드시면서 당신이 세상 사람들을 위해 흘리는 당신의 피를 기억하게 하셨고, 나아가 하나님의 나라에서 나누게 될 그 큰 기쁨의 날을 기대하게 하셨던 것입니다.

예수님은 제자들과 함께 식사하시면서 유월절에 죽임 당하는 어린양과 같은 의미를 지닌 당신의 죽음을 언급하셨습니다. 제자들에게 이런 말씀은 엄청난 충격이었습니다. 그러나 예수님의 희생은 비극으로 끝나지 않습니다. 그분의 죽음은 당신의 백성을 구원으로 이끌 것이며, 그들은 하나님의 나라에서 기쁨에 찬 축제를 즐기게 될 것입니다. 죽음은 분명 슬픈 일입니다. 하지만 예수님의 죽음은 부활로 말미암아 기쁨으로 극적인 반전을 이루게 될 것입니다. 그러므로 제자들은 예수님의 죽음을 슬퍼하고만 있어서는 안 됩니다. 온 나라 백성들이 구원의 기쁨을 누리기 위해서 예수님의 죽음은 필연적입니다. 더욱이 예수님은 당신께서 예고한 대로 죽으셨다가 부활하실 것이며, 이 순종적 죽음으로 말미암아 하나님은 당신의 아들 예수 그리스도를 이 세상의 왕으로 세우실 것입니다. 그러므로 예수님은 죽으셔야만 합니다. 그래야만 부활의 영광이 따를 것이며, 승리하신 어린양이 보좌에 앉아 영원한 기쁨의 나라를 다스리실 것입니다. 그러므로 예수님의 십자가는 슬픔의 이야기라기보다 인류 최대의 잔치를 보장하는 기쁨의 소식입니다.

모든 것이 그분의 계획 안에 있다!

여기까지 오는 동안 가장 강조한 사실이 있습니다. 본문 바로 앞의 흐름에 이어서 이번에도, 예수님께서 인류 구원 계획을 철두철미하게 주도하고 계신다는 것입니다. 그리고 본문은 고난과 죽음의 길을 예고하시는 예수님의 말씀에 이어 제자들이 예수님과 함께 하나님을 찬미하는 가운데 기도하기 위해 길을 떠나는 장면으로 끝을 맺습니다. 물론 이어지는 이야기에서 제자들은 기도하는 일에서조차 실패할 것입니다. 심지어 예수님을 부인하기까지 할 것입니다. 그들은 도망할 것입니다. 인간적인 면에서 그들은 예수님의 기대에 훨씬 미치지 못했습니다. 예수님께서 십자가에 달려 돌아가셨습니다.

그렇다면 예수님의 계획은 실패했습니까? 아닙니다. 예수님은 당신의 계획에 따라 부활하셨습니다. 제자들은 예수님의 부활을 목격했으며, 그때서야 비로소 주님께서 십자가에 달리시기 전에 몇 번이나 가르치셨던 것들을 이해하기 시작했습니다. 뿐만 아닙니다. 제자들은 하늘로 올라가시는 예수님의 분부에 따라 한곳에 모여 기도했습니다. 그리고 정한 때가 되자 오순절 날에 약속하신 성령을 체험했습니다. 그들은 이러저러한 곡절을 겪었습니다만, 모두가 부활하신 하나님의 아들을 증거하다가 기꺼이 순교의 길을 걸었습니다. 그리고 그들의 헌신적 전도를 통해서 세상 끝까지 하나님의 복음이 전파되었습니다. 이것이 성경의 기록입니다. 따라서 우리는 예수님의 계획이 온전히 성공했다고 말할 수밖에 없습니다.

예수님은 당신의 죽음을 선언하시는 자리에서조차 하나의 희망을 언급하십니다. '하나님의 나라, 그 나라가 이뤄질 때 나는 너희와 함께 끝없는 축제를 벌일 것이다!' 그러므로 유월절 식사의 자리는 예수님의 고통스런 죽음을 슬퍼하는 추모의 자리에 그쳐서는 안 됩니다. 슬픔을 넘어 하나님 나라의 기쁨을 기다리는 희망의 사건이 되어야 합니다. 뿐만 아니라 이 희망에 찬 이야기가 오로지 하나님으로 말미암아서만 가능하다는 사실을 잊어서는 안 됩니다. 그분께서 계획하셨습니다. 그분께서 이루십니다. 이 사실은 단지 신앙 고백으로만 머물지 않습니다. 모든 것을 그분께서 계획하시고 그분께서 이루신다는 고백은 마침내 우리의 삶에 관한 고백으로 연결되어야 합니다. 우리의 삶 또한 마찬가지입니다. 나의 삶 걸음걸음마다 하나님의 계획에서 빠진 것이 없습니다. 그 계획은 반드시 이루어질 것입니다. 전능하신 하나님께서 계획하셨기 때문입니다. 이 믿음은 우리의 하루하루를 소망과 기쁨에 찬 일상으로 바꿉니다. 그러므로 우리를 사랑하셔서 죽기까지 그리하신 주님을 찬양합시다. 그분께서 계획하신 하나님 나라의 축제가 기어이 이루어질 것을 믿읍시다. 우리의 삶이 하나님의 계획 안에 있음을 믿읍시다. 그 믿음으로 말미암아 하루하루를 기쁨과 확신 가운데 살아 냅시다. 아멘.

68

일어나라 함께 가자
마가복음 14:27-42

제자들의 배신을 예언하시다

식사를 마친 일행은 감람산으로 떠났습니다. 그들은 거기서 기도할 것입니다. 그런데 주님께서 말씀하십니다.

> 너희가 다 나를 버리리라 이는 기록된바 내가 목자를 치리니 양들이 흩어지리라 하였느니라 _막 14:27

예수님은 이미 식사 도중에도 제자 중 누군가가 당신을 배신할 것이라고 예언하셨습니다. 이 말씀을 들은 제자들은 저마다 "그가 저입니까?"라고 예수님께 물으며 확인했던 것 같습니다. 그 가운데 가룟 유다 역시 있었습니다. 마가복음에는 기록되어 있지 않지만 마태복음 26장에는 이런 대화가 기록되어 있습니다.

> 예수를 파는 유다가 대답하여 가로되 랍비여 내니이까 대답하시되 네가 말하였도다 하시니라 _마 26:25

이런 대화가 오갔음에도 불구하고 제자들의 반응이 없었음을 보면, 아마도 은밀하게 혹은 예수님과 유다 단둘만이 들을 수 있는 귓속말로 대화를 주고받았을 확률이 아주 높습니다. 또 한 곳, 즉 요한은 이 부분에서 다른 장면을 기록했습니다.

> 시몬 베드로가 머릿짓을 하여 말하되 말씀하신 자가 누구인지 말하라 한대 그가 예수의 가슴에 그대로 의지하여 말하되 주여 누구오니이까 예수께서 대답하시되 내가 한 조각을 찍어다가 주는 자가 그니라 하시고 곧 한 조각을 찍으셔다가 가룟 시몬의 아들 유다를 주시니 _요 13:24-26

베드로가 예수님의 가슴에 기대어 식사하고 있는 요한에게 시킵니다. 예수님께 선생님을 팔 사람이 누구냐고 물어보라고. 요한이 묻자 예수님께서 즉시 대답하시고 그것을 행동으로 보여 주셨습니다. 그러나 이 행동이 무슨 의미인지를 아는 제자가 없었던 것을 보면 요한복음의 대화 역시 예수님과 요한만의 대화였던 것 같습니다. 어쨌든 이런 일들이 일어난 후 가룟 유다는 조용히 그 자리를 떠났습니다.

그런데 본문에 기록된 예수님의 예언은 성격이 다르게 보입니다. 예수님께서 이번에 "너희가 다 나를 버리리라"고 말씀하신 후에 두 가지 사실을 덧붙이셨기 때문입니다. 첫째, 제자들이 당신을 버릴 것이라 예고하신 후에 바로 이어서 이것이 성경의 예언을 성취하는 일이라고 말씀하셨습니다. 대부분의 학자들은 이때 인용하신 말씀이 스가랴 13장 7절이라고 봅니다.

> 만군의 여호와가 말하노라 칼아 깨어서 내 목자, 내 짝 된 자를 치라 목자를 치면 양이 흩어지려니와 작은 자들 위에는 내가 내 손을 드리우리라

여기서 우리는 눈여겨보아야 합니다. 예수님은 지금 스가랴가 말하는 '내 목자, 즉 내 짝 된 자'를 당신 자신이라 여기셨고, 당신이 그 말씀을 따라 고난 받고 죽는 그 일이 하나님께서 작정하신 일임을 강조하셨다는 것입니다. 하지만 예수님은 두 번째로 이 예언이 비극으로 끝나지 않을 것을 금방 이어

서 말씀하셨습니다.

> 그러나 내가 살아난 후에 너희보다 먼저 갈릴리로 가리라 _막 14:28

스가랴의 예언에 따르면, 목자는 해를 받을 것이고, 그 양들은 사방으로 흩어질 것입니다. 하지만 하나님은 작은 자들, 즉 미천하게 보이는 당신의 백성들을 당신의 손으로 보호하실 것입니다. 이런 관점에서 볼 때 예수님은 지금 제자들에게 배신을 예고하시지만 그들을 정죄하시는 것은 아닙니다. 이 모든 일들이 하나님의 작정 안에 들어 있으니 안심하라고 하시는 말씀이 분명합니다.

베드로의 배신을 예고하심

그런데 이 말씀을 들은 베드로가 당장 반응을 보입니다.

> 베드로가 여짜오되 다 버릴지라도 나는 그렇지 않겠나이다 _막 14:29

베드로는 "다른 사람은 다 당신을 버려도 나만은 그렇게 하지 않겠습니다"라고 말합니다. 자신이 절대 예수님을 버리지 않겠다고 말하려는 것은 알겠지만, 하필이면 이런 식으로 강조합니다. '모든 사람이 다 버릴지라도 ….' 좀 밉상 아닙니까? 물론 이렇게 생각할 여지는 있습니다. 누가는 마지막 식사 장면을 기록하면서 이런 상황을 덧붙였습니다.

> 저희 사이에 그중 누가 크냐 하는 다툼이 난지라 _눅 22:24

예수님께서 잔과 떡을 나누시면서 당신의 죽음을 예고하시는 엄숙한 순간이었는데, 이 순간에도 제자들은 누가 더 높으냐를 놓고 언쟁을 벌였다는 것입니다. 요한은 이 식사 자리에서 예수님께서 제자들의 발을 씻겨 주시는 장면을 기록했습니다. 저는 예수님의 이 행동이 우연이라고 보지 않습니다. 강조하자면, 오죽하면 예수님께서 이런 모범을 보이셨을까 하는 것입니다.

저는 이런 분위기가 식사 후에 깨끗하게 사라졌을 것이라 보지 않습니다. 베드로는 지금 예수님을 향한 사랑을 고백하면서 거기에 비교급을 사용합니다. 즉, 다른 제자들은 그럴지라도 자기만은 그러지 않을 것이라고 말합니다. 그러나 예수님의 말씀은 단호합니다.

내가 진실로 네게 이르노니 오늘 이 밤 닭이 두 번 울기 전에 네가 세 번 나를 부인

하리라 _막 14:30

"내가 진짜로 말하는데, 너는 한 번도 아니고 세 번이나 나를 부인할 거야!" 하지만 베드로는 여기서 물러서지 않습니다. 그가 거듭하여 말합니다.

내가 주와 함께 죽을지언정 주를 부인하지 않겠나이다 _막 14:31

베드로도 이제는 굳이 다른 사람과 비교하지 않습니다. 자기 목숨을 걸고 맹세합니다. 그러자 이 말을 들은 제자들도 너도나도 한 입으로 '저도요!'를 부르짖었습니다. 이에 대한 주님의 대답은 기록되지 않았습니다. 사실 말해서 무엇하겠습니까? 예수님의 수난은 이미 작정되었고, 그 작정대로 진행되고 있습니다. 예수님의 죽음은 사람의 눈에 아직까지 가시적으로 보이지 않았으나 그 일을 함께 계획하시고 그 계획의 주인공이신 예수님께 그 일은 이미 현실이었습니다. 거기에 그 일이 이루어지기 위해 필요한 조연들의 역할까지 이미 확정된 사실이었습니다. 그러니 제자들이 제아무리 강력하게 부인한다 한들 그것이 하나님의 작정을 바꿀 수는 없었던 것입니다.

겟세마네에서 기도하시다

이런 이야기들이 오가는 가운데 예수님 일행은 드디어 겟세마네라고 불리는 동산에 도착했습니다. 이 동산은 예루살렘 동편 성벽 쪽, 감람산의 서쪽 비탈인 기드론 계곡 안에 있는 유실수(有實樹)가 심겨진 지역 이름이었습니다. 여기까지 오신 예수님은 제자들에게 이렇게 당부하십니다.

나의 기도할 동안에 너희는 여기 앉았으라 _막 14:32

그런데 예수님은 왜 굳이 세 명의 제자만 따로 데리고 기도 장소로 가셨을까요? 마가는 이 이유를 설명하지 않습니다. 그러므로 짐작할 뿐인데, 어떤 사람은 이 세 사람이 제자들 가운데 가장 강력하게 주님을 위해 기꺼이 고난을 감당하겠다고 주장했기 때문이라고 설명했습니다(막 10:35-40). 일리 있는 설명 같기는 합니다. 어쨌든 이런 경우가 마가복음 안에서 종종 등장하고, 본문을 봐도 예수님의 이런 행동에 대해 다른 제자들 역시 아무런 반응도 없는 것을 보면 그리 이상한 일은 아니었던 것 같습니다.

세 명의 제자와 함께 기도할 장소를 찾으러 가시는 예수님의 심정을 마가가 다음과 같이 묘사합니다.

심히 놀라시며 슬퍼하사 말씀하시되 내 마음이 심히 고민하여 죽게 되었으니 너희
는 여기 머물러 깨어 있으라 하시고 _막 14:33-34

기도처로 가시는 순간 주님의 마음은 '심히 눌려 번민에 휩싸이기'($\mathring{\eta}\rho\xi\alpha\tau o$ $\dot{\varepsilon}\varkappa\theta\alpha\mu\beta\varepsilon\tilde{\iota}\sigma\theta\alpha\iota$ $\varkappa\alpha\grave{\iota}$ $\dot{\alpha}\delta\eta\mu o\nu\varepsilon\tilde{\iota}\nu$) 시작합니다. 이 압박감은 두려움과 공포 때문에 온 것입니다. 이 때문에 예수님은 '죽게 되었다'고까지 표현하셨습니다. 어떤 사람은 이 부분을 시편 42편 5절 이하의 말씀으로 설명하기도 합니다.

내 영혼아 네가 어찌하여 낙망하며 어찌하여 내 속에서 불안하여 하는고 너는 하나

님을 바라라 그 얼굴의 도우심을 인하여 내가 오히려 찬송하리로다 ⋯ 내 영혼아

네가 어찌하여 낙망하며 어찌하여 내 속에서 불안하여 하는고 너는 하나님을 바라

라 나는 내 얼굴을 도우시는 내 하나님을 오히려 찬송하리로다 _시 42:5, 11

이 시편이 보여 주는 불안과 좌절감은 의인이 겪는 고통입니다. 그 격심한 고통은 죽을 것만 같은 심각한 비통함이었습니다. 이 가운데서 의인은 스스로에게 오직 하나님만 바라라고 격려합니다. 바로 이때의 심정이 본문 속 예수님의 심정이었다는 것입니다. 이렇게 당신의 심정을 알리신 예수님께서 "그 자리에 머물러 깨어 있으라"고 당부하신 후 제자들을 떠나셨습니다.

마침내 기도할 장소에 도착하신 예수님은 땅에 쓰러지듯 꿇어 엎드리셨습니다. 이는 상대방을 존경하기 때문에 복종을 표시하는 자세이기도 하고, 동시에 극심한 슬픔 때문에 나타나는 반응이기도 했습니다. 마가는 이어서 예수님의 기도를 간접화법으로 기록해 놓았습니다.

될 수 있는 대로 이때가 자기에게서 지나가기를 구하여 가라사대 아바 아버지여 아

버지께는 모든 것이 가능하오니 이 잔을 내게서 옮기시옵소서 _막 14:35-36

예수님의 기도는 전체적으로 보아 가능하다면 이 고난이 당신을 피해 가기를 바라는 것이었습니다. 그러나 그분의 기도는 마지막에 변화를 일으킵니다. 예수님께서 기도하십니다.

그러나 나의 원대로 마옵시고 아버지의 원대로 하옵소서 _막 14:36

예수님의 인성은 다가오는 슬픔의 시간을 피하기 원했습니다. 하지만 예수님은 기꺼이 당신을 아버지의 뜻에 복종시키기를 원하셨습니다.

마음은 원이로되

예수님께서 슬픔과 고민에 가득 찬 기도를 죽음을 향한 각오로 마무리하신 후에 잠시 기도를 중단하시고 제자들이 있는 곳으로 오셨습니다. 제자들은 그 자리에서 기도했어야 하지만 자고 있었습니다. 이 어처구니없는 광경을 보신 주님께서 베드로를 향해 이렇게 말씀하셨습니다.

> 시몬아 자느냐 네가 한시 동안도 깨어 있을 수 없더냐 시험에 들지 않게 깨어 있어
> 기도하라 마음에는 원이로되 육신이 약하도다 _막 14:37-38

예수님의 지적은 우리 인간의 연약함을 뼈아프게 밝히십니다. 예수님도 베드로, 아니 연약한 인간 시몬의 진정성만큼은 인정하셨습니다. 시몬 베드로는 정말 깊이 예수님을 사랑했습니다. 그는 정말 예수님을 위해 죽을 마음이 있었습니다. 그러나 그의 마음은 문자 그대로 마음일 뿐이었습니다.

본문에서 시몬 베드로가 워낙 단호하게 주님을 배신하지 않겠다고 장담했기 때문에 하필이면 베드로를 따로 불러 이렇게 말씀하셨으리라 짐작합니다만, 어쨌든 주님께서 베드로에게 하신 질문은 베드로와 함께 자고 있었던 나머지 두 제자, 아니 열하나의 제자 모두에게, 나아가 주님을 사랑한다고 고백하며 나는 당신을 배신하지 않겠다고 장담하는 우리 신자 모두에게 던지시는 말씀일 것입니다. 주님께서 베드로와 제자들에게 전하신 심정은 인간의 연약함에 대한 짙은 연민과 사랑이었습니다. 마음은 간절하지만 실제로는 그처럼 할 수 없는 인생, 이것이 우리 인간의 진실한 모습 아니겠습니까?

사실 겟세마네 동산에서 간절히 기도하시는 예수님의 모습에서도 우리는 이 인간의 어쩔 수 없는 딜레마를 볼 수 있습니다. 죽음의 잔을 피하기 바라면서도 자신의 의지를 쳐서 하나님의 뜻에 복종시키려는 몸부림. 우리는 신성을 지닌 예수님께서 어떻게 이런 인성의 욕망을 경험하셨는지 이해하거나 설명할 수는 없습니다. 그럼에도 주님의 기도하시는 모습 속에서 신자로서

의 우리가 경험하는 갈등과 극복의 과정을 보는 것입니다.

잠에 빠져 자느라 기도하지 못하는 제자들과 고난을 앞두고 하나님께 순복의 기도를 드리는 예수님의 슬픈 간격은 세 번이나 반복되었습니다. 제자들은 예수님의 탄식과 당부에도 불구하고 눈꺼풀의 무게를 견디지 못했습니다. 그러나 때가 되었습니다! 마침내 예수님께서 기도를 마치시고 일어나 잠에 빠진 제자들에게 말씀하십니다.

이제는 자고 쉬라 그만이다 때가 왔도다 보라 인자가 죄인의 손에 팔리우느니라 _
막 14:41

죽음을 각오했다는 제자들의 열정도, 피곤에 못 이겨 기도하지 못하고 잠에 빠진 연약함도, 고난의 잔을 어떻게든 피해 보고자 하는 인간의 미련도, 연약한 인성을 극복하려는 처절한 영적 투쟁의 시간도 지났습니다. 이제 고난의 시간이 점차 구체적으로 다가옵니다. 이 모든 것이 하나님의 계획대로 진행되어 가고 있습니다. 당신을 죽음의 십자가에 온전히 맡기기로 결심하신 주님께서 제자들에게 말씀하십니다.

일어나라 함께 가자 _막 14:42

주님은 당신을 체포하려 다가오는 배신자와 무리를 맞을 준비를 마치셨습니다. 제자들에게 일어나 함께 가자고 말씀하셨지만, 그들은 이 무리들과 십자가 앞에서 예수님을 배신할 것입니다. 물론 예수님은 미리 아셨습니다. 이 모든 것이 하나님의 계획 안에 있었습니다.

지금까지 본문을 따라가며 예수님의 기도 장면과 곧 임박한 수난의 현장을 대하시는 예수님의 태도를 살펴보았습니다. 이 장면들을 보면서 무엇을 느끼셨습니까? 본문에서 가장 큰 주제는 제자들의 연약함과 기도가 아닐까 생각합니다. 제자들은 누구라 할 것 없이 '내가 주를 위해 죽겠다', 혹은 '나는 절대 주님을 배신하지 않겠다'고 장담했습니다. 하지만 그들은 육체의 피곤함조차 견디지 못했습니다. 우리는 '잠재우지 않기 고문'이 있음을 압니다. 잠 좀 안 자기로 그것이 무슨 고문이라고 말하겠는가 하지만, 실제로 잠을 못 자는 것이 얼마나 무서운 고통인지 모릅니다. 그럼에도 그날 밤 몇 시간도 깨어 기도할 수 없었을까요? 세 번이나 기도하시다가 찾아와 깨우실 때, 탄식하시는 주님 앞에 제자들은 그 어떤 말로도 변명할 수 없었습니다.

깨어 기도하라

성경은 실패자들의 이야기를 담고 있습니다. 이 책을 쓴 마가가 베드로와 어떤 관계인지를 압니다. 마가는 어머니 마리아를 통해 예수님과 그분의 제자들이 가까운 사이였음을 알았을 것이고, 베드로와 함께 사역한 것으로 알려집니다. 마가는 베드로의 이야기에 관해서 베드로 자신의 입을 통해서 생생하게 들었을 것입니다. 베드로는 이 부분을 회고할 때 어떤 심정이었을까요? 그러나 어느 학자의 말대로, 신약 성경은 예수님을 배신했던 두 위대한 사역자를 있는 그대로 기록했습니다. 예수님을 세 번이나 부인했던 베드로와 그리스도인들을 잔인하게 박해했던 사도 바울이 바로 그들입니다. 그러나 그들은 결국 우리가 알고 있는 그대로의 모습으로 주님을 위해 살고, 또 그렇게 죽었습니다. 그것이 하나님의 계획과 작정 안에 있었기 때문입니다.

그러나 우리는 이렇게 믿으면서도, 이 일이 어떻게 실현될지 아직 아무것도 모릅니다. 우리 자신의 장래도 마찬가지입니다. 우리는 우리 삶을 주관하시는 하나님을 믿으며 그분의 손에 우리의 모든 것을 맡긴다고 고백합니다. 하지만 우리는 지나온 일에 대해서만 믿을 뿐 다가올 것에 대해서는 여전히 불신과 불안 가운데 두려워합니다. 제자들을 향하여 말씀하신 것처럼 주님께서 우리를 향해 탄식하십니다. "마음에는 원이로되 육신이 약하구나!" 그 탄식에 대한 해법은 오직 하나였습니다. 깨어 기도하는 것이었습니다. 우리는 예수님의 기도 안에서 기도가 무엇인지, 깨는 것이 무엇인지를 배웁니다. 예수님은 기도 가운데 자신의 뜻을 온전히 하나님께 복종하는 과정을 보여 주셨습니다. 뿐만 아니라 기도를 통해 제자들에게 깨어 있는 것이 무엇인지를 몸소 가르치셨습니다. 그렇습니다. 기도는 자신을 쳐서 하나님의 뜻에 복종하는 것이고, 이를 향한 몸부림입니다. 이 자세야말로 우리를 육신의 약함에서부터 벗어나게 하는 힘인 것입니다.

하나님의 작정대로 마침내 죽음에서 부활하신 주님께서 제자들을 갈릴리에서 기다리셨습니다. 제자들은 갈릴리에서 주님을 만났으며, 그들 역시 하나님의 작정을 따라 주께서 원하시는 모습으로 변했습니다. 그들이 그렇게 되어 간 것처럼 우리 역시 그러할 것입니다. 이제 앞이 보이지 않을 때, 그래서 불안할 때, 그럼에도 우리의 힘으로 무엇 하나 어찌할 수 없을 때, 우리는 어떻게 해야 하겠습니까? 그분의 온전한 계획과 능력을 믿는 가운데 깨어 기도하면서 하나님의 뜻에 우리를 쳐서 복종하게 하는 것 아니겠습니까? 하나님의 뜻에 죽기까지 순종하기로 결심하신 주님은 기도를 마친 후에 말씀하십니다. "일어나라, 우리가 함께 가자!" 우리는 하나님의 뜻을, 우리에게 주어진 인생의 짐을 어떤 자세로 맞이합니까? 그것을 맞이하면서 우리는 무엇을 어떻게 기도합니까? 주님께서 우리 앞에 기다리십니다. 우리가 무엇을 두려워하겠습니까!

69

네가 하나님의 아들이냐

마가복음 14:43-72

연약한 인간, 연민하시는 예수님

제자들과의 마지막 식사를 마치신 예수님께서 제자들을 데리고 감람산의 한 자락인 겟세마네라는 곳에 도착하셨습니다. 거기서 제자들에게 기도하라 말씀하신 후 예수님은 세 명의 제자들을 데리고 따로 한곳으로 가셨습니다. 예수님은 다시 거기서 세 명의 제자들을 기도하게 하신 후 그들로부터 별로 멀지 않은 곳에서 혼자 기도하셨습니다. 드디어 땀을 피처럼 흘리며 기도하시던 예수님께서 그 자리에서 일어나셨습니다. 예수님은 세 명의 제자들에게 기도하라고 당부하신 그 자리로 가셨습니다. 거기에는 베드로와 요한, 그리고 야고보가 있었습니다. 특별히 예수님의 지목을 받은 그들이었지만, 그들 역시 다른 제자들과 마찬가지로 그날 밤의 피곤함을 견딜 수 없었습니다.

그들은 예수님을 깊이 사랑했습니다. 성격이 괄괄한 사람들도 꽤 있었습니다. 그만하면 예수님께서 '나 조금 후에 죽을 것 같으니 함께 기도하자'라고 당부하신 마당에 하룻밤 정도는 밤을 새며 기도할 수 있지 않았을까요? 그러나 마가복음을 보면, 그들은 예수님의 기대에 응하지 못했습니다. 그들은 쏟아지는 잠을 견디지 못하고, 홀로 기도하다 찾아오신 예수님께 잠자는 모습만 보였을 뿐입니다. 이 모습을 보시며 예수님은 탄식도 하셨지만, 그렇다고 그들을 비난하지 않으셨습니다. 인간적으로는 그들이 한심하고 심지어 배신자처럼 보이지 않았겠습니까? 당신을 위해 죽겠다고 큰소리치지만 겨우 하룻밤도 견디지 못하고 잠을 자는 제자들. 어쩌다가 그런 한심한 제자들을 만났는지, 그런 제자를 두신 예수님의 처지가 딱해 보일 지경입니다. 하지만 주님은 아셨습니다. 그것이 인간의 한계임을 말입니다.

얼마 전 '밀정'이란 영화를 봤습니다. 그 영화에서 독립 운동을 하던 사람이 경찰에 잡혀 와 취조실 의자에 묶였는데, 취조하는 경찰이 말합니다. "어차피 네가 자백하는 건 시간문제다." 그가 왜 이런 말을 했을까요? 사람이 옳다 여기는 신념이 제아무리 강해도 고문까지 견뎌 낼 사람은 극히 드뭅니다. 따라서 '나는 죽기를 각오하고'라고 말할 때, 그것은 그 사람이 그 문제를 그만큼 진지하게 생각한다는 의미일 뿐입니다. 특별한 사람 몇을 빼고 절대 다수의 사람들은 자신에게 다가오는 고통과 죽음에 맞설 수 없다는 뜻입니다.

체포당하시는 예수님

때가 되었습니다! 예수님께서 마침내 기도를 마치시고 일어나 잠에 빠진 제자들에게 말씀하십니다.

이제는 자고 쉬라 그만이다 때가 왔도다 보라 인자가 죄인의 손에 팔리우느니라 _
막 14:41

과연 그 말씀이 끝나자마자 예수님을 체포하려고 무리가 현장에 들이닥쳤습니다. 마가의 설명에 따르면, 그들은 '대제사장들과 서기관들과 장로들에게서 파송된 무리들'이었습니다. 그 무리는 예수님의 제자 가룟 유다의 인도를 받고 왔습니다. 그들은 죄인을 체포할 때나 쓰는 칼과 몽치, 즉 몽둥이를 들고 몰려와서 예수님을 체포하려 했습니다. 예수님께서 이 모습을 보시고 물으십니다.

너희가 강도를 잡는 것같이 검과 몽치를 가지고 나를 잡으러 나왔느냐 _ 막 14:48

하나님의 눈에 비친 그들 자신의 모습을 적나라하게 보여 주시려는 질문이었습니다. 그들은 하나님의 아들로서 이 땅에 오신 예수님을 유대인의 구세주, 즉 왕으로 영접해야 했습니다. 그러나 그들은 그러지 않았습니다. 오히려 강도나 잡을 때 쓰는 물건으로 예수님을 체포하려 했습니다. 얼마나 참람한 일입니까? 물론 자기들 생각에는 옳은 일을 한다고 믿었을 것입니다. 하지만 이미 예수님께서 비유로 예언하신 것처럼, 그들은 그야말로 포도원 주인의 아들을 잡아 죽인 일꾼들의 모습 그대로였습니다. 그런데 예수님께서 말씀을 이어가십니다.

> 내가 날마다 너희와 함께 성전에 있으면서 가르쳤으되 너희가 나를 잡지 아니하였
> 도다 그러나 이는 성경을 이루려 함이니라 하시더라 _막 14:49

요점이 무엇입니까? 간단히 말하자면, 이 또한 성경의 예언을 이루려는 것입니다. 대제사장들과 서기관들, 장로들은 예수님을 죽어 마땅한 죄인이라 판단했고, 그를 잡아 죽이려 했습니다. 그들은 예수님을 잡아 죽일 권리와 권한이 있다고 믿었을 것입니다. 그러나 예수님의 관점은 다릅니다. 예수님께서 지적하십니다. "너희들이 무엇을 어떻게 판단하고 결정하고 집행해도, 그것은 너희 능력 때문이 아니다. 하나님의 권한 안에서 허락된 일이기에 그렇게 할 수 있는 거야. 예전에 나를 잡지 못한 것도, 지금 나를 잡는 것도 모두가 하나님의 손 아래서 일어날 수 있는 거야." 그래서 마가는 본문에서 예수님을 체포하려는 무리에게 칼로 맞서서 그중 한 사람의 귀를 잘라 낸 베드로의 이름도 생략하고, 그를 꾸중하신 예수님의 말씀도 생략해 버린 것입니다. 이런 의도적인 무시는 잠을 이기지 못하고 자 버리는 인간의 무능력함이나, 예수님을 체포하려는 무리를 향해 칼을 빼어 들고 맞서는 베드로의 용기나, 하나님의 뜻을 이루어 가는 데 아무런 영향도 주지 않음을 보여 줍니다.

이 장면에서 마지막으로 가룟 유다의 모습을 살펴봅니다. 그는 예수님과

의 마지막 식사 자리에서 벗어나 대제사장들에게 갔고, 그 자리에서 선생이신 예수님을 팔아넘기겠다 약속한 후 은 삼십 개를 받았습니다. 그는 예수님을 잡아 죽이지 못해 안달이 난 그들로부터 예수님을 체포할 무리들을 소개받았습니다. 유다는 그들을 안내하여 겟세마네 동산으로 갔습니다. 그는 먼저 예수님을 체포할 사람들에게 약속을 합니다. 자기가 입 맞추는 그 사람이 바로 예수니 그를 체포하면 된다고 말입니다. 유다는 예수님께 다가가 아직도 친근한 제자인 것처럼 그에게 입을 맞춥니다. 이로써 그는 예수님을 판 자로 영원히 역사에 남았습니다.

마가복음을 비롯한 복음서들은 자기들이 기록한 모든 일이 하나님께서 구약의 선지자들을 통해 기록한 그 말씀을 이루기 위해 일어났다고 기록합니다. 예수님의 탄생부터 죽음, 그리고 부활에 이르기까지의 모든 과정이 예수님께서 이 세상을 구원하기 위해 오신 하나님의 아들이심을 증명한다고 주장하는 것입니다. 따라서 이 사실을 믿는 자에게는 성경 전체가 구원을 알리는 기쁜 소식이 됩니다.

하지만 우리는 본문 전체를 하나님의 뜻 아래 있었다고 주장하면서 한 가지 어려운 문제를 떠안게 됩니다. 그러면 유다가 예수님을 팔아넘긴 것도 하나님의 계획 안에 있었습니까? 그렇게 말한다면 예수님의 죽음은 유다의 죄 때문이 아니라 하나님 때문이라고 봐도 되지 않습니까? 하지만 이 문제는 미결 상태에 있습니다. 우리는 우리의 이성으로 쉽게 결론짓지 못할 두 개의 분명한 선언만을 받고 있을 뿐입니다. 하나는, 이 모든 것이 하나님의 계획 아래 일어났다는 말씀이고, 다음으로는, 사도들이 이후에 사도행전에서 선언한 것처럼 '가롯 유다가 예수님을 판 것은 그 스스로가 결정한 것이므로 그의 책임이다'(행 1:25)라는 말씀입니다.

사실 인간인 우리의 한계는 여기까지입니다. 그럼에도 분명한 사실이 있습니다. 이 세상의 모든 일은 하나님의 허락 없이 일어날 수 없다는 것입니다. 이것이 하나님을 사랑하는 이들에게만은 얼마나 큰 위로와 격려인지를, 우리는 알고 있습니다!

홀로 심문대에 서시다

이제 마지막 장면으로 옮겨 갑니다. 대제사장들과 서기관들, 장로들이 보낸 무리들이 별다른 충돌 없이 대제사장과 공회원들이 기다리는 곳으로 예수님을 압송했습니다. 그들은 잡혀 온 예수님을 앞에 놓고 어떻게든 책잡아 보려 합니다. 하지만 의욕만 앞설 뿐, 자기들끼리도 말이 맞지 않아 우왕좌왕하는 모습을 보여 줍니다. 너도나도 예수님의 죄가 이렇다 말해도 증인들의 말이 맞지 않습니다. 이렇게 소리만 질러 대는 소란 가운데 마침내 노련한 대제사장이 가장 무섭고 사악한 꾀를 내었습니다. 그가 묻습니다. "네가 찬송 받을 이의 아들 그리스도냐?" 당시 유대인의 관습에 따르면, '여호와 하나님'이란 호칭은 너무나도 거룩한 이름이어서 함부로 입에 올리지 못했습니다. 그러니 '찬송 받을 이'는 그들이 그렇게도 신실하게 믿는 척했던 여호와 하나님이심이 분명합니다. 따라서 대제사장은 예수님께 '네가 하나님의 아들이냐'고 물은 것입니다. 대제사장의 질문을 들은 모든 사람들도 그렇게 이해한 것이 분명합니다.

그런데 혼란의 와중에서 내내 침묵하시던 예수님께서 바로 그 질문에는 대답하셨습니다. 그분께서 말씀하십니다. "내가 그니라"(막 14:62). 예수님은 당신이 대제사장이 질문한 바로 그임을 분명하게 말씀하십니다. 뿐만 아니라 묻지도 않은 부분까지도 말씀하십니다. "인자가 권능자의 우편에 앉은 것과 하늘 구름을 타고 오는 것을 너희가 보리라"(막 14:62). 이 부분은 당신께서 십자가에서 돌아가셨다가 살아나실 것을 염두에 두고 미리 말씀하신 것입니다. 그리스도께서 이 상황에서 자신의 죽음 너머 부활과 승천, 그리고 두 번째 오심, 즉 재림 사건까지 선언하셨다는 뜻입니다. 그리고 그 역시 성경이 이미 예언한 바요, 하나님의 계획이었습니다. 그러므로 지금 벌어지는 일들이 그렇듯, 그 일들도 반드시 이루어질 것입니다!

모든 일은 하나님의 계획 아래 진행되고 있습니다. 그 계획 아래 실로 수많은 모습의 인간들이 등장했습니다. 그 수많은 이적들을 보았어도 도무지 하나님의 아들을 인정할 수 없는 완고한 종교 지도자들. 바로 며칠 전까지 예수님을 따르며 환호하다가 금방 예수님을 잡아 죽이는 일에 또한 환호하는 군중들. 예수님을 위해서라면 기꺼이 죽겠다고 장담하다가 막상 그분께서 체포되시는 순간 도망하는 제자들. 그 와중에 가장 용감하게 칼을 빼 들었던 베드로마저 도망했고, 여기서는 이름이 밝혀지지 않았으나 나중에 사도들의 동반자가 된 마가라는 인물이 벌거벗은 채로 도망하는 민망한 장면도 등장합니다. 평소에 예수님을 따랐던 제자들이 보여 줄 수 있는 가장 큰 용기는 기껏해야 이런 것이었습니다. 베드로는 예수님께서 심문받는 자리 근처까지 따라와서, 선생님이 어떤 일을 당하시는지 눈치나 보다가 세 번이나 예수님을 부인했습니다. 얼마나 비참하고 가련한 모습입니까? 거기에 예수님의 제자로 나섰다가 자기의 생각과는 다름을 알고 돈을 탐하여 예수님을 배신하는 가룟 유다의 사악한 모습도 나타납니다.

이렇게 다양한 사람들의 모습은 나름대로의 가치관과 개성을 가진 이들의 모습입니다. 그들은 스스로의 주관으로 그 상황을 마주했고, 그리고 그들의 주관을 따라 판단하고 결정하며 행동했습니다. 완악한 사람은 완악한 대로, 연약한 사람은 연약한 대로, 사악한 사람은 사악한 대로, 그렇게 그 순간을 살아 냈습니다. 그리하여 그들은 예수님을 죽인 것이고, 배신한 것이고, 버린 것입니다. 그들은 그 누구의 간섭 없이 그리 행했습니다. 그럼에도 그들의 모든 것은 여지없이 하나님의 섭리 안에서 그리 행해진 것입니다. 그 가운데 오직 한 분, 예수님께서 하나님의 뜻을 아셨고, 그분의 뜻을 순종하기 위해 기꺼이 당신의 생명을 내놓으셨습니다. 모든 이가 자신의 판단에 따라 예수님을 미워하고 핍박하고 배신하고 죽이려고 하였지만, 그 가운데 오직 예수님만이 자신의 판단이 아니라 아버지 하나님의 뜻에 따라 행동하셨던 것입니다. 그 끝에 죽음이 기다리고 있었는데도 말입니다.

대제사장의 질문에 당신께서 바로 그 하나님의 아들이시라고 대답하심으로써 십자가를 향한 발걸음을 떼셨습니다. 예수님은 곧 십자가형을 받으실 것이고 마침내 죽으실 것입니다. 그러나 방금 우리가 본 것처럼, 예수님은 당신의 죽음을 넘어 부활과 재림을 선언하십니다. 이 또한 하나님께서 오래전부터 당신의 종들을 통해 수없이 예언하신 것이며 그러므로 그 역시 어김없이 모두 이루어질 것입니다. 우리 신자 모두는 이 사실을 믿는 바이며, 따라서 우리는 기회가 될 때마다 이렇게 기도합니다. "아멘, 주 예수여, 오시옵소서"(계 22:20). 이 사실을 알고 믿는 우리가 본문의 대제사장 옆에 서 있는 관중이었다면, 예수님께 던져진 그 질문을 들으며 어떻게 대답하여야 하겠습니까? 대제사장이 예수님께 묻습니다. "네가 과연 찬송 받으실 하나님의 아들 예수 그리스도이냐?" 이 질문 앞에 어떻게 대답하시겠습니까? 주님께서 말씀하십니다. "누구든지 사람 앞에서 나를 시인하면 나도 하늘에 계신 내 아버지 앞에서 저를 시인할 것이요"(마 10:32). 사도 요한은 하나님의 어린 양 예수님께서 온 우주의 주인으로 등극하여 모든 것들을 심판하는 장면을 환상 가운데 목격하고 이렇게 부르짖습니다. "볼지어다 구름을 타고 오시리라 각인의 눈이 그를 보겠고 그를 찌른 자들도 볼 터이요 땅에 있는 모든 족속이 그를 인하여 애곡하리니 그러하리라 아멘"(계 1:7).

70

빌라도에게 고난을 받으사

마가복음 15:1-5

고독하신 예수님

지난 본문에서 예수님께서 제자 가룟 유다에게 팔려 대제사장과 서기관, 장로들이 보낸 무리에게 체포당하시고, 대제사장의 뜰에 압송되어 심문을 받으시는 장면까지 빠르게 살펴보았습니다. 주님께서 붙잡히실 때에 베드로가 칼을 뽑아 저항하기도 했습니다만, 제자들은 결국 무기력하게 도망치고 말았습니다. 마가복음 14장 50절을 보면, 한글 성경은 "제자들이 다 예수를 버리고 도망하니라"라고 번역했습니다. 하지만 헬라어로 된 성경을 직역하면 이렇습니다. "(그리고) 모두가 그를 급히 떠났다"(Καὶ ἀφέντες αὐτὸν ἔφυγον πάντες). 그 분위기를 좀 더 설명하여 번역하면 이렇습니다. "모두가 다가올 위험을 피하여 급히 그를 떠나갔다." 가장 큰 강조점은 '모두'입니다. 모두, 한 사람도 빠짐없이 예수님 곁을 급히 떠나갔다는 뜻입니다. 위험이나 어려움이 곧 다가올 것을 알았기 때문입니다.

바로 다음, 마가복음 14장 51-52절에 언급되는 에피소드가 있습니다. 어떤 청년이 끌려가는 예수님을 뒤따릅니다. 이 청년은 벗은 몸에 베로 된 홑이불을 두르고 따라갑니다. 이를 이상하게 여긴 사람들이 붙잡으려 하자, 그는 홑이불을 버리고 벌거벗은 몸으로 도망합니다. 유대인의 풍습에서 알몸을 대중에게 보인다는 것은 매우 수치스러운 일입니다. 그런데 그는 그 부끄러움을 무릅쓰고 도망한 것입니다. 이 사람이 누구인지는 중요하지 않습니다. 이 희한한 이야기가 왜 뜬금없이 삽입되어 있는지를 주목해야 합니다.

저는 이 청년을 통해 위험을 피해 급히 도망한 제자들의 형편을 봅니다. 이 청년의 모습은 등장 때부터 어울리지 않는 차림이었습니다. 그럼에도 불구하고 끌려가시는 예수님을 먼발치에서 따랐습니다. 제법 용기 있다 말할 수도 있겠지만 그냥 그뿐이었습니다. 누군가가 붙잡으려 하자 얼마나 급했는지 알몸을 겨우 가리고 있던 홑이불마저 내팽개치고 도망해 버렸습니다. 얼마나 우습고, 부끄럽고, 슬픈 모습입니까? 여기저기서 별로 존경받지 못하는 생업에 종사하다가 예수라 이름하는 분의 부름을 받았습니다. 죽은 자를 살리시고, 병자를 고치시고, 권위 있는 이들과 자주 논쟁하시는 선생님의 모습을 보며, 기대가 매우 컸을 것입니다. 그 순간, 그들은 자기들의 선생이 누구시며 왜 이런 일을 하시는지에 관심을 두지 않았습니다. 그가 '왕', '하나님의 아들'이란 단어를 입에 올리시자, 제자들은 '그럼 누가 더 높은 자리에 앉을까'를 놓고 서로 싸우기 시작했습니다. 심지어 어떤 제자는 어머니까지 찾아와 더 높은 자리에 앉혀 달라고 부탁하기까지 했습니다.

그들은 자신이 그 자리에 앉을 만하다고 내세울 만한 것이 딱 하나 있었습니다. 예수님께서 부르시자마자 그 자리에서 모든 것을 버리고 금방 따랐다는 것입니다. 만약에, 만약에 예수님께서 당신에게 다가오는 압박에 무력으로 대항하셨다면 제자들의 태도는 어떠했을까요? 겟세마네 동산으로 몰려든 가룟 유다와 체포대를 보면서 주님께서 '얘들아, 우리 멋지게 한판 싸우다 죽자!'라고 하셨다면 제자들이 어떤 반응을 보였을까요? 그중 몇 사람 정도는 칼을 들고 싸우다 죽지 않았을까요? 그러나 예수님은 당신을 체포하려는 이들 앞에 철저하게 비폭력으로 대응하셨습니다. 마가복음에는 나오지 않으나 다른 복음서들에서는 칼을 들고 저항하는 베드로를 만류하며 이것까지도 참아야 한다고 타이르기까지 하셨습니다. 제 생각입니다만, 예수님의 태도는 제자들의 사기를 크게 떨어뜨린 것이 틀림없습니다.

이렇게 우리 주님은 철저한 고독의 자리에 들어서셨습니다. 그분은 그 순간, 철저하게 혼자였습니다. 인간적으로는 딱한 일임에 틀림없습니다. 하지만 곰곰이 생각하면, 당신 자신이 말씀하신 대로 이 또한 성경 말씀을 이루기 위해 어쩔 수 없이 서야 할 자리였습니다. 그 어느 누구도 함께하지 않는 고독한 그 자리야말로 온 인류와 우주를 구속하시기 위해 오직 그분만이 서야 할 곳이었습니다. 그분은 그 자리에서 모든 이에게 버림받은 것같이 보였으나 그것 역시 하나님의 계획이었고, 그래서 그래야 할 상황이었습니다. 그분은 구속(救贖)의 주(主)가 되기 위하여 그 자리에 서신 것입니다. 이로 말미암아 오직 그분만이 구속받은 모든 신자들의 찬양 받으실 분이 되신 것입니다.

나는 하나님의 아들이다!

한편, 예수님을 체포하는 데 성공한 이들, 곧 대제사장들과 서기관들과 장로들 역시 마음이 여유롭지 않았습니다. 마가가 지금 여러 번 말하는 그들, 즉 '대제사장들과 서기관들과 장로들'은 당시의 자치 기구였던 공회, 즉 산헤드린의 구성원들이었습니다. 산헤드린, 즉 공회는 당시 유대 지역을 지배하던 로마 제국에게 공인받은 자치 기구를 말합니다. 대제사장을 의장으로 해서 약 70명 정도의 제사장과 서기관 및 장로들로 구성되었다고 하며, 이들은 유대 지역에서 일어나는 종교 생활과 일반 생활에서의 문제들을 판결할 수 있었습니다. 이 공회는 벌금형이나 태형, 즉 매질도 할 수 있었고 경찰권도 갖고 있었다 하니 권한이 막강했습니다. 다만, 사형은 내릴 수 없었습니다.

그런 그들이 마침내 예수를 체포했습니다. 그런데 문제가 있었습니다. 예수를 끌고 대제사장의 집으로 온 시간이 금요일 새벽이었습니다. 통상적으로 공회가 모일 시간이 아니었습니다. 하지만 그들은 서둘러야 했습니다. 시간을 끌면 곧 안식일이 다가올 것입니다. 그래서 그들은 어떻게든 예수에 대한 판결을 끝내고 다시 최종 권력자인 총독에게 데려가려 했습니다. 앞에서 언급한 대로 그들에겐 사형을 판결하고 집행할 권한이 없었기 때문입니다. 그들은 어떻게든 빨리 예수를 죽이려 했습니다. 시간을 끌면 예수의 추종자들이 어떻게 나올지 몰랐기 때문이기도 했습니다.

서둘러서 그랬는지, 의욕만 앞서서 그랬는지, 평소에 언급했던 여러 가지 죄목들을 예수께 붙여 보았지만 영 신통치 않았습니다. 죄목을 붙이려면 증인이 있어야 하는데, 증인으로 나선 이들이 서로 말이 달라서 그 혐의를 확증할 수가 없었던 것입니다. 이런 상황은 사실 언제나, 심지어 오늘날 우리 사회에서도 볼 수 있습니다. 가령 '누가 빨갱이란다'라는 비판이 어느 그룹에 있습니다. 하지만 '왜 그런데?'라고 물으면 대답할 말이 없습니다. 증거가 명확하지 않습니다. 이른바 심증은 가는데 물증이 없는 것입니다. 하지만 그렇다고 해서 그 그룹의 판단이 바뀌지는 않습니다. 그들에게는 심증이 확증이기 때문입니다. 그래서 그 사람이 무슨 일을 해도 '저놈이 빨갱이라서 저런다'라며 확신을 더합니다. 이런 모습은 개인과 개인의 관계에서도 마찬가지입니다. 참으로 많은 사람들이 대화보다는 순간적으로 다가오는 그 사람의 인상 한 조각으로 그 전체를 판단합니다.

오늘날 우리 사회의 문제를 뜬금없이 지적하긴 했지만, 어쨌든 예수님께서 대제사장 앞에서 심문을 당하실 때 분위기가 그랬다는 것입니다. '예수를 꼭 잡아 죽이고 싶어요. 죽여 마땅하거든요.' 하지만 그런 생각을 품은 이들은 원칙대로 그 죄를 따지려 했지만, 근거가 분명하지 않습니다. 콕 집어서 말하면, 예수가 죽어 마땅한 것은 자기들의 권한과 기득권을 방해하기 때문인데 그것을 솔직하게 털어놓을 염치까지는 없는 것입니다. 그래서 그냥 '저놈은 죽어 마땅한 놈'이라고 소리치는 것입니다.

이 혼란 속에 노회(老獪)한 대제사장이 꾀를 냅니다. 말하자면 함정이 숨어 있는 질문, 즉 유도 심문을 한 것입니다. "네가 찬송 받으실 이의 아들 예수 그리스도냐?" 그런데 놀랍게도 온갖 소란 가운데서도 침묵하시던 예수님께서 그 질문에는 아주 분명하게 대답하십니다. "내가 그다!" 신학자들에 따르면, 이 문장의 형식이 주로 왕이 자신의 존재를 설명할 때 사용하는 권위적인 용법이라고 합니다. 다시 말해, 예수님은 지금 피의자의 신분으로 대제사장 앞에 서서 심문을 받고 있기는 하지만, 도리어 그 자리에서 왕의 권위를 가지고 선언하시는 것입니다. "내가 바로 그 사람이다. 나는 찬송 받으실 그분, 하나님의 아들이다." 그들이 진정으로 하나님의 아들 메시아를 기다렸다면, 그들이 예수님께서 베푸신 그 수많은 이적과 말씀들을 눈여겨보면서 구약의 예언을 묵상했더라면, 이 말씀이 선포되자마자 즉시 그 앞에 무릎을 꿇고 예수님을 경배했어야 했습니다.

그러나 그들은 자신이 이 땅에서 누리는 권세에 눈이 멀었습니다. 그래서 왕이신 예수님, 하나님의 아들을 몰라보았습니다. 오히려 예수님의 말씀을 들은 대제사장이 그 자리에서 일어나 옷을 찢으며 소리 질렀습니다.

어찌 더 증인을 요구하리요 _마 26:65

대제사장은 예수라는 인물이 감히 자신을 가리켜 거룩하신 하나님의 아들이라고 대답하는 그 모습에 경악하는 모습을 대중 앞에 보여 줍니다. 정말 거룩하신 하나님을 경외하기에 그렇게 반응했을까요? 그 대답을 들으면서 예수의 행적과 말씀을 되새겨보았을까요? 그래서 '네 말은 진정성이 없다'고 판결한 것입니까?

대제사장은 자기 앞에 끌려온 예수가 어떤 인물인지 궁금하지 않았습니다. 이미 그 마음에는 예수는 죽어 마땅한 놈이라고 단정하고 있었고, 그 죄목을 찾기 위해 유도 심문한 것입니다. 따라서 그의 놀람에 찬 외침과 옷을 찢는 퍼포먼스는 거룩하신 하나님을 모욕하는 예수의 대답에 대한 경건한 반응이 아닙니다. '아싸, 걸렸어!' 하고 쾌재를 부르는 부르짖음입니다. 그의 목적은 이루어졌습니다. 예수님은 그 많은 사람이 듣는 자리에서 "내가 하나님의 아들이다"라고 선언하셨습니다. 그 많은 사람이 그 자리에서 들었으니, 증인은 더 이상 필요 없습니다.

빌라도 앞에 서다

그들은 이른 새벽에 예수님을 끌고 빌라도 총독의 집으로 갔습니다. 그 이른 시간에 떼를 지어 유대인들이 도착하자 빌라도는 상당히 놀랐을 것입니다. 하지만 기세등등하게 죄수 하나를 결박해 와서는 사형에 해당하는 중죄인을 데려왔다고 했을 테니, 그들을 거절할 수는 없었을 것입니다. 더욱이 지금은 유대인의 최대 명절인 유월절입니다. 유대인 남자들은 유월절이 되면 전국 각지에서 예루살렘성전으로 와서 제사를 드려야 했습니다. 애굽에서 노예로 살던 히브리인들은 하나님께서 사람과 가축을 가리지 않고 애굽의 모든 첫 번째 소생을 도륙하는 광경을 목격했습니다. 천사들이 집집마다 찾아다니면서 첫 소생을 죽이는 광경을 보며 얼마나 놀랐겠습니까? 그 가운데, 천사들은 모세의 지시에 따라 양의 피를 문설주에 발라 놓은 히브리인들의 집은 지나갔습니다. 그리하여 히브리인들은 마침내 애굽에서 나와 자유인이 되었던 것입니다. 이런 역사적 경험을 기념하는 유월절이니, 가뜩이나 로마인들의 지배를 받던 유대인들에게는 여러 모로 의미 있는 행사이기도 했습니다. 어떤 기록에 따르면, 유월절이 되면 약 십만 정도가 거주하던 예루살렘은 이십만이 훌쩍 넘는 인파로 붐볐다고 합니다. 식민지의 통치자였던 로마의 관리들은 이를 보며 얼마나 긴장했을지 상상할 수 있을 것입니다. 이른바 초긴장의 상태였습니다. 이 상황은 달리 말해, 가혹한 지배자인 로마 정부조차도 이 시기에는 웬만하면 유대인들의 요구를 들어줄 그런 분위기였다는 뜻입니다.

이렇게 하여 빌라도는 이 무례하기 짝이 없는 무리들의 난폭함을 용납하고 그들의 송사를 받아들였습니다. 그리고 고소장 비슷한 것을 갖고 예수에게 혐의 사실을 하나씩 물었습니다. 첫 질문은 이것이었습니다. "네가 유대인의 왕이냐?" 하지만 빌라도의 질문을 보면 이해하기 어려운 면이 있습니다. 대제사장은 심문할 때 예수님에게 '하나님의 아들'이냐고 물었습니다. 그런데 고소장에는 죄목이 교묘하게 변경되어 있습니다. '하나님의 아들'이란 표현과 '유대인의 왕'이란 표현이 우리 같은 신자에게는 같은 말이겠지만 빌라도에게는 다릅니다. 고소장에 '하나님의 아들'이라 기록되었다면, 로마 총독 빌라도의 상황에서 이 사람의 죄는 '종교적인 문제'입니다. 다시 말해 지역의 종교를 용인하는 로마 정책에 따라 "그건 너희들이 알아서 해"라고 말해도 상관없습니다. 그러나 '유대인의 왕'이라 주장했다고 고소하면 이것은 빌라도의 입장에서 볼 때 반역죄에 해당합니다.

예수를 고소한 무리는 바로 이것을 노렸습니다. 그들은 예수가 하나님의 아들이라 주장했다며 정죄했지만, 사형을 집행할 권한이 없었으므로 총독에게 판결을 요구합니다. 그들은 종교 문제로 예수를 고소해도 그를 반드시 죽일 수 있을 것이라는 확신이 없었습니다. 그래서 예수를 반드시 죽일 수 있을 만한 죄목으로 변경하여 고소했습니다. 그렇게 빌라도 앞에 끌려간 예수는 반역을 도모하는 정치범으로 심문을 받게 된 것입니다. 그럼에도 예수님은 빌라도의 질문에 순순히 대답합니다. "네 말이 옳다." 다시 말해, 당신이 유대인의 왕이라고 선언하신 것입니다. 이 광경을 목격한 사람들이 소란스럽게 여러 가지 말로 다른 죄목을 갖다 붙였습니다. 만에 하나라도 예수가 이 자리에서 빠져 나올까 하는 조급한 마음이 있었기 때문입니다. 그러나 예수님은 당신이 유대인의 왕이라는 사실 외에는 그 어떤 고소에도 변명하시려 하지 않았습니다. 오히려 빌라도가 왜 변명하지 않는지를 신기해할 지경이었습니다.

그리스도의 길, 신자의 길

이 긴장되고 소란스러운 광경에서 무엇을 보고 무엇을 깨닫습니까? 무엇을 어떻게 한다 해도 죽이기로 작정하고 달려드는 그들을 보십니까? 살리기를 원하면서도 무리의 압력에 견디지 못하고 사형 언도를 하는 빌라도를 보셨습니까? 어떤 이는 진리를 말하는 듯하나 진리 그 자체이신 하나님의 아들을 죽이려는 욕망에 사로잡혀 있습니다. 어떤 이들은 진리를 따르는 듯하나

이해가 맞지 않든지 위험이 느껴지면 그 순간 진리를 멀리하고 도망합니다. 진리를 부인하기도 합니다. 저주하기도 합니다. 조롱하기도 합니다. 이 본문에서 온갖 종류의 인간 군상(群像)을 발견합니다. 그럼에도 이 본문에서 가장 선명하게 드러나는 것은, 홀로 서서 진리를 말씀하시는 예수님입니다. 그분은 심문받는 죄인의 모습으로 심문장에 서셨으나 진리를 선포하는 왕으로 그 자리에 서셨습니다. 조롱받으셨으나 도리어 예수님은 경배 받아 마땅한 하나님의 아들이시며 유대인의 왕이셨습니다. 그분은 진리를 말씀하셨습니다. 진실을 선포하셨습니다. 그것이 진리이고 진실인 것은 그 자신이 실제로 그런 분이셨기 때문입니다.

진리가 진리인 것은, 그것이 진리이기 때문입니다. 그래서 진리는 스스로를 선포한다고 말하는 것입니다. 하나님의 아들로, 유대인의 왕으로, 모든 인류의 구속자로 오신 예수님. 예수님은 스스로 십자가를 향해 걸어가셨습니다. 그 길은 고난의 길이지만 동시에 그분만이 가실 수 있는 길이었기에 영광의 길이기도 했습니다. 십자가의 고난은 예수님께서 그리스도이심을 선포하는 걸음이었기 때문입니다.

이 사실은 우리에게 아주 중요한 교훈을 줍니다. 왕에게는 그 자리에 합당한 권위가 따릅니다. 그 권위는 열광하는 청중 앞에서 자신의 광채를 과시하는 데서만 드러나지 않습니다. 자기 백성을 위해서라면 기꺼이 고난의 십자가를 지는 데서 그 권위가 빛납니다. 예수님께서 고난을 기꺼이 당하신 것은, 그것이 그분의 역할이요 의무였기 때문입니다. 그러므로 예수님의 십자가는 고난의 상징이기도 하지만 동시에 영광의 표징입니다. 왕이요 구속주이시기에 오직 그분께만 허락된 영광의 길이었습니다.

요즘 우리 사회에서 드러나는 가장 슬픈 현상은 책임의 문제입니다. 권리만 주장할 뿐 책임은 지지 않습니다. 아무도 책임지지 않습니다. 정치 지도자들도, 종교 지도자들도, 일반인들도 마찬가지입니다. 자기의 이득만 챙길 뿐입니다. 문제가 터지면 사과한다면서도 책임은 지지 않습니다. 이것이 비단 그들에게만 국한된 문제입니까? 신자들은 어떠합니까? 내가 하나님의 자녀라는 사실이 영광스럽습니까? 영광스런 일이라면 우리는 그분의 자녀로서 고난스런 길이라도 기꺼이 걸어갈 각오가 되어 있습니까? 내가 하나님의 자녀라는 사실을 자랑스럽게 말하려면, 거기에 맞는 책임을 피해서는 안 됩니다. 기억하십시오. 내 삶 자체가 하나님의 자녀임을 스스로 증명해야 할 의무가 우리에게 있습니다. 우리는 몇 번이고 다짐해야 합니다. 뼈와 마음에 새겨야 합니다. 신분은 그에 걸맞은 행위, 책임 있는 행위를 요구합니다. 신자의 영광이 어둠에서 빛나려면, 책임의 고통을 기꺼이 감수해야 합니다. 그것이 주님께서 당신의 길을 통해 보이신 원리입니다.

71

십자가에 달려
마가복음 15:6-25

빌라도에게 고난받으사

유대 지역을 관할하는 로마의 총독으로서 빌라도는 예수에 관한 고소장을 살펴볼 때 혐의점을 발견할 수 없었습니다. 그는 예수님이 무죄라고 판단했던 것입니다. 하지만 유월절을 맞아 크게 불어난 유대인들을 감안할 때 예루살렘의 치안을 유지할 자신이 없었습니다. 더구나 지금 자기 눈앞에서 사람이라도 죽일 듯이 기세등등하게 예수의 처형을 주장하는 유대인들에게 '그가 무죄'라고 당당하게 말할 엄두가 나지 않았습니다. 또 솔직히 그 모든 위험들을 무시하고 그의 입장에 서 줄 만큼 예수와 가깝다거나, 혹은 그만큼 가치 있는 인간이라고 믿지도 않았습니다. 무죄라고 풀어 주기도 어렵고, 그렇다고 혐의도 없는 사람을 죽일 수도 없고 …. 난처한 빌라도는 그때 기발한 아이디어를 떠올렸습니다.

당시 로마 정부는 유대인의 마음을 얻기 위해 한 가지 관례, 즉 이벤트를 실시하고 있었습니다. 매년 유월절이 되면 로마 당국은 유대인들이 지목하는 죄수 하나를 풀어주곤 했던 것입니다. 이런 관습은 유월절이라는 유대인 특유의 축제, 즉 어린양의 피를 발라 목숨을 구했던 출애굽 사건을 축하하는 유대인의 전통에 맞추어 개발해 낸 이벤트처럼 보입니다. 로마 총독은 매년 이런 행사를 벌임으로써 유대인의 마음을 누그러뜨리려 했는지도 모릅니다.

로마 총독 빌라도는 이 관습을 따라 예수를 살리려고 했습니다. 그런데 결과적으로는 잘못된 전략이 되었습니다. 그는 그 무렵 민란을 일으키고 살인 사건에 연루된 죄목으로 체포되었던 바라바와 예수를 자신의 관저까지 몰려온 유대인들 앞에 세웠습니다. 그리고 누구를 풀어 주기를 원하느냐고 물었습니다. 빌라도의 처지에선 '설마 그들이 예수를 풀어 달라고 하겠지' 하는 기대가 있었을 것입니다. 민란(民亂), 즉 반역을 일으킨 데다가 그 민란 탓에 사람까지 죽었습니다. 그 일에 관련된 사람이 바라바였습니다. 그런데 예수라는 인물은 반란의 수괴라고 고소는 당했지만 실상은 거짓이고, 유대인들의 정치, 종교 지도자들이 샘이 나서 죽이려는 것이 분명하다고 빌라도는 판단했습니다(10절).

죄질(罪質)을 본다면 확실히 바라바가 더 무겁습니다. 그러나 그것은 순전히 빌라도의 착각이었습니다. 놀랍게도 빌라도의 제안을 들은 유대인들은 바라바를 택했습니다. 이로써 빌라도의 계획은 실패로 끝났습니다. 사실 마가복음에는 기록되지 않았지만, 빌라도는 나름 최선을 다한 셈입니다. 누가는 이 시간에 일어난 한 가지 에피소드를 기록했습니다. 빌라도는 몰려든 사람들이 예수를 욕하고 고발하면서 '그가 갈릴리에서 올라와서 어쩌고저쩌고…' 하는 소리를 듣자 속으로 무척 반가웠던 것 같습니다. 빌라도는 '어, 그래? 예수가 갈릴리 놈이란 말야?' 하고 쾌재를 부르며 갈릴리 지역을 통치하던 헤롯 안티파스에게 급히 예수를 보냅니다.

마침 그는 이 무렵 예루살렘에 있었습니다. 그래서 헤롯은 예수를 금방 심리할 수 있게 되었습니다. 하지만 헤롯은 이 문제에 대해 진지하지 않았습니다. 헤롯의 관심은 오직 하나였습니다. 그는 이전부터 예수라는 인물이 전국을 다니면서 이적을 행한다는 소문을 들었습니다. 그래서 그 예수를 만나면 무슨 신기한 마술이나 구경할까 하는, 그런 일에만 관심이 있었던 것입니다.

그런데 그는 실제로 예수를 만났지만 그 호기심을 만족시킬 수 없었습니다. 오히려 헤롯은 예루살렘에 왔다가 얼결에 골치 아픈 송사에 얽히게 되었던 것입니다. 실망한 헤롯은 예수를 실컷 조롱한 후에 다시 빌라도에게 보내고 맙니다. 이렇게 다시 예수를 이첩받은 빌라도는 유대인들에게 묻습니다.

그러면 너희가 유대인의 왕이라 하는 이는 내가 어떻게 하랴 _막 15:12

'너희가 유대인의 왕이라 하는'이란 표현을 볼 때, 빌라도는 마지막까지도 어떤 희망을 갖고 있었던 것 같습니다. 그것이 사실이든 아니든 간에 죄명이 '유대인의 왕이라 주장했다'라는 것인데, 그렇다면 설마 그런 죄목이 붙은 사람을 죽이라고 하겠느냐 하는 기대가 담겨 있었던 것이 아닐까 싶습니다. 하지만 이번에도 빌라도는 잘못 생각했습니다. 군중들은 이 말을 듣자마자 소리 지릅니다.

저를 십자가에 못 박게 하소서 _막 15:13

빌라도는 이렇게 세 번이나 되물어도 여전히 십자가형을 부르짖는 유대인들을 당해 낼 도리가 없었습니다. 유대인들은 예수의 피를 자신들에게 돌리겠다고 호언장담도 하고(마 27:25), 심지어 빌라도가 예수를 죽이지 않으면 가이사에게 불충한 것이라고 위협하기까지 했습니다. 그들은 마침내 가이사밖에는 왕이 없다고까지 말했습니다(요 19:15). 그는 자신이 이 일에 무고하다고 선언하고, 그들 앞에서 손을 씻기까지 했습니다. 그러나 이제 빌라도가 할 일은 정해졌습니다. 예수에 대한 십자가형을 집행하도록 허락하는 것이었습니다.

책임에 관하여

빌라도는 나름 예수의 무죄를 확신했고, 자기 자리에서 할 수 있는 만큼 성의를 다한 것 같습니다. 특히 이제껏 예수라는 인물을 보지도 못했는데 그런 그를 위해 그 정도 노력을 했다면 할 만큼 한 것 아니겠습니까? 그러나 성경은 빌라도가 예수를 십자가에 못 박은 일에 대한 책임자라고 단정합니다. 이 때문에 사도신경은 이렇게 고백하고 있습니다. "본디오 빌라도에게 고난을 받으사 십자가에 못 박혀 죽으시고." 물론 이 고백은 십자가에 예수님을 못 박은 책임이 빌라도에게만 있다는 것을 이야기하지 않습니다. 예수의 죽음이 본디오 빌라도, 즉 폰티우스 필라투스라는 역사적 인물과 연관이 있다, 다시 말해 예수의 죽음이 비역사적인 이야기나 전설이 아니라 구체적인 어느 장소와 시간에 일어난 실제 역사임을 말하려는 것입니다.

예수님은 하나님의 아들로서 형체 없는 신비한 바람처럼 이 땅을 스쳐 가시지 않았습니다. 그분은 실제로 육신을 입고 이 땅에 오셨고, 먹지 않을 때에 배고프셨으며, 슬플 때 우셨고, 기쁠 때 웃으셨습니다. 그분은 당신에게 주어진 무거운 과업을 짊어지시기 위해 매일 새벽 일어나 기도하셨고, 때로는 인간의 무게를 견디기 힘들어 통곡하셨습니다. 과중한 일에 지치셔서는 그늘에 주저앉아 서늘한 바람을 맞으며 땀을 닦으셨고, 제자나 백성들이 가져다주는 물을 마시며 감사의 눈웃음을 전하기도 하셨습니다.

어쨌든 빌라도는 자신의 상황에서 나름 성의를 갖고 예수의 구명을 위해 노력했으나 2천 년이 되도록 예수의 십자가에 대한 법적 책임자임을 확인받고 있습니다. 그렇다면 이 사실이 우리에게 전하는 교훈을 잠깐이나마 생각해 봐야 하지 않겠습니까? 빌라도는 그들이 원하는 대로 예수를 내어 주기로 결심했습니다. 그 결정적인 동기는 15절에 암시되어 있습니다.

빌라도가 무리에게 만족을 주고자 하여 _막 15:15

빌라도는 예수의 무죄에 대한 확신보다 군중을 더 의식했습니다. 그 결정은 '치안을 위해서라면 무죄한 한 사람 정도쯤 죽어도 어쩔 수 없지 않겠나' 하는 정치적인 판단에서 비롯되었을 것입니다. 그러나 무죄라는 확신을 행동으로 보여 주지 않았습니다. 더 정확하게 말한다면 양심의 판단을 따라서 자기 자리에 부여된 책임을 행사하기보다 자기 주변의 상황을 따랐던 것입니다. 그것은 책임 회피입니다.

성경의 가르침은 실로 간명(簡明)합니다. 상황이 어떻든 사람은 자기가 내린 결정에 반드시 책임을 져야 한다는 것입니다. 우리는 '최선을 다했다'는 말을 자주 합니다. 유한한 능력을 가진 사람이 최선을 다했다면, 그것으로 이해받아야 하는 것 아닙니까? 맞습니다. 이해해야 합니다. 우리끼리는 '최선을 다했으니 결과가 제대로 안 나오더라도 어쩔 수 없는 것 아닌가' 하는 말에 동의할 수 있습니다. 그러나 우리는 '최선을 다했다'는 말이 때로 '어쩔 수 없다'는 변명으로 사용된다는 사실을 가볍게 생각해서는 안 됩니다. 사람을 사람으로서 이해하는 것과 그럼에도 그 일에 대해 책임을 지는 일은 분명히 다릅니다.

멀리 가지 않더라도 우리나라에서도 이런 비슷한 일이 일어났습니다. '나는 사익(私益)을 취하지 않았다, 선의(善意)로 한 일이다'라고 주장하는 이가 있습니다. 그 말이 사실일 수 있습니다. 하지만 인간은 눈에 보이지 않는 동기가 아니라 드러난 행위로서 판단을 받습니다. 선한 의도가 있었다면 하나님께서 받으실 것이고, 시간이 지난 후에 사람들도 이해할 것입니다. 그렇다고 해서 드러난 행위에 대한 판단까지 유보되지는 않습니다. 사람은 반드시 자신의 행위에 대해 책임을 져야 합니다. 이것이 하나님께서 우리 인간에게 요구하시는 삶의 원칙입니다.

조롱과 고난을 당하시는 예수님

15절은 빌라도가 일단 마음을 정한 후에 행한 결정을 보여 줍니다. 그는 흥분하여 위협적인 군중의 마음을 얻기 위해 바라바를 석방하고 예수를 채찍질한 후에 십자가에 매달라고 명령했습니다. 이 명령에 따라 로마 군병들이 예수를 실컷 채찍질한 후에 다시 그를 끌고서 '브라이도리온'으로 갑니다 (16절). '브라이도리온'(πραιτώριον)은 라틴어 프레토리움(praetorium)을 음역(音譯)한 단어입니다. 보통 '왕궁'(palace)이라고 번역하는데, 빌라도가 사용하는 관저(官邸)를 가리킵니다. 군병들은 거기에 모여서 예수를 조롱하기 시작했습니다. 그들은 예수에게 자색 옷을 입히고 가시 면류관을 씌웠습니다(17절). 다시 말해서 왕처럼 분장시켰습니다. 그들이 예수를 진짜 왕이라 생각해서 그랬겠습니까? 조롱하고 모욕하는 것입니다. 그들은 자주색 옷을 입고 가시 면류관을 쓴 채 서 있는 예수를 향해 왕께 드리는 경례를 하고 갈대로 그의 머리를 때리며 침을 뱉고 절을 했습니다. 그들로서는 할 수 있는 최선을 다해 예수를 모욕한 것입니다.

'이지매'라는 말을 아십니까? 사람은 어느 공통된 대상을 미워할 때 참 잔 인해집니다. 개인적으로는 참 착한데, 희한하게도 공통의 적을 만나면 더할 수 없이 잔인하고 악해집니다. 어떤 사람은 이것을 인간의 잠재된 폭력성, 혹은 지배욕이라고도 합니다만, 어쨌든 로마의 병사들은 예수라는 먹잇감을 보자마자 잠재된 잔인함을 마음껏 폭발시켰습니다. 예수를 마음껏 조롱할 때, 그들은 지금까지 상관에게 당한 모욕과 폭력을 떠올렸을 것입니다. 지배 당하며 살던 나쁜 감정을 절제 없이 터뜨렸을 것입니다. 오늘날 우리가 흔히 '스트레스를 푼다'고 말할 때의 그런 비슷한 정서 아니었을까요? 많은 사람 들이 그런 억압된 감정을 아낌없이 풀어낼 때, 예수님은 그 모든 것들을 고 스란히 혼자의 몸으로 받아 내셨던 것입니다.

병사들은 쌓였던 감정들을 다 풀자 이제 예수를 십자가에 못 박으려고 준 비합니다. 그들은 예수에게 입힌 자색 옷을 벗기고 원래의 옷을 입혔습니다. 그들은 예수를 매달 십자가를 예수 자신에게 지웠습니다. 정확히 말하자면 예수님이 짊어지신 '십자가'는 십자가 중에서도 가로목 부분(the patibulum)이 었습니다. 그들은 그 상태로 예수를 끌고 그를 매달 장소로 갔습니다. 그러 나 예수님께서 워낙 심하게 채찍질을 당하셨기에 그 거리를 걸어가실 형편 이 되지 못했습니다. 병사들은 마침 그곳을 지나던 구레네 사람 시몬에게 예 수님의 십자가를 대신 지웠습니다. 드디어 골고다 즉 해골의 곳이란 뜻의 이 름을 가진 곳에 이르렀습니다. 병사들은 예수에게 몰약을 탄 포도주를 건넸 습니다. 어떤 사람은 이것을 지치고 고통에 시달리는 예수를 불쌍하게 여긴 행위라고 해석합니다만, 우리는 누가의 의견을 따라(눅 23:36) 이 행위 역시 유대인의 왕이라고 자칭했다는 죄 때문에 사형을 당하게 된 예수님을 놀리 는 행위라고 해석해야 할 것 같습니다.

마가복음 15장 25절을 보면 '제 삼시가 되어'라는 기록이 나옵니다. 로마 병사들은 골고다 언덕에 이르러 가로목을 억지로 메고 끌려온 예수의 옷을 벗기고, 미리 세워 둔 세로 기둥에 가로목을 설치하고, 그날 함께 처형될 두 사람의 사형수도 그런 식으로 못 박을 준비를 마쳤습니다. 드디어 세 사람의 사형수를 못 박기 시작한 시각이 제 삼시였다는 뜻입니다. 마가가 말하는 제 삼시는 오늘날의 시간 개념으로 오전 9시를 말합니다. 이날 새벽 아주 이르게 시작된 예수님 주변의 상황은 이제 예수에 대한 십자가형을 바로 앞에 둠으로써 오직 하나의 사건, 즉 예수의 십자가에서의 죽음만을 남겨 둔 것입니다.

십자가의 죽음을 앞두고

우리는 성탄 4주 전 대강절 혹은 강림절(Advent)의 시작을 축하합니다. 대강절 혹은 강림절은 예수 그리스도께서 사람의 모습으로 이 땅에 태어나신 사건을 묵상하는 절기입니다. 이 절기에 예수님의 죽음을 묵상한다는 것이 어떻게 보면 어색하게 느껴지기도 합니다. 우리 경험으로 보건대 예수님의 죽음은 아무래도 고난주간에나 묵상해야 하지 않나 하는 생각이 당연히 들기 때문입니다. 물론 상당히 일리가 있습니다. 하지만 다른 관점에서 볼 수도 있습니다. 우리가 예수님의 탄생을 묵상한다 말하지만 좀 정확히 따져볼 필요가 있습니다. 예수님께서 정확하게 성탄절에 태어나셨습니까? 정말 쉽지 않습니다. 예수님께서 태어나신 날짜는 정확하지 않습니다. 그저 기독교회가 오래전에 의논해서 결정한 날짜일 뿐입니다.

이 사실을 고려한다면, 흔히 '절기'라고 말하는 것을 다시 생각해야 합니다. 그러니까 성탄절과 대강절을 포함한 부활절 등등의 그 절기가 도대체 어떤 의미가 있느냐는 것입니다. 절기를 넓은 의미로 설명하자면 이렇습니다. 절기를 지킨다는 것은 예수님의 생애와 교회 역사에서 일어난 중요한 사건들을 기념하고, 그 의미를 묵상하면서 그 의미들을 내 신앙생활의 일상으로 가져오는 것입니다. 예를 들어 강림절, 혹은 대강절이라면 예수님의 탄생을 묵상하는 가운데 그 의미를 우리의 삶에 실현해 보려는 데 가장 큰 목적이 있다는 것입니다.

이 말에는 좀 더 깊이 음미할 부분이 있습니다. 의미를 묵상하는 데에만 강조점이 있는 것이 아니라 그것을 나의 삶에 적용해 보자는 데에도 마찬가지의 강조점이 있다는 말입니다. 하지만 오늘날 우리의 상황은 그렇지 않습니다. 대강절 하면 예수 그리스도의 탄생보다 그것 때문에 노는 기간이 먼저 생각나고 그 때문에 시내 중심에 세워지는 성탄 장터가 생각납니다. 요즘 들어 독일에도 전통적인 미국의 추수감사절 축제가 오로지 블랙 프라이데이(Black Friday), 다시 말해 두둑하게 받은 보너스를 미친 듯이 사용하는 기간으로만 전해져서 위세를 떨치고 있습니다. 한국 상황도 다르지 않을 것입니다.

양보해서 좋게 생각한다면, 교회와 예수님의 생애에 집중되었던 신자의 삶이 좀 더 넓은 해석을 통해 세계의 문화에 영향을 미쳤다고 볼 수도 있습니다. 하지만 '예수님 없는 절기'는 속된 말로 '앙꼬 없는 찐빵'이고 본질이 상실된 문화일 뿐입니다. 그런 문화는 우리의 삶을 겸손하게 돌아보지 못하게 하고 오직 쓰고 즐기는 소비문화만 부추길 뿐입니다. 그러므로 우리는 이 사실을 깊이 명심해야 합니다. 핵심을 상실한 형식은 궁극적으로 어느 누구의 영혼에도 위로를 건넬 수 없고, 소비와 쾌락을 위해서만 존재하게 됩니다. 저는 교회의 절기가 교인을 교회 건물에 꽁꽁 묶어 놓기를 원치 않습니다. 하지만 이 절기, 대강절이란 절기가 하늘의 영광을 버리고 이 땅에 오셔서 마침내 피가 튀고 살점이 찢어지는 삶을 살다가 우리를 위해 돌아가시고 부활하신 그분, 예수님의 탄생을 좀 더 우리의 삶 가운데로 모셔 오는 계기가 되기를 바랄 뿐입니다.

아울러 기억하십시오. 우리가 흔히 말하는 영성은 어느 날 기도하다가 순식간에 성령 충만이란 것을 받아 이루는 경지가 아님을 말합니다. 참된 영성은, 끊이지 않는 성경 묵상을 통해 내 삶의 모습과 속사람을 예수님을 닮아 가게 하는 것입니다. 그렇게 노력하며 걸어가는 우리 인생의 여정 그 자체입니다.

72 죽으시고
마가복음 15:26-37

십자가 위에서

제 삼시, 즉 아침 9시 무렵에 예수님께서 십자가에 못 박히셨습니다. 십자가를 메고 처형 장소로 향하시기 전, 예수님은 모질게 채찍질을 당하셨습니다. 채찍질은 너무나도 잔혹했습니다. 의도된 것이었습니다. 빌라도는 성난 군중들의 마음을 달래 주려 했습니다. 누군가에게 화를 풀고 싶었던 로마 군인들은 빌라도의 허락 아래 마음껏 채찍질할 수 있었습니다. 이 매질이 얼마나 심했는지, 예수님은 당신이 지실 십자가의 가로목을 메고 처형 장소까지 걸으시기가 어려웠고, 보통의 사형수보다 빨리 숨을 거두셨습니다. 그만큼 채찍질을 당하신 정도가 극심했다는 뜻입니다.

따라서 예수님의 십자가는 구레네의 시몬이 대신 짊어지게 되었습니다. 얼마나 상징적인 모습입니까? 예수님께서 이렇게 말씀하신 적이 있습니다.

> 무리들과 제자들을 불러 이르시되 아무든지 나를 따라 오려거든 자기를 부인하고
> 자기 십자가를 지고 나를 좇을 것이니라 _막 8:34

십자가를 진다는 것은 죽음을 의미합니다. 그런데 예수님은 이 말씀 후에 죽어야만 산다고 말씀하십니다(막 8:35). 살기 위해서는 먼저 죽어야 합니다. 그러나 죽은 다음에 과연 살 수 있을까요? 인간의 상식으로서는 이해하기 어

렵습니다. 그 때문에 예수님은 이것을 '자기 부인'이라 표현하셨던 것입니다.

그러나 제자들이 예수님께 대꾸할 수 있는 것은 기껏해야 "보소서, 우리가 모든 것을 버리고 당신을 좇았나이다" 하는 대답뿐이었습니다(막 10:28). 그들의 가치관과 열심으로 할 수 있는 최선이었다는 뜻이었을 것입니다. 물론 그것만으로도 그들은 칭찬받을 만했습니다. 그러나 주님께서 원하시는 수준은 거기에 머물지 않았습니다. 그야말로 당신과 함께 자신을 부인하고 마침내 하나님의 뜻에 죽기까지 복종하는 삶이었습니다. 그런데 이 삶은 엉뚱하게도 구레네 사람 시몬에게서 처음으로 모습을 드러냅니다. 시몬은 하필이면 그날 예수님께서 십자가를 지고 걸어가시는 길목을 지나치다가 뜻하지 아니하게도 그분의 십자가를 졌던 것입니다.

그리스도 예수께서 당신의 제자들에게 요구하시는 십자가를 짊어지는 삶은 우리의 의지와 선택으로 절대 이뤄질 수 없습니다. 오직 그분께서 택하시고 허락하신 사람만이 행할 수 있습니다. 그 사람이 예수님의 제자들이 아니라 실로 아무도 예측하지 못했던 사람, 시몬이었던 것이 그 증거 아니겠습니까?

십자가 가로목과 함께 예수님 및 두 명의 사형수는 마침내 골고다에 도착했습니다. 마가는 골고다를 해골의 곳이라 해석해 줍니다. 골고다, 즉 해골의 곳이라는 이름은 어쩌면 그 지역의 생김새에서 유래하지 않았을까 싶습니다. 물론 그 당시의 사람들에게는 굳이 그 지명을 풀어 설명하지 않았어도 괜찮았을 것입니다. 하지만 마가는 그렇게 골고다의 뜻을 풀어 줌으로써 금방 닥쳐올 예수님의 죽음을 더욱 음산한 느낌으로 채색해 주었습니다. 뿐만 아니라 골고다라는 이름은 이미 오래전에 지어졌을 텐데, 이 장소가 마치 예수님의 죽음을 위해 오래전부터 예비된 듯한 느낌을 주기도 합니다. 어쨌든 이곳에 도착한 로마 군인들은 사형수들의 옷을 벗기고, 그들이 지고 온 가로목에다 손을 대고 못질을 했습니다. 그리고 미리 세워 둔 세로목에다 가로목과 사형수를 걸고 고정했습니다. 그리고 다시 발목에 못을 박아 고정했습니다.

통증은 엄청났지만 사형수는 금방 죽지 않습니다. 손과 발은 사람의 몸통과 멀어서, 그 자체로 치명적이지 않기 때문입니다. 십자가 형벌의 무서움은 사형수를 천천히 죽게 하는 데 있었습니다. 십자가형을 집행할 때 집행관들은 나무에 매달린 사형수의 엉덩이 부근에 받침대를 설치하기도 했고, 어떤 경우에는 사형수의 발 받침대를 만들기도 했습니다. 이 때문에 사형수는 약간 더 사는 대신 그만큼 길게 고통을 맛보아야 했습니다. 사형수들은 며칠 동안 고통스럽게 죽어 가기도 했고, 때로 새나 짐승에게 물어 뜯겨 죽기도 했습니다. 그래서 십자가형은 로마에서 '잔인하고도 혐오스러운 형벌'이라 불렸고, '노예들에게 가해진 최악의 고문'이라 불리기도 했습니다.

　　예수님과 두 명의 사형수들이 고통스럽게 죽어 가는 그 바로 밑에서, 로마의 군인들은 십자가에 매달기 전에 벗겨 놓은 사형수들의 옷을 놓고 누가 그것을 가져갈까 제비를 뽑았습니다. 이 말에 대한 해석은 두 가지입니다. 첫째, 군인들이 십자가형을 집행하기 위해서 막사를 떠날 때 가져온 주사위 통을 가지고서 내기를 했다는 설명도 있고, 둘째, 다른 사람의 손에 감춰진 손가락의 개수가 몇 개인지를 알아맞히는 내기를 했다는 의미라고 설명하는 경우도 있습니다.

　　지금 마가복음과 다른 복음서에서처럼 예수님께서 사형장까지 옷을 입고 걸어가셨다는 기록은 사실 드문 일이라고 합니다. 보통의 경우 사형수는 처형장까지 가로목을 메고 걷기 시작할 때부터 발가벗겨지기 때문입니다. 어쩌면 예수님에 대한 평판이 나쁘지 않았기 때문에 군중들의 흥분을 막기 위해 그렇게 배려하지 않았을까 해석하는 사람들도 있습니다. 어쨌든 군인들은 사형수들 밑에서 제비를 뽑으며 놀았습니다. 그들에겐 심심풀이였는지 모릅니다. 하지만 놀랍게도 그것은 예수님의 죽음에 대한 예언을 성취하는 행위였습니다. 시편 22편에서 시편 기자는 이렇게 말합니다.

　　저희가 나를 주목하여 보고 내 겉옷을 나누며 속옷을 제비 뽑나이다 _시 22:17-18

그리고 예수님께서 달리신 십자가의 가로목에는 다음과 같은 패가 붙여졌습니다. '유대인의 왕.' 당시의 유대인들에게 그 말은 로마의 식민지에서 벗어나 잃어버린 영광스런 왕국, 다윗과 솔로몬의 왕국을 재건할 왕을 뜻하며, 다시 말해 오래전부터 그렇게도 기다리던 메시아의 또 다른 이름이었습니다. 동시에 로마인에게는 반역자의 이름이기도 했습니다. 그렇게 엄청난 말인데도, 그것에 대해 로마인도 유대인도, 아무도 주목하지 않았습니다. 오히려 그 이름은 조롱하는 의미로 사용되었습니다. 따라서 '유대인의 왕'이란 말 앞에는 괄호로 '자칭'(自稱)이란 표현이 딸려 있는 것이나 다름없었습니다. 그러나 그들은 꿈에도 몰랐습니다. 조롱 삼아, 혹은 감히 반역을 꿈꾸는 자들을 향해 본보기용으로 걸어 놓은 이 패가 실은 진실이었다는 것을 말입니다.

그들은 놀리는 말을 함부로 내뱉으며 예수님을 모욕했습니다. 하지만 하나님은 이 패에 적힌 말이 진실이라고 선언하십니다. 그들은 자신들이 가진 권력과 힘을 근거로 힘없이 때리면 맞고 못 박으면 박히는 예수를 멸시했습니다. 그들에게 예수는 로마와 권력의 무서움을 모르고 까불다가 죽는 수많은 사람 가운데 하나였습니다. 그들은 잔혹한 십자가형을 통해 인간의 생명을 좌지우지하는 자신의 권력을 과시했습니다. 죄수가 괴로워할수록 그들의 권세가 대단함을 의미한다고 믿었습니다. 이미 저항할 힘이 없는 사형수를 잔인하고 난폭하게 다룰수록 사람들이 자신들을 대단하다고 믿을 것이라 생각했습니다. 하지만 그들은 곧 그 생각이 틀렸음을 깨달을 것입니다. 그들은 인간의 교만에 찬 조롱 가운데서 오히려 당신의 힘을 드러내시는 놀라운 하나님의 능력을 볼 것입니다.

어쨌든 지금은 그들의 때입니다. 그들은 마치 도살당하는 어린양처럼 십자가에 매달린 예수님을 조롱합니다. 예수님은 그날의 사형수들 가운데 매달리셨습니다. 하나님의 아들께서 강도들 사이에 매달리신 것입니다. 가장 중요한 죄수가 가운데 매달리는 것은 일종의 관습이라고 볼 수 있습니다만, 죄 없으신 하나님의 아들 예수님의 입장에서는 그 자체가 감당하기 어려운 모욕이었습니다.

마가는 여기서 예수님을 모욕하는 사람들을 소개합니다. 첫째, '지나가는 자들'입니다. 그들은 십자가 옆을 지나가면서 예수를 모욕합니다 (ἐβλασφήμουν). 즉 그들은 예수 옆을 지나면서 머리를 흔들며 이렇게 말합니다. "아하, 성전을 헐고 사흘에 짓는 자여, 네가 너를 구원하여 십자가에서 내려오라!" 어쩌면 이들은 공회 앞에서 예수가 고발당하는 장면을 봤을 것입니다(막 14:58). 아니면 시중에 떠돌아다니는 소문을 들었을지도 모릅니다. 그들이 지금 보는 헤롯 성전만 하더라도 재건을 하는 데 무려 40년이 넘는 세월이 걸렸습니다. 그것을 헐고 다시 사흘 만에 짓는다면 초자연적 능력이 아니고서는 불가능합니다. 그런 능력이 있는 자라면 당연히 십자가에서 스스로 내려올 수 있지 않겠습니까? 우리가 흔히 쓰는 말로 "너나 잘해!"라는 뜻입니다.

둘째, '대제사장들과 서기관들'입니다. 그들은 이런 말로 예수를 희롱합니다(ἐμπαίζοντες).

그(저)가 남은 구원하였으되 자기는 구원할 수 없도다 _막 15:31

어떤 학자의 설명에 따르면, 그들은 예수님께서 여러 종류의 병자들을 구원, 즉 낫게 하신(ἔσωσεν) 일을 떠올렸던 것 같습니다. '그 많은 병자들은 구원하면서 어떻게 자신은 구하지 못할까!' 그들은 예수님께서 병자들을 고치기 위해 사용하신 그 능력을 자신을 위해 쓰지 않는 것을 이해할 수 없었습니다. 그들은 이 이해할 수 없는 자칭 메시아를 마침내 이렇게 비웃습니다.

이스라엘의 왕 그리스도가 지금 십자가에서 내려와 우리로 보고 믿게 할지어다 _
막 15:32

예수님께서 이 말을 들으시고 화가 나서 당장이라도 스스로의 힘으로 십자가에서 내려오셨다면, 그들은 예수님을 메시아로 받아들였을까요? 당연히 아니었을 것입니다. 대제사장들과 서기관들은 예수님께서 이적을 행하실 때 그것을 메시아의 증거로 받아들이지 않았습니다. 오히려 바알세불 곧 귀신 대장의 힘으로 그리한다 믿었습니다(막 3:2).

왜 예수님은 그처럼 무기력하고 이해할 수 없게 십자가에서 죽음을 기다리실까요? 주님께서 십자가에 달려 죽으시기 바로 전날, 제자들과 식사하시며 이렇게 말씀하셨습니다.

> 이것은 많은 사람을 위하여 흘리는바 나의 피 곧 언약의 피니라 _막 14:24

이것은 마가복음 10장 45절에서 말씀하신 것과 같은 의미입니다. 주님께서 이렇게 말씀하셨습니다.

> 인자의 온 것은 섬김을 받으려 함이 아니라 도리어 섬기려 하고 자기 목숨을 많은 사람의 대속물로 주려 함이니라

단적으로 말하자면, 예수님은 죽으셔야 합니다. 그래야 당신을 믿는 모든 자들이 살 수 있기 때문입니다. 예수님은 죽기 위하여 이 땅에 오셨습니다. 죽지 않으면 하나님의 뜻, 곧 온 세상 사람들을 구속하시려는 하나님의 계획은 이루어지지 않습니다. 그 목적 때문에 십자가에서의 고통을 견디시는데, 이것을 모르는 이들은 십자가에 매달리신 예수님을 무기력하고, 자신을 구원하지도 못하는 허풍쟁이 사기꾼으로 생각했던 것입니다.

죽음의 고통 가운데 드리는 소망의 기도

'제 육시'가 되었습니다(ὥρας ἕκτης). 그때에 '온 땅에'(ἐφ' ὅλην τὴν γῆν), 즉 유대 전역에 '어둠'(σκότος)이 드리웠습니다. 어둠은 유대인의 전통에서 '심판'을 상징합니다. 동시에 두려움과 공포의 상징이기도 합니다. 이 어둠은 스멀스

멀 십자가 주변을 지배하기 시작하여 마침내 '제 구시' 무렵에는 유대 전역을 뒤덮었고, 결과적으로 '해가 빛을 잃었습니다'(눅 23:44). 제 구시, 우리 시간으로 오후 3시에 이르러 이 공포스런 어둠 가운데 예수님께서 크게 소리를 지르셨습니다.

엘리 엘리 라마 사박다니(ελωι ελωι λεμα σαβαχθανι) _막 15:34

예수님은 지금 시편 22편 1절의 말씀을 아람어 형태로 말씀하셨고, 마가가 이것을 다시 헬라어로 음역(音譯)했습니다. 그리고 마가는 곧 이어서 이런 언어 지식이 부족한 비유대권 독자들을 위해 이 문장을 해석해 주었습니다. '나의 하나님, 나의 하나님, 어찌하여 나를 버리셨나이까?'

방금 언급한 것과 같이 우리는 이 부분을 시편 22편의 첫 구절이라고 짐작합니다. 다시 말해, 예수님은 운명하시기 전 당신의 마지막을 예언했던 시편 22편을 암송하고 계셨던 것입니다. 그런데 어떤 이들은 예수님께서 '엘로이, 엘로이 …' 하고 부르짖는 소리를 듣고 이것이 엘로힘, 곧 하나님을 부르는 소리라고 이해했습니다. 십자가의 고통을 견디다 못해 하나님께 구해 달라고 부르짖는 소리로 해석했다는 것입니다. 또 어떤 사람은 이렇게 소리 지르시는 예수님께 해면에다 신 포도주를 적셔서 그것을 막대기에 매달아 건네 주었습니다. 이 모습을 본 다른 사람들이 이렇게 말합니다.

가만 두어라 엘리야가 와서 저를 내려 주나 보자 _막 15:36

그들은 예수님의 부르짖음이 유대인들이 크게 존경하는 엘리야, 곧 능력의 종을 부른다고 생각했던 것 같습니다. 그래서 정말로 엘리야가 하늘에서 내려와 구해 주는지 보자고 말했습니다. 이 역시 예수님이 누구신지 모르는 어리석은 자들의 비웃음이었습니다. 이런 비참함과 고통 가운데서 예수님은 모든 이들에게서 버림받은 모습으로 십자가에 매달리셨다가, 마지막으로 크게 소리를 지르고 운명하셨습니다.

　지금까지 본문을 보면서 어떤 생각이 드셨습니까? 완벽하게 외로우셨던 우리 주님의 모습을 보셨습니까? 그 고독은 누구를 위한 것이었습니까? 그분의 고난과 죽음의 의미를 모르는 자들의 조롱과 멸시를 보셨습니까? 그것들이 누구를 위한 것이었습니까? 예수님께서 십자가에서 돌아가시는 그 순간까지 그분이 누구신지, 그분께서 왜 십자가에서 돌아가셔야 했는지를 이해하는 사람은 아무도 없었습니다. 그러므로 우리는 용맹하게 홀로 죽음의 길, 순종의 길, 승리의 길, 하나님의 아들로서의 길을 걸어가신 예수 그리스도 당신에게서 죽음 이후의 모습을 들어보아야 합니다. 그러기 위해 주님께서 마지막으로 암송하셨던 그 시편 22편의 말씀 전체를 읽어 봐야 합니다.

내 하나님이여 내 하나님이여 어찌 나를 버리셨나이까 어찌 나를 멀리하여 돕지 아니하옵시며 내 신음하는 소리를 듣지 아니하시나이까 내 하나님이여 내가 낮에도 부르짖고 밤에도 잠잠치 아니하오나 응답지 아니하시나이다 … 나는 벌레요 사람이 아니라 사람의 훼방거리요 백성의 조롱거리니이다 … 나를 보는 자는 다 비웃으며 입술을 비쭉이고 머리를 흔들며 말하되 저가 여호와께 의탁하니 구원하실 걸, 저를 기뻐하시니 건지실 걸 하나이다 … 내 힘이 말라 질그릇 조각 같고 내 혀가 이틀에 붙었나이다 주께서 또 나를 사망의 진토에 두셨나이다 … 저희가 나를 주목하여 보고 내 겉옷을 나누며 속옷을 제비 뽑나이다 여호와여 멀리하지 마옵소서 나의 힘이시여 속히 나를 도우소서 … 내가 주의 이름을 형제에게 선포하고 회중에서 주를 찬송하리이다 여호와를 두려워하는 너희여 그를 찬송할지어다 야곱의 모든 자손이여 그에게 영광을 돌릴지어다 … 그는 곤고한 자의 곤고를 멸시하거나 싫어하지 아니하시며 그 얼굴을 저에게서 숨기지 아니하시고 부르짖을 때에 들으셨도다 대회 중에 나의 찬송은 주께로서 온 것이니 주를 경외하는 자 앞에서 나의 서원을 갚으리이다 … 땅의 모든 끝이 여호와를 기억하고 돌아오며 열방의 모든 족속이 주의 앞에 경배하리니 … 후손이 그를 봉사할 것이요 대대에 주를 전할 것이며 와서 그 공의를 장차 날 백성에게 전함이여 주께서 이를 행하셨다 할 것이로다 어떻습니까? 이 시편을 암송하신 우리 주님의 마음을 읽으실 수 있겠습니까? 그분의 소망과 믿음을 보십니까? 그 길의 끝을 노래하는 우리 주님의 기쁨을 엿보실 수 있습니까?

사람들이 모두 떠나간 절대적인 고독 속에서, 심장을 찌르는 듯한 극심한 고통 속에서, 그분은 오직 한 분 아버지 하나님만을 바라보셨습니다. 그분 곁에는 두 사람의 강도가 좌우에 매달렸습니다. 원래 거기는 당신을 위해 죽을 수 있다고 장담하던 제자들이 함께 매달렸어야 할 자리였습니다. 그러나 주님께서 십자가를 지고 가시다 쓰러진 그 자리에는 구레네 사람 시몬이 있었고, 주님께서 달리신 십자가 좌우에는 두 명의 강도가 있었습니다. 십자가의 길은 자신이 그럴 수 있다고 장담하는 자들이 걷는 길이 아닙니다. 오직 하나님께서 택하신 사람만 가는 길입니다. 그분의 뜻을 아는 사람만 가는 길입니다. 그분의 뜻에 목숨으로써 순종해야 갈 수 있는 길입니다. 자기를 부인해야만 비로소 갈 수 있는 길, 마침내 당신의 뜻을 이루시고, 홀로 영광 받으실 하나님을 절대적으로 신뢰해야만 예수님과 함께 가는 것이 허락된 길입니다. 매우 고통스럽지만, 결국 그들은 영광중에 경배 받으실 하나님을 보게 될 것입니다.

73 장사되어
마가복음 15:38–47

진실로 하나님의 아들이었도다!

마가의 기록에 따르면, 예수님은 금요일 오전 6시 무렵에 빌라도에게 인계되어(막 15:1), 세 시간 후인 오전 9시에 십자가에 못 박히셨습니다(막 15:25). 그리고 앞서 언급한 대로, 오후 3시경에 운명하시고(막 15:34), '저물 때' 즉 오후 6시경에 장사되셨습니다(막 15:42). 마침내 이렇게 예수님의 지상 생애는 대단원의 막을 내리고, 마가복음 15장은 이렇게 의미심장한 장면으로 끝납니다.

때에 막달라 마리아와 요세의 어머니 마리아가 예수 둔 곳을 보더라 _막 15:47

그들의 시선은 친애하던 이의 죽음을 슬퍼하는 미련 때문이었을 것입니다. 하지만 마가는 그들의 시선을 그저 탄식과 절망의 시선으로 내버려 두지 않았습니다. 그들의 시선은 마가 덕분에 '소망의 시선'으로 변합니다. 다시 말해 예수님의 죽음은 그것으로 모든 것의 종말을 의미하지 않음을 말하려는 것입니다.

그 소망은 뜻하지 않게도 바로 앞 장면에 기록되어 있습니다. 십자가 현장 가장 가까이 있었던 한 사람, 로마 병사인 백부장이 이렇게 말합니다.

이 사람은 진실로 하나님의 아들이었도다 _막 15:39

예수님께서 운명하시는 그 순간, 그곳이 얼마나 어수선했겠습니까? 운명하시기 세 시간 전부터 하늘이 어두워졌습니다. 그리고 마가는 언급하지 않았습니다만, 마태는 예수님께서 죽으시던 순간의 일을 이렇게 기록했습니다.

이에 성소 휘장이 위로부터 아래까지 찢어져 둘이 되고 땅이 진동하며 바위가 터지고 무덤들이 열리며 자던 성도의 몸이 많이 일어나되 _마 27:51-52

어쨌든 이런 상황에서 한 사람의 중얼거림이 어떻게 여러 사람의 주목을 받을 수 있겠습니까? 그럼에도 마태와 마가, 그리고 누가는 이 백부장의 입에서 나온 말을 결코 놓치지 않았습니다.

그런데 문제가 하나 있습니다. 예수님께서 돌아가시는 바로 그 순간, 백부장이 내뱉은 정확한 워딩(wording)이 무엇이었는가 하는 것입니다. 세 복음서의 같은 장면을 나란히 살펴봅니다.

백부장과 및 함께 예수를 지키던 자들이 지진과 그 되는 일들을 보고 심히 두려워하여 가로되 이는 진실로 하나님의 아들이었도다 하더라 _마 27:54

예수를 향하여 섰던 백부장이 그렇게 운명하심을 보고 가로되 이 사람은 진실로 하나님의 아들이었도다 하더라 _막 15:39

백부장이 그 된 일을 보고 하나님께 영광을 돌려 가로되 이 사람은 정녕 의인이었도다 하고 이를 구경하러 모인 무리도 그 된 일을 보고 다 가슴을 두드리며 돌아가고 _눅 23:47-48

백부장이 그 순간에 한 말을 그대로 복원하기는 쉽지 않습니다. 복음서의 저자들은 각기 자기가 복음서를 기록하고 있는 목적에 맞추어 백부장의 말을 기록한 것 같습니다. 따라서 우리는 복음서의 기록들을 가지고 백부장이 무엇을 말하려 했는지를 짐작할 수밖에 없습니다.

우선, 마가복음과 마태복음에서는 백부장이 예수님께서 죽으시는 순간에 예수님이 '하나님의 아들'이심을 고백합니다. 그런데 이 두 복음서에 차이가 보입니다. 마가는 백부장의 개인 고백으로서 '하나님의 아들'을 말했지만, 마태는 백부장을 포함한 로마 병사들의 집단 고백으로서 '하나님의 아들'을 말했습니다. 이에 비해 누가복음에서는 백부장이 예수님을 '의인'이시라고 고백했습니다. 거기에다 이 고백을 들은 주변 사람들도 그의 말에 공감하고 죄 없는 사람, 즉 의인을 죽인 일에 대해서 일종의 죄책감을 갖고 돌아갔다고 말합니다.

어쨌든 마태와 마가, 누가가 공통적으로 보여 주는 점이 있습니다. '하나님의 아들'이라 말했든 '의인'이라 말했든, 백부장 개인이 말했든 여러 명이 말했든, 이것과 상관없이 이들의 고백이 예수님을 구주로 시인하는 우리의 고백과는 내용이 다르다는 것입니다. 마태와 누가가 위의 구절에서 표현했듯이, 백부장 혹은 백부장을 포함한 몇몇 사람들은 예수님께서 돌아가시던 그 순간의 장면을 보면서 어떤 위압감 같은 것을 느낀 것 같습니다. 더구나 백부장은 십자가 위에서 보여 주신 예수님의 태도를 보며, 이 사람의 죽는 모습이 절대 죄인의 그것과 같지 않다고 확신한 것 같습니다.

선언과 응답

로마 제국은 힘을 숭상했습니다. 강한 것이 숭상받는 시대였습니다. 강한 것은 용감합니다. 2000년에 '글래디에이터'(Gladiator)라는 영화가 나왔습니다. 초반에 아우렐리우스왕의 아들이 막시무스를 체포해서 죽이려는 장면이 있습니다. 근위대에 끌려간 막시무스는 자신을 처형하려는 군인들에게 '로마 군인의 명예로운 죽음'을 달라고 요구합니다. 이 말을 들은 병사들이 그의 뒤로 돌아가 칼끝으로 그의 목덜미를 끊으려고 합니다. 막시무스가 요청한 로마 군인다운 죽음은 명예로운 죽음을 뜻했습니다. 두렵고 떨리는 순간이지만, 군인은 깨끗하게 처형당함으로써 자신의 결백함을 증명하려는 것입니다. 백부장은 아마 예수님께서 돌아가시는 장면을 찬찬히 보면서, 그가 무죄였음을 깨달았던 것 같습니다. 그 확신은 예수님의 죽음과 함께 벌어지는 놀라운 자연 현상을 보면서 고백으로 이어졌습니다.

어쨌든 마가는 백부장의 발언을 자신의 복음서를 위해 아주 의미심장한 상징으로 사용했습니다. 이 '의미심장한 상징'이란 표현을 이해하려면 사실 길게 이야기해야 합니다. 마가복음 네 번째 설교를 전하면서 이렇게 말씀 드렸습니다.

마가는 이 장면을 이렇게 기록하고 있습니다.

하늘로서 소리가 나기를 너는 내 사랑하는 아들이라 내가 너를 기뻐하노라 하시니라 _막 1:11

마가는 이 대목에서 무엇을 강조합니까? 마가는 하나님의 아들이신 예수님께서 자신을 더 이상 낮출 수 없을 정도로 낮추심으로써 하나님의 아들로 인정받으셨다는 사실을 이런 스토리를 통해 증언하려 했던 것입니다. 바로 방금 언급한 구절, 즉 하나님께서 "너는 내 사랑하는 아들이라"라고 말씀하셨는데, 이 구절은 마가복음 15장 39절과 하나의 쌍을 이룹니다. 마가복음 15장 39절에서 백부장은 이렇게 말합니다. "이 사람은 진실로 하나님의 아들이었도다!" 하나님께서 하늘에서 예수님에 대하여 이렇게 선포하십니다. "너는 내 사랑하는 아들이라 내가 너를 기뻐하노라!" 이에 대해 백부장은 이렇게 고백합니다. "이 사람은 진실로 하나님의 아들이었도다!" 이 고백은 하나님의 선포에 대한 인간의 화답이었습니다. 그러므로 마가복음은 '예수님은 하나님의 아들'이라는 하나님의 선포와 '그는 진실로 하나님의 아들이시다'라는 인간의 화답 사이에 있는 이야기입니다. 결국 마가복음의 이야기는 예수님이 하나님의 아들이라는 하나님 자신의 선포가 여러 가지 증거와 사건들로 말미암아 백부장의 입을 통해 그 선포가 사실이었음을 입증해 가는 하나의 기나긴 스토리라는 뜻입니다. 이 사실은 앞으로 마가복음 전체를 해석하는 데 아주 중요한 역할을 합니다.

마가는 자신의 복음서를 시작하면서 이렇게 말합니다. "하나님의 아들 예수 그리스도의 복음의 시작이라"(막 1:1). 마가는 이러저러한 일과 사건들을 통해서 예수 그리스도께서 하나님의 아들이심을 증명하려 하지 않습니다. 오히려 하나님의 아들께서 이 세상에 어떤 모습으로 오셨는지를 설명하려 합니다. 어떤 이는 이렇게 말합니다. "예수님은 고난받고 죽기 위해 능력을 포기하는 인자로 인식될 때에야 비로소 올바르게 이해될 수 있다." 유대인들은 거의 대부분 하나님의 아들을 정치적인 의미로 해석했습니다. 이 땅에 구주로 오신다, 즉 메시아로 오신다는 말을 그들에게 '다윗과 솔로몬의 유대 왕국을 재건하는 왕'으로 이해했다는 뜻입니다. 하지만 그 메시아는 모든 유대인의 예상과 기대를 뒤엎고, 고난받고 죽기 위해 자신의 영광을 기꺼이 포기하는 종의 모습으로 오셨습니다. 이 사실에 유의하지 않으면 어느 누구도 이 땅에 오신 구주를 영접할 수 없다는 뜻이기도 합니다.

그러면, 이런 예수님의 모습이 그야말로 비정치적인 모습이란 뜻입니까? 그렇지 않습니다. 낮아지고 고난당하시는 왕으로서의 예수님의 태도는 사실 정치를 넘어서는 정치이기도 했습니다. 그 사실을 가장 분명하게 드러내는 사건이 바로 백부장의 고백입니다. 백부장은 아시다시피 이방인이요 로마 사람이었습니다. 그 시대를 다스리는 강대국의 시민이었습니다. 그 백부장이 '하나님의 아들'을 고백합니다. 이것은 예수님으로 말미암아 곧 시작될 기독교회가 유대인의 경계를 넘어 마침내 온 세상으로 퍼져 갈 것을 예고하는 중대한 사건이라고 보입니다. 다시 말해 기껏해야 세계의 아주 작은 땅덩어리의 지배자로서의 메시아가 아니라 온 세상의 구세주와 통치자가 될 하나님의 아들 예수 그리스도를 마가가 말하려 한다는 뜻입니다. 이것은 예수님의 메시지가 얼핏 보기에는 비정치적인 것 같으면서도 실상은 가장 정치적이란 의미입니다.

너희는 나를 누구라 하느냐? – 누가 그의 제자인가?

예수님은 제자들에게 물으십니다.

너희는 나를 누구라 하느냐 _막 8:29

마가복음 전체를 보면, 백부장이 고백하기까지 어느 누구도 이 질문에 제대로 답변하지 못했습니다. 백부장이 "이 사람은 진실로 하나님의 아들이었도다"라고 고백하기까지 오히려 모든 사람들이 하나님의 아들이신 예수님을 오해하고, 조롱하고, 박해하고, 죽였습니다. 하나님의 아들이신 예수님께서 묵묵히 당신의 길을 걸어가실 때 '너희는 나를 누구라 하느냐?'는 질문은 마침내 그분을 십자가에 매달아 죽이는 사건에서 절정을 이룹니다. 아무것도 보이지 않는 가장 짙은 그 흑암 속에서 뜻하지 아니하게도 백부장이 예수님께서 원하시던 바로 그 대답을 하게 되는 것입니다. 제자도 아니고, 추종자들도 아니고, 유대인도 아니고, 서기관이나 대제사장도 아니었습니다. 율법학자도 아니었습니다. 이방인임이 틀림없는 백부장이 그 무지의 어둠 가운데서 눈부신 광채를 드러내는 그 고백을 발한 것입니다. 그의 고백은 예수님의 죽음과 함께 갈라진 성전 휘장 사건과 함께 마가복음을 극적으로 반전시키는 역할을 합니다.

이런 의외성은 또 다른 이야기에서도 등장합니다. 제자들은 주님께서 잡히시던 날 밤에 뿔뿔이 흩어지고, 그나마 용기를 내 고난당하시는 주님을 먼 발치까지 따라왔던 베드로는 예수님을 부인하고 저주합니다. 그런데 모진 고통 끝에 숨을 거두신 예수님의 시신을 거두고 그분의 시신을 수습하여 장례를 치른 사람도 역시 제자가 아니라 아리마대 요셉이란 사람과 그저 평범하기 짝이 없는 여인들이었습니다.

이런 의외성은 우리에게 하나의 중요한 질문을 남깁니다. '누가 그의 제자인가?' 다시 말해, '어떻게 해야 그리스도 예수의 제자가 될 것인가?' 누가 그리스도 예수의 제자입니까? 어떻게 해야 그분의 제자가 될 수 있습니까? 우리는 마가가 제시하는 대답을 이 이야기 속에서 찾아야 합니다. 적어도 지금까지의 본문을 보며 우리가 짐작하는 정답은 이것입니다. 다시 말해, 영광스런 왕의 자리에 앉아 계신 모습이 아니라 십자가에서 고통스럽게 죽어 가시는 모습을 통해서 바로 그분이 하나님의 아들이심을 믿고, 그분께서 묻히신 무덤까지 끝까지 따라가는 사람이야말로 바로 그 하나님의 아들이신 예수님의 진정한 제자라고 말입니다.

우리는 십자가에서 운명하신 예수님의 시신이 내려져 아리마대 요셉이 준비한 무덤에 안치되는 모습을 봅니다. 잘못된 메시아를 기대했던 유대인들과 성경에 기록된 그대로의 모습으로 낮아지고 고난당하셔서 마침내 죽으시는 하나님의 아들 사이의 기나긴 갈등은 이제 끝났습니다. 겉으로 볼 때 이 갈등은 유대인의 승리로 끝났습니다. 이 땅에 오셔서 내가 누구냐고 계속 물으셨던 예수님은 사람들의 기대를 어긋나게 했기 때문에 미움 받고 죽으셨습니다. 이 죽음과 함께 예수님의 삶은 실패로 끝나는 것처럼 보였습니다. 하지만 이 가장 짙은 죽음의 순간에 생각지도 못했던 한 이방인의 입을 통해 예수님의 진정한 실체가 드러납니다. "이 사람은 진실로 하나님의 아들이었도다!"

히브리서 기자는 이렇게 말합니다.

그러므로 형제들아 우리가 예수의 피를 힘입어 성소에 들어갈 담력을 얻었나니 그 길은 우리를 위하여 휘장 가운데로 열어 놓으신 새롭고 산 길이요 휘장은 곧 저의 육체니라 _히 10:19-20

고난당하신 예수님의 삶을 이해하지 않고서는 하나님의 아들이신 그분의 정체를 결코 알 수 없다는 말씀입니다.

앞에서도 언급한 바와 같이 예수님의 시신은 아리마대 요셉이 자신을 위해서 미리 준비해 놓은 무덤에 안치되었습니다. 아리마대 요셉이 예수님의 시신을 빌라도에게 요청하자, 다른 사형수보다 훨씬 일찍 숨을 거둔 사실을 이상하게 여겼던 빌라도는 백부장을 불러 예수의 죽음을 확인합니다. 이로써 예수님의 죽음은 로마 당국에 의해 움직일 수 없는 사실로 확정되었습니다. 예수님의 시신은 아리마대 요셉의 손에 넘겨져 정성껏 마무리되었습니다. 그리고 그분의 시신은 세마포에 싸인 채 그의 무덤으로 들어갔고, 그 무덤은 무거운 돌로 봉인되었습니다. 이로써 인간의 몸으로 오신 예수님의 지상 사역은 끝났고, 인간으로서의 생애는 마감되었습니다.

죽음은 인간 존재의 마지막 단계입니다. 결코 귀하지 않은 신분으로 이 땅에 오셨고, 삼십 대의 나이에 하나님 나라의 복음을 전하시던 예수님은 자신의 길을 걷다가 운명하셨습니다. 그분의 삶은 환영받기도 했고 추앙받기도 했으나 결국은 미움 받았으며, 고난당하신 후 마침내 십자가에 달려 죽으셨습니다.

그리스도 예수의 삶은 그분의 죽음을 기준으로 볼 때 철저히 실패한 삶이었습니다. 본인은 하나님의 아들이라고 선언하셨으나 적어도 죽으실 때까지의 실상은 낮아지고 비천해진, 그래서 종의 삶을 사셨다 할 수 있습니다. 아무도 그분을 하나님의 아들이라고 알아보지 못했습니다. 굳이 따지자면 오직 귀신들만이 예수님의 진정한 정체를 알아보았을 뿐입니다. 유대인들은 그분을 버렸으며, 대제사장과 서기관, 율법학자들은 그분을 박해하고 조롱했습니다. 제자들도 그분을 떠났으며 그분을 부인하고 저주했습니다. 이 상황에서, 오직 백부장만이 그분의 참 모습을 고백합니다. 제자들이 서로 높은 자리를 보장받으려고 노력하던 시간에 구석에서 조용히 그분을 사랑하고 존경하며 묵묵히 봉사의 자리를 지켰던 여인들은 제자들이 도망간 그 자리를 메웁니다. 여인들은 예수님의 무덤이 있는 곳을 조용히 바라봅니다. 이제 사홀 후면, 그 여인들은 예수님의 부활을 목격한 첫 증인들이 될 것입니다.

이 놀라운 이야기는 우리에게 '누가 그분의 제자인가?'라고 질문합니다. 저는 이 질문을 이 글을 읽는 당신에게 던집니다. 누가 그분의 제자입니까? 그분의 제자는 낮아지셔서 세상을 종으로 섬기러 오신 예수님을 하나님의 아들로 고백하는 자들입니다. 그들은 예수님께서 묻히신 무덤까지 따라가는 사람들입니다. 그분께서 지신 십자가의 자리까지 내려가 세상을 섬기는 사람들입니다.

74

예수님을 만난 사람들
마가복음 16:1-11

예수님의 무덤으로 간 사람들

예수님께서 돌아가신 후 이튿날은 토요일, 즉 안식일이었습니다. 바로 이 안식일이 지나자마자, 다시 말해 토요일 저녁에 막달라 마리아, 야고보의 어머니 마리아, 그리고 살로메라고 하는 여인, 이렇게 세 여인이 향료를 구입했습니다. 이들이 향료를 구입한 것은 예수님의 시신에 바르기 위해서였습니다. 고고학자들이 발견한 1세기 무렵 팔레스타인 지방의 무덤에서는 향유 병이나 향료 항아리 등의 부장품이 자주 발견된다고 합니다. 당시 이 지역에서는 죽은 이의 얼굴에 향유를 붓는 일이 흔한 일이었음을 보여 줍니다. 이 지역의 기후는 아주 무더워서 시신의 부패가 워낙 빠르게 진행됩니다. 때문에 죽은 사람의 얼굴에 향유를 붓는 일은 서두를수록 좋았습니다. 그래서 세 여인은 안식일이 끝나자마자 향유를 사 놓고 날이 밝기만을 기다렸던 것입니다.

이들은 다음 날, 즉 일요일 아침에 예수님의 무덤을 향해 출발했습니다. 마가는 이들이 무덤을 향해 떠난 시각을 '매우 일찍이 해 돋은 때'라고 설명합니다. 우리같이 시와 초 단위의 시각 재는 법에 익숙한 사람들에게는 매우 애매한 표현입니다만, 그래도 성경학자들의 도움을 받아 짐작해 보면 이때는 새벽 3시에서 6시 사이인데, 거기서도 해 뜨기 직전의 무렵이라 할 수 있습니다. 어쨌든 이들은 해가 돋기가 무섭게 예수님의 무덤으로 향했는데, 이들은 무덤으로 가는 도중에 아주 심각한 문제를 의논하였습니다.

누가 우리를 위하여 무덤 문에서 돌을 굴려 주리요 _막 16:3

이들은 무덤 입구에 놓인 돌을 어떻게 굴릴 수 있을까 걱정했던 것입니다. 당시 유대인의 무덤은, 물론 잘 사는 사람의 경우입니다만, 암반 즉 바위를 파서 만들었습니다. 그리고 무덤 입구 바로 앞을 약간 우묵하게 파고는 크고 무거운 돌덩이를 거기에 고정했습니다. 그 무게가 거의 1톤에 가까운 것도 있었다고 합니다. 따라서 이런 돌덩이를 옆으로 굴린 후 무덤 안으로 들어가는 일은 세 여인이 힘을 합쳐도 어림없었을 것입니다. 그런데 그들이 모르는 문제가 또 있었습니다. 로마의 법에 따라 이런 죄목으로 사형당한 사람의 경우에는 상당한 기간 로마 군병들이 무덤을 감시한다는 사실, 그리고 이 규칙에 따라서 로마 군병들이 보내져서 예수님의 무덤을 지키기 시작했다는 사실입니다.

이윽고 세 여인이 예수님의 무덤에 도착했을 때, 놀랍게도 그들이 걱정하던 바위는 어디론가 사라져 버렸고, 무덤을 지키던 병사들도 없었습니다. 따라서 그들은 아무 어려움 없이 무덤에 들어갈 수 있게 되었습니다. 그러나 그들은 기뻐할 수 없었습니다. '무덤에 누워 계신 예수님의 시신은?' 여기에 생각이 미치자, 그들의 염려는 이제 이미 옮겨진 돌이 아니라 그 무덤에 모신 예수님의 시신이 무사한가 하는 것으로 옮겨 갔습니다. 그들은 왜 돌이 치워졌는지를 살필 겨를도 없이 무덤 안으로 뛰어들어갔습니다. 그런데 더욱 놀라운 일이 그들을 기다리고 있었습니다. 무덤 안에 흰옷을 입은 청년 하나가 앉아 있었기 때문입니다. 성경은 세 여인이 몹시 놀랐다고 기록합니다. 당연합니다! 거기에는 예수님의 시신이 누워 있어야 했습니다. 그러나 거기에는 흰옷을 입은 청년 하나가 앉아 있었습니다.

놀라움과 기쁨의 혼동 속에서

청년은 놀라서 어쩔 줄 모르는 세 여인에게 이렇게 말했습니다.

놀라지 말라 _막 16:6

청년은 계속 말합니다.

너희가 십자가에 못 박히신 나사렛 예수를 찾는구나 그가 살아나셨고 여기 계시지
아니하니라 보라 그를 두었던 곳이니라 _막 16:6

세 여인이 찾던 예수님은 이미 살아나셨고, 뿐만 아니라 살아나신 그분은
어디론가 가셨습니다. 어딘지는 모르지만 적어도 무덤에 계속 앉아 계시지
않은 것은 분명합니다. 청년은 그분이 누우셨던 자리를 가리키며 말합니다.
"보라, 그를 두었던 자리가 비어 있지 않으냐?" 청년은 이어서 다음과 같이
당부합니다.

가서 그의 제자들과 베드로에게 이르기를 예수께서 너희보다 먼저 갈릴리로 가시
나니 전에 너희에게 말씀하신 대로 너희가 거기서 뵈오리라 하라 _막 16:7

그러나 세 여인은 청년의 말을 여기까지 듣고 그저 놀라며 떨 뿐이었습니
다. 그리고 황급하게 그 자리에서 도망치고 말았습니다.

그들은 예수님을 참으로 사랑했습니다. 얼마나 사랑했는지, 그들은 안
식일이 끝나자마자 이미 어두워졌을지도 모르는 그 저녁에 즉시 가게로 가
서 향료를 구입했습니다. 날이 밝자마자 예수님의 무덤으로 달려가 예수님
께 향료를 뿌림으로써 그분의 몸에서 나는 시체 썩는 냄새를 제거하려고 했
습니다. 그들이 어떻게 여자의 힘으로 무덤을 막고 선 큰 돌덩이를 밀어젖힐

수 있는지, 그것이 걱정거리이긴 했지만 그 걱정이 그들의 발걸음을 막지는 못했습니다. 그들은 그 점을 염려하면서도 몸만은 예수님의 무덤으로 움직이고 있었던 것입니다. '일단 가고 보자!' 이것이 그들의 다급한 심정이었습니다. 아니, 그만큼이나 그들은 예수님께로 가 보고 싶었던 것입니다. 이것역시 그들이 얼마나 예수님을 사랑했는지를 잘 보여 주지 않습니까? 그렇다면, 예수님께서 살아나셨다면, 그들은 기뻐해야 하지 않을까요?

그러나 성경이 보여 주는 그들의 모습은 오직 이런 것이었습니다.

여자들이 심히 놀라 떨며 나와 무덤에서 도망하고 무서워하여 아무에게 아무 말도
하지 못하더라 _막 16:8

어떤 의미입니까? 요컨대, 세 여인의 마음은 예수님의 부활에 대해서 반가움보다 놀라움에 더욱 강하게 사로잡혀 있었다는 것입니다. 얼마의 시간이 흘렀는지는 모르지만, 마가복음 16장 10절을 보면 무덤에서 이 광경을 목격한 사람 가운데 하나인 막달라 마리아는 그때까지 슬픔에 사로잡혀 울고 있던 제자들에게 이 소식을 전했습니다. 그 소식은 제자들에게도 기쁜 소식이 되어야 마땅했지만, 그들 역시 이 소식을 믿지 않았습니다. 결국 예수님의 부활 소식은 부활의 현장을 목격하고 거기에다 천사의 당부를 들은 세 여인에게나 역시 그 소식을 전해 들은 제자들에게나, 모두에게 놀람과 혼돈만 가져다주었을 뿐 기쁨의 소식이 될 수는 없었던 것입니다.

그런데 예수님의 부활, 다시 말해 예수님께서 죽으신 후에 사흘 만에 다시 살아나신다는 사실은 이미 예수님 당신께서 몇 번이나 예고하신 것 아닙니까? 그렇습니다! 예수님은 십자가 사건 전에 몇 번이나, 당신께서 고난당하신 후에 사흘 만에 일어나실 것이라고 예고하셨습니다. 그럼에도 어째서 그분을 그렇게나 사랑했던 여인들, 그리고 제자들이 예수님의 부활 소식을 듣고도 기쁨으로 그것을 받아들이지 못했을까요? 더욱이 예수님은 이 부활 예고를 그들이 이미 잘 알고 있던 구약의 예언서를 인용하면서까지 확신시키

셨습니다. 그러나 그들은 보시다시피 예수님의 부활 소식을 기쁨으로 수용할 준비가 되어 있지 않았던 것입니다. 왜 그렇습니까?

예수님의 부활 소식은 인간 이성의 한계 안에서 판단되거나 수용될 수 없는 사건입니다. 인간은 이성의 한계 내에서만 인식하고 판단합니다. 부활의 사실, 인간이 죽었다가 다시 살아난다는 사실은 인간이 인식할 수 있는 한계 밖에 존재합니다. 그만큼이나 인간의 편에서는 엄청난 사건입니다. 예수님과 함께 3년이나 숙식을 같이하며 교육을 받은 제자들, 그리고 역시 예수님 주변에 머물면서 따르던 여인들, 심지어는 귀신에 사로잡혀 귀신의 종노릇 하다가 예수님의 능력으로 풀려나는 이적을 체험했던 막달라 마리아까지도 예외는 아니었습니다. 그들은 그토록 사랑하던 예수님께서 다시 살아나셨다는 사실을 기뻐하지 못하고, 놀랄 수밖에 없었던 것입니다. 여기에는 그들이 여러 번이나 예수님의 부활 사실을 미리 들었다는 사실조차도 도움이 되지 않았습니다.

부활하신 예수님 앞에 서서

예수님의 부활 사건을 놓고서 마가는 두 개의 분명한 라인을 만들어서 대조(對照)합니다. 마가는 예수님의 탄생을 이사야의 예언으로부터 설명합니다. 예수님의 삶이 이미 오래전 하나님 편에서의 계획에 따라 실행되고 있음을 암시합니다. 예수님께서 세례를 받으신 현장에서 하늘의 문이 열리고, 성령의 비둘기같이 내려옴의 현상이 있었으며, 하늘로부터 '(이 예수는) 나의 사랑하는 아들이요, 내 기뻐하는 사람이다'라는 선언이 있었습니다. 마가복음 전체에 기록된 수많은 사건들은 이 선언이 과연 참임을 증명하기 위해 배열된 증거였습니다.

그러나 부활 사건이 일어난 시간까지, 인간들이 이 선언을 참된 마음으로 고백하기 바라시는 하나님의 간절한 소원은 아직 이루어지지 않았습니다. 예수님께서 돌아가시던 순간 이 광경을 목격한 백부장이 "이 사람은 참으로 하나님의 아들이셨다"고 말한 것처럼 예수님을 따르던 무리들이 믿음을 고백하려면 아직도 준비가 덜 되어 있었다는 것입니다. 하지만 하나님의 계획은 반드시 성공할 것입니다. 누가 보더라도 부인할 수 없는 부활 사건, 그리고 그 부활 사건을 정점으로 하는 하나님의 구속사의 도도한 물줄기는 마침내 모든 사람들의 입에서 '예수님은 참으로 하나님의 아들이십니다'라는 고백을 내어놓게 만들 것입니다. 이 엄청난 일의 시작이 바로 오순절 성령 강림 사건입니다.

우리가 예수님의 고난을 묵상하는 이유는 처참하게 고난당하고 죽으신 그분의 죽음을 애도하기 위한 것이 아닙니다. 우리 역시 그분의 발자취를 따라가기 위한 것입니다. 예수님의 고난을 묵상하는 가운데 물어야 할 질문은 바로 이것입니다. '그러면 이제 우리는 어떻게 할 것인가?' 예수님께서 이렇게 사셨습니다. 그러면 이제 우리는 어떻게 살아야 하겠습니까? 이것이 예수님의 고난과 죽음을 묵상하는 그리스도인의 질문이 되어야 합니다. 우리는 이 묵상의 종착역도 배웠습니다. 예수님의 삶을 닮아 갈 때, 다시 말해 하나님 아버지의 뜻을 이루기 위하여 죽기까지 순종할 때, 우리 역시 예수님께서 그러셨던 것처럼 생명의 면류관, 영광의 면류관을 받을 것입니다.

예수님의 발자취를 따라가는 자들의 삶의 관점은 확연히 다릅니다. 십자가 위에서 돌아가실 때에 예수님은 다 이루었다 말씀하시고 당신의 영혼을 하나님 아버지께 의탁했습니다. 그러므로 예수님의 뒤를 따르는 신자들의 마지막 기도 역시 그렇게 될 것입니다. '이것을 달라, 저것을 달라'는 기도가 아니라 '모든 것을 아버지의 뜻에 따라 살았으므로, 이제 나의 영혼을 송두리째 아버지께 의탁합니다'라는 기도가 우리 신자들의 입에서 나와야 합니다. 따라서 신자의 죽음은 두려움이 아니요 끝도 아닙니다. 생명의 면류관을 부끄럼 없이 바라며 정결하게 살아 온 자들이 아버지께서 준비해 놓으신 빛나는 면류관을 받으러 하늘을 향해 떠나는 여행의 출발선에 불과합니다.

마가의 질문에 관하여

결론적으로, 예수님의 부활 사건은 아주 투박하게 우리에게 질문합니다. "예수님은 하나님의 아들이시며 죽음의 권세를 이기고 부활하셨다. 이제 너는 어떻게 할 것이냐?" 다시 말씀 드립니다. "예수님의 부활을 믿고 그분의 뒤를 따라 부활의 기쁨에 동참할 것이냐, 아니면 두려움과 망설임 가운데 떨 것이냐?" 마가복음을 꼼꼼히 읽은 독자는 숨 가쁘게 증언되는 예수님의 이야기를 보며, 이 두 개의 갈림길 앞에 서게 됩니다. 마가는 부활의 사실을 믿지 못하고 당황하던 제자 앞에 예수님께서 나타나신 사실을 마가복음의 에필로그로 기록해 두었습니다. 예수님은 믿음 없는 제자들을 꾸짖으시며 이렇게 말씀하셨습니다.

> 너희는 온 천하에 다니며 만민에게 복음을 전파하라 믿고 세례를 받는 사람은 구원을 얻을 것이요 믿지 않는 사람은 정죄를 받으리라 _막 16:15-16

그들은 예수님의 말씀에 순종했습니다. 이로써 예수님의 복음은 온 천하를 향해 도도한 물줄기를 이루며 뻗어 나가기 시작했습니다. 과연 주님의 계획대로, 제자들은 세계사의 흐름을 뒤바꾸는 능력의 일꾼들이 되었습니다. 예수님의 복음을 듣는 사람은 이와 같이 오직 두 개의 길 앞에 서서 선택을 요청받습니다. 예수님은 하나님의 아들이시며, 우리의 죄를 위해 십자가에서 죽으셨다가 사흘 만에 다시 살아나셨습니다. 이 사실을 믿을 것입니까, 부인하실 것입니까?

제자들도, 예수님을 그처럼 사랑했던 여인들도, 어느 누구도 처음에는 예수님의 부활을 믿지 못했습니다. 이것은 예수님에 관한 성경의 증언들이 사실이냐 아니냐 하는 인간의 이성적 판단 앞에 놓이기를 거부한다는 뜻입니다. 이미 확실한 사실로 벌어진 일을 놓고 그것이 맞다 틀리다 말하는 것은 어리석은 행동입니다. 그러므로 예수님에 관한 이야기는 인간이 감히 '사실이네 아니네' 할 수 있는 수준의 것이 아닙니다. 마가는 단지 그것을 사실로 받아들일 것인지, 아니면 거절할 것인지를 독자에게 결정하라고 촉구할 뿐입니다. 그 사실을 믿으면 살 것이고, 그렇지 않으면 죽을 것입니다.

바울은 말합니다.

> 그리스도께서 죽은 자 가운데서 다시 살아나셨다 전파되었거늘 너희 중에서 어떤 이들은 어찌하여 죽은 자 가운데서 부활이 없다 하느냐 … 그리스도께서 만일 다시 살지 못하셨으면 우리의 전파하는 것도 헛것이요 또 너희 믿음도 헛것이며 또 우리가 하나님의 거짓 증인으로 발견되리니 우리가 하나님이 그리스도를 다시 살리셨다고 증거하였음이라 … 만일 그리스도 안에서 우리의 바라는 것이 다만 이생뿐이면 모든 사람 가운데 우리가 더욱 불쌍한 자리라 _고전 15:12-19

우리가 세상에서 가장 불쌍한 자가 될 것인지 아니면 세상에서 가장 지혜로운 자가 될 것인지는 예수님의 부활이 사실인지 아닌지에 달렸습니다. 예수님의 부활을 받아들인 사람은 완전 바보가 되든지, 승리자가 되든지 둘 중의 하나가 될 수밖에 없습니다. 예수님을 믿는 일은 그만큼이나 인생의 전부를 걸어야 하는 진지한 문제입니다. 따라서 예수님의 부활 사실을 확실히 믿고 받아들이든지 아니하든지 하십시오. 다시 말씀 드립니다. 성경의 이야기가 사실인지 아닌지는 우리가 새삼스럽게 판단할 문제가 아닙니다. 성경은 부활 사실이 역사적 진실이라 말하기 때문입니다. 믿느냐 안 믿느냐 하는 것은 그러므로 나의 문제입니다.

성경은 수많은 사람들이 자신의 의사와는 상관없이 체험했던 예수님의 부활 사실을 기록해 놓았습니다. 그러므로 이제 나는 어떻게 할 것인가? 이것이 예수님의 삶에 관한 기록을 읽은 독자에게 성경이 남겨 놓은 무거운 질문입니다. 당신은 어떻게 결정하시겠습니까? 예수님의 삶과 죽음, 부활의 이야기는 이제 우리 앞에서 우리 개개인의 결단을 기다리고 있습니다. 저는 간절히 소망합니다. 예수님의 복음이 이 말씀을 읽고 있는 우리 모두에게 세상에서 가장 지혜롭고 성공적인 삶으로 가는 초청장으로 받아들여지기를 소망합니다. 그래서 나의 삶의 의미가 달라지고, 나의 죽음의 의미도 달라지고, 나의 현재와 나의 미래, 나의 죽음 이후에 관한 관점이 달라지며, 마침내는 내 인생의 목표와 오늘 하루를 살아가는 의미조차도 달라지기를 간절히 소망합니다. 아멘.

75

나는 그를 누구라 하는가?

마가복음 16:12-20

부활을 믿지 않는 제자들

지난번 본문 후반부를 보면, 부활하신 예수님은 막달라 마리아에게 나타나셨습니다(막 16:9). 마가는 이 대목에서 막달라 마리아를 이렇게 설명했습니다.

전에 일곱 귀신을 쫓아내어 주신 막달라 마리아

막달라 마리아가 일곱 귀신에게 사로잡혀 살다가 예수님에 의해 풀려난 이야기는 마가가 복음서를 기록할 당시 예수 공동체에 속한 사람들에게 널리 알려진 것 같습니다. 말하자면 마가 당시에 예수님을 믿는 사람들이라면, 누구라도 예수님께서 복음을 이 땅에서 전하실 때 일곱 귀신에게 사로잡혀 고통스럽게 살던 막달라 마리아를 구해 주신 사실을 알고 있었을 것이란 뜻입니다. 십자가에서 예수님께서 죽으실 때 그 광경을 보던 한 백부장이 "그분은 참으로 하나님의 아들이셨다"고 고백했습니다. 그 고백은 예수님의 부활 사건으로 말미암아 진실임이 드러났습니다. 부활하신 예수님의 모습은 결국 더 이상 우리 같은 인간이 아니라 하나님 아들로서의 영광스러운 모습이었다는 뜻입니다.

그 '하나님의 아들'이 막달라 마리아에게 나타나셨습니다. 부활하신 예수님을 뵈었으니 마리아는 즉시 그분의 부활 소식을 사람들에게 알려야 했습니다. 마리아는 곧 달려가 예수님과 함께했던 사람들에게 이 소식을 전했습니다. 부활의 기쁜 소식이 제자들에게 전해졌지만, 예수님의 죽음을 적어도 사흘이나 슬퍼하던 그 깊은 사랑과 존경심에도 불구하고 그들은 그 소식을 사실로 받아들일 수 없었습니다. 좀 더 믿을 만한 사람에게 예수님께서 나타나셨더라면 좋지 않았을까요? 유대인의 전통에 따르면, 여인이 증언하는 것은 믿을 수 없다고 생각했습니다. 말하자면 당시 사람들은 여인이 어떤 일을 증언하는 것을 믿지 않는 분위기였다는 것입니다. 더욱이 막달라 마리아, 일곱 귀신에게 사로잡혀서 고통당하다가 구원받은 이 여인이 다시 사신 예수님을 뵈었다고 말하다니, 이것은 예수님의 전략에 문제가 있었다고 봐야 하지 않을까요?

그러나 가장 중요한 문제는, 지난번에도 언급한 대로, 죽은 사람은 절대 살아날 수 없다고 믿는 제자들의 그 믿음이었습니다. 예수님의 말씀도, 그분께서 보여 주신 놀라운 이적들도, 부활하신 예수님을 만났다는 증인들의 전언(傳言)도 제자들의 이 완고한 믿음을 깨뜨릴 수는 없었습니다. 그만큼 제자들의 경험과 이성은 예수님의 부활을 사실로 받아들일 여지가 없었던 것입니다. 이것은 예수님의 부활을 전하는 증인이 막달라 마리아가 아닌 그 어느 누구를 세운다 하더라도 설득하기 어려운 장벽이었습니다. 따라서 본문 마가복음 16장 11절은 당연한 결론입니다.

그들은 예수의 살으셨다는 것과 마리아에게 보이셨다는 것을 듣고도 믿지 아니하니라

예수님을 향한 깊은 사랑과 존경조차도 경험으로 형성된 인간의 이성을 무너뜨리지 못했다는 것입니다.

이어서 마가는 또 하나의 이야기를 시작합니다. 예수님께서 부활하셨다는 소식을 막달라 마리아에게서 들은 사람 가운데 두 사람이 지금 어느 마을

로 내려가고 있습니다. 이 부분은 누가가 기록한 두 제자, 즉 엠마오를 향해 내려가던 두 제자 이야기(눅 24:13-25)와 아주 비슷합니다. 그러나 마가복음의 두 제자 이야기는 매우 간단하게 요약되어 있습니다. 단지 이 두 제자가 길 가는 도중에 예수님을 만났다는 점만 기록해 놓았을 뿐입니다. 그런데 이 이야기가 말하려는 것은 다른 데 있습니다. 그들이 길 가다가 예수님을 만났는데, 동료들에게 이 이야기를 전했으나 그들이 믿지 않았다는 사실을 강조하고 있습니다(13절).

이런 분위기는 14절에서도 이어집니다. 마가는 열한 명의 제자가 음식을 먹을 때에 예수님께서 나타나셨다고 말합니다. 마태복음 28장 19절과 똑같은 말씀, 즉 '너희는 온 천하에 다니며 만민에게 복음을 전파하라'는 말씀이 등장합니다. 그러나 마태복음과 다른 점이 보이지 않습니까? 그 앞 14절에는 부활하셨다는 소식을 듣고도 믿지 않는 제자들을 심하게 꾸짖는 장면이 등장하며, 15절에는 제자들이 복음을 전할 때 그것을 받아들이는 사람은 구원을 얻을 것이고, 그렇지 않은 사람은 심판을 받을 것이란 말씀도 덧붙이셨습니다.

여기까지의 말씀을 어떻게 요약할 수 있습니까? 마가는 '하나님의 아들'이신 예수 그리스도를 증거했습니다. 예수님은 이 땅에 오셔서 하나님의 아들, 곧 메시아로서 그리하실 것이라고, 구약의 선지자들이 예언한 것들을 행하심으로써 당신이 '오리라 예언한 바로 그분'이심을 증명하셨습니다. 숨 가쁜 그 길을 달리신 주님께서 드디어 부활하신 하나님의 아들로서 사람들 앞에 나타나셨습니다. 그분께서 사람들에게 물으십니다. "너는 나를 누구라 하느냐? 내가 하나님의 아들임을 믿느냐?" 이 질문에는 '예' 아니면 '아니오' 두 개의 대답밖에는 없습니다. 그리고 답을 택한 사람이라면 반드시 그 다음을 진지하게 물어야 합니다. "그러면 나는 이제 어떻게 살 것인가?"

능력과 함께 복음을 맡기신 하나님의 아들

마가는 예수님의 말씀을 이어갑니다.

믿는 자들에게는 이런 표적이 따르리니 곧 저희가 내 이름으로 귀신을 쫓아내며 새 방언을 말하며 뱀을 집으며 무슨 독을 마실지라도 해를 받지 아니하며 병든 사람에 게 손을 얹은즉 나으리라 _막 16:17

제자들은 부활하신 예수님을 하나님의 아들로 받아들이고 그분의 명령을 따라 세상에 다니면서 복음을 전할 것입니다. 복음이 전해지는 그곳마다 하나님의 심판이 그 자리에서 일어납니다. 복음을 받아들이는 사람은 구원을 받을 것이며, 거절하는 사람에게는 정죄(定罪)가 있을 것입니다. 이 일을 위해 필요하다면 17절 이하의 놀라운 이적이 벌어질 것입니다. 우리가 주목해야 하는 것은 이 놀라운 일들이 가능하며, 이 일들은 하나님의 아들이신 예수 그리스도 그분에게서 나오는 능력의 결과라는 사실입니다. 또한 중요한 것은 예수님께서 당신의 복음을 전하는 자들에게 '표적'(表迹)을 보여 줄 능력까지 부여하시겠다고 약속하신 사실입니다.

언제나 그런 능력을 행사할 수 있지는 않을 것입니다. 우리가 복음을 전할 때마다 그런 일이 일어나지는 않을 것이란 뜻입니다. 하지만 우리는 사도행전에서 실제로 이런 비슷한 일들이 일어났음을 발견할 수 있습니다. 복음을 전하던 제자들과 사도들은 때로 귀신을 쫓아내기도 했고(행 8:7; 16:18; 19:15), 방언을 말하기도 했으며(행 10:46), 뱀을 손으로 잡고도 해를 입지 않았고(행 28:3 이하), 병든 사람에게 손을 얹어 고치기도 했습니다(행 5:12).

이런 일들에는 복음을 전하는 사람들이 그런 능력을 갖고 있느냐, 언제나 그런 일들이 일어날 수 있느냐 같은 질문과는 다른 차원의 의미가 있습니다. 어차피 이 능력은 하나님의 아들로서의 예수 그리스도에게서 나오고, 그러므로 그런 일들이 언제 어떻게 일어나느냐는 오로지 그분만이 판단하십니다. 그분의 제자가 되어 복음을 전하는 사람이 가장 집중해야 하는 지점은 예수님께서 그리스도와 하나님의 아들이시며, 복음을 전하는 사람에게 당신의 능력까지도 허락하시면서 전하는 일의 권위를 위탁하셨다는 사실입니다.

마가는 19절 이하에서 예수님께서 꾸짖음과 함께 복음을 제자들에게 맡기신 후 하늘로 올라가셨다고 말합니다.

주 예수께서 말씀을 마치신 후에 하늘로 올리우사 하나님 우편에 앉으시니라

사도행전 7장은 스데반 집사가 이스라엘 역사를 설명하며 그리스도 예수를 전하다가 유대인들의 돌에 맞아 죽는 장면을 감동적으로 그렸습니다. 죽는 순간 스데반은 '하늘이 열리고 인자가 하나님 우편에 서신 것'을 보았다고 말합니다. '하나님의 우편'은 유대인에게 어떤 분명한 의미가 있습니다. 어떤 사람이 옳다고 할 때, 혹은 어떤 사람이 누군가에게서 권한을 위임받아 행사할 때, 유대인들은 '누가 누구의 오른편에 앉았다'라고 말했습니다. 말하자면, '누가 누구의 오른편에 앉았다'는 말은 유대인들이 쓰던 관용적 표현입니다. 인자, 즉 메시아이신 예수님께서 이 땅에 인간으로 오셔서 오래전부터 선지자들이 예언한 것들을 실천하시고 수행하심으로써 당신이 하나님의 그 '아들'이심을 증명하셨습니다. 그리고 예수님은 성경의 예언대로 십자가에서 죽으시고 사흘 만에 부활하셔서 하늘로 올라가 아버지 하나님의 오른쪽에 앉으셨습니다. 이제 예수님은 하나님께 받은 왕으로서의 권한을 보좌에 앉아 행사하실 것입니다.

마지막으로 마가는 제자들의 모습을 보여 줍니다.

제자들이 나가 두루 전파할새 주께서 함께 역사하사 그 따르는 표적으로 말씀을 확실히 증거하시니라 _막 16:20

마가의 말을 깊이 새겨야 합니다. 제자들이 세상으로 나가 복음을 널리 전

합니다. 이때 주님께서 그들과 함께하십니다. 그들이 복음을 전할 때 주님께서 함께하시면서 여러 표적을 행하십니다. 이 표적을 통해서 제자들이 전하는 복음의 말씀이 확실하게 증거됩니다.

요약합니다. 제자는 복음을 전합니다. 예수님은 제자들이 말씀을 전하는 현장에 함께하시고 여러 표적을 행하시면서 그 말씀이 힘 있게 전해지도록 하십니다. 이 말씀은 분명히 가르칩니다. 복음을 전하는 것은 제자가 할 일이고, 거기에서 표적을 행하면서 그 말씀을 통해 하나님의 백성을 거두는 일은 주님께서 하십니다. 이 장면은 마태복음 28장 19-20절을 떠올립니다.

> 그러므로 너희는 가서 모든 족속으로 제자를 삼아 아버지와 아들과 성령의 이름으로 세례를 주고 내가 너희에게 분부한 모든 것을 가르쳐 지키게 하라 볼지어다 내가 세상 끝 날까지 너희와 항상 함께 있으리라 하시니라

복음을 전하는 일은 예수님을 하나님의 아들로 인정한 사람들이 마땅히 행할 일입니다. 그 전도의 현장에서 어떤 일이 벌어지느냐 하는 것은 오로지 그 복음의 주인공이신 예수님의 권한입니다. 그러므로 우리는 우리의 믿음을 세상에 고백할 뿐이고, 그것을 통해 어떤 열매를 거두시느냐는 우리 주님의 일입니다.

어느 편을 택할 것인가?

그 의심 많고 불순종하던 제자들, 죽음의 위협 앞에서 목숨을 지키고자 주님을 떠나 도망하고 그분을 부인하며 저주하던 그들이 변했습니다. 주님을 따르면서도 끊임없이 높아지기를 다투던 그들이 변했습니다. 예수님께서 하나님의 아들이심을 믿은 다음에 이 모든 변화가 일어났습니다. 우리는 사도행전과 교회 역사를 통해 이들의 변화가 이 세계에 어떤 변화를 가져왔는지 이미 잘 알고 있습니다. 그리고 우리는 그 모든 일을 하나님의 아들, 이 세상

을 아버지로부터 물려받은 예수 그리스도께서 홀로 행하셨음을 봅니다.

이제 마가복음을 마무리할 지점에 도착했습니다. 마가는 자신의 복음서 처음부터 담대하게 '하나님의 아들 예수 그리스도 복음의 시작'을 알립니다. 이미 오래전부터 그분의 하나님의 아들 되심을 선지자들이 예언했고, 하늘로부터 들려온 음성이 선언했으며, 그분께서 행하신 그 숱한 일들을 통해 그 사실은 입증되었고, 마침내 그분의 십자가 죽음을 지켜보던 한 백부장이 고백했습니다. 마가의 복음서는 이렇게 하나님의 아들께서 이 땅에 인간으로 오셔서 종으로서 겸손하게 세상을 섬기신 후 부활하시기까지 숨 가쁘게 달려갑니다. 마지막 부분은 한편으로 아직도 그리스도 예수를 믿지 못하는 제자들을 꾸짖으시고, 또 한편으로는 그들에게 당신의 권위와 능력을 위탁하시면서 복음을 전하도록 명하시며, 그리고 그들이 예수님의 기대대로 세상 곳곳으로 펴져 나가 그분의 복음을 전하는 모습으로 끝을 맺습니다.

마가복음은 그 끝이 매끈하게 맺어지지 않았습니다. 한창 절정을 달리던 마가복음의 이야기는 끝에 와서 갑자기 얼버무려지는 것 같은 느낌입니다. 사실 사도행전 마지막도 이와 비슷한 느낌입니다. 우리는 이것을 '열린 결말'이라고 표현합니다. 결론적으로, 마가복음은 이런 결말을 통해 예수님의 일이 아직도 끝나지 않았음을 암시합니다. 마가가 말하려 했던 것은 아직도 진행형입니다. 하나님의 아들로 이 세상에 오신 예수 그리스도의 일은 아직 끝나지 않았습니다. 그 끝은 이 세상이 마침내 온전하게 하나님 아들의 소유, 즉 예수 그리스도께서 하나님의 아들로서 이 세상을 온전하게 통치하실 때 완성이 될 것입니다. 그리고 우리는 그분을 하나님의 아들로 믿는 제자로서 그 일을 마무리하는 일에 부름 받았습니다. 다시 말해 신자들이 예수님의 명령을 따라 복음을 세상 끝까지 전함으로써 하나님의 나라가 완성되도록 계획되어 있다는 것입니다.

우리는 마가복음 마지막 부분에서 하나의 핵심적인 질문을 마주합니다. 앞에서 언급한 대로, 하나님의 아들이신 예수 그리스도에 관한 복음을 듣는 바로 그 자리에서 하나의 선택을 해야 한다는 것입니다. 복음이 전해진 후에는 청중들은 누구도 아닌 자신의 결정을 하나님 앞에 보여야 합니다. "너는 나를 누구라 하느냐?" 어느 누구도 이 질문에 답하지 않을 수 없습니다. 복음을 받아들일 것인가, 거절할 것인가? 예수님을 하나님의 아들로 시인할 것인가, 부인할 것인가? 마가의 강조에 따르면, 사람은 오직 두 그룹으로 나뉠 것입니다. 하나님의 아들을 구주로 받아들이는 자와 그분을 거절하는 자. 이런 의미에서 복음은 세상을 하나님의 것과 세상의 것으로 구별하는 기준입니다. 우리는 이 사실을 외면할 수 없습니다.

우리는 실로 여러 가지 이유로 교회를 드나듭니다. 저는 그런 다양한 이유들과 관련하여 그것이 무엇이든 중요하다고 생각하지 않습니다. 중요한 사실은 이것입니다. 밥을 먹으러 왔든, 연애를 하러 왔든, 친구가 그리워서 왔든, 문제를 해결해 볼까 하고 왔든, 혹은 그 외의 다른 이유로 왔든, 교회를 거쳐 간 사람들과 지금 이 말씀을 읽는 사람들 모두가 분명히 예수님에 관하여 들었습니다. 그 말을 들으면서 그것을 사실로 알아듣든, 허황된 소리로 알아듣든 그것은 우리 각자의 판단에 따를 것입니다. 그러나 성경은 말씀을 통해 분명히 선언합니다. 겉으로는 우리가 하나님의 말씀을 판단하는 것 같지만, 실제로는 하나님의 말씀이 우리를 둘로 가른다는 사실을 말입니다. 지금은 우리가 하나님의 말씀을 판단하겠지만, 세상의 마지막에 이르면 하나님께서 그 말씀을 가지고 우리를 판단하실 것입니다. 그러므로 당신에게 예수님은 어떤 분입니까?